GW01464063

Inhalt

Hinweise für das Nachschlagen

Im Hinblick auf den umfangreichen Wortschatz einer Sprache kann ein Wörterbuch dieser Größenordnung lediglich einen Ausschnitt anbieten. Dieses Wörterbuch bietet jedoch nicht nur eine Wortliste mit ihren Übersetzungen, sondern auch eine Vielzahl an Informationen zu unregelmäßigen Formen, zur Konstruktion eines Satzes, zur Bedeutung eines Wortes und zu vielen typischen Wortverbindungen.

Darüber hinaus bietet das Buch durch die Kurzgrammatik im Anhang einen ersten Einblick in die spanische Sprache und deren Struktur.

Die nachfolgenden Angaben helfen Ihnen, sich alle diese Informationen zu erschließen.

1. Die Ordnung der Stichwörter

Die Wörter sind rein alphabetisch angeordnet. Im deutsch-spanischen Teil sind die deutschen Umlaute wie die nichtumgelauteten Formen behandelt; das 'ß' wird wie 'ss' behandelt. Sind Wortteile in Klammern, so können diese wahlweise verwendet werden: z.B. wack[e]lig = wackelig oder wacklig.

Eigennamen und Abkürzungen finden Sie ebenfalls in der entsprechenden alphabetischen Reihe.

Ableitungen und zusammengesetzte Wörter sind, wenn dies alphabetisch möglich war, unter dem Hauptstichwort zusammengefaßt.

Homographe sind mit einem Exponenten gekennzeichnet.

Die Stichwörter sind fett ausgezeichnet. Kurzformen von diesen Stichwörtern sind in runden Klammern, kursiv und mit Tilde z.B. Bahn → (*Eisen-*).

2. Die Struktur des Eintrags

Die notwendigen Informationen, die eine umfangreiche Auskunft über Formen zur Deklination/Konjugation, zur Satzkonstruktion, zur Bedeutung eines Stichwortes usw. geben, sind von Stichworteinheit zu Stichworteinheit unterschiedlich. Trotzdem finden Sie eine durchgehende Systematik beim Aufbau eines Stichwortartikels:

Da ist einmal das Stichwort mit seinen Varianten (z.B. unterschiedliche Schreibmöglichkeiten), dann folgen die Angaben zur Morphologie (z.B. Angaben zur Konjugation, die grammatikalische Einordnung), dann die Angaben zur Bedeutung (z.B. typische Subjekte, Objekte), dann die Übersetzung[en] und schließlich Ergänzungen zur Satzkonstruktion (d.h. Angaben zum unterschiedlichen Kasus, zur Rektion); nachfolgend ein Beispiel zur Grob-Struktur:

– Stichwort

– Angaben zur Grammatik

– Angaben zur Bedeutung (typisches Objekt etc.)

– Übertragung

– Ergänzungen zur Satzkonstruktion

Abdruck ^{1} *m* <-s, -e> impresión *f;* ↑ *Veröffentlichung* publicación *f*
Abdruck ^{2} *m* <-s, Abdrücke> (*Stempel-*) imprenta *f;* (*Finger-*) huella *f*

abheben *unreg* **I.** *vt* **1** (*von Konto*) retirar **2** → *Telefonhörer* coger **II.** *vi* ← *Flugzeug* despegar **III.** *vr* ◇ **sich** - diferenciarse (*von* de), destacar[se] (*von* de)

falta *f* **1** ↑ *error* Fehler *m* **2** ↑ *escasez* Mangel *m* (*de an dat*) ◇ *hacer* - fehlen **3** (*ausencia*) Abwesenheit *f;* **faltar** *vi* **1** (*no*

___

2.1 Angaben zur Form und Syntax

Je nach Wortart sind dem Stichwort unterschiedliche grammatische Informationen beigegeben.

Die Informationen lassen sich dabei in zwei größere Einheiten unterteilen. Auf der einen Seite ist dies die grammatische Kategorisierung, d.h. die Zuordnung zu einer Wortklasse, auf der anderen Seite sind dies unregelmäßige Formen der Deklination und der Steigerung bei den Adjektiven usw. Beispiel: Die Zuordnung zu einer grammatikalischen Kategorie erfolgt mit römischen Ziffern.

familia f Familie f; **familiar** **I.**
adj **1** (*de familia*) Familien- **2**
↑ *conocido* vertraut, bekannt **3**
◇ **lenguaje** - Umgangssprache f
II. m ↑ *pariente* Familienange-

Ferner finden sich z.B. Ergänzungen, die auf die Satzkonstruktion abzielen:

fiar I. *vt* **1** ↑ *garantizar* verbürgen
2 (*vender*) auf Kredit
verkaufen **II.** *vi* bürgen (*por* für)
III. *vr(se)* **1** ↑ *confiar* sich verlassen (*de auf akk*), ◇ **yo me fío**
de los amigos ich verlasse mich
auf meine Freunde **2** vertrauen (*de*
dat)

2.2 Angaben zur Bedeutung und Übersetzung

Das Wort, das Sie in der Fremdsprache nicht verstehen oder das Sie in die Fremdsprache übersetzen möchten, steht nicht für sich allein; es ist stets eingebunden in ein Sprachsystem und in den jeweiligen Kontext. Sehen wir uns hierzu folgenden Beispielsatz an:

Er drehte | ihn/es | ab.

Dieser Satz wird erst durch seinen Kontext klar. Vergleichen Sie hierzu folgende Sätze:

Er drehte | den Film/das Video | ab. Synonyme hierzu: - zu Ende drehen

| den Hahn | - zudrehen
| das Wasser | - zudrehen
| die Schraube | - herunterdrehen
usw.

Die Bedeutung des Wortes 'abdrehen' ist, wie das Beispiel und die Synonyme zeigen, von dem Wort abhängig, das als typisches Objekt zum Tätigkeitswort hinzutritt und mit diesem eine enge Bedeutungsbeziehung eingeht.

Beim Übersetzungsprozeß muß gerade auf diese Kollokatoren bzw. Wortverbindungen geachtet werden. Je nach Kollokator muß das gesuchte Wort unterschiedlich übersetzt werden.

Dieses Wörterbuch ist reich an solchen Kollokatoren und wird Ihnen nicht nur beim Verstehen des fremdsprachlichen Wortes eine nützliche Hilfe sein, sondern gerade bei der Bildung und Konstruktion eines fremdsprachlichen Textes, da Sie z.B. typische Objekte oder typische Subjekte erkennen und diese direkt in Ihre Satzkonstruktion übernehmen können.

Der Schlüssel zur richtigen Übersetzung ist also vielfach der Kollokator, der zu einem Wort hinzutreten kann. Dieser bestimmt den Bedeutungsgehalt eines Stichworts mit, der in einem Synonym zusammengefaßt werden kann (vgl. abdrehen).

Größere Bedeutungseinheiten sind mit arabischen Ziffern zusammengefaßt.

Um die Wichtigkeit der Bedeutungsdifferenzierung hervorzuheben, wurden die einzelnen Bedeutungsdifferenzierungen auch vom Schriftbild her gekennzeichnet. Kollokatoren (typische Wortverbindungen), die zu einem Substantiv, Adjektiv, Adverb treten, werden mit ‚▷' gekennzeichnet. Typische Kollokatoren zu einem Verb werden mit Pfeilen gekennzeichnet: typisches Subjekt mit ‚←', typisches Objekt mit ‚→'. Synonyme werden mit einem Pfeil nach oben ‚↑' gekennzeichnet. Handelt es sich um alle diese Elemente, so steht die Bedeutungsdifferenzierung in runden Klammern und ist von der Schriftart her 'kursiv'.

> **abdrehen I.** *vt* **1** ↑ *zudrehen*
> cerrar **2** ↑ *herunterdrehen* de-
> stornillar **II.** *vi* ← *Wind* cambiar
> de dirección; ← *Flugzeug* cam-
> biar de rumbo

Weitere Angaben, die wie ein Zeiger den Rahmen einer Bedeutung wiedergeben, sind rhetorische und stilistische Angaben zur Verwendung, sowie regionale Angaben und Angaben zum Gebrauch in einem Sachbereich.

Synonyme Übersetzungen sind durch ein Komma abgetrennt und sind untereinander austauschbar. Nicht austauschbare Übersetzungen eines Stichworts sind mit einem Semikolon abgetrennt.

Nach der Übersetzung folgen die Angaben zur regionalen Verwendungsweise oder aber Angaben zur Satzkonstruktion (d.h. Kasusangaben, präpositionale Anschlüsse).

2.3 Anwendungssätze und Wendungen

Anwendungssätze und Wendungen sind vor allem dort ausgewählt worden, wo sie komplexe Einträge wie z.B. 'aber' verständlicher machen. Diese sind, wenn möglich, den jeweiligen Bedeutungseinheiten zugeordnet.

> **igual I.** *adj* **1** gleich; ◇ **al - que** genauso wie; ◇ **por -** zu gleichen Teilen, gleichmäßig **2** ↑ *parecido* ähnlich **II.** *adv FAM* **1** (*posibilidad*) ebensogut, gleichermaßen; ◇ **- te podías matar** genausogut hättest du umkommen können **2** ↑ *no obstante*

3. Abkürzungen und Symbole

3.1 Symbole

Tilde ersetzt das Stichwort		~
Synonym		↑
Kollokatoren	zu Substantiv/Adjektiv/Adverb	▷
	typische Subjekte	←
	typische Objekte	→
	Wendungen	◇
Römische Ziffern (Grammatische Kategorien)		I, II, etc.
Arabische Ziffern (größere Bedeutungseinheiten)		**1** **2** etc.

3.2 Verwendete Abkürzungen

ADMIN	Verwaltung	administración
AERO	Luftfahrt	aeronáutica

AGR	Landwirtschaft	agricultura
ANAT	Anatomie	anatomía
ARCHIT	Architektur	arquitectura
ASTROL	Astrologie	astrología
ASTRON	Astronomie	astronoíma
AUTO	Automobil/Verkehr	automóvil
BAHN/TREN	Bahn	tren
BIOL	Biologie	biología
CHEM/QUIM	Chemie	química
COMM/COM	Handel	comercio
ELECTR	Elektrotechnik	electrónica
FAUNA	Tierreich	fauna
FILM/CINE	Film, Kino	película, cine
FIN	Finanzen	finanzas
FLORA	Pflanzenreich	flora
FOTO	Fotografie	fotografía
GASTRON	Gastronomie	gastronomía
GEOL	Geologie	geología
GRAM	Grammatik/Linguistik	gramática/lingüística
HIST	Geschichte	historia
JURA/JUR	Rechtsordnung	derecho
KARTEN/NAIPES	Kartenspiel	naipes
KUNST/ARTE	Kunst	arte
MATH/MATE	Mathematik	matemáticas
MED	Medizin	medicina
MEDIA	Fernsehen, Radio	medios de comunicación
METEO	Meteorologie	metereología
MIN	Bergbau	minería
MIL	Militär	militar
MUS	Musik	música
MYTH/MITO	Mythologie	mitología
NAUT	Seefahrt	navegación
PC/INFORM	Computer	informática
PHARM/FARMA	Pharmazie	farmacia
PHIL/FILO	Philosophie	filosofía
PHYS/FIS	Physik	física
POL	Politik	política
PSYCH/PSI	Psychologie	(p)sicología
REL	Religion	religión
SCH/COLE	Schule	colegio
SPORT	Sport	deporte
THEAT/TEATRO	Theater	teatro

TECH/TECNI	Technik	técnica
TELEC	Fernmeldewesen	telecomunicaciones
TYP/TIP	Buchdruck	tipografía
UNI	Universität	universidad
Abk/abr	Abkürzung	abreviación
adj	Adjektiv	adjetivo
adv	Adverb	adverbio
akk	Akkusativ	acusativo
allg/general	allgemein	general
attr	attributiv	atributo
auch/también	auch	también
bes/esp	besonders	especial
CH	Schweiz	Suiza
cj	Konjunktion	conjunción
dat	Dativ	dativo
etc	et cetera	etcétera
etw/algo	etwas	algo
f	feminin	femenino
FAM!	derb	grosero
FAM	umgangssprachlich	familiar
FIG	übertragen	figurativo
ggs/contr	Gegensatz	contrario
gen	Genitiv	genitivo
gerund/gerundio	Partizip Präsens	gerundio
Hilfsverb/aux	Hilfsverb	verbo auxiliar
impf	Imperfekt	imperfecto
inf	Infinitiv	infinitivo
interj	Interjektion	interjección
interrog	interrogativ	interrogativo
inv	unveränderlich	invariable
IRON	ironisch	irónico
jd/alguien	jemand	alguien
jd-m/a alguien	jemandem	a alguien
jd-n/a alguien	jemanden	a alguien
jd-s/de alguien	jemandes	de alguien
kompar/compar	Komparativ	comparativo
m	maskulin	masculino
n	Neutrum	neutro
nom	Nominativ	nominativo
o	oder	o
ÖST/AUSTRI	Österreich	Austria

pp	Partizip Perfekt	participio pasado
PEJ/PEY	abwertend	peyorativo
pers	persönlich	personal
pl	Plural	plural
präd/predic	prädikativ	predicativo
präp/prep	Präposition	preposición
präs/pres	Präsens	presente
pron	Pronomen	pronombre
poss/poses	besitzanzeigend	posesivo
refl	reflexiv	reflexivo
rel	Relativ-	relativo
s/ver	siehe	ver
sg	Singular	singular
subj	Subjunktiv	subjuntivo
superl	Superlativ	superlativo
vi	intransitives Verb	verbo intransitivo
vr/vr(se)	reflexives Verb	verbo reflexivo
vt	transitives Verb	verbo transitivo
vti	transitives oder	verbo transitivo o
	intransitives Verb	intransitivo
vtr	transitives oder	verbo transitivo o
	reflexives Verb	reflexivo
u/y	und	y
unpers/impers	unpersönlich	impersonal
unreg/irr	unregelmäßig	irregular
v	Verb	verbo
VULG	vulgär	vulgar
zahl/numeral	Numerale	número

Die Aussprache im Spanischen

4.1 Vokale

a	etwa wie im Deutschen	[a]	matar
e	offenes e wie in sägen	[ɛ]	mover
	halboffenes e wie in Leben	[e]	pelota
i	etwa wie im Deutschen	[i]	vino
o	offenes o wie in Knolle	[ɔ]	ojo
	halboffenes o wie in Mond	[o]	oficio
u	wie im Deutschen;	[u]	burro
	nach q und in gue, gui wird u nicht ausgesprochen		

4.2 Diphthonge

ai, ay	wie in Mai; i wird schwächer	[aɪ]	fraile, hay
au	wie in laufen; u wird schwächer	[aʊ]	automático
ei, ey	zwei getrennte Laute	[eɪ]	bebéis, buey
eu	zwei getrennte Laute	[eʊ]	Europa
oi, oy	wie in Mäuse	[ɔɪ]	boina, hoy

4.3 Konsonanten

b	am Wortanfang wie sehr weiches deutsches b	[b]	bar, beber
	innerhalb einer Wortgruppe etwa wie deutsches w	[b̬]	el bar, escribo
c	vor a, o, u	[k]	cama, coche
	vor e, i	[θ]	cebolla, cine
ch		[tʃ]	chulo
d	am Wortanfang und nach l, r	[d]	dama, maldicho
	sonst wie stimmhaftes engl. th	[ð]	verdad
g	vor a, o, u	[g]	garganta, gorra
	vor e, i wie ch in Dach	[x]	legión
h	wird nicht gesprochen		hacer
j	wie ch in Dach	[x]	jota
ll	l und j verschmelzen zu einem Laut	[ʎ]	cebolla
ñ	wie nj in Spanien	[ ]	daño, mañana
p	unbehauchtes p	[p]	padre
q	in Verbindung qu wie k	[k]	querer, aquel
r	im Wortinlaut und nach l, n, s als doppelt gerolltes r	[rr]	río, honroso, alrededor
	sonst als einfaches Zungen-r	[r]	cara, señora
rr	doppelt gerolltes r	[rr]	perro, zurrir
s	wird scharf ausgesprochen wie in Messer	[s]	casa
t	unbehauchtes t	[t]	tomar
v	siehe b	[b, b̬]	vaso
w	siehe b		
x	zwischen Vokalen wie gs	[gs]	éxito, examen
	vor Konsonant ks in der Hochsprache, s in der Umgangssprache	[ks, s]	extremo
z	wie das stimmlose engl. th	[θ]	cazar, voz

Betonung: Wörter, die auf -s oder -n enden, haben die Betonung auf der vorletzten Silbe, Bsp.: quitamanchas; enden sie auf einen anderen Konsonanten, ist die letzte Silbe betont, Bsp.: comedor. Bei Abweichungen hiervon wird die Betonung durch einen Akut angezeigt, Bsp.: discusión.

A

A, a f A, a n
a prep ❶ an dat, bei; ◇ - la derecha/izquierda rechts/links; ◇ - la puerta an der Tür; ◇ estar - la mesa zu Tisch sein ❷ nach, zu; ◇ - la derecha/izquierda nach rechts/links; ◇ ir - Madrid nach Madrid gehen ❸ (distancia) está - 9 km de aquí es ist 9 km entfernt ❹ (instrumento) mit; ◇ escribir - lápiz mit Bleistift schreiben ❺ (precio) zu, für; ◇ ¿- cuánto cuesta el kilo? auf wieviel kommt das Kilo? ❻ (tiempo) ¿- qué hora? - las 5 um wieviel Uhr? - Um fünf; ◇ - 4 de julio am 4. Juli
abad(-esa) m/f Abt m, Äbtissin f
abadejo m Kabeljau m
abajo adv ❶ unten; ◇ el piso de - das untere Stockwerk ❷ herunter; ◇ hacia - nach unten
abalanzar vt ausgleichen
abandonado adj verlassen;
abandonar vt ❶ ↑ dejar verlassen ❷ ↑ desatender vernachlässigen; **abandono** m ❶ Verzicht m ❷ (del hogar) Verlassen n
abaratamiento m Verbilligung f; **abaratar** vt verbilligen
abarcar vt umfassen

abarrotado adj überfüllt
abastecedor(a) m/f Lieferant (in f) m; **abastecer** vt beliefern, versorgen
abatible adj: ◇ silla - Klappstuhl m
abatido adj niedergeschlagen, mutlos; **abatir** vt entmutigen
abdicación f ❶ ↑ renuncia Abdankung f ❷ (de derechos) Verzicht m; **abdicar** I. vt → cargo aufgeben II. vi ← rey abdanken
abdomen m Unterleib m
abecé m, **abecedario** m Alphabet n
abedul m Birke f
abeja f Biene f
aberración f Abweichung f
abertura f Öffnung f
abeto m Tanne f
abierto adj offen, aufgeschlossen
abismo m Abgrund m
abjurar vt widerrufen
ablandar vt ❶ einweichen, weich machen ❷ ↑ suavizar besänftigen
abnegar vr(se) sich aufopfern
abobado adj dumm
abochornar I. vt erhitzen II. vr (se) sich schämen (por/de für)
abofetear vt ohrfeigen
abogado(/a) m/f Rechtsanwalt m, -anwältin f; **abogar** vi: ◇ - en favor de eintreten für

abolición f (de ley) Abschaffung f; **abolir** vt abschaffen

abolladura f Beule f

abombar vt ausbeulen

abominable adj furchtbar; **abominación** f Abscheu f

abonado(/a) m/f Abonnent(in f) m; **abonar** vt ① ↑ pagar bezahlen ② → tierra düngen; **abono** m ① ↑ subscripción Abonnement n ② ↑ fertilizante Dünger m

abordar vt entern

aborigen m/f Ureinwohner(in f) m

aborrecer vt hassen, verabscheuen

abortar vi abtreiben; **abortivo** I. adj Abtreibungs- II. m Abtreibungsmittel n; **aborto** m ① (natural) Fehlgeburt f ② (intencionado) Abtreibung f

abotagarse vr anschwellen

abotonar vt zuknöpfen

abovedado adj gewölbt

abrasar I. vt verbrennen II. vi → sol, fuego stechen, sengen

abrazar vt ① umarmen ② FIG umfassen, beinhalten

abrebotellas m Flaschenöffner m

abrelatas m Dosenöffner m

abreviación f Abkürzung f; **abreviar** vt abkürzen; → texto kürzen

abridor m Flaschenöffner m

abrigar vt warm halten; **abrigo** m ① Mantel m ② Schutz m

abril m April m

abrir <abierto> I. vt ① öffnen, aufmachen ② → negocio eröffnen II. vi öffnen III. vr(se) ① → tierra, flores sich öffnen ② → herida aufgehen ③ ↑ clarear sich aufklaren

abrochar vt zuknöpfen

abrumado adj: ◇ - de trabajo mit Arbeit überhäuft; **abrumador** adj überwältigend; **abrumar** I. vt bedrücken; ◇ - con atenciones mit Aufmerksamkeiten überhäufen II. vr(se) dunstig werden

abrupto adj steil

absceso m MED Abszeß m

absentismo m Fernbleiben n

absolutamente adv absolut, völlig

absoluto adj absolut, unbedingt, völlig; ◇ mayoría -a absolute Mehrheit f; ◇ en - überhaupt nicht

absolver vt ① REL lossprechen ② JUR freisprechen

absorbente adj saugfähig, absorbierend; **absorber** vt aufsaugen, absorbieren

absorto adj vertieft

abstemio adj abstinent; **abstención** f POL Stimmenthaltung f; **abstenerse** irr vr sich

der Stimme enthalten; **absti-nencia** f Abstinenz f
abstracto adj abstrakt; ◇ en - abstrakt gesehen; **abstraer** vt abstrahieren
abstraído adj geistesabwesend
absuelto adj frei
absurdo adj widersinnig, absurd
abuchear vt ausbuhen, auspfeifen
abuelo/(a) m/f Großvater m, -mutter f; ◇ -s m/pl Großeltern pl
abultado adj gewölbt; **abultamiento** m Schwellung f; a-**bultar** vt sperrig sein
abundancia f Überfluß m; ◇ en - in Hülle und Fülle; a-**bundante** adj reichlich
aburguesado adj spießig, bürgerlich
aburrido adj ① ▷estar gelangweilt ② ▷ser langweilig; **aburrimiento** m Langeweile f; **aburrirse** vr sich langweilen
abusar vi mißbrauchen; ◇ - del tabaco zuviel rauchen; **abusivo** adj unangemessen, überhöht, übertrieben; **abuso** m Mißbrauch m; - de autoridad Amtsmißbrauch m
acá adv ① (lugar) hier ② (dirección) hierher ③ (tiempo) ◇ desde enero - seit Januar
acabado adj ① fertig, beendet

② † agotado aufgebraucht;
acabar I. vt ① † finalizar beenden ② † completar vervollständigen II. vi: ◇ - con Schluß machen mit; ◇ - de hacer algo soeben etw getan haben III. vr (se) zu Ende gehen
academia f Akademie f; **académico/(a)** I. adj akademisch II. m/f Akademiker(in f) m
acaecer vi sich ereignen, passieren
acalorar I. vt ① erhitzen ② FIG aufregen II. vr(se) FIG sich ereifern
acallar vt beruhigen, beschwichtigen
acampar vi zelten, campen
acantilado adj steil, abschüssig
acaparador adj habgierig; **acaparar** vt horten, hamstern
acariciar vt streicheln
acarrear vt transportieren, befördern
acaso adv vielleicht; ◇ por si falls etwa
acatamiento m Ergebenheit f, Respekt m; **acatar** vt † respetar ehren
acatarrarse vr sich erkälten
acaudalado adj reich, wohlhabend; **acaudalar** vt erwerben
acaudillar vt befehligen, anführen

acceder vi ↑ *permitir* zulassen, erlauben; ↑ *aceptar* ◇ - a una cosa e-r Sache f zustimmen; **accesible** adj ① ↑ *alcanzable* zugänglich ② ↑ *asequible* erschwinglich; **acceso** m ① ↑ *entrada* Zugang m ② ↑ *ingreso* Zutritt m

accesorio m ① ↑ *Zubehör* n ② (de moda) Accessoire n

accidentado adj ① ↑ *con incidentes* verunglückt ② ↑ *terreno* uneben, hügelig; **accidental** adj ① ▷*encuentro* zufällig ② ▷*trabajo* - Gelegenheitsarbeit f; **accidente** m Unfall m; ◇ - de carretera Verkehrsunfall m

acción f ① (suceso) Handlung f, Tat f ② (gesto, ademán) Gebärde f; ◇ poner en - in Gang setzen ③ COM Aktie f

accionar vt betätigen

acecinarse vr abmagern

acecho m ◇ estar al - auf der Lauer liegen

aceitar vt ölen; **aceite** m Öl n, Schmiermittel n; **aceitoso** adj ölig

aceituna f Olive f

aceleración f Beschleunigung f; **acelerador** m Gas-pedal n; **acelerar** I. vt vorantreiben, beschleunigen II. vr(se) sich beeilen

acento m Akzent m; **acentua-**

ción f Betonung f; **acentuar** vt hervorheben, betonen

acepción f Bedeutung f; ◇ sin de personas ohne Ansehen der Person

aceptable adj akzeptabel, annehmbar; **aceptación** f ① ↑ *admisión* Annahme f ② ↑ *aprobación* Anerkennung f; **aceptar** vt ① ↑ *recibir* annehmen ② ↑ *admitir* anerkennen

acequia f Gehsteig m

acerbo adj herb, bitter

acerca adv: ◇ - de hinsichtlich gen, bezüglich gen

acercamiento m Annäherung f; **acercarse** vr sich nähern

acero m Stahl m

acérrimo adj ① ▷*partidario* loyal ② ↑ *obstinado* hartnäckig

acertado adj richtig, treffend; **acertar** I. vt ① finden ② ↑ *adivinar* erraten; ◇ - a la primera auf Anhieb erraten II. vi den Nagel auf den Kopf treffen

acético adj: ◇ ácido - Essigsäure f

aciago adj unheilvoll, Unglücks-

acicalado adj peinlich sauber; **acicalar** vi, vr(se) PEY sich herausputzen

acicate m ① ↑ *espuela* Sporn m ② FIG Anreiz m

acidez f Säure f; **ácido** I. adj sauer II. m Säure f

acierto m Treffer m

aclamación f Beifall m; **aclamar** vt applaudieren dat

aclaración f Aufklärung f, Erläuterung f; **aclarar I.** vt ① aufklären; ↑ explicar erläutern ② →agua, ideas klären **II.** vi METEO aufklaren

aclimatar I. vt akklimatisieren **II.** vr(se) sich eingewöhnen

acné f MED Akne f

acobardar I. vt einschüchtern **II.** vr(se) verzagen, den Mut verlieren

acodar vi, vr(se) sich [auf]stützen

acogedor adj ① cómodo bequem, gemütlich ② ↑ hospitalario gastfreundlich

acoger I. vt aufnehmen, schützen **II.** vr(se) Schutz suchen; **acogida** f Empfang m

acojonante adj FAM! geil

acolchado m Polster n; **acolchar** vt polstern

acometer vt ↑ atacar angreifen; **acometida** f Angriff m

acomodadizo adj anpassungsfähig

acomodado adj ① ↑ oportuno geeignet ② ↑ adinerado wohlhabend; **acomodar I.** vt ① ↑ poner en un sitio aufräumen ② ↑ alojar unterbringen **II.** vr (se) ↑ conformarse sich fügen ② es sich dat bequem machen

acompañamiento m Begleitung f; **acompañante** m/f Begleiter(in f) m; **acompañar** vt begleiten

acompasar vt ① ↑ medir al compás justieren ② FIG einstellen

acomplejarse vr Komplexe haben

acondicionado adj: ◇ aire - Klimaanlage f; ◇ mal - in schlechtem Zustand; **acondicionar** vt ① ↑ adaptar einrichten ② ↑ climatizar klimatisieren

aconsejable adj empfehlenswert; **aconsejar** vt ① [be-] raten ② ↑ recomendar empfehlen

acontecer vi sich ereignen, vorkommen; **acontecimiento** m Ereignis n

acopio m Vorrat m

acoplar vt ① ↑ adaptar anpassen ② TECNI ↑ soldar [zusammen-]kuppeln

acorazado adj gepanzert; **acorazarse** vr FIG sich schützen

acordar I. vt ① ↑ pactar vereinbaren ② ↑ decidir beschließen **II.** vr(se) sich erinnern (de an akk)

acorde adj übereinstimmend (con mit)

acordonar vt umstellen

acorralar vt 1 → *ganado* einpferchen 2 → *personas* in die Enge treiben

acortar vt verkürzen, abkürzen

acosar vt 1 ↑ *perseguir* verfolgen, hetzen 2 FIG belästigen, bedrängen

acostar I. vt ↑ *tumbar* hinlegen II. vr(se) ins Bett gehen; ◇ - **con alguien** mit jd-m schlafen

acostumbrarse vr: ◇ - **a** sich gewöhnen an akk

acotar vt abgrenzen

ácrata I. adj anarchistisch II. m/f ↑ *anarquista* Anarchist(in f) m

acre adj herb, scharf

acrecentamiento m ↑ *aumento* Zuwachs m

acreditado adj angesehen, geschätzt; **acreditar** I. vt 1 sich verbürgen für akk 2 COM ↑ *abonar en cuenta* gutschreiben II. vr(se) sich dat Ansehen verschaffen

acreedor(a) m/f Gläubiger(in f) m

acribillar vt 1 ↑ *agujerear* durchlöchern 2 FIG ◇ - **a preguntas** mit Fragen löchern

acrobacia f Akrobatik f; **acróbata** m/f Akrobat(in f) m

acta f 1 Bericht m; ◇ **levantar** - das Protokoll aufnehmen 2 Akte f, Urkunde f

actitud f Haltung f; (de ánimo) Einstellung f

activar vt aktivieren, beschleunigen

actividad f 1 (eficiencia) Aktivität f 2 ↑ *tarea* Betätigung f;

activo I. adj aktiv, lebhaft II. m COM Aktiva pl

acto m 1 Feier f; ◇ - **oficial** Staatsakt m 2 (hecho) Tat f, Handlung f 3 TEATRO Akt m

actor m FILM, TEATRO Schauspieler m; **actriz** f Schauspielerin f

actuación f (acción) Handlungsweise f, Verhalten n

actual adj 1 ↑ *presente* gegenwärtig 2 ▷ *noticias* aktuell; **actualidad** f 1 (de tiempo) Gegenwart f; ◇ **de gran** - sehr aktuell 2 (de noticias) Aktualität f

actuar vi 1 ↑ *obrar* handeln 2 FILM, TEATRO auftreten 3 ↑ *cumplir una función* tätig sein

acuario m 1 Aquarium n 2 ◇ A- ASTROL Wassermann m

acuciante adj dringend, brennend

acuchillar vt niederstechen

acudir vi 1 ◇ *ir, llegar* herbeieilen 2 ↑ *asistir* teilnehmen (a an dat)

acuerdo m 1 ↑ *conformidad*

Übereinkunft f; ◇ **ponerse de -**
con alguien sich mit jdm einigen **2** ↑ *resolución* Beschluß
m; ◇ **¡de -!** einverstanden!
acumular vt anhäufen, ansammeln
acuñar vt prägen
acupuntor(a) m/f Akupunk-
teur(in) n m
acupuntura f MED Akupunk-
tur f
acusación f **1** Beschuldigung
f **2** JUR Anklage f; **acusar** vt **1**
beschuldigen; JUR Anklage er-
heben
acústica f Akustik f
achacar vt zuschieben, zuschreiben
achaparrado adj untersetzt
achaque m : ◇ **-s de la edad**
Altersbeschwerden pl
achicar vt **1** → *tamaño* verringern, verkleinern **2** ↑ *acobar-*
dar demütigen, einschüchtern
achuchar vt FAM reizen, ärgern
adalid m Anführer m
adaptable adj anpassungsfähig; **adaptación** f **1** Anpassung f **2** *(de una novela)* Bearbeitung f **3** ELECTR Adapter m; **adaptar**
vt **1** ◇ *ajustar* anpassen **2**
→ *texto* bearbeiten
adecentar vt ordnen, herrichten

adecuado adj **1** angebracht,
angemessen *(a dat)* **2** ↑ *apto*
geeignet *(a/para für)*
adelantado adj **1** ↑ *precoz*
frühreif **2** ◇ *ir -* *(reloj)* vorgehen; ◇ *pagar por -* vorausbe-
zahlen; **adelantar I.** vt **1**
↑ *avanzar* vorrücken **2** ↑ *pasar*
delante überholen **4** → *reloj* vorstellen
II. vi **1** ← *reloj* vorgehen **2**
↑ *acortar camino* vorangehen
adelante I. adv **1** *(dirección)*
vorwärts; *(lugar)* vorn **2** *(tiem-*
po futuro) **más - später;** *(más*
allá) weiter vorn **II.** interj: ◇ *¡-!*
1 *(entrada)* herein! **2** *(para*
seguir) weiter!, weiter so!
adelanto m **1** ↑ *avance* Fortschritt m **2** *(de dinero)* Vorschuß m
adelgazar vi abnehmen
ademán m Geste f, Gebärde f
además adv außerdem
adentro adv *(dirección)* hinein,
nach innen; *(posición)* drinnen
adepto(/a) m/f Anhänger(in f)
m
aderezar vt zubereiten, herrichten
adeudarse vr sich verschulden
adherente adj haftend; **adhe-**
rirse vr beitreten dat
adhesión f ↑ *unión* Beitritt m
adición f Zusatz m; MATE Ad-

dition f; **adicionar** vt hinzufügen; MATE addieren

adicto(/a) m/f ① Anhänger(in f) m ② (a la droga) Drogensüchtige(r) fm

adiestrar vt ① → animal dressieren ② → persona lehren

adiós interj ① (para despedirse) Auf Wiedersehen ② (para saludar) hallo

aditivo m Zusatz m

adivinación f ① (del futuro) Wahrsagen n ② (de un acertijo) Erraten n; **adivinador(a)** m/f Wahrsager(in f) m; **adivinar** vt ① → acertijo erraten ② → futuro voraussagen

adjetivo m Adjektiv n

adjudicar I. vt → premio zuteilen, zuerkennen **II.** vr(se): ◇ **-se** algo etw für sich beanspruchen

adjuntar vt ① beilegen, beifügen; **adjunto(/a) I.** adj beigefügt, beiliegend **II.** m Anlage f

administración f Verwaltung f; **administrar** vt ① → bienes verwalten ② → medicamentos verabreichen; **administrativo(/a)** m/f Verwaltungsangestellte(r) fm

admirable adj bewundernswert

admiración f ① ↑ estima Bewunderung f ② ↑ sorpresa Verwunderung f; **admirador(a)** m/f Bewunderer m, Bewunderin

f; **admirar** vt ↑ estimar bewundern; ↑ sorprender verwundern, überraschen

admisión f ↑ entrada Zutritt m, Zulassung f (a zu)

admitir vt ① ↑ dar entrada zulassen (a zu) ② ↑ permitir gestatten ③ ↑ reconocer zugeben

admonición f Ermahnung f

adoctrinar vt anweisen, belehren

adolecer vi erkranken (de an dat)

adolescencia f Pubertät f; **adolescente** m/f Jugendliche(r) fm

adonde adv wohin; **adónde** adv (interrogativo) wohin?

adoptar vt adoptieren, annehmen

adorable adj bezaubernd, anbetungswürdig; **adorar** vt anbeten

adormecerse vr einschlafen

adornar vt verzieren, schmücken; **adorno** m Verzierung f, Schmuck m

adosar vt anlehnen

adquirir vt ① ↑ comprar anschaffen ② FIG erwerben, erlangen

adrede adv absichtlich

adscribir irr vt zuschreiben

aduana f Zoll m; **aduanero(/a) I.** adj Zoll- **II.** m/f Zollbeamte(r) m, -beamtin f

adulador adj schmeichelhaft, schmeichlerisch; **adular** vt schmeicheln dat

adulterar vt verfälschen

adulterio m Ehebruch m

adulto(/a) I. adj erwachsen **II.** m/f Erwachsene(r) fm

advenedizo(/a) m/f ↑ intruso, PEY Eindringling m

advenimiento m ↑ venida Ankunft f

adverbio m Adverb n

adversario(/a) m/f Gegner(in f) m

adversidad f Unglück n

adverso adj widrig, entgegengesetzt

advertencia f ① (aviso) Warnung f ② (consejo) Hinweis m; **advertir I.** vt warnen **II.** vi aufmerksam werden (de auf akk)

adyacente adj angrenzend

aeródromo m SPORT Flugplatz m; **aeronavegación** f Luftfahrt f; **aeropuerto** m Flughafen m; **aeroplano** m AERO Flugzeug n

afable adj freundlich

afamado adj berühmt

afán m Gier f, Eifer m

afear vt verunstalten, entstellen

afección f Leiden n

afectado adj ① betreffen ② ↑ amanerado affektiert; **afectar** vt ↑ alterar beeinträchtigen, betreffen

afecto m Zuneigung f; **afectuoso** adj zärtlich, liebevoll

afeitar vt rasieren; ◊ -se sich rasieren

afeminarse vr PEJ verweichlichen

aferrar I. vt festhalten **II.** vr(se) sich festhalten

afianzamiento m ① ↑ consolidación Abstützung f ② ↑ seguridad Sicherheit f; **afianzar I.** vt ① asegurar befestigen, sichern ② FIG unterstützen **II.** vr (se) sicherer werden

afición f ① (persona) Zuneigung f ② (cosa) Begeisterung f ③ ◊ la - die Fans; **aficionado(/a)** m/f ① Fan m ② ↑ entusiasta Liebhaber(in f) m; **aficionar** vt ◊ a alguien a algo jd-n für etw gewinnen

afilado adj spitz, scharf; **afilar** vt ① → lápiz spitzen ② → cuchillo schleifen

afiliado(/a) m/f Mitglied n; **afiliar I.** vt aufnehmen **II.** vr (se) beitreten

afinar I. vt ① ↑ precisar präzisieren ② MUS stimmen

afincado adj wohnhaft, ansässig; **afincarse** vr sich niederlassen

afinidad f Ähnlichkeit f

afirmación f ① Bejahung f ② ↑ ratificación Bestätigung f; **afirmar I.** vt ① bejahen ②

↑ *asegurar* bestätigen II. *vr(se)* sich festigen; **afirmativo** *adj* bejahend

aflicción f Kummer m; **afligir** I. *vt* betrüben II. *vr(se)* sich grämen

aflojar I. *vt* ① ↑ *desapretar* lockern ② → *paso* verlangsamen II. *vi* ① abflauen ② ← *viento* nachlassen

afluencia f Überfluß m, Wohlstand m; **afluente** m Nebenfluß m; **afluir** *vi* ① ← *gente* strömen ② ← *río* einmünden

afónico *adj* ① ↑ *ronco* heiser ② ↑ *sin voz* ohne Stimme

afortunadamente *adv* glücklicherweise

afrenta f ① ↑ *ofensa* Beleidigung f ② ↑ *vergüenza* Schande f; **afrentar** *vt* beleidigen, beschimpfen; **afrentoso** *adj* schändlich

África f Afrika n; **africano(/a)** I. *adj* afrikanisch II. *m/f* Afrikaner(in f) m

afrontar *vt* trotzen, die Stirn bieten *dat*

afuera *adv* draußen, raus, hinaus

agachar I. *vt* beugen II. *vr(se)* sich ducken

agarradero m Henkel m; **agarrar** I. *vt* greifen, ergreifen; → *gripe* bekommen II. *vi* Wurzeln schlagen III. *vr(se)* ① ↑ *pe-*

learse sich die Haare *pl* raufen ② ↑ *apoyarse* sich festhalten; **agarrón** m Ziehen n, Zug m

agarrotar I. *vt* ① ↑ *atar* fest zusammenbinden ② → *persona* knebeln II. *vr(se)* ① MED steif werden ② TECNI sich festfressen

agasajar *vt* bewirten; **agasajo** m Bewirtung f

agazaparse *vr* sich ducken, sich verstecken

agencia f Agentur f; ↑ *sucursal* Vertretung f; **agenciar** I. *vt* ① ↑ *tramitar* besorgen ② ↑ *conseguir* beschaffen II. *vr(se)* zurechtkommen; ◇ **agenciárselas** sich zu helfen wissen

agenda f Notizbuch n, Terminkalender m

agente *m/f* ① Agent(in f) m ② Vertreter(in f) m ③ QUIM Mittel n

agigantar *vt* übertreiben

ágil *adj* behend, flink; **agilizar** *vt* beschleunigen

agitación f Aufregung f; POL Hetze f; **agitador(a)** I. *adj* hetzerisch II. *m/f* Agitator(in f) m; **agitar** I. *vt* ① → *situación* aufwühlen, anhetzen ② → *líquido* schütteln II. *vr(se)* sich aufregen

aglomeración f Anhäufung f; ◇ - urbana Ballungsgebiet n; **aglomerar** I. *vt* ↑ *amontonar* anhäufen **II.** *vr(se)* sich zusammendrängen

aglutinar *vt* zusammenkleben; *FIG* zusammenbringen

agnóstico(/a) *m/f* Agnostiker (in *f*) *m*

agobiar *vt* überlasten; **agobio** *m* Überlastung *f*

agolpar I. *vt* anhäufen **II.** *vr(se)* sich häufen

agonía *f* ① Todeskampf *m* ② ↑ *angustia* [Todes-]Angst *f*; **agonizar** *vi* im Sterben liegen; ← *cosa* erlöschen

agosto *m* August *m*

agotado *adj* ① ▷*persona* erschöpft, erledigt ② ↑ *terminado* erledigt, fertig; **agotar I.** *vt* ① ↑ *gastar* aufbrauchen ② ←*trabajo* ermüden, erschöpfen **II.** *vr (se)* ermüden

agradable *adj* angenehm, nett; **agradar** *vi* zusagen, gefallen

agradecer *vt* danken *dat*

agrandar *vt, vr(se)* vergrößern, erweitern

agrario *adj* landwirtschaftlich, Agrar-

agravar *vt, vr(se)* ① ↑ *empeorar* erschweren ② ←*enfermedad* verschlimmern

agraviar *vt* beleidigen; **agravio** *m* Beleidigung *f*

agredir *vt* angreifen

agregado(/a) *m/f* ① Zusatz *m* ② POL Attaché *m*; **agregar** *vt*

① → *cosa* hinzufügen ② (*persona*) versammeln

agresión *f* Angriff *m*; **agresividad** *f* Aggressivität *f*; **agresivo** *adj* aggressiv; **agresor** (**a**) *m/f* Angreifer(in *f*) *m*

agreste *adj* ① ↑ *campestre* ländlich ② ▷*persona* ungehobelt

agricultor(a) *m/f* Landwirt(in *f*) *m*, Bauer *m*, Bäuerin *f*; **agricultura** *f* Landwirtschaft *f*

agridulce *adj* ▷*salsa* süßsauer

agrietarse *vr* ① ←*piel* rissig werden ② ←*tierra* Risse bekommen

agrio I. *adj* ① (*limón*) sauer ② ▷*carácter* unleidlich, unsympathisch **II.** *m/pl* ↑ *fruta* Zitrusfrüchte *f/pl*

agrupación *f* Gruppierung *f*; **agrupar** *vt* gruppieren, zusammenstellen

agua [**el**] *f* ① Wasser *n*; ◇ - **corriente** fließendes Wasser; ◇ - **salada** Salzwasser *n* ② (*lluvia*) Regen *m*

aguacate *m* (*fruto*) Avokado *f*

aguafiestas *m/f* Spielverderber(in *f*) *m*

aguanieve *f* Schneeregen *m*

aguantable *adj* erträglich;
aguantar I. *vt* ① ↑ *sostener* halten, aushalten ② ↑ *durar* halten **II.** *vr(se)* ① ↑ *contenerse*

sich zufriedengeben (*con* mit) 2 ↑ *perseverar* durchhalten; **aguante** *m* Ausdauer *f*

aguar *vt* zunichte machen, verderben

aguardar *vt* erwarten, abwarten

aguardiente *m* Schnaps *m*

agudeza *f* FIG Scharfsinn *m*; **agudizar** *vt*, *vr(se)* (sich) zuspitzen; **agudo** *adj* 1 ▷ *persona, chiste* scharfsinnig, schlagfertig 2 ↑ *estímulo* MED ▷ *enfermedad* akut 3 ▷ *flo* spitz 4 ▷ *voz* schrill, laut

agüero *m* ↑ *presagio* Omen *n*

aguijar *vt* 1 → *a los bueyes* treiben 2 ↑ *estimular* anspornen, anstacheln; **aguijón** *m* 1 ↑ *punta* Sporn *m* 2 ↑ *estímulo* Ansporn *m*

águila [el] *f* Adler *m*

aguja *f* Nadel *f*; (*del reloj*) Zeiger *m*; **agujerear** *vt* durchlöchern, durchbohren; **agujero** *m* Loch *n*

ahí *adv* (*lugar*) dort, da; ◇ *por* – ungefähr dort; ◇ *de* – *que subj* so daß

ahijado(/a) *m/f* Patenkind *n*

ahínco *m* Eifer *m*

ahíto I. *adj*: ◇ *estoy* – 1 ich bin ganz satt 2 FIG ↑ *estar harto* ich habe es satt **II.** *m* Magenstimmung *f*

ahogar *vt* 1 → *personas* ertränken 2 ↑ *asfixiar* erdrosseln, er-

sticken; **ahogo** *m* 1 Ersticken *n* 2 ↑ *angustia* Beklemmung *f*

ahondar I. *vt* 1 ↑ *profundizar* vertiefen 2 FIG ergründen **II.** *vi*: ◇ – *en* FIG etw *akk* studieren, untersuchen

ahora I. *adv* 1 jetzt; ◇ – *mismo* genau jetzt, sofort; ◇ ¡*hasta* –¡ bis gleich; 2 (*hace poco tiempo*) soeben 3 ◇ *lo hago* – ich mache es sofort **II.** *cj* nun; ◇ – *que* aber

ahorcado(/a) *m/f* Gehenkte(r) *fm*; **ahorcarse** *vr* sich erhängen

ahorrar *vt* → *dinero* sparen; → *molestias* ersparen (*a alguien* jd-m); **ahorrativo** *adj* sparsam; **ahorro** *m* 1 Sparen *n* 2 (*pl*) Ersparnisse *pl*

ahumar I. *vt* → *jamón* räuchern **II.** *vi* rauchen

ahuyentar *vt* → *algo, a alguien* verjagen, verscheuchen

airar I. *vt* ↑ *irritar* verärgern **II.** *vr(se)* zornig werden; **aire** [el] *m* 1 Luft *f*; ◇ – *acondicionado* Klimaanlage *f* 2 (*viento*) Wind *m* 3 (*apariencia general*) Aussehen *n*; **airear** *vt* 1 → *habitación* lüften 2 FIG lüften, verraten; **airoso** *adj* 1 windig, zugig 2 FIG graziös, anmutig

aislado *adj* isoliert, abgesondert; **aislar** *vt*, *vr(se)* isolieren, absondern

ajarse vr verblühen, verwelken

ajedrez m Schach n

ajeno adj ① anderen gehörend, fremd ② ▷comportamiento unpassend ③ ↑ extraño fremd, unbekannt

ajetrearse vr ① sich abmühen, hart arbeiten ② ↑ fatigarse ermüden; **ajetreo** m : ◇ un continuo ~ ein ständiges Kommen und Gehen

ajo m Knoblauch m

ajuar m (muebles, ropas) Hausrat m

ajustado adj ① angemessen ② ▷tornillo fest angezogen; **ajustar** I. vt ① ↑ encajar einpassen, einfügen ② →reloj gleich stellen ③ →motor einstellen ④ →condiciones vereinbaren, festlegen ⑤ ↑ apretar anziehen II. vr(se) ① ↑ caber passen, sich einfügen (a in akk) ② FIG sich einigen; **ajuste** m ① Anpassung f ② ↑ acuerdo Vereinbarung f

ajusticiado(/a) m/f Hingerichtete(r) fm; **ajusticiar** vt hinrichten

al prep a + el ver **a**

ala [el] f ① (de ave) Flügel m ② (de sombrero) Hutkrempe f ③ (pl) Ambitionen pl

alabanza f Lobrede f

alacena f Küchenschrank m

alambrada f Schutzgitter n; **alambrar** vt mit Draht umzäunen; **alambre** m Draht m; ◇ ~ de púas Stacheldraht m

álamo m Pappel f

alardear vi protzen, angeben (de mit)

alargar I. vt ① verlängern, dehnen ② →brazo ausstrecken II. vr(se) länger werden

alarido m Geschrei n

alarma f Alarm m; (aparato) Alarmanlage f; **alarmar** vt, vr (se) beunruhigen, alarmieren

albañal m Abwasserkanal m

albañil m Maurer(in f) m

albaricoque m Aprikose f

alberca f Wasserbehälter m

albergar vt beherbergen; **albergue** m Unterkunft f; ◇ ~ juvenil Jugendherberge f

albor m FIG; ◇ -es pl Beginn m

alborear vi dämmern

alborotar I. vt ① ↑ desordenar stören ② ↑ agitar aufhetzen II. vi randalieren; **alboroto** m Lärm m; ↑ tumulto Aufruhr m

alborozar vt Freude machen; **alborozo** m Freude f

albufera f Schwemmgebiet n

alcachofa f Artischocke f

alcalde(-esa) m/f Bürgermeister(in f) m; **alcaldía** f Rathaus n

alcance m ① Reichweite f;

◇ **fuera del ~** außer Reichweite 2 *FIG* ↑ *trascendencia* Tragweite f

alcantarilla f Abwasserkanal m

alcanzar I. *vt* 1 → *tren, autobús* erreichen, erwischen 2 → *a alguien* einholen 3 → *deseo, cargo* erfüllen 4 → *entender* verstehen, begreifen II. *vi* [aus-] reichen

alcoba f Schlafzimmer n

alcohol m Alkohol m; **alcohólico(/a)** I. *adj* alkoholisch II. *m/f* Alkoholiker(in f) m

aldea f Dorf n; **aldeano(/a)** I. *adj* dörflich II. *m/f* Dorfbewohner(in f) m

aleatorio *adj* zufällig, ungewiß

aleccionar *vt* lehren, unterweisen

alegar I. *vt* anführen, zitieren II. *vi* JUR plädieren; **alegato** m JUR Plädoyer m

alegrar I. *vt* 1 erfreuen → *fiesta* beleben II. *vr(se)* sich freuen (*de/por/con* über *akk*); **alegre** *adj* 1 fröhlich, lustig 2 *FAM* angeheitert, beschwipst 3 ▷ *habitación* freundlich, hell; **alegría** f Freude f, Fröhlichkeit f

alejamiento m 1 Beseitigung f 2 *FIG* Entfremdung f; **alejar** I. *vt* 1 ↑ *separar* entfernen,

wegbringen 2 *FIG* ausräumen, beseitigen II. *vr(se)* 1 sich entfernen 2 *FIG* sich entfremden

alemán(-ana) I. *adj* deutsch II. *m/f* Deutsche(r) fm; **Alemania** f Deutschland n

alentador *adj* ermutigend; **alentar** I. *vt* ermutigen, anregen II. *vr(se)* Mut fassen

alergia f Allergie f

alero m Kotflügel m

alerta f : ◇ **¡~!** Vorsicht!

aleta f (*de pez*) Flosse f; AUTO Kotflügel m

aletargar I. *vt* betäuben II. *vr (se)* lethargisch werden

aleteo m Flattern n

alevosía f Heimtücke f

alfabetizar *vt* 1 ↑ *ordenar* alphabetisch ordnen 2 (*enseñar*) lesen und schreiben beibringen

alfarería f Töpferei f; **alfarero(/a)** *m/f* Töpfer(in f) m

alfiler m Stecknadel f

alfombra f Teppich m; **alfombrilla** f MED Masern pl

alga f Alge f

algazara f Geschrei n

álgido *adj:* ◇ **el punto ~** der entscheidende Moment m

algo I. *pron* etwas, ein bißchen; ◇ **vamos a tomar ~** gehen wir etwas trinken; ◇ **~ es ~** besser als nichts II. *adv:* ◇ **~ así como** so ungefähr wie …

algodón m 1 Baumwolle f 2

(*planta*) Baumwollstaude *f*; **algodonero** *m/f* Baumwollpflanzer(in *f*) *m*

alguien *pron* jemand; ◇ **ser** ~ jemand [wichtiges] sein

algún *adj*: ◇ ~ **día** e-s Tages, irgendwann; **alguno(/a)** **I.** *adj* irgendlein(e); ◇ **sin interés** ~ ohne das geringste Interesse **II.** *pron*: ◇ ~**s dicen que** einige [Leute] sagen, daß

alhaja *f* Schmuckstück *n*

aliado *adj* verbündet; **alianza** *f* POL Allianz *f*; ◇ **la A- Atlántica** die NATO; **aliar** *vt, vr(se)* (sich) verbünden (*a/con* mit)

aliciente *m* Lockmittel *n*; FIG Anziehungskraft *f*

alienar **I.** *vt* ①↑ *vender* veräußern ② JUR übertragen **II.** *vr(se)* ↑ *enajenarse* sich entfremden

aliento *m* ① ↑ *aire* Atem *m*, Atmung ② Mut *m*

aligerar **I.** *vt* ① → *peso* erleichtern ② → *paso* beschleunigen **II.** *vr(se)* ① sich befreien ② (*de ropa*) sich ausziehen

alimentación *f* Ernährung *f*; **alimentar** *vt* ① ↑ *mantener* versorgen ② ↑ *nutrir* ernähren; **alimento** *m* Nahrung *f*

alineado *adj* aufgereiht, in e-r Reihe; **alinear** **I.** *vt* aufreihen **II.** *vr(se)* SPORT aufgestellt sein

alisar *vt* glätten, polieren

alistar **I.** *vt* anwerben **II.** *vr(se)* MIL anmustern

aliviar *vt* ① ↑ *disminuir* entlasten, erleichtern **II.** *vr(se)* sich erholen; **alivio** *m* Erleichterung *f*

alma [**el**] *f* ① Seele *f* ② (*que da la vida*) Geist *m* ③ ↑ *interés* Einsatz *m*; ◇ **no tener** ~ kein Mitleid haben

almacén *m* ① ↑ *depósito* Lager *n* ② ↑ *tienda* Laden *m*; **almacenar** *vt* lagern, speichern; **almacenista** *m/f* Lagerist(in *f*) *m*

almeja *f* Muschel *f*

almendra *f* Mandel *f*; **almendro** *m* FLORA Mandelbaum *m*

almirante *m* Admiral *m*

almohada *f* Kopfkissen *n*; FIG ◇ **consultar con la** ~ e-e Sache überschlafen

almorzar **I.** *vt* speisen **II.** *vi* zu Mittag essen; **almuerzo** *m* ↑ Mittag essen

alocado *adj* verrückt

alojamiento *m* Unterkunft *f*; **alojar** **I.** *vt* unterbringen, einquartieren **II.** *vr(se)* absteigen

Alpes *mpl* ◇ ~ **los** - die Alpen *pl*; **alpinismo** *m* Bergsteigen *n*; **alpinista** *m/f* Bergsteiger(in *f*) *m*

alquilar *vt* ① verleihen ② → *piso* mieten ③ (*a alguien*) vermieten; **alquiler** m (de piso) Miete f m; (de terreno) Pacht f

alquimista m/f Alchimist m

alrededor adv ① ringsherum ② ◇ - de so ungefähr

alta f : ◇ dar de - a alguien jd-n gesund schreiben; ◇ darse de - en sich anmelden bei

altanero adj hochmütig

altar m Altar m

altavoz m Lautsprecher m

alteración f ① Veränderung f ② Störung f; **alterar** vt, vr(se) ① → orden verändern ② ↑ perturbar stören, belästigen

altercado m Streit m

alternar vi ① sich abwechseln ② ↑ suceder folgen auf akk; **alternativo/(a)** I. adj también POL alternativ, abwechselnd II. f Alternative f

alteza f Höhe f

altisonante adj hochtrabend

altitud f Höhe f

alto I. adj ① hoch; ◇ pasar por - übersehen ② (estatura) groß ③ FIG bedeutend ④ ▷sonido laut II. m ① Halt m ② GEO Hügel m III. interj halt; **altura** f ① Höhe f ② (estatura) Größe f ③ GEO Meereshöhe f

alucinante adj FAM klasse, super, toll; **alucinar** vi Halluzinationen haben; FAM ausflippen

alud m Lawine f

aludir vi : ◇ - a sich beziehen auf akk

alumbramiento m MED Entbindung f

alumbrar I. vt beleuchten II. vi MED entbinden

alumno/(a) m/f Schüler(in)(f)

alusión f Andeutung f; **alusivo** adj anspielend (a auf akk)

aluvión m Überschwemmung f

alza f Erhöhung f; COM Steigerung f; **alzamiento** m Aufstand m; **alzar** I. vt ① ↑ levantar erheben, aufheben ② COM erhöhen II. vr(se) ① ↑ ponerse de pie aufstehen ② ↑ sublevarse rebellieren, sich erheben

allá adv ① da, dort; ◇ - por la India da in Indien; ◇ - abajo dort unten ② dorthin; ◇ hacia - dorthin ③ (tiempo) damals

allanar vt ① → terreno ebnen, planieren ② Hausfriedensbruch begehen

allegado/(a) I. adj nahe, nahestehend II. m/f Angehörige(r) fm; **allegar** I. vt zusammentragen, sammeln II. vr(se) sich nähern

allí adv dort; ◇ - mismo genau dort; ◇ de - von dort

ama [el] f ① Hausherrin f; ◇ - de casa Hausfrau f ② (propietaria) Eigentümerin f

amable adj liebenswürdig, nett

amagar *vt, vi* drohen, bevorstehen; **amago** *m* Drohgebärde *f*

amainar I. *vt* FIG ↑ *calmar* besänftigen, beschwichtigen **II.** *vi* nachlassen, schwächer werden

amanecer I. *vi* Tag werden **II.** *m* Tagesanbruch *m*

amanerado *adj* geziert, affektiert

amante I. *adj* liebevoll **II.** *m/f* Geliebte(r) *fm*

amapola *f* Mohn *m*

amar *vt* lieben

amargar I. *vt* bitter machen **II.** *vr(se)* bitter werden; **amargo** *adj* bitter

amarillo *adj* gelb

amarradero *m* NAUT Anlegeplatz *m*; **amarrar** *vt* NAUT → *embarcación* vertäuen

amasar *vt* ⓵ → *pan* kneten ⓶ FIG anhäufen

amateur *m/f* Amateur(in *f*) *m*

Amazonas *m* : ◇ **el** - der Amazonas

ambición *f* Ehrgeiz *m*; **ambicioso** *adj* ehrgeizig

ambiental *adj* Umwelt-; ◇ **contaminación** - Umweltverschmutzung *f*; **ambiente** *m* ⓵ Umgebung *f*; ◇ **medio** - Umwelt *f* ⓶ (*circunstancias*) Umstände *pl* ⓷ Milieu *n*

ambiguo *adj* zweideutig

ámbito *m* ⓵ ↑ *contorno* Umkreis *m* ⓶ FIG Rahmen *m*

ambos(/**as**) *adj, pron* (*pl*) beide

ambulante *adj* wandernd, umherziehend; **ambulatorio** *m* Ambulanz *f*

amedrentar I. *vt* ↑ *dar miedo* einschüchtern **II.** *vr(se)* Angst bekommen

amenaza *f* Drohung *f*; **amenazar** *vt, vi* drohen *dat*

amenguar *vt* vermindern

ameno *adj* ▷*persona* unterhaltsam

América *f* Amerika *n*; ◇ - **del Norte/del Sur** Nord-/Südamerika *n*; ◇ - **Central/Latina** Mittel-/Lateinamerika *n*; **americano** (/**a**) **I.** *adj* amerikanisch **II.** *m/f* Amerikaner(in *f*) *m*

amigable *adj* freundlich, freundschaftlich

amígdala *f* ANAT Mandel *f*

amigo(/**a**) *m/f* Freund(in *f*) *m*

amilanar I. *vt* einschüchtern **II.** *vr(se)* Angst kriegen

aminorar *vt, vr(se)* vermindern, verringern

amistad *f* ⓵ Freundschaft *f* ⓶ ◇ **-es** *pl* Bekanntenkreis *m*; **amistoso** *adj* freundschaftlich

amnesia *f* MED Amnesie *f*

amnistía *f* Amnestie *f*

amo *m* Eigentümer *m*

amodorrarse *vr* schläfrig werden

amolar *vt* schleifen

amoldar *vt, vr(se)* (sich) anpassen

amonestación *f* Verwarnung *f;* **amonestar** *vt* verwarnen, ermahnen

amoníaco *m* Ammoniak *m*

amontonamiento *m* Anhäufung *f;* **amontonar** *vt, vr(se)* sammeln, (sich) anhäufen

amor *m* Liebe *f*

amoral *adj* unmoralisch

amoratado *adj* dunkelviolett

amordazar *vt* knebeln, zum Schweigen bringen

amorfo *adj* amorph, formlos

amorío *m* Techtelmechtel *n;* **amoroso** *adj* zärtlich

amortajar *vt* einkleiden, einhüllen

amortiguación *f* Dämpfen *n;* **amortiguador** *m* Stoßdämpfer *m;* **amortiguar** *vt* dämpfen, abschwächen;

amortizable *adj* tilgbar; **amortización** *f* Tilgung *f;* **amortizar** *vt* tilgen

amotinado(/a) *m/f* Meuterer *m,* Meuterin *f;* **amotinarse** *vr* meutern

amparar I. *vt* beschützen II. *vr (se)* Schutz suchen; **amparo** *m* Schutz *m*

ampliable *adj* erweiterungsfähig; **ampliación** *f* Erweiterung *f;* **ampliar** *vt* vergrößern,

erweitern; **amplificación** *f* Erweiterung *f;* **amplificador** *m* TECNI, MUS Verstärker *m;* **amplificar** *vt* verstärken; **amplio** *adj* weit, geräumig; **amplitud** *f* Ausdehnung *f*

ampolla *f* Ampulle *f*

ampuloso *adj* hochtrabend

amputación *f* Amputation *f;* **amputar** *vt* amputieren

amueblar *vt* möblieren

amuleto *m* Amulett *n*

amurallar *vt* mit Mauern umgeben

anaconda *f* Anakonda *f*

anacoreta *m/f* Einsiedler(in *f)* *m*

anacrónico *adj* widersprüchlich; **anacronismo** *m* Anachronismus *m*

ánade *m* Ente *f*

anales *m/pl* Annalen *pl*

analfabetismo *m* Analphabetismus *m;* **analfabeto(/a)** *m/f* Analphabet(in *f) m*

análisis *f* Analyse *f;* **analítico** *adj* analytisch

analizar *vt* analysieren; **analogía** *f* Analogie *f;* **análogo** *adj* entsprechend, analog

anaquel *m* [Regal-]Brett *n*

anarquía *f* Anarchie *f;* **anárquico** *adj* anarchisch, anarchisch; **anarquismo** *m* Anarchismus *m;* **anarquista** *m/f* Anarchist(in *f) m*

anatomía f Anatomie f

ancestral adj altertümlich, Ahnen-

anciano adj alt, [hoch-]betagt

ancla f Anker m; **anclar** vi vor Anker gehen

ancho adj ① breit, weit ② FIG unbelastet; ◇ **a lo -** nach Belieben

anchoa f Sardelle f

anchura f Breite f, Weite f

andadura f Gangart f

Andalucía f Andalusien n; **andaluz(a)** m/f Andalusier(in f) m

andamio m Baugerüst n

andanza f ① Zufall m ② (acción) Wagnis n; **andar** irr I. vi ① gehen; ◇ **¡anda!** na komm schon! ② (obrar) sich beschäftigen; ◇ **- feliz** glücklich sein II. m Gangart f; **andarín** adj wanderlustig

andén m Bahnsteig m

Andes m/pl : ◇ **los -** die Anden pl

Andorra f Andorra n

andrajo m Lumpen m; **andrajoso** adj zerlumpt

anécdota f Anekdote f

anegar vt überschwemmen, überfluten

anemia f Blutarmut f

anestesia f Narkose f; **anestesiar** vt betäuben; **anestésico** m Betäubungsmittel n;

anestesista m/f Narkosearzt m, -ärztin f

anexionar vt annektieren

anexo adj beiliegend, hinzugefügt

anfibio m Amphibie f

anfiteatro m Amphitheater n

anfitrión(-ona) m/f Gastgeber (in f) m

ánfora f Amphore f

ángel m Engel m; **angelical** adj, **angélico** adj engelhaft

angina f Halsentzündung f; ◇ **- de pecho** Angina f pectoris

anglicano adj anglikanisch; **anglicismo** m Anglizismus m; **angloamericano** adj angloamerikanisch

angosto adj eng; **angostura** f Enge f

anguila f Aal m; **angula** f GASTRON Jungaal m

ángulo m ① Winkel m ② ↑ esquina Ecke f

anguloso adj wink[e]lig, kantig

angustia f ① Angst f ② Kummer m; **angustiar** vt, vr(se) ängstigen, quälen; **angustioso** adj ① ängstlich ② beängstigend, quälend

anhelante adj sehnsüchtig; **anhelar** vt ersehnen; **anhelo** m Sehnsucht f

anidar vi nisten

anilla f **anillo** m Ring m

ánima f Seele f

animación f Lebhaftigkeit f; **animado** adj munter, lebhaft; **animador(a)** m/f Animateur (in f) m

animal m Tier n

animar I. vt [1] → *fiesta* beleben [2] ↑ *dar ánimo* aufmuntern, ermutigen II. vr(se) Mut schöpfen; **anímico** adj mental, geistig; **ánimo** m [1] ↑ *espíritu* Gemüt m [2] ↑ *valor* Mut m; **animosidad** f Feindseligkeit f; **animoso** adj [1] ↑ *valiente* mutig [2] ↑ *decidido* lebhaft

aniñado adj kindlich, kindisch

aniquilar vt zerstören, vernichten

anís m Anis m

aniversario m Jahrestag m

ano m After m

anoche adv gestern abend; **anochecer** m Einbruch m der Dunkelheit

anomalía f Anomalie f; **anómalo** adj sonderbar, abnorm

anonadado adj überwältigend; **anonadar** vt [1] überwältigen [2] ↑ *destruir* demütigen

anónimo adj anonym

anorak m Anorak m

anorexia f MED Magersucht f

anormal adj anormal, regelwidrig

anotación f Notiz f; **anotar** vt notieren

anquilosarse vr MED steif werden

ansia f Sehnsucht f; **ansiar** vt sich *dat* sehnlichst wünschen; **ansiedad** f [1] ↑ *angustia* Unruhe f [2] ↑ *agitación* Begierde f; **ansioso** adj begierig

antagónico adj feindlich, entgegengesetzt; **antagonista** m/f Gegenspieler(in f) m

antaño adv ehemals

Antártida f; ◇ la - die Antarktis

ante prep [1] vor *dat;* ◇ - *todo* vor allem [2] im Vergleich mit

anteayer adv vorgestern

antebrazo m Unterarm m

antecedente m [1] Vorgeschichte f [2] (pl) Vorleben n; **anteceder** vt vorangehen dat; **antecesor(a)** m/f [1] Vorgänger(in f) m [2] (pl) Vorfahren m/pl

antedicho adj obengenannt

antelación f; ◇ con - im voraus

antemano adv; ◇ de - im voraus

antena f [1] Antenne f [2] FAUNA Fühler m

anteojo m Fernglas n

antepasados m/pl Vorfahren pl

antepecho m Fensterbrett n

anteponer irr vt voranstellen, vorziehen; **antepuesto** adj vorhergehend, vorangegangen

anterior adj vorhergehend, früher; **anterioridad** *f* : ◇ con ~ früher

antes I. *adv* ① vorhin, vorher; ◇ dos años - zwei Jahre zuvor ② ◇ cuanto ~ so bald wie möglich ③ ◇ vormals; ◇ de - (*anterior*) früher ④ lieber II. *prep:* ◇ - de bevor; ◇ - de nada zuallererst III. *cj:* ◇ - de que *subj* ehe, bevor

antesala *f* Vorzimmer *n*

antibiótico *m* Antibiotikum *n*

anticiclón *m* METEO Hoch[druckgebiet] *n*

anticipación *f* Vorwegnahme *f;* ◇ con - im voraus; **anticipado** *adj* voreilig; **anticipar** *vt* ① vorwegnehmen, zuvorkommen *dat* ② →*pago* vorstrecken, vorauszahlen; **anticipo** *m* Vorschuß *m*

anticlerical *adj* antiklerikal

anticonceptivo *m* Verhütungsmittel *n*

anticonstitucional *adj* verfassungswidrig

anticuado *adj* veraltet; **anticuario/(a)** *m/f* Antiquitätenhändler(in *f*) *m*

anticuerpo *m* MED: ◇ -s Antikörper *m/pl*

antidoping ‹inv› SPORT Doping-

antídoto *m* Gegengift *n*

antidroga ‹inv› *adj* Drogenbekämpfungs-

antiestético *adj* unästhetisch, häßlich

antifaz *m* Maske *f*

antigualla *f* alter Krempel

antiguamente *adv* früher; **antigüedad** *f* Altertum *n;* **antiguo** *adj* alt, ehemalig

antihéroe *m* Antiheld *m*

antílope *m* Antilope *f*

Antillas *f/pl* : ◇ las - die Antillen *pl*

antimafia ‹inv› *adj* Antimafia-

antimilitarismo *m* Antimilitarismus *m*

antiniebla ‹inv› *adj:* ◇ faro - Nebelscheinwerfer *m*

antinuclear *adj:* ◇ activista - Kernkraftgegner(in *f*) *m*

antipatía *f* Antipathie *f;* **antipático** *adj* unsympathisch

antípodas *f/pl* Widersprüchlichkeiten *f/pl*

antirrobo *adj:* ◇ dispositivo - Diebstahlsicherung *f*

antiterrorismo *m* Terrorismusbekämpfung *f*

antítesis *f* ‹inv› Antithese *f*

antojarse *vr* versessen sein; **antojo** *m* Laune *f*

antología *f* Anthologie *f*

antónimo *m* Antonym *n*

antorcha *f* Fackel *f*

antropología *f* Anthropologie *f*

anual *adj* jährlich; **anualidad** *f* Jahreseinkommen *n;* **anuario** *m* Jahrbuch *n*

anudar vt verknoten

anulación f Annullierung f; **anular** I. vt annullieren II. m Ringfinger m

anunciación f Ankündigung f; **anunciar** vt ① ↑ notificar ankündigen, bekanntmachen ② → publicidad inserieren; **anuncio** m Annonce f

anzuelo m FIG Köder m

añadidura f Zusatz m; **añadir** vt hinzufügen

añejo adj veraltet

añicos m/pl : ◇ hacer(se) - in tausend Stücke zerbrechen

año m Jahr n; ◇ tener 25 -s cumplidos 25 Jahre alt sein; ◇ ¡Feliz A- Nuevo! ein gutes neues Jahr!

añoranza f Heimweh n; **añorar** vt vermissen, herbeisehnen

aorta f MED Aorta f

apabullar vt erdrücken

apacentar irr vt FIG nähren, befriedigen; **apacible** adj mild, sanft

apaciguar vt, vr(se) beruhigen, lindern

apadrinar vt fördern, unterstützen

apagado adj ① (poco brillante) stumpf ② ▷ sonido gedämpft ③ ▷ volcán erloschen; **apagar** vt ① → fuego [aus-]löschen ② → luz, radio ausmachen; **apa-**

gón m ELECTR Stromausfall m

apalabrar vt [mündlich] vereinbaren

apalear vt schlagen

apañado adj praktisch, geschickt; **apañar** I. vt ① ↑ recoger nehmen, packen ② ↑ apropiarse de algo wegnehmen II. vr (se) FAM zurechtkommen; **apaño** m Flicken m

aparador m Buffet n

aparato m Apparat m; **aparatoso** adj prunkvoll, pompös, PEY protzig

aparcamiento m Parkplatz m; **aparcar** vt, vr aparken

aparearse vr sich paaren

aparecer vi, vr(se) erscheinen, auftauchen

aparejado adj passend; **aparejar** vt herrichten, vorbereiten

aparejo m Vorbereitung f

aparentar vt vorgeben, simulieren; **aparente** adj ① scheinbar ② ↑ conveniente passend

aparición f Erscheinung f, Erscheinen n; **apariencia** f Aussehen n

apartado I. adj abgelegen II. m ① Nebenzimmer n ② ◇ - [de correos] Postfach n; **apartamento** m Appartement n; **apartar** vt ① ↑ separar tren-

nen ② ↑ *retirar* wegräumen,
aussortieren
aparte I. *adv* ① abseits, beiseite; ◇ - de abgesehen von ②
↑ *además* außerdem **II.** *adj* ①
▷*conversación* privat ② ↑ *adicional* zusätzlich
apasionado *adj* leidenschaftlich; **apasionante** *adj* erregend, ergreifend; **apasionar**
vt, vr(se) (sich) begeistern (*por/
de* für)
apatía *f* Apathie *f*; **apático**
adj teilnahmslos, apathisch
apdo *m abr. de* apartado [de
correos] Postfach *n*
apeadero *m* TREN Station *f*;
apearse *vr* absteigen, aussteigen
apedrear *vt* steinigen
apegarse *vr* Zuneigung fassen;
apego *m* Zuneigung *f*
apelación *f* JUR Berufung *f*;
apelar *vi* ① JUR Berufung
einlegen ② (*a alguien*) Hilfe suchen bei
apelativo *m* Rufname *m*
apellidar I. *vt* nennen **II.** *vr(se)*
heißen; **apellido** *m* Familienname *m*
apenar *vt* bekümmern, traurig
machen
apenas I. *adv* kaum **II.** *cj* sobald
apéndice *m* Anhang *m*; MED
Blinddarm *m*

apercibir I. *vt* vorbereiten,
warnen **II.** *vr(se)* bemerken
apertura *f* Öffnung *f*, Eröffnung *f*
apesadumbrar I. *vt* tief bekümmern **II.** *vr(se)* sich grämen
apestar *vi* stinken
apetecer *vt* wünschen, begehren; **apetecible** *adj* wünschenswert; **apetencia** *f* Verlangen *n*
apetito *m* Appetit *m*; **apetitoso** *adj* appetitlich
apiadarse *vr* Mitleid haben
ápice *m* Spitze *f*
apicultor(a) *m/f* Imker(in *f*) *m*
apilar *vt, vr(se)* (sich) anhäufen
apiñar *vt, vr(se)* FAM (sich) zusammendrängen
apisonadora *f* Walze *f*
aplacar *vt* besänftigen
aplanar *vt* ① → *suelo* einebnen,
glätten ② FIG entmutigen
aplastante *adj* erdrückend;
aplastar *vt* ① plattdrücken ②
FAM fertigmachen
aplaudir *vi* applaudieren; **a-
plauso** *m* Applaus *m*, Zustimmung *f*
aplazamiento *m* Vertagung *f*;
aplazar *vt* aufschieben, vertagen
aplicación *f* Anwendung *f*;
aplicado *adj* fleißig; **aplicar**

I. *vt* anwenden II. *vr(se)* sich einsetzen

aplomo *m* Selbstsicherheit *f*

apocado *adj* schüchtern, verzagt; **apocar** I. *vt* FIG einschüchtern II. *vr(se)* verzagen

apodar *vt* e-n Spitznamen geben *dat*

apoderado/(a) *m/f* Bevollmächtigte(r) *fm*; **apoderar** *vt* bevollmächtigen

apodo *m* Spitzname *m*

apogeo *m* Höhepunkt *m*

apología *f* Lobrede *f*

apoltronarse *vr* FAM faulenzen

apoplejía *f* MED Schlaganfall *m*

aporrear *vt* verprügeln

aportar *vt* beitragen, beisteuern

aposentar *vt* beherbergen; **aposento** *m* Unterkunft *f*

apostar *vt* 1 wetten 2 ↑ *situar* aufstellen

apostilla *f* Randbemerkung *f*

apóstol *m* Apostel *m*

apóstrofe *m* Anrede *f*

apóstrofo *m* Apostroph *m*

apoteosis *f* Verherrlichung *f*

apoyar I. *vt* stützen, unterstützen II. *vr(se)* 1 sich stützen 2 sich verlassen; **apoyo** *m* Stütze *f*, Unterstützung *f*

apreciable *adj* beträchtlich, bedeutend; **apreciación** *f* Hoch-

achtung *f*; **apreciar** *vt* 1 wahrnehmen 2 FIG zu schätzen wissen; **aprecio** *m* Einschätzung *f*; FIG Wertschätzung *f*

aprehender *vt* erkennen, wahrnehmen

apremiante *adj* eilig, dringend

apremiar I. *vt* ↑ *insistir* [be]drängen, zwingen II. *vi* dringend sein

apremio *m* Dringlichkeit *f*

aprender *vt* lernen

aprendiz(a) <ices> *m/f* Auszubildende(r) *fm*; **aprendizaje** *m* Lehre *f*

aprensión *f* Angst *f*, Befürchtung *f*; **aprensivo** *adj* ängstlich, besorgt

apresar *vt* → *persona* verhaften; → *animal* ergreifen

apresurado *adj* eilig, hastig; **apresuramiento** *m* Eile *f*; **apresurar** I. *vt* drängen, antreiben II. *vr(se)* sich beeilen

apretado *adj* knapp, eng, dicht gedrängt; **apretar** I. *vt* drücken; ↑ *presionar* unter Druck setzen II. *vi* stärker werden; **apretón** *m* (de manos) [Hände-]Druck *m*

apretujar I. *vt* FAM drängeln II. *vr(se)* sich drängen; **apretura** *f* 1 Enge *f* 2 (de gente) Gedränge *n* 3 ↑ *apuros* Notlage *f*; **aprieto** *m* Notlage *f*

aprisa adv schnell

aprisionar vt ins Gefängnis stecken

aprobación f Zustimmung f;

aprobar vt ① zustimmen dat ② → examen bestehen

apropiado adj angemessen, geeignet; **apropiar** vt anpassen

aprovechado adj ① ↑ aplicado fleißig ② (con dinero) sparsam, geizig; **aprovechamiento** m Nutzung f; **aprovechar** I. vt nutzen, ausnutzen, gebrauchen II. vi: ◇ ¡que aproveche! guten Appetit! III. vr: ◇ -se de etw ausnutzen

aprovisionamiento m Versorgung f

aproximación f Annäherung f; **aproximado** adj ungefähr, annähernd; **aproximar** I. vt näher bringen II. vr(se) sich nähern

aptitud f Befähigung f; **apto** adj ① fähig ② ↑ adaptado geeignet

apuesta f (de apostar) Wette f

apuesto adj stattlich, elegant

apuntalar vt abstützen, stützen

apuntar I. vt ① ↑ anotar notieren, aufschreiben ② ↑ indicar mit dem Finger zeigen ③ (en una lista) anmelden II. vr(se) (en una lista) sich einschreiben ② ◇ ¡me apunto! ich bin dabei!; **apunte** m ① Notiz f ② (pl) Aufzeichnungen f/pl

apuñalar vt erstechen

apurado adj ① ↑ necesitado mittellos, arm ② ↑ apresurado eilig; **apurar** I. vt ① ↑ agotar leeren, aufbrauchen ② ↑ atosigar unter Druck setzen II. vr(se) ① ↑ preocuparse sich Sorgen machen ② ↑ darse prisa sich beeilen; **apuro** m ① ↑ aflicción Kummer m ② ↑ aprieto Notlage f

aquejar vt quälen

aquel, aquella <aquellos, aquellas> artículo jener, jene, jenes; (pl) jene; **aquello** pron jenes, das dort

aquí I. adv ① hier; ◇ - mismo gerade hier ② jetzt; ◇ de - a siete días heute in e-r Woche II. cj: ◇ de - que daher, und so ...

aquietar vt beruhigen, besänftigen

ara m Altar m

árabe I. adj arabisch II. m/f Araber(in) f, m; **Arabia** f : ◇ - Saudita Saudi-Arabien m

arado m AGR Pflug m

Aragón m Aragonien n; **aragonés(-esa)** adj aragonisch

arancel m Tarif m

araña f Spinne f

arañar vt, vi kratzen; **arañazo** m Kratzer m

arar vt pflügen

arbitraje *m* Schiedsspruch *m*;
arbitrar *vt* schlichten
arbitrariedad *f* Willkür *f*; **arbitrario** *adj* willkürlich
árbitro *m* SPORT Schiedsrichter(in *f*) *m*
árbol *m* Baum *m*; **arbolado** *m* Waldland *n*; **arboleda** *f* Wäldchen *n*; **arbusto** *m* Strauch *m*
arca *f* ↑ *arcón* Truhe *f*; (*caja*) Kiste *f*
arcada *f* 1 Arkade *f* 2 *pl*, MED ↑ *náuseas* Würgen *n*
arcaico *adj* veraltet, archaisch
arce *m* Ahorn *m*
arcén *m* Standspur *f*
arcilla *f* Ton *m*
arco *m* ◇ ~ **el** ~ **y las flechas** Pfeil und Bogen
arcón *m* Kasten *m*
archiduque(-esa) *m/f* Erzherzog(in *f*) *m*
archipiélago *m* Archipel *m*
archivar *vt* archivieren; **archivo** *m* Archiv *n*, Akten *f/pl*
arder I. *vt* verbrennen II. *vi* brennen
ardid *m* Trick *m*
ardiente *adj* brennend, feurig
ardilla *f* Eichhörnchen *n*
ardor *m* 1 ↑ *calor* Hitze *f* 2 ↑ *entusiasmo* Eifer *m*; **ardoroso** *adj* 1 glühend 2 ▷ *amante* feurig
arduo *adj* anstrengend, mühselig

área *f* 1 Fläche *f*; ◇ ~ **de servicio** Raststätte *f* 2 FIG Bereich *m*
arena *f* 1 Sand *m* 2 Arena *f*; **arenoso** *adj* sandig
arenque *m* Hering *m*
argamasa *f* Mörtel *m*
Argel *m* Algier *m*; **Argelia** *f* Algerien *n*; **argelino(/a)** I. *adj* algerisch II. *m/f* Algerier(in *f*) *m*
Argentina *f* Argentinien *n*; **argentino(/a)** I. *adj* argentinisch II. *m/f* Argentinier(in *f*) *m*
argolla *f* Metallring *m*
argot *m* Slang *m*
argucia *f* Arglist *f*
argüir *irr vi* argumentieren, streiten; **argumentación** *f* Argumentation *f*; **argumentar** I. *vt* folgern, schließen II. *vi* argumentieren; **argumento** *m* 1 Argument *n* 2 (*de una novela*) Handlung *f*
aria *f* Arie *f*
aridez *f* Dürre *f*; **árido** *adj* trocken; FIG langweilig
Aries *m* <inv> ASTROL Widder *m*
arisco *adj* ungesellig, barsch
aristocracia *f* Aristokratie *f*; **aristócrata** *m/f* Aristokrat(in *f*) *m*
aritmética *f* Arithmetik *f*
arlequín *m* Harlekin *m*
arma *f* Waffe *f*; ◇ ~s **nucleares** Atomwaffen *pl*; **armada** *f* MIL Kriegsflotte *f*

armadillo *m* Gürteltier *n*

armado *adj* bewaffnet; **armadura** *f* Rüstung *f*; **armamento** *m* Bewaffnung *f*; **armar I.** *vt* ① bewaffnen ② → *tienda de campaña* aufstellen **II.** *vr(se)* ① ↑ *facilitar armas* sich bewaffnen ② ← *alboroto* entstehen

armario *m* Schrank *m*

armazón *f* ① (*de construcción*) Baugerüst ② (*de muebles*) Gestell *n*

armería *f* Waffenhandlung *f*

armiño *m* Hermelin[-pelz] *m*

armisticio *m* Waffenstillstand *m*

armonía *f* Harmonie *f*

armónica *f* Mundharmonika *f*; **armónico** *adj* harmonisch; **armonioso** *adj* harmonisch; **armonizar** *vi* harmonisieren

arpa *f* MUS Harfe *f*

arpista *m/f* Harfenspieler(in *f*) *m*

arpón *m* Harpune *f*

arquear *vt, vi* (sich) biegen; **arqueo** *m* Wölbung *f*

arqueología *f* Archeologie *f*; **arqueólogo(/a)** *m/f* Archeologe *m*, Archeologin *f*

arquero *m* Bogenschütze *m*

arquetipo *m* Archetyp *m*

arquitecto(/a) *m/f* Architekt (in *f*) *m*; **arquitectura** *f* Architektur *f*

arrabal *m* Vorort *m*

arraigado *adj* verwurzelt, bodenständig; **arraigar I.** *vt* FIG etablieren, verstärken **II.** *vi* Wurzeln schlagen **III.** *vr(se)* seßhaft werden, sich etablieren

arrancada *f* AUTO Blitzstart *m*; **arrancar I.** *vt* ① (*del suelo, de la pared*) ausreißen ② → *motor* starten **II.** *vi* anlaufen, starten; **arranque** *m* ① (*acción*) Ausreißen ② (*de vehículo*) Start *m*

arras *f/pl* Anzahlung *f*

arrasar *vt* dem Erdboden gleichmachen

arrastrado *adj* armselig, elend; **arrastrar I.** *vt* schleppen, schleifen **II.** *vr(se)* ① → *animales* kriechen ② ↑ *humillarse* sich erniedrigen; **arrastre** *m* Fortschleifen *n*

arrear I. *vt* FAM antreiben **II.** *vi*: ◇ ¡arrea! los!, schnell!

arrebatado *adj* ① *precipitado* ungestüm, hastig ② ↑ *violento* gereizt, jähzornig; **arrebatar I.** *vt* ① → *victoria* rauben ② FIG faszinieren **II.** *vr(se)* außer sich geraten; **arrebato** *m* ① (*de pasión*) Anwandlung *f* ② (*de cólera*) Jähzorn *m*

arreciar *vi* stärker werden

arrecife *m* Riff *n*

arreglado *adj* ordentlich, geregelt; **arreglar I.** *vt* 1 ↑ *poner orden* aufräumen, in Ordnung bringen 2 ↑ *reparar* reparieren **II.** *vr(se)* FAM: ◇ arreglárselas zurechtkommen; **arreglo** *m* Übereinkunft *f*; ◇ **con ~ a** gemäß

arremangar *vt* hochkrempeln, hochrollen

arremeter *vt*: ◇ **~ con/contra** herfallen über *akk*

arrendador(a) *m/f* Vermieter (in *f*) *m*; **arrendamiento** *m* Miete *f*; **arrendar** *irr vt* ↑ *alquilar* vermieten, mieten; **arrendatario/a** *m/f* Mieter (in *f*) *m*

arreo *m* Schmuck *m*

arrepentido *adj* reumütig; **arrepentimiento** *m* Reue *f*; **arrepentirse** *vr*: ◇ **~ de algo** etw bereuen

arrestar *vt* verhaften, festnehmen; **arresto** *m* Verhaftung *f*

arriar *vt* einholen

arriba *adv* 1 oben, darauf; ◇ **el piso de ~** das Obergeschoß; ◇ **~ mencionado** oben erwähnt 2 nach oben

arribar *vi* NAUT einlaufen; **arribista** *m/f* Emporkömmling *m*; **arribo** *m* NAUT Einlaufen *n*

arriesgado *adj* riskant, gefähr-

lich; **arriesgar I.** *vt* riskieren, gefährden **II.** *vr(se)* sich gefährden

arrimar I. *vt* 1 ↑ *apartar* wegräumen 2 ↑ *acercar* heranbringen **II.** *vr(se)* sich nähern; **arrimo** *m* Schutz *m*

arrinconado *adj* abgelegen, verlassen; **arrinconar** *vt* 1 beiseite legen 2 ↑ *acorralar* in die Enge treiben

arrodillarse *vr* [sich] niederknien

arrogancia *f* Arroganz *f*; **arrogante** *adj* arrogant, überheblich

arrojado *adj* mutig; **arrojar I.** *vt* 1 →*piedras* werfen, schleudern 2 ↑ *expulsar* verbreiten **II.** *vr(se)* sich stürzen; **arrojo** *m* Verwegenheit *f*

arrollador *adj* überwältigend; **arrollar** *vt* aufwickeln, aufrollen

arropar I. *vt* bedecken, bekleiden **II.** *vr(se)* sich einhüllen

arroyo *m* Bach *m*

arroz *m* Reis *m*

arruga *f* Falte *f*; **arrugarse** *vr* faltig werden, knittern

arruinar I. *vt* ruinieren, zerstören **II.** *vr(se)* sich zugrunde richten

arrullar *vt* in den Schlaf wiegen

arsenal *m* Arsenal *n*

arsénico m Arsen n

arte m 1 Kunst f 2 ↑ habilidad Geschick n

artefacto m Maschine f

arteria f Arterie f

artesanal adj handwerklich, Handwerks-

artesanía f Kunsthandwerk n;

artesano(/a) m/f Handwerker (in f)

ártico adj arktisch; **Ártico** m die Arktis

articulación f 1 Artikulation f 2 ANAT Gelenk n; **articulado** adj 1 gegliedert 2 GRAM artikuliert; **articular** vt artikulieren

artículo m Artikel m; (de venta) Ware f

artífice m/f Künstler(in f) m

artificial adj künstlich; **artificio** m Kunstgriff m; **artificioso** adj schlau, listig

artillería f Artillerie f

artimaña f Falle f

artista m/f Künstler(in f) m; **artístico** adj künstlerisch

artritis f Arthritis f

arzobispo m Erzbischof m

as m As n

asa f Henkel m

asado m Braten m

asalariado(/a) m/f Lohn/Gehaltsempfänger(in f) m

asaltante(a) m/f **asaltante** m/f Angreifer(in f) m; **asaltar** vt überfallen; **asalto** m Überfall m

asamblea f Versammlung f

asar vt braten

ascendencia f Vorfahren pl;

ascender I. vt besteigen II. vi hinaufsteigen; **ascendiente** m Vorfahr m

ascensión f Aufstieg m; **ascenso** m Steigung f, Beförderung f; **ascensor** m Fahrstuhl m

ascético adj asketisch, enthaltsam

asco m Ekel m

ascua f Glut f

aseado adj sauber, ordentlich;

asear vt, vr(se) saubermachen, waschen

asediar vt belagern; FIG bestürmen; **asedio** m Belagerung f

asegurado adj versichert;

asegurador adj Versicherungs-; **asegurar** vt 1 ↑ sujetar befestigen, sichern 2 ↑ prometer versichern

asemejarse vr sich ähnlich sehen

asentaderas f/pl FAM Hintern m; **asentado** adj ruhig, gesetzt, etabliert; **asentar** I. vt → a alguien hinsetzen; → cosa aufstellen; → ciudad gründen II. vr(se) 1 ↑ instalarse sich etablieren 2 ↑ estar situado sich befinden

asentir vi zustimmen dat

aseo m Badezimmer n, Toilette f

asequible adj erreichbar

aserradero m Sägewerk n; **aserrar** vt sägen

asesinar vt ermorden; **asesinato** m Mord m; **asesino(/a)** m/f Mörder(in f)

asesor(a) m/f JUR Beisitzer(in f) m; **asesoramiento** m Beratung f; **asesorar** vt beraten; **asesoría** f Kanzlei f

aseverar vt behaupten, bekräftigen

asexual adj geschlechtslos

asfalto m Asphalt m

asfixia f Ersticken n; **asfixiar** vt, vr(se) ersticken

así adv ① so, auf diese Art; ◇ - que also; ◇ ¿no es -? nicht wahr? ② aunque auch wenn

Asia f Asien n; **asiático(/a)** I. adj asiatisch II. m/f Asiat(in f) m

asidero m Griff m

asiduidad f Gewissenhaftigkeit f; **asiduo** adj gewissenhaft

asiento m : ◇ tomar - Platz nehmen

asignación f Anweisung f; ↑ salario Gehalt n; **asignar** vt ① → misión erteilen ② → paga geben

asignatura f COLE Fach n

asilado(/a) m/f Asylant(in f) m;

asilar vt Asyl gewähren; **asilo** m ① Asyl n ② Heim n

asimilación f Angleichung f; **asimilar** I. vt angleichen II. vr (se) ↑ incorporarse sich integrieren

asimismo adv auch, ebenfalls

asir irr vt packen, [er-]greifen

asistencia f ① Anwesenheit f ② Anwesende pl ③ ↑ apoyo Pflege f

asistenta f Zugehfrau f

asistir I. vt unterstützen, helfen dat II. vi anwesend sein

asma f Asthma n

asno m Esel m

asociación f Vereinigung f

asociado adj assoziiert, vereinigt; **asociar** vt verbinden; → ideas assoziieren

asolar vt ausdörren

asomar I. vt zeigen, hinausstrecken II. vr(se) sich hinauslehnen

asombrar I. vt erstaunen, erschrecken II. vr(se) sich wundern; **asombro** m Erstaunen n; **asombroso** adj erstaunlich, erschreckend

asomo m ① Anschein m ② ↑ señal Anzeichen n

aspa f Kreuz n

aspaviento m Getue n

aspecto m Aussehen n; FIG Aspekt m

aspereza f Rauheit f; **áspero** adj rauh, uneben

aspiración f Einatmen n; **aspirante** m/f Bewerber(in f) m; **aspirar** vt einatmen

aspirina f Aspirin ® n

asquear I. vt anekeln II. vr(se): ◇ -se de sich angewidert fühlen von; **asqueroso** adj ekelhaft, widerlich

asta f ① Schaft m ② (pl) Horn n

astilla f Splitter m

astro m Stern m; **astrología** f Astrologie f; **astrólogo(/a)** m/f Astrologe m, Astrologin f

astronauta m/f Astronaut(in f) m; **astronomía** f Astronomie f; **astrónomo(/a)** m/f Astronom(in f) m

astucia f Schlauheit f

astuto adj schlau, gerissen, listig

asueto m Freizeit f

asumir vt ① übernehmen ② ↑ dar por supuesto voraussetzen, annehmen

asunción f Übernahme f

asunto m ① Angelegenheit f ② ↑ tema Thema m

asustadizo adj schreckhaft; **asustar** I. vt erschrecken II. vr (se) sich fürchten

atacante m/f (persona) Angreifer(in f) m; **atacar** vt angreifen

atadura f Band n

atajar vt abkürzen; **atajo** m Abkürzung f

atañer vi ↑ concernir betreffen, angehen

ataque f ① MIL Angriff m ② MED Anfall m

atar vt ① binden, schnüren ② AUTO anschnallen

atardecer m Abenddämmerung f

atareado adj vielbeschäftigt; **atarear** vr(se) viel arbeiten

atascamiento m ver **atasco**; **atascar** I. vt zustopfen, verstopfen II. vr(se) sich verstopfen; **atasco** m Hindernis n; AUTO Stau m

ataúd m Sarg m

ataviar I. vt schmücken II. vr (se) sich feinmachen

atemorizar vt, vr(se) (sich) erschrecken

atención I. f Aufmerksamkeit f II. interj Vorsicht!; **atender** I. vt ① →al enfermo pflegen ② →al cliente bedienen II. vi ① ◇ - a achtgeben auf akk ② ◇ - por heißen

atenerse vr: ◇ - a sich halten an akk

atentado Attentat n

atentamente adv hochachtungsvoll

atentar vi: ◇ - a/contra e-n Anschlag verüben auf akk

atento adj aufmerksam

atenuación f Abschwächung
f; **atenuante** adj mildernd;
  atenuar vt mildern

ateo(/a) m/f Atheist(in f) m

aterido adj starr

aterrar vt, vr(se) (sich) erschrecken

aterrizaje m AERO Landung f

aterrorizar vt terrorisieren

atesorar vt ansammeln, anhäufen

atestado m (del accidente)
Protokoll n

atestar vt ① füllen, anfüllen ②
↑ certificar attestieren

atestiguar vt bezeugen

atiborrar vt, vr(se) vollstopfen

ático m Dachgeschoß n

atildarse vr sich herausputzen

atinado adj vernünftig, weise;
  atinar vi [auf-]finden

atípico adj untypisch, ungewöhnlich

atisbar vt belauern

atizar vt schüren

atlántico m : ◇ el [Océano] A-
der Atlantik

atlas m Atlas m

atleta m/f Athlet(in f) m; **atlé-
tico** adj athletisch

atmósfera f Atmosphäre f

atolondramiento m Verwirrung f

atolladero m Schlammloch n;
  FAM ◇ estar en un - in der
Klemme sitzen; **atollar** vi, vr

(se) steckenbleiben, sich fest-
fahren

atómico adj atomar, Atom-;
  átomo m Atom n

atónito adj erstaunt

atontado adj verdutzt; **aton-
tar I.** vt benommen machen **II.**
vr(se) verwirrt werden

atormentar vt, vr(se) foltern,
quälen

atornillar vt festschrauben

atosigar vt vergiften

atracar I. vt NAUT festmachen
II. vr(se) sich überessen

atracción f ① Anziehungskraft f ② Attraktion f

atraco m Überfall m

atractivo I. adj anziehend, attraktiv **II.** m Charme m; **atraer**
irr vt anziehen, Reiz ausüben
auf akk

atragantarse vr steckenbleiben

atrancar vt verstopfen

atrapar vt einfangen

atrás adv ① rückwärts ② hinten; ◇ estar - weiter hinten sein
③ vorher, früher; **atrasar**
adj ① überfällig ② ▷país rückständig, unterentwickelt; **atrasar I.** vt ① ▷reloj zurückstellen ② →fecha verschieben **II.** vr
(se) sich verspäten; **atraso** m
① Rückständigkeit f ② Verspätung f

atravesado adj ① gekreuzt,

schielend **2** ↑ *oblicuo* schief;
atravesar *vt* überqueren,
durchfahren; → *pared* durchbohren

atrayente *adj* anziehend, attraktiv

atreverse *vr*: ◇ - a hacer una cosa es wagen, etw zu tun;
atrevido *adj* verwegen, frech

atribuir I. *vt* **1** ↑ zuschreiben
→ *funciones* übertragen **II.** *vr* (se) sich anmaßen

atributo *m* **1** Symbol *n* **2** ↑ *cualidad* Eigenschaft *f*

atrocidad *f* Greueltat *f*

atrofiar *vi* schwinden, verkümmern

atronar *vt* FIG verblüffen

atropellar I. *vt* umrennen, überfahren **II.** *vr(se)* sich überstürzen; **atropello** *m* Zusammenstoß *m*, Verstoß *m*

atroz *adj* **1** ↑ *grave* riesig **2** ↑ *cruel* greulich

atuendo *m* Kleidung *f*

atún *m* Thunfisch *m*

aturdido *adj* verblüfft; **aturdir** *vt* FIG verblüffen

audacia *f* Verwegenheit *f*

audaz *adj* ↑ *atrevido* verwegen, dreist

audible *adj* hörbar

audición *f* Hören *n*

audiencia *f* **1** ↑ *rey, jefe de gobierno* Audienz *f* **2** ↑ *público* Publikum *n*

audiovisual *adj* audiovisuell

auditor(a) *m/f* Rechnungsprüfer(in *f*) *m*; **auditorio** *m* Auditorium *n*

auge *m* COM Aufschwung *m*

augurar *vt* voraussagen, prophezeien; **augurio** *m* Omen *n*

aula *f* Klassenzimmer *n*

aullar *irr* (*aúllo*) *vi* heulen; **aullido** *m* Geheul *n*

aumentar I. *vt* **1** ↑ *incrementar* vermehren, steigern **2** (*óptico*) vergrößern **II.** *vi*, *vr(se)* anwachsen; ← *precios* steigen; **aumento** *m* **1** Erhöhung *f* **2** (*óptico*) Vergrößerung *f*

aun *adv* ↑ *hasta, inclusive* sogar; ◇ - *cuando* obwohl, auch wenn

aún *adv* noch, immer noch; ◇ - *no* noch nicht

aunar *vt*, *vr(se)* vereinigen

aunque *cj* obgleich, obwohl, wenn auch

aura *f* Aura *f*

auricular *m* Hörer *m*; (*pl*) Kopfhörer *m*

aurora *f* Morgenröte *f*

auscultar *vt* MED abhorchen

ausencia *f* **1** Abwesenheit *f* **2** ↑ *carencia* Mangel *m*

ausentarse *vr* weggehen; **ausente** *adj* abwesend

auspicio *m* **1** ↑ *protección* Schutz *m* **2** ↑ *presagio* Omen *n*

austeridad *f* Strenge *f*; **austero** *adj* streng

austral 34 avaro

austral *adj* südlich
Australia *f* Australien *n;* **australiano(/a)** I. *adj* australisch II. *m/f* Australier(in *f*) *m*
Austria *f* Österreich *n;* **austríaco(/a)** I. *adj* österreichisch II. *m/f* Österreicher(in *f*) *m*
auténtico *adj* authentisch, echt; **autentificar** *vt* beglaubigen
autismo *m* Autismus *m;* **autista** *adj* autistisch
auto *m* ① Auto *n* ② JUR Verfügung *f*
autobiografía *f* Autobiografie *f*
autobús *m* Bus *m;* **autocar** *m* Reisebus *m;* **autocaravana** *f* Wohnmobil *n*
autócrata *m/f* Autokrat(in *f*) *m*
autóctono *adj* eingeboren
autodefensa *f* Selbstverteidigung *f*
autodestrucción *f* Selbstzerstörung *f*
autodeterminación *f* Selbstbestimmung *f*
autodidacta *m/f* Autodidakt (in *f*) *m*
autoescuela *f* Fahrschule *f*
autogestión *f* Selbstverwaltung *f*
autómata *m* Automat *m;* **automático** *adj* automatisch
automóvil *m* Auto *n*

autonomía *f* Autonomie *f;* **autónomo** *adj* unabhängig, selbständig
autopista *f* Autobahn *f*
autopsia *f* Autopsie *f*
autor(a) *m/f* Autor(in *f*) *m*
autoridad *f* ① Autorität *f* ② ↑ *administración* Behörde *f;* **autoritario** *adj* autoritär
autorización *f* Genehmigung *f,* Vollmacht *f;* **autorizado** *adj* befugt, ermächtigt; **autorizar** *vt* genehmigen, bevollmächtigen
autoservicio *m* Selbstbedienung *f*
autostop *m* FAM Trampen *n*
autovía *f* Schnellstraße *f*
auxiliar I. *vt* helfen, beistehen *dat* II. *m/f* Assistent(in *f*) *m;* **auxilio** *m* Hilfe *f*
Av. *abr. de* avenida Str.
aval *m* Garantieschein *m*
avalancha *f también* FIG Lawine *f*
avalar *vt* garantieren, bürgen für
avance *m* ① ↑ *adelanto* Fortschritt *m* ② ↑ *anticipo* Vorschuß *m;* **avanzar** I. *vt* ① ↑ *adelantar* fördern ② → *dinero* vorstrecken II. *vi* vorankommen, weiterkommen
avaricia *f* Geiz *m;* **avaricioso** *adj,* **avariento** *adj* geizig; **avaro(/a)** *m/f* Geizhals *m*

avasallador adj überwältigend; **avasallar** vt unterwerfen

Avda. f abr. de Avenida Str.

ave f Vogel m

avellana f Haselnuß f

avenencia f Übereinkunft f

avenida f breite Straße, Allee f

avenirse irr vr 1 ↑ entenderse sich gut vertragen 2 ↑ conformarse sich abfinden (con mit)

aventajado adj vorzüglich; ▷estudiante begabt, tüchtig; **aventajar** vt übertreffen, schlagen

aventura f Abenteuer n; **aventurar** vt, vr(se) riskieren, aufs Spiel setzen; **aventurero** adj abenteuerlustig

avergonzarse vr sich schämen

avería f Panne f

averiguación f Nachforschung f; **averiguar** vt ↑ indagar Ermittlungen anstellen über akk

aversión f Aversion f

aviación f Luftfahrt f; **aviador(a)** m/f Flieger(in f) m; **avicultura** f Geflügelzucht f

avidez f Begierde f; **ávido** adj gierig

avieso adj schief, krumm

avinagrarse vr sauer werden

avío m Ausrüstung f; (pl) Geräte n/pl

avión m Flugzeug n

avisar vt 1 ↑ comunicar benachrichtigen dat 2 ↑ advertir aufmerksam machen; **aviso** m 1 ↑ noticia Nachricht f 2 Warnung f

avispa f Wespe f; **avispado** adj aufgeweckt, schlau; **avispar** vt anstacheln, antreiben

avistar vt erblicken

avituallar vt mit Proviant versorgen

avivar vt anregen, beleben

axila f Achselhöhle f

ay interj 1 au, autsch 2 (susto) ah, oh

ayer adv gestern

ayo(/a) m/f Erzieher(in f)

ayuda f Hilfe f, Beistand m; **ayudante** m/f Helfer(in f) m; **ayudar** vt helfen, beistehen dat

ayunar vi fasten; **ayuno** m Fasten n

ayuntamiento m 1 ↑ municipio Stadtrat m 2 (edificio) Rathaus n

azada f Hacke f

azafata f Stewardeß f

azar m Zufall m; **azaroso** adj riskant

azoramiento m 1 Schock m 2 ↑ aturdimiento Verwirrung f; **azorar** I. vt 1 ↑ sobresaltar ängstigen 2 ↑ aturdir verwirren II. vr(se) in Verwirrung geraten

azotar vt verprügeln; **azote** m Klaps m

azotea f Terrassendach n

azteca m/f Azteke m, Aztekin f

azúcar m Zucker m; **azucarado** adj gesüßt, gezuckert; **azucarero** m Zuckerdose f

azufre m Schwefel m

azul adj blau

azulejo m Kachel f

azuzar vt antreiben, hetzen

B

B, b f B, b n

baba f Speichel m; **babear** vi sabbern

babor m Backbord n

baboso adj schleimig, geifernd

babucha f Pantoffel m

baca f Dachgepäckträger m

bacalao m Kabeljau m

bacanal f Gelage n

bacteria f Bakterie f

báculo m Stab m; FIG Stütze f

bache m Schlagloch n; (de aire) Luftloch n

bachillerato m COLE Abitur n

bafle m Lautsprecherbox f

bagaje m [Reise-]Gepäck n

bagatela f Bagatelle f

Bahamas f/pl : ◇ las [Islas] - die Bahamas pl

bahía f Bucht f

bailador(a) m/f Tänzer(in) f m; **bailar** vt, vi tanzen; **baile** m Tanz m

baja f ① Sinken n ② freie Stelle; ◇ **dar(se) de** - sich abmelden ③ METEO Tief n; **bajada** f Gefälle n; **bajamar** f Ebbe f; **bajar** I. vt ① ↑ descender herunterholen ② → escalera hinuntergehen II. vi ① hinabsteigen ② ↑ disminuir sinken, fallen, sich verringern III. vr(se) aussteigen; **bajeza** f Gemeinheit f; **bajo** I. adj ① niedrig, tief[liegend] ② ▷persona klein ③ ▷sonido leise ④ ↑ infame niederträchtig, gemein II. prep ① unter ② (desde) von … aus III. m ① (pl) Erdgeschoß n ② MUS Baß m n; **bajón** m Rückgang m

bala f Kugel f

balada f Ballade f

baladí <-íes> <inv> adj trivial

balance m ① Balance f ② COM Bilanz f; **balancear** I. vt abwägen II. vr(se) schwanken; **balanza** f Waage f

balar vi blöken; ← cabra mekkern

balazo m Schuß m

balbucear vt stammeln

balcón m Balkon m

baldaquín m **baldaquino** m Baldachin m

balde I. m Eimer m **II.** adv ① ◇ en ~ umsonst, vergeblich ② ◇ de ~ umsonst, unentgeltlich, gratis

baldío I. adj ① brach ② ↑ vano vergeblich **II.** m Brachland n

baldosa f Fliese f; **baldosín** m [kleine] Fliese f

baliza f NAUT, AERO Boje f

balneario m Bad n, Kurort m

balompié m Fußball m

balón m Ball m; **baloncesto** m Basketball m; **balonmano** m Handball m; **balonvolea** f Volleyball m

balsa f ① Sumpf m ② ↑ depósito de agua Staubecken n

bálsamo m Balsam m

báltico adj baltisch

baluarte m Bastion f

ballena f Wal[fisch] m

ballesta f Federung f

ballet m Ballett n

bambolear vi, vr(se) schwingen, schwanken; **bamboleo** m Schwingen n

bambú m Bambus m

banal adj alltäglich

banca f Bankwesen n; **bancarrota** f Bankrott m; **banco** m ① ↑ asiento Bank f ② COM, FIN [Handels-]Bank f

banda f ① Band n ② ↑ pandilla Bande f

bandeja f Tablett n

bandera f Fahne f, Flagge f; **banderola** f Wimpel m

bandido(/a) m/f Bandit(in f) m, Gauner(in f) m

bando m ① Partei f ② ↑ edicto Bekanntmachung f

banquero(/a) m/f Bankier m

banqueta f Schemel m

banquete m Bankett n

banquillo m Anklagebank f

bañador m Badeanzug m; **bañar I.** vt baden **II.** vr(se) baden, schwimmen; **bañera** f Badewanne f; **bañista** m/f Badende(r) fm; **baño** m ① Bad n ② ↑ lavabo Toilette f, Badezimmer n ③ ↑ recipiente Badewanne f

bar m Bar f

barahúnda f Radau m

baraja f Spielkarte f; **barajar** vt mischen; FIG verwirren

baranda f Geländer n, Handlauf m

baratija f Lappalie f

baratillo m ① Second-hand-Laden m ② (conjunto) Second-hand-Waren pl; **barato** adj billig

baraúnda ver barahúnda

barba f ① Kinn n ② (pelo) Bart m

barbacoa f Barbecue n

barbado adj bärtig

barbaridad f ① (*hecho*) Barbarei f ② ↑ *equivocación* Unsinn m; **barbarie** f Barbarei f; **bárbaro** I. adj grausam, barbarisch II. adv toll, unglaublich; FAM ◇ ¡qué -! unglaublich!, enorm!

barbecho m Brachland f

barbero m Herrenfriseur m

barbilla f Kinn n

barbot[e]ar, barbullar vt, vi in den Bart brummeln; **barbudo** adj bärtig

barca f ① (*para pasear*) [kleines] Boot ② ◇ - de pasaje Fähre f; **barcaza** f Barkasse f

barcelonés(-esa) adj aus Barcelona

barco m Schiff n; ◇ - de vela Segelschiff n

barítono m Bariton m

barniz m Lack m; **barnizar** vt lackieren

barómetro m Barometer n o m

barón(-onesa) m/f Baron(in f) m

barra f ① Stange f; ◇ - de pan Stangenbrot n ② ↑ *palanca* Hebel m ③ ◇ - de oro Goldbarren m ④ ↑ *mostador* Theke f

barrabás m schlechter Mensch; **barrabasada** f böser Streich

barraca f Baracke f

barranco m ① Steilhang m ② (*cauce*) Schlucht f

barrenar vt [durch]bohren

barrendero(/a) m/f Straßenkehrer(in f) m

barreno m Sprengloch n

barreño m Spülbecken n

barrer vt kehren, fegen

barrera f Schranke f; *también* FIG Barriere f

barriada f Stadtviertel n

barricada f Barrikade f

barriga f Bauch m; ◇ echar [Fett] ansetzen; **barrigón (-ona)** adj, **barrigudo** adj dickbäuchig

barril m Faß n

barrio m ① Stadtviertel n ② (*a las afueras*) Vorort m

barrizal m Morast m

barro m ① Schlamm m ② ↑ *arcilla* Töpfererde f

barroco I. adj barock II. m Barock m

barroso adj lehmig

barruntar vt ahnen, vermuten; **barrunto** m Ahnung f, Vermutung f

bártulos m/pl Kram m

barullo m ① ↑ *ruido* Lärm m ② ↑ *confusión* Durcheinander m

basamento m Sockel m; **basar** I. vt stützen; FIG ↑ *fundamentar* gründen II. vr(se) FIG: ◇ -se en beruhen auf dat

basca f Übelkeit f

base f Basis f; ◇ a - de auf Grund von; **básico** adj grundlegend, Grund-

basílica f Basilika f
basket-ball, **basquet** m Basketball m
bastante I. adj genügend; ↑ ni mucho ni poco ausreichend **II.** adv genug; **bastar** vi genügen, ausreichen; ◇ ¡basta! genug!, jetzt langt's!
bastardo adj gemein, schändlich
bastidor m Rahmen m; TEATRO Kulisse f
basto adj grob, ungehobelt
bastos m/pl ≈ Kreuz n
bastón m Spazierstock m
basura f Müll m; **basurero** m ① Müllmann m ② (lugar) Müllhaufen m
bata f Morgenrock m; (de trabajo) [Arbeits-]Kittel m
batacazo m FAM schwerer Schlag
batalla f Schlacht f; **batallar** vi kämpfen; **batallón** m Bataillon n
bate m Schlagholz n; **bateador** m Schlagmann m
batería f ① ELECTR, MIL Batterie f ② MUS Schlagzeug n
batida f Razzia f
batido I. adj ausgetreten, gangbar **II.** m Mischung f; ◇ - de leche Milchshake m; **batidora** f Mixer m; **batir I.** vt ① → huevos, nata schlagen ② → edificio

abreißen **II.** vr(se) kämpfen, sich schlagen
batuta f Taktstock m; ◇ llevar la - den Ton angeben
baúl m Schrankkoffer m
bautismo m Taufe f; **bautizar** vt taufen; **bautizo** m Taufe f
bávaro adj bayrisch; **Baviera** f Bayern n
baya f Beere f
bayeta f Putzlumpen m
bayoneta f Bajonett n
bazar m Bazar m
beato adj ① glücklich ② ↑ devoto fromm
bebé m Baby n
bebedero m Tränke f; **bebedizo** m Zaubertrank m; **bebedor(a)** m/f Trinker(in f) m; **beber** vt, vi trinken; **bebible** adj trinkbar; **bebida** f Getränk n
beca f Stipendium n
becerro(/a) m/f Kalb n
bedel m Pförtner m
beduino(/a) m/f (persona) Beduine m
befo adj x-beinig
begonia f Begonie f
beige adj ▷color beige
béisbol m Baseball m
belén m ① Weihnachtskrippe f ② FIG Chaos n
belfo ver befo
belga I. ⟨inv⟩ adj belgisch **II.** m/f Belgier(in f) m; **Bélgica** f Belgien n

belicoso *adj* ① kriegerisch ② ↑ *pendenciero* streitsüchtig;

beligerante *adj* kriegführend

bellaco *adj* verschlagen; **bellaquería** *f* Gemeinheit *f*

belleza *f* Schönheit *f*; **bello** *adj* schön

bellota *f* Eichel *f*

bendecir *irr vt* segnen; **bendición** *f* Segen *m*; **bendito** *adj* gesegnet

benedictino(/a) *m/f* Benediktiner *m*

benefactor *adj* wohltätig

beneficencia *f* Wohltätigkeit *f*; **beneficiar I.** *vt* guttun, nützen *dat* **II.** *vr(se)* profitieren, Nutzen ziehen; **beneficiario(/a)** *m/f* Nutznießer(in *f*) *m*; **beneficio** *m* ① Nutzen *m* ② COM Profit *m*; **beneficioso** *adj* vorteilhaft, einträglich; **benéfico** *adj* wohltätig, Wohltätigkeits-

Benelux *m* Beneluxländer *pl*

beneplácito *m* Genehmigung *f*, Einwilligung *f*

benevolencia *f* Wohlwollen *n*; **benévolo** *adj* wohlwollend

benignidad *f* Großzügigkeit *f*; **benigno** *adj* gütig, großzügig

benjamín *m* (*de champán*) Piccolo *m*

beodo *adj* betrunken

berenjena *f* Aubergine *f*

berlinés(-esa) *m/f* Berliner(in *f*) *m*

bermudas *m/pl* Bermudashorts *pl*; **Bermudas** *f/pl* : ◇ **las** [**Islas**] - **die Bermudas** *pl*

berrear *vi* blöken; ←*niño* plärren; **berrido** *m* Blöken *n*, Plärren *n*

berrinche *m* Jähzorn *m*

berro *m* Kresse *f*

berza *f* Kohl *m*, Kraut *n*

besamel *f* Bechamelsoße *f*

besar *vt*, *vr(se)* (sich) küssen; **beso** *m* Kuß *m*

bestia *f* Lasttier *n*; **bestial** *adj* ① bestialisch, brutal ② FAM wahnsinnig, toll; **bestialidad** *f* ① Gemeinheit *f* ② FAM Unmenge *f*

besuquear *vt*, *vr(se)* FAM (sich) abküssen; **besuqueo** *m* Geknutsche *n*

betún *m* Schuhcreme *f*

biberón *m* Flasche *f* [*für Säuglinge*]

Biblia *f* Bibel *f*; **bíblico** *adj* biblisch

bibliografía *f* Bibliographie *f*; **biblioteca** *f* Bibliothek *f*; **bibliotecario(/a)** *m/f* Bibliothekar(in *f*) *m*

bicicleta *f* Fahrrad *n*

bicho *m* PEY ① kleines Tier *n* ② (*persona*) komischer Kauz *m*

bici *f* ↑ *bicicleta* Fahrrad *n*

bidé *m* Bidet *n*

bidón m Kanister m

bien I. adv ① gut, schön; ◇ estoy - es geht mir gut; ◇ está - es reicht; ◇ ¡[muy] -! sehr gut! ② ↑ correctamente richtig **II.** m ① Wohl n ② ↑ bienestar Wohlergehen n ③ (pl) Güter n/pl, Besitz m; ◇ -es muebles persönliches Eigentum **III.** cj ① no - indicativo kaum ② ◇ - que obschon, obgleich

bienal adj zweijährlich

bienandanza f Glückssträhne f; **bienaventurado** adj ① glücklich ② FIG einfältig, naiv; **bienestar** m ① Wohlbefinden n ② ↑ desahogo económico Wohlstand m; **bienhechor(a)** m/f ↑ benefactor Wohltäter(in f) m; **bienvenido** adj willkommen

biftec ver **bisté**

bifurcación f Gabelung f

bigamia f Bigamie f; **bígamo** (/a) m/f Bigamist(in f) m

bigote m Schnurrbart m; **bigotudo** adj schnurrbärtig, schnauzbärtig

bilingüe adj zweisprachig

billar m Billard[spiel] m

billete m ① (de tren) Fahrkarte f ② (de cine) Eintrittskarte f ③ (de dinero) Banknote f; **billetero**(/a) m/f Brieftasche f

billón m Billion f

bimensual adj vierzehntägig;

bimotor adj zweimotorig; **binario** adj binär

bingo m Bingo n

biodegradable adj biologisch abbaubar; **biodinámico** adj biodynamisch

biografía f Biographie f; **biógrafo**(/a) m/f Biograph(in f)

biología f Biologie f; **biológico** adj biologisch; **biólogo**(/a) m/f Biologe m, Biologin f

biombo m spanische Wand

biorritmo m Biorhythmus m; **biotecnología** f Biotechnik f

bipartidista adj POL Zweiparteien-; **biplano** m AERO Doppeldecker m

biquini f Bikini m

bis I. adv ① noch einmal ② MUS da capo **II.** adj: ◇ ¡-! Zugabe!

bisabuelo(/a) m/f Urgroßvater m, Urgroßmutter f

bisagra f Scharnier n

bisbisar, bisbisear vt wispern, tuscheln

bisexual adj bisexuell

bisté, bistec m Beefsteak n

bisutería f Modeschmuck m

bitter, bíter m Tonic-wasser n

bizarro adj mutig, tapfer

bizcocho m Biskuit n

bizquear vi schielen

blanco I. adj weiß **II.** m ① Weiß n ② MUS halbe Note

blandengue *adj* weich, schwach

blandir *vt* schwingen

blando *adj* ① weich, sanft, mild ② *tierno* zart, zärtlich; **blandura** *f* ① Weichheit *f* ② *FIG* Sanftheit *f*

blanquear I. *vt* → *pared* tünchen; → *ropa* bleichen II. *vi* erbleichen

blasfemar *vi* fluchen; **blasfemo(/a)** *m/f* Gotteslästerer *m*

blasón *m* Wappen *n*

blindado *adj* Panzer-, gepanzert; **blindar** *vt* panzern

bloc <s>, *m* [Notiz-]Block *m*

bloque *m* Block *m*; *(fragmento)* Brocken *m*; *(de viviendas)* Häuserblock *m*; **bloquear** *vt* blockieren; *FIN* sperren; **bloqueo** *m* Blockade *f*

blusa *f* Bluse *f*

boa *f* Boa *f*

boato *m* Prunk *m*

bobada, bobería *f* Albernheit *f*; **bobalicón(-ona)** *m/f* Volltrottel *m*

bobina *f* Spule *f*; **bobinar** *vt* [auf-]spulen

bobo(/a) I. *adj* dumm, albern II. *m/f* Hanswurst *m*

boca *f* ① Mund *m*; ◇ - abajo bäuchlings, auf dem Bauch; ◇ hacer - den Appetit anregen; ◇ venir a pedir de - wie gerufen kommen ② ↑ *entrada* Eingang

m ③ ↑ *abertura* Öffnung *f*; **bocacalle** *f* ① Straßeneinmündung *f* ② *(secundaria)* Nebenstraße *f*

bocadillo *m* belegtes Brötchen

bocado *m* ① Bissen *m* ② ↑ *mordisco* Biß *m*

bocazas *f*; ◇ ser un - ein Schwätzer *m* sein

boceto *m* Entwurf *m*

bocina *f* Hupe *f*

bochorno *m* Schwüle *f*

boda *f* Hochzeit *f*

bodega *f* ① Weinkeller *m* ② ↑ *depósito* Lagerraum *m*

bodrio *m* *FAM* Mist *m*

bofe *m* **bofes** *m/pl* Lunge *f*

bofetada *f* Ohrfeige *f*

bogar *vi* rudern

bohemio(/a) *m/f* ① Böhme *m*, Böhmin *f* ② Bohemien *m*

boicot *m* Boykott *m*; **boicotear** *vt* boykottieren

boina *f* Baskenmütze *f*

bola *f* ① Kugel *f* ② ↑ *esfera* Ball *m*; **bolera** *f* Kegelbahn *f*

boletín *m* ① *(publicación)* Bulletin *n* ② Bericht *m*; ◇ - escolar Zeugnis *n*

boleto *m* ① Fahrkarte *f* ② *(de entrada)* Eintrittskarte *f*

boliche *m* Kegeln *n*, Bowling *n*

bolígrafo, boli *m* Kugelschreiber *m*

Bolivia *f* Bolivien *n*; **boliviano(/a)** *m/f* Bolivianer(in) *m*

bolo m Kegel m

bolsa f 1 Tüte f; ◇ - de plástico Plastiktüte 2 Börse f; ◇ B- de Comercio Handelsbörse f; **bolsillo** m Tasche f; ◇ libro de - Taschenbuch; **bolso** m Handtasche f

bollería f Bäckerei f; **bollo** m 1 Brötchen n 2 ↑ abolladura Beule f

bomba f 1 ↑ proyectil Bombe f; ◇ - atómica Atombombe 2 TECNI Pumpe f; **bombardear** vt bombardieren; **bombardeo** m Bombenangriff m; **bombardero** m Bomber m; **bombazo** m Bombenexplosion f

bombear vt pumpen; **bombero** m Feuerwehrmann m

bombilla f Glühbirne f

bombo m Pauke f

bombón m Praline f

bombona f Gasflasche f

bonancible adj mild

bondad f Güte f; **bondadoso** adj gütig, gutherzig

bonito adj hübsch, schön

bono m Gutschein m

boom m Boom m

boquear vi den Mund öffnen

boquerón m Sardelle f

boquete m Loch n

boquiabierto adj mit offenem Mund; FIG sprachlos

boquilla f MUS Mundstück n

borbotar, **borboll[e]ar** vi sprudeln, brodeln; **borbotón** m Sprudeln n

borda f Reling f

bordar vt besticken

borde m 1 Rand m 2 ↑ orilla Ufer n; **bordear** vt begrenzen; **bordillo** m Bordstein m; **bordo** m : ◇ a - [de] an Bord

borra f Flusen pl

borrachera f Rausch m; **borracho(/a) I.** adj betrunken **II.** m/f Betrunkene(r) m

borrador m 1 Entwurf m 2 Radiergummi m

borrajear vt, vi kritzeln

borrar I. vt 1 [aus-]löschen, [aus-]radieren 2 FIG eliminieren **II.** vr(se) sich abmelden

borrasca f Bö f; **borrascoso** adj stürmisch

borrego(/a) m/f einjähriges Schaf

borrico(/a) m/f Esel(in f) m

borrón m 1 Fleck m 2 (en un cuadro) Skizze f

borroso adj verschwommen, undeutlich

bosque m Wald m

bosquejar vt skizzieren; **bosquejo** m Skizze f

bostezar vi gähnen

bota f Stiefel m

botadura f Stapellauf m

botánica f Botanik f; **botánico(/a)** m/f Botaniker(in f) m

botar I. vt ① schleudern, werfen ② (en trabajo) feuern II. vi springen

botarate m/f Spinner(in f) m

bote m ① Sprung m; ◇ de - en - [gestopft] voll ② (recipiente) Dose f ③ ↑ barca Boot n

botella f Flasche f

botica f Apotheke f; **boticario(/a)** m/f Apotheker(in f) m

botín m [Kriegs-]Beute f

botiquín m Verbandskasten f

botón m ① Knopf m ② FLORA Knospe f

boutique f Boutique f

bóveda f Gewölbe n

boxeador(a) m/f Boxer(in f) m; **boxear** vi boxen; **boxeo** m Boxkampf m

boya f Boje f

boyante adj schwimmend; FIG ◇ ir/andar ~ Oberwasser haben

bozal m (de perro) Maulkorb m; (de caballo) Halfter m

bracear vi mit den Armen fuchteln; SPORT kraulen

bracero m Landarbeiter(in f) m

braga f Schlüpfer m

bragueta f Hosenschlitz m

braille m Blindenschrift f

bramar vi brüllen, heulen; **bramido** m Gebrüll n

brasa f Kohlenglut f; **brasero** m Kohlenbecken n

Brasil m ◇ el ~ Brasilien n;

brasileño(/a) I. adj brasilianisch II. m/f Brasilianer(in f) m

bravata f Angeberei f

braveza f ① Mut m ② (de animales) Wildheit f; **bravío** adj ① wild, ungebändigt ② FIG ungeschliffen, ungehobelt; **bravo** I. adj ① mutig ② ↑ excelente großartig, exzellent II. interj ◇ ¡-! bravo!; **bravucón(-ona)** f Maulheld(in f) m; **bravura** f ① Wildheit f ② ↑ valentía Mut m

braza f NAUT Faden m; SPORT ◇ nadar a ~ brustschwimmen

brazalete m Armband n

brazo m ① ANAT Arm m; ◇ cruzarse de -s nichts tun ② (de un sillón) Lehne f

brea f Teer m, Pech n

brebaje m PEY Brühe f

brecha f ① ↑ abertura Lücke f ② FIG Bresche f

bregar vi streiten, kämpfen

breve adj kurz; ◇ en - in Kürze; **brevedad** f Kürze f

brezal m Heide f; **brezo** m Heidekraut n

bribón(-ona) m/f Gauner(in f) m

bricolaje m Heimwerken n, Basteln n

brida f Zaum m

brigada f ① MIL Brigade f ② (grado militar) ≈ Feldwebel m

brillante I. adj glänzend; ▷persona brilliant II. m Brillant m

brillantina f Pomade f; **brillar** vi strahlen, glänzen; **brillo** m ① Glanz m ② FIG Ruhm m

brincar vi hüpfen, springen; **brinco** m Sprung m

brindar I. vi einen Toast ausbringen, anstoßen II. vt anbieten; **brindis** m Trinkspruch m

brío m Schwung m; **brioso** adj schwungvoll

brisa f Brise f

británico/(a I. adj britisch II. m/f Brite m, Britin f

brizna f Faser f, Splitter m

bróculi m Brokkoli pl

brocha f Malerpinsel m

broche m Brosche f

broma f Witz m; **bromear** vi scherzen, spaßen; **bromista** m/ f Witzbold m

bronca f Streit m; ◇ echar una - a alguien jd-n fertigmachen

bronce m Bronze f; **bronceado** m [Sonnen-]Bräune f; **broncearse** vr sich bräunen

bronco adj rauh, schroff

bronquitis f Bronchitis f

brotar vi ← planta [hervor-]keimen; ← agua [hervor-]quellen; **brote** m FLORA Sproß m

brujería f Hexerei f; **brujo/(a** m/f Zauberer m, Zauberin f

brújula f Kompaß m

bruma f Dunst m, Nebel m; **brumoso** adj dunstig, neblig

bruñir vt polieren

brusco adj plötzlich, jäh; ▷persona schroff

brutal adj brutal, roh; **brutalidad** f Brutalität f; **bruto** adj ① ↑ idiota dumm ② (con mucha fuerza) roh, brutal ③ ▷peso brutto

bucear vi tauchen; **buceo** m Tauchen n

bucle m Locke f

buche m Kropf m

budismo m Buddhismus m

buen adj (bueno); ◇ un buen jefe ein guter Chef; **buenaventura** f Glück n; **bueno** <buen> I. adj gut; ◇ buen vino guter Wein; ▷persona gutmütig; nett, brav; ▷tiempo schön, gut; ▷decisión richtig, passend; ▷salud - estar - gesund sein II. interj ◇ ¡-s días! guten Morgen!, guten Tag!; ◇ ¡buenas tardes! guten Tag!; ◇ ¡buenas noches! guten Abend! [o. gute Nacht!]

búfalo m Büffel m

bufanda f Schal m

bufar vi schnauben

bufete m Schreibtisch m

bufón(-ona) I. adj lustig II. m/f Narr m, Närrin f; **bufonada** f Posse f

buhardilla f Dachboden m

búho m Uhu m

buhonero m Hausierer(in f) m

buitre m Geier m

bujía f Zündkerze f
bulevar m Boulevard m
Bulgaria f Bulgarien n; **búlgaro** adj bulgarisch
bulto m ① Gepäckstück n ② ↑ volumen Umfang m ③ ↑ abombamiento Wölbung f; MED Schwellung f
bulla f ① Lärm m ② ↑ aglomeración Gedränge n; **bullicio** m Tumult m; **bullir** vi sieden, kochen
B.U.P. m acrónimo de COLE Bachillerato Unificado Polivalente gymnasiale Oberstufe
buque m Schiff n
burbuja f [Wasser-]Blase f; **burbujear** vi sprudeln
burdel m Bordell n
burdo adj plump, grob
bureo m Zechtour f
burgués(-esa) adj bürgerlich, Bürger-; **burguesía** f Bourgeoisie f
burla f Spott m; **burlador** adj spöttisch; **burlar** I. vt ① verspotten ② ↑ engañar täuschen II. vr(se) sich lustig machen; **burlesco** adj komisch, burlesk; **burlón** adj spöttisch
buró m Kommode f
burocracia f Bürokratie f; **burócrata** m/f Bürokrat(in f) m
burro(/a) I. adj ① dumm ② ↑ testarudo stur II. m/f también FIG Esel m, Eselin f

bursátil adj Börsen-
busca f Suche f; **buscar** vt, vi suchen; **buscón(-ona)** m/f Dieb(in f) m; **búsqueda** f Suche f
busto m Büste f
butaca f Lehnsessel m
butifarra f Bratwurst f
buzo m Taucher(in f) m
buzón m Briefkasten m

C

C, c f C, c n
C°. abr. de **centígrado** °C
C/. abr. de **calle** Str.
cabal adj ① richtig, genau ② ↑ apropiado vernünftig, angemessen
cabalgar vt, vi reiten
cabalgata f Reitertrupp m
cabalmente adv genau; völlig, vollständig
caballa f Makrele f
caballería f Kavallerie f; **caballeriza** m/f Pferdestall m; **caballero** m Reiter m
caballete m Staffelei f
caballo m Pferd n; ◇ montar a ~ aufsitzen
cabaña f Hütte f

cabaré m **cabaret** m Nachtclub m

cabecear vi 1 nicken 2 (negar) den Kopf schütteln

cabecera f Kopfende m

cabecilla m/f Anführer(in f) m

cabellera f Kopfhaar n; **cabello** m Haar n; **cabelludo** adj [lang]haarig

caber irr vi hineinpassen, passen

cabestrillo m Armbinde f

cabestro m Halfter n

cabeza f Kopf m, Haupt n; ~dura Dickkopf m; ~ por - pro Kopf; ◇ **no tener algo ni pies ni** - weder Hand noch Fuß haben; **cabezada** f Kopfstoß m; **cabezazo** m SPORT Kopfball m; **cabezón** adj, **cabezota** stur, starrköpfig; **cabezudo(/a)** m/f FAM Dickkopf m

cabida f Fassungsvermögen n

cabildo m POL Gemeinderat m

cabina f Kabine f; ◇ - telefónica Telefonzelle f

cable m Kabel n; ◇ echar un - helfen

cabo m 1 Ende n; ◇ llevar a - durchführen; ◇ al - de nach 2 GEO Kap n

cabra f Ziege f

cabrearse vr FAM! eine Stinkwut bekommen

cabrío adj Ziegen-

cabriola f Luftsprung m

cabrito m Zicklein n; **cabrón** (-ona) I. m Ziegenbock m II. m/f FAM! Scheißkerl m

cacahuete m Erdnuß f

cacao m Kakao m

cacarear vi krähen, gackern

cacatúa f Kakadu m

cacería f Jagd f

cacerola f Kasserolle f

cacique m 1 (jefe) Häuptling m 2 POL Despot m; **caciquismo** m FIG Klüngel m

caco m Dieb(in f) m

cacofonía f Mißklang m

cactus m Kaktus m

cachalote m Pottwal m

cacharrazo m Stoß m

cacharro m ↑ recipiente Topf m

cachava f Stock m

cachear vt durchsuchen, filzen

cachemir m Kaschmir m

cacheo m Durchsuchung f

cachete m Ohrfeige f

cachimba f Pfeife f

cachiporra f Keule f

cachondearse vr FAM sich lustig machen; **cachondeo** m FAM Spaß m; **cachondo(/a)** m/f ↑ divertido Spaßvogel m

cachorro m Welpe m

cada <inv> adj jede(r, s); ◇ - día jeden Tag, täglich; ◇ - tres meses alle drei Monate; ◇ - vez más immer mehr

cadáver *m* Leichnam *m*

cadena *f* 1 Kette *f* 2 *(de cines)* Serie *f*; ◇ **trabajo** *m* en – Fließbandarbeit *f* 3 *(de TV, de radio)* Kanal *m*

cadencia *f* MUS Kadenz *f*

cadera *f* Hüfte *f*

caducar *vi* 1 verfallen; ↑ *chochear* senil werden, abbauen; **caducidad** *f* también FIG Verfall *m*; **caduco** *adj* 1 ▷*hoja* verfallen, hinfällig 2 ↑ *anticuado* altersschwach

caer *irr vi, vr(se)* 1 fallen; ◇ **Pascua** cae el 5 de abril Ostern fällt auf den 5. April; ◇ – **bien/mal** sympathisch/unsympathisch sein; ◇ – **gordo** mißfallen 2 ←*gobierno* stürzen 3 ←*día, noche* anbrechen

café *m* 1 Kaffee *m* 2 *(establecimiento)* Café *n*; **cafetera** *f* Kaffeekanne *f*; **cafetería** *f* Cafeteria *f*; **cafetero(/a)** *m/f* Kaffeetrinker(in *f*) *m*

cagar I. *vi, vr(se)* VULG scheißen, kacken II. *vt* VULG 1 kaputtmachen, verderben 2 ↑ *engañar* bescheißen; **cagueta** *m* FAM Angsthase *m*

caída *f* 1 ◇ – de pelo Haarausfall *m* 2 *(de agua)* Wasserfall *m* 3 *(de gobierno)* Sturz *m*; **caído(/a) I.** *m/f* Gefallene(r) *fm* II. *adj* schlaff, schwach

caimán *m* Kaiman *m*

caja *f* 1 Kiste *f*, Schachtel *f* 2 COM Kasse *f*; **cajero(/a)** *m/f* Kassierer(in *f*) *m*

cajetilla *f* Schachtel *f*

cajón *m* 1 Schublade *f* 2 *(caja)* Kiste *f*

cal *f* Kalk *m*

cala *f* kleine Felsbucht

calabacín *m* Zucchino *m*

calabaza *f* Kürbis *m*

calado *adj* durchnäßt; ◇ **estar** – **hasta los huesos** klatschnaß sein

calamar *m* Tintenfisch *m*

calambre *m* 1 MED Muskelkrampf *m* 2 ELECTR Schlag *m*

calamidad *f* Unheil *n*

calaña *f* Art *f*; ◇ **esa gentuza es de mala** – das ist ein übles Pack

calar I. *vt* 1 durchnässen 2 FIG durchschauen II. *vr(se)* naß werden

calavera *m* Halunke *m*

calcañal *m* Ferse *f*

calcar *vt* 1 abpausen 2 FIG nachahmen, imitieren

calceta *f* Kniestrumpf *m*; **calcetín** *m* Socke *f*

calcio *m* Kalzium *n*

calco *m* 1 Durchzeichnung *f* 2 PEY Abklatsch *m*

calculable *adj* kalkulierbar; **calculador** *m* Egoist *m*; **cal-**

culadora f Rechenmaschine f;
calcular vt ① rechnen ② FIG
annehmen; **cálculo** m ①
Rechnung f ② (de creer) Kalkulation f
caldear vt erhitzen, erwärmen
caldera f Kessel m
calderilla f Kleingeld n
caldero m ① kleiner Kessel m
② ↑ cubo Eimer m
caldo m Brühe f
calé m Zigeuner m
calefacción f Heizung f; **ca-
lefactor** m Heißluft f
calendario m Kalender m
calentador m Heizgerät n; (de
agua) Boiler m; **calentar** I. vt
① erwärmen, erhitzen ② FIG
beleben II. vr(se) ① sich erhitzen ② FIG ↑ enfadarse sich ereifern; **calentura** f ① MED
Fieber m ② (pústula) Pustel f;
calenturiento adj también
FIG fiebernd, fiebrig
calibrar vt eichen; **calibre** m
① Kaliber m ② FIG Format n
calidad f Qualität f
cálido adj ① warm, heiß ②
↑ afectuoso warm, herzlich; **caliente** adj heiß
calificación f ① Qualifikation
f ② COLE Note f; **calificado**
adj kompetent, qualifiziert; **calificar** vt qualifizieren, beurteilen
calma f ① Stille f ② ↑ paz

Gelassenheit f; ◇ ¡–! immer mit
der Ruhe!; **calmante** m
Beruhigungsmittel n; **calmar**
I. vt beruhigen II. vi abflauen,
nachlassen; FIG sich beruhigen;
calmoso adj ① ruhig, still
② ↑ perezoso träge, faul
calor m ① Hitze f, Wärme f ②
FIG Eifer m
caloría f Kalorie f
calumnia f Verleumdung f;
calumniar vt verleumden; **ca-
lumnioso** adj verleumderisch
caluroso adj heiß
calvario m Kreuzweg m
calvicie f Kahlheit f; **calvo**
adj kahlköpfig
calza f Keil m
calzada f Fahrbahn f
calzado m Schuhwerk n; **cal-
zador** m Schuhlöffel m; **cal-
zar** vt, vr(se) ① Schuhe anziehen; ◇ ¿qué [número] calzas?
welche Schuhgröße hast du? ②
→ mueble, coche verkeilen, sichern
calzón m **calzones** m/pl Hose
f; **calzoncillos** m/pl Unterhose f
callado adj schweigsam, still;
callandito, **callando** adv
still, schweigsam; **callar** I. vt
verschweigen II. vi, vr(se)
schweigen, still sein
calle f Straße f; ◇ - de un solo

sentido Einbahnstraße f; ◇ **doblar la ~** abbiegen; ◇ **~ arriba/abajo** die Straße hinauf/hinunter; **calleja** f Gäßchen n; **callejón** m Gasse f; **callejuela** f enge Gasse

callo m Hühnerauge n

cama f Bett n; ◇ **~ de matrimonio** Doppelbett n

camada f (de perros) Wurf m

camaleón m Chamäleon n

cámara f ① Fotoapparat m; (de cine) Filmkamera f ② ↑ aposento Kammer f

camarada m/f ① Schulfreund (in f) m ② POL Genosse m, Genossin f

camarera f ① (en local) Kellnerin f ② (en hotel) Zimmermädchen n; **camarero** m Kellner m

camarilla f Clique f

camarón m Garnele f

camarote m Kajüte f

cambiable adj austauschbar; **cambiante** adj wechselhaft; **cambiar** I. vt ① [aus-]tauschen ② → actitud [ver-]ändern ③ → dinero wechseln II. vi ① wechseln ② AUTO schalten III. vr(se) ① sich [ver]ändern ② → prenda sich umziehen ③ (de domicilio) umziehen; **cambio** m ① [Ver-]Änderung f ② ↑ intercambio Wechsel m; ◇ **en ~** hingegen ③ (de dinero) Wech-

selgeld n, Kleingeld n ④ COM Wechselkurs m ⑤ (de coche) Gang m

camelar vt schöntun, schmeicheln dat

camelia f Kamelie f

camelo m: ◇ **dar el ~ a alguien** jd-n hereinlegen

camello m Kamel n

camilla f Bahre f

caminante m/f Fußgänger(in f) m; **caminar** vi gehen, wandern; **caminata** f Wanderung f; **camino** m Weg m, Strecke f; ◇ **ir por buen ~** auf dem richtigen Weg sein

camión m Last[kraft]wagen m; **camionero/(a** m/f LkwFahrer(in f) m; **camioneta** f Lieferwagen m

camisa f Hemd n; ◇ **quedarse sin ~** pleite gehen; **camiseta** f T-Shirt n

camorra f FAM Rauferei f; **camorrista** m/f Streithammel m

campamento m [Zelt-]Lager n

campana f Glocke f; **campanada** f Glockenschlag m; **campanilla** f ① ↑ campana Glöckchen n ② ANAT Gaumenzäpfchen n

campante adj PEY selbstzufrieden

campaña f Kampagne f

campar vi zelten, campen

campechano *adj* leutselig, umgänglich

campeón(-ona) *m/f* Champion *m*; **campeonato** *m* SPORT Meisterschaft *f*

campesino/a *m/f* ① Landbewohner(in *f*) *m* ② ↑ *agricultor* Bauer *m*, Bäuerin *f*

campestre *adj* ländlich, Land-

camping <s> *m* ① Camping *n* ② (*lugar*) Campingplatz *m*

campo *m* ① Land *n*, Feld *n* ② AGR, ELECTR, INFORM Gebiet *n*

camposanto *m* Friedhof *m*

camuflaje *m también* FIG Tarnung *f*

cana *f* weißes Haar

Canadá *m* Kanada *n*; **canadiense** I. *adj* kanadisch II. *m/f* Kanadier(in *f*) *m*

canal *m* Kanal *m*; ◇ **el C- de la Mancha** der Englische Kanal; **canalizar** *vt* ① kanalisieren ② FIG lenken

canalón *m* Dachrinne *f*

canalla *m/f* Kanaille *f*

canapé *m* Sofa *n*

canario/a I. *adj* kanarisch II. *m/f* Einwohner(in *f*) der Kanarischen Inseln

canasto *m* [großer] Korb

cancelación *f* Tilgung *f*; **cancelar** *vt* ① tilgen ② → *cuenta bancaria* kündigen

cáncer *m* Krebs *m*; **cancerí-**

geno *adj* krebserregend; **canceroso** *adj* MED Krebs-, krebsartig

canciller *m* Kanzler(in *f*) *m*

canción *f* Lied *n*; **cancionero** *m* Liederbuch *n*

cancha *f* Sportplatz *m*

candela *f* Kerze *f*

candente *adj* rotglühend

candidato/a *m/f* Kandidat(in *f*) *m*; **candidatura** *f* Kandidatur *f*

cándido *adj* unschuldig, naiv

candileja *f pl*, TEATRO Rampenlicht *n*

candor *m* ↑ *inocencia* Unschuld *f*

canela *f* Zimt *m*

canelón *m*: ◇ **-es** Cannelloni *pl*

cangrejo *m* Flußkrebs *m*

canguro *m* Känguruh *n*

caníbal *m/f* Menschenfresser(in *f*) *m*

canica *f* Murmel *f*

canijo *adj* kränklich

canino *m* Eckzahn *m*

canjear *vt* auswechseln, eintauschen

cano *adj* grauhaarig

canoa *f* Kanu *n*

canon *m* Kanon *m*; **canonizar** *vt* REL heiligsprechen

canoso *adj* grauhaarig

cansado *adj* ① müde, erschöpft ② ↑ *aburrido* langweilig; **cansancio** *m* ① Müdigkeit f ② ↑ *aburrimiento* Langeweile f; **cansar** vt ① ermüden ② ↑ *aburrir* langweilen

cántabro(a) I. adj kantabrisch, nordspanisch **II.** m/f Kantabrier(in f) m

cantante m/f Sänger(in f) m; **cantar I.** vt singen **II.** vi ① singen ② ↑ *gallo* krähen

cántaro m : ◇ **llueve a -s** es gießt in Strömen

cantautor(a) m/f Liedermacher(in f) m

cante m Gesang m

cantera f Steinbruch m

cantidad f ① Menge f; ◇ **en -** in großer Anzahl ② ↑ *importe* Betrag m

cantina f Kantine f

canto m ① Gesang m; (*melodía*) Lied n; (*de gallo*) Krähen n ② (*un plato*) Kante f ③ **de canto** seitlich; **cantor(a)** m/f Sänger(in f) m

canuto m Rohr m

caña f ① FLORA Stengel m; ◇ **- de azúcar** Zuckerrohr n ② (*de cerveza*) kleines Bier

cañada f Schlucht f, Hohlweg m

cañería f Rohrleitung f

caño m Rohr n

cañón m ① *tubo* Rohr n ② MIL Kanone f; ◇ **- de agua** Wasserwerfer m ③ (*entre montañas*) Schlucht f

caos f Chaos n; **caótico** adj chaotisch

cap. *abr. de* **capítulo** Kap.

capa f ① Umhang m ② Schicht f; ◇ **- de ozono** Ozonschicht f ③ FIG Vorwand m

capacidad f ① Kapazität f ② ↑ *inteligencia* Fähigkeit f; **capacitar** vt ausbilden

caparazón m *también* FIG Panzer m

capataz m/f Vorarbeiter(in f) m

capaz adj fähig, begabt

capellán m Kaplan m

caperuza f Kapuze f

capilla f Kapelle f

capirote m FAM : ◇ **tonto de -** Volltrottel m

capital I. adj hauptsächlich, wesentlich **II.** m COM Kapital n **III.** f Hauptstadt f

capitalismo m Kapitalismus m

capitán m Kapitän m; **capitanear** vt befehligen

capitel m Kapitell m

capitulación f Kapitulation f; **capitular** vi kapitulieren

capítulo m Kapitel n

capota f AUTO Verdeck n

capricho m Laune f; **caprichoso** adj launisch, launenhaft

cápsula f Kapsel f

captación f Anwerbung f;
captar vt 1 für sich gewinnen
2 ↑ *comprender* begreifen, erfassen

captura f Fang m, Festnahme f;
capturar vt fangen, festnehmen

capucha f Kapuze f

capullo m 1 Kokon m 2 (de
flor) Knospe f

caqui adj kaki

cara f 1 ANAT Gesicht n;
◇ echar en - vorwerfen 2 ↑ *expresión* Miene f; ◇ tener mala-
schlecht/krank aussehen 3
↑ *ánimo* Mut m 4 ↑ *lado* Seite
f

carabina f Karabiner m

caracol m Schnecke f; **cara-
cola** f Muschel f

carácter m <caracteres> 1 (de
persona) Charakter m 2 (de
cosa) Merkmal n; **característico** adj charakteristisch; **caracterizar** vt charakterisieren

caradura m FAM unverschämter Mensch

carajo interj VULG verdammt!

carámbano m Eiszapfen m

carambola f Karambolage f

caramelo m Bonbon m; (azúcar fundido) Karamel m

carantoña f Zärtlichkeiten fl
pl

caravana f 1 Karawane f 2

(coche-vivienda) Wohnwagen
m

caray interj Wahnsinn!

carbón m Kohle f; **carbonero**
(/a) m/f Kohlenhändler(in f) m

carbonizar vt QUIM karbonisieren

carbono m Kohlenstoff m

carburador m AUTO Vergaser
m; **carburante** m Treibstoff
m

carca m/f FAM Spießer(in f)

carcajada f schallendes Gelächter

cárcel f Gefängnis n; **carce-
lero**(/a) m/f Gefängniswärter
(in f) m

carcinoma m Karzinom n

carcomer vt zerfressen, angreifen

cardenal m Kardinal m; **cár-
deno** adj dunkelviolett

cardinal adj hauptsächlich

cardiografía f Kardiogramm n

cardo m Distel f

carear vt gegenüberstellen

carecer vi; ◇ - de Mangel haben an dat; **carencia** f Mangel
m

carestía f Teuerung f

careta f Maske f

carga f 1 Last f; ◇ - fiscal
Steuerlast f 2 (de barco) Fracht
f; **cargado** adj 1 beladen 2
ELECTR [auf]geladen 3 ME-

TEO schwül; **cargante** adj lästig, nervig; **cargar I.** vt ① beladen, belasten ② ELECTR [auf-]laden ③ ↑ acusar beschuldigen **II.** vi laden **III.** vr(se) sich füllen; **cargo** m ① también FIG Last f; ◇ a - de zu Lasten von ② (en empresa pública) Amt n ③ pl, JUR Anklage f

carguero m Lastschiff n

caribe adj karibisch; **Caribe** m : ◇ el - die Karibik

caricatura f Karikatur f

caricia f Zärtlichkeit f

caries f Karies f

cariño I. m Zuneigung f **II.** interj Liebling m; **cariñoso** adj zärtlich, liebevoll

carisma m Charisma n

caritativo adj wohltätig

cariz m Lage f

carmín adj karminrot

carnal adj ① fleischlich ② ◇ primo - leiblicher Cousin; **carne** f Fleisch n; ◇ echar -s zunehmen

carnet carné m : ◇ - de identidad Personalausweis m

carnicería f Metzgerei f; **carnicero/(a)** m/f Metzger(in f) m; **carnívoro** adj fleischfressend; **carnoso** adj fleischig

caro adj lieb, teuer

carpa f Karpfen m

carpeta f Aktenmappe f

carpintería f Schreinerei f;

carpintero/(a) m/f Zimmermann m, Schreiner(in f) m

carraspear vi sich räuspern

carrera f ① Wettlauf m ② ↑ profesión Karriere f

carreta f Karren m

carrete m ① Spule f ② (de película) Rolle f

carretera f Landstraße f

carretilla f Schubkarre f

carril m ① TREN Schiene f ② (de autopista) Fahrbahn f

carrillo m ANAT Wange f

carro m Karren m

carrocería f Karosserie f

carta f ① Brief m ② también GASTRON Karte f; **cartearse** vr sich schreiben

cartel m Plakat m

cártel m Kartell n

cárter m AUTO Ölwanne f

cartera f Brieftasche f; **carterista** m/f Taschendieb(in f) m

cartero/(a) m/f Briefträger(in f) m

cartón m ① Karton m ② ARTE Kartoon m

cartucho m Patrone f

casa f ① Haus n; ◇ - de huéspedes Pension f ② ↑ vivienda Wohnung f

casaca f Uniformrock m

casado/(a) adj verheiratet; **casar I.** vi harmonisieren **II.** vr (se) heiraten

cascabel *m* : ◇ **serpiente** *f* de -
Klapperschlange *f*
cascada *f* Wasserfall *m*
cascanueces *m* Nußknacker
m; **cascar** *vt* zerbrechen, knak-
ken; **cáscara** *f* Schale *f*
casco *m* **1** Helm *m* **2** NAUT
Rumpf **3** *(de caballo)* Huf *m*
caserío *m* Bauernhof *n*
casero(/a) I. *adj* **1** Haus-,
hausgemacht **2** ▷familia häuslich II. *m/f* Hausherr(in *f*) *m*
caseta *f* **1** Hütte *f* **2** *(en la
playa)* Umkleidekabine *f*
casi *adv* fast, beinahe
casino *m* Kasino *n*
caso *m* **1** Fall *m*; ◇ **en - de** für
den Fall, daß; ◇ **hacer -**
beachten **2** GRAM Kasus *m*
caspa *f* Schuppen *pl*
cassette, casete *f* **1** *(cinta)*
Kassette *f* **2** *(aparato)* Kassettenrecorder *m*
casta *f* Kaste *f*
castaña *f* Kastanie *f*; **castaño** *m* Kastanienbaum *m*
castañuela *f* Kastagnette *f*
castellano(/a) I. *adj* kastilisch
II. *m/f* Kastilier(in *f*) *m*
castigar *vt* **1** bestrafen **2**
↑ *maltratar* kränken; **castigo**
m Strafe *f*
Castilla *f* Kastilien *f*
castillo *m* Schloß *n*, Burg *f*
castizo *adj* rein, echt
castor *m* Biber *m*

castrar *vt* kastrieren
casual *adj* zufällig; **casualidad** *f* Zufälligkeit *f*; ◇ **por -**
zufällig
cataclismo *m* Katastrophe *f*
catalán(-ana) I. *adj* katala-
nisch II. *m/f* Katalane *m*, Katala-
nin *f*
catalejo *m* Fernglas *n*
catalizador *m* AUTO Kataly-
sator *m*
catalogar *vt* katalogisieren,
einordnen; **catálogo** *m* Katalog *m*
Cataluña *f* Katalonien *f*
catar *vt* **1** anschauen **2** FIG
untersuchen
catástrofe *f* Katastrophe *f*
catedral *f* Kathedrale *f*
categoría *f* Kategorie *f*; **cate-
górico** *adj* kategorisch
catolicismo *m* Katholizismus
m; **católico(/a)** I. *adj* katholisch II. *m/f* Katholik(in *f*) *m*
catorce *numeral* vierzehn
caución *f* Kaution *f*
caudal *m* **1** Wassermenge *f* **2**
(de dinero) Vermögen *n*
caudillo(/a) *m/f* Anführer(in *f*)
m
causa *f* **1** Grund *m*; ◇ **a - de**
wegen **2** JUR Prozeß *m*; **causante** I. *adj* verursachend II.
m/f Verursacher(in *f*) *m*; **causar** *vt* verursachen, hervorrufen

cautela f Vorsicht f; **cauteloso** adj vorsichtig

cauterizar vt wegätzen

cautivador adj fesselnd, packend; **cautivar** vt ① gefangennehmen ② FIG fesseln, packen; **cautivo(/a)** m/f Gefangene(r) fm

cauto adj vorsichtig, behutsam

cava m Sekt m

cavar vt, vi graben

caverna f Höhle f

cavilar vt grübeln über akk

caza f ① Jagd f ② ↑ presa Jagdbeute f; **cazador(a)** m/f Jäger (in f) m; **cazar** vt jagen

cazurro adj ungesellig

C.E. f abr. de **Comunidad Europea** EG f

cebada f Gerste f

cebo m Futter n; (para peces) Köder m

cebolla f Zwiebel f

cebra f Zebra n

cecear vi lispeln

cedazo m Sieb n

ceder I. vt abgeben, abtreten; AUTO ◇ - **el paso** Vorfahrt geben II. vi ① nachgeben ② ↑ disminuir nachlassen

cédula f Urkunde f

C.E.E. f abr. de **Comunidad Económica Europea** EG f, Europäische Gemeinschaft

cegar I. vt también FIG blenden, blind machen II. vi erblinden; **cegato(/a)** adj también FIG kurzsichtig

ceja f Augenbraue f

cejar vi zurückweichen; FIG nachgeben

celada f Falle f

celador(a) m/f Aufseher(in f) m; (de cárcel) Wärter(in f) m; **celar** vt bewachen

celda f Zelle f

celebración f Feier f; **celebrar** I. vt ① feiern ② ↑ alabar loben, rühmen II. vr(se) stattfinden

célebre adj berühmt; **celebridad** f Berühmtheit f

celeste, **celestial** adj himmlisch

célibe adj ledig

celo m ① Eifer m ② (pl) Eifersucht f; **celoso** adj eifersüchtig

célula f Zelle f

cementar vt zementieren

cementerio m Friedhof m

cemento m Zement m, Beton m

cena f Abendessen n

cenagal m también FIG Sumpf m

cenar vt, vi zu Abend essen

cenicero m Aschenbecher m

cenit m Zenit m

ceniza f Asche f

cenizo m Unglücksrabe m

censo m Volkszählung f

censor(a) m/f Zensor(in f) m; **censura** f Zensur f; **censurar** vt zensieren

centella f Blitz m

centellar, centellear vi glänzen; ← astros funkeln; **centelleo** m Funkeln n

centenar m Hundert n; **centenario** m Hundertjahrfeier f

centeno m Roggen m

centésimo adj hundertste(r, s)

centígrado adj Celsius

centímetro m Zentimeter n o m

céntimo m hundertste(r, s)

central I. adj zentral II. f ① Zentrale f; ◇ - de correos Hauptpostamt n ② TECNI Kraftwerk n; **centralizar** vt zentralisieren

centrar I. vt ① zentrieren, konzentrieren ② ↑ atraer el interés lenken II. vr(se) sich konzentrieren

centro m ① Zentrum n; (punto principal) Mitte f; FIG Mittelpunkt m; **centroamericano** (/a) I. adj mittelamerikanisch II. m/f Mittelamerikaner(in f) m; **centroeuropeo** adj mitteleuropäisch

centuria f Jahrhundert n

ceñir I. vt enger schnallen II. vr (se) FIG sich kurz fassen

cepillar I. vt ① [aus-]bürsten ② →madera hobeln II. vr(se)

FAM mitgehen lassen; **cepillo** m ① Bürste f ② Hobel m

cepo m Falle f

ceporro adj blöd, dumm

cera f Wachs n

cerámico(/a) I. adj keramisch, Keramik- II. f Keramik f

cerca I. f Umzäunung f II. adv nahe, in der Nähe; ◇ - de ① in der Nähe von, bei ② ungefähr; **cercanía** f ① Nähe f ② (pl) Umgebung f; **cercano** adj nahe, in der Nähe [gelegen]

cercar vt umzäunen

cerciorar I. vt versichern II. vr (se) sich überzeugen

cerco m Umzäunung f

cerdo m Schwein n

cereal m Getreide n

cerebro m Gehirn n

ceremonia f Zeremonie f; **ceremonial** adj feierlich; **ceremonioso** adj formell, steif

cereza f Kirsche f; **cerezo** m Kirschbaum m

cerilla f Streichholz n

cero m Null f

cerrado adj ① geschlossen, zu ② ▷cielo bewölkt ③ ▷carácter verschlossen; **cerradura** f Schloß n; **cerrajería** f Schlosserei f; **cerrar** I. vt ① [ver-] schließen ② →paso, conducto [ver-]sperren II. vr(se) ① sich bewölken (en actitud intransigente) beharren (en auf dat)

cerro m Hügel m

certamen m Wettbewerb m

certero adj treffend, richtig;
certeza, **certidumbre** f Gewißheit f

certificado m Bestätigung f;
certificar vt bescheinigen, attestieren

cervecería f Brauerei f; **cerveza** f Bier n

cesación f Stillstand m; **cesante** adj arbeitslos, entlassen;
cesar I. vt beenden II. vi aufhören, enden; ◇ sin ~ unaufhörlich

cese m Entlassung f; (de negocio) Aufgabe f

césped m Rasen m

cesta f Korb m

ch..., CH... nach Buchstabe C

Cía. abr. de compañía Ges.

cicatriz f Narbe f; **cicatrizar** vt heilen

cíclico adj zyklisch

ciclista m/f Radfahrer(in f) m

ciclo m Zyklus m

ciclomotor m Mofa n

ciclón m Wirbelsturm m

ciego(/a) I. adj blind II. m/f
Blinde(r) fm

cielo I. m Himmel m II. interj:
◇ ¡~! Himmel!; ◇ ¡~s! ach du
lieber Himmel!

cien numeral ver **ciento**

ciénaga f Sumpf m

ciencia f Wissenschaft f; **cien-**

tífico(/a) I. adj wissenschaftlich II. m/f Wissenschaftler(in f)
m

ciento numeral, **cien** numeral
hundert; ◇ el 82 por ~ 82 Prozent

cierre m Schloß n; ◇ ~ de rosca
Schraubverschluß m

cierto adj ① sicher, gewiß;
◇ por ~ bestimmt ② ↑ verdadero genau, richtig

ciervo m Hirsch m

cifra f ① Ziffer f, Zahl f ②
↑ suma Summe f; **cifrar** vt chiffrieren, kodieren

cigarrillo m Zigarette f; **cigarro** m (puro) Zigarre f, Zigarette
f

cigüeña f Storch m

cilíndrico adj zylindrisch; **cilindro** m ① Zylinder m ②
TECNI Walze f

cima f ① Gipfel m; (de árbol)
Wipfel m ② FIG Höhepunkt m

cimbrar, **cimbrear** vt schaukeln, schwingen; **cimiento** m
también FIG Fundament n

cinc m Zink m

cinco numeral fünf

cincuenta numeral fünfzig

cine m Kino n; **cineasta** m/f
Filmschauspieler(in f) m; (director) Filmemacher(in f) m

cínico(/a) I. adj zynisch II. m/f
Zyniker(in f) m; **cinismo** m
Zynismus m

cinta f : ◊ ~ **aislante** Isolierband n; ◊ ~ **adhesiva** Klebeband n; ◊ ~ **de vídeo** Videokassette f

cinto m Gürtel m

cintura f Taille f

cinturón m : ◊ ~ **de seguridad** Sicherheitsgurt m

ciprés <cipreses> m Zypresse f

circo m Zirkus m

circuito m ① Strecke f; ◊ ~ **de carreras** Rennstrecke f ② ELECTR Stromkreis m

circulación f ① Kreislauf m; AUTO ◊ ~ **circular** Kreisverkehr m

circular I. adj kreisförmig II. vi ① zirkulieren ② AUTO fahren

círculo m Kreis m

circundar vt umgeben, umringen

circunferencia f Umfang m

circunlocución f Umschreibung f

circunscribir irr circunscrito vt ① eingrenzen ②→frase umschreiben; **circunscripción** f Bezirk m

circunspecto adj umsichtig, vorsichtig

circunstancia f Umstand m

circunvalar vt umgehen

ciruela f Pflaume f

cirugía f Chirurgie f; **cirujano** (/a) m/f Chirurg(in f) m

cisne m Schwan m

cisterna f Zisterne f

cita f ① Zitat n ② (con alguien) Verabredung f, Termin m; **citar** I. vt zitieren II. vr(se) sich verabreden

cítricos m/pl Zitrusfrüchte pl

ciudad f Stadt f; **ciudadano** (/a) I. adj ① städtisch ② POL staatsbürgerlich II. m/f ① Städter(in f) m ② [Staats-]Bürger(in f) m

cívico adj bürgerlich; **civil** adj zivil; **civilización** f Zivilisation f; **civilizar** vt zivilisieren

cizaña f Zwietracht f

clamar vi flehen; **clamor** m Geschrei n, Flehen n; **clamoroso** adj spektakulär

clandestino adj heimlich

clara f Eiweiß n

clarear I. vi ① Tag werden ② ↑disiparse una bruma aufklaren II. vr(se) durchsichtig sein

clarete m Rosé m

claridad f Helle f; FIG Klarheit f

clarificar vt ① aufhellen ② FIG erklären

clarinete m Klarinette f

clarividente m/f Hellseher(in f) m

claro I. adj ① klar, rein ② ↑iluminado leuchtend, hell; FIG ◊ **a las claras** ohne Umschweife ③ ↑poco espeso dünn II. interj natürlich, klar; ◊ ¡~que sí! na klar! III. m ① Helle f,

Licht n ② (del bosque) Lichtung f

clase f ① Klasse f; POL Schicht f ② ↑ actividad docente Unterricht m ③ ↑ categoría Rang m

clasicismo m Klassizismus m

clásico adj klassizistisch, klassisch

clasificación f Klassifizierung f; **clasificar** vt klassifizieren

clasista m/f PEY Snob m

claudicar vi nachgeben

claustro m Kreuzgang m

cláusula f Klausel f

clausura f Schluß m; **clausurar** vt schließen

clavar vt ① befestigen; (con clavos) einschlagen ② FIG heften

clave f Schlüssel m; MUS Notenschlüssel m

clavel m Nelke f

clavícula f ANAT Schlüsselbein n

clavija f ① Bolzen m ② ELECTR Stecker m

clavo m ① Nagel m ② FLORA Gewürznelke f

claxon m Hupe f

clemencia f Gnade f; **clemente** adj mild, gnädig

clerical adj geistlich, klerikal; **clérigo** m Geistliche(r) fm; **clero** m Klerus m

cliente m/f Kunde m, Kundin f

clima m Klima n; **climatizado** adj klimatisiert; **climatizar** vt klimatisieren

clínica f Klinik f

clip m Büroklammer f

cloaca f Kloake f

cloroformo m Chloroform n

club <s o es> m Klub m

coacción f Nötigung f; **coaccionar** vt zwingen

coalición f Koalition f

coartada f JUR Alibi n; **coartar** vt einschränken

coba f : ◇ dar - schmeicheln

cobarde I. adj feige II. m/f Feigling m; **cobardía** f Feigheit f

cobertura f ① Decke f ② FIN Deckung f

cobijar vt ① bedecken ② ↑ proteger beschützen; **cobijo** m Unterschlupf m

cobra f Kobra f

cobrador(a) m/f Schaffner(in f) m; **cobrar** I. vt ① [wieder-] bekommen ② → cheque, lotería einlösen; ◇ ¿cuánto cobra al mes? wieviel verdient er im Monat? ③ → precio verlangen II. vr(se) MED sich erholen

cobre m Kupfer n; **cobrizo** adj kupferfarbig

cobro m ① Einziehung f ② ↑ pago Zahlung f

cocaína, coca f Kokain n

cocer irr vt, vi kochen

cociente m MATE Quotient m

cocina f ① Küche f ② (arte) Kochkunst f; **cocinar** I. vt zubereiten, kochen II. vi kochen; **cocinero(/a)** m/f Koch m, Köchin f

coco m Kokospalme f; (fruto) Kokosnuß f

cocodrilo m Krokodil n

cóctel m ① ↑ combinado Cocktail m ② ↑ reunión Cocktailparty f

cochambre f FAM Sauerei f

coche m ① Auto n; ◇ - de turismo Pkw m ② (vagón) Waggon m ③ (para niños) Kinderwagen m; **cochera** f Garage f

cochinada f FAM Schweinerei f; **cochinillo** m Spanferkel n; **cochino(/a)** I. adj dreckig, schmutzig II. m/f también FIG Schwein n

codazo m Stoß m

codearse vr; ◇ - con Umgang haben mit

códice m Kodex m

codicia f Geldgier f; **codiciar** vt begehren; **codicioso** adj geldgierig

codificar vt verschlüsseln; **código** m Kodex m

codillo m Knie n

codo m Ellbogen m

coeducación f COLE Koedukation f

coeficiente m MATE Koeffizient m

coerción f JUR Zwang m

coetáneo adj zeitgenössisch

coexistencia f Koexistenz f; **coexistir** vi koexistieren

cofrade mf Mitglied n einer Bruderschaft

cofre m Truhe f

coger I. vt ① ergreifen, nehmen ② → frutos, cosecha pflücken ③ → gripe bekommen ④ ↑ entender erfassen, verstehen II. vi Platz haben, passen

cogorza f FAM Rausch m

cogote m Nacken m

cohabitar vi zusammenleben

cohechar vt bestechen; **cohecho** m Bestechung f

coherencia f Zusammenhang m; **coherente** adj zusammenhängend, kohärent; **cohesión** f Zusammenhalt m; FIS Kohäsion f

cohete m Rakete f

cohibición f ① Einschränkung f ② FIG Einschüchterung f; **cohibir** vt ① einschränken ② FIG einschüchtern

coincidencia f Übereinstimmung f; **coincidir** vi ① übereinstimmen ② (en un lugar) zusammentreffen

coito m Koitus m

cojear vi [1] hinken [2] ← *mueble* wackeln

cojín m Kissen n; **cojinete** m TECNI Lager n

cojo(/a) adj [1] lahm [2] ▷*mueble* wackelig

cojón m Hoden m; **cojonudo** adj FAM! toll, geil

col f Kohl m

cola f [1] Schwanz m; ◇ hacer - Schlange stehen [2] *(para pegar)* Leim m

colaboración f Zusammenarbeit f; **colaborador(a)** m/f Mitarbeiter(in f) m; **colaborar** vi zusammenarbeiten

colado(/a) adj FAM ↑ *enamorado* verknallt

colador f Sieb n

colapsar vi, vr(se) zusammenbrechen; **colapso** m Kollaps m

colar I. vt sieben II. vr(se) [1] sich vordrängeln [2] FAM sich verknallen

colcha f Bettdecke f

colchón m Matratze f; **colchoneta** f Matte f

cole m FAM Penne f

colección f Sammlung f; **coleccionar** vt sammeln; **coleccionista** m/f Sammler(in f) m

colectar vt sammeln

colectividad f Gemeinschaft f;

colectivo adj gemeinsam, kollektiv

colega m/f [1] [Arbeits-]Kollege m, [Arbeits-]Kollegin f [2] FAM Kumpel m

colegio m [1] [Privat-]Schule f [2] ↑ *asociación* Gremium n

cólera I. f Zorn m II. m MED Cholera f

colérico adj zornig, wütend

colgador m Kleiderbügel m; **colgadura** f Wandbehang m; **colgante** adj hängend; **colgar** irr I. vt aufhängen II. vi hängen

cólico m MED Kolik f

coliflor f Blumenkohl m

colina f Hügel m

colindante adj angrenzend, benachbart; **colindar** vi nebeneinander liegen

colirio m Augentropfen pl

colisión f Kollision f; **colisionar** vi kollidieren

colmado(/a) adj voll; **colmar** vt [1] [an-]füllen [2] → *a alguien* überhäufen

colmena f Bienenkorb m

colmillo m Eckzahn m

colmo m FIG Gipfel m; ◇ ¡es el -! das ist doch der Gipfel!

colocación f [1] Anordnung f [2] ↑ *empleo* Stellung f; **colocar** vt [1] setzen, stellen, legen [2] ↑ *dar empleo* anstellen

colofón m Schlußakkord m

Colombia f Kolumbien n; **colombiano(/a)** I. adj kolumbianisch II. m/f Kolumbianer(in f) m

colon m ANAT Dickdarm m

colonia f Kolonie f; (de casas) Siedlung f

colonización f Kolonisierung f; **colonizador(a)** I. adj kolonial II. m/f Siedler(in f) m; **colonizar** vt kolonisieren; **colono(/a)** m/f Siedler(in f) m

coloquial adj umgangssprachlich; **coloquio** m Kolloquium n

color m Farbe f; **colorado** adj rot; **colorante** m Farbstoff m; **colorar, colorear** vt färben; **colorido** m Färbung f

colosal adj kolossal, riesig

columna f ① ARCHIT Säule f ② (de un artículo) Kolumne f

columpiar vt, vr(se) schaukeln; **columpio** m Schaukel f

collar m Halskette f

coma I. f Komma n II. m MED Koma n

comadre f [Tauf-]Patin f

comandancia f Kommandantur f; **comandante** m Kommandant(in f) m; **comandar** vt befehlen; **comando** m Kommando n

comarca f Landstrich m

comba f Biegung f; **combar** vt krümmen, biegen

combate m Kampf m; **combatiente** m/f Kämpfer(in f) m; **combatir** vt bekämpfen

combinación f Kombination f; **combinar** I. vt kombinieren II. vr(se) QUIM sich verbinden

combustible m Brennstoff m

comedia f Komödie f; **comediante** m/f Schauspieler(in f) m

comedido adj zurückhaltend; **comedirse** irr vr sich zurückhalten

comedor m Eßzimmer n, Speisesaal m

comentar vt kommentieren; **comentario** m Kommentar m; **comentarista** m/f Kommentator(in f) m

comenzar vt, vi anfangen, beginnen

comer I. vt essen; ← animal fressen II. vi essen III. vr(se) → palabras verschlucken

comercial adj geschäftlich, Geschäfts-, kommerziell; **comerciante** m/f Geschäftsmann m, -frau f; **comerciar** vi handeln, Handel treiben; **comercio** m ① Handel m ② (tienda) Geschäft n

comestible I. adj eßbar II. m/ pl Lebensmittel pl

cometa I. m ASTRON Komet m II. f Drachen m

cometer vt begehen; **cometi-do** m Auftrag m

comic <s> m Cartoon m o n

cómico(/a) I. adj komisch **II.** m/f Komiker(in f) m

comida f Essen m

comienzo m Beginn m

comilón adj gefräßig

comino m Kümmel m

comisario(/a) m/f Kommissar (in f) m

comisión f ① Kommission f ② COM Provision f

comité m Komitee n

como I. adv ① wie; ◇ - **sea** wie auch immer ② als; ◇ **trabaja - profesor** er arbeitet als Lehrer **II.** cj ① da, weil ② ◇ **tal** - [so] wie ③ wenn; ◇ - **si** als ob

cómo I. adv wie?, warum? **II.** interj wie?, wie bitte?; ◇ **¡- no!** natürlich!

cómoda f Kommode f

comodidad f Bequemlichkeit f; **cómodo** adj bequem, praktisch

compacto adj kompakt

compadecer vt bemitleiden

compadre m [Tauf-]Pate m

compaginar vt aufeinander abstimmen

compañero(/a) m/f Kollege m, Kollegin f; **compañía** f ① Begleitung f ② COM Gesellschaft f

comparable adj vergleichbar; **comparación** f Vergleich m;

comparar vt vergleichen;

comparativo adj vergleichend

comparsa I. f Umzug m **II.** m/f Statist(in f) m

compartim[i]ento m ① [Auf-]Teilung f ② NAUT, TREN Abteil n; **compartir** vt einteilen; ↑ distribuir verteilen

compás m ① MUS Takt m ② Kompaß m

compasión f Mitleid n

compatible adj ① vereinbar ② MED verträglich

compeler vt zwingen, nötigen

compendiar vt zusammenfassen; ↑ reducir kürzen; **compendio** m Zusammenfassung f

compensación f Entschädigung f, Abfindung f; **compensar** vt entschädigen

competencia f ① Kompetenz f ② ↑ disputa Wettbewerb m; **competente** adj fähig, kompetent

competición f Wettbewerb m; **competidor(a)** m/f Konkurrent(in f) m; **competir** irr vi konkurrieren (con mit); **competitivo** adj ① ehrgeizig ② COM konkurrenzfähig

compilar vt zusammenstellen

complacencia f Vergnügen n; **complacer** vt gefällig sein; **complaciente** adj zuvorkommend, bereitwillig

complejo I. adj 1 kompliziert
2 ↑ *compuesto* komplex **II.** m
Komplex m

complementar vt ergänzen

completar vt vervollständigen;
completo adj 1 vollständig
2 ▷*lugar* voll, ausverkauft

complicación f Komplikation
f; **complicado** adj kompliziert, schwierig; **complicar** vt
komplizieren

cómplice m/f Komplize m,
Komplizin f

compló, complot <s> m
Komplott n

componente m Bestandteil m;
componer I. vt 1 zusammenstellen 2 MUS komponieren **II.** vr(se): ◇ **-se de** bestehen
aus

comportamiento m Verhalten n; **comportarse** vr sich
verhalten

composición f 1 Zusammensetzung f 2 MUS Komposition
f; **compositor(a)** m/f Komponist(in f) m

compostura f 1 Zusammensetzung f 2 ↑ *comportamiento*
Beherrschung f

compra f Kauf m; ◇ **ir de -s**
Besorgungen pl machen; **comprador(a)** m/f Käufer(in f) m;
comprar vt kaufen, einkaufen

comprender vt 1 verstehen,
begreifen 2 ↑ *contener* einschließen; **comprensible** adj
unbegreiflich; **comprensión** f
Verstehen n; ↑ *consideración*
Verständnis n

compresa f Kompresse f;
compresor m Kompressor m

comprimido m : ◇ **aire -a**
Pressluft f; **comprimir** vt zusammenpressen

comprobación f Überprüfung
f; **comprobar** vt 1 feststellen
2 TECNI überprüfen, kontrollieren

comprometer I. vt kompromittieren **II.** vr(se) sich verpflichten; **comprometido** adj
peinlich, heikel

compromiso m 1 Verpflichtung f 2 ↑ *pacto* Kompromiß m

compuesto adj 1 ◇ **-** de zusammengesetzt aus *dat* 2 ↑ *arreglado, aseado* ordentlich

compungido adj zerknirscht

computador ver **ordenador**;
cómputo m Berechnung f

comulgar vi einverstanden sein
(*con* mit)

común adj 1 gemeinsam 2
↑ *vulgar* gewöhnlich; **comuna**
f Wohngemeinschaft f; **comunal** adj kommunal

comunicación f 1 Kommunikation f 2 ↑ *escrito* Mitteilung f; **comunicado** m POL
Kommuniqué n; **comunicar I.**
vt, vi 1 mitteilen 2 ◇ **está co-**

municando es ist besetzt **II.** *vr (se)* in Verbindung stehen; **comunicativo** *adj* gesprächig

comunidad *f* Gemeinschaft *f*

comunión *f* REL Kommunion *f*; *(protestante)* Abendmahl *n*

comunismo *m* Kommunismus *m*; **comunista** *m/f* Kommunist(in *f*) *m*

comunitario *adj* Gemeinschafts-

con *prep* ① mit; ◇ - **que** also, somit; ◇ - **tal que** vorausgesetzt, daß ... ② *(aunque)* trotz, obwohl

concatenar *vt* verketten

cóncavo *adj* konkav

concebir *irr* **I.** *vt* ① →*plan, proyecto* fassen ② ↑*imaginar* sich vorstellen **II.** *vi* ←*mujer* schwanger werden

conceder *vt* zugestehen *dat*

concejo *m* Stadtrat *m*

concentración *f* ① Konzentration *f* ② *(reunión)* Massenkundgebung *f*; **concentrado** *adj* konzentriert; **concentrarse** *vr* sich konzentrieren

concepción *f* ① Konzeption *f* ② Empfängnis *f*; **concepto** *m* Konzept *n*; ◇ **por/bajo ningún** - unter keinen Umständen; **conceptuar** *vt* bilden, formen

concerniente *adj* betreffend; **concernir** *vi* betreffen

concertar **I.** *vt* vereinbaren;

↑*armonizar* aufeinander abstimmen **II.** *vi* übereinstimmen

concertista *m/f* MUS Solist(in *f*) *m*

concesión *f* Konzession *f*

conciencia *f* Gewissen *n*

concierto *m* ① Übereinstimmung *f* ② MUS Konzert *n*

conciliación *f* Versöhnung *f*; **conciliar** *vt* versöhnen

conciso *adj* knapp, kurz

concluir **I.** *vt* ① beenden, [ab]schließen ② ↑*deducir* folgern **II.** *vi* enden; **conclusión** *f* ① Ende *n* ② ↑*dedución* Schlußfolgerung *f*

concordancia *f* Übereinstimmung *f*; **concordar** **I.** *vt* in Einklang bringen **II.** *vi* übereinstimmen; **concordia** *f* Eintracht *f*

concretar **I.** *vt* konkretisieren **II.** *vr(se)* sich beschränken; **concreto** *adj* konkret

concurrencia *f* Menschenmenge *f*; **concurrido** *adj* überlaufen, voll; **concurrir** *vi* ① sich versammeln ② ↑*tomar parte* teilnehmen

concursante *m/f* Teilnehmer (in *f*) *m*; **concursar** **I.** *vt* teilnehmen an **II.** *vi* JUR Konkurs anmelden; **concurso** *m* ① Wettbewerb *m* ② COM Konkurs *m*

concha *f* Muschel *f*

condecorar vt auszeichnen

condena f Verurteilung f; **condenar** vt verurteilen

condensar vt kondensieren

condescender vi nachgeben dat

condición f ① Beschaffenheit f ② ↑ requisito Kondition f; **condicionado** adj konditioniert, bedingt; **condicionar** vt konditionieren, bedingen

condimento m Würze f, Gewürz n

condolencia f Beileid n

condón m Kondom n

conducir irr I. vt führen, leiten; → vehículos fahren II. vi fahren

conducta f Benehmen n; **conducto** m Leitung f; FIG Vermittlung f; **conductor(a)** m/f Fahrer(in f) m

conectar vi verbinden

conejo m Kaninchen n

conexión f Verbindung f, Zusammenhang m

confederación f Bündnis n

conferencia f ① Konferenz f ② TELEC Telefongespräch n; **conferenciante** m/f Redner (in f) m

confesar vt gestehen; **confesión** f Geständnis n; **confesionalidad** f Konfession f

confiado adj ① vertrauensselig ② (de sí mismo) selbstbewußt; **confianza** f Vertrauen

n; **confiar** I. vt anvertrauen II. vr(se) sich anvertrauen (a dat)

configurar vt bilden, gestalten

confín m Grenze f; **confinar** I. vt ① verbannen ② ↑ encerrar einsperren II. vi: ◊ ~ con grenzen an akk

confirmación f ① Bestätigung f ② REL Konfirmation f; **confirmar** vt ① ↑ asegurar bestätigen ② REL konfirmieren

confiscar vt konfiszieren

conflictivo adj konfliktgeladen; **conflicto** m Konflikt m

conformar I. vt ① formen, gestalten ② ↑ ajustar anpassen II. vi übereinstimmen III. vr(se) sich abfinden (con mit); **conforme** I. interj einverstanden, in Ordnung II. m Einverständnis n III. prep: ◊ ~ a gemäß, entsprechend; **conformidad** f Übereinstimmung f, Zustimmung f; **conformista** m/f Konformist(in f) m

confortable adj bequem, gemütlich; **confortar** vt trösten

confrontación f Gegenüberstellung f

confundir vt, vr(se) ① ↑ mezclar [ver-]mischen ② ↑ equivocar verwechseln; **confusión** f Durcheinander n; **confuso** adj konfus, wirr

congelador m Gefrierschrank m

congeniar *vi* sich vertragen (*con* mit)

conglomeración *f* Zusammenballung *f*

congratular *vt* gratulieren *dat*

congregación *f* Versammlung *f*; **congregar** *vt* versammeln; **congreso** *m* Kongreß *m*

conjugación *f* Konjugation *f*

conjunción *f* Verbindung *f*

conjunto *m* ① Gesamtheit *f* ② MUS Band *f*

conjurar *vi* sich verschwören

conmigo *pron* mit mir, bei mir; ◇ ven ~ komm mit mir

conmiseración *f* Mitleid *n*

conmoción *f* Erdstoß *m*; **conmover** *irr vt* erschüttern

conocedor(a) *m/f* Experte *m*, Expertin *f*; **conocer I.** *vt* kennen; † *saber* wissen, kennen **II.** *vr(se)* sich kennen; **conocido** (/a) **I.** *adj* bekannt **II.** *m/f* Bekannte(r) *fm*

conocimiento *m* ① Kenntnis *f* ② MED Bewußtsein *n*

conque *cj* nun, also

conquista *f* Eroberung *f*; **conquistar** *vt* erobern

consagrar *vt* REL weihen

consciente *adj* bewußt

consecuencia *f* Konsequenz *f*; **consecutivo** *adj* aufeinanderfolgend

conseguir *vt* erreichen

consejero(/a) *m/f* Ratgeber(in *f*) *m*; **consejo** *m* Rat *m*

consenso *m* Konsens *m*

consentimiento *m* Einwilligung *f*; **consentir I.** *vt* ① genehmigen ② † *mimar* verwöhnen **II.** *vi* einwilligen

conserva *f* Konserve *f*; **conservación** *f* Konservierung *f*; **conservador(a)** *m/f* POL Konservative(r) *fm*; **conservar** *vt* erhalten; → *alimentos* konservieren

considerable *adj* ansehnlich, beträchtlich; **consideración** *f* ① Berücksichtigung *f* ② † *meditación* Überlegung *f*; **considerado** *adj* rücksichtsvoll; † *estimado* angesehen; **considerar** *vt* ① berücksichtigen ② † *meditar* sich *dat* überlegen

consigna *f* Gepäckaufbewahrung *f*

consigo *pron* mit sich, bei sich

consiguiente *adj* entsprechend

consistencia *f* Konsistenz *f*; **consistente** *adj*: ◇ ~ en bestehend aus *dat*; **consistir** *vi*: ◇ ~ en ① beruhen auf *dat* ② bestehen aus *dat*

consolar *vt*, *vr(se)* trösten

consolidar *vt* befestigen, sichern

consonante *f* Konsonant *m*

consorcio *m* COM Konzern *m*

conspiración f Verschwörung f; **conspirador(a)** m/f Verschwörer(in f) m

constancia f Beständigkeit f; **constante** adj konstant, andauernd

constar vi ① aufgeführt sein ② ↑ *componerse* bestehen aus

constatar vt feststellen

constelación f Konstellation f

consternación f Bestürzung f

constipado adj erkältet

constitución f Verfassung f; **constituir** vt ① bilden ② ↑ *ser* darstellen, sein; **constitutivo** adj wesentlich, Haupt-

construcción f ① Konstruktion f ② ↑ *obra* Bau m; **constructor(a)** m/f Erbauer(in f) m; **construir** vt bauen, konstruieren

consuelo m Trost m

cónsul m/f Konsul(in f) m

consulta f Beratung f; MED Sprechstunde f; **consultar** vt um Rat fragen

consumidor(a) m/f Verbraucher(in f) m; **consumir** vt verbrauchen; **consumo** m Konsum m

contabilidad f Rechnungswesen n, Buchhaltung f

contabilizar vt verbuchen; **contable** m/f Buchhalter(in f) m

contactar vt sich wenden an *akk*; **contacto** m Kontakt m

contado adj gezählt; **contador** m Zähler m

contagiar vt, vr(se) (sich) anstecken; **contagioso** adj ansteckend

contaminación f Verseuchung f, Verschmutzung f; **contaminar** vt verschmutzen, verseuchen

contar I. vt ① zählen ② → *historia, suceso* erzählen II. vi zählen, gelten

contemplación f Betrachtung f; **contemplar** vt betrachten

contemporáneo adj gegenwärtig, zeitgenössisch

contender vi kämpfen

contenedor m Container m; **contener** vt ① enthalten ② → *risa, nervios* zurückhalten; **contenido** m Inhalt m

contentar I. vt zufriedenstellen II. vr(se) sich begnügen; **contento** adj zufrieden

contestación f Antwort f; **contestar** vt ① erwidern ② → *pregunta* beantworten

contexto m Kontext m

contigo pron mit dir, bei dir, für dich

contiguo adj neben, angrenzend

continental adj kontinental; **continente** m Kontinent m

contingencia f Zufälligkeit f; **contingente I.** adj ① zufällig ② † posible möglich **II.** m Kontingent n

continuación f Verlängerung f, Fortsetzung f; **continuar I.** vt fortsetzen, weiterführen **II.** vi weitermachen; **continuidad** f Kontinuität f; **continuo** adj ununterbrochen, dauernd

contorno m Kontur f

contorsión f Verrenkung f

contra I. prep gegen **II.** m : ◊ los pros y los -s das Für und Wider

contrabajo m Kontrabaß m

contrabandista m/f Schmuggler(in f) m

contracción f ① ANAT Kontraktion f ② MED Zuckung f

contracepción f Empfängnisverhütung f

contracorriente f Gegenströmung f

contradecir irr vt widersprechen dat; **contradicción** f Widerspruch m

contraer irr **I.** vt ① verkürzen ② → matrimonio schließen ③ → deudas machen **II.** vr(se) sich zusammenziehen

contralto m MUS Alt m

contramaestre m/f (en fábrica) Vorarbeiter(in f) m

contrapesar vt aufwiegen; FIG ausgleichen; **contrapeso** m Gegengewicht n

contraponer irr vt gegenüberstellen

contraproducente adj kontraproduktiv

contrapunto m FIG Kontrast m

contrariar vt ① sich entgegenstellen dat ② † molestar verärgern; **contrariedad** f ① Hindernis n ② † disgusto Ärger m

contrario(/a) I. adj ① entgegengesetzt; ◊ de lo ~ andernfalls ② † enemigo feindlich **II.** m/f Feind(in f) m

contrarreloj f FAM : ◊ ir a ~ unter Zeitdruck stehen

contrarrestar vt entgegenwirken dat

contrastar vi sich unterscheiden, kontrastieren; **contraste** m Kontrast m

contratación f COM Vertragsabschluß m; **contratar** vt ① vertraglich abmachen ② → trabajadores einstellen

contratiempo m Zwischenfall m

contratista m/f Auftragnehmer(in f) m

contrato m Vertrag m

contravenir vi verstoßen (a gegen)

contribución f ① Steuer f ② † aportación Beitrag m; **contribuir I.** vt ① beitragen ② → asistir mitwirken **II.** vi ① beisteuern ② ← impuestos Steuern zahlen

control *m* Kontrolle *f*; **controlable** *adj* kontollierbar; **controlador(a)** *m/f* AERO: ◊ **- de vuelo** Fluglotse *m*; **controlar** *vt* kontrollieren, überprüfen

controversia *f* Kontroverse *f*

contundente *adj* schlagend; FIG überzeugend

convalecencia *f* Genesung *f*; **convalecer** *vi* genesen

convalidar *vt* anerkennen

convencer *vt* überzeugen; †*persuadir* überreden; **convención** *f* Konvention *f*; **convencional** *adj* herkömmlich, konventionell

convenido *adj* vereinbart

conveniencia *f* Vorteil *m*; **conveniente** *adj* ① erforderlich, ratsam ② †*beneficioso* nützlich, vorteilhaft

convenio *m* Abkommen *n*; **convenir I.** *vi* ① übereinstimmen ② †*ser adecuado* angebracht sein **II.** *vt* vereinbaren, abmachen

convento *m* Kloster *n*

converger, **convergir** *vi* konvergieren, zusammenlaufen

conversación *f* Gespräch *n*; **conversar** *vi* sich unterhalten

conversión *f* Umwandlung *f*; REL Bekehrung *f*

convertir *vt*, *vr(se)* umwandeln; REL bekehren

convexo *adj* konvex

convicción *f* Überzeugung *f*

convicto *adj* JUR überführt

convidado(/a) *m/f* Gast *m*; **convidar** *vt* einladen

convincente *adj* überzeugend

convite *m* Einladung *f*

convivir *vi* zusammenleben

convocar *vt* einberufen, aufrufen zu

convulsión *f* ① Krampf *m* ② FIG Aufruhr *m*; **convulsivo** *adj* krampfartig

conyuge *m/f* Ehepartner(in *f*) *m*

coñac *m* Kognak *m*

coñazo *m* FAM lästige Sache/ Person

coño I. *m* VULG Möse *f* **II.** *interj* ① (*sorpresa*) Wahnsinn! ② (*indignación*) verdammt!

cooperación *f* Zusammenarbeit *f*; **cooperar** *vi* zusammenarbeiten, kooperieren (*con* mit); **cooperativa** *f* Genossenschaft *f*; **cooperativo** *adj* kooperativ

coordinación *f* Koordination *f*; **coordinar** *vt* koordinieren

copa *f* ① (*de jerez*) [Stiel-]Glas *n* ② (*de trofeo*) Pokal *m*

copia *f* Kopie *f*; FOTO Abzug *m*; **copiar** *vt* kopieren, abschreiben

copiloto *m* ① AUTO Beifahrer (in *f*) *m* ② AERO Kopilot(in *f*) *m*

copioso *adj* reichlich

copla *f* Volkslied *n*

copresidir *vt* gemeinsam vorsitzen

coproducción *f* Koproduktion *f*

coquetear *vi* flirten

coraje *m* Courage *f*

coral I. *m* Koralle *f* II. *f* Chor *m*

corazón *m* Herz *n*; **corazonada** *f* Ahnung *f*, Vorgefühl *n*

corbata *f* Krawatte *f*

corcho *m* Kork *m*

cordel *m* Schnur *f*, Kordel *f*

cordero *m* Lamm *n*

cordial *adj* herzlich

cordillera *f* Gebirgskette *f*

cordón *m* Schnur *f*; (de teléfono) Kabel *n*

cordura *f* Besonnenheit *f*

coreografía *f* (de baile) Choreographie *f*; **coreógrafo/a** *m/f* Choreograph(in *f*) *m*

cornamenta *f* Hörner *n/pl*

coro *m* Chor *m*

corona *f* Krone *f*; **coronación** *f* Krönung *f*; **coronar** *vt* krönen *FIG* vollenden

coronel *m* Oberst *m*

corpiño *m* Büstenhalter *m*

corporación *f* Körperschaft *f*

corporal *adj* körperlich

corpulencia *f* Korpulenz *f*; **corpulento** *adj* korpulent, beleibt

corral *m* Hof *m*; (de gallina) Hühnerstall *m*

correa *f* Riemen *m*; ↑ *cinturón* Gürtel *m*

corrección *f* ① Berichtigung *f* ② ↑ *censura* Zurechtweisung *f*; **correcto** *adj* tadellos, korrekt

corredor(a) I. *m/f* SPORT Wettläufer(in *f*) *m* II. *m* Korridor *m*

corregir I. *vt* ① berichtigen, korrigieren ② ↑ *reprender, advertir* zurechtweisen II. *vr(se)* sich bessern

correlación *f* Korrelation *f*

correo *m* ① Post *f*; ◇ ~ aéreo Luftpost *f* ② (*pl*) Postamt *n*

correr I. *vt* ① bereisen, durcheilen ② → *armario* [ver-]rükken, schieben; → *cortina* zuziehen ③ → *riesgo* eingehen II. *vi* ① laufen, rennen ② ← *río* fließen ③ ← *tiempo, horas* verrinnen

correspondencia *f* ① Korrespondenz *f* ② TREN Anschluß *m*; **corresponder** I. *vi* ① korrespondieren ② entsprechen ③ ↑ *pertenecer* gehören ④ (de incumbencia) zukommen (a alguien jd-m) II. *vr(se)* ① sich mögen ② ← *dos habitaciones* miteinander verbunden sein; **correspondiente** *adj* ① entsprechend *dat* ② ↑ *oportuno* passend, gelegen *dat*

corresponsal m/f Korrespondent(in f) m

corrido(/a) adj verschoben

corriente I. adj ① ◇ **agua** – fließend Wasser ② ▷*tiempo* laufend, aktuell; ◇ **el año** – das laufende Jahr II. f ① Strömung f ② ELECTR Strom m

corro m Gruppe f [von Leuten]

corroborar vt bekräftigen, bestätigen

corroer vt ätzen

corromper I. vt ① → *personas* verderben ② JUR verführen II. vr(se) schlecht werden, verfaulen

corrosión f Korrosion f

corrupción f ① Zersetzung f ② FIG Korruption f; **corrupto** adj verdorben; ▷*personas* korrupt

cortacésped m Rasenmäher m

cortacircuitos m/sg ELECTR Sicherung f

cortado I. adj ① abgeschnitten ② FIG knapp ③ FIG schüchtern II. m kleiner Kaffee mit Milch; **cortante** adj ① ▷*cuchillo* scharf ② ▷*persona* bissig, zynisch; **cortar** I. vt ① schneiden, abschneiden ② → *el agua* abdrehen ③ → *paso* sperren II. vr(se) ① verlegen werden ② ← *salsa, leche, nata* gerinnen; **corte** m ① Schnitt m

② ↑ *filo* Schneide f ③ ↑ *pieza* Stück n ④ ◇ **las C-s** das spanische Parlament; **cortedad** f *también* FIG: ◇ **- de vista** Kurzsichtigkeit f

cortejo m : ◇ **- fúnebre** Leichenzug m

cortés adj höflich; **cortesía** f Höflichkeit f

corteza f (*de árbol*) Rinde f; (*de pan, queso*) Kruste f

cortina f Vorhang m

corto adj ① ↑ *breve* kurz, knapp; ◇ **- de vista** kurzsichtig ② ↑ *tonto* beschränkt ③ ↑ *tímido* schüchtern

corvo adj krumm, gebogen

cosa f ① Ding n, Sache f; ◇ **es de un año** es dauert etwa ein Jahr ② ↑ *suceso* Angelegenheit f; ◇ **eso es - mía** das ist meine Sache

cosecha f Ernte f; **cosechar** vt ernten

coser vt nähen

cosmopolita m/f Kosmopolit m

cosquillas f/pl : ◇ **hacer** – kitzeln; ◇ **tener** – kitzelig sein;

cosquilloso adj kitzlig; FIG leicht reizbar

costa f ① GEO Küste f ② ◇ **-s** pl Kosten pl; ◇ **a toda** – um jeden Preis

costado m Seite f

costar vi kosten; ◇ **no me cue-**

sta mucho aprender español
Spanish fällt mir leicht
costarriqueño(/a) *m/f* Einwohner(in) Costa Ricas
coste *m* Kosten *pl*
costilla *f* ANAT Rippe *f*
costo *m* Kosten *pl*; **costoso** *adj* kostspielig, teuer
costumbre *f* Sitte *f*; ◇ de - normalerweise
costura *f* Nähen *n*; **costurero** *m* Nähkasten *m*
cotarro *m* FAM Clique *f*
cotejar *vt* vergleichen; **cotejo** *m* Vergleich *m*
cotidiano *adj* täglich
cotilla *f* FAM Klatschmaul *n*, Klatschbase *f*
cotillón *m* Silvesterfeier *f*
cotizarse *vr* FIN: ◇ -se a notiert werden mit
coto *m* : ◇ - de caza Jagdrevier *n*
C.O.U. *m abr. de* COLE Curso de Orientación Universitaria, ≈Abitursjahr *n*, 13. Klasse *f*
coyuntura *f* ① ANAT Gelenk *n* ② COM Konjunktur *f*
cráneo *m* ANAT Schädel *m*
cráter *m* Krater *m*
creación *f* ① Schöpfung *f* ② (*de moda*) Kreation *f*; **creador** (**a**) *m/f* Schöpfer(in) *f*; **crear** *vt* [er-]schaffen, kreieren; → *empresa* gründen; **creatividad** *f* Kreativität *f*

crecer *vi* wachsen, zunehmen; **crecido** *adj* ausgewachsen; FIG ansehnlich; **creciente I.** *adj* steigend; ▷*cantidad* zunehmend **II.** *f* Flut *f*; ▷ *luna* - zunehmender Mond; **crecimiento** *m* ① Wachsen *n* ② COM Zuwachs *m*
crédito *m* ① Kredit *m* ② † *reputación* Glaubwürdigkeit *f*
crédulo *adj* leichtgläubig, naiv
creencia *f* REL Glaube *m*; **creer I.** *vt, vi* ① glauben ② † *juzgar, imaginar* denken, meinen ③ halten für; ◇ le creo sincero ich halte ihn für ehrlich **II.** *vr(se):* ◇ -se una cosa sich *dat* etw einbilden; **creíble** *adj* glaubhaft
crema *f* ① (*nata*) Sahne *f* ② (*de zapatos*) Creme *f*; **cremoso** *adj* cremig
cresta *f* ① (*de gallina*) Kamm *m* ② FIG Hochmut *m*
creta *f* Kreide *f*
cretino(/a) *m/f* Kretin *m*
creyente I. *adj* gläubig **II.** *m/f* Gläubige(r) *fm*
cría *f* ① (*de animales*) Zucht *f* ② (*cachorro*) Jungtier *n*
criado(/a) *adj* erzogen; ◇ mal/bien - gut/schlecht erzogen
criador(a) *m/f* Züchter(in) *f*) *m*;
crianza *f* (*de animales*) [Auf-] Zucht *f*; (*de niños*) Erziehung *f*;

criar vt ① ↑ *educar* aufziehen ② → *animales* züchten

criatura f Kreatur f

criba f Sieb n

crimen m Verbrechen n; **criminal I.** adj verbrecherisch, kriminell **II.** m/f Verbrecher(in f) m; **criminalidad** f Kriminalität f

crío(/a) m/f Säugling m

crisis f Krise f

crispar vt ① → *músculos* verkrampfen ② ↑ *irritar* nerven, reizen

cristal m ① Glas n ② GEO Kristall m; **cristalino** adj kristallähnlich; **cristalizar** vi kristallisieren

cristianismo m Christentum n; **cristiano(/a) I.** adj christlich **II.** m/f Christ(in f) m

criterio m ① Kriterium n ② ↑ *opinión* Meinung f

crítica f Kritik f; **criticar** vt kritisieren; **crítico(/a) I.** adj kritisch **II.** m/f Kritiker(in f) m

cromo m QUIM Chrom n

crónica f Chronik f; **crónico (/a)** adj chronisch; **cronista** m/f Chronist(in f) m

cronómetro m Stoppuhr f

croqueta f GASTRON Krokette f

cruce m Kreuzung f; FIG Überschneidung f

crucial adj entscheidend

crucificar vt kreuzigen; **crucifijo** m Kruzifix n

crucigrama m Kreuzworträtsel n

crudo adj ① roh, unbearbeitet; ◇ *petróleo* - Rohöl n ② ↑ *inmaduro* unreif ③ ▷ *tiempo* rauh

cruel adj grausam

crujido m Knarren n; **crujiente** adj knarrend; **crujir** vi ① ← *madera* knarren ② ← *nieve* knirschen

cruz f ① Kreuz n; FIG Leid n ② ◇ *cara* o - Kopf oder Zahl

cruzado(/a) adj gekreuzt; **cruzar** vt, vr(se) ① *también* BIOL kreuzen ② → *la calle* überqueren

cuaderno m Heft n

cuadrado I. adj quadratisch **II.** m MATE Quadrat n

cuadrar vi: ◇ - **con** ① übereinstimmen mit ② (*agradar, convenir*) passen dat

cuadrilla f Team n

cuadro m ① ↑ *pintura* Gemälde n ② TEATRO Szene f ③ ↑ *aspecto* Aussehen n

cuádruplo, **cuádruple** adj vierfach

cuajar I. vt ① eindicken, verdicken ② ↑ *cubrir* bedecken **II.** vi ← *nieve* liegenbleiben; FIG sich festigen

cual pron (*relativo*) der, die, welche(r, s); ◇ *cada* - jede (r, s); ◇ *por lo* - weshalb

cuál pron (interrogativo) welche(r, s)

cualesquier(a) pl de **cualquier**

cualidad f Eigenschaft f

cualificar vt einschätzen

cualquier(a) I. adj irgendein (e) II. pron [1] irgend jemand, irgende(r, s); ◇ **en - parte** irgendwo [2] ↑ quienquiera wer auch immer

cuando I. adv wann II. cj [1] (temporal) wenn, als; ◇ **de - en -** von Zeit zu Zeit [2] (condicional) wenn, falls; ◇ **- más** höchstens; ◇ **- menos** wenigstens

cuándo adv (interrogativo) wann; ¿desde -? seit wann?

cuantía f [1] ↑ cantidad Menge f [2] FIG Bedeutung f

cuanto I. pron alles, was ...; ◇ **compra todo -** ve sie kauft alles was sie sieht II. adj **en - político** er als Politiker; ◇ **en - sowie**, sobald; ◇ **- antes** möglichst bald III. adj: ◇ **unas -as personas** ein paar Leute

cuánto I. adj [1] (exclamación) soviel(e); ◇ ¡cuántos coches! so viele Autos! [2] (interrogativo) wieviel, wie viele; ◇ ¿**- s años tienes?** wie alt bist du? II. pron, adv (interrogativo) wieviel, wie viele; ◇ ¿**- cuesta?** wieviel kostet es?

cuarenta numeral vierzig

cuartel m : ◇ **- general** Hauptquartier n

cuarto I. adj vierte(r, s) II. m [1] Viertel n; ◇ **un - de hora** Viertelstunde f [2] ↑ habitación Zimmer n

cuatro numeral vier

cuba f [Holz-]Faß n

Cuba n ↑ Kuba n

cubierta f [1] Abdeckung f [2] AUTO Motorhaube f [3] NAUT Deck n

cubierto adj [1] bedeckt; ▷cielo bewölkt [2] FIN ▷cheque gedeckt; **cubo** m [1] Eimer m [2] MATE Würfel m

cubrir irr cubierto I. vt [1] bedecken, zudecken [2] → distancia zurücklegen [3] ↑ proteger schützen II. vr(se) ←cielo sich bedecken; ◇ **-se contra un peligro** sich vor einer Gefahr schützen

cuco adj pfiffig

cucú m Kuckuck m

cuchara f [Eß-]Löffel m; **cucharilla** f kleiner Löffel

cuchichear vi flüstern, tuscheln

cuchilla f Rasierklinge f; **cuchillo** m Messer n

cuello m Hals m, Kragen m

cuenca f GEO Becken n

cuenta f [1] Rechnung f; ◇ **darse - de** bemerken, merken; ◇ te-

ner en - berücksichtigen ② FIN
Konto *n* ③ ↑ *asunto* Angelegen-
heit *f*; **cuento I.** *vb ver* contar
II. *m* Geschichte *f*

cuerda *f* ① Seil *n* ② *(de reloj)*
Feder *f*

cuerdo *adj* klug, vernünftig

cuerno *m* Horn *n*

cuero *m* Leder *n*; ◇ **en -s**
nackt

cuerpo *m* ① Körper *m* ② Körperschaft *m* ③ QUIM, FIS Element *n*

cuervo *m* Rabe *m*

cuesta *f* Abhang *m*; *(en el camino)* Steigung *f*; ◇ **- arriba/**
abajo bergauf/bergab

cuestión *f* ① Frage *f* ② ↑ *problema* Problem *n*

cuesto *vb ver* costar

cueva *f* Höhle *f*

cuezo *vb ver* cocer

cuidado I. *m* ① Sorgfalt *f* ②
↑ *temor* Fürsorge *f* **II.** *interj*
◇ ¡-! Vorsicht!; **cuidadoso**
adj sorgfältig, vorsichtig; **cuidar I.** *vt* pflegen, versorgen **II.**
vr(se): ◇ **-se de hacer algo** sich
hüten, etw zu tun

culebra *f* Schlange *f*

culminación *f* Höhepunkt *m*;
culminante *adj* überragend;
culminar *vi* gipfeln *(con, en* in
dat)

culo *m* FAM Hintern *m*

culpa *f* Schuld *f*; ◇ **echar la - a**

alguien jm-m Schuld zuweisen;
culpabilidad *f* JUR Strafbar-
keit *f*; **culpable I.** *adj* schuldig
II. *m/f* Schuldige(r) *fm*; **culpar**
vt anklagen, beschuldigen

cultivar *vt* ① bebauen; → *cereales* anbauen ② FIG → *amistad, trato* pflegen; **cultivo** *m*
Anbau *m*

culto *adj* gebildet, kultiviert;
cultura *f* ① Kultur *f* ② ↑ *cultivo* Anbau *m*; **cultural** *adj* Kul-
tur-; **culturizar** *vt:* ◇ **- a alguien** jd-m Kultur nahebringen

cumbre *f* Gipfel *m*

cumpleaños *m* Geburtstag *m*

cumplido I. *adj* vollkommen,
vollendet **II.** *m* Höflichkeit *f*

cumplimentar *vt* ① beglückwünschen ② → *orden, mandato*
ausführen; **cumplimiento** *m*
① Ausführung *f* ② Höflichkeit
f; **cumplir I.** *vt* ausführen, erfüllen; ◇ **hoy cumple 5 años** er
wird heute fünf Jahre alt **II.** *vi:*
◇ **- con** erfüllen **III.** *vr(se)* in
Erfüllung gehen

cuna *f* Wiege *f*

cuneta *f* Straßengraben *m*

cuñado/(a) *m/f* Schwager *m*,
Schwägerin *f*

cuota *f* Quote *f*

cupé *m* AUTO Coupé *n*

cupón *m* Lottoschein *m*

cura I. *f* ① Heilung *f* ② *(de
baños)* Kur *f* **II.** *m* Priester *m*;

curación f Heilung f; **curandero**(/a) m/f Heilpraktiker(in f) m; **curar** I. vt ① behandeln, kurieren ② → carne, pescado einsalzen, räuchern II. vi, vr(se) gesund werden

curiosidad f ① Neugier f ② ↑ objeto kuriose Sache; **curioso** adj ① neugierig ② ↑ poco corriente seltsam, kurios

cursar vt lernen, studieren

cursilería f Kitsch m

cursillo m [kurzer] Lehrgang

curso m ① [Fluß-]Lauf m; ↑ transcurso Verlauf m ② Lehrgang m

curtido adj FIG erfahren, bewandert

curtir vt → piel, cuero gerben; FIG abhärten

curva f Kurve f; **curvar** vt krümmen; **curvo** adj kurvenreich, kurvig

cúspide f Gipfel m

custodia f Obhut f; **custodiar** vt aufbewahren, verwahren; **custodio** m Wächter(in f) m

cuyo(/a) pron dessen, deren

CH

chabacanería f Geschmacklosigkeit f; **chabacano** adj geschmacklos

chabola f Elendsquartier n

chacal m Schakal m

chafar vt zerknittern, zerquetschen; FIG demoralisieren

chal m Schal m

chalado adj verrückt

chaleco m Weste f

champán, champaña m Champagner m, Sekt m

champiñón m Champignon m

champú m Shampoo m

chamuscar vt anbrennen lassen

chándal m Jogginganzug m

chantaje m Erpressung f; **chantajista** m/f Erpresser(in f) m

chapa f ① Funier n ② (de botella) Verschluß m; **chapado** I. adj beschlagen, funiert II. m Beschlag m

chaparrón m Regenguß m

chapotear vi plätschern

chapucero(/a) m/f Stümper(in f) m; **chapuza** f Pfusch m

chaqueta f Jacke f; **chaquetón** m Blouson m

charco m Pfütze f

charcutería f Metzgerei f;

charcutero(/**a**) m/f Metzger (in f) m

charla f FAM Schwatz m; **charlar** vi schwatzen, plaudern; **charlatán**(**-ana**) m/f Scharlatan m

charol m ① Lack m ② Glanzschuhcreme f

chárter m AERO ① Charterflug m ② Charterflugzeug n

chasco m ① Streich m ② ↑ decepción Enttäuschung f

chasquear vt ① knallen mit ② → lengua schnalzen mit

chatarra f Alteisen n

chaval m FAM Typ m; **chavala** f FAM Mädchen n

checo(/**a**) I. adj tschechisch II. m/f Tscheche m, Tschechin f

Checoslovaquia f Tschechoslowakei f

cheque m FIN Scheck m

chequeo m MED Untersuchung f; AUTO Inspektion f

chicle m Kaugummi m

chico(/**a**) I. adj klein II. m/f ① Kind n ② Junge m, Mädchen n

chichón m FAM Beule f

chiflado adj FAM ① verdreht ② ↑ enamorado verknallt; **chiflar** I. vt ① pfeifen, zischen ② FAM begeistern II. vr(se): ◇ **-se por** verrückt sein nach

chile m Chili m

Chile m Chile n; **chileno**(/**a**) m/f Chilene m, Chilenin f

chillar vi ← persona, animal brüllen, kreischen; ← frenos quietschen; **chillón**(**-ona**) m/f FAM Schreihals m

chimenea f Schornstein m, Kamin m

chimpancé m Schimpanse m

China f China n

chinche I. f Wanze f II. m/f FAM Nervensäge f

chincheta f [Reiß-]Zwecke f

chino(/**a**) I. adj chinesisch; ◇ **esto me parece** - das kommt mir spanisch vor II. m/f Chinese m, Chinesin f

chiquillada f Kinderei f

chiquito(/**a**) m/f FAM [kleines] Kind

chiripa f FAM: ◇ **de/por** - durch Zufall

chirriar vi ← pájaros kreischen, tschilpen

chis interj pst, scht

chisme m FAM Ding n

chismorrear vi klatschen, tratschen; **chismoso**(/**a**) m/f Klatschmaul n, Tratsche f

chispa f ① Funke[n] m; FAM ◇ **ni** - gar nichts ② (de agua) Spritzer m ③ FIG Geistesblitz m; **chispeante** adj [funken-] sprühend, funkelnd; **chispear** vi ① funkeln, aufblitzen ② ← lluvia tröpfeln, nieseln; **chisporrotear** vi ① ← fuego Funken sprühen ② ← aceite spritzen

chiste m Witz m; **chistoso** adj witzig, spaßig

chivar I. vt ärgern, necken II. vr (se) FAM verpfeifen, verpetzen

chocante adj aufsehenerregend, empörend; **chocar** I. vi 1 zusammenstoßen 2 FIG Anstoß erregen II. vt anstoßen

chocolate m Schokolade f, Kakao m

chochear vi senil werden, faseln; **chocho** adj vergreist; ↑ loco schwachköpfig

chófer m Chauffeur m, Kraftfahrer m

choque m 1 [Zusammen-]Stoß m 2 FIG Streit m 3 MED Schock m

chorizar vt FAM! klauen; **chorizo** m 1 rote Paprikawurst 2 FAM Dieb m

chorra f FAM: ◇ tener - Glück haben

chorrada f FAM Geschwätz n

chorrear vi triefen, spritzen; **chorro** m Schwall m

choto(/a) m/f Zicklein n, Kalb n

choza f [Stroh-]Hütte f

chubasco m Regenguß m; **chubasquero** m Regenmantel m

chuchería f [Krims-]Kram m

chucho m PEY [Straßen-]Köter m

chulear vi angeben; **chulería** f Angeberei f

chuleta f Kotelett n

chulo(/a) I. adj FAM spitze, toll II. m/f Angeber(in f) m

chunga f FAM: ◇ estar de - Spaß treiben

chupado adj 1 ▷persona hager, dünn 2 ▷cosa leicht, einfach

chupar I. vt 1 saugen 2 ▷caramelo lutschen, lecken 3 FIG ausbeuten II. vr(se) abmagern; FIG ◇ -se el dedo auf den Kopf gefallen sein; **chupete** m Schnuller m

churro m GASTRON typisches, in Öl gebackenes Spritzgebäck

chusma f PEY Masse f, Gesindel n

chutar I. vt schießen, kicken II. vr(se) FAM ↑ drogarse fixen

D

D, d f D, d n

D. abr. de **Don**

Da. abr. de **Doña**

dádiva f Gabe f

dado m Würfel m

dador(a) m/f Spender(in f) m

dalia f Dahlie f

dama f Dame f

damasco m Damast m

damnificar vt [be-]schädigen, verletzen

danés(-esa) I. adj dänisch **II.** m/f Däne m, Dänin f

danza f Tanz m; **danzar** vt, vi tanzen

dañar I. vt beschädigen, verletzen **II.** vr(se) beschädigt werden; **dañino** adj schädlich; **daño** m Schaden m, Verletzung f; **hacerse** - sich wehtun

dar irr **I.** vt **1** geben; ◇ - de comer/beber zu essen/trinken geben dat; ◇ - lugar a Anlaß geben zu; ◇ - problemas Probleme bereiten **2** COM → intereses abwerfen **3** TEATRO, FILM zeigen **II.** vi **1** ◇ - a luz gebären **2** ◇ - con → persona treffen; → idea finden **3** ◇ - en treffen **4** ◇ - por perdido verloren geben **III.** vr(se) **1** ↑ existir vorkommen **2** ◇ -se prisa sich beeilen **3** ◇ -se al estudio sich dem Studium widmen **4** ◇ -se por vencido sich geschlagen geben

datar I. vt datieren **II.** vi: ◇ - de herrühren von

dátil m Dattel f

dato m INFORM: ◇ -s pl Daten pl

de prep von **1** (posesión) ◇ es el coche - mi madre das ist das Auto meiner Mutter **2** (compa-

rativo, superlativo) ◇ más/menos - mehr/weniger als **3** (procedencia) ◇ vengo - Würzburg ich komme aus Würzburg **4** (material) ◇ la casa es - madera das Haus ist aus Holz **5** (profesión) ◇ trabaja - intérprete sie arbeitet als Dolmetscherin **6** (cualidad) ◇ hombre - buen carácter ein Mensch von gutem Charakter

debajo I. adv: ◇ - por - unten, unterhalb **II.** prep: ◇ - de (lugar) unter dat; (movimiento) unter akk

debate m Debatte f; **debatir** vt **1** besprechen **2** POL debattieren

deber I. vt **1** schulden dat **2** FIG verdanken dat **II.** vi **1** sollen, müssen **2** ◇ - de müssen, wahrscheinlich sein **III.** vr: ◇ -se a zurückzuführen sein auf akk **IV.** m **1** Verpflichtung f **2** FIN [Geld-]Schuld f

debido adj: ◇ - a wegen

débil adj schwach; **debilitar I.** vt schwächen **II.** vr(se) schwach werden

década f Dekade f

decadencia f Dekadenz f; **decadente** adj dekadent

decaer irr vi herunterkommen, verfallen

decena f: ◇ una - [etwa] zehn

decente adj ① anständig ②
▷*cantidad* ausreichend
decepción f Enttäuschung f;
decepcionar vt enttäuschen
decidido adj: ◇ **estar - a** entschlossen sein zu; **decidir I.** vt
entscheiden, beschließen **II.** vi:
◇ **- de/en** entscheiden über akk
III. vr: ◇ **-se a** sich entschließen
zu
décimo(/a) I. adj zehnte(r, s)
II. m Zehntel n
decir irr **I.** vt, vi sagen; → *cuento* erzählen; ◇ **es** - das heißt;
(*teléfono*) ◇ **¡diga!** Hallo? II. vr
(se) ① ¿cómo se dice en alemán? ② ◇ **se dice que** man
sagt, daß **III.** m Redensart f
decisión f ① Entscheidung f ②
(*actitud*) Entschlossenheit f;
decisivo adj entscheidend
declamar vt vortragen
declaración f Aussage f; **declarar I.** vt aussagen; (*en aduana*) deklarieren **II.** vi JUR aussagen **III.** vr(se) seine Meinung
sagen
declinación f Deklination f;
declinar I. vt ① abweisen ②
GRAM deklinieren **II.** vi ① verfallen ② ← *terreno* abfallen
declive m Abhang m
decomisar vt beschlagnahmen
decorador(a) m/f Dekorateur
(in f) m; **decorar** vt dekorie-

ren; **decorativo** adj dekorativ
decoro m Anstand m; **decoroso** adj anständig, ehrbar
decrecer vi abnehmen
decrépito adj hinfällig, altersschwach
decretar vt anordnen, verordnen; **decreto** m Verfügung f
dedicación f Widmung f; **dedicar I.** vt widmen (a dat) **II.**
vr: ◇ **-se a una cosa** sich e-r
Sache widmen
dedo m Finger m; (*del pie*) Zeh
m
deducción f Folgerung f
deducible adj ableitbar; **deducir** irr vt ① folgern, ableiten
② COM abziehen
defecto m Defekt m
defender irr vt verteidigen,
schützen; **defensa** f Verteidigung f; **defensivo** adj defensiv; **defensor(a)** m/f JUR Verteidiger(in f) m
deferencia f Respekt m
deficiente I. adj fehlerhaft,
mangelhaft; ▷*persona* geistig
zurückgeblieben **II.** m/f: ◇ **- mental** Geistesgestörte(r) fm
déficit <s> m COM, FIN Defizit
m
definición f Definition f; **definir** vt definieren, bestimmen
definitivo adj endgültig, definitiv

deformación f Entstellung f;
deformar I. vt verformen, verzerren **II.** vr(se) sich verformen;
deforme adj entstellt, unför-
mig; **deformidad** f Mißbildung f

defraudar vt [ent-]täuschen

defunción f Ableben n

degeneración f Degeneration
f

degradación f Degradierung f;
degradante adj erniedrigend;
degradar I. vt demütigen, erniedrigen **II.** vr(se) sich erniedrigen

degustar vt kosten, probieren

deidad f Gottheit f

dejadez f Schlamperei f; **dejado** adj nachlässig, schlampig;
dejar I. vt lassen; ↑ omitir weglassen; ↑ abandonar verlassen;
↑ permitir zulassen **II.** vi ① ◇ ~
de aufhören zu ② ◇ ~ de versäumen zu

del prep de + el ver **de**

delante I. adv vorne; ↑ enfrente
gegenüber; ↑ adelante voraus
II. prep: ◇ ~ de vor

delantera f Vorderteil n; FIG
Vorteil m

delatar vt anzeigen, denunzieren

delegación f Delegation f; **de-
legado(/a)** m/f Abgeordnete(r)
fm; **delegar** vt übertragen

deleitar I. vt erfreuen, bezau-

bern **II.** vr: ◇ ~-se con sich erfreuen an dat

deletrear vt buchstabieren

delfín m Delphin m

delgado adj dünn, schlank

deliberación f Überlegung f,
Erörterung f; **delibera-
mente** adv ↑ adrede absichtlich; **deliberar** vt erörtern, diskutieren

delicadeza f Zartheit f, Zer-
brechlichkeit f; **delicado** adj
① zart, fein; ↑ sensible empfindlich, kränklich ② FIG
schwierig

delicioso adj angenehm;
↑ sabroso köstlich

delimitar vt también FIG begrenzen, abgrenzen

delincuencia f Kriminalität f;
delincuente m/f Kriminelle
(r) fm

delinear vt entwerfen, umreißen

delirar vi ① wirres Zeug reden
② (gustar mucho) schwärmen;
delirio m MED Delirium n

delito m Delikt n

demagogo(/a) m/f Demagoge
m, Demagogin f

demanda f ① Forderung f ②
COM Nachfrage f; **demanda-
do(/a)** m/f JUR Beklagte(r) fm;
demandar ① erbitten, fordern ② JUR verklagen

demarcación f Abgrenzung f

demás I. <inv> *adj:* ◇ las ~ palabras die übrigen Wörter; ◇ **estar** ~ überflüssig sein **II.** *pron:* ◇ los/las ~ die anderen, die übrigen **III.** *adv* außerdem

demasiado I. *adj* zuviel; ◇ ~s zuviele **II.** *adv* zu sehr

demente I. *adj* wahnsinnig **II.** *m/f* Wahnsinnige(r) *fm*

democracia *f* Demokratie *f;* **demócrata** *m/f* Demokrat(in *f) m*

demografía *f* Demographie *f*

demoledor *adj* zerstörend, vernichtend; **demoler** *irr vt* abreißen

demonio *m también* FIG Teufel *m*

demora *f* Verzögerung *f,* Verspätung *f;* **demorar** *vt* verschieben

demostrable *adj* nachweislich; **demostración** *f* Vorführung *f,* Demonstration *f;* **demostrar** *vt* ① beweisen ② → *sentimiento* zeigen

denegar *vt* ablehnen, abweisen

denigrar *vt* beleidigen, diffamieren

denominación *f* Benennung *f;* **denotar** *vt* ① bedeuten ② ↑ *indicar* hindeuten auf *akk*

denso *adj* dicht; ↑ *espeso* dick

dentadura *f* Gebiß *n;* **dentífrico** *m :* ◇ pasta -a Zahnpasta

f; **dentista** *m/f* Zahnarzt *m,* -ärztin *f*

dentro I. *adv:* ◇ **mirar por** ~ [von] innen ansehen **II.** *prep (lugar):* ◇ ~ **de** in *dat; (dirección)* in *akk;* ◇ ~ **de la casa** im Haus drinnen

denunciar *vt* anzeigen, melden; JUR verklagen

departamento *m* TREN Abteil *n*

dependencia *f* Abhängigkeit *f*

depender *vi* ① ◇ ~ **de** abhängen von ② *akk* ◇ ~ **de** ↑ *contar con* sich verlassen auf *akk*

dependiente/(a) *m/f* Verkäufer(in *f) m*

deplorable *adj* bedauerlich; **deplorar** *vt* bedauern

deponer *irr vt* ① hinlegen, absetzen ② → *ministro* entlassen

deporte *m* Sport *m;* **deportista** *m/f* Sportler(in *f) m;* **deportivo** *adj* sportlich

depositar *vt* ① hinstellen, hinlegen; → *maleta* deponieren ② FIG anvertrauen; **depósito** *m* ① Lager *n; (de agua)* Tank *m* ② ↑ *sedimento* Ablagerung *f*

depravar I. *vt* verderben **II.** *(se)* verkommen

depreciación *f* [Geld-]Entwertung *f;* **depreciar I.** *vt* entwerten, abwerten **II.** *vr(se)* an Wert verlieren

depresión f ① MED Depression f ② COM Rezession f;
depresivo adj depressiv, niedergeschlagen
deprimir vt deprimieren
deprisa adv eilig, schnell
depuración f Säuberung f
derecha f rechte Seite; ▷*mano* rechte Hand
derecho I. adj ① rechte(r, s) ② ↑ *recto* gerade, aufrecht **II.** adv gerade, geradeaus **III.** m ① rechte Seite ② [Vor]Recht n; ◇ tener - a Anspruch haben auf *akk* ③ JUR Recht n
derivación f *también* GRAM Ableitung f; **derivar I.** vt ableiten, umleiten **II.** vr(se) sich ableiten
dermatólogo(/a) m/f Hautarzt m, -ärztin f
derogar vt → *ley* abschaffen, aufheben
derramar vt verschütten; FIG verschwenden
derretirse irr vr schmelzen
derribar vt einreißen, abreißen; → *gobierno* stürzen
derrochar vt verschwenden
derrota f ① Route f ② *también* FIG Niederlage f; **derrotar** vt besiegen
derrotero m *también* FIG Kurs m
derruir vt → *construcción* abreißen

derrumbamiento m FIG Kollaps m; ◇ - de piedras Steinschlag; **derrumbar I.** vt herabstoßen **II.** vr(se) herabstürzen, einstürzen
desabotonar vt aufknöpfen
desabrido adj ① geschmacklos, fade ② ▷*persona* mürrisch, barsch
desabrochar vt aufknöpfen
desacato m Respektlosigkeit f
desacertado adj unangebracht; **desacierto** m Irrtum m
desaconsejado adj unbesonnen, unklug; **desaconsejar** vt: ◇ - algo a alguien jd-m von etw abraten
desacordar vt MUS verstimmen; **desacorde** adj unharmonisch
desacreditar vt schlechtmachen
desactivar vt entschärfen
desacuerdo m Unstimmigkeit f
desafiante adj herausfordernd; **desafiar** vt herausfordern
desafinado adj: ◇ estar - verstimmt sein; **desafinar** vi, vr (se) MUS sich verstimmen
desafío m Herausforderung f
desafortunado adj unglücklich
desagradable adj unange-

nehm, unerfreulich; **desagradar** vt mißfallen

desagradecido adj undankbar

desagrado m Widerwille m

desagraviar vt wiedergutmachen; **desagravio** m Wiedergutmachung f

desagüe m Abwasserrohr n

desaguisado adj unrecht, illegal

desahogado adj behaglich, bequem; **desahogarse** vr: ◇ -se con alguien jd-m sein Herz ausschütten; **desahogo** m Erleichterung f

desahuciar vt → enfermo aufgeben; **desahucio** m JUR Zwangsräumung f

desairado adj unansehnlich, schwerfällig; **desairar** vt mißachten, vernächlässigen

desaire m Kränkung f

desajustar vt durcheinanderbringen; **desajuste** m ① TECNI Panne f ② ↑ desequilibrio Ungleichgewicht n

desalentador adj entmutigend; **desalentarse** vr mutlos werden; **desaliento** m Mutlosigkeit f

desaliñado adj verwahrlost, schlampig; **desaliño** m Schlampigkeit f

desalmado adj herzlos, grausam

desalojamiento m Räumung f; **desalojar** vt ① hinauswerfen ② → sitio evakuieren

desamarrar vt losbinden

desamor m Lieblosigkeit f

desamparado adj ① hilflos, schutzlos ② ↑ solitario verlassen, einsam; **desamparar** vt verlassen, aufgeben

desandar irr vt: ◇ -lo andado den Weg zurückgehen

desangrarse vr bluten

desanimado adj ① niedergeschlagen ② ▷local langweilig; **desanimar** I. vt entmutigen II. vr(se) den Mut verlieren

desánimo m Mutlosigkeit f

desapacible adj unangenehm; ▷persona mürrisch

desaparecer vi verschwinden; **desaparición** f Verschwinden n

desapego m Desinteresse n; (de afecto) Gefühlskälte f

desapercibido adj: ◇ coger - überraschen

desaplicación f Nachlässigkeit f; **desaplicado** adj faul, träge

desaprensión f Rücksichtslosigkeit f; **desaprensivo** adj rücksichtslos

desaprobación f Mißbilligung f; **desaprobar** vt mißbilligen

desaprovechado adj unge-

nutzt, unproduktiv; **desapro-
vechar** *vt* nicht nutzen, versäumen

desarmado *adj* ① unbewaff-
net ② *(en piezas)* zerlegt; **desarmar** *vt* ① entwaffnen ②
(en piezas) abbauen, abmontieren

desarraigar *vt* FIG ausmerzen

desarreglado *adj (de aspecto)*
schlampig, liederlich; **desar-
reglar** *vt* in Unordnung bringen

desarrollar I. *vt* entwickeln **II.**
vr(se) sich abspielen, sich entwickeln; **desarrollo** *m* Entwicklung *f*

desarticular *vt* ① zerlegen ②
→ *hueso* ausrenken

desaseado *adj* unsauber, ungepflegt

desasir *irr vt* loslassen

desasistir *vt* im Stich lassen

desasosegar *vt* beunruhigen

desastrado *adj* schlampig;
desastre *m* ① Katastrophe *f*
② FAM Tolpatsch *m*

desatado *adj* wild, zügellos;
desatar I. *vt* losbinden; † *de-
sanudar* aufknoten, lösen **II.** *vr
(se)* ← *zapatos* aufgehen

desatención *f* ① Unaufmerksamkeit *f* ② *(de respeto)* Unhöflichkeit *f*; **desatender** *vt* ①
nicht beachten, ignorieren ②
→ *persona* kränken, beleidigen

desatinar *vi* Unsinn machen/
reden; **desatino** *m* Unsinn *m*

desatornillar *vt* abschrauben

desautorizar *vt* ① nicht gutheißen ② → *declaraciones* nicht
bewilligen

desavenencia *f* Uneinigkeit *f*

desayunar *vi* frühstücken; **desayuno** *m* Frühstück *n*

desazón *f* Unbehagen *n*

desbancar *vt* verdrängen, aus-
stechen

desbandada *f* : ◇ a la - Hals
über Kopf

desbarajuste *m* Wirrwarr *m*

desbarrar *vi* Unsinn reden

desbocarse *vr* scheuen

desbordamiento *m* Überflie-
ßen *n*; FIG Ausbruch *m*; **desbordante** *adj* überwältigend;
desbordarse *vr* über die Ufer
treten, überlaufen

descabellado *adj* verworren,
unsinnig; ▷*persona* durchge-
dreht

descafeinado *m* koffeinfreier
Kaffee

descalabrar *vt* übel zurichten;
descalabro *m* Mißgeschick
n

descalificación *f* SPORT
Disqualifizierung *f*

descalzo *adj* barfuß

descambiar *vt* umtauschen

descaminado *adj:* ◇ andar -
auf dem Holzweg sein; **desca-**

minar I. *vt también FIG* irreführen **II.** *vr(se)* vom Weg abkommen

descampado *adj* weiträumig, offen

descansado *adj* ausgeruht; **descansar** *vi* ausruhen; *FIG* sich stützen; ↑ *contar con* sich verlassen (*en* auf *akk*); **descanso** *m* ① Ruhepause *f* ② ↑ *alivio* Erleichterung *f* ③ TECNI Stütze *f*

descapotable *m* Kabriolett *n*

descarado *adj* frech, unverschämt

descarga *f* ① NAUT Löschen *n* ② ELECTR Entladung *f*; **descargar I.** *vt* ① entladen ② *FIG* abwälzen **II.** *vr(se)* sein Herz ausschütten

descaro *m* Frechheit *f*

descarrilamiento *m* Entgleisung *f*; **descarrilar** *vi* entgleisen

descartar I. *vt* beiseite lassen **II.** *vr(se)*: ◇ **-se** de sich ausschließen von

descendencia *f* ① Abstammung *f* ② ↑ *hijos* Nachkommenschaft *f*; **descender I.** *vt* heruntergehen; (*bajar*) herunterlassen **II.** *vi* ① (*del avión*) aussteigen ② ← *temperatura* [ab-]sinken ③ ◇ **-** de abstammen von; **descenso** *m* *también FIG* Abstieg *m*

descifrar *vt* entziffern, entschlüsseln

descodificar *vt* dekodieren

descolgar *vt* herabnehmen; → *teléfono* abnehmen

descolocar *vt* durcheinanderbringen

descolonizar *vt* entkolonisieren

descolorar *v* **descolorir** *vt* verfärben; **descolorido** *adj* farblos, blaß

descomedirse *vr* ↑ *descararse* frech sein

descompaginar *vt* durcheinanderbringen

descompasado *adj* übermäßig, verhältnismäßig

descompensación *f* Ungleichgewicht *n*

descomponer *irr* **I.** *vt* ① ↑ *desordenar* in Unordnung bringen ② (*en partes*) zerlegen; QUIM zersetzen **II.** *vr(se)* verfaulen; **descomposición** *f* ① Zersetzung *f* ② MED ◇ **- de vientre** Durchfall *m*

descompostura *f* ① TECNI Panne *f* ② (*actitud*) Unhöflichkeit *f*; **descompuesto** *adj* ① ↑ *roto* kaputt ② ↑ *desordenado* unordentlich ③ *FIG* verstört

descomunal *adj* kolossal, enorm

desconcertado *adj* verwirrt; **desconcertar** *vt* verblüffen

desconcierto m ① Unordnung f ② ↑ *confusion* Verwirrung f

desconectar vt ausschalten

desconfiado adj mißtrauisch; **desconfiar** vi: ◇ - de kein Vertrauen haben in *akk*

desconocer vt ① →*alguien/algo* nicht kennen ② →*respuesta* nicht wissen; **desconocido** adj ① unkenntlich ② ↑ *ajeno* unbekannt

desconsiderado adj rücksichtslos

descontado adj: ◇ **¡por -!** natürlich!; **descontar** vt abziehen

descontento I. adj unzufrieden **II.** m Unzufriedenheit f

descorazonar vt entmutigen

descorrer vt aufziehen

descortés adj unhöflich

descoser vt auftrennen; **descosido** adj schwatzhaft; *FAM* ◇ **hablar como un ~** wie ein Wasserfall reden

descoyuntar vt ausrenken, verrenken

descrédito m : ◇ **caer en -** in Verruf geraten

descreído adj ungläubig

describir irr *descrito* vt beschreiben; **descripción** f Beschreibung f

descubierto adj ① unbedeckt ② ↑ al - im Freien

descubridor(a) m/f Entdecker

(in f) m; **descubrir** vt ① → *continente* entdecken, finden; → *delito* aufdecken ② →*monumento* enthüllen

descuento m Rabatt m

descuidado adj ① leichtsinnig ② ↑ *dejado* ungepflegt; **descuidar I.** vt ① → *tarea* vernachlässigen ② → *consejo* nicht beachten **II.** vi, vr(se) unbesorgt sein; ◇ **¡descuide!** machen Sie sich keine Sorgen!; **descuido** m ① Nachlässigkeit f ② ◇ **por -** versehentlich

desde I. prep ① (*lugar*) von, ab; ◇ **- lejos** von weit her, von weitem ② (*tiempo*) von, seit; ◇ **- hace un año** seit e-m Jahr **II.** cj: ◇ **- que** seit, seitdem; ◇ **- que trabaja ...** seit sie arbeitet ...

desdén m Verachtung f; **desdeñar** vt verachten; **desdeñoso** adj spöttisch

desdicha f Unglück n

desdoblar vt ① ausbreiten ② *FIG* entfalten

deseable adj wünschenswert; **desear** vt wünschen, wollen; ◇ **te deseo mucha suerte** ich wünsche dir viel Glück

desecar vt, vr(se) trocknen, austrocknen

desechable adj Wegwerf-, Einmal-; ◇ **platos** m/pl **-s** Einmalgeschirr n; **desechar** vt wegwerfen; →*plan* verwerfen

desembalar vt auspacken

desembarazar I. vt räumen, freimachen **II.** vr: ◇ **-se de algo/alguien** etw/jd-n loswerden

desembarcar I. vt →*personas* ausschiffen; →*mercancías* ausladen **II.** vi NAUT, AERO von Bord gehen

desembocar vi ① einmünden ② FIG hinauslaufen (*en* auf *akk*)

desembolso m : ◇ **-s** pl Ausgaben f/pl

desembuchar vt FAM ausplaudern

desempacar vt auspacken

desempeñar vt ausführen, erledigen; →*cargo* ausüben; desempeño m Ausübung f; (*de trabajo*) Ausführung f

desempleado(/a) m/f Arbeitslose(r) fm; **desempleo** m Arbeitslosigkeit f

desencadenar I. vt ① losketten ② *también* FIG entfesseln **II.** vr(se) ← *tormenta* losbrechen

desencajar vt → *hueso* verrenken; → *rostro* verzerren

desencantar vt enttäuschen, desillusionieren

desenfadado adj ungezwungen, leicht

desenfrenado adj wild, zügellos

desenganchar vt aushaken, losmachen

desengañado adj ernüchtert, desillusioniert; **desengañar** vt enttäuschen

desenlace m ① Lösung f ② ↑ *final* ◇ **- feliz** Happy-end n

desenmascarar vt FIG demaskieren, enthüllen

desenredar I. vt entwirren **II.** vr(se) sich befreien

desenterrar vt ① ausgraben ② FIG aufstöbern, ans Licht bringen

desentrañar vt FIG ergründen

desentrenado adj untrainiert

desenvoltura f Unbefangenheit f, Ungezwungenheit f; **desenvolver** irr **I.** vt auspacken **II.** vr(se) gut zurechtkommen; **desenvuelto** adj unbefangen, natürlich

deseo m Wunsch m

desequilibrado adj unausgeglichen; **desequilibrio** m ① Ungleichgewicht n ② (*de persona*) Unausgeglichenheit f

desértico adj wüstenartig, Wüsten-

desertor(a) m/f Deserteur(in f) m

desesperación f ① Verzweiflung f ② ↑ *rabia* Wut f; **desesperado** adj verzweifelt; **desesperar I.** vi: ◇ **- de** verzweifeln an *dat* **II.** vr(se) verzweifeln

desestimar vt 1 verachten 2 ↑ *rechazar* ablehnen

desfallecer vi schwach werden; ↑ *desmayarse* ohnmächtig werden

desfasado adj antiquiert

desfavorable adj ungünstig

desfigurar vt entstellen

desfile m Parade f

desgajarse vr abbrechen

desgana f Lustlosigkeit f

desgarrar vt zerreißen; **desgarro** m (de tela) [Stoff-]Fetzen m

desgastar I. vt abnutzen, verschleißen II. vr(se) sich abnutzen; ← *persona* sich verausgaben

desgracia f 1 Unglück n; ◇ por - leider 2 ↑ *accidente* Unfall m; **desgraciado** adj armselig

desgravación f : ◇ - fiscal Steuerermäßigung f

desguace m 1 Verschrotten n 2 (lugar) Schrottplatz m

deshabitado adj unbewohnt

deshacer irr I. vt 1 → *motor* auseinandernehmen; → *maleta* auspacken 2 ↑ *arruinar* beschädigen, zerstören 3 → *contrato* rückgängig machen II. vr (se) 1 auseinanderfallen; (en agua) sich auflösen; ← *hielo* schmelzen 2 ◇ -se de algo/ alguien sich freimachen von

etw/jd-m 3 ◇ -se por hacer algo sich die größte Mühe geben, etw zu tun; **deshecho** adj 1 FAM → estar - fix und fertig sein 2 ▷*cosa* kaputt

deshelar vt auftauen

desheredar vt enterben

deshilar vt auszupfen

deshollinador f Kaminkehrer (in f) m

deshonesto adj unanständig

deshonra f Schande f

deshora f : ◇ a - ungelegen

desierto I. adj unbewohnt, leer II. m Wüste f

designar vt ernennen, bestimmen

designio m Absicht f

desigual adj ▷*terreno* uneben; ▷*cantidad* ungleich

desilusión f Enttäuschung f; **desilusionar** I. vt enttäuschen II. vr(se) enttäuscht werden

desinfectante m Desinfektionsmittel n; **desinfectar** vt desinfizieren

desintegración f Zerfall m

desinterés m Desinteresse n; **desinteresado** adj uneigennützig, selbstlos

desleal adj untreu; **deslealtad** f Untreue f

deslenguado adj unverschämt

desligar I. vt 1 losbinden 2 ↑ *separar* trennen 3 FIG befreien en II. vr(se) sich befreien

desliz m Fehltritt m; *FAM* Ausrutscher m; **deslizamiento** m Ausgleiten n; **deslizar** I. vi rutschen, gleiten II. vr(se) ausrutschen, [aus-]gleiten

deslucido adj ① schäbig ② ↑ *sin vida* reizlos; **deslucir** vt den Glanz nehmen *dat*, beeinträchtigen

deslumbrar vt blenden

desmadre m ① *FAM* tolle Fete ② (acción) Exzeß m

desmantelar vt demontieren

desmayado adj bewußtlos; **desmayarse** vr ohnmächtig werden; **desmayo** m Ohnmacht f

desmedido adj übermäßig; **desmedirse** irr vr zu weit gehen

desmejorar vi verschlechtern

desmembrar vt zerstückeln

desmenuzar vt ① →*pastel* aufschneiden ② *FIG* ganz genau untersuchen

desmerecer vt nicht verdienen

desmesurado adj übermäßig, maßlos

desmitificar vt entmystifizieren

desmontable adj zerlegbar; **desmontar** I. vt zerlegen II. vi (del caballo) absitzen

desmoralizar vt demoralisieren

desmoronarse vr einstürzen, verfallen

desnatado adj entrahmt

desnivel m Gefälle n

desnucarse vr sich das Genick brechen

desnudarse vr sich ausziehen; **desnudismo** m FKK n; **desnudo(/a)** I. adj nackt II. m/f Nackte(r) m

desobedecer vt nicht gehorchen *dat*; **desobediente** adj ungehorsam

desocupación f ① Freizeit f ② COM Arbeitslosigkeit f; **desocupado** adj ① frei, Freizeit- ② ↑ *desempleado* arbeitslos; **desocupar** vt räumen, frei machen

desodorante m Deo[dorant] n

desoír <4.6> vt überhören

desolado adj ▷*lugar* trostlos; ▷*persona* untröstlich; **desolar** vt verwüsten

desorden m ① Unordnung f ② ◇ -es Unruhen f/pl; **desordenar** vt durcheinanderbringen

desorientar I. vt irreführen II. vr(se) sich verirren, sich verlaufen

despabilado adj hellwach; ↑ *listo, vivo* aufgeweckt; **despabilarse** vr aufwachen, wach werden

despacio adv langsam

despachar vt ① ausführen, erledigen ② → *billete* ausstellen ③ → *mercancías* senden; **despacho** m ① Amtszimmer n ② † *comunicado* Mitteilung f

despampanante adj FAM toll, klasse, spitze

despapajo m Redegewandtheit f

desparramar vt [ver-]streuen, verschütten

despavorido adj entsetzt, erschreckt

despectivo adj verächtlich

despecho m : ◇ por - zum/aus Trotz

despedazar vt zerfetzen, zerstückeln

despedida f Abschied m; (de trabajo) Entlassung f; **despedir** irr vt verabschieden; → *empleado* entlassen

despegar I. vt ablösen, loslösen II. vi AERO abheben; **despego** m Gleichgültigkeit f; **despegue** m AERO Start m

despejado adj aufgeweckt, munter; **despejar** I. vt klären, räumen, freimachen II. vr(se) sich aufklären; METEO ← *tiempo* aufklaren

despensa f Speisekammer f

desperdiciar vt verschwenden; → *oportunidad* nicht wahrnehmen; **desperdicio** m : ◇ -s pl Abfall m

desperezarse vr sich strecken

despertador m Wecker m; **despertar** I. vt wecken; → *memorias* wachrufen II. vi, vr(se) aufwachen, wach werden

despiadado adj unbarmherzig, grausam

despido m ① (del trabajo) Entlassung f; (voluntario) Kündigung f ② (adiós) Abschied m

despierto adj wach

despilfarro m Verschwendung f

despistar I. vt FIG irreführen, verwirren II. vr(se) sich verirren; FIG durcheinanderkommen; **despiste** m ① Unaufmerksamkeit f ② † *falta* Versehen n

desplazar I. vt ① † *mover* verschieben ② (del cargo) transportieren, befördern II. vr(se) sich bewegen; (de piso) ausziehen

desplegar vt entfalten, ausbreiten

desplomarse vr einfallen, einstürzen

desplumar vt → *ave* rupfen

despoblar vt entvölkern

despojarse vr: ◇ - de etw ausziehen

déspota m/f Despot(in f) m

despreciable adj wertlos; ▷*persona* verachtenswert;

despreciar *vt* verachten;
desprecio *m* Verachtung *f*
desprender I. *vt* trennen, losmachen **II.** *vr(se)* 1 ↑ *liberarse*
sich lösen 2 FIG ◇ -se de algo
etw loswerden; **desprendido**
adj großzügig; **desprendimiento** *m* Erdrutsch *m*
despreocupado *adj* 1 unbekümmert, sorglos 2 PEY nachlässig; **despreocuparse** *vr:*
◇ - de sich nicht kümmern um
desprestigiar *vt* in Mißkredit
bringen
desprevenido *adj* unvorberei-
tet; ◇ **coger** - überrumpeln
desproporción *f* Mißverhält-
nis *n*; **desproporcionado**
adj unverhältnismäßig
desprovisto *adj:* ◇ - de ohne
después I. *adv* 1 nachher,
später; ◇ **unos días** - einige
Tage später 2 (*a continuación*)
danach; ◇ - **fuimos a la piscina**
danach Schwimmbad **II.** *prep:* ◇ - **de**
(*tiempo*) nach; ◇ - **de saludar-
nos** nachdem er uns begrüßt hatte 2 (*orden*) nach; ◇ **uno - del
otro** e-r nach dem anderen
desquiciar *vt* um den Verstand
bringen
desquitarse *vr* sich revanchieren; **desquite** *m* Vergeltung *f*
destacar I. *vt* hervorheben, unterstreichen **II.** *vi*, *vr(se)* 1 sich

abheben 2 ← *persona* sich auszeichnen
destapar *vt* den Deckel abnehmen von
destartalado *adj* 1 ↑ *desarreglado* unordentlich 2 (*en
ruinas*) baufällig
destello *m* Funkeln *n*
destemplado *adj* unfreundlich
desteñir *vt* entfärben
desterrar *vt* verbannen; **destierro** *m* Verbannung *f*
destilar *vt* destillieren
destinar I. *vt* 1 zuweisen, bestimmen 2 → *persona* versetzen
II. *vr:* ◇ -se a bestimmt sein für;
destinatario(/**a**) *m*/*f* Empfän-
ger(in *f*) *m*; **destino** *m* 1
Schicksal *n* 2 ↑ *fin de trayecto*
Reiseziel *n*
destituir *vt* absetzen
destornillador *m* Schrauben-
zieher *m*
destreza *f* Geschicklichkeit *f*
destrozar *vt* 1 zerbrechen;
→ *tela* zerreißen; ↑ *destruir* zerstören 2 FIG ruinieren; **des-
trozo** *m* Zerstörung *f*, Vernich-
tung *f*
destrucción *f* Zerstörung *f*;
destructivo *adj* zerstörend,
destruktiv; **destruir** *vt* zerstören
desunión *f* 1 Trennung *f* 2
↑ *desavenencia* Uneinigkeit *f*;

desunir <3> vt ① trennen ②
↑ *enemistarse* entzweien
desvalido adj schutzlos
desvalijar vt ausplündern
desvalorizar vt →*moneda* abwerten
desván m [Dach-]Boden m
desvanecer I. vt ① auflösen
② →*duda* ausräumen II. vr(se)
① sich auflösen ② MED ohnmächtig werden; **desvaneci-**
miento m ① Verschwinden n
② MED Ohnmacht f
desvariar vi phantasieren, fie-
bern
desvelarse vr nicht schlafen
können
desventaja f Nachteil m
desventura f Unglück n
desvergonzado adj unverschämt, frech; **desvergüenza**
f Frechheit f
desvestirse vr sich ausziehen
desviación f ① Abweichung f
② AUTO Umleitung f; **desviar**
vt ① AUTO umleiten ② FIG ablenken, abbringen; **desvío** m ①
(de carretera) Abzweigung f ②
↑ *aversión* Abneigung f
desvirtuar vt ① beeinträchtigen ② →*argumento* entkräften,
widerlegen
desvivirse vr: ◇ - por alguien
alles für jd-n tun
detallar vt ausführlich beschreiben; **detalle** m Detail n

detective m/f Detektiv(in f) m
detener irr I. vt ① anhalten;
↑ *retrasar* aufhalten ② JUR
festnehmen II. vr(se) sich aufhalten; **detenido(/a)** I. adj ①
▷*prisionero* verhaftet ② (al detalle) ausführlich, eingehend II.
m/f Inhaftierte(r) fm
detergente m Waschmittel n
deteriorar vt beschädigen
determinación f ① Entschlossenheit f ② ↑ *resolución*
◇ tomar una - e-n Entschluß
fassen; **determinar** vt ① bestimmen; →*límites* festlegen ②
FIG zur Folge haben II. vr(se)
sich entschließen
detestable adj abscheulich,
widerlich; **detestar** vt verabscheuen
detrás I. adv (lugar) hinten II.
prep: ◇ - de ① (lugar) hinter
dat; FIG ◇ - de uno hinter
jd-s Rücken ② (parte posterior)
hinter akk
detrimento m Schaden m
deuda f ① también FIG Schuld
f ② ↑ *cantidad* Schulden pl;
deudor(a) m/f Schuldner(in f)
m
devaluación f Abwertung f;
devaluar vt abwerten
devaneo m Flirt m
devastar vt verwüsten
devoción f Verehrung f, Zuneigung f

devolución f Rückgabe f; COM Rückerstattung f; **devolver** vt zurückgeben dat

devorar vt verschlingen

día m Tag m; ◇ ¡buenos días! guten Tag!, guten Morgen!; ◇ **hoy en** - heutzutage; ◇ **de** - am Tag, tagsüber; ◇ **el otro** - kürzlich, neulich; ◇ **estar al** - auf dem laufenden sein; ◇ ¿**qué es?** der Wievielte ist heute?

diabético adj zuckerkrank

diablo m Teufel m; **diabólico** adj teuflisch

diafragma m ANAT Zwerchfell n

diagnosis f ‹inv› **diagnóstico** m Diagnose f

diagonal adj diagonal

dialecto m Dialekt m

dialogar vi sich unterhalten; **diálogo** m Dialog m

diámetro m Durchmesser m

diapositiva f FOTO Dia n

diario I. adj täglich II. m ① [Tages-]Zeitung f ② ◇ **a** - täglich

dibujante m/f Zeichner(in)(f)m; **dibujar** vt zeichnen; **dibujo** m Zeichnung f

diccionario m Wörterbuch n

diciembre m Dezember m

dictador(a) m/f Diktator(in)(f) m

dictamen m ① Meinung f ② ↑ informe Gutachten n

dictar vt diktieren

dicha f : ◇ **por** - zum Glück

dicho(/a) I. pp de decir ◇ - **y hecho** gesagt, getan II. adj: ◇ **en -s libros** in den genannten Büchern III. m : ◇ **es un** - das sagt man so

dichoso adj glücklich

diente m ① ANAT, TECNI Zahn m ② FLORA ◇ - **de ajo** Knoblauchzehe f

diesel m Diesel[öl] n

diestra f rechte Hand

dieta f ① Diät f ② ◇ -s Diäten pl

diez numeral zehn

difamar vt verleumden

diferencia f ① Unterschied m ② ↑ desacuerdo Meinungsverschiedenheit f; **diferenciar** I. vt unterscheiden II. vi sich nicht einig sein III. vr(se) sich unterscheiden; **diferente** adj unterschiedlich; **diferir** vi verschieden sein

difícil adj ① schwierig, schwer ② ↑ improbable unwahrscheinlich; **dificultad** f Schwierigkeit f ② **dificultar** vt behindern, erschweren

difundir I. vt verbreiten II. vr (se) sich ausbreiten; ← noticia bekannt werden

difunto(/a) m/f Verstorbene(r) fm

difuso adj verschwommen

digerir vt verdauen

dignarse vr: ◇ - a + inf sich herablassen zu

dignidad f Würde f

digo vb ver **decir**

dilatación f Erweiterung f, Verlängerung f; **dilatar** vt dehnen

diligencia f ① Sorgfalt f ② ◇ -s pl JUR Ermittlungen pl; **diligente** adj fleißig, sorgfältig

dilucidar vt erläutern, erklären

diluvio m ① Wolkenbruch m ② ◇ el D- die Sintflut

dimensión f : ◇ -es Ausmaß n

diminuto adj winzig

dimisión f Rücktritt m

Dinamarca f Dänemark n

dinámico adj dynamisch

dinastía f Dynastie f

dinero m Geld n; ◇ - suelto Kleingeld n

dios m Gott m; FAM ◇ ¡vaya por -! also ich muß schon sagen!; **diosa** f Göttin f

diploma m Diplom n

diplomacia f Diplomatie f; **diplomático(/a)** m/f Diplomat (in f) m

diputado(/a) m/f POL Abgeordnete(r) f m

dique m Deich m

dirección f ① Richtung f; AUTO ◇ calle de - única Einbahnstraße f ② ↑ señas Adresse f ③ COM [Geschäfts-]Leitung f

directo adj ① direkt, unmittelbar; ◇ en - direkt [o. live] übertragen ② (dirección) gerade

director(a) m/f Direktor(in f) m

dirigir I. vt ① COM, MIL etc. leiten, lenken ② →pregunta, vista richten, lenken ③ AUTO steuern **II.** vr: ◇ -se a ① zugehen/zufahren auf akk ② ↑ hablar sich wenden an akk

discernir vt unterscheiden

disciplina f Disziplin f

discípulo(/a) m/f Schüler(in f) m

disco m ① Scheibe f ② (de música) Schallplatte f; ◇ - compacto CD f

discoteca f Disko[thek] f

discrepancia f Unterschied m; ↑ disconformidad Unstimmigkeit f; **discrepar** vi ① abweichen ② →personas anderer Meinung sein

discreto adj ① diskret ② ↑ prudente besonnen ③ ↑ reservado zurückhaltend

discriminación f Diskriminierung f; **discriminar** vt diskriminieren

disculpa f Entschuldigung f; **disculpar I.** vt entschuldigen **II.** vr(se) sich entschuldigen

discurrir vi ① nachdenken;
↑ *hablar* sprechen ② ← *tiempo*
verstreichen; **discurso** m ①
Rede f ② (*del tiempo*) Zeitspanne f

discusión f ① Diskussion f ②
↑ *disputa* Streit m; **discutir** I.
vt ① diskutieren ② ↑ *pelear*
streiten über *akk* II. vi ① diskutieren ② ↑ *disputar* streiten

diseminar vt ausstreuen;
→ *idea, noticia* verbreiten

disentir vi anderer Meinung
sein

diseñar vt entwerfen; **diseño**
m Entwurf m

disertación f ① Vortrag m ②
↑ *escrito* Abhandlung f

disfraz m Verkleidung f; **disfrazarse** vr: ◇ - se de sich verkleiden als

disfrutar I. vt genießen II. vi:
◇ - de/con algo etw genießen

disgustar I. vt ① nicht gefallen
dat ② (*de enfado*) verärgern II.
vr(se) sich ärgern; **disgusto** m
① Kummer m ② ↑ *enfado* Ärger m ③ ↑ *pelea* Streit m

disimular I. vt ① verbergen,
verheimlichen ② ↑ *tolerar* hin-
wegsehen über *akk* II. vi sich
verstellen

disipar I. vt ① verschwenden II.
vr(se) sich auflösen; FIG sich
zerstreuen

dislocación f MED Verren-

kung f; **dislocar** vt MED ausrenken

disminución f Verringerung f;
COM Herabsetzung f; **dismi-
nuido(/a)** m/f Behinderte(r)
fm; **disminuir** vt vermindern;
→ *cantidad* herabsetzen; → *duración* verkürzen

disoluto adj zügellos, aus-
schweifend; **disolver** vt, vr(se)
(sich) auflösen

dispar adj ungleich, verschieden

disparar I. vt abfeuern II. vi
schießen

disparate m Blödsinn m; FAM
Quatsch m

dispensar vt ① gewähren,
spenden ② ◇ - de entbinden
von; ◇ ¡**dispénseme Vd**! entschuldigen Sie bitte!

dispersar vt, vr(se) (sich) zerstreuen

disponer irr I. vt ① [an]ordnen
② ↑ *ordenar* vorbereiten II.
vr(se): ◇ - de verfügen über *akk*; **disponible** adj verfügbar; **disposición** f ① ↑ *orden* Anordnung
f ② (*de ánimo*) Stimmung f ③
◇ estar a - de alguien jd-m zur
Verfügung stehen

dispositivo m Vorrichtung f

dispuesto adj ① fertig ②
↑ *hábil* geneigt

disputar I. vt bestreiten II. vi
streiten, zanken

distancia f Entfernung f; **distanciarse** vr ① sich entfernen ② ◇ -se de alguien sich jd-m entfremden; **distante** adj entfernt

distinción f ① Unterscheidung f ② ↑ elegancia Vornehmheit f; **distinguir** I. vt ① unterscheiden ② ↑ ver wahrnehmen II. vr (se) sich unterscheiden; **distinto** adj unterschiedlich, anders

distorsión f FIG Verfälschung f

distracción f ① Ablenkung f ② ↑ descuido Geistesabwesenheit f; **distraer** irr I. vt ablenken, zerstreuen II. vr(se) ① sich amüsieren ② (concentración) sich ablenken lassen; **distraído** adj ① zerstreut, abwesend ② ↑ divertido unterhaltend, amüsant

distribuidor(a) m/f ① COM Vertreter(in f) m ② ELECTR Verteiler m; **distribuir** vt austeilen, verteilen

distrito m Distrikt m

disturbio m Störung f

divagar vi abschweifen

diversidad f ① Verschiedenheit f ② ↑ cantidad Vielfalt f

diversión f Ablenkung f

diverso adj verschieden; ◇ -s Verschiedenes n; **divertido** adj lustig, amüsant; **divertir** vt, vr(se) (sich) amüsieren, (sich) unterhalten

dividir vt ① [zer-]teilen ② ↑ separar trennen

divino adj göttlich

divisa f FIN Devise f

división f Teilung f

divorciarse vr sich scheiden lassen; **divorcio** m Scheidung f

do m MUS C n

doblar I. vt ① verdoppeln ② → papel falten, biegen II. vr(se) sich beugen

doble adj doppelt, Doppel-; ◇ con - sentido zweideutig

doblegar I. vt biegen, krümmen II. vr(se) nachgeben

doce numeral zwölf; **docena** f Dutzend n

doctor(a) m/f MED Arzt m, Ärztin f

doctrina f Doktrin f

documentación f ① Dokumentation f ② (personal) Unterlagen pl; (del coche) Papiere pl; **documento** m Dokument n

dólar m Dollar m

doler vi weh tun, schmerzen; **dolor** m Schmerz m, Leid n; **doloroso** adj (físico) schmerzhaft; (moral) schmerzlich

domar vt zähmen

domicilio m Wohnort m

dominante adj dominant; **dominar** I. vt, vr(se) (sich) beherrschen II. vi [vor-]herrschen

domingo m Sonntag m

dominio m ⓵ ↑ *poder* Herrschaft f; FIG Beherrschung f ⓶ ◇ -s Gebiet n

don m ⓵ Gabe f ⓶ (*ante nombre de pila*) ◇ ~ **Ricardo** Herr Ricardo

donante m/f Spender(in f) m; **donar** vt schenken, spenden; **donativo** m Spende f

donde I. adv wo; ◇ **por** ~ wodurch II. **prep**: ◇ **este es el lugar - he nacido** das ist der Ort, wo [o. an dem] ich geboren wurde

dónde adv (*interrogativo*) wo?; ◇ **¿a** ~ **vas?** wohin gehst du?; ◇ **¿de** ~ **vienes?** woher kommst du?

dondequiera I. adv überall II. cj wo auch immer

doña f : ◇ ~ **Inés** Frau Inés

dorado adj golden, Gold-

dormir I. vi schlafen II. vr(se) einschlafen; **dormitorio** m Schlafzimmer n

dos *numeral* zwei

dosis f <inv> Dosis f

dotado adj begabt, talentiert; **dotar** vt ⓵ ausstatten, ausrüsten ⓶ FIG versehen (*con/de* mit)

dote f ⓵ Mitgift f ⓶ FIG ◇ -s pl Talent n

dramatizar vt übertreiben, dramatisieren; **dramaturgo(/a)** m/f Dramaturg(in f) m

droga f Droge f; **drogadicto** (/a) m/f Drogenabhängige(r) f m

droguería f Drogerie f

ducha f Dusche f; **ducharse** vr [sich] duschen

duda f Zweifel m; ◇ **poner algo en** ~ etw in Zweifel ziehen; **dudar** vt bezweifeln

dueño(/a) m/f ⓵ ↑ *amo* Eigentümer(in f) m ⓶ ↑ *empresario* Arbeitgeber(in f) m

dulce adj süß

duna f (*de arena*) [Sand-]Düne f

dúo m MUS Duo n

duplicar vt, vr(se) (sich) verdoppeln

duque(-esa) m/f Herzog(in f) m

duración f Dauer f; **duradero** adj dauerhaft

durante prep während gen

durar vi dauern; ↑ *resistir* durchhalten

dureza f Härte f; **duro I.** adj ⓵ ▷*piedra* hart ⓶ ▷*carácter*, clima rauh II. m Fünfpesetenstück n

E

E, e *f* E, e *n*

e *cj* (*delante de* i/hi) und; ◇ **Pablo - Ignacio** Pablo und Ignacio

E *abr. de* este O

eclesiástico *adj* Kirchen-, kirchlich

eco *m* Echo *n*

ecología *f* Ökologie *f*; **ecológico** *adj* ökologisch; **ecologista** I. *adj* ökologisch, Umwelt- II. *m/f* Ökologe *m*, Ökologin *f*

economía *f* 1 Wirtschaft *f* 2 ↑ *ahorro* Sparsamkeit *f*; **económico** *adj* 1 sparsam 2 COM, FIN wirtschaftlich; **economizar** *vt, vi* [ein-]sparen

Ecuador *m* : ◇ **el -** Ecuador *n*

ecuánime *adj* 1 unparteiisch 2 ↑ *equilibrado* ausgeglichen

echar I. *vt* 1 werfen, schleudern; ◇ **- abajo** abreißen; ◇ **- de menos** vermissen 2 (*del trabajo*) entlassen, feuern 3 → *dientes* bekommen 4 GASTRON → *sal, azúcar* hinzufügen 5 → *película* geben, zeigen II. *vi*: ◇ **-a correr** anfangen zu rennen III. *vr* 1 → *vr(se)* 1 sich hinlegen 2 ◇ **-se algo** sich *dat* etw anschaffen

edad *f* Alter *n*; ◇ **la E- Media** das Mittelalter; ◇ **¿qué - tiene usted?** wie alt sind Sie?

edición *f* 1 Verlagswesen *n* 2 ↑ *ejemplar* Ausgabe *f*

edificar *vt* bauen, errichten; **edificio** *m* Gebäude *n*

editar *vt* herausgeben; **editor** (a) *m/f* Verleger(in *f*) *m*

educación *f* 1 Erziehung *f* 2 (*de cultura*) Bildung *f*; **educar** *vt* ausbilden, schulen

EE.UU. *m/pl abr. de* **Estados Unidos** USA *pl*

efectivamente *adv*: ◇ **¡-!** so ist es!; **efectivo** *adj* 1 effektiv, wirkungsvoll; ◇ **hacer - un cheque** e-n Scheck einlösen 2 ↑ *verdadero* wirklich; **efecto** *m* 1 Wirkung *f* 2 ↑ *fin* Zweck *m* 3 ↑ *impresión* Eindruck *m*

efectuar *vt* ausführen

eficacia *f* Effizienz *f*; **eficiente** *adj* wirksam; ▷*persona* tüchtig

Egipto *m* Ägypten *n*

egoísmo *m* Egoismus *m*; **egoísta** *m/f* Egoist(in *f*) *m*

ej. *abr. de* **ejemplo** Bsp.

eje *m* Achse *f*; POL ◇ **los países del E-** die Achsenmächte *pl*

ejecución *f* 1 Ausführung *f*; (*de edificio*) Bauart *f* 2 (*muerte*) Hinrichtung *f*; **ejecutar** *vt* 1 ausführen, erledigen 2 ↑ *matar* hinrichten; **ejecutivo/a** *m/f* leitende(r) Angestellte(r) *fm*

ejemplar *m* 1 Exemplar *n* 2

(de periódico) Ausgabe f;
ejemplo m Beispiel n; ◇ por
zum Beispiel

ejercer vt betreiben, ausüben;
ejercicio m ① Übung f ② (de
profesión) Ausübung f

ejército m Heer n

el artículo der, die, das

él pron er; ◇ de - ihm; a -
ihn/ihm; ◇ para - für ihn

elaborar vt ① → materia prima
bearbeiten ② → idea ausarbeiten

elasticidad f Elastizität f;
elástico adj elastisch

elección f POL: ◇ -es Wahl f;
electorado m POL Wähler-
schaft f

electricidad f Elektrizität f;
electricista m/f Elektriker(in
f) m; **eléctrico** adj elektrisch,
Elektro-; **electrodo** m Elek-
trode f; **electrodoméstico** m
elektrisches Haushaltsgerät;
electromagnético adj elek-
tromagnetisch; **electromotor**
m Elektromotor m; **electrónico** adj elektronisch; **electro-
tecnia** f Elektrotechnik f;
electrotécnico(a) m/f Elek-
trotechniker(in f) m

elefante m Elefant m

elegancia f Eleganz f; **elegante** adj elegant, geschmackvoll

elegir vt [aus-]wählen, aussuchen

elemental adj grundlegend,
elementar; **elemento** m Element n; FIG ◇ estar alguien en
su - in seinem Element sein

elepé m FAM LP f, Langspielplatte f

elevación f ① Gehobenheit f
② GEO Erhebung f; **elevar** I.
vt ① ↑ colocar [empor-]heben,
anheben ② ↑ construir errichten
II. vr(se) ① sich erheben ② FIG
aufsteigen

eliminación f Beseitigung f;
eliminar vt beseitigen

élite f Elite f

elocuencia f Wortgewandtheit
f; **elocuente** adj wortge-
wandt, beredt

elogio m Lob n

eludir vt umgehen; ↑ negarse
ausweichen dat

ella pron sie; ◇ -s pl sie pl; ◇ de
- ihr; ◇ a - sie/ihr

ello pron es

ellos pron pl sie pl; ◇ de -/a -
ihnen

emanar vi: ◇ - de herrühren/
kommen von

emancipación f Emanzipa-
tion f; **emanciparse** vr sich
emanzipieren

embadurnar vt beschmieren

embajada f Botschaft f; **em-
bajador(a)** m/f Botschafter(in
f) m

embalar vt einpacken

embalse m Stausee m

embarazada I. adj schwanger **II.** f Schwangere f; **embarazar** vt behindern; **embarazo** m ① (de mujer) Schwangerschaft f ② ↑ estorbo Hindernis n; **embarazoso** adj peinlich, unangenehm

embarcación f Schiff n, Boot n; **embarcar I.** vt →pasajeros einschiffen; →mercancía verladen **II.** vr(se) sich einschiffen, an Bord gehen

embargar vt JUR beschlagnahmen, pfänden; **embargo** m : ◇ sin - trotzdem

embarque m Verladung f; ◇ tarjeta de - Bordkarte f

embaucador(a) m/f Hochstapler(in f) m; **embaucar** vt betrügen

embeber I. vt aufsaugen, absorbieren **II.** vi einlaufen, eingehen

embellecer vt verschönern

embestida f Überfall m; **embestir** irr vt überfallen

emblema m Emblem n

embobado adj verblüfft, erstaunt

embocadura f Mündung f

émbolo m AUTO Kolben m

embolsar vt einstecken

emborrachado adj betrunken; **emborracharse** vr sich betrinken

emboscada f Falle f; ◇ **tender una - a alguien** jd-m e-e Falle stellen

embotarse vr stumpf werden; ←persona stumpfsinnig werden

embotellamiento m AUTO [Verkehrs]Stau m; **embotellar** vt [in Flaschen] abfüllen

embozarse vr sich einhüllen

embragar vi AUTO kuppeln; **embrague** m AUTO: ◇ [pedal m de] - Kupplung f

embravecer I. vt reizen, wütend machen **II.** vr(se) wütend werden

embriagado adj betrunken; **embriagar I.** vt begeistern, berauschen **II.** vr(se) sich betrinken; **embriaguez** f Betrunkenheit f

embrión m Embryo m

embrollarse vr ① sich verwickeln ② ↑ confundirse in Verwirrung geraten; **embrollo** m ① FAM Wirrwarr m ② ↑ aprieto Klemme f

embrujar vt verhexen

embrutecerse vr ① verrohen, verkommen ② ↑ atontarse abstumpfen

embudo m Trichter m

embuste m Schwindel m; **embustero(/a)** m/f Lügner(in f) m

embutido m GASTRON Wurst f

emergencia f Notfall m
emerger vi auftauchen, erscheinen
emigración f Emigration f; **emigrante** m/f Einwanderer m, Einwanderin f
eminencia f ① GEO Anhöhe f ② REL Eminenz f; **eminente** adj hervorragend, herausragend
emisión f ① MEDIA Sendung f, Programm n ② COM, FIN Emission f; **emisora** f MEDIA Sender m; **emitir** vt ① MEDIA senden ② → billetes ausgeben
emoción f ① Emotion f ② Aufregung f; ◇ ¡qué -! wie aufregend!; **emocionante** adj ① rührend ② → libro aufregend, spannend; **emocionar** vt bewegen, rühren
empalagar vi anwidern
empalmar I. vt también FIG verbinden, zusammenfügen II. vi Anschluß haben; **empalme** m ① Kombination f; TREN Anschluß m ② AUTO Verkehrsknotenpunkt m
empanada f GASTRON Pastete f; **empanar** vt panieren
empañar vt → bebé wickeln
empaparse vr: ◇ -se de sich vollsaugen mit
empaquetar vt einpacken, verpacken
emparejar vi ① ← resultados gleich sein ② → trabajo aufholen

empastar vt einschmieren; **empaste** m [Zahn-]Plombe f
empate m SPORT Unentschieden n
empedrar vt pflastern
empeñado adj verschuldet; **empeñarse** vr sich verschulden; ◇ -se en algo auf etw dat bestehen; **empeño** m ① Entschlossenheit f ② (cosa) Pfand n
empeorar I. vt verschlechtern, verschlimmern II. vi sich verschlechtern, schlechter werden
empequeñecer vt ① → tamaño verkleinern ② → importancia schmälern
empezar vt, vi anfangen, beginnen; ◇ - a leer anfangen zu lesen
empinar vt aufrichten, emporheben
emplazamiento m ① JUR Vorladung f ② † sitio Standort m; **emplazar** vt ① aufstellen, plazieren ② JUR vorladen
empleado/(a) m/f Angestellte(r) fm; **emplear** vt ① → alguien anstellen, beschäftigen ② † usar anwenden, verwenden; **empleo** m ① † trabajo Anstellung f ② † uso Anwendung f
empobrecerse vr verarmen
empollar vt FAM büffeln, pauken
empotrado adj: ◇ armario - Einbauschrank m

emprender vt beginnen, anfangen

empresa f Unternehmen n; **empresario/(a)** m/f COM Unternehmer(in f) m

empujar vt schieben, stoßen, drücken; **empujón** m Stoß m

emular vt nacheifern dat

en prep ⟨1⟩ (tiempo) in, an; ◇ - **aquel día** an diesem Tag; ◇ - **1961** 1961 ⟨2⟩ (posición) in, an, auf, bei dat; ◇ (movimiento) in, an, auf akk; ◇ **estamos - casa** wir sind zu Hause; ◇ **pienso - ella** ich denke an sie ⟨3⟩ (medio) ◇ **dímelo - español** sag es auf Spanisch; ◇ **viajar - avión** mit dem Flugzeug reisen; ◇ **favor de** zugunsten von; ◇ **particular** im besonderen; ◇ **serio** im Ernst; ◇ **de vez - cuando** ab und zu

enajenación f **enajenamiento** m ⟨1⟩ JUR Veräußerung f ⟨2⟩ ↑ distracción Geistesabwesenheit f; **enajenar** vt ⟨1⟩ JUR veräußern ⟨2⟩ ↑ volver loco um den Verstand bringen

enamorado adj verliebt; **enamorarse** vr: ◇ **-se [de]** sich verlieben [in akk]

enano/(a) m/f Zwerg(in f) m

enardecerse vr sich begeistern

encabezar vt anführen

encadenar vt fesseln

encajar I. vt einfügen, einpassen II. vi zusammenpassen

encallar vi stranden, auflaufen

encaminarse vr: ◇ **-a** sich auf den Weg machen nach

encandilar vt blenden

encantado adj ⟨1⟩ zufrieden ⟨2⟩ ↑ embrujado verzaubert; **encantador(a)** m/f Zauberer m, Zauberin f; **encantar** vt verzaubern

encararse vr: ◇ **- con alguien** sich mit jd-m anlegen

encarcelar vt ins Gefängnis sperren

encarecer vt ⟨1⟩ COM verteuern ⟨2⟩ FIG dringen, bestehen (a auf akk); **encarecimiento** m ⟨1⟩ COM Preissteigerung f ⟨2⟩ FIG **con** - mit Nachdruck

encargado/(a) adj beauftragt; **encargar** I. vt ⟨1⟩ bestellen ⟨2⟩ ↑ confiar ◇ **algo a alguien** jd-m mit etw beauftragen II. vr(se): ◇ **-se de algo** sich um etw kümmern; **encargo** m COM Bestellung f ⟨2⟩ ↑ misión Auftrag m

encarnizado adj entzündet

encasillar vt klassifizieren

encausar vt JUR verklagen

encauzar vt kanalisieren

encendedor m Feuerzeug n; **encender** I. vt ⟨1⟩ anzünden ⟨2⟩ → luz, tele anmachen, einschalten II. vr(se) in Brand geraten;

(*de cólera*) zornig werden; **encendido** *m* AUTO Zündung *f*

encerrar *vt*, *vr(se)* einsperren, einschließen; **encerrona** *f* Zwickmühle *f*; **encierro** *m* FIG Zurückgezogenheit *f*

encima I. *adv* ①↑ *sobre* oben, obenauf; ◇ ¿llevas dinero -? hast du Geld dabei?; ◇ **muy por** - sehr oberflächlich ②↑ *además* darüberhinaus, obendrein **II.** *prep*: ◇ - **de** ① (*posición*) auf *dat*; (*dirección*) auf *akk* ②↑ *sobre* (*posición*) über *dat*; (*dirección*) über *akk*; ◇ **por** - **de** über ③↑ *además de* außer

enclavado *adj*: ◇ **estar** - liegen, gelegen sein

encoger *vt*, *vr(se)* (sich) zusammenziehen, (sich) einziehen

encolar *vt* ankleben

encolerizarse *vr* aufbrausen

encomendarse *vr*: ◇ -**se a alguien** sich jdm anvertrauen

encomienda *f* Auftrag *m*

encontrado *adj* entgegengesetzt; **encontrar I.** *vt* finden **II.** *vr(se)* ①←*personas* ◇ -**se con alguien** sich mit jdm treffen ②↑ *estar* ◇ -**se bien/mal de salud** bei guter/schlechter Gesundheit sein

encrespar I. *vt* →*pelo, agua* kräuseln **II.** *vr(se)* FIG ärgerlich werden, aufbrausen

encuadernador(a) *m/f* Buchbinder(in *f*) *m*

encubrir *irr vt* verheimlichen, verbergen

encuentro *m* Treffen *n*

encumbrar I. *vt* befördern, erheben **II.** *vr(se)* aufsteigen

encharcado *adj* sumpfig

enchufar *vt* ELECTR einstecken; **enchufe** *m* ELECTR Stecker *m*; ↑ *toma* Steckdose *f*

endemoniado *adj* [vom Teufel] besessen

enderezar I. *vt* ① gerade richten ② FIG führen, managen ③ FIG berichtigen **II.** *vr(se)* también FIG aufstehen, sich aufrichten

endeudarse *vr* sich verschulden

endulzar *vt* [ver-]süßen

endurecer *vt*, *vr(se)* (sich) [ab-]härten

enemigo/a *m/f* Feind(in *f*) *m*; **enemistad** *f* Feindschaft *f*; **enemistar** *vt*, *vr(se)* (sich) verfeinden

energía *f* Energie *f*; ◇ - **nuclear** Atomkraft *f*; **enérgico** *adj* energisch

enero *m* Januar *m*

enfadar *vt*, *vr(se)* (sich) ärgern; **enfado** *m* Ärger *m*

énfasis *m* Nachdruck *m*; **enfático** *adj* nachdrücklich

enfatizar *vt* betonen, hervorheben

enfermar vi krank werden; **en-**
fermedad f Krankheit f; **en-**
fermero/(a) m/f Krankenpfle-
ger(in f) m; **enfermo** adj
krank

enflaquecerse vr abmagern

enfocar vt ① FOTO [scharf]
einstellen ② FIG ◇ - un asunto
an e-e Sache herangehen; **enfo-**
que m FOTO Einstellung f

enfrascarse vr FIG sich vertiefen

enfrentamiento m Konfron-
tation f; **enfrentarse** vr
←personas einander gegenüber-
treten; ◇ -se con un problema
sich e-m Problem stellen; **en-**
frente adv gegenüber

enfriar I. vt kühlen II. vr(se) ①
abkühlen ② MED sich erkäl-
ten

enfurecerse vr wütend werden

engalanarse vr sich herausputzen

enganchar I. vt einhaken, einhängen II. vr(se) ① hängenblei-
ben ② FAM ◇ -se a la droga
drogenabhängig werden

engañar vt täuschen; ↑ estafar
betrügen; **engaño** m ① Täuschung f ② ↑ fraude Betrug m;
engañoso adj verlogen; ▷his-
toria erlogen

engendrar vt BIOL erzeugen;
↑ ocasionar verursachen

englobar vt umfassen

engomar vt gummieren

engordar I. vt dick machen II.
vi dick werden, zunehmen

engorro m FAM Ärgernis n

engranaje m TECNI Getriebe
n

engrandecer vt verherrlichen

engrasar vt TECNI einfetten,
schmieren

engreído adj eitel, eingebildet

engrosar I. vt vergrößern, vermehren II. vi anschwellen, zunehmen

enhorabuena f Glückwunsch
m

enigma m Rätsel n; **enigmáti-**
co adj rätselhaft

enjabonar vt einseifen

enjaular vt einsperren

enjuiciar vt JUR verurteilen
② ↑ juzgar beurteilen

enjuto adj mager, dürr

enlace m ① Verknüpfung f ②
TREN, TELEC Anschluß m;
enlazar I. vt verknüpfen II. vi
TREN Anschluß haben

enloquecer vi, vr(se) verrückt
werden

enlutar vt verdunkeln

enmarañar I. vt verfilzen; FIG
durcheinanderbringen II. vr(se)
sich verheddern

enmarcar vt rahmen

enmascarar vt, vr(se) (sich)
maskieren; FIG (sich) tarnen

enmendar vt ① [ver-]bessern ② → *ley* ändern; **enmienda** f [Ver]Besserung f; (de ley) Änderung f

enmohecerse vr rosten

enmudecer vt zum Schweigen bringen

ennegrecerse vr schwarz werden

ennoblecer vt FIG veredeln, verschönern

enojadizo adj reizbar; **enojar** vt, vr(se) (sich) ärgern; ◇ ¡no te enojes! sei nicht böse!; **enojo** m Ärger m

enorgullecerse vr: ◇ ~ de stolz sein auf akk

enorme adj enorm; † *descomunal* ungeheuerlich

enraizar vi *también* FIG Wurzeln schlagen

enrarecido adj ▷ *relación* angespannt

enredar I. vt ① verwirren, verwickeln ② → *dos personas* entzweien II. vi Quatsch machen; **enredo** m ① † *asunto* Verwicklung f ② † *travesura* Streich m

enrevesado adj verzwickt

enriquecer vt ① reich machen ② FIG bereichern

enrojecer vi, vr(se) erröten, rot werden

enrollar I. vt aufwickeln, aufrollen II. vr(se) FAM sich abgeben

enroscar vt [fest-]schrauben

ensalada f Salat m

ensanchar I. vt erweitern, vergrößern II. vr(se) sich ausdehnen; **ensanche** m ① Erweiterung f ② (terreno) Außenbezirk m

ensañar vt wütend machen

ensartar vt aufreihen

ensayar vt ① versuchen, ausprobieren ② TEATRO, MUS proben, üben; **ensayo** m ① Essay m ② † *intento* Experiment n ③ TEATRO, MUS Probe f

enseguida adv sofort

enseñanza f Unterrichtswesen n; **enseñar** vt ① unterrichten, lehren ② → *conocimientos* erziehen, schulen

enseres m/pl Gerätschaften f/pl

ensordecedor adj ohrenbetäubend; **ensordecer** I. vt taub machen II. vi taub werden

ensuciar vt, vr(se) (sich) schmutzig machen

ensueño m Traum m; FIG Illusion f

entablar vt ① täfeln ② → *conversación* in Gang bringen

entallar vt → *madera* schnitzen; → *mármol* meißeln

entender irr I. vt ① verstehen, begreifen ② † *saber* können, wissen II. vi meinen, glauben; ◇ ~ de etw verstehen von III. vr *(se)* **1** sich verstehen **2** ↑ *ponerse de acuerdo* sich verständigen IV. m Meinung f; ◇ a mi - meiner Meinung nach; **entendido** adj **1** erfahren, klug; ◇ ¿entendido? verstanden? **2** ↑ *de acuerdo* vereinbart, abgemacht; **entendimiento** m Urteilsvermögen n

enterado adj: ◇ estar ~ de auf dem laufenden sein über *akk*

enteramente adv ganz, vollständig

enterarse vr: ◇ ~ de algo etw erfahren

entereza f Gesamtheit f

entero adj **1** ganz, völlig **2** FIG aufrichtig

enterrar vt begraben

entibiar vt abkühlen

entidad f **1** Wesen n **2** COM, FIN Firma f **3** POL Körperschaft f

entierro m **1** *(acción)* Begraben n **2** ↑ *funeral* Beerdigung f

entonado adj **1** MUS gestimmt **2** FIG eingebildet; **entonar I.** vt → *melodía* anstimmen **II.** vr(se) FAM großspurig tun

entonces adv **1** *(tiempo)* dann, damals; ◇ desde ~ seitdem, seit damals **2** ↑ *en ese caso* dann; ◇ [pues] ~ ... ja dann ...

entornar vt anlehnen

entorpecer vt **1** trüben **2** → *trabajo* verzögern, verlangsamen; **entorpecimiento** m **1** Benommenheit f **2** *(de trabajo)* Verzögerung f

entrada f **1** Eingang m; ◇ ~ gratis Eintritt frei **2** ↑ *billete* Eintrittskarte f **3** GASTRON Vorspeise f

entrante adj kommend, nächste(r, s); ◇ el año ~ nächstes Jahr

entrañas f/pl ANAT Eingeweide f

entrañable adj innig, herzlich

entrar I. vt hineinbringen, hineinbegleiten **II.** vi **1** eintreten, hineingehen; *(en un grupo)* zugelassen werden; ◇ ~ en razón zur Vernunft kommen **2** FIG → *época* beginnen, eintreten; ◇ el año que entra nächstes Jahr **3** INFORM eingeben

entre prep *(lugar)* zwischen *dat*; *(dirección)* zwischen *akk*; ◇ ~ semana die Woche über; ◇ ~ tú y yo unter uns [gesagt]

entredicho m JUR Verbot n

entrega f **1** *(acción)* Übergabe f **2** *(de cosas)* Lieferung f; **entregar I.** vt → *dar* [über]geben, aushändigen; COM liefern **II.** vr *(se)* **1** sich ergeben, kapitulieren **2** ↑ *consagrarse* sich widmen

entrelazar *vt* verflechten
entremedias *adv* inzwischen
entremés *m* ① GASTRON Vorspeise *f* ② TEATRO Zwischenspiel *n*
entremezclar *vt* untermischen
entrenador(a) *m/f* Trainer(in *f*) *m*
entresacar *vt* heraussuchen
entretanto *adv* unterdessen, inzwischen
entretener *irr* I. *vt* ① ↑ *retrasar* verzögern, aufhalten ② ↑ *divertir* unterhalten, zerstreuen II. *vr(se)* ① ↑ *tardar* sich aufhalten, Zeit verlieren ② ↑ *divertirse* sich die Zeit vertreiben; **entretenimiento** *m* Unterhaltung *f*
entrever *irr* *vt* ① undeutlich sehen ② FIG befürchten, vermuten
entreverar *vt* untermischen, untermengen
entrevista *f* Interview *n*; **entrevistar** *vt* interviewen
entristecer I. *vt* traurig machen II. *vr(se)* traurig werden
entrometido *adj* aufdringlich, indiskret
entroncar *vi* verwandt sein (con mit)
entuerto *m* Ungerechtigkeit *f*
entumecer I. *vt* taub machen, betäuben II. *vr(se)* erstarren,

klamm werden; **entumecido** *adj* erstarrt
enturbiar I. *vt* aufwühlen II. *vr(se)* ① ↑ *agua* sich trüben ② FIG durcheinander werden
entusiasmar I. *vt* begeistern II. *vr(se)*: ◇ **-se con/por** sich begeistern für; **entusiasmo** *m* Enthusiasmus *m*; **entusiasta** *adj* begeistert, enthusiastisch
enumerar *vt* aufzählen
enunciado *m* ① Äußerung *f* ② ↑ *exposición* Darstellung *f*; **enunciar** *vt* äußern, darlegen
envalentonar I. *vt* ermutigen II. *vr(se)* mutig werden
envanecerse *vr* stolz werden
envasar *vt* verpacken; (en botellas) abfüllen; **envase** *m* Behälter *m*, Gefäß *n*; ↑ *envoltorio* Verpackung *f*
envejecer *vi*, *vr(se)* altern, alt werden
envenenar *vt* vergiften
envergadura *f* FIG Tragweite *f*
envés *m* Rückseite *f*
enviar *vt* senden, schicken
envidia *f* Neid *m*; **envidiable** *adj* beneidenswert; **envidiar** *vt*: ◇ **-algo a alguien** jd-n um etw beneiden
envilecer I. *vt* herabwürdigen II. *vr(se)* sich erniedrigen
envío *m* ① (acción) Versendung *f*; (en barco) Verschiffen *n* ② FIN Überweisung *f*

envoltorio m Bündel n; **envolver** vt einwickeln, verpacken

épico I. adj episch **II.** f Epik f

epidemia f Ep>idemie f

epilepsia f 'pilepsie f

episodio m Episode f

época f HIST Epoche f

equidad f Gerechtigkeit f

equilibrado adj ausgeglichen; **equilibrar** vt FIG ausgleichen; **equilibrio** m Gleichgewicht n

equipaje m Gepäck n; ◇ hacer el ~ die Koffer m/pl packen; **equipar** vt ausrüsten, ausstatten

equipararse vr: ◇ ~ con gleichstehen mit

equipo m ① Ausrüstung f; ◇ ~ estéreo Stereoanlage f ② SPORT Team m

equis f (letra) X n

equitativo adj gerecht

equivalente adj gleichwertig, äqivalent; **equivaler** irr vi gleichwertig sein

equivocación f Mißverständnis n; ◇ por ~ irrtümlicherweise; **equivocar I.** vt verwechseln **II.** vr(se) sich irren, sich täuschen; **equívoco** adj ① ↑ sospechoso verdächtig ② ↑ ambiguo zweideutig

era f Ära f

erección f Aufrichten n; FIG Gründung f; ANAT Erektion f

erguir I. vt aufrichten **II.** vr(se) sich aufrichten

erigir vt ① errichten, bauen ② (a alguien) ernennen

erizado adj borstig, stachelig; **erizo** m Igel m; ◇ ~ de mar Seeigel m

ermitaño/(a) m/f Eremit(in f) m

erosión f Erosion f

erótico adj erotisch

erradicar vt auslöschen, ausrotten

errado adj falsch, unrichtig; **errar** irr vi, vr(se) sich irren, sich täuschen; ◇ ~se es humano Irren ist menschlich; **errata** f Druckfehler m; **erróneo** adj irrig, Fehl-; **error** m Fehler m; ◇ por ~ irrtümlich

eructar vi aufstoßen, rülpsen

erudito adj gelehrt, belesen

erupción f GEO Ausbruch m

esa <s> artículo ver **ese**

ésa <s> pron ver **ése**

esbelto adj dünn, schlank

esbozo m Skizze f

escabroso adj ① ▷terreno rauh, uneben ② FIG schwierig, heikel

escabullirse vr FAM verduften

escala f ① Treppe f ② MATE, GEO etc. Skala f; MUS Tonleiter f ③ AERO ◇ hacer ~ en zwischenlanden in dat; **esca-**

lada f SPORT Bergsteigen n;
escalar I. vt ~montaña besteigen **II.** vi eskalieren; **escalera** f Treppe f; (de mano) Leiter f; ◇ - **mecánica** Rolltreppe f

escalofriante adj schaurig, haarsträubend; **escalofrío** m Schüttelfrost m, Schauder m

escalón m (de escalera) Stufe f; (de escalera de mano) Sprosse f

escalope m GASTRON Schnitzel n

escamado adj mißtrauisch

escamotar vt **escamotear** vt [1] verschwinden lassen [2] FAM stibitzen, klauen

escampar vb impers: ◇ - escampa [1] (tiempo) es hört auf zu regnen [2] ←cielo es klart auf

escandalizarse vr Anstoß nehmen (de an) dat; **escándalo** m [1] (inmoral) Skandal m [2] ↑ grito/ Tumult m; **escandaloso** adj [1] ▷conducta skandalös, unerhört [2] ▷ruido sehr laut

Escandinavia f Skandinavien n

escapar I. vi [1] entkommen m; ←prisionero fliehen; ◇ - de la cárcel aus dem Gefängnis fliehen **II.** vr(se) [1] ←persona entfliehen; ◇ -se de casa sich

[heimlich] davonmachen [2] ← gas entweichen; FIG herausrutschen [3] ◇ se me escapa das ist mir entfallen

escaparate m Schaufenster n

escape m (de gas) Entweichen n; AUTO ↑ tubo m de - Auspuff m

escarbar vt [1] scharren [2] FIG herumschnüffeln in dat

escarlata <inv> adj scharlachrot; **escarlatina** f MED Scharlach m

escarmentar vi aus Erfahrung lernen; **escarmiento** m : ◇ que esto te sirva de - laß dir das e-e Lehre sein

escarnecer vt verspotten; **escarnio** m, **escarnecimiento** m Spott m

escasear vi selten werden; **escasez** f [1] ↑ falta Mangel m [2] ↑ necesidad Armut f; **escaso** adj [1] gering, wenig, spärlich [2] ↑ raro selten

escatimar vt schmälern

escayola f (vendaje) Gips[verband] m

escena f [1] TEATRO Bühne f [2] (acto) Szene f; FIG ◇ hacer una - e-e Szene machen

escéptico adj skeptisch

esclarecer vt FIG → crimen aufklären; → misterio lüften

esclavitud f Sklaverei f; **esclavo(/a)** m/f Sklave m, Sklavin f

escoba f Besen m

escocer vi brennen, jucken

Escocia f Schottland n

escoger vt aussuchen, auswählen; **escogido** adj ausgewählt, ausgesucht

escolar m/f Schüler(in f) m

escolta f Eskorte f

esconder I. vt (1) verstecken, verbergen (2) ↑ disimular verschweigen II. vr(se) sich verstecken; **escondite** m Versteck n

Escorpio m ASTROL Skorpion m; **escorpión** m FAUNA Skorpion m

escribir 3.21 vt, vi schreiben; ◇ - a máquina Maschine schreiben, tippen; **escrito** I. pp de **escribir**; II. m Schreiben n; JUR Unterlagen pl; ◇ por - schriftlich; **escritor(a)** m/f Schriftsteller(in f) m; **escritorio** m Schreibtisch m

escrúpulo m Skrupel m; **sin** skrupellos; **escrupuloso** adj pedantisch

escuálido adj abgemagert

escuchar I. vt [an-]hören II. vi [zu-]hören dat

escudo m Schild m

escudriñar vt mustern, prüfen

escuela f Schule f; ◇ - profesional Berufsschule f

escueto adj einfach, schlicht

esculpir vt meißeln, [be-]hauen; → madera schnitzen; **escultor(a)** m/f Bildhauer(in f) m; **escultura** f Skulptur f

escurridizo adj glatt, rutschig; FIG schlüpfrig

ese(/a) ‹esos, esas› artículo (sg) diese(r, s); (pl) diese

ése(/a) ‹ésos, ésas› pron (sg) der da, die da, das da; (pl) diese da; ◇ ¡ni por ésas! keineswegs

esencia f (1) Essenz f (2) ↑ ser Wesen n; **esencial** adj wesentlich, Haupt-

esfera f (1) Sphäre f (2) (de reloj) Zifferblatt n; **esférico** adj kugelförmig, Kugel-, rund

esforzado adj mutig, tapfer; **esforzarse** vr sich anstrengen; ◇ - en/por hacer una cosa sich bemühen, etw zu tun; **esfuerzo** m Mühe f

esfumarse vr verschwinden, sich auflösen

esguince m MED Verstauchung f

esmaltar vt emaillieren; → uñas lackieren; **esmalte** m Emaille f; ◇ - de uñas Nagellack m

esmerado adj sorgfältig, gewissenhaft

esmeralda f Smaragd m

esmero m Sorgfalt f

esnob m/f Snob m

esotérico *adj* esoterisch
eso *pron* das, dies; ◇ a - de las ocho so gegen acht; ◇ por - deswegen
esos *artículo ver* **ese**
ésos *pron ver* **ése**
espabilar I. *vt* aufmuntern, beleben **II.** *vr(se)* wachwerden, munter werden
espaciar *vt* in die Länge ziehen; **espacio** *m* [1] Raum *m*; ◇ - aéreo Luftraum *m* [2] (de tiempo) Zeitraum *m*; **espacioso** *adj* weit, geräumig
espada *f* Schwert *n*
espaguetis *m/pl* Spaghetti *pl*
espalda *f* [1] Rücken *m* [2] Rückseite *f*
espantadizo *adj* ängstlich, schreckhaft; **espantar I.** *vt* [1] erschrecken [2] ↑ *apartar* verjagen, verscheuchen **II.** *vr(se)* erschrecken; **espanto** *m* ↑ *susto* Schrecken *m*; **espantoso** *adj* [1] entsetzlich, schrecklich [2] ↑ *grande* ungeheuer, außerordentlich
España *f* Spanien *n*; **español (a) I.** *m/f* Spanier(in *f*) *m* **II.** *m* Spanisch *n*
esparcimiento *m* Zerstreuung *f*; **esparcir I.** *vt* [1] ausstreuen, ausbreiten [2] *FIG* unterhalten, amüsieren **II.** *vr(se)* sich zerstreuen
espárrago *m* Spargel *m*

especia *f* Gewürz *n*
especial *adj* besondere(r, s); ↑ *adecuado* spezielle(r, s); **especialidad** *f* [1] Besonderheit *f* [2] GASTRON Spezialität *f*; **especialista** *m/f* Fachmann *m*, -frau *f*; **especializarse** *vr* sich spezialisieren; **especialmente** *adv* besonders
especie *f* [1] BIOL Art *f*; ◇ la - animal die Gattung Tier [2] ↑ *clase* Sorte *f*
especificar *vt* spezifizieren; **específico** *adj* spezifisch
espectacular *adj* spektakulär
espectáculo *m* [1] Darbietung *f* [2] ↑ *escándalo* Spektakel *n*; **espectador(a)** *m/f* Zuschauer(in *f*) *m*
espectro *m* [1] Gespenst *n* [2] TECNI Spektrum *n*
especular *vi* COM spekulieren
espejo *m* Spiegel *m*; ◇ - retrovisor Rückspiegel
espeluznante *adj* haarsträubend, grauenhaft
espera *f* [1] Warten *n*; ◇ a la [o en] - de in Erwartung gen [2] JUR ↑ *plazo* Frist *f*
esperanza *f* Hoffnung *f*; **esperar** *vt, vi* [1] erwarten, warten auf *akk* [2] ↑ *confiar* hoffen auf *akk*
esperma *m* Sperma *n*
espesar *vt* eindicken; **espeso**

adj dick-, zähflüssig; ▷*planta* dicht

espía *m/f* Spion(in *f*) *m;* **espiar** *vt* ausspionieren

espina *f* 1 Dorn *m*, Stachel *m; (de pez)* Gräte *f* 2 ANAT ~ **dorsal** Rückgrat *n* 3 ↑ *astilla* Splitter *m*

espinaca *f* Spinat *m*

espino *m* 1 FLORA Weißdorn *m* 2 ◇ **alambre de ~** Stacheldraht *m;* **espinoso** *adj* stachelig; *FIG* heikel

espionaje *m* Spionage *f*

espiral *f* Spirale *f*

espirar *vi* ausatmen

espiritista *m/f* Spiritist(in *f*) *m;* **espíritu** *m* Geist *m*

espléndido *adj* 1 wundervoll 2 ↑ *generoso* großzügig; **esplendor** *m* Glanz *m*

espolvorear *vt* *(de polvo)* bestäuben; *(de azúcar)* bestreuen

esponja *f* Schwamm *m*

espónsor *m/f* Sponsor(in *f*) *m*

espontaneidad *f* Spontaneität *f;* **espontáneo** *adj* spontan

esporádico *adj* sporadisch

esposa *f* Gemahlin *f*, Gattin *f;* **esposo** *m* Gemahl *m*, Gatte *m*

espuela *f* Sporn *m; FIG* Ansporn *m*

espuma *f* Schaum *m;* ◇ ~ **de afeitar** Rasierschaum *m;* **espumoso** *adj* schaumig

esqueleto *m* Skelett *n*

esquema *m* Schema *n;* **esquemático** *adj* schematisch

esquí <í[e]s> *m* Ski *m;* **esquiar** *vi* Ski fahren, Ski laufen

esquimal *m/f* Eskimo *m*

esquina *f* Ecke *f*

esquivar *vt* vermeiden, ausweichen *dat;* **esquivo** *adj* schroff, spröde

esquizofrenia *f* MED Schizophrenie *f*

esta *artículo ver* **este**

ésta *pron ver* **éste**

estable *adj* stabil, fest; ↑ *constante* beständig

establecer I. *vt* 1 gründen 2 →*residencia* aufnehmen 3 →*precios* bestimmen, festsetzen **II.** *vr(se)* 1 sich niederlassen 2 COM sich selbständig machen

establecimiento *m* 1 Aufstellung *f* 2 COM Niederlassung *f*

estacada *f* Lattenzaun *m*

estación *f* 1 Bahnhof *m* 2 *(del año)* Jahreszeit *f* 3 *(de radio)* Station *f*

estacionamiento *m* AUTO Parkplatz *m;* **estacionar I.** *vt* AUTO parken **II.** *vr(se) FIG* stocken, stehenbleiben

estadio *m* 1 *también FIG* Stadium *n* 2 SPORT Stadion *n*

estadista *m/f* POL Staatsmann *m*

estadístico adj statistisch

estado m [1] Zustand m; ◇ ~ civil Familienstand m [2] POL Staat m; ~ E-s Unidos Vereinigte Staaten pl [3] ↑ jerarquía Status m

estafa f Betrug m; **estafador (a)** m/f Betrüger(in f) m; **estafar** vt betrügen

estallar vi [1] knallen, zerplatzen [2] FIG ~ en llanto in Tränen ausbrechen; **estallido** m Knall m

estamento m [Gesellschafts-] Schicht f

estampa f [1] TIP [Farb-]Druck m [2] FIG Eindruck m; **estampar** vt [1] drucken [2] → huella abdrücken; → sello stempeln

estampido m Knall m

estampilla f Stempel m

estancar I. vt [1] stauen [2] FIG aufhalten, hemmen **II.** vr(se) [1] sich stauen [2] FIG stagnieren

estancia f [1] Aufenthalt m [2] ↑ habitación Zimmer n

estanco m Tabakladen m

estanque m Wasserbecken n; (con patos) Teich m

estanquero/(a) m/f Tabakhändler(in f) m

estantería f Regal n

estar irr vi [1] (lugar) sich befinden; ◇ ~ el jefe no está der Chef ist nicht da; ◇ ~ de viaje auf Reisen/verreist sein [2]

(disposición) ◇ ¿cómo está Vd.? wie geht es Ihnen?; ◇ estoy bien es geht mir gut; ◇ está triste sie ist traurig [3] (acción, estar + gerundio) ◇ estoy escribiendo una carta ich schreibe gerade e-n Brief [4] (estar + participio) ◇ el trabajo está terminado die Arbeit ist fertig [5] (fecha, tiempo) ◇ estamos a 15 de junio heute ist der 15. Juni [6] ◇ ~ a (precio) ◇ las manzanas están a 65 pesetas el kilo die Äpfel kosten 65 Peseten das Kilo [7] ◇ ~ de (profesión) sein, tätig sein an [8] ◇ ~ demás (sobrar) (überflüssig sein; (superfluo) überflüssig sein [9] ◇ ~ para (para 9.1 kurz davor stehen zu + inf.; ◇ está para volverse loco das ist zum Verrücktwerden [9.2] (disposición) Lust haben zu, aufgelegt sein zu [10] ◇ ¡estoy por dejarlo todo! ich schmeiße gleich alles hin [11] FAM ◇ ¿estamos? einverstanden?

estas artículo ver **este**

éstas pron ver **éste**

estatal adj staatlich, Staats-

estatua f Statue f

estatura f Statur f

este m Osten m

este/(a) <estos, estas> artículo (sg) diese(r, s); (pl) diese

éste/(a) <éstos, éstas> pron (sg) diese(r, s); (pl) diese

estenografía f Stenographie f
estepa f GEO Steppe f
estéreo- pref Stereo-;
estereofónico adj stereo
[phon]; **estereotipo** m Stereotyp n
estéril adj unfruchtbar; MED
steril; **esterilizar** vt sterilisieren
esteta m/f Ästhet(in f) m;
esteticista m/f Kosmetiker(in
f) m; **estético** adj ästhetisch
estiércol m Dung m
estilarse vr Mode sein, üblich
sein
estilo m Stil m; ◇ algo por el -
so etw Ähnliches
estima f Achtung f; **estimación** f 1 Bewertung f 2 ↑ consideración Ansehen n; **estimar** vt 1 einschätzen 2 ↑ opinar meinen, glauben
estimulante m Anregungsmittel n; FIG Anreiz m; **estimular** vt 1 stimulieren, anregen 2
FIG ermutigen; **estímulo** m 1
Reiz m 2 FIG Anreiz m
estío m Sommer m
estipular vt abmachen, vereinbaren
estirado adj hochnäsig, arrogant; **estirar** vt, vr(se) (sich)
dehnen, (sich) strecken
estirpe f Herkunft f
estival adj Sommer-
esto pron dies, das

estofa f FIG Sorte f
estofado m GASTRON
Schmorfleisch n
estoico adj stoisch, gelassen
estómago m Magen m
estorbar I. vt behindern, stören
II. vi stören, hinderlich sein;
estorbo m Hindernis n, Störung f
estornudar vi niesen
estos artículo ver **este**
éstos pron ver **éste**
estrafalario adj extravagant
estragar vt verheeren, verwüsten; **estrago** m Verwüstung f
estrangulación f Erwürgen n;
estrangular vt erwürgen, erdrosseln
estraperlo m Schwarzhandel m
estratagema f List f; **estratega** m/f Stratege m, Strategin
f; **estrategia** f Strategie f;
estratégico adj strategisch
estrato m Schicht f, Lage f
estrechar vt 1 verengen;
→ vestido enger machen 2 (con
los brazos) umarmen; **estrechez** f 1 Enge f 2 FIG Geldmangel m; **estrecho** adj eng,
schmal; ▷ amistad eng, vertraut
estregar vt reiben
estrella f 1 Stern m 2 (de
cine) Star m; **estrellarse** vr 1
↑ chocar zerschellen, aufschlagen 2 FIG scheitern
estremecer vt erschüttern;

estremecimiento m Erschütterung f

estrenar vt TEATRO, MEDIA uraufführen; **estreno** m TEATRO, MEDIA Premiere f

estrépito m ① Lärm m ② FIG Aufsehen n; **estrepitoso** adj ① lärmend ② FIG aufsehenerregend

estrés m Streß m

estría f Furche f

estribar vi; ◇ ~ en beruhen auf dat

estribo m Trittbrett n

estricnina f Strychnin n

estricto adj streng, genau

estridente adj schrill, grell

estropajo m Scheuerlappen m

estropear vt zerstören, beschädigen; → proyecto ruinieren

estructura f Struktur f

estruendo m Lärm m

estrujar vt [zer-]drücken, auspressen

estuario m Flußmündung f

estuche m Federmäppchen n

estudiante m/f Student(in f) m; **estudiar** vt ① lernen, studieren ② ↑ investigar untersuchen; **estudio** m ① Studium n ② ↑ observación Untersuchung f ③ (de pintor) Atelier n; **estudioso** adj fleißig, eifrig

estufa f Ofen m

estupefacto adj sprachlos, erstaunt

estupendo adj großartig, fabelhaft

estupidez f Dummheit f; **estúpido** adj dumm

estupor m MED Benommenheit f

etapa f Etappe f; ◇ por ~s etappenweise

etc. abr. de etcétera usw., etc

eternidad f Ewigkeit f; **eterno** adj ewig

ético/a m/f Ethik f

etiqueta f Etikett n

euforia f Euphorie f

eurocheque m Euroscheck m

Europa f Europa n; **europeo** (/a) m/f Europäer(in f) m

Euskadi f Baskenland n

evacuación f Evakuierung f; **evacuar** vt evakuieren, räumen

evadir vt vermeiden, aus dem Weg gehen dat

evaluar vt bewerten, schätzen

evangelio m Evangelium n

evaporación f Verdunstung f; **evaporarse** vr verdunsten, verdampfen

evasión f Flucht f; FIG Ausflucht f; **evasivo** adj ausweichend

evento m Ereignis n; **eventual** adj eventuell

evidencia f Offensichtlichkeit f; **evidenciar** vt [auf-]zeigen; **evidente** adj offenbar, augenscheinlich

evitable adj vermeidbar; **evitar** vt vermeiden, umgehen

evocar vt heraufbeschwören

evolución f Evolution f; **evolucionar** vi sich [weiter]entwickeln

ex adj Ex-; ◇ **el ~ director** der ExDirektor

exacerbar vt ① verschlimmern ② ↑ *irritar* verärgern

exactitud f Präzision f; **exacto** adj genau, exakt; ◇ ¡-! richtig!, genau!

exageración f Übertreibung f; **exagerado** adj übertrieben; **exagerar** vt, vi übertreiben

exaltado adj überspannt; **exaltar** vt erhöhen; *FIG* verherrlichen

examen m ① Examen n ② ↑ *inspección* Erforschung f; **examinar** vt ① untersuchen ② *(para nota)* prüfen

exasperación f Verzweiflung f; **exasperar I.** vt zur Verzweiflung bringen **II.** vr(se) außer sich geraten

excedente adj überzählig; **exceder** vt übersteigen, überschreiten

excelente adj ausgezeichnet

excelso adj ausgezeichnet, erlesen

excentricidad f Überspanntheit f; **excéntrico** adj exzentrisch, überspannt

excepción f Ausnahme f; ◇ **con ~ de** mit Ausnahme von; **excepcionalmente** adv ausnahmsweise

excepto adv außer, ausgenommen; **exceptuar** vt ausnehmen, ausschließen

excesivo adj übermäßig, übertrieben; **exceso** m Ausschreitung f

excitación f ① Aufregung f ② ↑ *estímulo* Anreiz m; **excitado** adj aufgeregt; **excitante** adj anregend, erregend; **excitar I.** vt antreiben, anstiften **II.** vr(se) sich aufregen

exclamación f Ausruf m; **exclamar** vi ausrufen

excluir vt ausschließen; **exclusivo** adj ausschließlich, Exklusiv-

excremento m; ◇ **~s** pl Exkremente pl

excursión f Ausflug m

excusa f ① Vorwand m ② ↑ *disculpa* Entschuldigung f; **excusado** adj unnötig, überflüssig; **excusar** vt, vr(se) (sich) entschuldigen

exención f Befreiung f; **exento** adj frei, freigestellt

exhalación f Ausatmen n; **exhalar** vt, vi ausatmen

exhaustivo adj ausreichend, umfassend; **exhausto** adj erschöpft

exhibición f Ausstellung f;
exhibir vt ausstellen, zur
Schau stellen

exhortar vt: ◇ - a ermahnen zu

exigencia f Forderung f; **exigente** adj anspruchsvoll; **exigir** vt [er-]fordern, verlangen;
◇ **exije mucho** sie ist sehr anspruchsvoll

exiliado(/a) m/f Verbannte(r)
fm; **exilio** m Exil n

existencia f 1 Existenz f 2
COM ◇ -s pl Bestände pl; **existir** vi 1 dasein, existieren 2
COM vorrätig sein

éxito m Erfolg m; ◇ - de venta
Verkaufsschlager m

exorbitante adj maßlos, unverschämt

exótico adj fremd[artig]

expandir vt ausdehnen; COM
erweitern; **expansión** f Ausdehnung f; COM Expansion f

expatriarse vr auswandern

expectación f 1 Erwartung f
2 ↑ curiosidad Neugier f; **expectativa** f Erwartung f; ↑ esperanza Hoffnung f

expedición f Expedition f

expediente m Akten f/pl; JUR
Verfahren n

expedir irr vt 1 erledigen, ausführen 2 → certificado ausstellen

expender vt COM vertreiben,
verkaufen

expensas f/pl [Un-]Kosten pl;
◇ a - de alguien auf Kosten
von

experiencia f 1 Erfahrung f
2 ↑ prueba Experiment n

experimentado adj erfahren;
experimentar vt 1 experimentieren mit; → algo ausprobieren, testen 2 (de la vida)
erleben; **experimento** m Experiment n

experto(/a) m/f Experte m, Expertin f

expirar vi 1 enden 2 ← plazo
ablaufen, enden

explayar vt ausdehnen, ausbreiten

explicación f Erklärung f; **explicar** I. vt erklären, darlegen
II. vr: ◇ ¿me explico? habe
ich mich klar ausgedrückt?

explícito adj ausdrücklich, explizit

exploración f Erforschung f;
MED Untersuchung f; **explorador(a)** m/f Forscher(in f) m;
explorar vt erforschen; MED
untersuchen

explosión f Explosion f; **explosionar** vi explodieren; **explosivo** adj explosiv, Spreng-

explotación f 1 Ausbeutung f
2 (de productos) Nutzung f;
explotar I. vt 1 PEY ausbeuten, ausnutzen 2 → fábrica betreiben II. vi explodieren

exponer irr I. vt ① darlegen, darstellen ② ←*pintor* ausstellen II. vr(se): ◇ -se a un peligro sich e-r Gefahr aussetzen
exportación f Export m; **exportar** vt, vi exportieren
exposición f ① Ausstellung f; ◇ ~ **universal** Weltausstellung f ② (*de tema*) Darstellung f
exprés m TREN: ◇ tren m - Schnellzug m
expresar vt [verbal] ausdrücken; **expresión** f Ausdruck m
expreso m Schnellzug m
exprimir vt auspressen; FIG ausnutzen
expulsar vt vertreiben; **expulsión** f Ausweisung f
expurgar vt reinigen
exquisito adj köstlich, exquisit
expurgar vt reinigen
exquisito adj erlesen, ausgezeichnet
extender irr I. vt ① →*ampliar* ausdehnen, erweitern; →*mermelada* verstreichen ② →*brazos* ausstrecken ③ →*cheque* ausstellen II. vr(se) ① (*en espacio*) sich ausdehnen ② (*en tiempo*) dauern (*de ... a* von ... bis), umfassen; **extensión** f ① (*de lugar*) Ausdehnung f ② (*de tiempo*) Dauer f
exterior I. adj Außen-, äußerlich II. m ① Äußere(s) n ② ▷*aspecto* Aussehen n; **exte-**

riorizar vt →*sentimiento* äußern
exterminar vt vernichten
externo adj (*fuera*) extern, äußerlich
extinguir I. vt ↑ *apagar* [aus]löschen II. vr(se) ↑ *apagarse* ausgehen; **extintor** m Feuerlöscher m
extirpar vt MED entfernen
extorsionar vt ↑ *molestar* belästigen, Unannehmlichkeiten bereiten dat
extra I. adj inv Sonder-, Extra- II. m (*de dinero*) Sonderzahlung f; *gastos* m/pl -s Sonderkosten pl
extradición f POL Auslieferung f
extraer irr vt [heraus-]ziehen
extralimitarse vr zu weit gehen
extranjero(/a) I. m/f Ausländer(in f) m II. m Ausland n; ◇ **en el** ~ im Ausland; ◇ **me voy al** ~ ich gehe ins Ausland
extrañar I. vt ① ↑ *echar de menos* vermissen ② ↑ *asombrar* erstaunen; ◇ **eso me estraña** das finde ich erstaunlich II. vr(se): ◇ **-se de algo/alguien** sich über etw/jd-n wundern; **extrañeza** f Verwunderung f; **extraño** adj ① ↑ *ajeno* fremd ② ↑ *chocante* seltsam, komisch

extraoficial adj inoffiziell
extraordinario adj außergewöhnlich, Sonder-
extraterrestre m/f Außerirdische(r) fm
extravagancia f Extravaganz f
extraviado adj verirrt, vermißt; **extraviar I.** vt ① → persona irreführen, vom Weg abbringen ② → cosa verleiten **II.** vr(se) sich verlaufen, sich verirren; **extravío** m ① ↑ equivocación Irrweg m ② (de cosa) Verlegen n
extremado adj extrem, äußerst; **extremar I.** vt verschärfen **II.** vr(se) sein Äußerstes tun
extremidad f : ◇ -es pl Gliedmaßen pl
extremista m/f POL Extremist (in f) m; **extremo(/a) I.** adj ① ↑ posible möglich; ② ↑ exagerado äußerste(r, s), extrem ② ↑ último letzte(r, s) **II.** m ① ↑ final Ende n ② FIG Extrem n; ◇ en último - als letzter Ausweg; ◇ **la extrema derecha/ izquierda** Rechts-/Linksextremisten pl
extrínseco adj äußerlich
extrovertido adj extrovertiert
exuberancia f Üppigkeit f

F

F, f f F, f n
fábrica f Fabrik f; **fabricante** m/f Fabrikant(in f) m; **fabricar** vt erzeugen, herstellen
fábula f (con moraleja) Fabel f; **fabuloso** adj ↑ fantástico phantastisch
facción f POL Fraktion f
faceta f FIG Aspekt m
fácil adj ① einfach, leicht ② ↑ posible möglich; **facilidad** f ① ↑ aptitud Fähigkeit f ② (para los idiomas) Leichtigkeit f; **facilitar** vt ① ↑ simplificar erleichtern ② ↑ posibilitar ermöglichen; **fácilmente** adv leicht
factible adj möglich, machbar
factoría f COM Niederlassung f
factura f ① COM ↑ cuenta Rechnung f ② (acción) Herstellung f; **facturación** f ① COM Berechnung f ② AERO Abfertigung f; TREN Gepäckaufgabe f; **facturar** vt ① → maleta aufgeben ② (COM en la cuenta) in Rechnung stellen
facultad f ① ↑ capacidad Fähigkeit f ② ↑ poder Befugnis f ③ UNI Fakultät f
facha f FAM ↑ aspecto Aussehen n

fachada f ARCHIT también FIG Fassade f

faena f ↑ tarea Arbeit f

faja f Binde f

fajo m ↑ haz Bündel n; ◇ un - de billetes ein Bündel n Geldscheine

falange f 1 ANAT Fingerglied n 2 POL ◇ F- Española de las JONS Falange f; **falangista** I. adj der Falange zugehörig II. m/f Falangemitglied n

falda f Rock m; PEY ◇ asunto m de -s Weibersache f

fálico adj phallisch

falsear vt fälschen, verfälschen; **falsedad** f 1 ↑ engaño Verlogenheit f 2 (acción) Fälschung f; **falsificar** vt [ver-]fälschen; **falso** adj falsch

falta f 1 ↑ error Fehler m 2 ↑ escasez Mangel m (de an dat); ◇ hacer - fehlen 3 (ausencia) Abwesenheit f; **faltar** vi 1 (no estar) fehlen; ◇ faltan cuatro semanas para las vacaciones noch vier Wochen bis zu den Ferien; ◇ ¡lo que nos faltaba! das fehlte gerade noch! 2 ← cantidad inferior abwesend sein, nicht dasein 3 ↑ necesitar brauchen, benötigen; ◇ aún falta por comprar la leche wir müssen noch Milch kaufen; **falto** adj ↑ necesitado arm, bedürftig; ◇ - de cariño liebesbedürftig

fallar I. vt JUR → sentencia fällen II. vi mißlingen

fallecer vi sterben

fallido adj (sin éxito) gescheitert, mißlungen; ◇ intento m - Fehlschlag m; **fallo** m 1 JUR Urteil n 2 ↑ falta Fehler m

fama f 1 Gerücht n 2 ↑ prestigio Ansehen n

familia f Familie f; **familiar** I. adj 1 (de familia) Familien- 2 ↑ conocido vertraut, bekannt 3 ◇ lenguaje - Umgangssprache f II. m ↑ pariente Familienangehörige(r) fm; Verwandte(r) fm; **familiaridad** f Vertrautheit f; **familiarizarse** vr: ◇ - con sich vertraut machen mit

famoso adj 1 ▷persona berühmt 2 großartig, famos

fanático(/a) I. adj fanatisch II. m/f Fanatiker(in f) m

fanfarrón(-ona) I. adj angeberisch II. m/f Angeber(in f) m

fantasear vt phantasieren; **fantasía** f 1 (facultad) Phantasie f; ◇ novela f de - phantastischer Roman 2 ↑ ilusión Einbildung f; **fantasioso** adj ▷idea, persona hochnäsig, eingebildet

fantástico adj phantastisch

fantoche m 1 (muñeco) Marionette f 2 (FAM aspecto físico) Hampelmann m

fardar vi FAM: ◇ - de una cosa

↑ *presumir* sich *dat* etw auf e-e Sache einbilden; ◇ **siempre farda de su dinero** immer gibt sie mit ihrem Geld an

farmacéutico(/a) I. *adj* pharmazeutisch **II.** *m/f* Apotheker(in *f*) *m*, Pharmazeut(in*f*) *m*; **farmacia** *f* Apotheke *f*, Pharmazie *f*

faro *m* [1] (*de navegación*) Leuchtturm *m* [2] (*de coche*) Scheinwerfer *m*; **farol** *m* Laterne *f*; FAM ¡-! (*dicho, hecho*) abgemacht; FAM ↑ **tirarse un** -, angeben

farsa *f* [1] TEATRO Komödie *f* [2] (*FIG trampa*) Betrug *m*; **farsante** *m/f* Heuchler(in *f*)

fascismo *m* Faschismus *m*

fastidiar *vt* [1] ↑ *molestar* belästigen [2] ↑ *aburrir* anöden, langweilen; **fastidio** *m* [1] ↑ *enfado* Ärger *m* [2] ↑ *asco* Ekel *m*; **fastidioso** *adj* [1] ↑ *molesto* ärgerlich [2] ↑ *inoportuno* ungelegen, lästig [3] ↑ *aburrido* langweilig

fatal I. *adj* [1] verhängnisvoll [2] ↑ *inevitable* unabwendbar ▷*accidente* tödlich **II.** *adv* FAM fürchterlich; **fatalidad** *f* [1] Verhängnis *n* [2] ↑ *desgracia* Pech *n*

fatiga *f* [1] ↑ *esfuerzo* Mühe *f* [2] ↑ *cansancio* Müdigkeit *f*; **fatigar I.** *vt* [1] ↑ *cansar* ermüden [2] ↑ *molestar* belästigen **II.** *vr*

(*se*) ermüden, müde werden; **fatigoso** *adj* ermüdend

favor *m* [1] (*ayuda*) Gefallen *m*; ◇ **por - bitte**; ◇ **¿puedo pasar, por -?** kann ich mal bitte vorbei?; ◇ **haga el - de esperar fuera** wären Sie so freundlich und würden draußen warten [2] (*honra, gracia*) Gunst *f*; ◇ **a/en -de** zugunsten von

favorable *adj* [1] ▷*viento, trabajo* günstig [2] ↑ *propicio* vorteilhaft; **favorecer** *vt* [1] ↑ *ayudar* begünstigen, fördern [2] ←*prendas* gut stehen *dat*; **favorito(/a) I.** *adj* bevorzugt, Lieblings- **II.** *m/f* Favorit(in *f*) *m*

fe *f* [1] REL Glaube *m* [2] ↑ *confianza* Vertrauen *n* (*en* in/auf *akk*); ◇ **persona de buena** - redliche Person; ◇ **de mala** - böswillig [3] JUR **dar** - de beglaubigen; ◇ - **de erratas** Druckfehlerverzeichnis *n*

febrero *m* Februar *m*

fecundación *f* Befruchtung *f*; **fecundar** *vt* [1] BIOL befruchten [2] →*tierras* fruchtbar machen

fecha *f* Datum *n*; ◇ - **de caducidad** Haltbarkeitsdatum *n*; **fechar** *vt* →*escrito, pintura* datieren

federación *f* [1] ↑ *asociación* Verband *m* [2] POL Föderation *f*; **federal** *adj* Bundes-

felicidad f Glück n; ◇ ¡-es! herzlichen Glückwünsch!; **felicitación** f Glückwunsch m; **felicitar** vt beglückwünschen, gratulieren dat

feliz adj glücklich

femenino I. adj weiblich II. m Femininum n; **feminismo** m Feminismus m

fenomenal adj FAM phänomenal, außerordentlich; **fenómeno** I. m ① Phänomen n ② (de la naturaleza) Erscheinung f II. adv FAM ↑ muy bien toll

feo adj ① häßlich; ◇ **la cosa se está poniendo -a** die Sache wird langsam unangenehm ② (acción) gemein, schändlich

feria f ① ↑ mercado Jahrmarkt m ② ◇ -s pl (con atracciones) Messe f

fermentación f Gärung f

ferocidad f ① Wildheit f ② ↑ violencia Grausamkeit f; **feroz** adj wild

férreo adj (de hierro) eisern, Eisen-; **ferrocarril** m Eisenbahn f

fértil adj ▷ campo, mujer fruchtbar; **fertilidad** f Fruchtbarkeit f

festejar vt feiern; **festejo** m ① ↑ celebración Unterhaltung f ② ◇ -s pl ↑ celebración pública Fest n

festín m Fest n

festividad f Festlichkeit f; **festivo** adj ① (de fiesta) festlich, Fest- ② (de broma) lustig, komisch; ◇ **un día** - ein unterhaltsamer Tag

fétido adj stinkend

fiable adj vertrauenswürdig

fiambre m (conserva) Aufschnitt m

fianza f ① (de piso) Kaution f ② JUR Bürgschaft f

fiar I. vt ① ↑ garantizar verbürgen ② (vender) auf Kredit verkaufen II. vi bürgen (por für) III. vr(se) ① ↑ confiar sich verlassen (de auf akk); ◇ **yo me fío de los amigos** ich verlasse mich auf meine Freunde ② vertrauen (de dat)

ficción f Fiktion f; **ficticio** adj ↑ inventado erdacht, fiktiv

ficha f ① (de máquina automática) Spielmarke f ② (de datos) Karteikarte f; ◇ - **perforada** Lochkarte f

fichaje m SPORT Verpflichtung f; **fichar** I. vt ① ↑ anotar aufnehmen, registrieren; ◇ **estar fichado por la policía** polizeilich erfaßt sein ② SPORT verpflichten, unter Vertrag nehmen II. vi (en el trabajo) stempeln

fichero m Karteikasten m

fidelidad f Treue f; ◇ **alta** - Hi-Fi-Anlage f

fiebre f Fieber n; ◇ - **del heno**

Heuschnupfen *m;* ◊ **tener** - Fieber haben

fiel I. *adj* treu II. *m* Gläubige(r)*fm*

fiereza *f* Wildheit *f*

fiesta *f* Fest *n;* ◊ **días** *m/pl* de - Feiertage *pl*

figura *f* Figur *f,* Form *f;* **figurar** I. *vt* bilden, gestalten II. *vi* (*en una lista*) aufgeführt sein III. *vr (se):* ◊ **-se algo** sich *dat* etw vorstellen

fijar I. *vt* ①↑ *sujetar* befestigen, festmachen ② → *precio* festsetzen II. *vr(se):* ◊ **-se en** achtgeben auf *akk;* **fijo** *adj* ①▷*estaca* fest, befestigt; ◊ **residencia** -a fester Wohnsitz; ◊ **de** - sicher ② ▷*mirada* unverwandt, fest

fila *f* (*de cosas, persona*) Reihe *f;* ◊ **en** - **india** im Gänsemarsch; ◊ **ponerse en** - sich in einer Reihe aufstellen

filete *m* Filet *n*

filial I. *adj* Kindes-, kindlich; ◊ **amor** - Liebe *f* der Kinder zu den Eltern II. *f* COM Tochterfirma *f*

film *m* Kinofilm *m;* **filmar** *vt* filmen; **filmografía** *f* Filmographie *f*

filosofía *f* Philosophie *f*

filtración *f* Filtration *f;* **filtrar** I. *vt* filtern II. *vi* durchsickern, durchdringen III. *vr(se)* ← *líquido* durchdringen (*por* durch);

filtro *m* Filter *m*

fin *m* ①↑ *final* Ende *n,* Schluß *m;* ◊ - **de semana** Wochenende *n;* ◊ **a** -**es de mes** am Monatsende; ◊ **al** - **y al cabo** letzten Endes; ◊ **por** - schließlich; ◊ **en** - endlich; ◊ **sin** - unzählig(e) ②↑ *intención* Absicht *f;* ◊ **a** - **de/de que** um zu;

final I. *adj* Schluß- II. *m* Schluß *m;* ◊ **al** - **de la tarde** am späten Nachmittag III. *f* SPORT Finale *n;* **finalidad** *f* Zweck *m,* Absicht *f;* **finalizar** I. *vt* beenden, abschließen II. *vi,* *vr(se)* zu Ende gehen

financiación *f* Finanzierung *f;* **finca** *f* Grundstück *n*

fingir I. *vt* ↑ *aparentar* vorgeben, vortäuschen II. *vr(se):* ◊ **-se enfermo** sich krank stellen

fino I. *adj* fein, zart, dünn II. *m* (*vino de jerez*) Sherry *m*

firma *f* ①↑ *rúbrica* Unterschrift *f* ②↑ *empresa* Firma *f;* **firmar** *vt* unterschreiben

firme I. *adj* ①↑ *seguro, fijo* fest, standhaft ②↑ *invariable* beständig; ◊ **de** - beständig, tüchtig II. *m* Straßenbelag *m;* **firmemente** *adv* fest, standhaft; **firmeza** *f* ①↑ *estabilidad* Standhaftigkeit *f* ②↑ *tesón* Beharrlichkeit *f*

fiscal I. *adj* Steuer- II. *m/f* Staatsanwalt *m,* -anwältin *f;* **fis-**

calía f ① (oficina) Staatsanwaltschaft f ② (JUR cargo) Anklage f

fisgar vt herumschnüffeln in dat

físico(/a) I. adj physisch II. m/f Physiker(in) m III. f Physik f

flácido adj welk, schlaff

flaco adj ↑ delgado dürr, mager

flagrante adj: ◇ en - auf frischer Tat

flamante adj ① (vistoso) glänzend ② ↑ nuevo [funkel-]nagelneu

flamenco(/a) I. adj (de Flandes) flämisch II. m Flamenco m

flan m Karamelpudding m

flauta f Flöte f

flecha f Pfeil m

flema f ① ↑ calma Trägheit f ② ↑ mucosidad Schleim m; **flemático** adj träge, phlegmatisch

fletar vt → avión chartern

flexibilidad f Flexibilität f

flipar I. vi FAM ausflippen II. vr (se) FAM ↑ drogarse high werden; **flipante** adj FAM flippig, ausgeflippt

flirtear vi flirten (con mit)

flojear vi schwächer werden, nachlassen; **flojo** adj ① (no tenso) locker ② (de fuerza, carácter) träge, kraftlos

flor f Blume f; ◇ la - y nata (lo mejor de algo) die Crème de la Crème; **florecer** vi blühen; **floreciente** adj ▷flor in Blüte; **florista** m/f Florist(in) m m

flotante adj ① schwimmend ② (no firme) lose, locker; **flotar** vi ① (en un líquido) schwimmen ② (en el aire) schweben; **flote** m : ◇ poner a - (en agua) wieder flottmachen

fluctuar vi schwanken

fluidez f Fließen n; **fluido** I. adj flüssig II. m Flüssigkeit f; **fluir** vi ← río fließen

fluorescente I. adj fluoreszierend II. m Leuchtstoffröhre f

foco m (lámpara) Scheinwerfer m

fofo adj ↑ blando weich, schwammig

fogata f Lagerfeuer n

fogón m Herd m

folio m ① Foliant m ② ↑ hoja de papel Blatt n Papier

follaje m Laubwerk n

follar vt, vi VULG ↑ hacer el amor ficken

follón m FAM ↑ alboroto Durcheinander n, Wirbel m

fomentar vt fördern, begünstigen; **fomento** m Förderung f

fonda f Gasthaus n

fondo m ① (del vaso) Boden m ② (del mar) Grund m; ◇ a - gründlich ③ ◇ -s pl Geldmittel pl

fontanería f Klempnerei f

footing m SPORT Jogging n

forastero(/a) I. adj fremd, auswärtig **II.** m/f Fremde(r) fm

forcejear vi sich anstrengen

forjar I. vt schmieden **II.** vr(se) ↑ imaginarse sich ausdenken

forma I. f Form f; ◇ **de - que** so daß; **formación** f Aufbau m, Gestaltung f

formal adj ① ▷cosa formal ② ▷persona förmlich, formell; **formalizar** vt formell machen; ◇ **- un trato** einen Vertrag abschließen

formar I. vt ① ↑ modelar formen, gestalten ② →grupo bilden **II.** vr(se) sich bilden, entstehen; **formato** m Format n

formidable adj FAM ↑ extraordinario toll, klasse, super

fórmula f Formel f

formular vt formulieren, äußern; **formulario** m Formular n

fornido adj kräftig, stämmig

forrar I. vt ① →prendas füttern ② →libro einbinden **II.** vr(se) FAM ↑ hacerse rico ein Vermögen verdienen; **forro** m (de prenda) Futter n

fortalecer vt verstärken; **fortaleza** f ① Stärke f ② (lugar) Festung f

fortuito adj zufällig

fortuna f ① ↑ destino Schicksal

n; ◇ **por -** Gott sei Dank ② ↑ suerte Glück n; ◇ **probar - sein** Glück versuchen ③ (dinero) Vermögen n

forzar vt ① →puerta aufbrechen ② ↑ obligar zwingen; **forzoso** adj zwingend, notwendig; **forzudo** adj sehr stark

foso m ① Graben m ② (de castillo) Wallgraben m

foto f Foto n; **fotografía** f Fotografie f

fracasado(/a) I. adj mißlungen, gescheitert **II.** m/f (persona) Versager(in f) m; **fracasar** vi scheitern, fehlschlagen

fracción f ① Bruch m ② POL Fraktion f; **fraccionar** vt zerteilen, zerlegen; **fractura** f también ① ② Bruch m; **fracturarse** vr (zer)brechen

frágil adj ① ▷mercancía zerbrechlich ② ▷persona schwach, gebrechlich

fragmento m ① ↑ parte Bruchstück n ② (de algo roto) Scherbe f ③ (de texto) Fragment n

frambuesa f Himbeere f

Francia f Frankreich n

franco I. adj ↑ sincero ehrlich, aufrichtig **II.** m Franc m

franquear vt ① ↑ abrir freimachen, öffnen ② →carta, paquete frankieren

franqueza f ↑ sinceridad Ehrlichkeit f, Offenheit f

frasco m Flasche f

fraternal adj brüderlich

fraude m JUR Betrug m; **fraudulento** adj betrügerisch

frecuencia f (repetición) Häufigkeit f; **frecuentar** vt ① ↑ repetir wiederholen ② ↑ asistir a un lugar [häufig] besuchen

freír irr vt (guisar) braten

frenar vt bremsen; **freno** m AUTO Bremse f

frente I. m ① ↑ delantera Vorderseite f ② MIL Front f II. f Stirn f; ◇ **en** - de gegenüber; ◇ **de** - von vorn

fresco(/a) I. adj ① ▷brisa kühl, frisch ② ▷productos, ropa frisch, neu II. m (vientecito) Frische f; **frescura** f ① ↑ insolencia Unverschämtheit f ② ↑ tranquilidad Kaltblütigkeit f

fricción f Reibung f, Reiben n

frigorífico m Kühlschrank m

frío I. adj kalt; ◇ **eso me deja** - ① (dejar impasible) das läßt mich kalt ② (dejar admirado) das erstaunt mich II. m Kälte f; **friolero** adj verfroren

frito I. pp de freír; II. adj gebraten; ◇ **patatas** f/pl -as Pommes frites pl

frontera f Grenze f; **fronterizo** adj Grenz-

frotar I. vt reiben, frottieren II.

vr(se): ◇ **-se las manos** sich dat die Hände reiben

fructífero adj fruchttragend, fruchtbar

frustre f FAM Frust m

fruta f Frucht f; ◇ **- del tiempo** frisches Obst; **fruto** m ① (producto) Frucht f ② Ertrag m

fuego m Feuer n; ◇ **-s artificiales** Feuerwerk n; ¿**tienes -?** hast du Feuer?

fuera I. adv außerhalb; ◇ **de -** von auswärts II. prep: ◇ **- de** außerhalb, außer

fuerte I. adj ① ▷persona, cosa stark, kräftig; ◇ **estar - en** matemáticas in Mathematik stark sein ② ▷golpe hart ③ ▷vino, queso würzig II. m ① FIG Stärke f ② (MIL lugar fortificado) Festung f III. adv ausgiebig; ◇ **llovía -** es regnete heftig; **fuerza** f (del viento) Stärke f; ◇ **- de voluntad** Willensstärke f; ◇ **írsele a alguien la - por la boca** ein Großmaul sein; ↑ violencia Gewalt f; ◇ **hacer - Ge-** walt anwenden; ◇ **por -** notgedrungen; ◇ **a la -** gewaltsam, mit Gewalt; **fuerzo** vb ver **forzar**

fuga f Flucht f; **fugarse** vr fliehen, flüchten; **fugaz** adj flüchtig

fulminar vt ↑ destruir blitzen, niederschmettern

fumador(a) m/f Raucher(in f)

m; ◇ **no ~** Nichtraucher(in f) m;
fumar vt, vi rauchen; ◇ **- en
pipa** Pfeife rauchen
función f ① Funktion f ②
↑ servicio Amt n; ◇ **entrar en
funciones** ein Amt antreten;
funcionar vi ① ←aparato
funktionieren, gehen ② ←persona fungieren (como als)
funda f Hülle f; (de gafas) Etui n
fundación f ① Gründung f ②
▷benéfica, cultural Stiftung f
fundamental adj wesentlich,
fundamental
fundamentar vt ↑ cimentar
untermauern; **fundamento** m
① ↑ cimiento Fundament n ②
◇ **-s** pl (conocimientos básicos)
[Wissens-]Grundlage f; **fundar**
I. vt ① [be-]gründen ②→ teoría
stützen (en auf akk) II. vr(se):
◇ **-se en** beruhen auf dat
fúnebre adj ① Trauer– ②
↑ triste traurig
furgón m ① (coche) Lastwagen
m ② TREN [Güter-]Wagen m;
◇ **- de equipajes** Gepäckwagen
m
furia f ↑ enfado Wut f; ◇ **estar
hecho una ~** fuchsteufelswild
sein
furor m Wut f
furtivo adj verstohlen, heimlich
fusible m ELECTR Sicherung
f

fusil m Gewehr n; **fusilamiento** m Erschießung f
fusión f Schmelzen n
fútbol m Fußball m
futuro I. adj zukünftig II. m
Zukunft f

G

G, g f G, n
gabardina f Regenmantel m
gabinete m (de ministros) Kabinett n
gafas f/pl Brille f; ◇ **- de sol**
Sonnenbrille f
gaita f ▷gallega Dudelsack m
gala f ① Prunk m ② (vestido)
Abendkleidung f
galán m (hombre atractivo) gutaussehender junger Mann, Galan m; TEATRO jugendlicher
Liebhaber
galante adj galant, höflich,
aufmerksam; **galantería** f
↑ cortesía Höflichkeit f
galera f (embarcación) Galeere
f
galería f ① (de pintura) Galerie
f ② MIN, MIL Stollen m
galés(-esa) I. adj walisisch II.
m/f Waliser(in f) m

galgo(/a) *m/f* Windhund *m*,
Windhündin *f*

Galicia *f* Galizien *n*

galón *m* (*medida inglesa*) Gal-
lone *f*

galopar *vi* galoppieren; **galope** *m* Galopp *m*

gallego(/a) **I.** *adj* galizisch **II.**
m/f ① Galizier(in *f*) *m* ② **AM
PEY** Einwanderer *m*, Einwanderin *f* aus Spanien

galleta *f* (*pasta*) Keks *m*

gallina **I.** *f* Huhn *n*, Henne *f*;
◇ **carne** *f* **de** - Gänsehaut *f* **II.**
f **FAM** Feigling *m*; **gallinero** *m*
① (*corral*) Hühnerstall *m* ②
TEATRO Galerie *f*; **gallo** *m*
Hahn *m*

gama *f* ① **MUS** Tonleiter *f* ②
(*también FIG de colores*) Skala
f, Palette *f* ③ **FIS** - audible
Hörbereich *m*

gamba *f* Garnele *f*

gamberro(/a) *m/f* Halbstarke
(r) *fm*

gamuza *f* ① **FAUNA** Gemse *f*
② (*paño de limpieza*) [Reini-
gungs-]Ledertuch *n*

gana *f* ① ↑ *deseo* Lust *f*; **FAM**
◇ **no me da la** - ich hab' kein'
Bock; ◇ **tener -s de** Lust haben
zu ② ↑ *voluntad* Wille *m*; ◇ **de
buena** - gerne, willig; ◇ **de
mala** - ungern, widerwillig

ganadería *f* (*cría*) Viehzucht *f*;
ganado *m* Vieh *n*

ganancia *f* Gewinn *m*; **ganar**
I. *vt* ① ↑ *concurso* gewinnen ②
↑ *obtener* bekommen, erhalten
③ (*sueldo*) verdienen **II.** *vr*
◇ **-se la vida** seinen Lebensunterhalt verdienen

gancho *m* ① Haken *m* ② (*FIG
de mujeres*) ◇ **tiene** - sie ist e-e
reizvolle Frau

gandul(a) **I.** *adj* faul **II.** *m/f*
Faulenzer(in *f*) *m*, Tagedieb(in *f*)
m

ganga *f* Gelegenheitskauf *m*

ganso(/a) *m/f* ① **FAUNA** Gan-
ter *m*, Gans *f* ② **FAM** Dummkopf *m*

ganzúa *f* (*llave*) Dietrich *m*

garaje *m* ① (*lugar*) Garage *f* ②
(*empresa*) Autowerkstatt *f*

garantía *f* Garantie *f*; **garantizar** *vt* ① ↑ *asegurar* versichern
② ↑ *responder de* gewährleisten
③ → *reloj* Garantie geben auf
akk

garbanzo *m* Kichererbse *f*

garbo *m* ↑ *elegancia* Anmut *f*

garganta *f* ① **ANAT** Kehle *f*
② **GEO** Schlucht *f*

gárgara *f* Gurgeln *n*

garra *f* (*de animal*) Kralle *f*,
Klaue *f*

garrapata *f* Zecke *f*

garza *f* Reiher *m*

gas *m* Gas *n*; ◇ **--oil** Dieseltreib-
stoff *m*; ◇ **con/sin** - mit/ohne
Kohlensäure

gaseosa f Limonade f
gasóleo m Diesel m, Dieselöl n
gasolina f Benzin n; **gasolinera** f Tankstelle f
gastar vt ① → *dinero* ausgeben ② → *ropa* abnutzen, verschleißen ③ → *luz* verbrauchen ④ FIG → *energías* aufwenden; **gasto** m ① (*cantidad gastada*) Ausgaben f/pl ② ↑ *consumo* Verbrauch m
gato(/a) I. m/f Katze f; (*macho*) Kater m II. m AUTO Wagenheber m
gaucho m Gaucho m
gaviota f Möwe f
gay <inv> adj homosexuell, schwul
gazpacho m kalte spanische *Tomatensuppe*
gel m Gel n
gemelo(/a) I. adj Zwillings- II. m/f Zwillingsbruder m, -schwester f; ◇ -s pl Zwillinge pl III. m/pl ① (*de los puños*) Manschettenknöpfe pl ② (*de teatro*) Opernglas n
gemir irr vi ① ↑ *gimotear* wimmern, stöhnen ② ← *animal* heulen, jaulen
gen[e] m BIOL Gen n
generación f Generation f
general I. adj ↑ *global* allgemein, generell II. m MIL General m; **generalidad** f ① ↑ *mayoría* Allgemeinheit f ②

(*vaguedad*) Allgemeine(s) n;
generalizar I. vt ① verallgemeinern ② ↑ *propagar* verbreiten II. vr(se) Allgemeingut werden
generar vt FIS erzeugen, bewirken
género m ① LIT, BIOL *también* FIG Gattung f ② (*tipo*) Art f ③ (COM *mercancía*) Ware f
generoso adj großzügig
genial adj ① (*con talento*) hochbegabt, genial ② (FAM *cosa*) großartig
genio m ① ↑ *talante* Charakter m, Gemütsart f, Laune f ② ↑ *sabio* Genie n
genital : ◇ -es m/pl ANAT Geschlechtsteile n/pl, Genitalien n/pl
gente f ① ↑ *personas* Leute pl ② (*nombre colectivo*) Volk n; ◇ - [de] bien bessere Gesellschaft
gentil adj ↑ *educado* umgänglich, liebenswürdig; **gentileza** f ① ↑ *gracia* Eleganz f ② ↑ *gentileza* Liebenswürdigkeit f, Höflichkeit f
gentío m ① ↑ *muchedumbre* Menschenmenge f ② FAM Rummel m
gentuza f PEY Abschaum f
genuino adj echt, unverfälscht
geografía f Geographie f
geología f Geologie f

gerencia f Geschäftsführung f;
gerente m/f Geschäftsführer
(in f) m
germen m ① BIOL, MED Samen m, Keim m ② FIG ↑ *origen*
Ursprung m; **germinar** vi
← *planta* keimen
gesticular vi gestikulieren
gestión f ① (*de asunto*) Betreibung f, Bearbeitung f; **gestionar** vt ① → *empresa* führen, leiten ② ↑ *negociar* verhandeln ③
(*hacer diligencias*) hinarbeiten
auf *akk*
gesto m ① (*de la cara*) Miene f,
[Gesichts-]Ausdruck m ② (*movimiento*) Geste f
gestoría f Agentur [zur Erledigung von Behördengängen]
Gibraltar m Gibraltar m
gigante m/f Riese m, Riesin f;
gigantesco adj [riesen-]groß
gilipollas m/f ‹inv› VULG
Schwachkopf m, Idiot m
gimnasia f Gymnastik f; **gimnasio** m Turnhalle f
ginebra f Gin m
ginecólogo(**a**) m/f Gynäkologe m, Gynäkologin f
gira f ① (*viaje*) Rundreise f ②
TEATRO Tournee f
girar vt ① → *cabeza* bewegen,
drehen ② COM → *dinero* überweisen; ◇ - **una letra** e-n Wechsel ausstellen (*contra, en cargo de* auf *acc*)

girasol m FLORA Sonnenblume f
giratorio adj kreisend, Drehgiro m ① (*movimiento*) Drehung f, Wendung f ② COM Überweisung f
gitano(**a**) m/f Zigeuner(in f)
m
glacial adj también FIG eiskalt,
eisig
glándula f ANAT Drüse f
global adj global, weltumspannend
globo m ① (*de hinchar*) Luftballon m ② ▷*aerostático* [Fessel-]Ballon m ③ ◇ - **terraqueo/del mundo** Erdkugel f
gloria f ① *fama* Ruhm m ②
REL Herrlichkeit f, Seligkeit f
glorieta f ↑ *plazoleta* [angelegter] Platz m
glorificar vt glorifizieren, verherrlichen, rühmen
glorioso adj ① REL glorreich
② (*hecho, persona*) rühmlich
glosa f ↑ *nota* Vermerk m, Erläuterung f, Glosse f
glosario m Glossar n
glotón(**-ona**) m/f también FIG
Vielfraß m
gobernación f Regieren n,
Statthalterschaft f; HIST ◇ **ministerio de** - Innenministerium
n; **gobernador**(**a**) m/f Gouverneur(in f) m, Statthalter(in f)
m; **gobernar** irr vt ① → *país*

regieren ② → *nave, vehículo* steuern; **gobierno** *m* ① POL Regierung *f* ② ↑ *mando* Leitung *f*

goce *m* Genuß *m*

gol *m* SPORT Tor *n*

golf *m* SPORT Golf *n*

golfo *m* ① GEO Golf *m*; ◇ **guerra** *f* **del** ~ Golfkrieg *m*; ◇ ~ **Pérsico** Persischer Golf ② PEY FAM Strolch *m*, Tunichtgut *m*

golondrina *f* Schwalbe *f*

golosina *f* Süßwaren *pl*; **goloso** *adj* naschhaft

golpe *m* ① (*también* FIG *con el puño*) Schlag *m*; ◇ ~ **de estado** Staatsstreich *m*; ◇ ~ **de** ~ plötzlich; ◇ **de un** ~ auf e-n Schlag ② ↑ *sorpresa* Überraschung *f*; **golpear** I. *vt* schlagen, prügeln II. *vi* hämmern, klopfen

goma *f* ① (*sustancia*) Gummi *n*; ◇ ~ **de borrar** Radiergummi *m* ② FAM ↑ *preservativo* Gummi *n*

gordo(/a) I. *adj* ↑ *obeso* dick II. *m* Hauptgewinn *m*; **gordura** *f* (*ser gordo*) Fettleibigkeit *f*; ↑ *grasa* Fett *n*

gorila *m* FAUNA *también* FIG Gorilla *m*

gorra *f* [Schild-]Mütze *f*; ▷*militar* Dienstmütze *f*

gorrear *vi* schmarotzen

gorrión *m* FAUNA Spatz *m*

gorro *m* [Kinder-]Mütze *f*; (*de mujer*) Hut *m*; MIL Feldmütze *f*

gorrón(-ona) *m/f* FAM Schmarotzer(in *f*) *m*

gota *f* ① Tropfen *m* ② MED Gicht *f*; **gotear** *vi* tröpfeln

gozar *vi* ↑ *disfrutar* genießen (*de algo etw*)

gozo *m* ↑ *alegría* Freude *f*, Vergnügen *n*

grabación *f* (*copia*) Aufnahme *f*, Kopie *f*

grabado *m* ① Gravur *f*, [Kupfer-, Stahl-, Holz-]Stich *m* ② (*en un libro*) Illustration *f*

grabadora *f* (*máquina*) Aufnahmegerät *n*

grabar *vt* ① → *dibujo* [ein-]gravieren, stechen ② → *música* aufnehmen

gracia *f* ① ↑ *garbo* Anmut *f*; (*broma*) Witz *m* ③ ↑ *perdón* Gnade *f*; JUR Begnadigung *f* ④ ◇ **dar** [**las**] ~**s** danken; ◇ **¡-s!** danke!; ◇ ~**s a** dank *dat o gen*; **¡muchas -s!** vielen Dank!; **gracioso** *adj* ① ▷*aspecto, comportamiento* witzig, drollig ② ▷*actor* lustig

grada *f* ◇ ~**s** *pl* Sitzplätze *m/pl* [*o.* Ränge *m/pl*]

grado *m* ① Grad *m* ② FIG Maß *n* ③ MIL *también* FIG Rang *m*; ◇ ~ **académico** akademischer Rang; **graduado(/a)** *m/f* (*con*

título universitario) Graduierte
(r) *fm*
gradual *adj* allmählich, gradu-
ell
graduar I. *vt* ① ↑ *regular* einstellen, eichen ② ↑ *escalonar*
abstufen **II.** *vr(se)* seinen Abschluß machen
gráfico(/a) I. *adj* graphisch **II.**
m o f Graphik f, Diagramm n
gramática f Grammatik f
gramo *m* Gramm n
gran *adj* ver grande
granadino(/a) I. *adj* aus Gra-
nada **II.** *m/f* Einwohner(in f) *m*
Granadas
Gran Bretaña f Großbritannien *n*
grande I. *adj* ① *(tamaño)* groß
② *(altura)* hochgewachsen,
lang ③ *(edad)* erwachsen ④
(FIG de cualidades) großartig,
wichtig **II.** *m/f* HIST, POL
Grande *m/f;* **grandeza** f Größe
f, Wichtigkeit f
granel *adv:* ◇ a - COM lose,
unverpackt
granizado *m* Eisgetränk *n*
granizar *vi* hageln; **granizo** *m*
Hagel *m*
granja f Gutshof m, Bauernhof
m (mit Tierzucht)
grano *m* ① BIOL Korn *n* ②
MED Pickel *m*
granuja f FAM ↑ *pícaro* Halunke m, Lump m

grapa f Heftklammer f; **grapa-
dora** f Heftmaschine f
grasa f Fett n; **grasiento** *adj*
schmierig, fettig
gratificar *vt* belohnen, vergüten
gratis *adv* gratis, umsonst
gratitud f Dankbarkeit f
grato *adj* ↑ *agradable* angenehm
gratuito *adj* ① ↑ *gratis* unentgeltlich, kostenlos ② ↑ *arbitrario* grundlos, willkürlich
grava f ↑ *gravilla* Schotter m;
↑ *guijarros* Kies m
gravamen *m* ① ↑ *carga* Last f
② *(obligación)* Auflage f ③
(impuesto) Steuer f, Abgabe f;
gravar *vt* ① *(poner gravamen)*
belasten ② *(con impuestos)* [mit
Steuern] belegen
grave *adj* ① ↑ *importante* wichtig ② ↑ *serio* ernst ③ ▷ *enfermedad* schwer; **gravedad** f ↑ *seriedad* Ernst m
gravitación f Schwerkraft f
Grecia f Griechenland n
gremio *m* ① *(conjunto)* Gremium *n* ② *(del mismo oficio)* In-
nung f ③ HIST Zunft f
griego(/a) I. *adj* ① griechisch
② REL orthodox **II.** *m/f* Grieche
m, Griechin f **III.** *m (idioma)*
Griechisch n
grieta f Sprung m, Riß m
grifo *m* Wasserhahn m

grillo m FAUNA Grille f
gripe f Grippe f
gris adj grau
gritar vt, vi schreien, rufen; **griterío** m ① (cantidad de gritos) Stimmenwirrwarr m, Lärm m ②
↑ tumulto Tumult m; **grito** m Schrei m
grosería f ① (acción) Grobheit f ② (palabra) Beleidigung f;
grosero adj ① ↑ maleducado unverschämt, ungezogen ②
↑ basto grob
grúa f ① TECNI Kran m ②
AUTO Abschleppwagen m
grueso adj ↑ gordo dick
gruñir vi ① ← animal grunzen
② ← persona knurren, murren
grupo m Gruppe f; ◇ ~ sanguíneo Blutgruppe f ◇ ~ parlamentario POL Fraktion f
guante m Handschuh m;
guantera f AUTO Handschuhfach n
guapo adj ↑ hermoso schön, hübsch
guarda m (persona) Wächter(in f) m; ◇ ~forestal Förster(in f) m
guardabarros m/sg <inv> ①
(de coche) Kotflügel m ② (de bicicletas) Schutzblech m;
guardabosque[s] m/sg Förster(in f) m; **guardacostas** m/
sg <inv> (barco) Küstenwachschiff n; **guardaespaldas** m/
sg <inv> Leibwächter(in f) m;

guardameta m/f SPORT Torhüter(in f) m
guardar I. vt ① ↑ conservar aufbewahren ② ↑ proteger schützen (de vor) ③ ↑ vigilar bewachen ④ → norma, tradición beibehalten, bewahren ⑤
→ dinero sparen II. vr(se) ↑ protejerse sich schützen (de vor dat); **guardarropa** m ① (en teatro) Garderobe f ② (ropero) Kleiderschrank m
guardería f Kindergarten m
guardia I. f ① (acción) Bewachung f, Schutz m ② (actitud) Wachsamkeit f II. m/f ① (el que guarda) Wachposten m; ◇ estar de ~ Bereitschaftsdienst haben ② (policía) Polizist(in f) m; ◇ ~ Civil ≈Landpolizei f; ◇ ~ municipal ≈ Schutzmann m; **guardián(-ana)** m/f Wächter(in f) m
guarnecer irr vt ① ↑ decorar verzieren, schmücken ② ↑ completar vervollständigen ③ MIL besetzen, verstärken; **guarnición** f ① (MIL tropa) Besatzung f ② ↑ ornamento Verzierung f, Ausschmückung f ③ GASTRON Garnierung f ④ (de piedra preciosa) Fassung f
guarro adj FAM dreckig, schmutzig
guasa f FAM ↑ burla Scherz m, Ironie f

Guatemala f Guatemala n;
guatemalteco/(a) I. adj gu-
atemaltekisch, aus Guatemala
II. m/f Guatemalteke m, Guate-
maltekin f

Guayana f Gu[a]yana n

gubernativo adj Regierungs-

guerra f MIL Krieg m; **gue-
rrero/(a)** I. adj kriegerisch,
kampflustig II. m/f Krieger(in f)
m, Kämpfer(in f) m

guerrilla f ① (guerra) Gueril-
lakrieg m ② (ejército) Guerilla
f

gueto m también FIG Getto n

guía I. m/f (persona) [Fremden]
Führer(in f) m II. f ① ▷ informativo [alphabetisches] Nachschla-
gewerk; ◇ - de ferrocarriles
Kursbuch n; ◇ - telefónica Telefonbuch n; (libro) ◇ - turística
Reiseführer m ② (sg) ↑ orientación Richtlinie f, Leitvorstel-
lung f; **guiar** vt ① ↑ dirigir führen, leiten ② → coche lenken,
fahren

guinda f FLORA Sauerkirsche
f

guiñar vi blinzeln, zwinkern

guión m ① (de cine) Drehbuch
n ② GRAM Bindestrich m

guisado m GASTRON
[Schmor-]Braten m

guisante m FLORA Erbse f

guisar vt, vi ↑ cocinar kochen;
guiso m Gericht n

guitarra f Gitarre f

gusano m FAUNA Wurm m; ◇
- de seda Seidenraupe f

gustar I. vt ↑ probar probieren,
kosten II. vi gefallen; ◇ me gusta ir de paseo ich gehe gern
spazieren; ◇ ¿te gusta este chaval? den Typ da findest Du gut?;
gusto m ① ↑ sabor Ge-
schmack m ② ↑ placer Vergnügen n; ◇ mucho - en conocerle
es freut mich, Sie kennenzulernen; ◇ el - es mío ganz meinerseits!; **gustoso** adj ① (de sabor) schmackhaft ② (FAM con
gusto) gern, mit Freuden

H

H, h f H, h n

haba f BIOL Bohne[-nfrucht] f

Habana f ; ◇ la - Havanna n;
habano I. adj ① GEO aus Havanna ② (color) ockerfarben II.
m (puro) Havannazigarre f

haber irr I. vb aux haben, sein;
◇ de -lo sabido wenn ich es
gewußt hätte II. vb impers ① es
gibt, es sind, es ist; ◇ no hay
mucha gente en la calle es sind
nicht viele Leute auf der Straße;

◇ **no hay de qué** nichts zu danken **2** ◇ **hay que** (*obligación*) ◇ **hay que trabajar** man muß arbeiten **III.** *vi*: ◇ **- de 1 ↑ deber** has de tener más cuidado du solltest/mußt besser aufpassen **2** (*costumbre [mala]*) ◇ **siempre has de llamar la atención** immer mußt du auffallen **IV.** *m* **1** (*pl*) ◇ **-es** Vermögen *n*

habichuela *f* FLORA grüne Bohne

hábil *adj* **1 ↑** *diestro* geschickt **2 ↑** *apto* fähig; ◇ **día** - Werktag *m;* **habilidad** *f* **1** (**↑** *destreza*) Geschicklichkeit *f* **2 ↑** *aptitud* Fähigkeit *f*

habitable *adj* bewohnbar; **habitación** *f* **1 ↑** *cuarto* Zimmer; ◇ **- sencilla/individual** Einzelzimmer *n;* ◇ **- doble** Doppelzimmer *n* **2 ↑** *vivienda* Haus *n;* **habitante** *m/f* Einwohner (*in f*) *m,* Bewohner(*in f*) *m;* **habitar I.** *vt* bewohnen, wohnen in *dat* **II.** *vi* wohnen

hábito *m* **1** *costumbre* Gewohnheit *f;* **habitual** *adj* gewöhnlich; **habituar** *vt* gewöhnen (*a* an *acc*)

habla *m* **1** *lenguaje* Sprache *f;* ◇ **- de - aleman** deutschsprachig **2** (*manera de hablar*) Sprechweise *f,* Dialekt *m;* **hab-**

lar I. *vt* **1** reden **2** → *idioma* sprechen; ◇ **se habla alemán** man spricht Deutsch **II.** *vi* **1** sprechen; ◇ **de/sobre** sprechen über *acc,* sprechen von **2 ↑** *conversar* ein Gespräch führen, sich unterhalten

hacer *irr* **III.** *vt* **1** machen; ◇ **las maletas** die Koffer packen; ◇ **- una pregunta** e-e Frage stellen; ◇ **- deporte** Sport treiben **2 ↑** *fabricar* herstellen **II.** *impers* **1** ◇ **hace falta** benötigen, brauchen **2** (*temporal*) seit, vor; ◇ **hace mucho tiempo** vor langem; ◇ **desde hace mucho tiempo** seit langem; (*temporal, pasado*) ◇ **hace poco** vor kurzem **3** (*tiempo*) sein; ◇ **- frío/calor** es ist kalt/warm; ◇ **hace sol** es scheint die Sonne **III.** *vr* (*se*) (*llegar a ser*) werden; ◇ **se hace de día** es wird Tag

hacia *prep* **1** (*dirección*) nach, zu; ◇ **- arriba/abajo** nach oben/unten **2** (*tiempo*) gegen

hacienda *f* **1 ↑** *finca* Landgut *n* **2 ↑** *bienes* [Grund-]Besitz *m,* Vermögen *n*

hacha *m* Axt *f*

hache *f* H, h *n*

hada *f* Fee *f*

Haití *m* Haiti *n*

halagar *vt* **↑** *adular* schmeicheln *dat;* **halagüeño** *adj* (*de halagar*) schmeichelhaft

halcón m Falke m
hallar vt ↑ encontrar finden;
hallazgo m ① (acción) Entdeckung f ② (objeto) Fund m
hamaca f Hängematte f ② ▷ plegable Liegestuhl m
hambre f Hunger m; **hambriento** adj hungrig
hamburgués(-esa) I. adj (de Hamburgo) hamburgerisch II. m/f (habitantes de Hamburgo) Hamburger(in f) m III. f GASTRON Hamburger m
hampa f Unterwelt f
harina f Mehl n
hartar vt ↑ saciar [über-]sättigen; **harto** adj ① ↑ saciado [über-]satt ② ↑ fastidiado überdrüssig; ◇ estar - de algo/de alguien etw/jd-n satt haben ③ ↑ bastante reichlich
hasta I. prep ① (término, límite) bis, bis zu ② (tiempo) bis; ◇ - que bis [daß]; ◇ ¡- luego! bis später!; ◇ ¡- la vista! auf Wiedersehen! II. adv sogar, selbst
hastío m ① ↑ aburrimiento Langeweile f ② ↑ tedio Widerwille m
haya f FLORA Buche f
haz m ① (brazada) Bündel m; (de mieses) Garbe f ② (de rayos) Strahl m
hazaña f también IRON Heldentat f
he vb ver **haber**

hebilla f Schnalle f
hebra f ① ↑ hilo Faden m ② FLORA Faser f
hebreo(/a) I. adj hebräisch II. m/f Hebräer(in f) m, Jude m, Jüdin f III. m (lengua) Hebräisch n
hectárea f Hektar m
hechizar vt ① (con hechizos) verzaubern, verhexen ② FIG ↑ cautivar bestricken, betören
hecho I. adj fertig; ▷ carne durch II. m ① (acción, obra) Tat f ② (ser seguro) Tatsache f
heder irr vi ↑ oler mal stinken
heladería f Eisdiele n; **helado** I. adj también FIG ↑ glacial eiskalt, eisig ② ↑ congelado gefroren II. m [Speise-]Eis n;
helar irr I. vt ① ↑ congelar einfrieren, gefrieren ② FIG ↑ pasmar erstarren lassen II. vi, vr(se) ↑ congelarse gefrieren
hélice f ① (de barco) Schiffsschraube f ② (de avión) Propeller m; **helicóptero** m Hubschrauber m
hematoma m MED Bluterguß m
hembra f ① FAUNA Weibchen n ② PEY ↑ mujer Frau f, Weib f
hemisferio m Halbkugel f
hemorragia f Blutung f
hemorroides flpl Hämorrhoiden pl

hendidura f Spalt m, Ritze f, Sprung m
heno m Heu n
hepatitis f MED Leberentzündung f
herboristería f Kräuterladen f
heredar vt erben; **heredero** (/a) m/f Erbe m, Erbin f
hereje m/f (persona no-católica) Ketzer(in) f m
herencia f Erbschaft f, Erbe n
herido/(a) I. adj verletzt, verwundet II. m/f Verletzte(r) fm, Verwundete(r) fm III. f ↑ lesión Verwundung f; también FIG Wunde f; **herir** irr vt también FIG verletzen
hermanastro/(a) m/f Stiefbruder m, Stiefschwester f; **hermano/(a)** m/f también FIG Bruder m, Schwester f; ◇ -s pl Geschwister pl; ◇ ~ gemelo Zwillingsbruder m
hermoso adj ↑ bonito schön, hübsch; **hermosura** f Schönheit f
héroe m Held m; **heroico** adj heldenhaft, Helden-
heroína f ① (persona) Heldin f ② (sustancia) Heroin n; **heroinómano/(a)** I. adj heroinabhängig II. m/f Heroinsüchtige(r) fm; FAM Fixer(in) f m
herradura f Hufeisen n
herramienta f Werkzeug n

herrumbre f ↑ orín Rost m
hervir irr I. vi ↑ bullir brodeln II. vt ↑ cocer kochen, sieden
heterosexual adj heterosexuell
hidratante adj: ◇ **crema** f ~ Feuchtigkeitscreme f
hidráulico adj Wasser-, hydraulisch
hidroavión m Wasserflugzeug n; **hidroeléctrico** adj Wasserkraft-; **hidrofobia** f ① (aversión al agua) Wasserscheu f ② MED ↑ rabia Tollwut f; **hidrógeno** m QUIM Wasserstoff m
hiel f ① ANAT ↑ bilis Galle f ② (FIG armadura) Bitternis f
hielo m Eis n
hierba f ① Gras n ② Kraut n; ◇ -s medicinales Heilkräuter pl; ◇ **mala** ~ Unkraut n ③ FAM Marihuana n
hierro m Eisen n
hígado m ANAT Leber f
higiene f Hygiene f, Sauberkeit f; **higiénico** adj hygienisch, sauber, rein; ◇ **papel** ~ Toilettenpapier n
higo m FLORA Feige f
hijastro/(a) m/f Stiefkind n
hijo/(a) m/f Sohn m, Tochter f; ◇ -s pl Kinder pl; VULG ~ [de] puta Hurensohn m
hilar vt spinnen; **hilo** m ① ↑ hebra Faden m, Garn n ②

↑ *alambre* Draht *m* ③ *(de sangre)* [dünner] Strahl

Himalaya *m* : ◇ el - der Himalaja

himno *m* Hymne *f*; ◇ **- nacional** Nationalhymne *f*

hincha *m/f* **I.** Fan *m/f*, Anhänger(in *f*) *m; FAM* ◇ **ser un(a) - del Real Madrid** ein Fan von Real Madrid sein **II.** *f FAM* ↑ *antipatía*; ◇ **tener** - nicht ausstehen können

hinchado *adj* ① ▷*tobillo* geschwollen, angeschwollen ② *FIG* ▷*persona* arrogant, hochnäsig; **hinchar I.** *vt* ① ↑ *globo* aufblasen, aufpumpen ② *FIG* → *noticia* aufbauschen, übertreiben **II.** *vr(se)* ① ← *tobillo* anschwellen ② ↑ *engreírse* angeben

híper, hipermercado *m* Großmarkt *m*, Supermarkt *m*

hipersensible *adj* übersensibel, überempfindlich

hipnosis *f* Hypnose *f*

hipo *m* Schluckauf *m*

hipócrita I. *adj* heuchlerisch, falsch **II.** *m/f* Heuchler(in *f*) *m*

hipódromo *m* [Pferde-]Rennbahn *f*

hipopótamo *m* Nilpferd *n*

hipoteca *f* Hypothek *f;* **hipotecar** *vt* mit Hypothek belegen

hipotético *adj* ① ↑ *dudoso* zweifelhaft, ungesichert ②

↑ *teórico* hypothetisch, theoretisch

hirviente *adj* kochend

hispanizar *vt* hispanisieren; **hispano** *adj* spanisch

histérico *adj* hysterisch

historia *f* Geschichte *f;* **histórico** *adj* geschichtlich, historisch

hito(/a) *m/f* ① *(señal)* Grenzstein *m* ② *también FIG* Markstein *m*

hocico *m* FAUNA *también FIG* Schnauze *f*, Maul *n*

hockey *m* Hockey *n;* ◇ **- sobre patines/hielo** Rollschuh-/Eishockey *n*

hogar *m* ① ↑ *lar* Feuerstelle *f m* ② *FIG* Heim *n;* **hoguera** *f* ① *(al aire libre)* Lagerfeuer *n* ② *(muerte)* Scheiterhaufen *m*

hoja *f (de árbol)* Blatt *n; (de libro)* Seite *f; (de cuchillo)* Klinge *f*, Schneide *f;* ◇ **- de afeitar** Rasierklinge *f;* **hojalata** *f* [Weiß-]Blech *n;* **hojear** *vt* ① *(pasar las hojas)* durchblättern ② *(leer a la ligera)* überfliegen

hola *interj* hallo

Holanda *f* Holland *n;* **holandés(-esa) I.** *adj* holländisch **II.** *m/f* Holländer(in *f*) *m*

holding <s> *m* COM Holdinggesellschaft *f*

holgar *irr vi* ① ↑ *descansar*

ausruhen, Pause f machen 2 (sin uso) nicht gebraucht werden; (estar de más) überflüssig sein

holgazán(-ana) m/f Faulpelz m

hollín m Ruß m

hombre m 1 (persona) Mensch m 2 (de sexo masculino) Mann m

hombro m Schulter m

homenaje m 1 (de respeto) Ehrbezeugung f, Ehrung f 2 (libro) Festschrift f

homicidio m Totschlag m

homogéneo adj homogen, einheitlich

homosexual adj homosexuell

hondo adj también FIG tief

Honduras f Honduras n; **hondureño(/a)** I. adj aus Honduras II. m/f Honduraner(in f) m

honesto adj 1 honrado ehrlich, aufrichtig 2 ↑ decente anständig; (mujeres) keusch

hongo m Pilz m

honor m Ehre f; **honorable** adj ehrenwert, ehrenhaft; **honorario** I. adj Ehren- II. m/pl Honorar n; **honra** f ↑ honor Ehre f

honradez f 1 ↑ integridad Rechtschaffenheit f 2 (de honrado) Ehrlichkeit f; **honrado** adj 1 ↑ íntegro anständig, rechtschaffen 2 ↑ sincero ehr-

lich; **honrar** vt 1 ↑ enaltecer ehren 2 ↑ venerar verehren; **honroso** adj ehrenvoll

hora f 1 (tiempo) Zeit f 2 (de reloj) Stunde f; ◇ ¿a qué -? um wieviel Uhr?; ◇ ¿qué - es? wie spät ist es?; wieviel Uhr ist es?; **horario** I. adj stündlich, Stunden- II. m (cuadro de distribución) Zeitplan m; (de tren) Fahrplan m; (de clase) Stundenplan m

horca f 1 (aparato) Galgen m 2 AGR Mistgabel f

horchata f Milch-Mandel-Getränk n

horizonte m también FIG Horizont m

horma f 1 ↑ molde Form f 2 (de zapatos) Schuhspanner m

hormiga f Ameise f

hormigón m Beton m; ◇ - armado Stahlbeton m

hormiguero m 1 (de hormigas) Ameisenhaufen m 2 (FIG de gente) Masse f, Gewimmel n

hormona f Hormon n

hornillo m kleiner Ofen; **horno** m (de la cocina) Ofen m

horóscopo m Horoskop n

horquilla f 1 (de bicicleta) Gabel f 2 (del pelo) Haarnadel f

horrible adj schrecklich, grausig; **horror** m 1 ↑ espanto [große] Angst, Grauen n 2

↑ *aversión* Ekel *m;* ◇ **le tiene - a las inyecciones** er haßt Spritzen; ◇ **¡qué -!** wie schrecklich!; **horroroso** *adj* entsetzlich, fürchterlich

hortaliza *f* ↑ *verdura* Gemüse *n*

hospedaje *m* (*acción*) Beherbergung *f;* **hospedar I.** *vt* beherbergen, unterbringen **II.** *vr* (*se*) sich einquartieren, absteigen

hospital *m* Krankenhaus *n,* Hospital *n;* **hospitalario** *adj* [1] (*persona*) gastfreundlich [2] (*lugare*) gastlich; **hospitalidad** *f* Gastfreundschaft *f;* **hospitalizar** *vt* [in ein Krankenhaus] einweisen

hostal *m* [kleines] Hotel; **hostelería** *f* Gaststätten-/Hotelgewerbe *n*

hostil *adj* feindlich, feindselig; **hostilidad** *f* Feindschaft *f,* Feindseligkeit *f*

hotel *m* [1] Hotel *n* [2] (*casa particular con jardín*) Villa *f*

hoy *adv* [1] heute [2] (*hoy en día*) heutzutage; ◇ **- por -** vorläufig; ◇ **por -** für heute

hoyo *m* [1] Grube *f* [2] (*en el cementerio*) Grab *n*

hoyuelo *m* (*al reírse*) [Wangen] Grübchen *n*

hucha *f* (*recipiente*) Spardose *f,* Sparschwein *n*

hueco I. *adj* [1] ↑ *vacío* leer, hohl; (*FIG cabeza hueca*) dumm, dämlich [2] *PEY* ↑ *presumido* eitel, aufgeblasen **II.** *m* [1] ↑ *agujero* Loch *n,* Öffnung *f* [2] (*de un escrito*) Lücke *f*

huelga *f también FIG* Spur *f* [segunda nicht vorhanden] **declararse en - in** Streik treten; ◇ **- general** Generalstreik *m;* **huelguista** *m/f* Streikende(r) *fm*

huelo *vb ver* **oler**

huella *f también FIG* Spur *f*

huérfano/(a) I. *adj* verwaist **II.** *m/f* Waise *f*

huerta *f* (*terreno*) Land *n* für Gemüseanbau; **huerto** *m* [Gemüse-]Garten *m,* Nutzgarten *m*

hueso *m* [1] Knochen *m* [2] (*de fruta*) Stein *m,* Kern *m*

huésped(a) *m/f* Gast *m*

huevera *f* (*de mesa*) Eierbecher *m;* **huevo** *m* Ei *n;* ◇ **- duro** hartgekochtes Ei; ◇ **- frito** Spiegelei *f;* ◇ **- pasado por agua** weiches Ei; ◇ **-s revueltos** Rührei *n*

huida *f* Flucht *f;* **huir** *irr vi* [1] ↑ *fugarse* [ent-]fliehen, fliehen (*de aus*) [2] ↑ *evitar* [ver-]meiden *akk;* ◇ **- de las aglomeraciones** Massenansammlungen meiden

humanidad *f* [1] (*personas*) Menschheit *f* [2] (*cualidad*) Menschlichkeit *f;* **humanitario** *adj* [1] ↑ *humano* menschen-

declararse [heading in column two]

freundlich **2** ↑ *caritativo* humanität; **humano** *adj también* FIG menschlich, human; ◇ **el ser ~** der Mensch

humear *vi* (*echar humo*) rauchen, qualmen

humedad *f* Feuchtigkeit *f*; **humedecer** *irr vt* anfeuchten, besprühen; **húmedo** *adj* feucht

humilde *adj* **1** (*condición social*) niedrig, gering **2** ↑ *modesto* zurückhaltend, bescheiden **3** (*virtud de la humildad*) demütig, unterwürfig

humillar *vt* ↑ *rebajar* erniedrigen, demütigen

humo *m* Rauch *m*

humor *m* (*de ánimo*) Stimmung *f*, Laune *f*

hundir I. *vt* **1** → *barco* versenken **2** → *edificio* zerstören, abreißen **3**. *vr(se)* ← *barco* versinken

húngaro(/a) I. *adj* ungarisch **II.** *m/f* Ungar(in *f*) *m*; **Hungría** *f* Ungarn *n*

huracán *m* Orkan *m*

hurtadillas *adv*: ◇ **a ~** heimlich

hurtar *vt* ↑ *robar* stehlen; FAM mitgehen lassen

husmear *vt* **1** ← *perro* wittern, Geruch wahrnehmen **2** FIG, PEY ↑ *curiosear* herumschnüffeln in *dat*

huyo *vb ver* **huir**

I, i *f* I, i *n*

ibérico *adj* iberisch; **iberoamericano** *adj* iberoamerikanisch

ibicenco *adj* aus Ibiza; **Ibiza** *f* Ibiza *n*

iceberg *m* Eisberg *m*

ictericia *f* MED Gelbsucht *f*

ida *f* **1** (*viaje*) Hinfahrt *f*; ◇ **billete de ~ y vuelta** Rückfahrkarte *f* **2** FIG ↑ *ímpetu* [Gefühls-]Ausbruch *m*, [Wut-]Anfall *m*

idea *f* **1** Idee *f* **2** ↑ *intención*, *propósito* Absicht *f* **3** ↑ *conocimiento* Kenntnis *f*; ◇ **no tener [ni] ~** keine Ahnung haben *f* **4** ↑ *opinión* Meinung *f*; ◇ **tener buena/mala ~ de alguien** viel/wenig von jd-n halten

ideal I. *adj* **1** ↑ *imaginario* theoretisch, eingebildet **2** ↑ *perfecto* ideal, hervorragend, geeignet **II.** *m* **1** (*prototipo perfecto*) Ideal *n* **2** (↑ *meta* Ziel *n* **3** (*pl: sistema de valores*) Leitvorstellungen *f/pl*; **idealismo** *m* Idealismus *m*; **idealista I.** *adj* **1** idealistisch **2** (FIG *soñador*) weltfremd **II.** *m/f* Idealist(in *f*) *m*; **idealizar** *vt* idealisieren

idear *vt* → *plan* ausdenken

idéntico *adj* ↑ *igual* identisch, übereinstimmend

identidad f ① ↑ *igualdad*
Übereinstimmung f ② (*de persona*) Identität f; ◇ **carnet m de
- Personalausweis** m; **identificar I.** vt → *persona* identifizieren **II.** vr(*se*) ① (*estar de acuerdo*) übereinstimmen; ↑ *solidarizarse* unterstützen; ◇ **-se con**
sich identifizieren mit ② (*mostrar su identidad*) sich ausweisen

ideología f Ideologie f, Weltanschauung f; **ideológico** adj
ideologisch

idílico adj ▷*paisaje* idyllisch

idioma m Sprache f

idiota I. adj idiotisch **II.** m/f
Idiot(in) f m; **idiotez** f FIG
↑ *tontería* Blödheit f

ídolo m ① REL Götze m ② FIG
Abgott m, Idol m

idóneo adj ① ↑ *apto* tauglich
(*para zu*) ② ↑ *adecuado* geeignet (*para* für)

iglesia f Kirche f

ignorancia f Unwissenheit f;
ignorante adj unwissend;
ignorar vt ① → *desconocer*
nicht wissen ② (*no hacer caso*)
ignorieren

igual I. adj ① gleich; ◇ **al - que**
genauso wie; ◇ **por -** zu gleichen Teilen, gleichmäßig ②
↑ *parecido* ähnlich **II.** adv FAM
① (*posibilidad*) ebensogut, gleichermaßen; ◇ **- te podías matar**

genauso**gut** hättest du umkommen können ② ↑ *no obstante*
trotzdem; ◇ **- me puede parecer
bien** trotzdem kann ich es gut
finden ③ (*sin importancia*) einerlei; ◇ **me da -, me es -** es ist
mir einerlei; **igualar** vt ① (*poner iguales*) gleichmachen ②
(*ser iguales*) gleichen ③ ↑ *terreno* ebnen; **igualdad** f también
JUR ↑ *identidad* Gleichheit f; (*de opiniones*) Übereinstimmung f; **igualmente I.**
adv ↑ *también* auch, ebenfalls
II. interj danke gleichfalls

ilegal adj ungesetzlich

ilegible adj unleserlich

ilegítimo adj ① (*no legítimo*)
ungesetzlich ② ▷*hijo* unehelich

ileso adj unverletzt, unbeschadet

ilícito adj (*contra la ley*) unerlaubt

ilimitado adj unbegrenzt

iluminación f ① (*luz*) Beleuchtung f, Erhellung f ② ↑ *explicación* Erläuterung f ③ REL
también FIG Erleuchtung f; **iluminar** vt ① ↑ *alumbrar* beleuchten ② (*FIG poner en claro*) erläutern, klarstellen ③ REL
erleuchten

ilusión f ① Illusion f ② ↑ *regocijo* Freude f

iluso adj leichtgläubig, träumerisch

ilusorio adj ① ↑ *imaginario* eingebildet ② ↑ *engañoso* trügerisch

ilustración f (*dibujo, foto*) Illustration f, Abbildung f; **ilustrado** adj ① ↑ *culto* gebildet (*con dibujos*) illustriert; **ilustrar** vt ① (*con dibujos*) illustrieren, bebildern ② ↑ *explicar* erläutern, erklären

ilustre adj ① ↑ *famoso* berühmt, bekannt ② ↑ *destacado* erhaben, erlaucht

imagen f Bild n ② FIG ▷ *exterior* Image n

imaginable adj vorstellbar; **imaginación** f ① ↑ *fantasía* Phantasie f ② ↑ *ilusión* Einbildung f; **imaginar** I. vt ① sich *dat* einbilden ② ↑ *idear* sich *dat* einfallen lassen ③ ↑ *pensar* sich *dat* ausdenken II. *vr(se)* sich *dat* vorstellen; ◇ ¡¡imagínate! stell dir vor!; **imaginativo** adj phantasievoll, einfallsreich

imán m Magnet m

imbécil I. adj PEY schwachsinnig II. m/f PEY Dummkopf m

imborrable adj unauslöschbar

imitación f Nachahmung f, Imitation f; **imitar** vt ① → *voz, gestos* nachmachen, imitieren ② ↑ *parecerse* ähneln, ähnlich sein

impaciencia f Ungeduld f; **impacientarse** vt (*ponerse inquieto*) ungeduldig werden; **impaciente** adj ungeduldig

impacto m ① ↑ *choque* Aufschlag m, Einschlag m ② FIG ↑ *impresión* Wirkung f

impar adj ① ◇ **número** m - ungerade Zahl ② ↑ *único* einzigartig

imparcial adj unparteiisch

impasible adj ① ↑ *sereno* gelassen; ↑ *imperturbable* unerschütterlich ② ↑ *indiferente* gleichgültig ③ ↑ *insensible* gefühllos

impávido adj ① (*sin miedo*) furchtlos, unerschrocken ② (*sin emoción*) gelassen, unerschütterlich

impecable adj einwandfrei, tadellos

impedido(/a) m/f Behinderte(r) fm

impedir irr vt ① ↑ *imposibilitar* verhindern ② ↑ *obstaculizar* hindern

impenetrable adj ① TECNI undurchlässig ② ▷ *bosque* undurchdringlich ③ FIG ▷ *enigma* unergründbar; ▷ *persona* undurchschaubar

imperar vi ① ↑ *mandar* regieren ② ↑ *predominar* vorherrschen

imperceptible adj unmerklich

imperdible I. adj unverlierbar

II. *m (alfiler)* Sicherheitsnadel
f
imperdonable *adj* unverzeih-
lich
imperfecto *adj* unvollkommen
imperial *adj (de emperador)*
kaiserlich, Kaiser-; **imperia-
lismo** *m* Imperialismus *m*
imperio *m* [Kaiser-]Reich *n*,
Imperium *n*
impermeable I. *adj* wasserdicht **II.** *m* Regenmantel *m*
impertinente *adj* ① ↑ *inoportuno* unangebracht, unpassend
② ▷*persona* unverschämt ③
↑ *arrogante* überheblich ④
↑ *pesado* lästig
ímpetu *m* Schwung *m*, Ungestüm *n*; **impetuoso** *adj* ①
▷*movimiento* ungestüm, heftig
② ▷*comportamiento* leidenschaftlich ③ ↑ *impulsivo* unüberlegt, impulsiv
implantar *vt* ① ↑ *costumbres,
modas* einführen ② MED →*órgano* implantieren
implicar *vt* ① *(en asunto, negocio)* hineinziehen in, verwickeln
in *akk* ② ↑ *significar* bedeuten,
zur Folge haben
implorar *vt* →*perdón* flehen
um
imponente *adj (aspecto, belleza)* eindrucksvoll, beeindruk-
kend; *FAM* toll; **imponer** *irr* **I.**

vt ① ↑ *obligar* auferlegen ②
→*sanción, impuesto* erheben ③
→*respeto, miedo* einflößen ④
(COM *en cuenta)* einzahlen **II.**
vr(se) ① ←*moda* sich durchsetzen ② ↑ *hacerse respetar* sich
durchsetzen, sich *dat* Respekt
verschaffen
importación *f (de productos)*
Import *m*; ◇ *productos de* ~ Im-
portwaren *f/pl*
importancia *f* ↑ *trascendencia*
Wichtigkeit *f*, Bedeutung *f*;
◇ *darse* ~ angeben; **importante** *adj* ① ▷*cosa* bedeutend,
wichtig ② ▷*persona* einflußreich, mächtig; **importar I.** *vt*
① →*productos* einführen, importieren ② ↑ *ascender* betragen, kosten **II.** *vi* ① wichtig
sein; *FAM* ◇ *me importa un
rábano* das kratzt mich überhaupt nicht; ◇ *no importa* das
macht nichts ② *FAM* ↑ *atañer*
angehen; ◇ *¿ qué te importa?*
was geht dich das an?
importe *m* Betrag *m*; ↑ *valor*
Wert *m*
importunar *vt* belästigen, stören
imposibilidad *f* Unmöglich-
keit *f*; **imposible** *adj* unmöglich
impostor(a) *m/f* ↑ *embaucador*
Betrüger(in *f*) *m*
impotencia *f* ① Machtlosig-

keit *f*, Unfähigkeit *f* ② MED Impotenz *f*; **impotente** *adj* ① machtlos, unfähig ② MED impotent

impracticable *adj* ① undurchführbar ② ▷*camino* unwegsam, unbefahrbar

impreciso *adj* ▷*descripción* ungenau, unbestimmt

impregnar *vt* durchtränken

imprenta *f* ① (*técnica*) [Buch-] Druck *m* ② (*taller*) Druckerei *f*

imprescindible *adj* ▷*acto* unumgänglich; ▷*cosa* unentbehrlich

impresión *f* ① TIP Druck *m* ② ↑ *huella* Abdruck *m* ③ (*FIG opinión, idea*) Eindruck *m*; **impresionante** *adj* eindrucksvoll, packend, aufregend; **impresionar** *vt* ↑ *emocionar* beeindrucken

impreso I. *pp de* **imprimir**; II. *adj* gedruckt III. *m* ↑ *formulario* [Antrags-]Formular *n*

impresora *f* INFORM Drucker *m*

imprevisible *adj* unvorhersehbar

imprimir *irr vt* ① → *libro* drucken, verlegen; INFORM ausdrucken ② (*FIG en la memoria*) einprägen

improbable *adj* unwahrscheinlich

improductivo *adj* (*no produc-*

tivo) unproduktiv, unwirtschaftlich

improvisar *vt* improvisieren

improvisto *adj* unvorhergesehen

imprudente *adj* ① (*sin prudencia*) unvernünftig, unklug ② (*sin cuidado*) unvorsichtig ③ (*sin reflexión*) unbedacht, unbesonnen

impuesto *m* Steuer *f*, Abgabe *f*

impugnar *vt* JUR → *decisión* anfechten

impulsar *vt ver* **impeler** ↑ *incitar* [veran-]lassen, bewirken; **impulsivo** *adj* triebhaft, unbedacht, impulsiv; **impulso** *m* ① (*de impulsar*) Anstoß *m*, Antrieb *n* ② (*fuerza*) Schwung *m*; SPORT *también FIG* ◇ **tomar** – Anlauf nehmen ③ *FIG* ↑ *estímulo* Anreiz *m*, Impuls *m*

impune *adj* straflos, unbestraft

inacabable *adj* endlos, unendlich

inaceptable *adj* unannehmbar

inadvertido *adj* ① ▷*hecho, gesto* unbemerkt ② ▷*persona* unaufmerksam

inagotable *adj* unerschöpflich

inalámbrico *adj* ohne Kabel; ◇ **teléfono** *m* - schnurloses Telefon

inalterable *adj* (*no alterable*) unveränderlich

inauguración f ① (*acción*) Einweihung f ② (*de local*) Eröffnung f ③ (*exaltación al trono*) Thronbesteigung f; **inaugurar** vt ① → *monumento* einweihen ② → *negocio* eröffnen

inca m/f Inka m/f

incansable adj unermüdlich

incapacidad f Unfähigkeit f; **incapaz** adj ① (*no capaz*) unfähig ② (*falto de inteligencia*) beschränkt, dumm ③ JUR [geschäfts-]unfähig

incautarse vr beschlagnahmen, sicherstellen (*de algo od akk*)

incendiar vt anzünden, in Brand stecken; **incendio** m Brand m, Feuer n; ◊ - forestal Waldbrand m

incentivar vt ↑ *estimular* motivieren, antreiben, anspornen

incertidumbre f Ungewißheit f

incesto m Inzest m

incidente m (*suceso*) Zwischenfall m ② FIG ↑ *riña* Streit m

incienso m Weihrauch m

incierto adj ↑ *dudoso* unsicher, zweifelhaft

incinerar vt ① → *cosa* [zu Asche] verbrennen ② → *muerto* einäschern

incisivo m Schneidezahn m

incitar vt ① ↑ *estimular* anregen ② ↑ *picar* aufhetzen, aufwiegeln

inclinación f Neigung f; **inclinar** I. vt ① *ladear* neigen, beugen II. vr(se) ① sich neigen; ◊ -se ante sich verbeugen vor dat ② FIG neigen zu

incluir irr vt ① ↑ *introducir* einfügen, beifügen ② ↑ *contener* einschließen; **inclusive** adv einschließlich; **incluso I.** adv ↑ *aun, hasta* selbst, sogar **II.** prep (*concesivo*) selbst, noch, auch wenn

incoherente adj zusammenhanglos, unstimmig

incomodar vt ① ↑ *molestar* belästigen ② ↑ *estorbar* stören ③ ↑ *enfadar* ärgern; **incómodo** adj ① ▷*silla* unbequem, unbehaglich ② ↑ *molesto* lästig, unangenehm

incomparable adj unvergleichlich, einzigartig

incompetente adj ① ↑ *incapaz* unfähig ② (*no autorizado*) nicht zuständig

incomprensible adj *también* FIG unverständlich; **incomprensión** f Verständnislosigkeit f

incomunicado adj ① ↑ *aislado* isoliert, von der Außenwelt abgeschnitten ② ▷*preso* in Einzelhaft

inconsciencia f ① (MED

estado) Bewußtlosigkeit *f* ② *(FIG falta de reflexión)* Leichtfertigkeit *f*; **inconsciente** *adj* ▷*gesto* unbewußt

inconsciente *adj* ▷*gesto* unbewußt

inconsecuente *adj* inkonsequent, widersprüchlich

inconsiderado *adj* rücksichtslos

inconveniencia *f* ↑ *incomodidad* Unannehmlichkeit *f*; **inconveniente I.** *adj* unangebracht, unpassend **II.** *m* ↑ *obstáculo* Hindernis *n*

incorporación *f* Eingliederung *f*, Integration *f*; **incorporar I.** *vt (añadir)* eingliedern, integrieren **II.** *vr(se)* ① ↑ *sumarse* sich anschließen *(a* an *akk)* ② ↑ *erguirse* sich aufrichten

incorrecto *adj* ① *(no correcto)* falsch, unrichtig ② *(mal educado)* unhöflich

incremento *m* ① ↑ *crecimiento* Zunahme *f* ② *(de precio)* Erhöhung *f*

incubadora *f* ① *(para bebés)* Brutkasten *m* ② *(para huevos)* Brutapparat *m*

inculpar *vt* ① *(JUR de crimen)* zur Last legen ② *también FIG* ↑ *culpar* beschuldigen *(de gen)*

inculto *adj* ungebildet

incurrir *vi* verfallen *(en* in);

JUR ◇ - en un delito e-e Straftat begehen *akk;* **indecente** *adj* ① ▷*persona* unanständig ② ▷*desarreglado* unordentlich ③ ▷*comportamiento* ungebührlich

indecisión *f* ↑ *vacilación* Unentschlossenheit *f*

indefenso *adj* wehrlos

indemnización *f* ① Schadensersatz *m* ② *(dinero)* Entschädigung *f*; **indemnizar** *vt* Schadensersatz leisten, entschädigen, abfinden

independencia *f* Unabhängigkeit *f*; **independiente** *adj* ① unabhängig ② *(autónomo)* selbständig

indescriptible *adj* unbeschreiblich

India *f* ◇ la - Indien *n*

indicación *f* ① *(señal)* Zeichen *n* ② ↑ *informe* Hinweis *m;* **indicar** *vt* ① *(con gestos)* zu verstehen geben, zeigen ② *(con palabras)* erklären

índice *m* ① *(de libro)* Inhaltsverzeichnis *n* ② ↑ *indicio* Anzeichen *n* ③ ANAT Zeigefinger *m*

indicio *m* ① ↑ *señal* Anzeichen *n* ② ↑ *vestigio* Spur *f*

indiferencia *f* Gleichgültigkeit *f*; **indiferente** *adj* gleichgültig

indígena I. *adj* einheimisch **II.** *m/f* Einheimische(r) *fm;* Eingeborene(r) *fm*

indigestión f Verdauungsstörung f; **indignar** I. vt entrüsten, empören II. vr(se): ◇ -se por sich entrüsten [o. empören] über akk

indigno adj (persona) unwürdig

indio(/**a**) I. adj 1 (de América) indianisch 2 (de India) indisch II. m/f 1 (de América) Indianer (in f) m 2 (de India) Inder(in f) m

indirecta f Anspielung f; **indirecto** adj indirekt

indiscreto adj indiskret

indispensable adj unentbehrlich; **indispuesto** adj: ◇ estar ~ unpäßlich sein

individual adj individuell; ◇ habitación f ~ Einzelzimmer n

individuo m Individuum n

índole f 1 (manera de ser) Wesen n 2 (calidad) Art f; **indolente** adj ↑ perezoso träge, faul

indomable adj ▷animal unzähmbar

Indonesia f Indonesien n

inducir vt ↑ incitar verleiten (a, en zu)

indudable adj unzweifelhaft

indulgente adj nachsichtig, milde

indultar vt JUR begnadigen

indumentaria f ↑ vestimenta Kleidung f

industria f Industrie f; **industrial** I. adj industriell, Industrie- II. m Industrielle(r) fm

inequívoco adj eindeutig, unzweifelhaft

inepto adj unfähig

infalible adj unfehlbar

infame adj niederträchtig, gemein

infancia f Kindheit f; **infante** (/**a**) m/f (del rey) Infant(in f) m; **infantil** adj 1 kindlich, Kinder- 2 PEY kindisch

infarto m [Herz-]Infarkt m

infección f Infektion f; **infeccioso** adj ansteckend

infeliz adj unglücklich

inferior adj 1 (debajo) untere (r, s) 2 (menor) kleiner; **infiel** adj ↑ desleal untreu, treulos; REL ungläubig

infiernillo m ▷eléctrico Kochplatte f

infierno m Hölle f

infinito adj unendlich

inflación f COM Inflation f

inflamable adj brennbar

inflamación f MED Entzündung f

inflar vt → globo aufblasen, aufpumpen

inflexible adj 1 ▷cosa unbiegsam 2 ▷persona unnachgiebig, unbeugsam

influencia f Einfluß m; **influir** irr vt beeinflussen; **influjo** m

Einfluß m; **influyente** adj einflußreich

información f ① Information f ② (oficina) Auskunft f

informal adj ① ▷persona unzuverlässig ② ▷cosa, lenguaje ungezwungen; **informar** vt benachrichtigen, informieren

informática f Informatik f

informativo I. adj informativ II. m (de televisión, radio) Nachrichten f/pl

informatizar vt ① → empresa computerisieren ② → textos, datos [datentechnisch] erfassen

informe m ▷escrito Bericht m

infracción f JUR Rechtsverletzung f, Verstoß m

infrarrojo adj infrarot, Infrarot-

infringir vt → ley verstoßen gegen

infructuoso adj erfolglos, unfruchtbar

ingeniero(/a) m/f Ingenieur(in f) m

ingenio m ① Geist m ② ↑ habilidad Begabung f; **ingenioso** adj ↑ hábil geschickt; ▷dicho geistreich

ingenuo adj naiv, unverdorben

Inglaterra f England n

ingle f ANAT Leiste f

inglés(-esa) I. adj englisch II. m/f Engländer(in f) m III. m (idioma) Englisch n

ingrato adj ① ↑ desagradecido undankbar ② ↑ desagradable unangenehm

ingrediente m ① ↑ elemento Bestandteil m ② GASTRON Zutat f

ingresar I. vt → dinero einzahlen II. vi (en un grupo) eintreten; ◇ - en la clínica ins Krankenhaus eingeliefert werden; **ingreso** m ① ↑ entrada Eintritt m ② (COM de dinero) Eingang m; (pl) Einkommen n

inhalar vt einatmen; MED inhalieren

inhibición f Hemmung f; **inhibir** vt BIOL, PSI hemmen

iniciar vt ① empezar beginnen, anfangen ② ↑ introducir einführen

iniciativa f Initiative f

inicio m ↑ comienzo Beginn m

injuria f ↑ insulto Beleidigung f, Beschimpfung f

injusticia f Ungerechtigkeit f

injusto adj ungerecht; **inmaduro** adj también FIG unreif

inmediato adj ① (tiempo) unmittelbar; ◇ con efecto ~ mit sofortiger Wirkung; ◇ de ~ sofort ② (próximo, contiguo) nächstgelegen, angrenzend

inmejorable adj unübertrefflich

inmenso adj unermeßlich

inmigración f Einwanderung f; **inmigrante** m/f Einwanderer *m*, Einwanderin *f*; **inmigrar** *vi* einwandern

inminente *adj* nahe bevorstehend; ◇ **ser ~** [nahe] bevorstehen

inmortal *adj* unsterblich

inmóvil *adj* unbeweglich

inmueble *m* Immobilie *f*

inmune *adj* MED immun (*a* ge gen); **inmunodeficiencia** *f* Immunschwäche *f*

innovación *f* Innovation *f*, Neuheit *f*

inocencia *f* Unschuld *f*; **inocente** *adj* ① (*sin culpa*) unschuldig ② ↑ *cándido* naiv

inofensivo *adj* harmlos

inoportuno *adj* ① ▷*visita* ungelegen; ▷*momento* ungünstig ② ↑ *inapropiado* unangebracht

inoxidable *adj* rostfrei

inquietar *vt* beunruhigen; **inquieto** *adj* ↑ *intranquilo* unruhig

inquilino(/a) *m/f* Mieter(in *f*) *m*

insalubre *adj* gesundheitsschädlich

inscribir *irr vt* ① (*en roca, metal*) eingravieren ② (*en registro*) einschreiben; **inscripción** *f* ① (*acción*) Einschreibung *f* ② (*escrito*) Inschrift *f*

insecticida *m* Insektenbekämpfungsmittel *n*; **insecto** *m* Insekt *n*

inseguridad *f* Unsicherheit *f*; **inseguro** *adj* unsicher

insertar *vt* ① (*en un texto*) einsetzen, einfügen ② → *anuncio* aufgeben

inservible *adj* unbrauchbar

insinuación *f* Andeutung *f*; **insinuar** I. *vt* andeuten II. *vr(se):* ◇ **-se a alguien** sich bei jd-m einschmeicheln

insistir *vi:* ◇ **- en algo** auf etw *dat* bestehen

insolación *f* MED Sonnenstich *m;* **insolente** *adj* unverschämt, frech

insólito *adj* ungewöhnlich

insolvencia *f* Zahlungsunfähigkeit *f*

insomnio *m* Schlaflosigkeit *f*

insoportable *adj* unerträglich

inspección *f* (*acción*) Inspektion *f*, Prüfung *f*; ◇ **- de expedientes** Akteneinsicht *f*; **inspeccionar** *vt* untersuchen, [über]prüfen

inspector(a) *m/f* ① (*de policía*) Inspektor(in *f*) *m* ② ↑ *supervisor* Aufseher(in *f*) *m*

inspiración *f* (*cosa inspirada*) Eingebung *f*, Inspiration *f*; **inspirar** *vt* ① → *ideas* inspirieren ② → *respeto* einflößen ③ → *aire* einatmen

instalación *f* ① (*acción*) Einbau *m*, Installation *f* ② (*conjunto*) Anlage *f*; **instalar** I. *vt*

TECNI installieren, einrichten, einbauen **II.** *vr(se)* (*en una ciudad*) sich niederlassen

instantánea *f* FOTO Schnappschuß *m*; **instante** *m* Augenblick *m*, Moment *m*; ◇ **al** – sofort

instinto *m* Instinkt *m*; ◇ **por** – instinktiv

institución *f* (*organismo*) Einrichtung *f*; (*pl: de la CE*) Organe *n/pl*; **instituir** *irr vt* ↑ *establecer* errichten, einrichten; **instituto** *m* ① (*de bachillerato*) ≈Gymnasium *n* ② (*de carácter cultural*) Institut *n*

instrucción *f* ① ↑ *enseñanza* Unterricht *m*; (*cultura*) Bildung *f* ②; **instrucciones** *f/pl* Anweisungen *f/pl*; **instructivo** *adj* lehrreich; **instruir** *irr vt* ① ↑ *educar* schulen, ausbilden ② ↑ *informar* informieren, in Kenntnis setzen

instrumento *m* ① MUS Instrument *n* ② ↑ *herramienta* Werkzeug *n* ③ (FIG *para un fin*) Mittel *n*

insuficiente *adj* ungenügend, unzureichend

insultar *vt* beleidigen; **insulto** *m* Beleidigung *f*

intacto *adj* ① ↑ *puro* unberührt ② ↑ *completo*, *entero* unversehrt, intakt

intachable *adj* tadellos, einwandfrei

integración *f* ↑ *unión* Integration *f*

integral *adj* (*entero*) ganz, vollständig; ◇ **pan** *m* – Vollkornbrot *n*

integrar *vt* ① ↑ *componer* bilden ② POL, MATE integrieren

intelectual I. *adj* intellektuell **II.** *m/f* Intellektuelle(r) *fm*

inteligencia *f* ① Intelligenz *f* ② ↑ *destreza* Geschick *n*; **inteligente** *adj* intelligent

intención *f* Absicht *f*, Zweck *m*

intensidad *f* (*grado*) Intensität *f*, Stärke *f*; **intenso** *adj* ① intensiv ② ▷*color* leuchtend ③ ▷*emoción* tief, stark

intentar *vt* versuchen; **intento** *m* Versuch *m*

intercambio *m* Austausch *m*

interceder *vi* ↑ *mediar* vermitteln

interés *m* ① ↑ *afición* Interesse *n* ② ↑ *utilidad* Nutzen *m* ③ ◇ **intereses** *m/pl* Zinsen *m/pl*; **interesante** *adj* interessant; **interesar I.** *vt* ① interessieren ② ↑ *afectar* betreffen **II.** *vr(se)*: ◇ **-se por** sich interessieren für

interior I. *adj* ① inner(r, s), Innen- **II.** *m* ① (*de algo, de persona*) Innere(s) *n* ② (*de un país*) Inland *n*

interlocutor(a) *m/f* Gesprächspartner(in *f*) *m*

intermediario(/a) *m/f* **①** COM Zwischenhändler(in *f*) *m* **②** ↑ *intercesor* Vermittler(in *f*) *m*

intermedio I. *adj* Zwischen- **II.** *m* Zwischenzeit *f*

intermitente *m* AUTO Blinker *m*; ◇ *luz* - Blinklicht *n*

internacional *adj* international

internado *m* (*centro educativo*) Internat *n*; **interno(/a) I.** *adj* innere(r, s), Innen- **II.** *m/f* Internatsschüler(in *f*) *m*

interpretar *vt* **①** ↑ *significados* deuten **②** TEATRO darstellen **③** MUS spielen, interpretieren; **intérprete** *m/f* **①** (*de idioma*) Dolmetscher(in *f*) *m* **②** (*de canción*) Interpret(in *f*) *m* **③** TEATRO Darsteller(in *f*) *m*

interrogar *vt* **①** ↑ *preguntar* befragen **②** JUR verhören; **interrogatorio** *m* Verhör *n*

interrumpir *vt* unterbrechen; **interrupción** *f* Unterbrechung *f*

interruptor *m* (*de la luz*) [Licht]Schalter *m*

interurbano *adj*; ◇ llamada -a Ferngespräch *n*

intervalo *m* Zwischenzeit *f*

intervención *f* **①** (*acción*) Eingreifen *n* **②** MED Eingriff *m*; **intervenir** *irr* **I.** *vt* **①** MED operieren **②** → *teléfono* abhören

II. *vi* **①** ↑ *participar* teilnehmen **②** ↑ *mediar* vermitteln **③** POL intervenieren

interviú *f* Interview *n*

intestino *m* Darm *m*

intimidad *f* **①** Intimität *f* **②** (*vida privada*) Privatleben *n*

intimidar *vt* einschüchtern

íntimo *adj* **①** (*parte interior*) innerste(r, s) **②** ⊳*cena* im engsten Kreis; ⊳*relación* vertraut, innig; ⊳*amigo* eng, sehr gut, intim **③** (*acogedor*) gemütlich

intolerante *adj* intolerant

intoxicación *f* Vergiftung *f*

intransitable *adj* unpassierbar

intratable *adj* ↑ *insociable* unnahbar, abweisend

intriga *f* Intrige *f*

introducción *f* Einführung *f*; (*de libro*) Einleitung *f*; **introducir** *irr* *vt* einführen

intruso(/a) *m/f* Eindringling *m*

intuición *f* Intuition *f*

inundación *f* Überschwemmung *f*; **inundar** *vt* überschwemmen

inútil *adj* **①** ⊳*cosa* unnütz **②** ⊳*esfuerzo* zwecklos

inválido(/a) I. *adj* **①** (*persona*) invalide **②** (*nulo*) ungültig **II.** *m/f* Invalide *m*, Invalidin *f*

invasión *f* Invasion *f*

invención *f* Erfindung *f*; **inventar** *vt* erfinden

inventario m (lista) Inventar n, Bestandsverzeichnis n

invento m Erfindung f; **inventor(a)** m/f Erfinder(in f) m

invernadero m (de plantas) Treibhaus n

invernal adj winterlich, Winter-; **invernar** vi ① ← persona überwintern ② ← animal Winterschlaf halten

inverosímil adj unwahrscheinlich

inversión f ① ↑ reversión Umkehrung f ② COM Investition f; **inversionista** m/f Investor(in f) m

inverso adj umgekehrt; ◇ a la ~a umgekehrt

investigación f ① Untersuchung f ② ▷científica Forschung f; **investigador(a)** m/f ↑ científico Forscher(in f) m; **investigar** vt ① ↑ indagar untersuchen ② (para la ciencia) [er]forschen

invierno m Winter m

invisible adj unsichtbar

invitación f Einladung f; **invitado(a)** m/f Gast m, Eingeladene(r) fm; **invitar** vt einladen

inyección f MED Injektion f, Spritze f

ir irr I. vi ① (a pie) gehen ② (en coche, tren) fahren; ◇ a mejor/a peor besser/schlechter werden; ◇ - con cuidado vorsichtig vorgehen; ◇ - en coche/en avión/en bicicleta/a caballo fahren/fliegen/radfahren/reiten; ◇ llévate el paraguas, no vaya a ser que llueva nimm den Regenschirm mit, für den Fall, daß es regnet; ◇ la playa iba llenándose de gente nach und nach füllte sich der Strand; ◇ ¡qué va! ach was!; ◇ ¡ya voy! ich komme schon!; ◇ - por/a por algo etw holen gehen II. vr(se) weggehen, wegfahren; ◇ -se de viaje verreisen

ira f Zorn m

Irak m : ◇ el - der Irak

Irán m : ◇ el - der Iran; **iraní** <-íes> m/f Iraner(in f) m

iraquí <-íes> m/f Iraker(in f) m

iris m (de ojo) Iris f; ◇ arco m - Regenbogen m

Irlanda f Irland n; ◇ - del Norte Nordirland n; **irlandés(-esa)** I. adj irisch II. m/f Ire m, Irin f

ironía f Ironie f; **irónico** adj ironisch

I.R.P.F. m abr. de Impuesto sobre la Renta de las Personas Físicas ESt.

irrigar vt → terreno bewässern

irritación f ① ↑ Wut f ② MED Reizung f; **irritar** vt ↑ enfadar wütend machen, reizen

isla f Insel f

Islam m Islam m

islandés(-esa) I. adj islän-

disch **II.** *m/f* Isländer(in *f*) *m*;
Islandia *f* Island *n*
Israel *m* Israel *n*; **israelí** <-íes>
I. adj israelisch **II.** *m/f* Israeli
m/f
istmo *m* Landenge *f*
Italia *f* Italien *n*; **italiano/(a)**
I. adj italienisch **II.** *m/f* Italiener
(in *f*) *m*
itinerario *m* Reiseroute *f*
IVA *m* impuesto sobre el valor
añadido MWSt.
izar *vt* → **bandera** hissen
izquierdista *m/f* Linke(r) *fm*;
izquierdo *adj* linke(r, s) **II.**
f 1 (*mano*) linke Hand 2
POL Linke *f*; ◇ **a la izquierda**
links

J

J, j *f* J, j *n*
jabalina *f* (*arma*) Speer *m*
jabato *m* Teufelskerl *m*
jabón *m* Seife *f*; FIG ◇ **dar un -**
a alguien jd-n zur Schnecke machen
jactarse *vr* prahlen, angeben
(*de* mit)
jade *m* Jade *m*
jadeante *adj* schwer atmend,

keuchend; **jadear** *vi* keuchen,
schnaufen
jaez *m* Pferdegeschirr *n*
jaguar *m* Jaguar *m*
jalar *vt* FAM schlingen, verschlingen
jaleo *m* 1 Aufruhr *m*; ◇ **armar**
- Krach machen 2 ◇ **- de cables**
Kabelsalat *m*; ◇ **meterse en un**
sich in die Nesseln setzen 3
↑ **discusión** Streit *m*; ◇ **tener un**
- con alguien mit jd-m streiten
jamás *adv* nie, niemals; ◇ **¡nun-**
ca-! niemals!; ◇ **por/para siem-**
pre - für immer und ewig
jamón *m* Schinken *m*; ◇ **- de**
York gekochter Schinken; ◇ **-**
serrano roher Schinken
Japón *m* : ◇ **el -** Japan *n*
jaque *m* Schach *n*; ◇ **- mate**
Schachmatt *n*
jaqueca *f* Migräne *f*
jarabe *m* 1 (*bebida*) Sirup *m*;
◇ **- de pico** leere Versprechun-
gen 2 (*medicamento*) Husten-
saft *m*
jarana *f* [Feten-]Lärm *m*, Trubel *m*
jardín *m* 1 [Zier-]Garten *m*; ◇ **-**
botánico botanischer Garten 2
◇ **- de infancia** Kindergarten *m*;
jardinería *f* Gärtnerei *f*
jarro *m* Kanne *f*; FIG ◇ **echar a**
alguien un - de agua fría jd-m
eine kalte Dusche geben; **ja-**
rrón *m* Blumenvase *f*

jauja f Schlaraffenland n

jefatura f : ◇ **- de policía** Polizeipräsidium n

jefe(/a) m/f Chef(in f) m

jerarquía f ① Hierarchie f ② (categoría) Rang m

jerez m Sherry m

jerga f ① (lenguaje de un grupo) Jargon m ② (difícil de entender) Kauderwelsch f

jeringa f Spritze f

jeroglífico m ① HIST también FIG Hieroglyphe f ② (pasatiempo) Rätsel n

Jesucristo m Jesus Christus m; **jesuita** I. adj Jesuiten- II. m Jesuit m; **Jesús** m Jesus m; ◇ ¡-! mein Gott!

jinete(/a) m/f Reiter(in f) m

jira f Rundreise f

jocoso adj witzig, spaßig

jolgorio m Rummel m

jornada f ① (tiempo) Tagesverlauf m ② (de trabajo) Arbeitstag m ③ (viaje) Tagesreise f;

jornal m Tageslohn m

joroba f Buckel m; **jorobado** adj bucklig

jorobar vt FAM ① ↑ molestar nerven, auf die Nerven gehen; ◇ **me joroba ir a trabajar todos los días** es nervt mich, jeden Tag zu arbeiten ② ↑ estropear zerstören, kaputt machen

jota f (letra) J n; FAM ◇ **no saber/no entender/no ver ni -**

überhaupt keine Ahnung haben/ überhaupt nichts verstehen

joven I. adj jung II. m/f junger Mann, junge Frau; **jovial** adj fröhlich, spritzig

joya f Juwel n; ◇ ¡eres una -! du bist ein Schatz!; **joyería** f (lugar) Juwelierladen m

juanete m [Fuß-]Ballen m

jubilación f ① (acción, situación) Pensionierung f ② (paga) Rente f; **jubilado(/a)** m/f Rentner(in f) m; **jubilar** I. vt pensionieren, in den Ruhestand versetzen II. vr(se) in Pension gehen, in den Ruhestand treten

judaísmo m Judentum n

judicial adj gerichtlich, Justiz-

judío(/a) I. adj jüdisch II. m/f Jude m, Jüdin f

juego I. vb ver jugar; II. m ① también FIG Spiel n; ◇ **desgraciado en el -, afortunado en amores** Pech im Spiel, Glück in der Liebe; SPORT ◇ **fuera de -** Abseits; ◇ **poner en -** algo etw aufs Spiel setzen ② (de sábanas, de llaves) Satz m

juerga f (diversión) Feier f, Fete f; ◇ **estar de -** feiern, ausgehen

jueves m <inv> Donnerstag m; REL ◇ **J- Santo** Gründonnerstag m

juez m/f ① (funcionario del

estado) Richter(in f) m ② (*controlador de competiciones*) [Schieds-]Richter(in f) m; ◇ - de linea Linienrichter(in f) m

jugada f [Spiel-]Zug m; ◇ buena -! gut gemacht!; **jugador(a)** m/f Spieler(in f) m; **jugar I.** vt, vi ① spielen; ◇ - a la lotería Lotto spielen ② (*gastar en el juego*) verspielen **II.** vr(se) ① ↑ apostar etw einsetzen, wetten; FIG ◇ -se la vida das Leben aufs Spiel setzen **II.** (*también FIG gastar en el juego*) verspielen

jugo m ① (*de frutas*) Saft m; ◇ sacar - a algo jd-n bis aufs Blut ausnehmen ② (*de carne*) Brühe f; **jugoso** adj ① (*de mucho zumo*) saftig ② (*de mucho contenido*) inhaltsreich, gehaltvoll

juguete m también FIG Spielzeug n

juicio m ① (*facultad*) Vernunft f; ◇ estar en su sano - bei Verstand sein; ◇ perder el - den Verstand verlieren; ◇ tener mucho/poco - vernünftig/unvernünftig sein ② ↑ criterio Meinung f; ◇ a mi - meiner Meinung nach ③ JUR Prozeß m; **juicioso** adj vernünftig, verständig

julio m Juli m

junco m Schilf m

jungla f Dschungel m

junio m Juni m

junta f ver **junto**; **juntamente** adv ① ↑ en un conjunto zusammen ② ↑ a la vez gleichzeitig; **juntar** ② **I.** vt zusammenstellen, -fügen, -setzen **II.** vr(se) ← personas sich versammeln; **junto(/a) I.** adj ① ↑ reunido vereint; ◇ - a bei, neben dat ② (*en grupo*) zusammen; ◇ - con zusammen mit **II.** adv: ◇ - todo alles auf einmal **III.** m/f ② (*de personas*) Versammlung f ② ↑ comité Kommission f, Ausschuß m; ◇ - directiva Vorstand m; ◇ - de gobierno Ministerrat m; ◇ - municipal Stadtrat m

juramentar I. vt vereidigen **II.** vr(se) JUR vereidigt werden; **juramento** m Eid m; ◇ prestar - einen Eid leisten; **jurar I.** vt, vi schwören; ◇ - en falso einen Meineid leisten **II.** vr(se): ◇ jurárselas a alguien jd-m Rache schwören; **jurídico** adj juristisch, Rechts-; **jurisdicción** f Gerichtsbarkeit f; **jurisprudencia** f Rechtswissenschaft f; **jurista** m/f Jurist(in f) m

justamente adv gerecht; genau

justicia f Gerechtigkeit f; ◇ hacer - (*actuar según lo que es justo*) dem Recht zum Durchbruch verhelfen; ◇ huir de la -

vor der Gerechtigkeit fliehen;
justificación f Rechtfertigung f; **justificante I.** adj bestätigend, den Nachweis lie-
fernd **II.** m [schriftlicher] Nachweis; **justificar** vt rechtfertigen; **justo I.** adj **1** (según la
justicia) gerecht, fair; ◇ **es - que**
es ist nur gerecht, daß; ◇ **una
sentencia -a** ein gerechtes Urteil
2 ↑ exacto, adecuado genau,
richtig; ◇ **tener la cantidad -a**
genau die notwendige Menge
haben **3** ↑ estrecho eng, knapp;
◇ **estoy - de dinero** ich bin
knapp bei Kasse; ◇ **los zapatos
me están -s** die Schuhe sind mir
zu eng **II.** adv genau
juvenil adj jugendlich; **juventud** f Jugend f
juzgado m (conjunto de jueces,
lugar) Gericht n; **juzgar** vt **1**
JUR richten **2** ↑ considerar, valorar beurteilen; ◇ **a - por como
habla** nach dem, wie er spricht;
◇ **a - por sus palabras** nach
seinen Worten

K

K, k f K, k n
kg abr. de kilogramo kg; **kilogramo** m Kilogramm n
kilometraje m Kilometerstand
m; **kilómetro** m Kilometer m
kilovatio m Kilowatt n
kiosko m ver quiosco Kiosk m
km m abr. de kilómetro km
Kleenex® m Tempotaschentuch n, Papiertaschentuch n

L

L, l f L, l n
la I. artículo der, die, das **II.**
pron **1** (persona) sie **2** (usted)
Sie **3** (cosa) es, ihn **III.** m (nota
musical) A n; ◇ **no - veo en
ninguna parte** ich kann sie nirgendwo sehen
labio m Lippe f
labor f ↑ trabajo Arbeit f; **laborable** adj ▷tierra nutzbar;
◇ **día** m - Werktag m
laboratorio m Labor n
labrador(a) m/f Bauer m,
Bäuerin f

labrar vt ① → *metal* bearbeiten ② → *tierra* bestellen

laca f ① (*de pelo*) Haarspray n ② (*de coche*) Lack m

lacio adj ▷*pelo* glatt

lacrar vt versiegeln; **lacre** m Siegellack m

lactancia f Stillzeit f

ladera f Abhang m

lado m Seite f; ◇ al - de neben dat; ◇ al - nebenan; ▷ por otro - andererseits

ladrar vi bellen

ladrillo m Ziegelstein m

ladrón(-ona) m/f Dieb(in f) m

lagartija f Mauereidechse f; **lagarto** m große Eidechse

lago m See m

lágrima f Träne f

laguna f (*de agua*) Lagune f

laico adj weltlich, Laien-

lamentable adj ① (*ser -*) bedauerlich ② (*de aspecto*) jämmerlich; **lamentar** vt bedauern, beklagen

lamer vt lecken

lámina f (*de un material*) [dünne] Platte f, Folie f

laminar vt → *metal* auswalzen

lámpara f (*de luz*) Lampe f

lana f Wolle f

lance m ① ↑ *suceso* Ereignis n ② (*en el juego*) Wurf m

lancha f ▷ Boot n, Barkasse f

langosta f ① (*insecto*) Grashüpfer m ② (*de mar*) Languste f

lanzamiento m ① Abschuß m ② COM Lancierung f; **lanzar** I. vt werfen, schleudern II. vr (*se*) sich stürzen (*en* in *akk*, *sobre* auf *akk*)

lapicero m Bleistift m; **lápiz** m Bleistift m; ◇ - de color Buntstift m; ◇ - de ojos Eyeliner m

largar I. vt loslassen, losmachen II. vr(*se*) FAM abhauen

largo I. adj (*longitud, duración*) lang II. m Länge f; ◇ a la - auf die Dauer; ◇ a lo - del año im Verlauf des Jahres

largometraje m Spielfilm m

laringe f Kehlkopf m

las I. *artículo* (*f/pl*) die II. *pron* sie

lascivia f Wollust f

láser m Laser m

lástima f ① ↑ *pena* Bedauern n ② ↑ *compasión* Mitleid n; ◇ dar - Mitleid erregen, leid tun; ◇ ¡qué -! wie schade!; **lastimar** I. vt (*hacer daño*) verletzen II. vr(*se*) sich verletzen

lata f ① (*de tomate*) Dose f ② (*material*) Blech n; ◇ dar la - a alguien jd-m auf die Nerven gehen

lateral I. adj seitlich, Seiten- II. m Seite f

latifundio m Großgrundbesitz m; **latifundista** m/f Großgrundbesitzer(in f) m

látigo m Peitsche f

latín m Latein n; **latino** adj lateinisch; **latinoamericano** (/a) I. adj lateinamerikanisch II. m/f Lateinamerikaner(in f) m

latir vi ↔ corazón schlagen

latitud f GEO Breite f

latón m Messing n

laurel m (también FIG hojas) Lorbeer m; (árbol) Lorbeerbaum m

lavable adj waschbar

lavabo m 1 (pieza) Waschbecken n 2 ↑ cuarto de baño Badezimmer n 3 ↑ servicios Toilette f; **lavado** m Waschen n; ◇ - en seco chemische Reinigung; **lavadora** f Waschmaschine f; **lavandería** f Wäscherei f; **lavaplatos** m <inv> Geschirrspülmaschine f; **lavar** I. vt 1 waschen 2 → platos spülen II. vr(se) sich waschen

laxante m Abführmittel n

lazo m 1 Schleife f 2 (para animales) Lasso n 3 FIG Verbindung f

le pron (objeto indirecto, a él) ihm; (a ella) ihr; (a ustedes) Ihnen

leal adj treu, loyal; **lealtad** f Treue f, Loyalität f

leasing m Leasing n; ◇ tomar en - leasen

lección f Lektion f, Unterricht m, Lehre f

lector(a) m/f (de libro) Leser(in f) m; **lectura** f Lektüre f, Lesen n

leche f Milch f; ◇ estar de mala - FAM schlechte Laune haben

lecho m 1 ↑ cama Bett n; ◇ - de muerte Sterbebett n 2 (de río) Flußbett n

lechón m también GASTRON Spanferkel n

lechuga f Kopfsalat m

leer irr vt lesen

legación f Gesandtschaft f

legal adj rechtmäßig, legal, gesetzlich; **legalidad** f Legalität f, Rechtmäßigkeit f

legalización f [amtliche] Beglaubigung, Legalisierung f; **legalizar** vt 1 → partido legalisieren 2 → documento beglaubigen

legar vt 1 (en testamento) vermachen 2 → ideas hinterlassen

legendario adj legendär

legible adj leserlich

legislación f Gesetzgebung f; **legislador(a)** m/f Gesetzgeber m; **legislar** vi Gesetze erlassen

legitimar vt JUR 1 → persona legitimieren 2 → hijo für ehelich erklären; **legítimo** adj 1 (según la ley) gesetzlich, legitim, rechtmäßig 2 ↑ auténtico echt, authentisch

legua f [spanische] Meile f

legumbre f ① (judías) Hülsenfrucht f ② (hortaliza) Gemüse n

lejano adj entfernt

lejía f ① Lauge f ② (para blanquear) Bleichmittel n

lejos adv weit weg; ◇ **a lo ~** in der Ferne; ◇ **de ~** von weitem

lengua f ① ANAT Zunge f ② (español) Sprache f

lenguado m FAUNA Seezunge f

lenguaje m Sprache f

lente m o f FOTO Linse f; **lenteja** f FLORA Linse f; **lentilla** f (lenteja pequeña) kleine Linse; ◇ **-s de contacto** Kontaktlinsen f/pl

lentitud f Langsamkeit f; **lento** adj langsam

leña f Feuerholz n; **leñador(a)** m/f Holzfäller(in) f) m

león(-ona) m/f Löwe m, Löwin f

lepra f Lepra f

les pron (objeto indirecto) ihnen; (ustedes) Ihnen

lesbiana f Lesbierin f

lesión f contusión Verletzung f; **lesionar** vt ↑ herir verletzen

letal adj tödlich

letra f ① Buchstabe m ② (modo de escribir) [Hand-]Schrift f ③ (de canción) Text m ④ COM Wechsel m; ◇ **al pie de la ~** wortwörtlich; **letrado(/a)** I.

adj gebildet II. m/f Rechtsanwalt m, -anwältin f

letrero m Schild n

levadura f Hefe f

levantamiento m ① (acción) Heben n, Anheben n ② ↑ motín Erhebung f; **levantar** I. vt ① [auf]heben ② → edificio bauen, errichten II. vr(se) ① (de la cama) aufstehen ② ↑ elevarse sich erheben

levante m Osten m

leve adj leicht, gering

ley f ① Gesetz n ② (de juego) Regel f

leyenda f Legende f

liar vt ① atar binden ② FAM → cuestión verkomplizieren ③ → cigarrillo drehen

liberación f Befreiung f

liberal I. adj liberal II. m/f Liberale(r) f/m

liberar vt befreien

libertad f ① Freiheit f ② ↑ desenvoltura Ungezwungenheit f

libra f (peso) Pfund n; ◇ **~ esterlina** Pfund n Sterling

libre adj frei; ◇ **y sin compromiso** er ist ungebunden

librería f (tienda) Buchhandlung f

libreta f Notizbuch n; ◇ **~ de ahorros** Sparbuch n

libro m Buch n; ◇ **~ de texto** Schulbuch n; ◇ **~ de cocina** Kochbuch n

licencia f Lizenz f, Genehmigung f

licitar vt (en subasta) bieten

lícito adj statthaft, zulässig

licor m Likör m

licuadora f Entsafter m

liderato, liderazgo m Führung f

lidia f Stierkampf m; ◇ **toros** m/pl **de -** Kampfstiere m/pl; **lidiar** I. vt (con toro) kämpfen mit II. vi kämpfen

liebre f Hase m

lienzo m (para pintar) Leinwand f

liga f ① (de medias) Strumpfband n ② (de países) Bündnis n

ligamento m ANAT Band n; ◇ **ruptura de -s** Bänderriss m

ligar vt ① ↑ unir [ver]binden ② (con alguien) flirten

ligero adj ① (de movimientos) gewandt ② (de poco peso) leicht ③ ↑ insensato leichtsinnig

lija f FAUNA Katzenhai m; ◇ **papel** m **de -** Sandpapier n; **lijar** vt schmirgeln

lima f (herramienta) Feile f ② (fruto) Limone f; **limar** vt feilen

limitación f Begrenzung f, Einschränkung f; **limitar** I. vt begrenzen, einschränken II. vr (se): ◇ **-se** sich beschränken auf akk

límite m Grenze f

limón m Zitrone f; **limonada** f Zitronenlimonade f; **limonero** m Zitronenbaum m

limosna f Almosen n

limpiabotas m <inv> Schuhputzer(in f) m; **limpiaparabrisas** m <inv> Scheibenwischer m; **limpiar** vt säubern, reinigen; **limpieza** f (estado) Sauberkeit f, Reinheit f; **limpio** I. adj sauber, rein II. adv: ◇ **jugar ~** fair spielen

linaje m Abstammung f

lince m Luchs m

lindar vi angrenzen (con an akk); **linde** m o f Grenze f

lindo I. adj hübsch, nett II. adv: ◇ **divertirse de lo -** FAM sich blendend amüsieren

línea f (trazo) Linie f; (de palabras) Zeile f

lingote m (de oro) Barren m

lingüista m/f Sprachwissenschaftler(in f) m

lino m ① (tejido) Leinen n ② (planta) Flachs m

interna f Laterne f; ◇ **- de pilas** Taschenlampe f

lío m ① (de ropa) Bündel n ② FAM ↑ confusión Durcheinander n ③ (relación amorosa) Verhältnis n

liquidación f ↑ rebajas Ausverkauf m

liquidar vt ① liquidieren ②

→ *cuenta* begleichen ③ COM
ausverkaufen

líquido I. *adj* ① (*materia*) flüssig ② ▷*cantidad, precio* netto, Rein- **II.** *m* Flüssigkeit *f*

lira *f* ① (*instrumento*) Leier *f* ② (*moneda*) Lira *f*

lisiado I. *adj* verkrüppelt **II.** *m/f* Krüppel *m*

liso *adj* ① ▷*pavimento* eben ② ▷*vestido* schlicht ③ ▷*tela* uni ④ ▷*cabello* glatt

lista *f* ① ↑ *relación* Liste *f*, Verzeichnis *n* ② ↑ *franja* Streifen *m*

listín *m* : ◇ el - de teléfonos Telefonbuch *n*

listo *adj* ↑ *astuto, hábil* schlau, klug; ◇ está todo - es ist alles fertig

listón *m* SPORT Latte *f*

litera *f* ① (*de tren*) Bett *n* ② (*de barco*) Koje *f* ③ (*cama de dos pisos*) Etagenbett *n*

literario *adj* literarisch, Literatur-; **literatura** *f* Literatur *f*

litigio *m* JUR Prozeß *m* ② (*sobre un derecho*) Streit *m*

litoral I. *adj* Küsten- **II.** *m* Küstenstreifen *m*

litro *m* Liter *m*

liviano *adj* ① (*poco peso*) leicht ② ↑ *libertino* leichtfertig, leichtsinnig

ll... *siehe* LL *nach Buchstabe* L

lo I. *artículo* der, die, das **II.**

pron (*objeto directo*) ① (*persona*) ihn ② (*cosa*) ihn, sie, es

lobo *m* Wolf *m*

local I. *adj* örtlich, Orts- **II.** *m* Raum *m*, Lokal *n*

localidad *f* ① ↑ *pueblo, ciudad* Ort *m* ② ↑ *asiento* Platz *m* ③ ↑ *billete* Eintrittskarte *f*

localizar *vt* lokalisieren

loco(/a) I. *adj* ↑ *demente* verrückt, närrisch **II.** *m/f* Verrückte (r) *fm*

locomoción *f* Fortbewegung *f*;
locomotora *f* Lokomotive *f*

locuaz *adj* gesprächig

locura *f* ① (*estado*) Wahnsinn *m*, Irrsinn *m* ② (*acción*) Verrücktheit *f*

locutor(a) *m/f* (*de radio, de televisión*) Sprecher(in *f*) *m*, Ansager(in *f*) *m*

lodo *m* Schlamm *m*

lógico I. *adj* logisch **II.** *f* Logik *f*

lograr *vt* ① ↑ *alcanzar* erreichen ② ↑ *conseguir* erhalten, bekommen

lomo *m* ① (*animal*) Rücken *m* ② (*filete de* -) Lende *f* ③ (*de libro*) Buchrücken *m*

loncha *f* (*de embutidos*) Scheibe *f*

londinense I. *adj* aus London **II.** *m/f* Londoner *m*, Londonerin *f*; **Londres** *m* London *n*

longitud *f* Länge *f*

loro m (ave) Papagei m

los I. artículo (m/pl) die II. pron (complemento directo) ① (ellos) sie ② (ustedes) Sie

losa f ① Steinplatte f ② ↑ baldosa Fliese f

lote m ① Anteil m, Gewinn m ② COM Posten m

lotería f Lotterie f

loza f ① (material) Steingut m ② (conjunto de vajilla) Geschirr n

lubricar vt ölen, schmieren

lúcido adj ① ↑ claro deutlich, klar ② ▷persona wach, hellsichtig

luciente adj leuchtend

luciérnaga f Glühwürmchen n

lucir irr I. vt ⊳joyas zur Schau stellen II. vi ① ↑ brillar scheinen, glänzen ② ↑ sobresalir glänzen III. vr(se) ① ↑ exhibirse sich zur Schau stellen ② ↑ sobresalir sich auszeichnen

lucrativo adj gewinnbringend

lucha f Kampf m; **luchador (a)** I. adj kämpferisch II. m/f ① Kämpfer(in) f m ② SPORT Ringer(in) f m; **luchar** vi kämpfen

luego I. adv (tiempo) danach; (más tarde) nachher; ◇ desde - selbstverständlich II. cj ↑ por eso folglich

lugar m ① Ort m ② ↑ sitio Stel-

le f; ◇ **dar** - Grund geben zu; ◇ **en** - **de** anstatt, an Stelle von; ◇ **tener** - stattfinden

lujo m Luxus m, Pracht f; **lujoso** adj luxuriös

lumbago m MED Hexenschuß m

luminoso adj leuchtend, scheinend

luna f ① (astro) Mond m ② ↑ cristal Spiegelglas n; ◇ - **de miel** Flitterwochen pl; **lunar** I. adj Mond- II. m (de la piel) Muttermal n

lunático(a) I. adj verrückt II. m/f (persona) Verrückte(r) f m

lunes m <inv> Montag m

lupa f Lupe f

lustrar vt ① ↑ dar brillo Glanz geben dat ② ⊳zapatos [blank] putzen; **lustre** m ① ↑ brillo Glanz m ② FIG ↑ esplendor Pracht f

luto m ① ↑ duelo Trauer f ② (ropa) Trauerkleidung f

Luxemburgo m Luxemburg n

luz f Licht n; ◇ **dar a** - ein Kind zur Welt bringen; ◇ **salir a la** - ans Licht kommen

luzco vb ver **lucir**

LL

llaga f offene Wunde
llama f ① (de fuego) Flamme f ② (animal) Lama m
llamada f Ruf m; ◇ **la - telefónica** Anruf m
llamar I. vt ① ↑ gritar rufen ② (por teléfono) anrufen II. vr(se) heißen; ◇ ¿cómo se llama usted? /¿cómo te llamas? wie heißen Sie? /wie heißt du?
llamativo adj ① ↑ chillón auffällig ② ▷color grell
llano I. adj ① ▷superficie glatt ② ▷camino eben ③ ▷persona schlicht ④ (forma de hablar) deutlich II. m Ebene f, Flachland n
llanta f (de coche) Felge f
llanto m Weinen n
llanura f Ebene f
llave f ① (también FIG de casa) Schlüssel m ② (de agua, gas) Hahn m; **llavero** m Schlüsselring m
llegada f Ankunft f; **llegar** vi ankommen, eintreffen; ◇ **- a la conclusión que...** zu der Schlußfolgerung gelangen, daß...
llenar vt ① ▷botella füllen (de mit) ② ▷escrito ausfüllen; **lleno** adj voll
llevar I. vt ① ↑ trasladar [hin-,

mit-, über-]bringen ② →ropa, gafas tragen, anhaben ③ ←camino, vida führen (a nach) II. vr (se) ↑ robar, coger mitnehmen; ◇ **-se bien con alguien** sich mit jd-m gut verstehen; ◇ **Ana le lleva a su hermano diez años** Ana ist zehn Jahre älter als ihr Bruder; ◇ ¿**cuánto tiempo llevas en España?** wie lange bist du schon in Spanien?; ◇ **- a cabo** durchführen
llorar I. vi weinen II. vt trauern (por um)
llover irr vi impers también FIG regnen
llueve vb ver **llover**
lluvia f ① Regen m ② FIG ↑ abundancia Unmenge f; **lluvioso** adj regnerisch, Regen-

M

M, m f M, m n
macarrones m/pl Makkaroni pl
maceta f Blumentopf m; **macetero** m Blumenständer m
macizo I. adj ↑ sólido massiv II. m: ◇ **- montañoso** Massiv n
macrobiótica f Makrobiotik f

machista I. adj chauvinistisch, machohaft **II.** m Chauvi m, Macho m

macho I. adj männlich **II.** m ① FAUNA Männchen n ② (hombre) ganzer Mann

madeja f Knäuel n

madera f Holz n

madrastra f Stiefmutter f

madre f ① Mutter f ② (de animales) Muttertier n

madreperla f Perlmutt n

madrileño(/a) I. adj aus Madrid, Madrider **II.** m/f Madrider (in f) m

madrina f ① (bautizo) [Tauf] Patin f, Patentante f ② (boda) Trauzeugin f

madrugada f ↑ alba Tagesanbruch m; **madrugar** vi früh aufstehen

madurar vi también FIG reifen; **madurez** f Reife f; **maduro** adj reif

maestría f Meisterschaft f; **maestro(/a) I.** adj meisterhaft, Meister- **II.** m/f Lehrer(in f) m **III.** m ① (del arte) Maestro m ② (de la música) Maestro m

magia f Magie f, Zauber m; **mágico** adj magisch

magistrado(/a) m/f JUR Richter(in f) m

magnético adj magnetisch, Magnet-; **magnetismo** m Magnetismus m

magnetofón, magnetófono m Tonbandgerät n; **magnetofónico** adj Tonband-; ◇ **cinta** -a Tonband n

magnífico adj herrlich, großartig

magnitud f Größe f

mago(/a) m/f Zauberer m, Zauberin f; ◇ **los tres Reyes M-s** die Heiligen Drei Könige

magro adj mager

Maguncia f Mainz n

mahometano(/a) I. adj mohammedanisch **II.** m/f Moslem m, Muslime f

maíz m Mais m; **maizal** m Maisfeld n

majestad f Majestät f; **majestuoso** adj majestätisch

majo adj ① ↑ hermoso schön, gut aussehend ② ↑ agradable sympathisch

mal I. adv ① schlecht ② ↑ falso falsch **II.** adj schlecht **III.** m ① (perjuicio) Übel n ② ↑ calamidad Unglück n, Leid n ③ ↑ enfermedad Krankheit f; ◇ **ese chico me cae** - dieser Junge ist mir unsympathisch; ◇ **menos que...** ein Glück, daß...

malagueño(/a) adj aus Malaga

malaria f Malaria f

malcriado adj schlecht erzogen, ungezogen

maldad f Schlechtigkeit f, Bosheit f

maldecir irr I. vt verfluchen II.
vi: ◇ - de [algo/alguien] lästern
über [etw/jd-n] akk; **maldición** f Fluch m; **maldito** adj
verflucht, verdammt; ◇ ¡-a sea!
verdammt noch mal!

malecón m ① † dique Damm
m ②; † rompeolas Mole f

maléfico adj schädlich

malentendido m Mißverständnis n

malestar m Unwohlsein n

maleta f Koffer m; ◇ hacer laden Koffer packen; **maletero**
m Kofferraum m

maleza f † arbustos Ge-
strüpp n

malformación f Mißbildung f

malgastar vt verschwenden

malhechor(a) m/f Übeltäter(in
f) m

malhumorado adj schlecht
gelaunt

malicia f Boshaftigkeit f; **malicioso** adj böse, boshaft; **maligno** adj ▷persona hinterlistig,
bösartig

malo(/a) I. adj schlecht; ◇ estar
- krank sein II. m/f Böse-
wicht m

malograr I. vt zunichte machen
II. vr(se) mißlingen, scheitern

Malta f Malta n

maltratar vt ← persona, cosa
mißhandeln

malvado adj böse

malversación f Veruntreu-
ung f

Malvinas f/pl : ◇ las [Islas] -
die Falklandinseln

malla f ① (tejido) Masche f ②
(de gimnasia) Trikot n

Mallorca f Mallorca n; **ma-
llorquín(-ina)** adj aus Mallorca

mama f ① (de animal) Euter n ②
(de mujer) [weibliche] Brust

mamá f FAM Mama f, Mutti f

mamar vt ← bebé, animal saugen an dat; ◇ dar de - stillen

mamífero m Säugetier n

manada f ① (de búfalos) Herde
f ② (de lobos) Rudel n ③ (personas) Gruppe f

mánager m/f Manager(in f) m

manantial m Quelle f; **manar**
vi ① quellen ② (haber abundancia) im Überfluß vorhanden
sein

mancha f ① [Schmutz]fleck m
② FIG Makel m; **manchar** vt
beflecken

manchego adj aus der Mancha

mandamás f PEY † jefe Boss
m, hohes Tier

mandar vt ① † ordenar anordnen, befehlen ② † enviar schik-
ken, senden

mandarina f Mandarine f

mandatario(/a) m/f Beauf-
tragte(r) f/m

mandato m ① ↑ *orden* Befehl
m ② ↑ *encargo* Auftrag m ③
(período de autoridad) Amtsperiode f
mandíbula f Kiefer m
mandil m Schürze f
mando m ① ↑ *poder* Herrschaft
f ② *(del motor)* Steuerung f; ◇ -
a distancia Fernbedienung f
manejar vt ① ↑ *utilizar* handhaben ② → *máquina* bedienen;
manejo m ① ↑ *uso* Handhabung f ② *(de negocio)* Leitung f
manera f Art f, Weise f; ◇ de
ninguna - auf keinen Fall; ◇ de
todas -s jedenfalls; ◇ de - que...
so, daß...
manga f ① *(de vestido)* Ärmel
m ② ↑ *manguera* Schlauch m;
◇ en -s de camisa in Hemdsärmeln
mango m ① *(de sartén)* Griff
m, Stiel m ② *(fruto)* Mango f
mani f FAM Demo f
manía f Manie f
manicomio m Irrenanstalt f
manicura f Maniküre f
manifestación f Demonstration f; **manifestante** m/f Demonstrant(in f) m; **manifestar**
irr I. vt ① → *sentimiento* zeigen
② → *pensamiento* äußern II. vr
(se) ① POL demonstrieren ②
← *opinión, actitud* sich zeigen
manifiesto I. adj ↑ *evidente*

offensichtlich, klar II. m ↑ *declaración* Manifest n
maniobra f MIL, NAUT,
AUTO Manöver n; **maniobrar**
vt MIL, AUTO manövrieren,
rangieren
manipulación f ① Handhabung f ② FIG Manipulation f;
manipular vt ① handhaben ②
FIG manipulieren
maniquí I. m Schaufensterpuppe f II. m/f Mannequin n
manivela f Kurbel f
manjar m Delikatesse f
mano f ① *(de persona)* Hand f
② *(de animal)* Vorderfuß m;
◇ hecho a - handgemacht; ◇ a -
derecha/izquierda rechts/links;
◇ de segunda - gebraucht; ◇ -
de obra Arbeitskraft f
manojo m Handvoll f; ◇ - de
llaves Schlüsselbund m
manopla f ↑ *guante* Fausthandschuh m
manosear vt ↑ *tocar, sobar* betasten, befummeln
mansión f Villa f
manso adj ① ▷ *persona* sanft,
mild ② ▷ *animal* zahm
manta f Decke f
manteca f Fett n, Schmalz n
mantecado m ① *(helado)*
[Speise]Eis n ② *(de Navidad)*
Schmalzgebäck n
mantel m Tischdecke f
mantener irr I. vt ① ↑ *conser-*

var erhalten ② → *idea* beibehalten ③ → *orden* aufrechterhalten ④ ↑ *sujetar* halten II. *vr(se)* ① (*en una postura*) sich behaupten ② ↑ *alimentarse* leben von *dat*;

mantenimiento m ① (*del cuerpo*) Aufrechterhaltung f ② (*cosa*) Erhaltung f ③ (*alimentación*) Unterhalt m

mantequilla f Butter f

manto m (*prenda*) Umhang m

manual I. *adj* manuell II. m (*de historia*) Lehrbuch n

manubrio m Kurbel f

manufactura f fabrizieren

manuscrito I. *adj* handschriftlich II. m Manuskript n

manutención f ① (*con dinero, comida*) Unterhalt m ② ↑ *conservación* Wartung f

manzana f ① (*fruto*) Apfel m ② (*casas*) [Häuser]block m

manzanilla f (*planta, flor*) Kamille f; (*té*) Kamillentee m

mañana I. *adv* morgen II. m Zukunft f III. f Morgen m; ◇ **por la** - morgens; ◇ **pasado** - übermorgen; ◇ ¡hasta-! bis morgen!

mapa m Landkarte f

maquillaje m ① (*acción*) Schminken n ② (*substancia*) Make-up n; **maquillar** *vt* schminken

máquina f ① Maschine f ② (*de fotos*) Kamera f; ◇ - **de afeitar** Rasierapparat m; ◇ - **de cigarrillos** Zigarettenautomat m; ◇ - **de escribir** Schreibmaschine f; **maquinaria** f ① (*conjunto*) Maschinen f/pl, Maschinenpark m ② (*de reloj*) Mechanismus m; **maquinilla** f (*para afeitarse*) Rasierapparat m

maquinista m/f ① (*de fábrica*) Maschinist(in f) m ② (*de tren*) Lokführer(in f) m

mar m o f Meer n, See f; ◇ **en alta** - auf hoher See; ◇ **el M-Báltico/del Norte** die Ostsee/ die Nordsee

maravilla f ↑ *milagro* Wunder n; ◇ **a las mil** -s wunderbar, ausgezeichnet; **maravillar** I. *vt* ↑ *causar asombro* [ver-]wundern II. *vr(se)* sich wundern, staunen; **maravilloso** *adj* wunderbar

marca f ① ↑ *señal* Merkmal n, Zeichen n ② COM Marke f ③ SPORT Rekord m

marcapasos m ⟨inv⟩ MED [Herz]Schrittmacher m

marcar *vt* ① (*con una señal*) markieren ② (*teléfono*) wählen ③ SPORT → *gol* schießen

marco m ① (*moneda*) Mark f ② (*también* FIG *de cuadro*) Rahmen m

marcha f ① ↑ *partida* Abreise f ② (*de coche*) Gang m ③ (*escur-*

sión *andando*) Marsch *m;* **mar-**
char I. *vi* 1 gehen 2 ← *meca-*
nismo funktionieren II. *vr(se)*
weggehen; **marchito** *adj* ▷*flor*
verwelkt

marea *f* Gezeiten *pl;* ◇ - **alta/**
baja Flut *f*/Ebbe *f;* ◇ - **negra**
Ölpest *f*

marear I. *vt* jd-m auf die Nerven fallen II. *vr(se)* 1 (*en bar-*
co) seekrank werden 2 (*en co-*
che) schlecht werden *dat;* **ma-**
reo *m* 1 (*en coche*) Übelkeit *f*
2 (*en barco*) Seekrankheit *f* 3
↑ *vértigo* Schwindelgefühl *n*

marfil *m* Elfenbein *n*

margarina *f* Margarine *f*

margarita *f* Gänseblümchen *n*

margen *m* 1 (*de escrito*) Rand
m 2 (*de río*) Ufer *n* 3 COM
Spanne *f;* **marginal** *adj* nebensächlich, Rand-

marica, **maricón** *m* FAM
Schwule *m*

marido *m* Ehemann *m*

marina *f* MIL Marine *f;* **mari-**
nero I. *adj* 1 Marine- 2 (*per-*
sona) seetüchtig II. *m* Seemann
m; **marino** I. *adj* Meeres- II. *m*
Matrose *m*

marioneta *f* Marionette *f*

mariposa *f* Schmetterling *m*

marisco *m* Meeresfrüchte *f*/*pl*

marítimo *adj* See-, Meer[es]-

marmita *f* Kochtopf *m*

mármol *m* Marmor *m*

marrón *adj* braun

marroquí <-íes> I. *adj* marok-
kanisch II. *m*/*f* Marokkaner(in *f*)
m; **Marruecos** *m* Marokko *n*

Marsella *f* Marseille *n*

martes *m* <inv> Dienstag *m*

martillar, **martillear** *vt* hämmern; **martillo** *m* Hammer *m*

mártir *m*/*f* Märtyrer(in *f*) *m*

marzo *m* März *m*

mas *cj* aber

más *adj, adv* 1 mehr 2 MATE
plus; ◇ - **alto** höher; ◇ **a lo** -
höchstenfalls; ◇ - **bien** eher; ◇
de mehr als; ◇ **o menos** mehr
oder weniger; ◇ **ni** - **ni menos**
genau

masa *f* 1 (*materia*) Teig *m* 2
(*de gente*) Menge *f*

masacre *f* Massaker *n*

masaje *m* Massage *f;* **masa-**
jista *m*/*f* Masseur(in *f*) *m*

mascar *vt* kauen

máscara *f* Maske *f*

mascota *f* Maskottchen *n*

masculino *adj* 1 männlich 2
GRAM maskulin

masivo *adj* 1 (*cosa*) massiv 2
▷*manifestación* Massen-

masoquista *m*/*f* Masochist(in
f) *m*

masticar *vt* kauen

mástil *m* (*de barco*) Mast *m*

masturbarse *vr(se)* mastur-
bieren

matadero *m* Schlachthof *m*

matador I. *adj* tödlich **II.** *m* TAUR Matador *m*

matanza *f* (*personas*) Gemetzel *n*

matar I. *vt, vi* töten **II.** *vr(se)* ① ↑ *suicidarse* sich umbringen ② (*accidente*) ums Leben kommen

matasellos *m/sg* <inv> Briefstempel *m*

mate I. *adj* matt **II.** *m* ① (*ajedrez*) [Schach-]Matt *n* ② (*té*) Mate *m*

matemáticas *f/pl* Mathematik *f*; **matemático(/a)** *adj* mathematisch **II.** *m/f* Mathematiker (in *f*) *m*

materia *f* ① ↑ *sustancia* Materie *f* ② ↑ *asignatura* Fach[gebiet] *n* ③ ↑ *asunto* Thema *n*; ◇ **en -** de auf dem Gebiet *gen*; ◇ **- prima** Rohstoff *m*; **material I.** *adj* materiell **II.** *m* Material *n*

maternal *adj* mütterlich, Mutter-; **maternidad** *f* Mutterschaft *f*; **materno** *adj* mütterlich, Mutter-; ◇ **lengua -a** Muttersprache *f*

matinal *adj* morgendlich

matiz *m* Schattierung *f*; **matizar** *vt* ① → *colores, tono* abtönen ② *FIG* → *concepto* nuancieren

matón *m* FAM ① Schläger *m* ② ↑ *guardaespaldas* Gorilla *m*

matrícula *f* ① (*de coche*) Kennzeichen *n* ② (*de estudiante*) Einschreibung *f*; **matricular** *vt* ① → *coche* registrieren ② → *estudiante* einschreiben, immatrikulieren

matrimonio *m* ① (*unión*) Ehe *f* ② (*pareja*) Ehepaar *n*

matriz *f* ① ANAT Gebärmutter *f* ② (*documento original*) Matrize *f*

máximo(/a) I. *adj* ① (*la/el/lo mayor*) größte(r, s) ② (*la más alta, el/lo más alto*) höchste(r, s) **II.** *m* Maximum *n* **III.** *f* Grundsatz *m*

mayo *m* Mai *m*

mayonesa, mahonesa *f* Mayonnaise *f*

mayor I. *adj* ① ↑ *más grande* größer ② ↑ *más alto* höher ③ (*el -*) größte(r, s) **II.** *m/f* Erwachsene(r) *fm* **III.** *m* MIL Major(in *f*) *m*; ◇ **la -parte** der Großteil; ◇ **al por -** im Großhandel; ◇ **- de edad** volljährig; **mayoría** *f* Mehrheit *f*; ◇ **- de edad** Volljährigkeit *f*; **mayorista** *m/f* Großhändler(in *f*) *m*; **mayoritario** *adj* mehrheitlich; **mayormente** *adv* besonders

mayúsculo(/a) I. *adj* riesig **II.** *f* Großbuchstabe *m*

mazapán *m* Marzipan *n*

mazorca *f* Maiskolben *m*

me *pron* ① (*directo*) mich ②

(*indirecto*) mir ③ (*reflexivo*) mich

mear *vi FAM!* pinkeln

mecánico(**/a**) I. *adj* mechanisch II. *m/f* Mechaniker(in *f*) *n* III. *f* ① FIS Mechanik *f* ② (*del motor*) Mechanismus *m*

mecanografía *f* Maschineschreiben *n;* **mecanógrafo**(**/a**) *m/f* Stenotypist(in *f*) *m*

mecedora *f* Schaukelstuhl *m;*

mecer I. *vt →cuna* schaukeln II. *vr(se)* schaukeln

mecha *f* ① (*de explosivos*) Lunte *f* ② (*de vela*) Docht *m* ③ (*de pelo*) Strähne *f*

mechero *m* Feuerzeug *n*

medalla *f* Medaille *f*

mediación *f* Vermittlung *f*

mediado(**/a**) *adj* halbvoll; ◇ a -s de agosto Mitte *f* August

mediador(**a**) *m/f* Vermittler(in *f*) *m*

mediano *adj* durchschnittlich, mittelmäßig

medianoche *f* Mitternacht *f*

mediante *prep* durch

mediar *vi →intervenir* vermitteln (*entre/entre* zwischen *dat*)

medicamento *m* Arznei *f,* Medikament *n*

medicina *f* ① (*ciencia*) Medizin *f* ② (*substancia*) Arznei *f*

médico(**/a**) I. *adj* medizinisch, ärztlich II. *m/f* Arzt *m,* Ärztin *f;* ◇ ~ **de urgencia** Notarzt *m*

medida *f* ① (*acción*) [Ver-]Messung *f* ② (*recurso*) Maßnahme *f* ③↑ *grado* Maß *n;* ◇ a - que in dem Maß wie

medio(**/a**) I. *adj* halbe(r, s), Mittel- II. *m* ① ↑ *centro* Mitte *f* ② ↑ *recurso* Hilfsmittel *n* III. *f* ① ↑ *panti* Strumpf *m* ② ↑ *promedio* Durchschnitt *m* IV. *adv* halb; ◇ el - ambiente die Umwelt; **mediodía** *m* Mittag *m,* Mittagszeit *f*

medir *vt →superficie* [ver-]messen

meditar *vt* überlegen, nachdenken über *akk*

mediterráneo I. *adj* Mittelmeer- II. *m* el M-das Mittelmeer

médula *f* ANAT Mark *n*

mejicano(**/a**) I. *adj* mexikanisch II. *m/f* Mexikaner(in *f*) *m;* **Méjico** *m* Mexiko *n*

mejilla *f* Backe *f*

mejillón *m* FAUNA Miesmuschel *f*

mejor I. *adj, adv* ① (*más bueno*) besser (*el - de todos*) beste(r, s) II. *m* ◇ lo ~ das Beste; ◇ a lo ~ vielleicht; **mejorar** *vt* [ver-]bessern; **mejoría** *f* (*de salud*) Besserung *f*

melena *f* Mähne *f*

melocotón *m* Pfirsich *m*

melón *m* Honigmelone *f*

membrana *f* MED Membran *f*

membrete m Briefkopf m

membrillo m FLORA Quitte f

memorable adj denkwürdig;

memorándum m ① (cuaderno) Notizbuch m ② ↑ nota diplomática Memorandum n; **memoria** f ① Gedächtnis n ② INFORM Speicher m

mención f Erwähnung f; **mencionar** vt erwähnen

mendigar vi betteln; **mendigo(/a)** m/f Bettler(in f) m

menester m ↑ necesidad Notwendigkeit f

menguar I. vt ↑ reducir vermindern, verringern **II.** vi abnehmen, sich verringern

menor adj ① ↑ más pequeño kleiner ② ↑ más joven jünger; ◇ **al por** ~ im Einzelhandel m; ◇ **- de edad** minderjährig

menos I. adv weniger **II.** cj außer **III.** m Minuszeichen n; ◇ **- posible** möglichst wenig; ◇ **a - que/cuanto -** +subj falls nicht; ◇ **te echo de** ~ ich vermisse dich

menospreciar vt ↑ desestimar geringschätzen; **menosprecio** m Geringschätzung f

mensaje m Botschaft f; **mensajero(/a)** m/f Bote m, Botin f

menstruación f Periode f

mensual adj monatlich, Monats-; **mensualidad** f ① ↑ sa-

lario, sueldo Monatslohn m, Monatsgehalt n ② (dinero que se paga al mes) Monatsrate f

menta f [Pfeffer-]Minze f

mentalidad f Mentalität f

mente f Geist m, Verstand m

mentir irr vi lügen; **mentira** f Lüge f; **mentiroso(/a) I.** adj verlogen **II.** m/f Lügner(in f) m

menú m Speisekarte f

menudo adj ↑ chico klein; ◇ **a -** oft; ◇ **¡- lío has armado!** da hast du ein ganz schönes Durcheinander angerichtet!

meñique m ◇ **dedo** m **-** kleiner Finger

mercado m Markt m; ◇ **M- Común** Gemeinsamer Markt; **mercancía** f Ware f; **mercantil** adj kaufmännisch, Handels-, Markt-

mercería f (tienda) Kurzwarengeschäft n

mercurio m Quecksilber n

merecedor(a) adj würdig, verdienstvoll; **merecer** irr vt verdienen; ◇ **merece la pena** es lohnt sich

merendar irr vt, vi (a las 6-7) e-e Zwischenmahlzeit einnehmen; ◇ **- en el campo** picknicken

merengue m Meringe f

meridional adj südlich

mérito m ↑ merecimiento Verdienst m; **meritorio** adj lobenswert, verdienstvoll

merluza f FAUNA Seehecht m

mermar I. vt verringern **II.** vi, vr(se) abnehmen, geringer werden

mermelada f Marmelade f

mero I. adj rein, bloß **II.** m FAUNA Riesenzackenbarsch m

mes m Monat m

mesa f Tisch m; ◇ **poner/quitar la** ~ den Tisch decken/abdecken; ◇ **vino** m **de** ~ Tafelwein m

meseta f Hochebene f

mestizo(/a) m/f Mischling m, Mestize m, Mestizin f

mesura f ↑ moderación Mäßigung f

meta f 1 (FIG de carrera) Ziel n 2 (de fútbol) Tor n

metal m Metall n; **metálico** adj metallisch; ◇ **pagar en** ~ bar zahlen; **metalurgia** f Hüttenkunde f

meteorito m Meteorit m

meteorología f Wetterkunde f; **meteorológico** adj Wetter-; ◇ **informe/parte** ~ Wetterbericht m

meter I. vt (en el cajón) [hinein] stecken **II.** vr(se); ◇ -**se en sí** sich einmischen in akk

meticuloso adj gewissenhaft, peinlich genau

metódico adj methodisch; **método** m Methode f

metro m 1 (medida) Meter m 2 (para medir) Metermaß n 3 (transporte) U-Bahn f

México m Mexiko n

mezcla f Mischung f; **mezclar I.** vt mischen **II.** vr(se) sich vermischen; ◇ -**se en una discusión** sich in ein Gespräch akk einmischen

mezquino adj 1 ↑ tacaño kleinlich 2 ↑ miserable armselig

mezquita f Moschee f

mi artículo mein, meine, mein; (pl) meine

mí pron 1 (directo) mich 2 (indirecto) mir

microbio m Mikrobe f

microbús m Kleinbus m

micrófono m Mikrophon n

microonda f Mikrowelle f; ◇ -**s** pl Mikrowellenherd m

microscopio m Mikroskop n

miedo m Angst f, Furcht f; **miedoso** adj ängstlich, furchtsam

miel f Honig m

miembro I. m ANAT Glied n **II.** m/f Mitglied n

mientras I. cj 1 während 2 (en tanto que) solange **II.** adv unterdessen; ◇ ~ **tanto** inzwischen

miércoles m Mittwoch m

mierda f VULG Scheiße f

migaja f Brotkrümel m

migración f (de personas) Wanderung f; **migratorio** adj Wander-

mil numeral tausend

milagro m Wunder n; **milagroso** adj wundervoll

milicia f Miliz f

milímetro m Millimeter m

militar I. adj militärisch, Militär- II. m/f Soldat(in f) m

milla f Meile f

millar m Tausend n

millón m Million f; ◇ **mil millones** ee Milliarde; **millonario** (/a) m/f Millionär(in f) m

mimar vt verwöhnen, verhätscheln

mimbre m Korbweide f

mina f Mine f; **minar** vt ① (con explosivos) verminen ② FIG → prestigio untergraben

mineral I. adj Mineral- II. m Mineral n

minería f Bergbau m; **minero** I. adj Bergbau- II. m Bergmann m

minifalda f Minirock m

mínimo I. adj kleinste(r, s) II. m Minimum n

ministerio m Ministerium n; **ministro** (/a) m/f Minister(in f) m

minoría f Minderheit f

minuciosidad f Gründlichkeit f; **minucioso** adj ① (persona) peinlich genau ② (trabajo) sehr gründlich

minúscula f Kleinbuchstabe m

minusválido (/a) m/f Behinderte(r) f m

minuto m Minute f

mío pron: ◇ **el** - mein

miopía f Kurzsichtigkeit f

mirada f Blick m; **mirador** m Aussichtspunkt m; **mirar** vt ↑ fijar la vista ansehen, anblicken; **mirón** (-ona) m/f Zuschauer(in f) m; PEY Gaffer(in f) m

misa f REL Messe f

miserable adj ① ↑ muy pobre elend, armselig ② ↑ desgraciado bemitleidenswert ③ ↑ tacaño knick[e]rig; **miseria** f ① ↑ pobreza Elend n ② (dinero) Hungerlohn m

misericordia f Barmherzigkeit f

misión f ① REL también FIG Mission f ② ↑ encargo Auftrag m

misionero (/a) m/f Missionar (in f) m

mismo I. adj ① ↑ igual gleich ② (después de pronombre) selbst II. adv: ◇ aquí/hoy - gleich hier/noch heute; ◇ ahora - gleich jetzt/sofort

misterio m Geheimnis n; **misterioso** adj geheimnisvoll, rätselhaft

mitad f Hälfte f; ◇ a - de precio zum halben Preis

mitigar vt beschwichtigen, lindern

mitin m Versammlung f

mito m Mythos m

mixto adj gemischt

mobiliario m Mobiliar n

moción f POL Antrag m

mocoso m FAM Rotznase f

mochila f Rucksack m

moda f Mode f; ◇ **estar de -/ser -/ser de -** modern sein; ◇ **pasado de -** altmodisch

modelar vt modellieren, formen; **modelo I.** adj Modell-, Muster- **II.** m/f Modell n; ◇ **trabaja de -** sie arbeitet als Modell

moderación f Mäßigung f

moderador(a) m/f Moderator (in f) m

moderar vt ① → **velocidad** mäßigen ② → **reunión** moderieren

modernizar vt modernisieren; **moderno** adj modern

modestia f Bescheidenheit f; **modesto** adj bescheiden

módico adj mäßig, gering

modificar vt [ver-]ändern, modifizieren

modo m ① ↑ **manera, forma** Art f, Weise f ② GRAM Modus m; ◇ **de todos -s** jedenfalls; ◇ **de ningún -** auf keinen Fall; ◇ **de - que** so daß

mofar I. vi spotten **II.** vr(se): ◇ **-se de** sich lustig machen über akk

moho m ① (hongo) Schimmel

m ② (en metales) Rost m; **mohoso** adj ① ▷**pan** schimmelig ② ▷**metal** rostig

mojar vt ① (con líquido) naß machen ② (FAM pan) eintunken

mojón m Grenzstein m

molde m (de pastel) [Back-] Form f; **moldeable** adj formbar; **moldear** vt ① (con molde) [in Formen] gießen ② → **barro** modellieren ③ FIG formen

moler irr vt ① → **café** mahlen ② FIG ↑ **cansar** zermürben, erschöpfen

molestar vt (persona) belästigen, stören; ◇ **no te molestes, lo haré yo mismo** laß doch, ich werde es selber machen; **molestia** f ① Belästigung f ② ↑ **estorbo** Unannehmlichkeit f ③ MED Beschwerden pl; ◇ **no es ninguna - irte a buscar a la estación** es macht überhaupt keine Umstände, dich vom Bahnhof abzuholen; **molesto** adj ① ▷**situación** ärgerlich ② ▷**zapato** unbequem ③ ▷**persona** aufdringlich, lästig

molinillo m kleine Mühle; ◇ **- de café** Kaffeemühle f; **molino** m Mühle f

momentáneo adj momentan, augenblicklich; **momento** m Moment m, Augenblick m; ◇ **por el -** zur Zeit

Mónaco m Monaco n

monarca m/f Monarch(in f) m;
 monarquía f Monarchie f
monasterio m Kloster n
mondar vt schälen
moneda f ① (del país) Währung[seinheit] f ② (dinero)
 Münze f, Geldstück n; **monetario** adj Währungs-, Geld-,
 Münz-
monitor m Bildschirm[-gerät n]
 m, Monitor m
monja f Nonne f; **monje** m
 Mönch m
mono(/a) I. adj hübsch, niedlich II. m/f Affe m, Äffin f III. m
 (de mecánico) Overall m
monstruoso adj ① (persona)
 mißgebildet ② ↑ horroroso
 scheußlich ③ (demasiado grande) riesig
montaña f ① Berg m ② (conjunto) Gebirge n; ◊ - rusa Achterbahn f; **montañoso** adj bergig, gebirgig
montar I. vt montieren, zusammensetzen II. vi: ◊ - a caballo
 reiten, aufsteigen
monte m ① Berg m ② (terreno)
 Wald m; ◊ los -s Pirineos die
 Pyrenäen pl
montón m Haufen m
monumento m Denkmal n
moqueta f Teppichboden m
mora f Brombeere f
morado(/a) I. m Violett n II. f
 Wohnsitz m

moral adj I. moralisch, Moral-
 II. f Moral f
morboso adj krankhaft
morcilla f Blutwurst f
mordaz adj bissig
morder irr vt beißen
mordisco m Biß m
moreno adj (Farbe) braun;
 ↑ bronceado braungebrannt;
 ▷piel dunkel
morir irr I. vi sterben II. vr(se)
 sterben
moro(/a) I. adj maurisch II. m/f
 Maure m, Maurin f
mortal adj tödlich; **mortalidad** f Sterblichkeit f
mosaico m también FIG Mosaik n
mosca f Fliege f
Moscú m Moskau n
mosquito m Moskito m
mostaza f Senf m
mosto m Most m
mostrador m (de tienda) Ladentisch m; (de bar) Theke f
mostrar irr vt ① zeigen ②
 →funcionamiento erklären
motín m (de barco) Meuterei f
motivación f Grund m; **motivar** vt ↑ causar verursachen;
motivo m Motiv m, Grund m
moto, **motocicleta** f Motorrad n
motor m (de coche) Motor m;
motorista m/f Kraftfahrer(in
 f) m

mover *irr vt* **1** bewegen **2**
↑ *alentar* anregen

móvil I. *adj* beweglich, mobil
II. *m* Motiv *n*

movilizar *vt* mobilisieren

movimiento *m* Bewegung *f*

mozo(/a) I. *adj* ↑ *joven* jung **II.**
m/f junger Mann, junge Frau

muchacho(/a) I. *m/f* Junge *m*,
Mädchen *n* **II.** *f* ↑ *criada* Dienstmädchen *n*

mucho I. *adj* viel; (*pl*) viele **II.**
adv **1** (*cantidad*) sehr, viel **2**
▷*tiempo* lange

mudanza *f* Umzug *m*; **mudar**
I. *vt* **1** → *carácter* verändern **2**
→ *piel* wechseln **II.** *vr(se)* **1** (*de
piso*) umziehen **2** (*de ropa*)
sich umziehen

mudo *adj* stumm

mueble *m* Möbel *n*

muela *f* Backenzahn *m*

muelle *m* **1** (*de cama*)
[Sprung]Feder *f* **2** (*puerto*)
Mole *f*

muero *vb ver* **morir**

muerte *f* Tod *m*; **muerto I.** *adj*
tot **II.** *m/f* Tote(r) *fm*

muestra *f* (*de tela, de perfume*)
Muster *n*, Probe *f*; **muestrario**
m Musterbuch *n*

muestro *vb ver* **mostrar**

muevo *vb ver* **mover**

mugre *f* Schmutz *m*; **mugriento** *adj* verschmutzt

mujer *f* Frau *f*

mula *f* Mauleselin *f*

mulato(/a) *m/f* Mulatte *m*, Mu-
lattin *f*

muleta *f* **1** (*de andar*) Krücke *f*
2 TAUR Stock mit dem rotem
Tuch

multa *f* Geldstrafe *f*

multicolor *adj* bunt

multicopista *m* Vervielfälti-
gungsgerät *n*

múltiple *adj* vielfach, mehrfach

multiplicación *f* Vervielfälti-
gung *f*; MATE Multiplikation *f*;

multiplicar I. *vt* **1** ↑ *aumentar* vervielfältigen, vermehren
2 MATE multiplizieren **II.** *vr
(se)* BIOL sich vermehren

mundial *adj* Welt-; **mundo** *m*
Welt *f*

munición *f* Munition *f*

municipal *adj* städtisch, Stadt-;
municipio *m* **1** (*villa*) Gemeinde *f* **2** ↑ *ayuntamiento*
Stadtverwaltung *f* **3** (*zona*) Ge-
meindebezirk *m*

muñeca *f* **1** (*juguete*) Puppe *f*
2 ANAT Handgelenk *n*

mural *m* Wandgemälde *n*; **muralla** *f* Mauer *f*

murmurar *vi* **1** (*en voz baja*)
murmeln **2** ← *viento, agua* rauschen

muro *m* Wand *f*

muscular *adj* Muskel-; **mus-
culatura** *f* Muskulatur *f*;
músculo *m* Muskel *m*

museo *m* Museum *n*

músico(/a) I. *adj* Musik-, musikalisch **II.** *m/f* Musiker(in *f*) *m* **III.** *f* Musik *f*; **musical** *adj* musikalisch, Musik-

muslo *m* Oberschenkel *m*

musulmán (-ana) *m/f* Mohammedaner(in *f*) *m*, Moslem *m*, Moslime *f*

mutación *f* ① BIOL Mutation *f* ② ↑ *cambio* [Ver-]Änderung *f*

mutilado I. *adj* verkrüppelt **II.** *m/f* Krüppel *m*; **mutilar** *vt* verstümmeln

mutuo *adj* gegenseitig

muy *adv* sehr; ◇ **M-** Señor mío sehr geehrter Herr ...; ◇ **ya es- tarde** es ist schon sehr spät

N

N, n *f* N, n *n*

nabo *m* Steckrübe *f*

nácar *m* Perlmutt *n*

nacer *irr vi* ① geboren werden ② ← *río, fuente* entspringen ③ ← *plantas* sprießen; **nacido** *adj* geboren; **nacimiento** *m* ① (*de un niño*) Geburt *f* ② ↑ *comienzo* Anfang *m* ③ (*de Navidad*) Weihnachtskrippe *f*

nación *f* Nation *f*, Volk *n*; **na- cional** *adj* national, innerstaatlich; **nacionalidad** *f* Staatsangehörigkeit *f*; **nacionalismo** *m* Nationalismus *m*

nada I. *pron* nichts **II.** *adv* überhaupt nicht; ◇ **¡de -!** bitte!, gern geschehen!

nadar *vi* schwimmen

nadie *pron* niemand

naipe *m* Spielkarte *f*

naranja *f* Apfelsine *f*; **naran- jada** *adj* orange; **naranjo** *m* Orangenbaum *m*

narcótico I. *adj* betäubend **II.** *m* Betäubungsmittel *n*; **narco- tráfico** *m* Drogenhandel *m*

nariz *f* Nase *f*

narrar *vt* erzählen

nasal *adj* nasal, Nasen-

nata *f* Sahne *f*

natal *adj* Geburts-; ◇ **país** *m* - Geburtsland *n*

nativo(/a) I. *adj* gebürtig, eingeboren **II.** *m/f* Eingeborene(r) *fm*

natural *adj* natürlich; ◇ **- de** Chile gebürtiger Chilene; **na- turaleza** *f* Natur *f*; **natural- mente** *adv* selbstverständlich, natürlich

naufragio *m* Schiffbruch *m*; **náufrago(/a) I.** *adj* schiffbrüchig **II.** *m/f* Schiffbrüchige(r) *fm*

náusea *f* ① Übelkeit *f* ② FIG

Ekel m; ◇ **tengo -s** mir wird übel

náutico adj nautisch

navaja f Taschenmesser n; ◇ **- de afeitar** Rasiermesser n

naval adj See-, Schiffs-

navarro adj aus Navarra

nave f ① ↑ **barco** Schiff n ② (de iglesia) [Kirchen-]Schiff n ③ (local) Halle f; **navegable** adj schiffbar; **navegar** vi fahren (a/para nach)

Navidad f Weihnachten n; **navideño** adj weihnachtlich, Weihnachts-

nebuloso adj ① dunstig, diesig ② FIG verschwommen, vage

necesario adj nötig

neceser m Necessaire n

necesidad f Notwendigkeit f; ◇ **en caso de -** im Notfall; **necesitar** vt benötigen, brauchen

necio adj dumm, blöd

néctar m Nektar m

negar irr vt ① → pregunta verneinen ② → petición verweigern ③ → hijo verleugnen; **negativo(/a)** I. adj negativ, verneinend II. m FOTO Negativ n III. f Absage f

negligente adj nachlässig

negociación f Verhandlung f; **negociante** m/f Geschäftsmann m, -frau f; **negociar** vt, vi handeln mit, verhandeln über

akk; **negocio** m ① COM Geschäft n, Handel m ② (local) Laden m

negro(/a) I. adj schwarz II. m/f Farbige(r) fm

nene(/a) m/f FAM Baby n, Kleinkind n

neoyorquino adj aus New York

nervio m Nerv m, Sehne f; **nerviosismo** m Nervosität f; **nervioso** adj Nerven-; (persona) nervös

neto adj ▷precio netto

neumático I. adj pneumatisch, Luft- II. m Reifen m; ◇ **- de repuesto** Ersatzreifen m

neurólogo(/a) m/f Neurologe m, Neurologin f

neurosis f <inv> Neurose f

neutral adj neutral; **neutralidad** f Neutralität f; **neutralizar** I. vt neutralisieren II. vr(se) unwirksam werden

neutro adj neutral

nevada f Schneefall m; **nevar** irr vi impers schneien

nevera f Eisschrank m

ni cj auch nicht; ◇ **-...-** weder ...noch ...

Nicaragua f Nicaragua n; **nicaragüense** I. adj nicaraguanisch II. m/f Nicaraguaner(in f) m

nicotina f Nikotin n

niebla f Nebel m

niego vb ver **negar**

nieto(/a) m/f Enkel(in f) m

nieva vb ver **nevar; nieve** f Schnee m

Nilo m ◇ **el** - der Nil

ninguno, ningún I. adj kein(e) **II.** pron (nadie) niemand; ◇ **de ningún modo** keinesfalls

niñez f Kindheit f

niño(/a) I. adj (de mentalidad) kindlich **II.** m Kind n; ↑ chico Junge m **III.** f Kind n; ↑ chica Mädchen n ② ANAT Pupille f

nipón(-ona) I. adj japanisch **II.** m/f Japaner(in f) m

níquel m Nickel n

nitidez f FOTO Schärfe f; **nítido** adj ① ↑ claro, limpio klar, rein ② FOTO scharf

nivel m ① ↑ altura Niveau n, Höhe f ② ↑ grado Stand m; ◇ **- de desarrollo** Entwicklungsgrad m; ◇ **- de agua** Wasserwaage f

no I. adv nicht **II.** interj nein; ◇ ¿cómo -? aber gewiß!

noble I. adj ① (de familia) adlig ② ↑ metal edel **II.** m/f Adlige (r) f/m; **nobleza** f Adel m ① (de carácter) Großmut f

noción f ① ↑ idea Idee f ② (de tema) Grundkenntnisse f/pl

nocivo adj schädlich

nocturno adj nächtlich, Nacht-

noche f Nacht f; ◇ **ayer - /ayer por la -** gestern abend; **Noche-**

buena f Heiligabend m; **Nochevieja** f Silvester n

nombramiento m ↑ designación Ernennung f; **nombrar** vt ① [be]nennen ② (para un cargo) ernennen

nombre m ① (de persona) Name m ② FIG Ruf m; ◇ **- y apellidos** Vor- und Nachname

nordeste m Nordost m

norma f Norm f, Regel f; **normalizar** vt normalisieren

noroeste m Nordwest m

norte m Norden m; **Norteamérica** f Nordamerika n; **norteamericano(/a) I.** adj nordamerikanisch, US-amerikanisch **II.** m/f Nordamerikaner(in f) m

norteño adj aus dem Norden

Noruega f Norwegen n; **noruego(/a) I.** adj norwegisch **II.** m/f Norweger(in f) m

nos pron uns

nosotros(/as) pron wir

nostalgia f Nostalgie f, Heimweh n

nota f ① (de examen, música) Note f ② (escrito) Notiz f ③ ↑ cuenta Rechnung f

notabilidad f Ansehen n; **notable** adj bemerkenswert, beachtenswert; **notar** vt bemerken

notario(/a) m/f Notar(in f) m

noticia f Nachricht f; ◇ **tener -s**

de alguien etw von jd-m gehört haben; **noticiario** m Nachrichten pl

notificar vt bekanntgeben

notorio adj offenkundig

novecientos(/**as**) numeral neunhundert

novedad f 1 (de nuevo) Neuheit f 2 ↑ noticia Neuigkeit f

novela f Roman m

noveno adj neunte(r, s)

noventa numeral neunzig

noviembre m November m

novillada f Stierkampf mit Jungstieren; **novillo** m Jungstier m

novio(/**a**) m/f 1 Freund(in f) m 2 ↑ prometido Verlobte(r) fm

nube f Wolke f; ◇ **estar por las -s** unerschwinglich sein; **nublado** adj bewölkt

nuca f Nacken m

nuclear adj nuklear, Kern-; **núcleo** m Kern m

nudillo m ANAT Finger-, Zehenknöchel m

nudo m (atadura) Knoten m

nuera f Schwiegertochter f

nuestro(/**a**) pron unser

nuevamente adv nochmals

nueve numeral neun

nuevo(/**a**) **I.** adj neu **II.** m/f (persona) Neuling m; ◇ **Nueva York** New York; ◇ **Nueva Zelanda** Neuseeland n; ◇ **de -** nochmals

nuez f 1 (fruto) Nuß f 2 ANAT Adamsapfel m

nulo adj 1 ↑ sin valor ungültig 2 (persona) unfähig

numeración f Numerierung f; **numerar** vt numerieren; **numerario** adj zahlenmäßig, Zahl-; **número** m Nummer f, Zahl f; ◇ **- de matrícula** Kennzeichennummer f; **numeroso** adj zahlreich

nunca adv nie; ◇ **- más** nie wieder, nie mehr; ◇ **- jamás** nie und nimmer

nupcias f/pl Hochzeit f

nutria f Otter m

nutrir vt 1 ernähren 2 FIG nähren; **nutritivo** adj nahrhaft, Nähr-

Ñ

ñaque m Gerümpel m

ñoñería f Geschwätz n; **ñoño** adj FAM ▷ persona kindisch, albern

O

O, o [1] *f* (letra) O, o *n*
o [2] *cj* oder; ◇ **debo pesar 62 - 63
kilos** ich wiege wohl 62 oder 63
Kilos; ◇ **el jefe - director de la
empresa** der Chef oder Leiter
der Firma; ◇ **¿quieres que vayamos al cine - al teatro?** willst
du lieber ins Kino oder ins Theater?

obcecar *vt* [ver-]blenden;
◇ **está obcecado con sus ideas**
er ist blind in seinen Vorstellun-
gen; ◇ **está obcecado en dimitir** er ist darauf versessen,
zurückzutreten; ◇ **está obcecado
por el dinero** das Geld hat ihn
für alles andere blind gemacht

obedecer *vt* [1] ↑ *hacer caso*
gehorchen, Gehorsam leisten
dat; ◇ **obedece a su padre** er
gehorcht seinem Vater [2] ↑ *ceder* Folge leisten, sich fügen;
◇ **el caballo obedece a las riendas** das Pferd fügt sich den Zü-
geln

obispo *m* Bischof *m*

objeción *f* [1] (argumento en
contra) Einwand *m* [2] (indicación de una falta) ◇ **le han hecho varias objeciones a su tesis**
sie haben ihm mehrere Fehler in
seiner Arbeit gezeigt [3] ↑ *cen-*

sura Kritik *f*; ◇ **su conducta
merece serias objeciones** ihr
Verhalten verdient scharfe Zu-
rechtweisungen; **objetar** *vt*
einwenden, Fehler/Mängel aufdecken, zurechtweisen

objetivo I. *adj* objektiv, sachlich, unvoreingenommen **II.** *m*
[1] ↑ *finalidad, meta* Ziel *n* [2]
FOTO Objektiv *n*

objeto *m* [1] ↑ *cosa* Gegenstand
m [2] (GRAM *complemento directo*) Objekt *n* [3] ↑ *finalidad*
Zweck *m*; ◇ **al - de/con - de** um
zu, mit der Absicht, daß; ◇ **no
tiene - discutir tales temas** es
hat keinen Zweck, derartiges zu
besprechen; ◇ **sin -** sinnlos

objetor *m* : ◇ **- [de conciencia]**
Kriegs-/Wehrdienstverweigerer
m

obligación *f* Verpflichtung *f*;
obligar I. *vt* [1] ↑ *forzar* zwingen, verpflichten; ◇ **- por la fuerza** mit Gewalt zwingen; ◇ **me
obligó a pagarlo** er zwang
mich, es zu bezahlen [2] JUR
←*leyes* gelten, binden; ◇ **esta
ley sólo obliga a los mayores
de edad** dieses Gesetz ist nur für
Volljährige bindend **II.** *vr(se)*
sich verpflichten

obra *f* [1] ↑ *Arbeit f*; ◇ **mano de
- Arbeitskraft *f*; ◇ **por - de** auf
Grund der Anstrengung, dank
gen [2] (libro) Werk *n*; ◇ **-maes-**

tra Meisterwerk *n* ③ *(de teatro)* Stück *n*; **obrero(/a)** *m/f* Arbeiter(in *f*) *m*

obscu- ver **oscu-**

obsequiar *vt* ① ↑ *regalar* beschenken ② ↑ *agasajar* bewirten, freundlich aufnehmen

observación *f* ① *(acción)* Beobachtung *f* ② ↑ *aclaración* Bemerkung *f* ③ ↑ *objeción* Einwand *m*; **observar** *vt* ① ↑ *mirar* beobachten, aufmerksam betrachen ② ↑ *darse cuenta* bemerken

obsesionar *vt* ① *(no poder olvidar)* nicht aus dem Sinn gehen *dat*; ◇ **está obsesionado con esas teorías** ist es besessen von diesen Theorien; ◇ **me obsesiona esta idea** diese Idee verfolgt mich ② *(preocupar)* ständig plagen

obstaculizar *vt* erschweren, behindern; **obstáculo** *m* Hindernis *n*; ◇ **poner -s** Hindernisse in den Weg stellen

obstante *adv:* ◇ **no -** trotzdem, dennoch

obstinado *adj* hartnäckig, eigensinnig, unbeirrbar; **obstinarse** *vr(se)* stur bleiben, bestehen auf *akk;* ◇ **- en llevar siempre la contraria** ständig widersprechen

obstrucción *f (de caminos)* Sperrung *f*; **obstruir** *vt* ↑ *ob-*

staculizar behindern, erschweren

obtención *f* ① ↑ *adquisición* Erhalt *m* ② *(producción)* Erzeugung *f*; **obtener** *irr vt* ① ↑ *alcanzar* erzielen ② ↑ *sacar* erhalten, erzeugen; ◇ **la gasolina se obtiene del petróleo** Benzin wird aus Erdöl gewonnen

obtuso *adj* ① ▷*persona* begriffsstutzig, schwer von Begriff ② *(sin punta)* stumpf

obvio *adj* ↑ *claro* offensichtlich, deutlich

ocasión *f* ① ↑ *circunstancia* Gelegenheit *f*; ◇ **de -** Gelegenheits-; ◇ **la - hace al ladrón** Gelegenheit macht Diebe ② ↑ *causa* Anlaß *m;* ◇ **con - de** anläßlich/zum Anlaß *gen;* **ocasional** *adj* zufällig

occidental *adj* abendländisch, POL westlich, West-; **occidente** *m* ① *(punto cardinal)* Westen *m* ② POL ◇ **el O-** das Abendland, der Westen

océano *m* Ozean *m;* ◇ **el O-Atlántico** der Atlantik

ocio *m* ① *(sin trabajo)* Müßiggang *m* ② ↑ *tiempo libre* Freizeit *f;* **ocioso** *adj* ① *inactivo* untätig ② ↑ *innecesario* unnütz, sinnlos

octavo I. *adj (de ocho)* achte(r, s) **II.** *m* ↑ *la octava parte* Achtel *n;* ◇ **el - de final** Achtelfinale *n*

octogenario(/a) I. *adj* achtzigjährig II. *m/f* Achtzigjährige(r) *fm*

octubre *m* Oktober *m*

ocular *adj* Augen-; ◇ *testigo* - Augenzeuge *m;* **oculista** *m/f* Augenarzt *m*, Augenärztin *f*

ocultar I. *vt* verbergen, verstecken II. *vr(se)* sich verstecken; **oculto** *adj* verborgen, geheim

ocupación *f* ① ↑ *tarea* Beschäftigung *f*, Aufgabe *f* ② ↑ *trabajo* Arbeit *f;* **ocupado** *adj* ① ▷*persona* beschäftigt; ▷*cosa* benutzt, in Gebrauch ② ▷*teléfono* besetzt; **ocupante** *m/f* (*de casas*) Bewohner(in) *f m;* (*de coches*) Insasse *m*, Insassin *f;* **ocupar** I. *vt* ① → *espacio* einnehmen ② → *lugar* besetzen ③ → *piso* wohnen in *dat;* ◇ *la habitación todavía no está ocupada* das Zimmer ist noch nicht vermietet ④ → *tiempo libre* verbringen II. *vr (se)* ① ◇ *-se en/de/con* ③ *estar encargado de* sich beschäftigen mit ② ↑ *cuidar* ◇ *-se de* sich kümmern um

ocurrencia *f* ① ↑ *suceso* Ereignis *m* ② ↑ *idea* Einfall *m;* **ocurrente** *adj* einfallsreich, witzig

ocurrir I. *vi* vorkommen, geschehen II. *vr(se)* einfallen; ◇ *se me ocurrió que podrías venir*

mir fiel ein, daß du kommen könntest

ochenta *numeral* achtzig; **ocho** *numeral* acht

odiar *vt* hassen; ◇ *- a muerte* auf den Tod hassen; **odio** *m* *también* FIG Haß *m;* ◇ *le tengo - a esa canción* ich hasse dieses Lied; ◇ *siento - por las ratas* ich hasse Ratten

oeste *m* Westen *m*

ofender I. *vt* beleidigen, kränken II. *vr(se):* ◇ *-se con alguien/por algo* sich beleidigt fühlen von jd-m/durch etw; **ofensa** *f* ① Beleidigung *f* ② JUR Straftat *f*

oferta *f* ① Angebot *n;* ◇ *la - y la demanda* Angebot und Nachfrage; ◇ *le han hecho muchas -s de trabajo* man hat ihm viele Arbeitsangebote gemacht ② COM Sonderangebot *n*

oficial *adj* ① (*del estado*) amtlich, dienstlich; ◇ *acto -* Staatsakt *m* ② (*público*) offiziell

oficina *f* Büro *n;* **oficinista** *m/f* Büroangestellte(r) *fm*

oficio *m* ↑ *trabajo* Beruf *m*

ofrecer I. *vt* anbieten, bieten II. *vr(se)* sich anbieten

oftalmólogo *m* Augenarzt *m*, Augenärztin *f*

ofuscación *f* **ofuscamiento** *m* Verwirrung *f;* **ofuscar** *vt* durcheinander bringen, verwirren

ogro m Ungeheuer n

oídas f : ◇ **saber/conocer [algo] de** – etw vom Hörensagen wissen/kennen; **oído** m ① ANAT [Innen-]Ohr n; ◇ **decir algo al** – etwas zuflüstern; ◇ **ser todo** -**s** ganz Ohr sein ② (sentido) Gehör n; ◇ **ser/estar duro de** – schwerhörig sein; **oigo** vb ver **oír**; **oír** <4.6> vt ① hören; ◇ **lo que oyes** wenn ich es dir doch sage ② ↑ **prestar atención** zuhören dat; ◇ – **misa** die Messe hören; ◇ **¡oiga!** hören Sie [mal]!; ◇ **¡oye!** hör mal! paß mal auf!

ojal m Knopfloch n

ojalá interj hoffentlich; ◇ **¡- no llueva mañana!** hoffentlich regnet es morgen nicht!

ojeada f Blick m; **ojear** vt durchblättern; **ojera** f : ◇ **tener** -**s** Ringe unter den Augen haben

ojeriza f Groll m; ◇ **tener** - **a alguien** jd-n auf dem Kieker haben

ojo I. m ① ANAT Auge n; ◇ -**s que no ven, corazón que no siente** was nicht weiß, macht mich nicht heiß; ◇ **andarse con cien** -/**andar con cien** -**s** sehr vorsichtig/mißtrauisch vorgehen; ◇ **no quitar** – **del** Blick nicht abwenden; ◇ **saltar a los** -**s ins** Auge springen; ◇ **valer un** - **de la cara** sehr viel wert sein ②

↑ **vista** Sehkraft f; ◇ **tener** - **para** ein Auge haben für II. interj Vorsicht!; ◇ **¡mucho** -**!** paß bloß auf!

ola f Welle f

olé interj bravo, recht so

oleada f Wellenschlag m; **oleaje** m Wellengang m

óleo m : ◇ **pintura al** – Ölgemälde n

oleoducto m Ölleitung f

oler I. vt ① riechen; ◇ **huele a perfume** es riecht nach Parfum; ◇ **este asunto huele mal** die Sache stinkt ② ↑ **olfatear** beriechen, beschnuppern II. vr(se) ① (imaginarse) sich vorstellen ② ↑ **sospechar** befürchten

olfatear vt ① ← **perros** riechen, schnuppern ② FIG ↑ **sospechar** ahnen, befürchten; **olfato** m ① (sentido) Geruchssinn m ② (FIG sagacidad) Riecher m; ◇ **un negociante con** - ein Händler mit dem richtigen Riecher ③ ↑ **intuición** [Vor-]Ahnung f

olimpiada, olimpíada f Olympiade f

oliva f (fruto) [unbehandelte] Olive; ◇ **aceite de** – Olivenöl n; **olivo** m Olivenbaum m

olor m Geruch m; ◇ **buen** – Duft m; ◇ **mal** – Gestank m; **oloroso** adj wohlriechend, duftend

olvidadizo adj vergeßlich;

◇ **hacerse el** - den Vergeßlichen spielen; **olvidar I.** *vt* ① vergessen ② →*penas* überwinden; ◇ **con la conversación olvida el dolor** mit dem Gespräch überwindet sie den Schmerz **II.** *vr (se):* ◇ **-se** de vergessen; **olvido** *m* Vergessen *n*

olla *f* [tiefer] Topf; - **exprés/a presión** Dampfkochtopf *m*

ombligo *m* ① ANAT Bauchnabel *m;* ◇ **encogérsele a alguien el** - Angst haben, sich erschrecken ② ↑ *centro* Zentrum *n;* ◇ **el** - **del mundo** der Nabel der Welt

omisión *f* ① (*abstención*) Auslassung *f* ② *también* JUR Unterlassung *f;* **omiso** *adj* nachlässig; ◇ **hacer caso** - **de algo** etw nicht beachten; **omitir** *vt* unterlassen, auslassen, übergehen

omnipotente *adj* allmächtig, omnipotent; ◇ **El O-** der allmächtige Gott

omnívoro *adj* allesfressend

omoplato, omóplato *m* Schulterblatt *n*

once *numeral* elf; ◇ **el** - [Fußball-]Elf *f* ② **onceavo** *adj* elfte [r] Teil, Elftel *n*

onda *f* ① (*ondulación*) Welle *f; FAM* ◇ **estar en la** - in sein ② FIS, MEDIA Schwingung *f;* ◇ - **corta** Kurzwelle *f;* **ondear** *vi*

① ←*agua* wogen ② ←*pelo* wehen

O.N.U. *f acrónimo de* **Organización de las Naciones Unidas** UNO *f*

onomatopeya *f* Lautmalerei *f*

opaco *adj* ① undurchsichtig ② ↑ *sin brillo* matt

opción *f* ① ↑ *alternativa* Wahl *f* ② (*derecho*) Anspruch *m*

ópera *f* Oper *f*

operación *f* ① Tätigkeit *f* ② MED Operation *f;* **operar I.** *vt* ① MED operieren ② ↑ *producir efecto* bewirken, erreichen **II.** *vi* vorgehen, handeln **III.** *vr(se)* ① sich ereignen, geschehen ② MED sich operieren lassen

opereta *f* Operette *f*

opinar *vi* ① ↑ *creer* meinen, glauben ② ↑ *emitir una opinión* seine Meinung sagen (*sobre/en* zu); **opinión** *f* Meinung *f*

opio *m* Opium *n*

oponente *m/f* Gegner(in *f*) *m;* **oponer** *irr* **I.** *vt* (*poner en contra*) entgegensetzen **II.** *vr(se)* ① (*estar en contra*) sich widersetzen, dagegen sein ② ↑ *ser contrario* widersprechen, das Gegenteil sein

oportunidad *f* Gelegenheit *f;* **oportuno** *adj* ① ↑ *adecuado* angemessen, passend; ◇ **el momento** - im richtigen Augenblick ② ↑ *conveniente* günstig

oposición f ① Widerstand m ② POL Opposition f; **opositor (a)** m/f Bewerber/Bewerberin bei e-r staatlichen Aufnahmeprüfung

opresión f Druck m; FIG Unterdrückung f; **opresivo** adj drückend

optar vi ① (escoger) sich entscheiden (por für) ② ← conducta vorziehen; **optativo I.** adj freiwillig, wahlfrei **II.** f UNI Wahl[pflicht]fach n

óptico(/a) I. adj optisch **II.** m/f Optiker(in f) m

optimismo m Optimismus m

óptimo adj ↑ superior am besten, großartig, unübertreffbar

opuesto adj gegensätzlich, entgegengesetzt

opulencia f Überfluß m; **opulento** adj üppig, überreichlich

oración f Satz m

oráculo m Orakel n

orador(a) m/f Redner(in f) m

oral adj mündlich

orar vi beten

órbita f ① ASTRON Kreisbahn f ② (campo de actividad) Bewegungsfeld n; ◇ **no está en mi** - er liegt nicht auf meiner Wellenlänge

orden f ① Ordnung f ② ↑ organisación Organisation f; ◇ **de primer** - ersten Ranges **II.** f ↑ mandato Befehl m; ◇ **¡a la** -! zu Befehl!; ◇ **dar** -**es** befehlen, auftragen; ◇ **por** - **de** im Auftrag von; **ordenado** adj ① ▷cosa gerichtet, geordnet ② ▷persona ordentlich

ordenador m ↑ computadora Computer m; **ordenanza** f Anordnung f; **ordenar** vt ① ↑ mandar befehlen, verordnen, auftragen ② ↑ poner en orden ordnen, aufräumen

ordinario adj ① ↑ habitual gewöhnlich, gebräuchlich, tagtäglich; ◇ **los gastos** -**s** die laufenden Kosten ② ▷persona ordinär, unfein, ungeschliffen

oreja f Ohr n

orfanato, orfelinato m (lugar) Waisenhaus n

orgánico adj organisch; **organismo** m ① (ser vivo) Organismus m ② ↑ institución Organisation f

organización f Organisation f; **organizar** vt organisieren

órgano m MED Organ n

orgullo m ① (sentimiento) Stolz m; ◇ **tener/sentir** - **por/de** stolz sein auf akk ② PEY ↑ arrogancia Arroganz f; **orgulloso** adj stolz, überheblich

orientación f Orientierung f

oriental adj östlich, Ost-

orientar I. vt orientieren **II.** vr (se) sich orientieren

oriente m Orient m

orificio m ↑ abertura Öffnung f

origen m Ursprung m; **original** adj original; **originar** I. vt veranlassen, verursachen II. vr (se) entstehen; **originario** adj 1 ▷persona stammend (de aus) 2 ▷cosa ursprünglich, Ursprungs-

orilla f 1 (del mar, río) Ufer n 2 (de la mesa) Rand m; ◇ - de neben, nahe bei; **orillar** vt umgehen, ausweichen dat

oriundo adj: ◇ - de stammend aus

ornamentar vt schmücken, dekorieren

oro m 1 Gold n; ◇ **no es - todo lo que reluce** es ist nicht alles Gold, was glänzt 2 (objeto de oro) Goldschmuck m

orquesta f Orchester n

ortografía f Rechtschreibung f

ortopedia f Orthopädie f

os pron euch

osado adj ↑ valiente mutig, kühn; **osar** vi [es] wagen, sich trauen

oscilación f Schwankung f

oscurecer I. vt 1 (poner oscuro) verdunkeln 2 (parecer menos brillante) blaß bleiben (a gegenüber) II. vi dunkel werden III. vr(se) sich verfinstern; **oscuridad** f Dunkelheit f; **oscuro** adj 1 (sin luz) dunkel 2 (no claro) unklar, unsicher 3 ↑ sospechoso verdächtig

óseo adj knöchern, Knochen-

ostensible adj offenbar, deutlich

ostentar vt 1 ↑ mostrar zeigen, herzeigen 2 ↑ exhibir vorlegen, belegen

ostra f Auster f; ◇ **aburrirse como una** - sich zu Tode langweilen

otear vt 1 (desde una altura) überblicken, e-n Überblick haben 2 ↑ mirar beobachten

otoño m Herbst m

otorgar vt erteilen, zukommen lassen

otro(/a) I. adj 1 (distinto) andere(r, s); (pl) andere; ◇ **al** - **día** am nächsten Tag; ◇ **de** -a **manera** sonst; ◇ **el** - **día** nächst; ◇ **por** -a **parte** andererseits 2 ↑ uno más noch andere(r,s), weitere(r,s); ◇ - **tanto** noch einmal das gleiche; ◇ **no lo harán** -a **vez** das werden sie nicht noch einmal tun II. pron 1 ↑ distinto ein anderer, eine andere, ein anderes; ◇ -s **pl** andere 2 ↑ uno **más** ein weiterer, eine weitere, ein weiteres

ovación f Beifall m

oveja f también FIG Schaf n; ◇ **la** - **negra de la familia** das schwarze Schaf der Familie

OVNI m acrónimo de objeto volante no identificado Ufo n

oxígeno m Sauerstoff m
oyente m/f Hörer(in f) m
ozono m Ozon n

P

P, p f P, p n
pacer vi weiden, grasen
paciencia f Geduld f; **paciente I.** adj geduldig **II.** m/f Patient(in f) m
pacificar vt befrieden, versöhnen; **pacífico** adj ① ▷persona friedlich ② ◇ **el Océano P-** der Pazifik
pacotilla f FAM: ◇ de - minderwertig
pactar I. vt → negocio vereinbaren, sich einigen auf akk **II.** vi paktieren; **pacto** n POL, MIL Pakt m; ◇ **de no agresión** Nichtangriffspakt m
pachucho adj FAM ↑ enfermo unwohl; ◇ **sentirse -** sich mies fühlen
padecer I. vi ↑ sufrir leiden (de an dat); ◇ **- de los nervios** nervenkrank sein **II.** vt ① → enfermedad erleiden ② → engaño erdulden, über sich ergehen lassen

padre m (de familia) Vater m; ◇ **- político** Schwiegervater m; ◇ **-s** pl Eltern pl; **padrino** m (en bautizo) Taufpate m; ◇ **tener -s gute Beziehungen haben**
paga f (dinero) Lohn m, Gehalt n
pagar vt ① zahlen, bezahlen; ◇ **- al contado/a plazos** bar/in Raten bezahlen ② → invitación Kosten übernehmen
página f Seite f
pago m (acción) Zahlung f; ◇ **-s** pl Zahlungsverkehr m; ◇ **- anticipado** Vorauszahlung f; ◇ **- a cuenta** Akontozahlung f; ◇ **- a plazos** Ratenzahlung f
país m ① ↑ patria Land n; ◇ **- en vías de desarrollo** Entwicklungsland m; ◇ **- de origen** Herkunftsland n ② ◇ **el P- Vasco** das Baskenland; **paisaje** m Landschaft f
paja f AGR Stroh n; **pajar** m Scheune f
pajarita f Fliege f; ◇ **- de papel** Papierschleife f; **pájaro** m FAUNA Vogel m; FIG ◇ **matar dos -s de un tiro** zwei Fliegen mit e-r Klappe schlagen; ◇ **tener la cabeza llena de -s** nichts als Flausen im Kopf haben
pajita f Strohhalm m
pala f (para cavar) Schaufel f
palabra f ① Wort n; ◇ **-s mayores** Schimpfworte n/pl;

◇ en una - kurz [gesagt]; ◇ **no sé ni** - ich habe keine Ahnung; ◇ **ser persona de pocas -s** wenig Worte machen; ◇ **comerse las -s** sehr schnell reden; ◇ **dejar con la -** en la boca einfach stehenlassen; ◇ **pedir la -** ums Wort bitten; ◇ **no soltar -** kein Wort verlieren; ◇ **tomar la -** das Wort ergreifen [2] (facultad) Redevermögen n [3] ↑ promesa Versprechen n; ◇ **de trato de -** mündlich vereinbaren; ◇ **faltar a la -** sein Wort brechen

palacio m Palast m; ◇ **- de justicia** Justizpalast m

paladear vt [1] schmecken [2] ↑ recrearse genießen

palanca f Hebel m

paliar vt lindern, mildern

palidecer vi blaß werden, erblassen; **pálido** adj blaß

palique m FAM ◇ **estar de -** plaudern

paliza f I. adj (FAM persona) stinklangweilig; ◇ **dar la -** nerven II. (de golpes) Tracht f Prügel; FAM ◇ **dar una - a alguien** jd-m e-e Tracht Prügel verabreichen

palma f [1] (de la mano) Handfläche f; ◇ **dar -s** klatschen [2] (árbol) Palme f

palmar vi: ◇ **-la** FAM abkratzen

palmear vi klatschen

palmo m Spanne f; ◇ **- a -** schrittweise; ◇ **conocer una ciudad a -s** e-e Stadt in und auswendig kennen; FAM ◇ **dejar a alguien con un - de narices** jdn für dumm verkaufen

palmotear vi [Beifall] klatschen

palo m (de madera) Stock m; ◇ **pierna de -** Holzbein n; FIG ◇ **andar a -s** wie Hund und Katz sein; ◇ **dar -s de ciego** wild um sich schlagen

paloma f Taube f; ◇ **- mensajera** Brieftaube f

palpable adj greifbar; **palpar** vt befühlen, betasten; ↑ acariciar streicheln

palpitación f Herzklopfen n; **palpitante** adj schlagend; **palpitar** vi klopfen, schlagen

palurdo(/a) I. adj schwerfällig, plump II. m/f Tölpel m

pampa f Grasland n

pamplina f Unsinn m; ◇ **¡-s!** Quatsch!

pan m [1] Brot n; ◇ **- de molde** Kastenbrot m; ◇ **- integral** Vollkornbrot n; ◇ **- rallado** Paniermehl n; FIG ◇ **es más bueno que el -** sie ist ein herzensguter Mensch; ◇ **llamar al -, - y al vino, vino** die Dinge beim Namen nennen [2] FIG Lebensunterhalt m; ◇ **Juan se gana el -**

con mucho trabajo Juan verdient sich seinen Lebensunterhalt nicht leicht
panadería f Bäckerei f; **panadero/(a)** m/f Bäcker(in f) m
pancarta f Transparent n
pancho adj gelassen, unerschütterlich
panda [1] f (de amigos) Bande f; FAM Clique f
panda [2] m FAUNA: ◇ **oso** ~ Pandabär m
pandilla f FAM Clique f
panecillo m Brötchen n
panel m Platte f, Tafel f
panera f Brotkorb m
pánfilo adj [1] ↑ tonto schwer von Begriff [2] ↑ lento schwerfällig
pánico m Panik f
panorama m Panorama n
pantalón m, **pantalones** m/pl Hose f; ◇ **-es vaqueros** Jeans f; ◇ **llevar los** ~ die Hosen anhaben
pantalla f [1] (de lámpara) [Lampen-]Schirm m [2] MEDIA, INFORM Bildschirm m
pantano m (natural) Sumpf m; (artificial) Stausee m
pañal m [1] Windel f [2] ◇ **-es** pl Wickelzeug n
paño m [1] (tejido) Stoff m [2] ↑ trozo de tela Tuch n [3] ◇ **-s menores** Unterwäsche f
papa [1] f (AM) Kartoffel f; ◇ **-s fritas** Pommes frites pl

papa [2] m REL Papst m
papá m FAM Papa m
papagayo m Papagei m
papal adj REL päpstlich
papanatas m <inv> FAM Armleuchter m
papar vt FAM hinunterschlingen
paparrucha f [1] ↑ tontería Quatsch m [2] ↑ mentira Falschmeldung f
papel m [1] ↑ hoja Papier n; ◇ **- de calcar** Pauspapier n; ◇ **- de cartas** Briefpapier n; ◇ **- celofán** Klarsichtfolie f; ◇ **- de envolver** Packpapier n; ◇ **- de empapelar** Tapete f; ◇ **- de fumar** Zigarettenpapier n; ◇ **- higiénico** Toilettenpapier n; ◇ **- de lija** Schmirgelpapier n; ◇ **- moneda** Papiergeld n; ◇ **- reciclado** Recyclingpapier n; ◇ **- secante** Löschpapier n [2] ↑ impreso Zettel m; ◇ **-es** Papiere pl [3] TEATRO Rolle f; **papeleo** m Papierkrieg m; **papelería** f (tienda) Schreibwarengeschäft n;
papeleta f [1] (de rifa) Los n [2] (COLE, UNI de examen) Schein m [3] (POL de votación) Wahlzettel m
paperas f/pl MED Mumps m
papilla f Brei m; ◇ **dejar a alguien hecho** ~ jd-n fertigmachen
paquete m [1] Paket n; ◇ **- pos-**

tal Paketpost f ② *(pequeño)* Päckchen n; ◇ **- de cigarrillos** Schachtel f Zigaretten; FAM ◇ **ir de - en la moto** als Beifahrer/Sozius mitfahren

par I. adj gleich **II.** m Paar n; ◇ **a la -** gleichzeitig; ◇ **un - de libros** zwei Bücher; ◇ **dejar la puerta abierta de -** en **-** die Tür sperrangelweit auflassen

para prep ① *(finalidad)* für akk; ◇ **Juan vale - alcalde** Juan taugt zum Bürgermeister; ◇ **no le pagan - el trabajo que hace** für ihre Arbeit wird sie nicht richtig bezahlt; ◇ **no tengo tiempo - eso** dafür habe ich keine Zeit; ◇ **necesita dinero - comprar una cosa** sie braucht Geld, um etw zu kaufen; ◇ **eso es mucho - lo que él necesita** das ist mehr als er braucht; ◇ **decir - sí** zu sich selbst sagen ② *(tiempo)* ◇ **aplazarlo - mañana** auf morgen verschieben; ◇ **te lo doy - siempre** das kannst du für immer behalten; ◇ **lo quiero - el martes** ich will es bis Dienstag haben; ◇ **está - llover** es sieht nach Regen aus ③ *(dirección)* ◇ **tráelo - acá** bring es hierher ④ ◇ **- que + subj** um ... zu, damit; ◇ **te lo digo - que te informes mejor** ich sage es dir, damit du dich besser informierst ⑤ ◇ **¿- qué?** wozu? wofür?;

◇ **¿- qué lo necesitas?** wozu brauchst du das? ⑥ *(contraste)* ◇ **habla muy bién - su edad** für sein Alter spricht er sehr gut

parabrisas m ‹inv› AUTO Windschutzscheibe f

paracaídas m ‹inv› Fallschirm m

parachoques m ‹inv› AUTO Stoßdämpfer m

parada f ① Anhalten n ② *(lugar)* Haltestelle f; ◇ **- de autobús** Bushaltestelle f

paradero m Aufenthaltsort m

parado/(a) I. adj ① ↑ *sin actividad* untätig, bewegungslos ② ▷*fábrica* geschlossen ③ FIG ◇ **quedarse -** sprachlos sein; FAM baff sein ④ ◇ **salir bien/mal -** bei e-r Sache gut/schlecht wegkommen **II.** m/f Arbeitslose (r) fm

parador m : ◇ **- nacional** staatliches Hotel

paraguas m ‹inv› Regenschirm m

paraguayo/(a) I. adj paraguayisch **II.** m/f Paraguayer(in f) m

paraíso m Paradies n

paraje m Gegend f, Ort m

paralela f ① Parallele f ② ◇ **-as** pl SPORT Barren m

parálisis f ‹inv› Lähmung f; **paralítico** adj gelähmt; **paralización** f ① *(del cuerpo)*

Lähmung f ② (del tráfico) Stok-
kung f; **paralizar** I. vt lähmen
II. vr(se) gelähmt werden
paramilitar adj paramilitä-
risch
paraninfo m UNI Audimax m
paranormal adj: ◇ **fenóme-**
no - paranormale Erscheinung
paraplejía f MED doppelseiti-
ge Lähmung
parar I. vi ① ↑ detener anhalten, stoppen; ◇ **hablar sin** - unaufhörlich reden; ◇ **- de hablar**
aufhören zu reden ② ◇ **- en**
enden bei/in dat, führen zu;
◇ **irá a - mal** das wird in böses
Ende nehmen; ◇ **al fin paró en**
la cárcel schließlich landete er
im Gefängnis ③ ↑ hospedarse
absteigen (en in dat) II. vt ①
→ coche anhalten, stoppen ②
→ máquina abschalten III. vr
(se) stehenbleiben
parcela f Parzelle f
parcial adj Teil-, teilweise
pardo adj braun, grau
parecer I. m ① ↑ manera de
pensar Meinung f; ◇ **a mi** - meiner Meinung nach ② ↑ aspecto
Aussehen n II. vi ① (dar la
sensación de) den Anschein haben, scheinen; ◇ **según parece**
je nachdem; ◇ **parece que va a**
llover es sieht so aus, als ob es
gleich regnet ② ↑ semejar aussehen wie, gleichen dat; ◇ **su**

casa parece un palacio sein
Haus gleicht e-m Palast ③
(opinión) meinen, finden, der
Ansicht sein; ◇ **me parece que**
ich meine, daß III. vr(se) sich
ähnlich sein; ◇ **-se a algo/al-**
guien e-r Sache/jd-m ähneln;
parecido I. adj ähnlich;
◇ **bien** - gutaussehend; ◇ **mal** -
häßlich II. m Ähnlichkeit f
pared f Wand f
parejo/(a) I. adj gleich II. f (de
personas, animales) Paar n
parentela f Verwandtschaft f
parida f FAM Unsinn m
pariente/(a) m/f Verwandte(r)
fm
parir I. vt gebären, zur Welt
bringen II. vi ← persona gebären; ← animal werfen
parking m Parkplatz m, Parkhaus n
parlamentar vi ↑ pactar verhandeln; **parlamento** m Parlament n
parlanchín(-ina) adj schwatzhaft; **parlar** vi ↑ charlar
schwätzen
paro m ① ↑ inactividad Stillstand m ② ↑ interrupción Aus-
sperrung f
parpadear vi ① ←persona
blinzeln ② ←estrella flimmern
parque m ① Park m; ◇ **- de**
atracciones Rummelplatz m;
◇ **- nacional** Nationalpark m;

◇ - zoológico Tiergarten m [2] *(de niño)* Spielplatz m

parquedad f Bescheidenheit f

parquímetro m Parkuhr f

parranda f FAM Kneipenbummel m; ◇ **ir de** - e-e Sauftour machen

parrilla f GASTRON Grill m; ◇ **sardinas a la** - gegrillte Sardinen; **parrillada** f (GASTRON *de carne)* gegrilltes Fleisch; *(de pescado)* gegrillter Fisch

parroquia f Gemeinde f

parsimonia f Ruhe f

parte [1] f [1] Teil m; ◇ - **integrante** Bestandteil m; ◇ **formar** - **de** ein Teil sein von; ◇ **salúdale de mi** - grüß ihn von mir; ◇ **tus argumentos me convencen sólo en** - deine Argumente überzeugen mich nur teilweise/ zum Teil [2] *también* FIG Anteil m; ◇ **a** -**s iguales** zu gleichen Teilen [3] ↑ *lugar* Gegend f; ◇ **en alguna** - irgendwo; ◇ **en cualquier** - überall; ◇ **en ninguna** - nirgends [4] JUR Partei f; ◇ - **contratante** Vertragspartei f

parte [2] m Benachrichtigung f

partera f Hebamme f

partición f [Ver-]Teilung f

participación f [1] *(acción)* Teilnahme f *(en* an dat) [2] ↑ *cantidad* Anteil m *(en* an dat); **participante** m/f Teilnehmer

(in f) m; **participar** I. vt mitteilen II. vi teilnehmen *(en* an dat)

partícula f Teilchen n

particular I. adj besonders, speziell; ◇ **en** - vor allem, besonders II. m Privatangelegenheit f; **particularidad** f Besonderheit f; **particularizar** vt genau angeben

partida f *(acción)* Abfahrt f [2] ↑ *documento* Bescheinigung f; ◇ - **de matrimonio** Heiratsurkunde f

partido m POL *etc.* Partei f

partir I. vt [1] → *avellanas* aufbrechen [2] → *papel* aufschlagen II. vi ↑ *irse* abreisen, aufbrechen *(para* nach) III. vr*(se)* auseinanderbrechen, sich spalten

parto m Geburt f; ◇ - **sin dolor** sanfte Geburt; ◇ **estar de** - in den Wehen liegen

parvulario m Vorschule f

pasada f *(acción)* Vorübergehen n; ◇ **este libro lo he leído de** - das Buch habe ich sehr oberflächlich gelesen

pasadizo m Gang m

pasado(a) I. adj [1] ▷*tiempo* vergangen; ◇ - **mañana** übermorgen; ◇ **el mes** - [im] letzten Monat; ◇ **la semana** - vorige Woche [2] ▷*informe* überholt, veraltet II. m Vergangenheit f

pasador m ① (de puerta) Riegel m ② (de pelo) Spange f

pasaje m ① (calle) Durchfahrt f ② ↑ billete Fahrschein m ③ NAUT Überfahrt f; AERO Flug m

pasajero/(a) m/f AERO, NAUT Passagier m

pasamanos m <inv> Geländer n

pasaporte m Reisepaß m

pasar I. vt ① ↑ atravesar überqueren, fahren über akk ② (por un lugar) vorbeifahren/gehen an dat, passieren ③ ↑ dar geben, reichen dat ④ COLE, UNI bestehen ⑤ ↑ omitir auslassen, übergehen II. vi ① (hacia adentro) hineingehen; (por la calle, ventana) vorbeigehen, vorbeigehen (por an dat); ◇ ¡pasa! herein!; ◇ esta casa pasó a mi propiedad dieses Haus ist in meinen Besitz übergegangen ② (cruzar) durchgehen, durchfahren ③ ← tiempo vergehen ④ ↑ suceder vorkommen, passieren; ◇ ¿qué pasa? was ist los? ⑤ ◇ ~ a + inf anfangen zu ++ inf ⑥ ◇ ~ por gehalten werden für; ◇ pasa por 19 sie sieht aus wie 19 III. vr(se) ① ← crisis, enfermedad vorbeigehen, vorübergehen ② (cambiar de opinión) überwechseln, überlaufen (a zu)

pasarela f ① (de barco) Gangway f ② (de peatones) Brücke f

pasatiempo m Zeitvertreib m

Pascua f : ◇ ~ Ostern n; ◇ ¡felices -s! frohe Ostern!

paseante m/f Spaziergänger(in f) m; **pasear** I. vt spazierenführen, ausführen II. vi, vr(se) spazierengehen; **paseo** m (acción) Spaziergang m; ◇ dar un ~ e-n Spaziergang machen

pasillo m Flur m

pasión f Leidenschaft f

pasividad f Passivität f; **pasivo** adj passiv

pasmar I. vt erstaunen, verblüffen II. vr(se): ◇ -se de sich wundern über akk

paso m ① (movimiento) Schritt m; ↑ manera de andar Gang m; ◇ estar de ~ auf der Durchreise sein ② FIG Maßnahme f; ◇ de ~ flüchtig ③ ↑ camino Durchgang m; ◇ prohibido el ~ Durchgang verboten; ◇ abrirse ~ sich dat den Weg freimachen

pasta f ① masa Brei m ② GASTRON Teig m; ◇ -s pl Gebäck n ③ FAM ↑ dinero Kohle f

pastel m ① Kuchen m ② ◇ color ~ Pastellfarbe f; **pastelería** f Konditorei f

pasteurizado adj: ◇ leche f -a pasteurisierte Milch

pastilla f ① MED Tablette f ② (de jabón) Stück m

pasto m ↑ hierba Gras n

pastor(a) m/f ① (de ganado) Schäfer(in f) m ② REL Pastor (in f) m

pastoso adj ① ▷sustancia breiig, weich ② ▷voz angenehm, wohlklingend

pata f (de animal, de mesa) Bein n; ◇ tener mala - Pech haben; **patada** f Fußtritt m; **dar la - a alguien** jd-n feuern; **patalear** vi trampeln

patata f Kartoffel f; ◇ -s fritas ① (de sartén) Pommes frites pl ② (de bolsa) Kartoffelchips pl

patear I. vt ① Fußtritte geben dat ② (FAM andar mucho) sich dat die Hacken ablaufen II. vi [auf-]stampfen

patentar vt patentieren; **patente** I. adj ① ↑ manifiesto offen ② ↑ claro klar II. f Patent n

paternal adj väterlich, Vater-; **paternidad** f JUR Vaterschaft f; **paterno** adj väterlich, Vater-

patillas m (de pelo) Koteletten pl

patio m ① (de edificio) [Innen-] Hof m ② (de colegio) Schulhof m

pato m FAUNA Ente f; FAM ◇ pagar el - etw ausbaden müssen

patochada f Blödsinn m

patoso adj schwerfällig, plump

patria f Vaterland n

patriarca m Patriarch m

patrimonio m ① JUR Erbe n ② ↑ bienes Vermögen n

patriota m/f Patriot(in f) m

patrocinador(a) m/f Sponsor (in f) m; **patrocinar** vt ① ↑ proteger [be-]schützen ② → empresa unterstützen; **patrocinio** m Förderung f

patrón (-ona) m/f ① ↑ jefe Chef (in f) m ② (dueño) Wirt(in f) m; **patronal** f (agrupación) Arbeitgeber m/pl

patrulla f Streife f

paulatino adj bedächtig, langsam, gemächlich

pausa f Pause f; **pausado** adj langsam, bedächtig

pauta f Regel f

pavimentar vt ↑ embaldosar pflastern

pavo m Truthahn m; ◇ - real Pfau m; **pavonearse** vr(se) ↑ presumir angeben, sich brüsten (de mit)

pavor m Schrecken m; **pavoroso** adj schrecklich, entsetzlich

payasada f ↑ bufonada Streich m; **payaso(/a)** m/f Clown m

paz f ① (sin guerra) Friede[n] m ② ↑ concordia Ruhe f; ◇ **dejar en** - in Ruhe lassen

peaje m (de autopista) Autobahngebühr f

peatón m/f Fußgänger(in f) m; ◊ zona f de -es Fußgängerzone f

pecado m Sünde f; **pecador (a)** m/f Sünder(in f) m; **pecaminoso** adj sündig

peculiar adj 1 ↑ propio besondere(r, s), eigentümlich 2 ↑ típico typisch, charakteristisch; **peculiaridad** f Eigentümlichkeit f

pechuga f Brustfleisch n vom Geflügel

pedal m Pedal n

pedante adj pedantisch; **pedantería** f Pedanterie f

pedazo m Stück n; ◊ hacer -s kurz und klein schlagen

pediatra m/f Kinderarzt m, -ärztin f

pedido m ↑ encargo Auftrag m; ◊ ~ de prueba Probeexemplar n; **pedir** irr vt 1 ↑ rogar bitten um; ◊ ~ limosna betteln 2 COM →precio verlangen 3 FIG ↑ reclamar erfordern, schreien nach

pedrada f Schlag m mit e-m Stein

pega f FAM ↑ dificultad Haken m; ◊ la cosa tiene una - die Sache hat e-n Haken; **pegajoso** adj 1 ↑ pegajoso klebrig 2 MED ansteckend; **pegajoso** adj klebrig; **pegar I.** vt 1 (con

pegamento) zusammenkleben, kleben (a auf/an akk) 2 ↑ juntar befestigen, festmachen (a an dat) II. vi ↑ estar fijo kleben (en an dat) III. vr(se) ↑ adherirse haften, kleben

pego m FAM: ◊ dar el - a alguien jn-dn hintergehen

peinado m Frisur f; **peinar I.** vt kämmen II. vr(se) sich kämmen; **peine** m Kamm m

pelado adj 1 ▷montaña kahl 2 ▷naranja geschält 3 FAM ↑ sin dinero blank

pelaje m Fell n; **pelar I.** vt 1 → pelo die Haare schneiden dat 2 →fruta schälen II. vr(se) 1 (por el sol) sich schälen 2 (caerse el pelo) haaren

peldaño m Stufe f

pelea f Kampf m, Auseinandersetzung f; **pelear I.** vi kämpfen II. vr(se) sich streiten, sich zanken

peletería f Pelzgeschäft n

peliagudo adj heikel, schwierig

película f Film m

peligrar vi in Gefahr sein; **peligro** m Gefahr f; ◊ - de incendio Feuergefahr f; ◊ correr -/ estar en - Gefahr laufen, riskieren; **peligroso** adj gefährlich

pelirrojo adj rothaarig

pelma m/f, **pelmazo** m FAM Langweiler m

pelo m 1 (de persona) Haar n;

◇ con -s y señales haargenau;
◇ por los -s gerade noch; ◇ un
hombre de - en pecho ein ganzer Mann 2 (de animal) Fell n;
pelón(-ona) adj kahl; kurzge-
schnitten

pelota f Ball m; FAM ◇ en -s
splitternackt; VULG ◇ ser un -
ein Arschkriecher sein; **pelota-
zo** m Schlag m mit dem Ball;
pelotera f FAM Streit m;
pelotón m Menge f

peluca f Perücke f

peluche m Plüsch m

peludo adj [stark] behaart; **peluquería** f Friseursalon m; **pe-
luquero(/a)** m/f Friseur m, Friseuse f

pelusa f Flaum m; **pelleja** f
Fell n

pellejo m 1 Fell n 2 FAM
◇ jugarse el - Kopf und Kragen
riskieren

pelliza f Pelzjacke f

pellizcar vt kneifen, zwicken;
pellizco m 1 (acción) Kneifen n 2 (pequeña cantidad)
Bissen m

pena f 1 ↑ aflicción Kummer
m; ◇ dar - leid tun dat; ◇ ¡qué -!
wie schade! 2 JUR Strafe f; ◇ -
de muerte Todesstrafe 3 ↑ dificultad Mühe f; ◇ ahorrarse la -
sich dat die Mühe sparen; ◇ me-
recer/valer la - sich lohnen; ◇ a
duras -s mit Ach und Krach

penacho m Kopffedern f/pl

penal m Gefängnis n

penalidad f 1 Mühe f 2 JUR
Strafe f; **penalización** f Bestrafung f; SPORT Strafstoß m;
penalizar vt bestrafen; **penalti** f SPORT Strafstoß m

pendenciero adj streitsüchtig

pender vi hängen (de/en an
dat)

pendiente m Ohrring m

pendonear vi FAM faulenzen,
rumhängen

péndulo m Pendel n

pene m Penis m

penetrable adj zu durchdringen; **penetración** f Eindringen n (en in akk); **penetrante**
adj durchdringend; **penetrar**
I. vt durchdringen, durchbohren
II. vi eindringen (en in akk)

península f Halbinsel f; **pe-
ninsular** adj Halbinsel-

penitencia f Reue f; REL
Buße f; **penitenciaría** f Gefängnis n; **penitente** m/f Bü-
ßer(in f) m

penoso adj traurig, schmerzlich

pensador(a) m/f Denker(in f)
m; **pensamiento** m 1 (facultad) Denken n 2 ↑ opinión Gedanke m; ◇ adivinar los -s de
alguien jds Gedanken lesen;
pensar I. vt 1 ↑ reflexionar
[aus-]denken 2 ↑ considerar

überdenken, überlegen; ◇ **hacer algo sin** - etw tun, ohne zu überlegen **3** ↑ *opinar* meinen, denken; ◇ **¿qué piensas del asunto?** wie denkst du über die Sache? **4** (*intención*) vorhaben; ◇ - **hacer una cosa** vorhaben, etw zu tun **II.** *vi* denken; ◇ - **en/sobre** denken an *akk*; ◇ **sin** - unüberlegt; **pensativo** *adj* nachdenklich

pensión *f* **1** (*de jubilado*) Rente *f* **2** (*lugar*) Pension *f*; ◇ - **completa** Vollpension *f*; **pensionista** *m/f* Rentner(in *f*) *m*

Pentecostés *m* Pfingsten *n*

penúltimo *adj* vorletzte(r, s)

penumbra *f* Halbdunkel *n*

penuria *f* Mangel *m* (*de an dat*); ◇ - **económica** Geldmangel *m*

peña *f* Fels *m*; **peñasco** *m* Felsblock *m*; **peñón** *m* Felsblock *m*; ◇ **el P-** Gibraltar *m*

peón *m* Hilfsarbeiter(in *f*) *m*

peonza *f* Kreisel *m*

peor I. *adj* schlechter, schlimmer; ◇ **el** - schlechteste(r, s), schlimmste(r, s) **II.** *adv* schlechter, schlimmer; ◇ - **que** schlechter/schlimmer als; ◇ **esto va de mal en** - das wird immer schlimmer; ◇ **el** - am schlechtesten, am schlimmsten; ◇ **lo** - **es que** am schlimmsten ist, daß

pepino *m* Gurke *f*; ◇ **me importa un** - das ist mir Wurscht

pepita *f* Kern *m*

pequeñez *f* Kleinigkeit *f*; **pequeño** *adj* klein

pera *f* Birne *f*; *FIG* ◇ **pedir** -**s al olmo** Unmögliches verlangen; **peral** *m* Birnbaum *m*

percal *m* *FIG*: ◇ **conocer el** - wissen, wovon man redet

percance *m* Zwischenfall *m*

percatarse *vr(se)*: ◇ - **de** bemerken, wahrnehmen

percepción *f* Wahrnehmung *f*; **perceptible** *adj* wahrnehmbar; **percibir** *vt* wahrnehmen

percha *f* Kleiderbügel *m*; **perchero** *m* Garderobenschrank *m*

perdedor(a) *m/f* Verlierer(in *f*) *m*; **perder** *irr* **I.** *vt* verlieren; verpassen **II.** *vi* **1** verlieren **2** ◇ **echar a** - (*algo*) ruinieren; (*oportunidad*) versäumen; ◇ **echarse a** - verderben **III.** *vr (se)* **1** ↑ *desorientarse* sich verlaufen, sich verirren; *FIG* -**se en contradicciones** sich in Widersprüche verwickeln **2** ←*objeto* verlorengehen; **perdición** *f* Verderben *n*; **pérdida** *f* **1** Verlust *m*; ◇ - **de altura** Höhenverlust *m*; ◇ - **de peso** Gewichtsverlust *m*; ◇ **la calle no tiene** - die Straße ist nicht zu verfehlen **2** *COM* ◇ -**s** *pl* Verluste *pl*; **perdido** *adj* verloren

perdiz *f* Rebhuhn *n*

perdón m ① REL Gnade f; ◇ **no merecer ~** keine Gnade verdienen ② ◇ **¡-!** Entschuldigung!; ◇ **pedir - um** Verzeihung bitten; **perdonable** adj verzeihlich; **perdonar** vt entschuldigen

perdurable adj dauerhaft; **perdurar** vi andauern, fortbestehen

perecedero adj vergänglich; **perecer** vi sterben, umkommen

peregrinación f Wallfahrt f; **peregrino/(a)** m/f Pilger(in f) m

perejil m Petersilie f

perenne adj FLORA: ◇ **árbol de hoja ~** ein immergrüner Baum

perentorio adj ① ↑ **urgente** dringend, dringlich ② ↑ **decisivo** endgültig

pereza f Faulheit f; ◇ **me da -** ich habe keine Lust; **perezoso** adj faul, träge

perfección f Perfektion f; **perfeccionamiento** m Vervollkommnung f; **perfeccionar** vt ① ↑ **concluir** vollenden ② ↑ **superar** verbessern, perfektionieren; **perfeccionista** m/f Perfektionist(in f) m; **perfecto** adj ① ↑ **insuperable** perfekt, vollkommen ② ↑ **completo** vollendet

perfidia f Heimtücke f; **pérfido** adj heimtückisch, falsch

perfil m ① ↑ **lado** Profil n; ◇ **de -** im Profil, von der Seite ② ↑ **silueta** Umriß m; **perfilado** adj ① ▷**cara** scharf geschnitten ② ▷**nariz** wohlgeformt; **perfilar** vt ▷ **objeto** umreißen

perforación f ① (acción) Bohren n ② (resultado) Bohrung f; **perforadora** f Bohrmaschine f; **perforar** vt durchbohren

perfumador m Parfümzerstäuber m; **perfumar** vt parfümieren; **perfume** m Parfüm n; **perfumería** f Parfümerie f

pericia f Erfahrung f, Können n

periferia f Peripherie f, Stadtrand m; **periférico** adj peripher, Rand-

periódico m Zeitung f

periodismo m Journalismus m; **periodista** m/f Journalist(in f) m

período, período m Periode f

peripecia f Zwischenfall m

perito/(a) I. adj ↑ **experto, conocedor** erfahren II. m/f Experte m, Expertin f

perjudicar vt schädigen, schaden auf; **perjudicial** adj schädlich; ◇ **- para la salud** gesundheitsschädlich; **perjuicio** m Schaden m; ◇ **sin -** de unbeschadet

perjurio m Meineid m

perla f (de ostra) Perle f
permanecer irr vi ① (en un lugar, en cama) [ver]bleiben ② ←situación fortbestehen; **permanencia** f ① (en un lugar) Aufenthalt m, Verweilen n ② ↑ continuación Fortdauer f; **permanente I.** adj ständig, dauernd **II.** f Dauerwelle f
permiso m ① ↑ consentimiento Erlaubnis f ② (de trabajo) Urlaub m; ◇ **con** - Sie gestatten; ◇ - **de conducir** Führerschein m; **permitir** vt ↑ consentir erlauben, gestatten; ◇ **me permito la libertad de escribirle** ich nehme mir die Freiheit, Ihnen zu schreiben
pernicioso adj schädlich, ungesund
pero cj aber, jedoch
perpendicular adj senkrecht
perpetrar vt →crimen begehen
perpetuar vt verewigen; **perpetuo** adj ewig, immerwährend
perplejo adj ↑ confuso, asombrado verblüfft, perplex
perro(/a) m/f Hund m, Hündin f; ◇ - **caliente** Hot Dog m
persa I. adj persisch **II.** m/f Perser(in f) m
persecución f Verfolgung f; **perseguir** irr vt también FIG verfolgen

perseverancia f Ausdauer f, Beharrlichkeit f; **perseverante** adj beharrlich, unablässig; **perseverar** vi ↑ continuar weitermachen; ◇ - **en** beharren auf dat
persiana f ▷metálica Jalousie f
persignarse vr(se) sich bekreuzigen
persistente adj andauernd; **persistir** vi ↑ permanecer andauern, fortbestehen; ◇ - **en sus propósitos** nicht von seinen Vorsätzen ablassen
persona f Person f; **personaje** m Persönlichkeit f; **personal I.** adj persönlich **II.** m (de oficina) Personal m; **personalidad** f Persönlichkeit f; **personarse** vr(se) persönlich erscheinen; **personificación** f Verkörperung f, Personifizierung f
perspectiva f ① Perspektive f ② FIG Aussicht f
perspicaz adj ▷persona scharfsinnig
persuadir vt überreden, überzeugen; **persuasión** f (acción) Überredung f; **persuasivo** adj überzeugend
pertenecer irr vi; ◇ - **a** gehören dat; **perteneciente** adj; ◇ - **a** zugehörig dat
pertinaz adj ↑ testarudo hartnäckig

pertinente adj ↑ oportuno passend, angebracht; ◇ **en lo - a** betreffend akk

perturbación f ① ↑ desorden Unruhe f ② MED Störung f; **perturbar** vt ↑ alterar stören

Perú m : ◇ **el** - Peru n; **peruano(/a)** I. adj peruanisch II. m/f Peruaner(in f) m

perversión f ↑ depravación Entartung f; **perverso** adj ↑ corrompido entartet, pervers; **pervertir** irr vt ↑ corromper, viciar verderben

pesa f (pieza de peso) Gewicht n; **pesadez** f ① (de peso) Schwere f ② (de movimientos) Schwerfälligkeit f

pesadilla f Alptraum m

pesado adj ① ↑ maleta schwer ② ↑ molesto aufdringlich ③ (de movimientos) schwerfällig ④ ↑ aburrido langweilig ⑤ ▷ tiempo schwül

pesadumbre f Kummer m

pésame m ① (de palabra) Beileid n ② (escrito) Beileidsschreiben n

pesar I. m (dolor interior) Kummer m II. vi ① ← cosa, persona wiegen ② ← bolsa de la compra schwer sein; ◇ **a - de** que auch wenn

pesca f (acción) Fischen m, Fischfang m; **pescadería** f Fischgeschäft n; **pescadero(/**

a) m/f (vendedor) Fischverkäufer(in f) m; **pescado** m Fisch m; **pescador(a)** m/f ① Fischer m ② (con caña) Angler(in f) m; **pescar** vt, vi ① (en barco) fischen ② (con caña) angeln ③ ↑ atrapar erwischen ④ FAM → gripe sich dat holen

pescuezo m Nacken m, Genick n

peseta f Pesete f

pesimismo m Pessimismus m; **pesimista** I. adj pessimistisch II. m/f Pessimist(in f) m

pésimo adj sehr schlecht

peso m ① Gewicht n ② ↑ balanza Waage f ③ (de problemas) Last f ④ (moneda) Peso m

pesquisa f ① ↑ investigación Nachforschung f ② (de policía) Untersuchung f

pestaña f ANAT Wimper f

peste f MED Pest f

pestilente adj [bestialisch] stinkend

pestillo m (pasador [de la puerta]) [Tür-]Riegel m

pétalo m Blütenblatt n

petición f ① ↑ ruego, solicitud Bitten f ② POL Petition f ③ JUR Gesuch n

petróleo m [Erd-]Öl n

petulante adj ↑ vanidoso eitel

pez I. m Fisch m II. f (materia negra) Pech n

piadoso adj ① ↑ *religioso* fromm ② ↑ *compasivo* barmherzig

pianista m/f Pianist(in f) m; **piano** m Klavier n; ◇ - **de cola** Flügel m

picador m ① TAUR Pikador m ② MIN Hauer m

picadura f (de abeja) Stich m ② (tabaco) Grobschnitt m

picante adj ① ▷*comida* scharf ② ▷*chiste* pikant

picar I. vt ① ← *abeja* stechen ② → *carne* kleinschneiden, kleinhacken ③ → *billete* lochen ④ FIG ↑ *enfadar* reizen, erregen II. vr(se) ① ↑ *enfadarse* sich ärgern (por wegen dat)

picardía f ① (con engaño, simulación) Schurkenstreich m ② ↑ *travesura* Keckheit f ③ ↑ *malicia* Gemeinheit f; **pícaro(/a)** I. adj ① ↑ *pillo, granuja* gaunerhaft ② (travieso) spitzbübisch, keck II. m ① ↑ *granuja* Schurke m ② ↑ *zorro* Schlingel m

pico m ① (de pájaro, vasija) Schnabel m ② (punto extremo) Spitze f ③ (de la montaña) Gipfel m ④ (herramienta) Spitzhacke f ⑤ ◇ - **doscientas y** -zweihundert und ein paar Zerquetschte

pido vb ver **pedir**

pie m ① Fuß m ② (de foto,

dibujo) Bildunterschrift f; ◇ **ir a** - [zu Fuß] gehen; ◇ **estar de** stehen; ◇ **ponerse de** - aufstehen

piedad f Barmherzigkeit f

piedra f Stein m; ◇ - **preciosa** Edelstein m

piel f ① (de persona) Haut f ② (de animal) Fell n, Haut f ③ ↑ *cuero* Leder n; ◇ **abrigo** m **de** - Pelzmantel m

pienso vb ver **pensar**

pierdo vb ver **perder**

pierna f Bein n

pieza f Stück n; ◇ - **de recambio** Ersatzteil n

pijama m Schlafanzug m

pila f ① (de radio) Batterie f ② (de cocina) Spülbecken n

píldora f Tablette f; ◇ **la** - [anticonceptiva] die Pille

pilotar vt → *barco, avión, globo* steuern, lenken; **piloto** I. m/f Pilot(in f) m II. m AUTO Rücklicht n

pillaje m ① ↑ *robo* Raub m ② ↑ *rapiña* Plünderung f; **pillar** vt ① ↑ *agarrar* einfangen ② ↑ *sorprender* erwischen

pillo(/a) m/f Spitzbube m

pimentón m (polvo) Paprika m

pimienta f Pfeffer m ; **pimiento** m Paprika[-schote] f

pincel m Pinsel m

pinchar vt ① ↑ *punzar* [ein-]

stechen ② ↑ *enfadar* ärgern;
pinchazo m (de rueda) Reifenpanne f; **pincho** m ↑ *aguijón* Dorn m, Stachel m

pingüino m Pinguin m

pino m Kiefer f, Pinie f

pinta f ↑ *aspecto* Aussehen n

pintar vt ① → *cuadro* malen ② → *pared* streichen ③ FIG ↑ *describir* beschreiben; **pintor(a)** m/f Maler(in f) m; **pintoresco** adj ▷*paisaje, descripción* malerisch; **pintura** f ① (cuadro) Gemälde n ② (arte) Malerei f ③ (sustancia) Farbe f; ◇ ~ *rupestre* Höhlenmalerei f

pinza f (herramienta) Zange f ② (pl: de depilar) Pinzette f

piña f ① (fruta) Ananas f ② (del pino) Kiefernzapfen m

piñón m Pinienkern m

pío adj ▷*piadoso* fromm

piojo m Laus f

pipa f (de fumar) Pfeife f

pipí m : ◇ *hacer* ~ FAM Pipi machen

pique m ↑ *resentimiento* Groll m; ◇ *irse a* ~ untergehen

piragua f Kanu n

pirámide f Pyramide f

pirarse vr(se) FAM verduften

pirata I. adj Piraten- **II.** m/f Pirat(in f) m; **piratear** vt Raubkopien machen von

Pirineos pl Pyrenäen pl

piropear vt schmeicheln, Komplimente machen

pisada f (huella) Fußspur f

pisapapeles m Briefbeschwerer m

pisar vt ① → *campo, el pie de alguien* treten auf akk ② → *insecto* zertreten

piscina f Schwimmbad n

piso m ① ↑ *departamento* Wohnung f ② ↑ *suelo* Fußboden m

pista f ① (de un criminal) Spur f ② (de un animal) Fährte f; ◇ ~ *de aterrizaje* Landebahn f; ◇ ~ *de baile* Tanzfläche f; ◇ ~ *de tenis* Tennisplatz m

pistola f Pistole f

pistón m AUTO Kolben m

pitar vi pfeifen

pitillo m FAM Kippe f

pito m (instrumento) Pfeife f

pitorrearse vr(se) FAM ↑ *burlarse* auf den Arm nehmen (de alguien jd-n)

pizarra f ① COLE Tafel f ② (para el tejado) Schiefer m

pizza f GASTRON Pizza f; **pizzería** f Pizzeria f

placa f ↑ *plancha, lámina* Plakette f; ◇ ~ *de matrícula* Nummernschild n

placer m Vergnügen n, Freude f

plaga f Plage f

plan m ① ↑ *diseño* Entwurf m ② ↑ *intención* Plan m, Absicht f

plancha f ① (de ropa) Bügeleisen n ② ↑ *lámina* Platte f; ◇ - **de
vapor** Dampfbügeleisen n;
planchar vt, vi bügeln
planeador m Segelflugzeug n
planear vt planen
planicie f Ebene f
planificación f Planung f;
planificar v también AR-
CHIT también FIG planen
plano I. adj eben, flach II. m ①
(superficie) Ebene f, Flä-
che f ② (de un terreno) Karte f;
(de ciudad) Stadtplan m
planta f ① FLORA Pflanze f ②
(de edificio) Stockwerk n, Stock
m ③ (del pie) Fußsohle f ④
TECNI Anlage f; ◇ - **baja** Erdgeschoß n; **plantación** f (terreno) Plantage f; **plantar** vt ①
→ flores pflanzen ② ↑ repoblar
wieder aufforsten ③ → poste
einschlagen
plantear vt ① → cuestión auf-
werfen ② → dificultades bereiten
plantilla f ① (de zapato, interior) Einlegesohle f ② (de dibujo) Schablone f ③ (de oficina)
Belegschaft f
plantón m FAM: ◇ **dar un -** [a
alguien] [jd-n] versetzen
plástico I. adj ① plastisch ②
↑ moldeable, blando formbar II.
m Kunststoff m
plata f ① Silber n ② FAM ↑ dinero Kohle f, Zaster m

plataforma f Plattform f
plátano m ↑ banana Banane f
platea f TEATRO Parkett n
plateado adj (bañado en plata)
versilbert
platillo m (de balanza) Waag-
schale f; ◇ - **volante** fliegende
Untertasse
plato m ① (recipiente) Teller m
② (cada comida) Gang m ③
(especialidad) Gericht n; ◇ - **del
día** GASTRON Tagesgericht n
platónico adj platonisch
playa f Strand m; **playeras** f/
pl Strandschuhe m/pl
plaza f ① Platz m ② (del mercado) Markt[-platz] m
plazco vb ser **placer**
plazo m ① (de tiempo) Frist f ②
(pago) Rate f; ◇ **pagar a -s** in
Raten zahlen; ◇ **mañana vence
el -** morgen läuft die Frist ab
plegable adj zusammenklapp-
bar, Klapp-; **plegar** irr I. vt
→ silla zusammenfalten, zusam-
menlegen II. vr(se) sich fügen
pleito m ① ↑ disputa Streit m
② JUR Prozeß m
pleno adj ↑ lleno voll; ◇ **en -
día** am hellichten Tag
pliego m I. vb ser **plegar**; II. m
(de papel) Bogen m
plomo m (metal) Blei n; ◇ **gasolina sin/con** - bleifreies/bleihal-
tiges Benzin
pluma f Feder f

plural m GRAM Plural m; **plu-ralidad** f Vielfältigkeit f
población f ① (habitantes) Bevölkerung f ② (lugar) Ortschaft f; **poblador(a)** m/f Siedler(in f) m; **poblar** irr vt ① (con gente) bevölkern ② → plantas bepflanzen
pobre I. adj arm II. m/f (sin dinero) Arme(r) f/m; **pobreza** f Armut f
poco I. adj wenig, gering II. adv wenig; ◇ un ~ de agua ein bißchen Wasser; ◇ por ~ fast/beinahe; ◇ a ~ nach und nach
poder I. m ① ↑ dominio, mando Macht f ② ↑ fuerza Kraft f II. irr vt, vi können; (permiso) dürfen; ◇ puede que sea así +subj kann schon sein; ◇ ¿se puede? darf man eintreten?; **poderoso** adj mächtig
podrido adj ① ▷fruta verfault ② (FIG persona) verdorben; **podrir** vt ver **pudrir**
poema m Gedicht n; **poesía** f Poesie f, Dichtung f; **poeta** m/f Dichter(in f) m; **poético** adj dichterisch, poetisch
póker m Poker n
polaco(/a) I. adj polnisch II. m/f Pole m, Polin f
polaridad f Polarität f
polémico adj polemisch
policía I. m/f Polizist(in f) m II. f (cuerpo armado) Polizei f; ◇ ~

de tráfico Verkehrspolizei f; **policiaco, policíaco** adj polizeilich, Polizei-; ◇ novela ~a Kriminalroman m
polideportivo m Sporthalle f
polígamo adj polygam
político(/a) I. adj ① ▷partido politisch ② ↑ hábil, diplomático taktvoll, diplomatisch; ◇ madre ~a Schwiegermutter f; ◇ padre ~ Schwiegervater m II. f (actividad) Politik f III. m/f Politiker (in f) m
póliza f (documento) Police f
polizón m blinder Passagier
polizonte m PEY Bulle m
polo m ① GEO, ELECTR Pol m; ◇ ~ Norte/Sur Nord-/Südpol m ② (helado) Eis n [am Stiel]
Polonia f Polen n
polución f Verschmutzung f, Verunreinigung f
polvo m ① (suciedad) Staub m ② GASTRON, MED, QUIM Pulver m; **polvoriento** adj ▷lugar, mesa staubig
pollo m ① FAUNA Huhn n ② GASTRON Hähnchen n, Hühnchen n
pomada f Salbe f
pomelo m Grapefruit f
pompa f ↑ ostentación Prunk m, Pracht f
ponche m (bebida) Punsch m
poncho m (prenda) Poncho m
ponderar vt ↑ admirar, alabar

rühmen; *FIG* ↑ *examinar* prüfen

ponente *m/f* ① *también* POL Berichterstatter(in *f*) *m*, Redner (in *f*) *m* ② *también* UNI Referent(in *f*) *m*

poner *irr* I. *vt* ① setzen, stellen, legen ② → *mesa*. decken ③ → *radio* einschalten II. *vr(se)* ① (*en un lugar*) sich stellen ② ← *sol* untergehen ③ → *vestido* anziehen; ◇ **-se a trabajar** anfangen, zu arbeiten; ◇ **-se de acuerdo** sich einigen; ◇ **póngame con el señor Gómez** verbinden Sie mich mit Herrn Gómez; **pongo** *vb* ver **poner**

poniente *m* Westen *n*

popa *f* NAUT Heck *n*

popular *adj* ① (*del pueblo*) volkstümlich, Volks- ② ↑ *conocido, extendido* populär; **popularidad** *f* ↑ *fama* Popularität *f*; **popularizar** *vr(se)* bekannt machen

por *prep* ① (*tiempo, duración*) für, während; ◇ **- la tarde** nachmittags ② (*lugar*) über, durch, in *dat*; ◇ **iba - la calle** er ging auf der Straße ③ (*pasivo*) von; ◇ **el ladrón fue detenido - la policía** der Dieb wurde von der Polizei festgenommen ④ (*causa*) wegen; ◇ **le echaron de la empresa - ladrón** sie warfen ihn aus dem Betrieb, weil er ge-

stohlen hatte ⑤ (*modo, manera*) ◇ **se lo llevaron - la fuerza** sie nahmen ihn unter Gewaltanwendung mit ⑥ (*medio*) mit, durch; ◇ **- correo** mit der [*o. per*] Post ⑦ (*finalidad*) um zu ⑧ (*a cambio de*) für; ◇ **le dieron dos mil pesetas - su coche** sie gaben ihm im zweitausend Peseten für sein Auto ⑨ (*en lugar de*) anstatt *gen*; ◇ **- favor** bitte; ◇ **- ejemplo** zum Beispiel; ◇ **¿- qué?** warum?; ◇ **los invitados están - llegar** die Gäste müssen jeden Moment kommen

porcelana *f* Porzellan *n*

porcentaje *m* Prozentsatz *m*

porción *f* ① (*de tarta*) Stück *n* ② (*de comida*) Portion *f*

pormenor *m* ↑ *detalle* Einzelheit *f*, Detail *n*

pornografía *f* Pornographie *f*

poro *m* Pore *f*

porque *cj* weil, da; **porqué** *m* ↑ *razón* Grund *m*, Ursache *f*

porquería *f* FAM ① ↑ *indecencia, grosería* Schweinerei *f* ② (*inmundicia*) Schmutz *m*, Dreck *m*

porro *m* FAM Joint *m*; ◇ **fumarse un -** kiffen

portada *f* ① (*de edificio*) Vorderseite *f* ② (*de periódico*) Titelblatt *n*

portador(a) *m/f* COM Inhaber (in *f*) *m*; ◇ **cheque *m* al -** Überbringerscheck *m*

portal *m (de edificio)* Vorhalle *f*
portar I. *vt* tragen II. *vr(se)* sich benehmen
portaretrato *m* Bilderrahmen *m*
portátil *adj* tragbar
portavoz *m/f (de un grupo)* Sprecher(in *f) m*
porte *m* ① ↑ *modales* Benehmen *n* ② COM Fracht *f* ③ *(de carta)* Porto *n*
porteño *adj* aus Buenos Aires
portería *f (de casa, colegio)* Pförtnerloge *f;* **portero(/a)** *m/f* ① *(de casa, colegio)* Pförtner(in *f) m,* Hausmeister(in *f) m* ② SPORT Torwart(in *f) m*
portorriqueño *adj* puertorikanisch
Portugal *m* Portugal *n;* **portugués(-esa)** I. *adj* portugiesisch II. *m/f* Portugiese *m,* Portugiesin *f* III. *m (lengua)* Portugiesisch *n*
porvenir *m* Zukunft *f*
posada *f* Gasthaus *n*
posar I. *vi* Modell sitzen/stehen II. *vr(se) ← café* sich setzen; *el pájaro se posó en/sobre aquella rama* der Vogel setzte sich auf jenen Ast
poseer *irr vt* haben, besitzen; **poseído** *adj* besessen; **posesión** *f* Besitz *m;* **posesivo** *adj* ① besitzergreifend ② GRAM possessiv

posguerra *f* Nachkriegszeit *f*
posibilidad *f* Möglichkeit *f;* **posibilitar** *vt* ermöglichen; **posible** *adj* möglich; ◇ **en lo** soweit möglich
posición *f también* FIG Stellung *f*
positivo I. *adj* positiv II. *f* FOTO Positiv *n*
posponer *irr vt* ↑ *aplazar* verlegen, verschieben
postal I. *adj* Post- II. *f* Postkarte *f*
poste *m* Pfosten *m,* Pfeiler *m*
póster *m* Poster *n,* Plakat *n*
postergar *vt* ↑ *aplazar* verschieben; ↑ *relegar, perjudicar* hintanstellen
posterior *adj* ① *(después)* spätere(r, s) ② *(siguiente)* darauffolgende ③ *(detrás)* hintere(r, s);
posterioridad *f* Nachkommenschaft *f,* Nachwelt *f;* ◇ **con** nachträglich
postizo I. *adj* falsch, künstlich; ◇ **dentadura -a** [künstliches] Gebiß II. *m* Haarteil *n*
postre *m* Nachtisch *m*
postura *f* ↑ *posición* [Körper-] Haltung *f;* FIG ↑ *actitud* Einstellung *f*
potable *adj* FAM ↑ *bueno, aceptable* okay; ◇ **agua** *m* - Trinkwasser *n*
potaje *m* Gemüseeintopf *m*
potencia *f* ① ↑ *poder* Macht *f*

② *(de un motor)* Stärke *f*, Leistung *f* ③ ▷*sexual* Potenz *f*
potro *m* ① FAUNA Fohlen *n* ② SPORT Bock *m*
pozo *m* ① *(de agua)* Brunnen *m* ② *(de mina)* Schacht *m*
práctica *f* ① *(experiencia)* Übung *f*, Erfahrung *f* ② *(pl*, UNI *de medicina)* Praktikum *n*
practicable *adj* ↑ *factible* machbar, durchführbar; **practicar** *vt* ① → *actividad, trabajo* praktizieren, ausüben ② → *deporte* treiben
práctico *adj* praktisch
pradera *f* Grasweide *f*; **prado** *m (para ganado)* Weide *f*
Praga *f* Prag *n*
pragmático *adj* pragmatisch
precaución *f* ↑ *cuidado, cautela* Vorsicht *f*; ◇ **hay que tomar medidas de ~** es sind Vorsichtsmaßnahmen zu treffen
precedencia *f* ↑ *preferencia* Vorrang *m*; **precedente** I. *adj* ↑ *anterior* vorhergehend II. *m* JUR Präzedenzfall *m*; **preceder** *vt* ① ↑ *anteceder* vorhergehen *dat* ② ↑ *tener preferencia* vorgehen
precintar *vt* ① → *paquete* zukleben ② ↑ *sellar* versiegeln
precio *m* ① Preis *m* ② FIG Wert *m*; ◇ **~ de fábrica** Preis *m* ab Werk; **precioso** *adj* ↑ *valioso* wertvoll, kostbar

precipitación *f (lluvia, granizo)* Niederschlag *m*
precipitado *adj (algo hecho con rapidez)* überstürzt, hastig;
precipitar I. *vt* ① ↑ *lanzar* hinunterstürzen ② ↑ *apresurar* beschleunigen, antreiben II. *vr (se)* ① ↑ *lanzarse* sich hinabstürzen ② ↑ *apresurarse* sich beeilen ③ *(sin pensar)* überstürzt *[o.* übereilt*]* handeln
precisar *vt* ① ↑ *determinar* festlegen, festsetzen ② ↑ *necesitar* benötigen, brauchen ③ ↑ *delimitar* präzisieren; **precisión** *f* ↑ *exactitud* Genauigkeit *f*, Präzision *f*; **preciso** *adj* ① ↑ *necesario* notwendig, nötig; ◇ **es - que me llame por teléfono** er muß mich anrufen ② ↑ *justo* genau, exakt
precursor(a) *m/f* Pionier(in *f*) *m*, Vorläufer(in *f*) *m*
predecir *irr vt* voraussagen
predestinado *adj* vorbestimmt
predeterminar *vt* im voraus entscheiden/festlegen
predicar I. *vt* → *sermón* halten II. *vi* predigen
predicción *f* Vorhersage *f*
predilecto *adj* bevorzugt, Lieblings-
predisposición *f* ① ↑ *tendencia* Neigung *f* ② *(a enfermedad)* Anfälligkeit *f* *(a* für)

predominar vi ↑ *prevalecer* vorherrschen

prefacio m Vorwort n

preferencia f ① ↑ *inclinación* Vorliebe f ② ↑ *primacía, ventaja* Vorzug m ③ AUTO Vorfahrt f; **preferente** adj (que tiene *primacía*) bevorrechtigt; **preferir** irr vt vorziehen

prefijo m TELEC Vorwahl[nummer] f

pregunta f Frage f; ◇ *hacer una* ~ e-e Frage stellen; **preguntar** vt fragen

prejuicio m Vorurteil n

prematuro adj vorzeitig, verfrüht, Früh-; ◇ *niño* m ~ Frühgeburt f

premeditado adj geplant; JUR vorsätzlich

premiar vt ① (con un premio) mit e-m Preis auszeichnen ② ↑ *recompensar* belohnen; **premio** m ① (con medalla, distinción) Preis m, Auszeichnung f ② (recompensa) Belohnung f

prenda f ① (de vestir) Kleidungsstück n ② (fianza) Pfand n~

prendedor m Brosche f

prender I. vt ① ↑ *sujetar, agarrar* ergreifen, fassen ② → *criminal* festnehmen ③ → *fuego* anzünden II. vi ↑ → *plantas* Wurzeln schlagen ◇ → *fuego* brennen III. vr(se) ↑ *encenderse* Feuer fangen

prensa f ① TIP Presse f ② (publicaciones) Zeitungswesen n, Presse f; **prensar** vt ↑ *apretar* pressen; → *uvas* auspressen

preocupación f ↑ *inquietud* Besorgnis f, Sorge f; **preocupado** m besorgt; **preocupar** I. vt Sorgen machen dat II. vr (se) sich sorgen, sich dat Sorgen machen

preparación f (acción) Vorbereitung f; **preparado** m Präparat n, Mittel n; **preparar** vt (para un examen, maleta) vorbereiten; **preparativo** m/pl Vorbereitungen f/pl

preponderante adj ↑ *predominante* vorherrschend, überwiegend

preposición f GRAM Präposition f

presa f ① (acción) Fangen n ② ↑ *botín* Beute f ③ ↑ *dique* Staudamm m

prescindir vi; ◇ ~ de verzichten auf akk

prescribir irr vt ① ↑ *ordenar, dictar* vorschreiben ② → *medicamento* verschreiben; **prescripción** f ① ↑ *orden* Verordnung f ② ↑ *receta* Rezept n

presencia f ① Anwesenheit f ② (aspecto exterior) Aussehen n; ◇ de buena ~ gepflegtes Äußeres; **presenciar** vt dabeisein bei, beiwohnen dat

presentación f ① (de persona) Vorstellung f ② (aspecto exterior) Aussehen n; **presentar** I. vt ① mostrar zeigen, vorweisen ② vorstellen (a alguien jd-m) II. vr(se) ① sich vorstellen (a alguien jd-m) ② ← enfermedad auftreten; **presente** I. adj ① (en un lugar) anwesend ② ↑ actual gegenwärtig II. m ↑ actualidad Gegenwart f

presentir irr vt [voraus]ahnen

preservar vt (proteger) schützen (contra vor dat); **preservativo** m Präservativ n

presidencia f ① POL Präsidentschaft f ② (de tribunal, empresa) Vorsitz m; **presidente** (/a) m/f ① POL Präsident(in f) m ② (de tribunal, empresa) Vorsitzende(r) fm

presidio m ↑ prisión Zuchthaus n

presidir vt ① → asamblea den Vorsitz führen ② (ocupar el primer puesto) vorstehen dat

presión f también FIG Druck m; **presionar** I. vt ① → botón drücken auf akk ② FIG Druck ausüben (sobre auf akk)

preso(/a) m/f Gefangene(r) fm

prestación f Leistung f

prestado adj geliehen; ◇ pedir ~ ausleihen; **préstamo** m Darlehen n; **prestar** vt ① → dinero [aus-, ver-]leihen ② → juramen-

to leisten ③ → atención schenken

prestigio m Prestige n; **prestigioso** adj angesehen

presumido adj ↑ vanidoso arrogant; **presumir** I. vt ↑ sospechar annehmen, vermuten II. vi angeben, prahlen (de mit)

presupuesto m (cálculo del coste) Kostenvoranschlag m; POL Budget n, Haushalt m

pretencioso adj ↑ presumido, presuntuoso anmaßend, angeberisch; **pretender** vt ① ↑ reclamar Anspruch erheben auf akk ② ↑ desear, aspirar begehren, erstreben ③ ↑ procurar versuchen ④ (afirmar algo dudoso) behaupten, vorgeben; **pretendiente** m/f ① (al amor de una mujer) Verehrer m ② (a un cargo) Bewerber(in f) m; **pretensión** f ↑ demanda Forderung f, Anspruch m

pretexto m Vorwand m

prevalecer irr vi ① ↑ imponerse sich durchsetzen, sich behaupten ② ↑ predominar überwiegen

prevención f ① ↑ precaución Vorkehrung f ② (de enfermedades) Vorbeugung f (de gegen) ③ (opinión desfavorable) Voreingenommenheit f; **prevenir** irr vt ① ↑ impedir verhüten, vermeiden ② ↑ advertir warnen ③

↑ *preparar* vorbereiten; **preventivo** *adj* vorbeugend

prever *irr vt* voraussehen, vorausschauen

previo *adj* vorherig, vorhergehend, Vor-

previsto *adj* ↑ *planeado* vorgesehen

prima *f* Prämie *f*

primavera *f* Frühling *m*

primer *adj* ⒈ erste(r, s); ◇ **el -** mes der erste Monat; ◇ **en -lugar** erstens, an erster Stelle ⒉ FIG Haupt-, wesentlich; **primero(/a)** I. *adj* ⒈ erste(r, s) ⒉ FIG Haupt-, wesentlich II. *m/f* ◇ **el -/la -a** der/die Erste; ◇ **lo de Hauptsache** III. *adv* ⒈ (en primer lugar) zuerst ⒉ ↑ *más bien* lieber, eher IV. *f* ⒈ AUTO erster Gang ⒉ TREN, AERO erste Klasse

primitivo *adj* ⒈ ↑ *originario* ursprünglich ⒉ (sin civilizar) primitiv

primo(/a) *m/f* Kusin *m*, Kusine *f*

primordial *adj* ↑ *fundamental* wesentlich, grundlegend

princesa *f* Prinzessin *f*

principal *I. adj* hauptsächlich, Haupt- II. *m* ▷*piso* erster Stock

príncipe *m* Prinz *m*

principiante *m/f* Anfänger(in f) *m*; **principio** *m* ⒈ ↑ *inicio*

Beginn *m*, Anfang *m*; ◇ **al -** am Anfang, anfänglich ⒉ ↑ *norma* Prinzip *n*, Grundsatz *m*

prioridad *f* ⒈ ↑ *preferencia* Priorität *f* ↑ *anterioridad* Vorrang *m* ⒊ AUTO Vorfahrt *f*;

prioritario *adj* ▷*tema* vorranggig

prisa *f* ⒈ ↑ *rapidez* Eile *f* ⒉ ↑ *urgencia* Dringlichkeit *f*; ◇ **correr -** dringend sein; ◇ **darse -** sich beeilen; ◇ **tener -** es eilig haben

prisión *f* Gefängnis *n*; **prisionero(/a)** *m/f* Gefangene(r) *fm*

prismáticos *m/pl* Fernglas *n*

privado *adj* privat, Privat-; ◇ **privado de** beraubt *gen*

privar I. *vt* ⒈ ↑ *despojar* entziehen; ◇ **- a alguien de libertad** jd-n der Freiheit berauben ⒉ FAM ↑ *gustar* gefallen II. *vr* (se): ◇ **-se de algo** etw aufgeben, auf etw *akk* verzichten

privilegio *m* ↑ *prerrogativa* Privileg *n*, Vorrecht *n*

proa *f* NAUT Bug *m*

probabilidad *f* Wahrscheinlichkeit *f*; ↑ *posibilidad* Möglichkeit *f*; **probable** *adj* wahrscheinlich

probar *irr vt* ⒈ ↑ *justificar* beweisen ⒉ ↑ *examinar* ausprobieren, testen ⒊ → *vestido* anprobieren ⒋ → *comida* probieren, kosten

problema m Problem n;
◇ **plantear/resolver un** ~ ein
Problem aufwerfen/lösen

procedencia f Ursprung m,
Herkunft f; **procedente** adj
↑ oportuno angebracht; ◇ - de
kommend aus, stammend aus;
proceder vi 1 ↑ obrar verfahren, vorgehen 2 ↑ provenir herstammen, kommen (de aus)

procedimiento m 1 (acción)
Vorgehen n 2 (sistema) Verfahren n 3 (forma) Vorgehensweise f, Methode f

procesamiento m 1 Anklageerhebung f, Strafverfolgung f
2 ◇ - electrónico de datos
elektronische Datenverarbeitung, EDV f; **procesar** vt JUR
Anklage erheben, strafrechtlich
verfolgen

procesión f REL Prozession f

proceso m también JUR Prozeß m

proclamación f POL Proklamation f, Verkündung f, öffentliche Bekanntmachung; **proclamar** vt 1 (en voz alta) verkünden, proklamieren 2 → república ausrufen

procurar vt 1 ↑ tratar, probar
versuchen 2 ↑ facilitar, dar beschaffen, verschaffen

producción f ↑ elaboración,
fabricación Herstellung f, Produktion f; **producir** irr I. vt 1

↑ fabricar herstellen, produzieren 2 → ganancias bringen 3
→ sorpresa verursachen, hervorrufen II. vr(se) ↑ ocurrir sich
ereignen, geschehen; **productivo** adj 1 ▷ trabajo produktiv
2 ▷ negocio einträglich, gewinnbringend 3 ▷ terreno ertragreich, fruchtbar; **producto**
m Produkt n, Erzeugnis n; **productor(a)** I. adj erzeugend,
produzierend II. m/f 1 Hersteller(in f) m 2 (de una película)
Produzent(in f) m

profecía f Prophezeiung f

profesión f Beruf m; **profesional** I. adj beruflich, Berufs;
◇ **orientación** f ~ Berufsberatung f II. m/f 1 Fachmann m,
-frau f 2 SPORT Profi m

profesor(a) m/f (de colegio)
Lehrer(in f) m; (de universidad)
Dozent(in f) m

profeta m/f Prophet(in f) m

profundidad f Tiefe f; **profundizar** vt vertiefen; **profundo** adj 1 ▷ río, voz tief 2
▷ sueño fest, tief

programa m 1 Programm n 2
(de radio, televisión) Sendeplan
m 3 TEATRO Spielplan m;
programar vt 1 planen 2 INFORM programmieren

progresar vi Fortschritte machen; **progresivo** adj progresiv; **progreso** m Fortschritt m

prohibición f Verbot n; **prohibir** vt verbieten; ◇ **se prohíbe fumar** Rauchen verboten; ◇ **se prohíbe el paso** Durchfahrt/ -gang verboten!

prójimo m REL Nächste(r) fm

proletariado m Proletariat n

prolongar vt verlängern

promedio m Durchschnitt m

promesa f Versprechen n; ◇ **cumplir una ~** ein Versprechen halten/erfüllen; **prometer** vt versprechen; **prometido(/a)** I. adj ① ▷cosa versprochen ② (novios) verlobt II. m/f Verlobte(r) fm

prominente adj ① ▷nariz vorspringend, vorstehend ② ▷persona prominent, bekannt

promoción f ① (de producto) Einführung f, Werbekampagne f ② COLE Jahrgang m ③ (en cargo) Beförderung f; **promover** irr vt ① fördern ② (en el trabajo) befördern

promulgar vt ① → ley verkünden ② → noticia verbreiten

pronóstico m ① (del tiempo) Vorhersage f ② MED Prognose f

pronto I. adj ① ▷rápido schnell, rasch II. adv ① ↑ temprano früh ② ↑ enseguida sofort ③ ↑ rápidamente schnell, rasch; ◇ **de** ~ plötzlich; ◇ **lo más ~ posible** so schnell wie möglich; ◇ **por lo/ de** ~ zunächst

pronunciamiento m POL Militärputsch m

pronunciar vt ① → inglés aussprechen ② → discurso halten

propagación f ↑ expansión Ausbreitung f, Verbreitung f

propaganda f ① ↑ publicidad Werbung f ② POL Propaganda f

propenso adj geneigt (a zu); ◇ **es muy ~ a emborracharse** er wird sehr leicht/schnell betrunken

propicio adj ▷momento günstig

propiedad f Eigentum n; (de terreno) Besitz m; **propietario(/a)** m/f Eigentümer(in f) m, Besitzer(in f) m

propina f Trinkgeld n

propio adj ① ▷piso eigen ② ↑ mismo selbst ③ (de persona, cosa) typisch ④ ↑ conveniente angebracht, geeignet

proponer irr I. vt vorschlagen II. vr(se): ◇ **-se algo** sich dat etw vornehmen

proporción f ↑ relación Verhältnis n

proporcionar vt ① ↑ dar verschaffen, besorgen ② ↑ equilibrar anpassen, angleichen

proposición f ↑ propuesta Vorschlag m

propósito m ↑ intención Absicht f ① ◇ **a ~** übrigens, nebenbei bemerkt [2] ◇ **a ~** absichtlich

propuesta f (de proyecto) Vorschlag m

prórroga f [1] SPORT Verlängerung f [2] JUR Vertagung f; **prorrogar** vt verlängern

proseguir irr I. vt ↑ continuar fortsetzen, fortfahren mit II. vi weitermachen

prospecto m Prospekt m

prosperar vi gedeihen, blühen; **prosperidad** f [1] ↑ bienestar Wohlstand m, Reichtum m [2] ↑ éxito Erfolg m; **próspero** adj [1] ↑ rico wohlhabend, reich [2] ↑ favorable erfolgreich, günstig; ◇ ~ **Año Nuevo** prosit Neujahr!

prostituta f Prostituierte f

protagonista m/f (de cine, teatro) Hauptdarsteller(in f) m

protección f Schutz m; **proteger** vt [be]schützen (de/contra vor dat)

protesta f Protest m; **protestar** vi protestieren (contra gegen)

protocolo m Protokoll n

provecho m ↑ beneficio Vorteil m; ↑ utilidad Nutzen m; ◇ **¡buen ~!** guten Appetit!; **provechoso** adj vorteilhaft; nützlich

proveer irr vt (↑ suministrar) versehen (de mit)

provincia f Provinz f

provisión f (alimentos) Proviant m, Vorrat m

provisional adj provisorisch, vorläufig

provocar vt [1] ↑ excitar, enfadar provozieren [2] ↑ ocasionar verursachen; **provocativo** adj provozierend

proximidad f Nähe f; **próximo** adj [1] ↑ cerca nahe [2] ◇ **el ~ lunes** nächsten Montag

proyección f (de película) Projektion f; **proyectar** vt [1] → película vorführen [2] → sombra werfen [3] → plan entwerfen

proyectil m Projektil n

proyecto m [1] ↑ plan Projekt n [2] ↑ propósito Vorhaben n [3] (de arquitecto) Entwurf m

proyector m Projektor m

prudencia f ↑ buen juicio Klugheit f; **prudente** adj [1] ↑ precavido vorsichtig [2] ↑ juicioso vernünftig

prueba f Beweis m, Nachweis m; ↑ muestra ~ **ser** - de **algo** der Beweis für etw sein [2] (experimento) Probe[zeit] f

psicoanálisis m Psychoanalyse f; **psicología** f Psychologie f; **psicólogo(/a)** m/f Psychologe m, Psychologin f [2]; **psicosis** f <inv> Psychose f; **psicosomático** adj psychosomatisch; **psiquiatra** m/f Psychiater(in f) m; **psiquiatría** f Psychiatrie f; **psiquiátrico** m

Nervenheilanstalt f; **psíquico** adj psychisch

púa f Stachel m; (de peine) Zakke f

publicación f Publikation f; **publicar** vt veröffentlichen; → libro publizieren; **publicidad** f ① Reklame f ② (cualidad de públicas) Öffentlichkeit f; **publicitario** adj Werbe-, Reklame-; **público** I. adj öffentlich; ◇ transporte - öffentliches Verkehrsmittel II. m Publikum n

puchero m Kochtopf m

pudiente adj ① wohlhabend ② ↑ poderoso einflußreich

pudoroso adj schamhaft, zurückhaltend

pudrir I. vt verfaulen lassen II. vr(se) verfaulen

pueblo m ① Dorf n ② (personas) Volk n

puedo vb ver **poder**

puente m Brücke f; ◇ hacer - zwischen zwei Feiertagen frei nehmen

puerco(/a) m/f Schwein n, Sau f

pueril adj kindisch

puerro m Porree m

puerta f ① Tür f; ◇ - giratoria Drehtür f; ◇ llamar a la - an die Tür klopfen ② SPORT Tor n

puerto m ① Hafen m ② (de montaña) Paß m

pues I. cj ↑ puesto que denn II. adv dann; ◇ ¡- bien! also gut!

puesto I. m ① Ort m, Platz m ② ↑ cargo Stelle f ③ (de policía) Posten m II. cj: ◇ - que da, weil

puf interj: ◇ ¡-, no sé cómo puedes aguantar eso! uff, ich verstehe nicht, wie du das aushältst!

pugna f Kampf m; **pugnar** vi kämpfen

pulcro adj sauber, ordentlich

pulga f Floh m; FAM ◇ tener malas -s schlechtgelaunt sein

pulgar m ANAT Daumen m

pulgoso adj verfloht

pulir vt ① polieren, glänzend machen ② ↑ perfeccionar perfektionieren

pulmón m ANAT Lunge f; **pulmonía** f MED Lungenentzündung f

pulpo m GASTRON Polyp m

pulsación f ① Pulsschlag m ② (de máquina de escribir) Anschlag m

pulsador m Schalter m; **pulsar** I. vt → botón drücken II. vi ← corazón schlagen

pulsera f Armreif m

pulso m Puls m; ◇ tomar el - den Puls fühlen

pulverizar vt ① zerstäuben ② FAM Kleinholz machen aus dat

pulla f Stichelei f

punta f ① Spitze f; ◇ **de - a - von** e-m Ende zum anderen ② (de los dedos) Fingerspitze f; **puntada** f Nadelstich m; FIG Anspielung f

puntal m Stütze f, Halt m

puntapié m Fußtritt m

puntera f Schuhspitze f

puntería f FIG Treffsicherheit f; ◇ **tener buena ~** e-e sichere Hand haben

puntiagudo adj scharf, spitz

puntilla f Spitze f; **puntilloso** adj penibel, überempfindlich

punto m ① Punkt m; ◇ **- y coma** Semikolon n; ◇ **- final** Schlußpunkt m; ◇ **- de vista** Gesichtspunkt m; AUTO ◇ **- muerto** Leerlauf m; ◇ **a las 2 en - Punkt** 2 Uhr ② ↑ sitio Stelle f; ◇ **- de partida** Ausgangspunkt m ③ ↑ momento Moment m; ◇ **- culminante** Höhepunkt m; ◇ **estar a - de** im Begriff sein zu ④ TAMBIÉN MED Stich m

puntuación f ① Interpunktion f ② (de nota) Bewertung f

puntual adj ① pünktlich ② ↑ cierto richtig, genau; **puntualidad** f Pünktlichkeit f

puntuar vt ① mit Satzzeichen versehen ② → examen bewerten

punzante adj spitz; FIG bissig

puñado m Handvoll f

puñal m Dolch m

puñeta f FAM ① ◇ **¡es la -!** er/sie/es nervt mich! ② ◇ **hacer la - a alguien** jd-m das Leben schwer machen

puñetero(/a) m/f FAM Nervensäge f

puño m ① ANAT Faust f ② (del cuchillo) Griff m

pupila f ANAT Pupille f

pupitre m Pult n

puré m Püree n

pureza f Reinheit f

purgante m Abführmittel n; **purgatorio** m REL Fegefeuer n; **purificar** I. vt reinigen, läutern II. vr(se): ◇ **-se de algo** sich von etw reinigen

puritano(/a) m/f Puritaner(in f) m

puro adj ① rein, sauber ② ▷ cielo klar ③ ↑ simple rein, pur

púrpura f Purpur m

pus m MED Eiter m

pústula f MED Pustel f

puta f Nutte f

putrefacción f Verwesung f

Q

Q, q f Q, q n

que I. pron (relativo) welche(r, s); der, die, das; ◇ **en los once años - yo estoy en la empresa...** in den 11 Jahren, in denen ich in der Firma arbeite... **II.** cj 1 daß; ◇ **me comentó - ya no venías** sie erzählte mir, daß du nicht mehr kämst 2 (comparación) ◇ **Marta trabaja lo mismo - tú** Marta trabeitet soviel wie du **III.** (obligación) ◇ **tener - müssen**; ◇ **tengo - hacer este trabajo** ich muß diese Arbeit machen **IV.** 1 ↑ **antes de que** bevor 2 ↑ **mientras que** während 3 ↑ **para que** damit (porque) weil

qué I. pron 1 (adjetivo) 1.1 (interrogativo) welche(r, s); ◇ **¿- vino prefiere usted?** welchen Wein hätten Sie lieber? 1.2 (exclamativo) ◇ **¡- vino más maravilloso!** welch ein herrlicher Wein! 2 (interrogativo neutro substantivado) was; ◇ **¿-tal?** wie geht's?

quebradero m Bruch m; **quebrado** adj 1 roto zerbrochen 2 ↑ camino uneben, holprig; **quebrantamiento** m 1 (acción) [Zer-]Brechen n

2 (efecto) Bruch m; **quebrar I.** vt zerbrechen, zerstören **II.** vi 1 COM Konkurs machen 2 ← amistad abbrechen (con zu) **III.** vr(se) zerbrechen, zerspringen

quedar I. vi 1 (permanecer) bleiben; ◇ **todavía me queda dinero** noch habe ich Geld; ◇ **bien o mal** e-n guten oder schlechten Eindruck machen 2 (cita) sich verabreden, sich treffen; ◇ **quedamos a la una en la cafetería** wir treffen uns um eins im Café 3 (lugar) sein, sich befinden; ◇ **el trabajo me queda cerca de casa** der Arbeitsplatz liegt in der Nähe meiner Wohnung 4 (distancia, tiempo) ◇ **quedan dos horas para acabar** wir haben noch zwei Stunden, um fertig zu werden **II.** vr(se) 1 (permanecer) bleiben 2 (retener) behalten, zurückhalten 3 FAM **-se con alguien** jd-n auf den Arm nehmen

quedo adv leise

quehacer m ↑ ocupación Arbeit f; ◇ **dar** - etw zu tun geben

queja f Klagen n; JUR Klage f; **quejarse** vr(se) 1 ↑ gemir jammern (de über acc) 2 ↑ protestar sich beklagen (de/por über)

quemado *adj* ① verbrannt; ◇ huele a - es riecht verbrannt ② FAM ↑ *enfadado* sauer, verärgert (*con* über *acc*); **quemarropa** *adv:* ◇ a - aus allernächster Nähe; **quemazón** *f* große Hitze

quepo *vb ver* **caber**

querella *f* ① JUR Klage *f* ② ↑ *riña* Streit *m*

querer *irr vt* ① ↑ *amar* lieben; ◇ te quiero ich liebe dich ② ↑ *desear, decidir* wollen, mögen ③ ↑ *pretender* wollen, beabsichtigen; **querido(/a)** I. *adj* ① ↑ *amado* geliebte(r, s) ② (*en carta*) liebe(r) II. *m/f* Geliebte(r) *f m*

queso *m* Käse *m;* ◇ darla con - jd-n betrügen/hereinlegen

quid *m* wesentlicher Punkt

quiebra *f* COM Bankrott *m;* **quiebro** I. *vb ver* **quebrar**; II. *m* ① (*del cuerpo*) ausweichende Bewegung ② (*de la voz*) Trällern *n*

quien *pron* (*relativo substantivado*) derjenige, der; diejenige, die; dasjenige, das; ◇ - mal anda, mal acaba wer übel lebt, endet übel; **quién** *pron* (*interrogativo substantivado*) wer; ◇ dime con - andas y te diré eres sag mir, mit wem du gehst,

und ich sage dir, wie du bist; **quienquiera** *pron* wer auch immer

quiero *vb ver* **querer**

quieto *adj* ruhig, unbewegt; ◇ ¡- allí! stehenbleiben!; **quietud** *f* Ruhe *f*

quijote *m* ↑ *idealista* Idealist(in *f*) *m*

quimera *f* ① ↑ *alucinación* Hirngespinst *n* ② ↑ *sueño* Traum *m*

químico(/a) I. *adj* chemisch II. *m/f* Chemiker(in) *m* III. *f* Chemie *f*

quince *numeral* fünfzehn; **quincena** *f* vierzehn Tage *m*

quinientos (-as) *numeral* fünfhundert

quinqui *m/f* FAM Strolch *m*

quintaesencia *f* eigentliches Wesen

quinto *adj* fünfte(r, s)

quiosco *m* [Zeitungs-]Kiosk *m*

quirófano *m* MED Operationssaal *m;* **quirúrgico** *adj* chirurgisch

quisquilla *f* GASTRON Krabbe *f;* **quisquilloso** *adj* ① ↑ *susceptible* zimperlich ② ↑ *meticuloso* kleinlich

quitanieves *m* <inv> Schneeräumer *m;* **quitar** I. *vt* ① ↑ *privar* nehmen, wegnehmen, ausnehmen; ◇ quitando außer ② → *mancha* entfernen II. *vr(se)*

1 ↑ *apartarse* sich zurückziehen, weggehen; ◇ ¡quítate de ahí! verschwinde! **2** → *ropa* ausziehen, ablegen; ◇ -se la **vida** sich dat das Leben nehmen

quite m TAUR Ablenkmanöver n; ◇ estar al - in den Startlöchern hocken

quizá, quizás adv vielleicht; ◇ - venga vielleicht kommt sie

R

R, r f R, r n

rábano m Rettich m
rabia f **1** MED Tollwut f **2** ↑ *cólera* Wut f; **rabiar** vi wütend sein; **rabioso** adj **1** ▷*persona* wütend **2** ▷*perro* tollwütig
rabo m Schwanz m
racial adj Rassen-
racimo m **1** (*de flores*) Büschel n **2** (*de uvas*) Traube f
ración f Portion f
racional adj **1** (*relativo a la razón*) rational **2** ↑ *lógico, adecuado* rationell, zweckmäßig; **racionalizar** vt rationalisieren

racionar vt rationieren
racismo m Rassismus m; **racista** I. adj rassistisch II. m/f Rassist(in f) m
radar, rádar m Radar n o m
radiación f Strahlung f
radiactividad f Radioaktivität f; **radiactivo** adj radioaktiv
radiador m **1** (*de casa*) Heizkörper m **2** (*de coche*) Kühler m
radiar vt **1** → *programa de radio* ausstrahlen, senden **2** (MED *con rayos X*) bestrahlen
radical I. adj **1** (*de raíz*) gründlich **2** (*de ideas*) radikal II. m/f Radikale(r) fm III. f GRAM Stamm m; **radicar** vi wurzeln
radio I. f **1** Rundfunk m **2** (*aparato*) Radio[gerät] n II. m **1** MATE Radius m **2** QUIM Radium n; **radioaficionado** (/a) m/f Funkamateur(in f) m; **radiocassette** m Radiorecorder m; **radiodespertador** m Radiowecker m; **radiografía** f Röntgenaufnahme f; **radiólogo(/a)** m/f Röntgenologe m, Röntgenologin f; **radio-taxi** m Funktaxi n; **radioterapia** f Strahlenbehandlung f
ráfaga f **1** (*de aire*) Windstoß m **2** (*de luz*) Aufblitzen n **3** (*de disparos*) Garbe f
raído adj abgetragen

raíz f Wurzel f

raja f ① ↑ *abertura* Riß m ② ↑ *tajada* Scheibe f; **rajar I.** vt ① →*fruta* in Scheiben schneiden ② ↑ *cascar* spalten, auseinanderbrechen **II.** vr(se) e-n Rückzieher machen

rallador m Reibe f; **rallar** vt reiben

rama f Ast m, Zweig m

ramera f Nutte f

ramificarse vr sich verzweigen

ramo m ① (de flores) Blumenstrauß m ② COM Branche f, Zweig m

rampa f Rampe f

rana f Frosch m

rancio adj ▷*mantequilla* ranzig

rancho m (AM) Farm f, Ranch f

rango m Rang m

ranura f ① ↑ *grieta* Fuge f ② (para monedas) [Einwurf-] Schlitz m

rapaz I. adj Raub-; ◇ *ave-* Raubvogel m **II.** m/f ↑ *niño* Junge m, Mädchen f

rape m FAUNA Seeteufel m

rapé m Schnupftabak m

rapidez f Schnelligkeit f; **rápido I.** adj, adv schnell **II.** m ① (tren) D-Zug m, Schnellzug m ② (de río) Stromschnelle f

rapiña f Raub m

raptar vt entführen; **rapto** m ① Entführung f ② (de locura) Anfall m

raqueta f Schläger m

raramemte adv selten; **raro** adj ① ↑ *poco frecuente* selten, rar ② ↑ *extraño* seltsam, sonderbar

rascacielos m <inv> Wolkenkratzer m

rascar vt (con uñas) kratzen

rasgar vt zerreißen, durchreißen

rasgo m ① (de la cara) Gesichtszug m ② (del temperamento) Charakterzug m

rasguño m Kratzer m

raso adj ① ▷*terreno* glatt, eben ② ▷*cielo* wolkenlos

raspar vt ① → *superficie* aufrauhen ② ← *toalla* kratzig sein

rastrear vt ↑ *buscar* nachspüren dat

rastrillar vt harken, rechen; **rastrillo** m Harke f, Rechen m

rastro m ① ↑ *indicio*, *también* FIG Spur f ② (mercadillo) Flohmarkt m

rata f Ratte f

ratear vt mausen, stibitzen; **ratero(/a)** m/f Taschendieb(in f) m

ratificar vt ① bestätigen ② POL ratifizieren

rato m Weile f, Augenblick m; ◇ *al poco* - kurz darauf

ratón m Maus f

raya f ① (de dibujo) Strich m ② (del pelo) Scheitel m

rayar vt ① einritzen ② (en escrito) durchstreichen

rayo m ① (de sol) Strahl m ② METEO Blitz m ③ ◇ **-s X** Röntgenstrahlen pl

raza f Rasse f

razón f ① ↑ entendimiento Vernunft f ② ↑ causa Grund m; ◇ **tener ~** recht haben; **razonable** adj ↑ sensato vernünftig; **razonar I.** vt beweisen, begründen **II.** vi ↑ argumentar argumentieren, diskutieren

reacción f Reaktion f; **reaccionar** vi reagieren (a/ante/contra auf akk)

reaccionario/a I. adj reaktionär **II.** m/f Reaktionär(in)f m

reactor m Reaktor m

readaptar vt ① wieder eingewöhnen ② (de profesión) umschulen

reajuste m Neuanpassung f

real adj ① wirklich ② (relativo al rey) königlich, Königs-; **realidad** f Wirklichkeit f, Realität f; ◇ **en ~** eigentlich

realizador(a) m/f Regisseur(in f) m

realizar vt ① (llevar a cabo) verwirklichen, realisieren ② → proyecto durchführen, ausführen

reanimar vt ↑ reavivar wiederbeleben

reanudar vt wiederaufnehmen

rearme m Aufrüstung f

rebaja f ① ↑ descuento Rabatt m ② (de billete) Ermäßigung f; **rebajar** vt ① → precios herabsetzen ② ↑ humillar demütigen ③ ARCHIT niedriger machen

rebanada f Scheibe f

rebaño m Herde f

rebasar vt ↑ sobrepasar überschreiten

rebatir vt widerlegen

rebeca f Strickjacke f

rebelarse vr: ◇ **~ contra** rebellieren, sich erheben gegen; **rebelde I.** adj ① ▷pelo widerspenstig ② ▷persona aufrührerisch, rebellisch **II.** m/f Rebell (in f) m; **rebelión** f Rebellion f, Aufstand m

rebobinar vt → cinta zurückspulen

rebosar vi ① → líquido überlaufen ② ↑ abundar übervoll sein, strotzen (de vor) ③ FIG ◇ **~ de alegría** übersprudeln vor Freude

rebotar vi abprallen; **rebote** m Rückprall m

rebozar vt panieren

rebuscado adj gekünstelt; **rebuscar** vt sorgfältig durchsuchen

recado m ① ↑ encargo Auftrag, Besorgung m ② ↑ *mensaje* Nachricht f

recaer *irr vi* ① (*enfermar*) e-n Rückfall haben ② (*en vicios*) rückfällig werden (*en*) ③ (*venir a parar*) fallen (*en/sobre auf akk*); **recaída** f Rückfall m

recalentar *irr vt* (*volver a calentar*) wieder erhitzen; ↑ *calentar* ② (*demasiado*) überhitzen

recambio m ① ↑ *sustitución* Austausch ② AUTO Ersatzteil n

recapitular *vt* ↑ *resumir* zusammenfassen, rekapitulieren

recargar *vt también* FIG ↑ *cargar demasiado* überladen

recargo m Zuschlag m

recaudación f ① (*acción*) Erhebung f ② (*cantidad*) Eingang m, Vereinnahmung f; **recaudador(a)** m/f Steuereinnehmer (in f) m; **recaudar** *vt* → *impuestos* erheben, einziehen

recelar *vt* argwöhnen; **recelo** m Mißtrauen n, Argwohn m; **receloso** *adj* mißtrauisch, argwöhnisch

recepción f ① (*ceremonia*) Empfang m, Aufnahme f ② (*de hotel*) Rezeption f; **recepcionista** m/f Empfangschef(in f) m, Empfangsdame f; **receptivo** *adj* empfänglich; **receptor (a)** I. m/f Empfänger(in f) m II. m Empfangsgerät n

recesión f Rezession f

receta f Rezept n; **recetar** *vt* → *medicamento* verschreiben

recibir *vt* ① erhalten ② → *amigos, visita* empfangen, aufnehmen ③ ← *doctor* Sprechstunde haben

recibo m Quittung f

reciclaje m (*de papel*) Recycling n; **reciclar** *vt* → *cosas* wiederverwenten, wiederaufbereiten

recién *adv* frisch-, Neu-; ◇ **el nacido** das Neugeborene; **reciente** *adj* neu, modern; jüngste(r, s); neueste(r, s)

recinto m Gebiet n, Bereich m

recipiente m Behälter m

recíproco *adj* gegenseitig

recital m ① MUS [Solo-]Konzert n ② (*de poesías*) Dichterlesung f; **recitar** *vt* rezitieren

reclamación f Beanstandung f, Reklamation f; **reclamar** *vt* [zurück]fordern, [zurück]verlangen

reclamo m ① ↑ *publicidad* Werbung f, Reklame f ② ↑ *llamada* Lockruf m

recluir *irr vt* einsperren, einschließen; **recluso(/a)** m/f Sträfling m

reclutar *vt* ① MIL ausheben, rekrutieren ② → *personal* anwerben

recobrar *vt* wiedererlangen, wiederbekommen

recodo *m* Biegung *f*

recogedor *m* Abfallschaufel *f*

recoger I. *vt* ① (*del suelo*) aufheben ② → *información* einholen ③ (*algo dispersado*) aufsammeln ④ ↑ *ir a buscar* abholen ⑤ → *fondos* sammeln **II.** *vr* (*se*) sich zurückziehen

recogida *f* ① (*de basura*) Müllabfuhr *f* ② (*de fruta*) Ernte *f* ③ (*del correo*) Leerung *f*

recolección *f* (*de frutos*) Ernte *f*; **recolectar** *vt* → *frutos* ernten

recomendable *adj* empfehlenswert; **recomendación** *f* ① Empfehlung *f*; ▷*escrita* Empfehlungsschreiben *n*; **recomendar** *irr vt* empfehlen

recompensa *f* Belohnung *f*; **recompensar** *vt* ① → *servicio* belohnen, entschädigen ② → *mérito* vergelten

reconciliación *f* Versöhnung *f*; **reconciliar I.** *vt* versöhnen **II.** *vr(se)* sich versöhnen

reconfortar *vt* stärken, ermutigen

reconocer *irr vt* ① wiedererkennen ② → *gobierno* anerkennen; **reconocido** *adj* anerkannt; **reconocimiento** *m* ① MED Untersuchung *f* ② ↑ *agradecimiento* Dankbarkeit *f*

reconquista *f* Wiedereroberung *f*; **reconquistar** *vt* zurückerobern

reconstituyente *m* FARMA Stärkungsmittel *n*

reconstruir *irr vt* → *edificio* wiederaufbauen; → *atraco* rekonstruieren

récord <s> *m* Rekord *m*

recordar *irr vt* ① ↑ *acordarse de* sich erinnern *an akk* ② ↑ *asemejarse an etw akk* erinnern

recorrer *vt* → *camino* zurücklegen; → *región* bereisen; **recorrido** *m* ① (*distancia*) Wegstrecke *f* ② (*del autobús*) Fahrstrecke *f*

recortar *vt* ausschneiden; **recorte** *m* ① (*acción*) Ausschneiden *n* ② (*de periódico, de tela*) Ausschnitt *m*

recrear I. *vt* ① (*crear otra vez*) wiedererschaffen ② (*pasar el tiempo*) unterhalten **II.** *vr(se)* sich erholen, sich unterhalten; **recreativo** *adj* unterhaltend, Freizeit-; **recreo** *m* ① Erholung *f* ② (*de colegio*) Pause *f*; ◇ *viaje m* de ~ Vergnügungsreise *f*

rectángulo I. *adj* rechtwinklig **II.** *m* Rechteck *n*

rectificar *vt* berichtigen, verbessern

recto I. *adj* ① ▷*cosa* gerade ② ▷*persona* rechtschaffen **II.** *m* ANAT Mastdarm *m*

recuerdo *m* ① Erinnerung *f* (*de algo/alguien* an etw/jd-n) ②

↑ *souvenir* Andenken n; ◇ **-s** m/ pl Grüße m/pl

recuperar I. vt ① → *objeto* zurückgewinnen, wiedererlangen ② → *tiempo perdido* nachholen **II.** vr(se) sich erholen

recurrir vi (*a algo*) zu etw greifen; (*a alguien*) sich an jd-n wenden

recurso m ① ↑ *medio* Mittel n/pl ② (*de individuo*) Ressourcen f/pl; ◇ **-s económicos** [Geld-]Mittel n/pl

rechazar vt ① (*expulsar*) zurückweisen ② → *solicitud* ablehnen ③ ↑ *contradecir* widersprechen

red f Netz n

redacción f ① (*manera de expresarse*) Abfassung f ② (*de periódico*) Redaktion f; **redactar** vt → *escrito* abfassen; **redactor(a)** m/f Redakteur(in f) m

redada f Razzia f

redención f REL Erlösung f

redimir vt ① zurückkaufen ② REL erlösen

rédito m Zins-, Kapitalertrag m

redoblar vt verdoppeln

redondear vt [ab-]runden; **redondo** adj ▷ *forma* rund

reducción f ① *disminución* Verminderung f, Verringerung f; **reducir** irr vt ① ↑ *disminuir* verringern ② → *consumo* redu-

zieren ③ → *precios* senken ④ MED einrenken

redundancia f ① ↑ *exceso* Überfluß m ② LING Redundanz f; **redundante** adj überflüssig

reembolsar vt zurückzahlen, zurückerstatten; **reembolso** m Rückerstattung f; ◇ **contra -** gegen Nachnahme

reemplazar vt ersetzen

referencia f ① ↑ *relación* Bezug m ② ↑ *información* Information f ③ (pl: *para un trabajo*) Referenzen f pl; **referente** adj: ◇ **- a** bezüglich gen; **referir** irr **I.** vt ↑ *relatar* erzählen, berichten **II.** vr: ◇ **-se** a sich beziehen auf akk

refinamiento m ↑ *exquisitez* Feinheit f; **refinar** vt ① ↑ *perfeccionar* verfeinern ② → *petroleo, azúcar* raffinieren; **refinería** f Raffinerie f

reflejar I. vt [wider-]spiegeln **II.** vr(se) sich [wider-]spiegeln; **reflejo** m ① (*de luz, de la luna*) Widerschein m ② MED, FIS Reflex m

reflexión f ① ↑ *reflejo* Reflexion f, Spiegelung f ② ↑ *consideración* Überlegung f; **reflexionar** vt ① nachdenken über akk **II.** vi nachdenken; **reflexivo** adj ① nachdenklich ② GRAM reflexiv

reflujo *m* Ebbe *f*

reforma *f* ① *(acción, de gobierno)* Reform *f* ② *(de edificio)* Umbau *m*, Renovierung *f* ③ REL Reformation *f*; **reformar** *vt* ① ↑ *cambiar* umändern, umgestalten ② → *edificio* umbauen, renovieren ③ ↑ *corregir* verbessern

reforzar *irr vt* verstärken; FIG bestärken

refracción *f* FIS Brechung *f*

refrán *m* Sprichwort *n*

refregar *irr vt* reiben, scheuern

refrendar *vt* ① → *documento* gegenzeichnen ② FIG unterstützen

refrescar I. *vt* erfrischen II. *vi* ① ↔ *persona* sich erfrischen ② ↔ *ambiente* abkühlen; **refresco** *m* Erfrischungsgetränk *n*

refrigerador *m* Kühlschrank *m*; **refrigerar** *vt* kühlen; **refrigerio** *m* Imbiß *m*

refuerzo *m* Verstärkung *f*

refugiado/(a) *m/f* Flüchtling *m*; **refugiar** I. *vt* aufnehmen II. *vr(se)* Schutz suchen, Zuflucht suchen; **refugio** *m* ① Zuflucht *f* ② ↑ *amparo* Schutz *m* ③ *(lugar)* Schutzraum *m*

refundir *vt* neubearbeiten, umarbeiten

refutar *vt* widerlegen

regadera *f* Gießkanne *f*

regadío *m (acción)* Bewässerung *f*; *(terreno)* bewässertes Gelände

regalar *vt* ① schenken ② ↑ *halagar* schmeicheln

regaliz *m/f* Lakritze *f*

regalo *m* Geschenk *n*

regar *irr vt* ① → *plantas* gießen ② → *calle* besprengen ③ FIG begießen

regata *f* SPORT Regatta *f*

regatear *vt* → *precio* feilschen um

regenerar *vt* regenerieren

régimen *m* ‹régimenes› *m* ① POL Regime *n* ② MED Diät *f*

regio *adj* ① königlich ② FIG prächtig

región *f* Gegend *f*, Gebiet *n*

regir *irr vt* ① → *país* regieren ② → *empresa, acción* führen, leiten

registrar I. *vt* ① → *casa* durchsuchen ② ↑ *inscribir* eintragen II. *vr(se)* ① ↑ *inscribirse* sich einschreiben ② ↑ *producirse* zu verzeichnen sein; **registro** *m* ① *(libro)* Register *n* ② *(de la policía)* Durchsuchung *f*

regla *f* ① ↑ *norma* Regel *f*, Norm *f* ② *(para medir)* Lineal *n*

reglamentar *vt* regeln; **reglamento** *m* Verordnung *f*, Verfügung *f*

regresar *vi* zurückkommen,

zurückkehren; **regreso** m Rückkehr f

regular I. vt ① † *ajustar* ordnen, regeln ② → *máquina* regulieren, einstellen **II.** adj ① *también* GRAM regelmäßig ② † *corriente* gewöhnlich; **regularidad** f Regelmäßigkeit f

rehabilitar vt (*salud, de acusación*) rehabilitieren

rehacer irr vt ① (*volver a hacer*) noch einmal machen ② † *reparar* reparieren

rehén m Geisel f

rehusar vt ablehnen

reina f Königin f

reinado m Regierungszeit f; **reinante** adj herrschend; **reinar** vi regieren

reincidir vi rückfällig werden

reino m Königreich n; ◇ **el R-Unido** das Vereinigte Königreich

reintegrar vt ① (*al puesto, empleo*) wiedereinstellen ② † *reconstruir* wiederherstellen ③ → *dinero* zurückerstatten; **reintegro** m ① † *reintegración* Wiedereinsetzung f ② † *restitución* Rückerstattung f

reír irr vi, vr(se) lachen

reiterar vt wiederholen

reja f Gitter n; **rejilla** f ① (*de ventana*) Fenstergitter n ② (*en tren*) Gepäcknetz n

rejoneador m Stierkämpfer m zu Pferd

rejuvenecer irr vt verjüngen, jünger machen

relación f ① (*de persona*) Beziehung f ② (*números*) Verhältnis n ③ (*de hechos*) Zusammenhang m ④ † *lista* Aufstellung f; ◇ **con - a, en - con** bezüglich *gen*

relajación f Entspannung f; **relajado** adj ① † *despreocupado* angenehm, sorgenfrei ② † *desordenado* liederlich ▷*músculo* entspannt; **relajar I.** vt ① † *descansar* entspannen ② → *ley* lockern **II.** vr(se) erschlaffen, sich entspannen

relámpago m Blitz m; **relampaguear** vi [auf]blitzen

relatar vt erzählen

relativo adj (*no absoluto*) relativ; ◇ **- a** betreffend *akk*

relato m Schilderung f

relegar vt † *desterrar* verbannen

relevar vt ① (*de una carga*) entlasten ② (*de un puesto*) ablösen; **relevo** m † *sustitución* Ablösung f; ◇ **carrera f de -s** Staffellauf m

relieve m *también* GEO Relief n; FIG ◇ **poner de -** hervorheben

religión f Religion f; **religiosidad** f Frömmigkeit f; **religioso(a) I.** adj fromm, religiös **II.** m/f Mönch m, Nonne f

reloj m Uhr f; ◇ ~ **de pulsera** Armbanduhr f; **relojería** f Uhrengeschäft n

relucir irr vi glänzen

rellenar vt 1 ↑ llenar füllen 3 → documento ausfüllen; **relleno** adj gefüllt

remache m Niete f

remar vi rudern

rematar vt 1 ↑ terminar beendigen, abschließen 2 ↑ matar den Todesstoß versetzen dat; **remate** m 1 ↑ termino Abschluß m 2 (extremo) Ende n 3 SPORT Schuß m

remediar vt abhelfen dat; **remedio** m 1 ↑ solución Abhilfe f 2 FARMA Heilmittel n

remendar irr vt → ropa flikken

remesa f Sendung f

remilgado adj zimperlich

remisión f ↑ perdón Vergebung f

remitente m/f Absender(in f) m; **remitir** vt 1 ↑ enviar schicken, senden 2 ← texto verweisen 3 (liberar una culpa) erlassen

remo m 1 (objeto) Ruder n 2 (deporte) Rudern n

remojar vt 1 → ropa einweichen 2 (celebrar bebiendo) begießen

remolacha f Rübe f; ◇ ~ azucarera Zuckerrübe f

remolcador m Schlepper m; **remolcar** vt → coche abschleppen

remolino m 1 (de aire) Wirbel m 3 (de agua) Strudel m 2 (de pelo) [Haar-]Wirbel m

remolque m 1 AUTO Abschleppen n 2 (de camión) Anhänger m

remordimiento m Reue f, Gewissensbisse pl

remoto adj ▷ pueblo entlegen

remover irr vt 1 → líquido umrühren 2 → tierra umgraben 3 FIG aufwühlen

remuneración f Bezahlung f, Vergütung f; **remunerar** vt 1 ↑ pagar bezahlen, vergüten 2 ↑ recompensar belohnen

renacimiento m 1 Wiedergeburt f 2 ◇ el R- die Renaissance

renacuajo m FAUNA Kaulquappe f

rencor m Groll m; **rencoroso** adj nachtragend

rendición f 1 MIL Kapitulation f 2 ↑ sometimiento Bezwingung f 3 Hingabe f; **rendido** adj 1 ↑ cansado erschöpft 2 ▷ admirador ergeben

rendija f ↑ grieta Spalt m

rendimiento m 1 (de persona, máquina) Leistung f, Leistungsfähigkeit f 2 ↑ cansancio

Erschöpfung f ③ (de admirador) Ergebenheit f

rendir irr I. vt ① → homenaje huldigen dat ② (producir) leisten ③ (en lucha) besiegen ↑ fatigar erschöpfen II. vr(se) sich ergeben; ◇ - **cuentas** FIG Rechenschaft ablegen dat

renegado(/a) I. adj abtrünnig II. m/f Abtrünnige(r) fm, Renegat m; **renegar** irr vi ① (de creencia) e-m Glauben abschwören ② ↑ refunfuñar schimpfen, murren

renglón m ① Zeile f ② COM Posten m

reno m Ren[-tier] n

renombrado adj berühmt; **renombre** m Ruf m, Ruhm m

renovación f Erneuerung f; **renovar** irr vt erneuern ② → edificio renovieren

renta f ① (de jubilado) Rente f ② ↑ interés Zins m ③ ↑ beneficio Profit m ④ ↑ ingresos Einkommen n; **rentable** adj rentabel, wirtschaftlich

renuncia f Verzicht m (a auf akk); **renunciar** vt verzichten auf akk

reñir irr I. vt ↑ reprender ausschimpfen II. vi ↑ pelearse streiten

reo(/a) m/f Angeklagte(r) fm

reorganizar vt umorganisieren

reparación f ① (acción) Reparieren n ② (de coche) Reparatur f ③ POL Reparation f; **reparar** v → coche reparieren

reparo m ① ↑ remedio Abhilfe f ② ↑ objeción Einwand m

repartir vt ↑ distribuir verteilen ② → correo austragen; **reparto** m ① (de cosas) Verteilung f ② (de correo) Zustellung f

repasar vt ① → escrito durchlesen ② ↑ examinar überprüfen; **repaso** m ① (de escrito) Duchlesen n ② ↑ revisión Überprüfung f

repatriar vt repatriieren

repelente adj abstoßend; **repeler** vt abstoßen

repente m : ◇ de - plötzlich; **repentino** adj plötzlich

repercusión f ① ↑ consecuencia Auswirkung f ② ↑ eco Echo n; **repercutir** vi ① ← eco widerhallen ② ↑ trascender Folgen haben; ◇ - en sich auswirken auf akk

repertorio m ① ↑ catálogo Verzeichnis n ② (de teatro) Repertoire n

repetición f Wiederholung f; **repetir** irr vt wiederholen

repicar vt läuten; **repique** m Glockenläuten n; **repiquetear** vt läuten

repleto adj voll, vollgefüllt

réplica f ① ↑ contestación Erwiderung f ② (cuadro) Replik f;
replicar vi ↑ contestar [schlagfertig] erwidern; ↑ contradecir widersprechen
repoblar irr vt ① (con gente) wiederbevölkern ② (con árboles) wiederaufforsten
repollo m Weißkohl m
reponer irr vt ① (en empleo) ersetzen ② ↑ responder antworten
reportaje m Reportage f; **reportero(/a)** m/f Reporter(in f) m
reposado adj ① ↑ quieto ruhig, gelassen ② ↑ descansado erholt, ausgeruht; **reposar** vi sich ausruhen
reposición f ① Wiedereinsetzung f ② TEATRO Wiederaufführung f
reposo m Ruhe f
repostería f ① (lugar) Konditorei f ② (productos) Konditoreiwaren pl
reprender vt tadeln, rügen; **reprensión** f ↑ reproche Tadel m, Rüge f
represalia f Repressalie f
representación f ① Darstellung f ② ↑ noción Vorstellung f ③ (grupo) Vertretung f ④ TEATRO Aufführung f
representante m/f Vertreter (in f) m; **representar** vt ①

vertreten (a alguien jd-n) ② ↑ equivaler bedeuten, darstellen ③ TEATRO aufführen, spielen
represión f Unterdrückung f
reprimenda f ↑ reprensión Tadel m
reprimir vt unterdrücken
reprobar irr vt mißbilligen
réprobo(/a) m/f Verdammte(r) fm
reprochable adj tadelnswert; **reprochar** vt vorwerfen; **reproche** m Vorwurf m
reproducción f ① (de arte) Reproduktion f ② BIOL Fortpflanzung f; **reproducir** irr I. vt wiedergeben, reproduzieren II. vr(se) sich fortpflanzen
reptil m Reptil n
república f Republik f; **republicano(/a)** I. adj republikanisch II. m/f Republikaner(in f) m
repudiar vt ① → cosa ablehnen ② → persona verstoßen
repuesto m Ersatzteil n; ◇ rueda f de - Ersatzrad n
repugnante adj ekelhaft, abstoßend; **repugnar** vt abstoßen, anekeln
repulsión f Widerwille f; **repulsivo** adj ekelhaft, abstoßend
reputación f Ruf m, Ansehen n; **reputar** vt schätzen, achten
requerimiento m también

JUR Aufforderung f; **requerir**
irr vt ① ↑ *necesitar* brauchen,
verlangen ② *también* JUR auffordern ③ ↑ *ordenar* anordnen
requesón *m* GASTRON
Quark *m*

requisar *vt* MIL requirieren

requisito *m* Erfordernis *n*, Bedingung *f*

res *f* [Stück *n*] Vieh

resaca *f* ① (*de mar*) Unterströ-
mung *f* ② (*FAM de alcohol*)
Kater *m*

resaltar *vi* ① ← *cosa* hervorra-
gen, vorstehen ② ← *persona*
herausragen

resbaladizo *adj* rutschig; **resbalar** *vi, vr(se)* ausrutschen

rescatar *vt* ① ↑ *salvar* retten
② ↑ *libertar* befreien

rescindir *vt* → *contrato*, *compromiso* aufheben, kündigen

reseco *adj* ausgetrocknet, sehr
trocken

resentimiento *m* Groll *m*,
Ressentiment *n*; **resentirse**
irr vr: ◇ - **por algo** sich über etw
akk ärgern

reseñar *vt* ① → *persona* beschreiben ② → *obra* besprechen, rezensieren

reserva *f* ① (*de hotel*, *restaurante*) Reservierung *f* ② ↑ *sal-
vedad* Vorbehalt *m*; **reservar**
vt ① → *mesa* reservieren ②
↑ *guardar* aufheben, aufbewah-

ren ③ ↑ *ocultar* verschweigen,
für sich behalten

resfriado *m* Erkältung *f*; **resfriarse** *vr* sich erkälten

resguardar I. *vt* schützen, bewahren II. *vr*: ◇ -**se de la lluvia**
sich vor dem Regen schützen;
resguardo *m* ↑ *protección*
Schutz *m*

residencia *f* ① ↑ *domicilio*
Wohnsitz *m*, Aufenthalt *m* ②
(*mansión*) Residenz *f*; **residir**
vi wohnen, leben

residuo *m* Abfall *m*

resignación *f* Resignation *f*,
Verzicht *m*; **resignar** I. *vt* ↑ *renunciar* abtreten (*a an akk*) II.
vr: ◇ -**se con/a algo** sich mit etw
abfinden

resina *f* Harz *n*

resistencia *f* Widerstand *m*;
resistente *adj* ① widerstandsfähig ② ↑ *duro, sólido*
stark, kräftig; **resistir** *vt* ①
↑ *aguantar* standhalten *dat* ②
(*hacer frente*) Widerstand leisten *dat* ③ FIG aushalten, ertragen

resolución *f* ① ↑ *decisión* Beschluß *m* ② ↑ *ánimo* Entschlossenheit *f* ③ ↑ *solución* Lösung *f*;
resolver *irr vt* ① → *problema*
[auf-]lösen ② ↑ *decidir* beschließen

resonancia *f* Resonanz *f*, Widerhall *m*

respaldar vt unterstützen; **respaldo** m (de silla) [Rücken-]Lehne f; FIG Unterstützung f

respectivo adj jeweilig; ◇ en lo - a in bezug auf akk; **respecto** m Beziehung f; ◇ con - a was ... anbelangt; ◇ a ese - in dieser Hinsicht

respetable adj angesehen, geachtet; **respetar** vt respektieren, achten; **respeto** m Achtung f; **respetuoso** adj respektvoll, taktvoll

respiración f Atmung f; **respirar** vi atmen; FIG aufatmen; **respiro** m Atmen n; FIG ↑ descanso Pause f

resplandecer irr vi scheinen, glänzen

responder I. vt beantworten II. vi ⨶ antworten; ◇ - a antworten auf akk ② ↑ corresponder entsprechen (a e-r Sache) ③ ↑ ser responsable verantworten (de acc) ④ ↑ garantizar bürgen (por für)

responsabilidad f Verantwortung f, Haftung f; **responsable** adj verantwortlich

respuesta f Antwort f, Erwiderung f

restablecer irr I. vt wiederherstellen II. vr(se) sich erholen

restar I. vt MATE abziehen, subtrahieren II. vi übrigbleiben

restaurante m Restaurant n

restaurar vt → régimen político wiederherstellen

restitución f Rückerstattung f; **restituir** irr ↑ devolver zurückgeben, zurückerstatten

resto m Rest m

restricción f Beschränkung f, Einschränkung f; **restrictivo** adj einschränkend; **restringir** vt einschränken, begrenzen

resuelto adj entschlossen, resolut

resultado m Ergebnis n

resultar vi ⨶ ↑ originarse begründet sein ② ↑ manifestarse sich erweisen als

resumen m Zusammenfassung f; **resumir** vt zusammenfassen

resurgir vi ↑ reaparecer aufleben; **resurrección** f REL Auferstehung f

retama f FLORA Ginster m

retar vt herausfordern

retardar vt aufhalten, verzögern; **retardo** m Verzögerung f

retazo m (de tela) Stoffrest m

retener irr vt ⨶ ↑ conservar zurückhalten ② (en la memoria) behalten ③ ↑ guardar behalten

retina f Netzhaut f

retirado/(a) I. adj ⨶ ▷lugar entlegen, abgelegen ② ▷persona pensioniert, außer Dienst II.

m/f Pensionär(in *f*) *m* **III.** *f* MIL
Rückzug *m*; **retirar I.** *vt* ①
↑ *alejar* zurückziehen ②
↑ *apartar* entfernen ③ → *dinero*
abheben ④ ↑ *jubilar* pensionieren, in den Ruhestand versetzen
II. *vr(se)* ① (*a casa*) sich zurückziehen ② ↑ *jubilarse* sich
zur Ruhe setzen

retiro *m* ① (*de jubilado*) Pensionierung *f* ② ↑ *pensión* Pension *f*
③ (*de las ocupaciones cotidi-
anas*) Zurückgezogenheit *f*

reto *m* Herausforderung *f*

retocar *vt* → *foto* retuschieren

retoque *m* (*de cuadro*) Über-
arbeitung *f*

retorcer I. *vt también* FIG
↑ *torcer* verbiegen, verdrehen
II. *vr*: ◇ **-se de dolor** sich krümmen vor Schmerzen

retornar I. *vt* ① ↑ *devolver* zurückgeben ② (*volver a colocar*)
zurückstellen **II.** *vi* zurückkehren

retraído *adj* zurückgezogen

retrasado *adj* ① ↑ *tarde* verspätet ② (*mental*) zurückgeblieben ③ (*no actual*) veraltet ④
(*en pagos*) im Rückstand *m*;
retrasar I. *vt* ① ↑ *cita* verschieben, verlegen **II.** *vi*, *vr(se)* ①
← *tren* sich verspäten ② ← *reloj*
nachgehen; **retraso** *m* ① Verzögerung *f* ② (*de tren*) Verspätung *f* ③ (*de pago*) Verzug *m*

retratar *vt* ① (*en un cuadro*)
porträtieren ② ↑ *describir* schildern; **retrato** *m* ① Bild *n* ②
(*cuadro*) Porträt *n*

retrete *m* Toilette *f*

retribuir *irr vt* bezahlen

retrovisor *m* Rückspiegel *m*

reúma, reuma *m* Rheuma *n*;
reumático(/a) I. *adj* rheuma-
tisch **II.** *m/f* Rheumakranke(r)
fm

reunificar *vt* wiedervereinigen

reunión *f* ① Vereinigung *f* ②
(*de ministros*) Versammlung *f*
③ (*de jóvenes*) Treffen *n*, Party *f*
④ (*de adultos*) geselliges Beisammensein; **reunir** *vt* ①
↑ *unir* [wieder-]vereinigen ②
→ *personas* versammeln, zu-
sammenrufen

revalidar *vt* anerkennen, bestätigen

revalorizar *vt* COM aufwerten

revancha *f* Revanche *f*

revelar *vt* ① ↑ *descubrir* enthüllen, aufdecken ② FOTO entwickeln

reventar *irr* **I.** *vt* ① → *tubería*
zum Platzen bringen ② FAM
→ *espectáculo* platzen lassen **II.**
vi, *vr(se)* ① ↑ *estallar* platzen,
bersten ② (*cansarse trabajan-
do*) sich abschuften

reventón *m* Plattfuß *m*

reverencia *f* ① ↑ *respeto* Ehrfurcht f ② ↑ *inclinación* Verbeugung f

reversible adj umkehrbar

revés m ① (*parte*) Rückseite f; ◇ **al** – umgekehrt ② FIG ↑ *percance* Mißgeschick n

revestimiento m Verkleidung f; **revestir** irr I. vt ① → *actitud* aufsetzen, auflegen ② → *superficie* verkleiden II. vr(se) (*de paciencia*) sich wappnen (*de mit*)

revisar vt ↑ *examinar* durchsehen, nachprüfen, überprüfen; **revisión** f ① ↑ *control* Revision f, Durchsicht f ② (*del coche*) Inspektion f; **revisor(a)** m/f (*de tren*) Schaffner(in f) m; (*de autobús*) Kontrolleur(in f) m

revista f ① (*publicación*) Zeitschrift f ② (*espectáculo*) Revue f

revocar → *pedido* widerrufen

revoltoso adj unartig, ungezogen

revolución f ① Revolution f ② TECNI Umdrehung, f; **revolucionar** vt (*producir un cambio*) revolutionieren; ↑ *agitar* aufwiegeln; **revolucionario(a)** I. adj revolutionär II. m/f Revolutionär(in f) m

revolver irr vt ① ↑ *mezclar* umrühren ② ↑ *desordenar* in Unordnung bringen

revólver m Revolver m

revuelto(/a) I. adj ① ↑ *mezclado* verrührt ② ▷*persona* aufgeregt II. f ① ↑ *amotinamiento* Revolte f ② POL Meinungsumschwung m

rey m König m

rezar vi beten

riachuelo m Bach m

ribera f ↑ *orilla* Ufer n

ribete m (*de ropa*) Saum m

ricachón(-ona) m/f PEY Geldsack m; **rico(/a)** I. adj ① reich ② ▷*comida* köstlich, schmackhaft II. m/f Reiche(r) fm

ridículo adj lächerlich

riego m Bewässern n

riel m TREN Schiene f

rienda f Zügel m

riesgo m Risiko n; ◇ **a** – **de** auf die Gefahr hin, daß; ◇ **correr el** – **de** Gefahr laufen, zu...

rifar I. vt verlosen II. vr; ◇ **-se** algo sich um etw streiten

rifle m Gewehr n

rigidez f ① Starrheit f ② FIG Strenge f; **rígido** adj ① ▷*material* starr, steif ② ▷*persona* streng

rigor m ↑ *rigidez* Strenge f, Härte f; **riguroso** adj ① ↑ *exacto* genau ② ↑ *severo* streng

rima f Reim m; **rimar** vt reimen

rímel® m Wimperntusche f

Rin m : ◇ **el** – **der** Rhein

rincón *m* Ecke *f*; **rinconera** *f* Eckschrank *m*

rinoceronte *m* Nashorn *n*

riña *f* Streit *m*

riñón *m* Niere *f*

río I. *m* ① Fluß *m* ② *FIG* Menge *f* II. *vb ver* reír; **rioplatense** *adj* vom Río de la Plata

riqueza *f* Reichtum *m*

risa *f* Lachen *n*; ◇ **troncharse de** - sich totlachen

risueño *adj* ↑ *alegre* fröhlich

ritmo *m* Rhythmus *m*

rito *m* Ritus *m*

rival *m/f* Rivale *m*, Rivalin *f*; **rivalizar** *vi*: ◇ - **con** rivalisieren mit

rizar I. *vt* in Locken legen II. *vr* (se) sich locken; **rizo** *m* (de pelo) Locke *f*

robar *vt* ① [be-]rauben ② → *cartera* stehlen; **robo** *m* ↑ *hurto*, *atraco* Raub *m*, Diebstahl *m*

robot *m* Roboter *m*

robusto *adj* ① ↑ *fuerte* stark, kräftig ② (de buena salud) robust

roca *f* Fels[en] *m*

rociar *vt* besprengen; **rocío** *m* Tau *m*

rodaballo *m* FAUNA Steinbutt *m*

rodado *adj* auf Rädern, mit Rädern; ◇ *tráfico* - Fahrverkehr *m*

rodaja *f* Scheibe *f*

rodaje *m* ① (de película) Drehen *n*, Filmen *n* ② (de vehículo) Einfahren *n*; **rodar** *irr* I. *vt* ① → *película* drehen ② → *coche* einfahren ③ ↑ *girar* drehen II. *vi* (sobre ruedas) rollen; ← *coche* fahren

rodeo *m* ① ↑ *desvío* Umweg *m*; ◇ **dilo sin** - sag' es ohne Umschweife ② ↑ *evasiva* Ausflucht *f* ③ AM Rodeo *n*

rodilla *f* Knie *n*

rododendro *m* Rhododendron *m*

roedor I. *adj* nagend II. *m* Nagetier *n*

rogar *irr vt* bitten

rojo *adj* rot

rollo *m* ① (de papel) Rolle *f* ② (película fotográfica) [Roll-] Film *m* ③ (FAM discurso) alte Leier; (libro) langweiliger Schinken; (asunto) Angelegenheit *f*, Chose *f*; FAM ◇ ¡qué -! wie öde!

Roma *f* Rom *m*

romano/(a) I. *adj* römisch II. *m/f* Römer(in *f*) *m*

romántico *adj* romantisch

romería *f* ① Wallfahrt *f* ② Volksfest zu Ehren e-s Heiligen

romper I. *irr vt* ① ↑ *estropear* zerstören, kaputtmachen ② (en trozos) zerbrechen ③ → *papel* zerreißen II. *vi*: ◇ - **a llorar** [plötzlich] anfangen zu weinen

ron *m* Rum *m*

roncar *vi* schnarchen

ronco *adj* ① (*sin voz*) heiser ② ▷*voz* rauh

ronda *f* ① (*de copas*) Runde *f* ② ↑ *patrulla* Streife *f*

ronquear *vi* heiser sein

ropa *f* Kleidung *f*; ◇ - **para lavar** Wäsche *f*; ◇ - **de cama** Bettwäsche *f*; ◇ - **interior** Unterwäsche *f*; **ropero** *m* Kleiderschrank *m*

rosa *f* Rose *f*

rosado *m* Rosé[-wein] *m*

rosario *m* REL Rosenkranz *m*

rosca *f* ① Gewinde *n* ② GASTRON Schnecke *f*

rostro *m* Gesicht *n*, Antlitz *n*

rotación *f* ① Drehung *f* ② FIS Rotation *f*

roto *pp de* romper ↑ *estropeado* zerbrochen, kaputt

rotulador *m* Filzstift *m*, Filzschreiber *m*; **rotular** *vt* beschriften, etikettieren; **rótulo** *m* ↑ *letrero* Schild *n*; ↑ *etiqueta* Etikett *n*

rotura *f* ① (*acción*) [Zer-]Brechen *n* ② MED Bruch *m*

roturar *vt* → *tierra* urbar machen, roden

roulotte *f* Wohnwagen *m*, Wohnmobil *n*

rozamiento *m* TECNI *también* FIG Reibung *f*

rubio(/a) I. *adj* ▷*pelo* blond II.

m/f blond[haarig-]er Mann, Blondine *f*; ◇ *tabaco* *m* - heller Tabak

rudo *adj* ① ▷*persona* grob, ungeschliffen ② FIG ↑ *duro* hart, rauh

rueda *f* ① AUTO Rad *n*; ◇ - **delantera/trasera/de repuesto** Vorder-/Hinter-/Ersatzrad *n* ② (*de fruta*) Scheibe *f* ③ ◇ - **de prensa** Pressekonferenz *f*

ruedo *m* TAUR Arena *f*

ruego I. *m* Bitte *f*, Ersuchen *n* II. *vb ver* rogar

rufián *m* Zuhälter *m*

ruido *m* Lärm *m*; **ruidoso** *adj* laut, lärmend

ruina *f* ① (*restos*) Ruine *f* ② FIG Ruin *m*

ruiseñor *m* Nachtigall *f*

ruleta *f* Roulette *n*

rulo *m* Lockenwickler *m*

rumano(/a) I. *adj* rumänisch II. *m/f* Rumäne *m*, Rumänin *f*

Rumania *f* Rumänien *n*; **rumano(/a)** I. *adj* rumänisch II. *m/f* Rumäne *m*, Rumänin *f*

rumbo *m* ① (*dirección*) Fahrtrichtung *f* ② (*ruta*) Kurs *m* ③ FIG Richtung *f*

rumor *m* ① ↑ *noticia* Gerücht *n* ② (*de personas*) Stimmengewirr *n*

ruptura *f* Bruch *m*

rural *adj* ländlich, Land-

Rusia *f* Rußland *n*; **ruso(/a)** I. *adj* russisch II. *m/f* Russe *m*, Russin *f*

rústico adj ① ländlich, Land-
② ↑ *tosco* grob, derb
ruta f Weg m, Route f
rutina f Routine f

S

S, s f S, s n

sábado m Samstag m, Sonnabend m
sábana f Bettuch n
saber irr I. vt ① wissen, kennen
② ↑ *enterarse* erfahren →
idioma können II. vi: ~ a
schmecken nach III. m ① ↑ *conocimiento* Wissen n ② ↑ *aptitud* Können n
sabiduría f ① ↑ *saber* Wissen
n ② ↑ *juicio* Weisheit f; **sabio**
(/a) I. adj ↑ *culto* gelehrt, weise
II. m/f Weise(r) fm
sable m Säbel m
sabor m Geschmack m
sabotaje m Sabotage f
sabroso adj schmackhaft
sacacorchos m <inv> Korkenzieher m; **sacapuntas** m
<inv> Bleistiftspitzer m; **sacar**
vt ① ↑ *extraer* herausholen, her-
ausziehen ② (de apuro) heraus-
helfen ③ → *billete* lösen

sacarina f Süßstoff m
sacerdote(-tisa) m/f Priester
(in f) m
saco m Sack m; ◇ - de dormir
Schlafsack m
sacramento m Sakrament n
sacrificar vt opfern; **sacrifi-
cio** m Opfer n
sacrilegio m ① REL Sakrileg
n ② FIG Frevel m
sacudir vt rütteln, schütteln
sadismo m Sadismus m
sagaz adj ① ↑ *astuto* schlau ②
↑ *prudente* vorsichtig
sagrado adj heilig, ehrwürdig
Sahara m : ◇ el - die [Wüste]
Sahara
sajón(-ona) I. adj (de Sajonia)
sächsisch II. m/f (habitante de
Sajonia) Sachse m, Sächsin f
sal f ① (sustancia) Salz n ②
FIG Witz m
sala f (grande) Saal m; (pequeño) Raum m; ◇ - de espera Wartezimmer n; ◇ - de estar Wohnzimmer n
salado adj ① ▷sopa salzig ②
(persona) witzig, geistreich
salamandra f Salamander m
salamanquesa f Gecko m
salar vt [ein-]salzen, [ein]pö-
keln
salario m Lohn m
salchicha f Würstchen n; **sal-
chichón** m Dauerwurst f
saldar vt ① ↑ *liquidar* bezah-

len, begleichen ② (vender) abstoßen, ausverkaufen
saldo m ① FIN Saldo m ② (de
deuda) Begleichung f
salero m ① (objeto) Salzstreuer
m ② (FIG gracia) Anmut f,
Esprit m
salida f ① (de edificio) Ausgang m; ◇ **callejón m sin** - Sack-
gasse f; ◇ - **de emergencia** Not-
ausgang m ② (de tren) Abfahrt f
③ (para coches) Ausfahrt f ④
COM Absatz m
saliente adj ① (de edificio) vorspringend ② FIG hervorragend
salir irr I. vi ① (de casa) hinausgehen ② ↑ partir abfahren
II. vr(se) ▷ líquido aus-, überlaufen
saliva f Speichel m
salmantino adj aus Salamanca
salmo m Psalm m
salmón m FAUNA Lachs m
salón m (habitación) Wohnzimmer n
salsa f ① GASTRON Soße f ②
FIG ↑ gracia Würze f, Reiz m
saltar vi ① dar saltos hüpfen,
springen
saltear vt ① ↑ atacar überfallen ② GASTRON [an-]braten
salto m Sprung m; ◇ - **de agua**
Wasserfall m
salud f Gesundheit f; ◇ ¡-!, ¡a su
-! prost!, auf Ihr Wohl!; **saludable** adj ↑ sano gesund

saludar vt (con gestos, palabras) [be]grüßen; **saludo** m ①
(gesto) Gruß m ② (palabras,
gestos) Begrüßung f; ◇ -s (de
carta) viele Grüße
salva f Salve f
salvado m Kleie f
Salvador m: ◇ El - El ① (país)
El Salvador m ② (Jesucristo) Er-
löser m; **salvadoreño(/a)** I.
adj salvadorianisch II. m/f Salva-
dorianer(in) f m
salvaguardar vt schützen
salvaje I. adj ① (animal, planta) wild, Wild- ② (persona) roh,
brutal II. m/f Rohling m, Wilde
(r) fm
salvar vt ① (de peligro) retten
② →obstáculo überwinden;
salvavidas m <inv> Rettungsring m; ◇ bote/chaleco - Rettungsboot n/Schwimmweste f;
salvo I. adj unbeschädigt, heil
II. adv außer III. cj: ◇ - que
+subj es sei denn
san adj: ◇ S- Pedro St. Petrus
sanar vi ① ← herida verheilen
② (persona) gesund werden
sanatorio m Sanatorium n
sanción f ① (castigo) Strafe f;
POL Sanktion f ② ↑ aprobación
Sanktion f, Zustimmung f; **sancionar** vt ① ↑ castigar bestrafen; POL sanktionieren ② ↑ aprobar gutheißen, sanktionieren
sandalia f Sandale f

sandía f Wassermelone f
sandinista I. adj POL sandinistisch II. m/f Sandinist(in) m
sandwich m Sandwich n
saneamiento m Sanierung f
sanear vt ① → edificio, economía sanieren ② (COM dar garantía) Gewähr leisten
sangrar vi bluten; **sangre** f Blut n; ◇ **matar a - fría** kaltblütig ermorden
sangría f Sangria f (spanische Rotweinbowle)
sangriento adj ① ▷herida blutend ② ▷pelea blutig
sanidad f Gesundheit f; **sano** adj gesund
santanderino(/a) I. adj aus Santander II. m/f Einwohner(in f) m von Santander
santiguar I. vt segnen II. vr (se) sich bekreuzigen
santo(/a) I. adj heilig II. m/f Heilige(r) fm III. m (festividad) Namenstag m
sapo m Kröte f
saque m (SPORT de tenis) Aufschlag m; (de fútbol) Anstoß m
saquear vt plündern
sarampión f MED Masern pl
sarasa f FAM Schwule m, Schwuchtel f; femininer Homosexueller
sardina f Sardine f
sargento(/a) m MIL Unteroffizier(in f) m

sarna f MED Krätze f
sartén f Stielpfanne f
sastre(/a) m/f Schneider(in f) m; **sastrería** f Schneiderei f
satán, satanás m Satan m
satélite m también POL también FIG Satellit m
sátira f Satire f
satisfacción f ① ↑ gusto, placer Genugtuung f; ↑ contento Zufriedenheit f ② FIG ↑ recompensa Abfindung f; **satisfacer** irr vt ① → deseo befriedigen ② (a alguien) zufriedenstellen; **satisfecho** adj zufrieden, befriedigt
sauce m Weide f; ◇ - **llorón** Trauerweide f
sauna f Sauna f
se pron ① (reflexivo) sich ② (impersonal) man ③ (objeto indirecto) ihm, ihr; (pl) ihnen ④ (uno a otro) einander
sé vb ver **saber**
sebo m Talg m
secador(a) I. m Trockner m; ◇ - **de pelo** Haartrockner m, Fön® m II. f Trockenmaschine f; ◇ - **de ropa** Wäschetrockner m
secar I. vt ① → manos trocknen ② →fruta dörren II. vr(se) ① [ver]trocknen ② (persona) sich abtrocknen
sección f ① ↑ fracción Abschnitt m ② (de un dibujo)

Schnitt *m*, Querschnitt *m* **3**
↑ *departamento* Abteilung *f*

seco adj **1** ▷*río, planta, tiempo* trocken **2** ▷*sonido* dumpf **3** ▷*fruta* gedörrt **4** ▷*vino* trokken, herb

secretaría *f* Sekretariat *n;* **secretario/(a)** *m/f* Sekretär(in *f) m*

secreto I. *adj* geheim II. *m* Geheimnis *n;* ◇ **en** ~ heimlich, verstohlen

secta *f* Sekte *f*

sector *m* **1** Sektor *m* **2** FIG Gebiet *n*

secuestrar *vt* entführen; **secuestro** *m* Entführung *f*

secular *adj* weltlich

secundario *adj* zweitrangig, nebensächlich

sed *f* Durst *m*

seda *f* Seide *f;* ◇ *todo funcionó como una* ~ alles lief wie geschmiert

sedante *m* Beruhigungsmittel *n*

sede *f* Sitz *m*

sediento *adj* durstig

seducir *irr vt* **1** → *hombre* verführen **2** ← *oferta* verlocken **3** ← *idea* faszinieren

segadora *f* Mähdrescher *m;* **segar** *irr vt* mähen

segregación *f* Trennung *f;* ◇ ~ **racial** Rassentrennung *f*

seguido/(a) I. *adj* ↑ *continuo*

ununterbrochen II. *adv* **1** (*a continuación*) danach, dahinter **2** ↑ *todo derecho* immer geradeaus; ◇ **vuelvo en** ~a ich komme sofort zurück

seguir *irr* I. *vt* **1** ↑ *ir detrás* folgen (*a alguien* jd-m) **2** ↑ *continuar* fortsetzen *akk* **3** ↑ *perseguir* verfolgen II. *vi* ↑ *continuar* fortfahren, weitergehen (*con* mit)

según I. *prep* gemäß, laut II. *adv* (*depende*) je nachdem

segundo/(a) I. *adj* zweite(r, s) II. *m* Sekunde *f* III. *f* AUTO zweiter Gang

seguridad *f* **1** (*sin peligro*) Sicherheit *f* **2** (*sin duda*) Bestimmtheit *f;* **seguro** I. *adj* **1** (*sin peligro*) sicher **2** (*sin duda*) sicher, gewiß II. *m* **1** (*del coche*) Versicherung *f,* ◇ ~ **de enfermedad** Krankenversicherung *f* **2** (*en armas*) Sicherung *f* III. *adv* ↑ *sin duda* bestimmt

seis *numeral* sechs

selección *f* Auswahl *f;* **seleccionar** *vt* auswählen; **selecto** *adj* ausgewählt

selva *f* Dschungel *m;* ◇ **la S-Negra** der Schwarzwald; ◇ ~ **virgen** Urwald *m*

sellar *vt* ▷*documento* stempeln, versiegeln; **sello** *m* **1** (*de documento*) Stempel *m* **2** (*de carta*) Briefmarke *f*

semáforo m [Verkehrs-]Ampel f

semana f Woche f; ◇ **entre** ~ unter der Woche, wochentags; ◇ S- **Santa** Karwoche f; **semanal** adj wöchentlich; **semanario** m Wochenzeitschrift f

sembrar irr vt ① → semillas [aus]säen ② FIG ↑ divulgar verbreiten

semejante adj ähnlich, solch; **semejanza** f Ähnlichkeit f

semestre m Halbjahr n, Semester n

semilla f (de planta) Same m; FIG Saat f

seminario m UNI Seminar n

senado m Senat m; **senador** (**a**) m/f Senator(in f) m

sencillez f Einfachheit f; **sencillo** adj ① ↑ simple einfach ② ▷persona natürlich

senda f, **sendero** m Pfad m, Fußweg m

senil adj senil

seno m ① ANAT Busen m ② (FIG ~ de la familia) Schoß m

sensación f ① impresión Sinneseindruck m ② (de calor) Gefühl n ③ (que llama la atención) Sensation f; **sensacional** adj ▷suceso aufsehenerregend

sensato adj vernünftig

sensibilidad f ① ↑ delicadeza Sensibilität f ② (de artista)

Empfindsamkeit f ③ (de un aparato científico) Empfindlichkeit f; **sensible** adj ① ▷piel, termómetro empfindlich ② ↑ manifiesto spürbar

sensual adj sinnlich; **sensualidad** f Sinnlichkeit f

sentado adj ① (de sentar) sitzend ② ↑ sensato gesetzt; **sentar** irr I. vi ① ← comida bekommen ② ←pantalones passen, sitzen ③ FIG ↑ agradar gefallen; ◇ ~ **bien/mal** gut/schlecht gefallen dat II. vr(se) sich setzen

sentencia f ① ↑ dicho Sinnspruch m ② JUR Urteil n; **sentenciar** vt verurteilen

sentido I. adj ① (con sentimiento) tiefempfunden ② (persona) empfindlich II. m ① (olfato etc.) Sinn m; ◇ **estar sin** ~ bewußtlos sein ② (de palabra) Sinn m, Bedeutung f ③ (de la flecha) Richtung f ④ (actitud) Vernunft f; ◇ ~ **común** gesunder Menschenverstand

sentimental adj sentimental; **sentimiento** m ① (de alegría) Gefühl n, Empfindung f ② ↑ pena Bedauern n; **sentir** irr vt ① fühlen ② ↑ percibir empfinden, [ver-]spüren ③ ↑ dolerse bedauern

seña f ① (gesto) Zeichen n ② (pl) Adresse f, Anschrift f

señal f ① ↑ *signo* Zeichen n; ◇ ~ **de tráfico** Verkehrszeichen n ②; FIG ↑ *indicio* Anzeichen n; **señalar** vt ① → *fecha* festsetzen, bestimmen ②; ↑ *signar* kennzeichnen ③ (*con el dedo*) zeigen auf akk

señor(a) I. m/f Herr(in f) m; ↑ *dueño* Besitzer(in f) m II. m Mann m III. f ① (*mujer*) Frau f, Dame f ②; ↑ *esposa* Gemahlin f; (*en carta*) **muy -es míos:** sehr geehrte Damen und Herren, **señorita** f ① (*joven*) junge Dame ② (*soltera*) Fräulein n

separable adj trennbar; **separación** f ① (*de pareja*) Trennung f ②; ↑ *división* Teilung f; **separar** vt ① ↑ *desunir* trennen ② (*en partes*) teilen; **separatismo** m POL Separatismus m

septiembre, setiembre m September m

séptimo adj siebte(r, s)

sepultar vt begraben; **sepultura** f ① (*acción*) Bestattung f ②; ↑ *fosa* Grab m

sequía f Dürre f

ser irr vi sein; ◇ **a no - que e...** +subj es sei denn, ...; ◇ **es la una/son las dos del mediodía** es ist ein/zwei Uhr mittags

sereno I. m Nachtwächter m II. adj ① ↑ *tranquilo* gelassen ② ▷*cielo* wolkenlos

serie f ↑ *sucesión* Serie f; ↑ *secuencia* Reihe f, Folge f

seriedad f Ernst m; **serio** adj ernst

sermón m Predigt f

serpentina f (*curva*) Serpentine f

serpiente f Schlange f

serranía f Bergland n

serrar vt sägen; **serrín** m Sägemehl n; **serrucho** m Blattsäge f

servicial adj dienstwillig; **servicio** m ① Dienst m ② (*de hotel*) Service m ③; ◇ **-s** pl Toilette f ④; ◇ ~ **de café** Kaffeeservice n; **servidumbre** f (*criados*) Dienerschaft f; **servil** adj unterwürfig, sklavisch

servilleta f Serviette f

servir irr I. vi ① dienen dat ② ↑ *ser útil* brauchbar sein (*para* für) II. vt ① → *clientes* bedienen ② → *comida* servieren ③ COM liefern III. vr(se) → *alimentos* sich bedienen

sesenta numeral sechzig

sesión f ① (*de asamblea*) Sitzung f ② (*de cine*) Vorstellung f

seso m ① ANAT Gehirn n ② FIG Verstand m

seta f Pilz m

setenta numeral siebzig

setiembre m September m

seto m ① (*de palos*) Einfriedigung f ② (*de palos*) Hecke f

seudónimo m Pseudonym n

severo adj ↑ riguroso streng, hart

sexo m Geschlecht n

sexto adj sechste(r, s)

sexual adj geschlechtlich, Sexual-; **sexualidad** f Sexualität f; **sexy** adj sexy

si cj ① (condición, deseo) wenn, falls ② (pregunta indirecta) ob daß! II. m ① (consentimiento) Ja n ② (de boda) Jawort n III. pron sich

SIDA m acrónimo de síndrome de inmunodeficiencia adquirida AIDS n

sidra f Apfelwein m

siembra f ① (acción) Säen n ② (época) Saatzeit f ③ (sembrado) Saat f

siempre I. adv immer II. cj: ◇ - que subj (cada vez que) jedesmal wenn, wann immer; ◇ - y cuando vorausgesetzt, daß

sien f ANAT Schläfe f

siento vb ver sentar, sentir

sierra f ① (de cortar) Säge f ② ↑ cordillera Bergkette f, Gebirge n

siesta f Siesta f, Mittagsruhe f

siete numeral sieben

sífilis f MED Syphilis f

sifón m Siphon m

sigiloso adj verschwiegen, geheim

sigla f Akronym n

siglo m Jahrhundert n

significado m (de palabra) Bedeutung f; **significar** vt bedeuten; **significativo** adj bedeutend, bedeutsam

signo m ↑ señal Zeichen n

sigo vb ver seguir

siguiente adj folgend

sílaba f Silbe f

silbar vi, vt pfeifen; **silbato** m Pfeife f ② (sin hablar) Pfeifen n

silencio m ① (sin sonido) Ruhe f, Stille f ② (sin hablar) Schweigen n; **silencioso** adj ① ▷lugar still ② ▷persona schweigsam ③ ▷motor geräuscharm

silueta f Silhouette f

silvestre adj FAUNA, FLORA wild, Wild-

silla f ① (de sentarse) Stuhl m; ◇ - de ruedas Rollstuhl m ② (de caballo) Sattel m; **sillón** m Sessel m

simbólico adj symbolisch; **símbolo** m Symbol n

simetría f Symmetrie f

similar adj ähnlich

simpatía f Sympathie f; **simpático** adj sympathisch, nett

simpatizante m/f Sympathisant(in f) m; **simpatizar** vi: ◇ - con sympathisieren mit

simple adj ① ↑ sencillo einfach ② ↑ bobo einfältig ③ (mero) bloß; ◇ a - vista mit bloßem

Auge; **simplificar** vt vereinfachen, erleichtern

simular vt vortäuschen, vorspiegeln

simultáneo adj gleichzeitig, Simultan-

sin I. prep ohne II. cj: ◇ - que subj ohne daß III. adv: ◇ - embargo jedoch, dennoch

sinagoga f Synagoge f

sincero adj aufrichtig, ehrlich

sincronizar vt → película synchronisieren

sindicato m (de obreros) Gewerkschaft f

sinfonía f MUS Sinfonie f

single m Single f

singular I. adj 1 ↑ único, solo einzeln 2 ↑ especial einzigartig, außergewöhnlich II. m GRAM Singular m; **singularidad** f 1 ↑ particularidad Eigenart f, Eigentümlichkeit f 2 ↑ extrañeza Seltsamkeit f; **singularizar** vt ↑ realzar hervorheben

siniestro I. adj 1 (a la izquierda) linke(r, s) 2 ↑ funesto unheimlich, verhängnisvoll II. m Unglück n

sino cj 1 sondern 2 ↑ a excepción de außer

síntesis f <inv> Synthese f

sintético adj synthetisch

síntoma m Symptom n

sinvergüenza m/f unverschämte Person

siquiera I. cj ↑ aunque auch wenn II. adv ↑ por lo menos wenigstens; ◇ ni - nicht einmal

sirena f Sirene f

Siria f Syrien n

sirviente(/a) m/f Diener(in f) m

sirvo vb ver servir

sistema m 1 System n 2 (procedimiento) Methode f

sitiar vt belagern

sitio m 1 (espacio libre) Raum m, Platz m 2 ↑ lugar Ort m, Stelle f 3 MIL Belagerung f

situación f 1 ↑ posición Lage f, Position f 2 (etapa) Stand m 3 (hechos) Situation f

situado adj liegend; ◇ bien - gut situiert; **situar** vt legen, stellen

skateboard m <s> Skateboard n

slip <s> m Slip m

smoking <s> m Smoking m

so prep unter

soberanía f Souveränität f; **soberano(/a)** I. adj ▷país souverän II. m/f Herrscher(in f) m, Staatsoberhaupt n

soberbio adj 1 (persona) arrogant, hochmütig 2 ↑ grandioso, magnífico herrlich, prächtig

sobornar vt bestechen

sobra f 1 ↑ exceso Überschuß m 2 (pl) Rest m; **sobrado** I. adj (que sobra) übrig II. adv übermäßig; **sobrante** m Überrest m; **sobrar** vi ① (más de lo necesario) mehr als genug sein ② ↑ estorbar überflüssig sein ③ ↑ quedar übrigbleiben

sobre I. m (de carta) [Brief-]Umschlag m **II. prep** ① (encima) auf ② (por encima de) über ③ (cantidad) ungefähr; ◇ - **todo** vor allem; **sobrecarga** f Überladung f, Überlastung f; **sobrecargar** vt **II.** → camión überladen ② ELECTR überlasten; **sobredosis** f <inv> Überdosis f; **sobremanera** adv außerordentlich; **sobremesa** ① Nachtisch m ② ◇ - ordenador m de - Tischcomputer m; **sobrenatural** adj übernatürlich; **sobrenombre** m ↑ apodo Spitzname m; **sobresaliente** adj ① COLE sehr gut ② ↑ destacado hervorragend; **sobrevivir** vi überleben

sobriedad f ① ↑ moderación Mäßigkeit f ② (de decoración) Einfachheit f

sobrino/(a) m/f Neffe m, Nichte f

sobrio adj ① (no borracho) nüchtern ② ↑ moderado mäßig

sociable adj gesellig, umgänglich

social adj sozial, gesellschaftlich; **socialdemócrata** m/f Sozialdemokrat(in f) m

socialismo m Sozialismus m; **socialista I.** adj sozialistisch **II.** m/f Sozialist(in f) m

sociedad f Gesellschaft f

socio/(a) m/f ① ↑ miembro Mitglied n ② COM Teilhaber(in f) m, Gesellschafter(in f) m ③ (compañero) Partner(in f) m

sociología f Soziologie f

socorrer vt beistehen dat, helfen dat; **socorrido** adj ① (persona) hilfsbereit, entgegenkommend ② (objeto) nützlich, hilfreich; **socorro** m ↑ ayuda Hilfe f; ◇ ¡-! Hilfe!

soda f Sodawasser n

sofá m Sofa n; **sofácama** m Bettcouch f

sofisticado adj ① ▷persona affektiert ② ▷cosa hochentwickelt ③ ▷argumento durchdacht

sofocar vt ① ↑ ahogar ersticken ② ▷fuego [aus-]löschen ③ ↑ avergonzar beschämen

software m INFORM Software f

sol m Sonne f

solamente adv nur, erst

solar I. adj Sonnen- **II.** m Bauplatz m

soldado m Soldat m

soldar irr vt löten; schweißen

soledad f Einsamkeit f

solemne adj feierlich; **solemnidad** f Feierlichkeit f

soler irr vi pflegen [zu], gewohnt sein [zu]

solicitar vt ① ↑ *pedir* erbitten ② → *trabajo* sich bewerben um; **solícito** adj eifrig, besorgt

solicitud f ① ↑ *diligencia* Sorgfalt f ② ↑ *demanda* Bitte f ③ (de trabajo) Bewerbung f ④ (impreso) Antrag m

solidaridad f Solidarität f; **solidario** adj solidarisch

solidez f Festigkeit f; **sólido** adj ① ↑ *fuerte, seguro* fest ② FIG ▷*argumento* stichhaltig

solitario(/a) I. adj einsam, zurückgezogen **II.** m/f Einzelgänger(in f) m **III.** f MED Bandwurm m

solo adj ① (persona) allein ② (sin amigos) einsam

sólo adv nur, bloß

solomillo m GASTRON Filet n

soltar irr vt ① → *objeto, cuerda* loslassen ② → *pájaro, preso* freilassen ③ ↑ *desatar* losbinden; ◇ ya empieza a -se en alemán er spricht schon fast fließend Deutsch

soltero(/a) I. adj ledig, unverheiratet **II.** m/f Junggeselle m, -gesellin f; **solterón(-ona)** m/f PEY alter Junggeselle m, alte Jungfer f

soltura f ① ↑ *desenvoltura* Lockersein n ② (al hablar) Gewandtheit f ③ (al moverse) Behendigkeit f

soluble adj QUIM löslich

solución f ① (de un problema) Lösung f, Auflösung f ② QUIM Lösung m; **solucionar** vt → *problema* lösen

solvente adj (persona) solvent, zahlungsfähig

sollozar vi schluchzen; **sollozo** m Schluchzen n

sombra f ① Schatten m; ◇ ~ de ojos Lidschatten m ② (pl) ↑ *oscuridad* Finsternis f

sombrero m Hut m

sombrilla f Sonnenschirm m

sombrío adj ▷*lugar* schattig, dunkel

someter I. vt ↑ *subordinar* unterwerfen **II.** vr(se) nachgeben

somier m Draht-, Federmatratze f

somnífero m Schlafmittel n

sonar irr vi ① ← *teléfono* klingeln ② ← *campana* läuten; ◇ me suena das kommt mir bekannt vor

sonda f ① MED Sonde f ② NAUT Lot n; **sondear** vt también FIG sondieren; **sondeo** m ① (de opinión pública) Umfrage f ② (en tierra) Bohrung f; (en mar) Lotung f

sonido m Klang m, Laut m

sonoridad f Klangfülle f; **sonoro** adj ▷*sonido* klangvoll

sonreír irr vi, vr(se) lächeln; **sonrisa** f Lächeln n

soñar irr vt, vi träumen (con von)

sopa f Suppe f

soplar I. vt ① (expulsar aire) blasen ② (FIG en examen) vorsagen **II.** vi ← viento wehen; **soplo** m ① (de persona) Blasen n ② (FIG denuncia) Tip m, Wink m ③ (de viento) Wehen n; **soplón (-ona)** m/f FAM Spitzel m

soportable adj erträglich; **soportar** vt ① → carga stützen, tragen ② → dolor ertragen, dulden; **soporte** m ① ↑ apoyo Stütze f; TECNI Träger m ② FIG Unterstützung f

sorber vt → limonada schlürfen

sorbete m Fruchteis n

sorbo m Schluck m

sordera f MED Taubheit f; **sordo(/a) I.** adj ① ▷persona taub ② ▷sonido dumpf **II.** m/f Taube(r) fm; **sordomudo** adj MED taubstumm

sorprendente adj überraschend; **sorprender** vt überraschen; **sorpresa** f Überraschung f

sorteo m Verlosung f, Auslosung f

sortija f [Finger-]Ring m

sosiego m Ruhe f, Stille f

soso adj ① ▷sopa ungesalzen ② ▷persona fade, langweilig

sospecha f Verdacht m; **sos-**

pechar vt verdächtigen; **sospechoso(/a) I.** adj verdächtig **II.** m/f Verdächtige(r) fm

sostén m ↑ sujetador Büstenhalter m, BH m

sostener irr vt ① ↑ sujetar halten, stützen ② → idea verfechten ③ FIG ↑ ayudar unterstützen

sota f NAIPES Bube m

sótano m Keller m

soviético adj sowjetisch, Sowjet-

soy vb ver ser

spot <s> m [Werbe-]Spot m

spray m Spray m o n

standar[d] m Standard m

stress m Stress m

su pron ① (de él) sein(e); (de ellos) ihr(e) ② (de ella) ihr(e); (de ellas) ihr(e) ③ (de usted) Ihr (e); (de ustedes) Ihr(e)

suave adj ① ▷piel weich, sanft ② ▷movimiento sanft; **suavidad** f Weichheit f, Sanftheit f; **suavizante** m ① (de ropa) Weichspüler m ② (de pelo) Pflegespülung f

subasta f Versteigerung f, Auktion f; **subastar** vt versteigern

subdesarrollado adj ① (persona) unterentwickelt ② ▷país Entwicklungs-; **subdesarrollo** m Unterentwicklung f

subdirector m stellvertretender Direktor

súbdito(/a) m/f 1 (de nacionalidad) Staatsangehörige(r) fm 2
(de un rey) Untergebene(r) fm
subido(/a) I. adj 1 ▷precio
hoch 2 ▷color leuchtend II. f
1 (acción) Steigen n; (a montaña) Aufstieg m 2 (de pendiente) Anhöhe f; (de camino) Auffahrt f 3 ↑ aumento Erhö-
hung f
subir I. vt 1 ↤ escalera hinauf-
gehen 2 ↤ coche → montaña
hinauffahren 3 → paquete hin-
aufbringen, hinauftragen 4
→ monte hinaufsteigen 5 ↤ impuestos erhöhen II. vi 1 (al
tren) einsteigen (a in akk) 2
↤ precios steigen 3 ↤ termómetro [an-]steigen 4 ↤ cantidad sich belaufen (a auf akk)
III. vr(se) (al coche) einsteigen
súbito I. adj ↑ repentino plötzlich II. adv: ◇ [de] ~ plötzlich,
auf einmal
sublevación f Aufstand m;
sublevar vt ↑ amotinar aufhetzen
sublime adj erhaben, würdig,
submarino I. adj unterseeisch,
Unterwasser- II. m NAUT U-
Boot n
subordinación f Unterord-
nung f; **subordinado**(/a) I.
adj untergeordnet II. m/f Unter-
gebene(r) fm
subrayar vt unterstreichen

subscribir irr vt ver **suscribir**
subsidio m 1 ↑ ayuda Unterstützung f 2 (pago) Subvention
f; ◇ ~ de paro Arbeitslosenun-
terstützung f
subsistencia f 1 ↑ mantenimiento Lebensunterhalt m 2
↑ permanencia Fortbestehen n;
subsistir vi 1 ↑ vivir leben 2
↑ perdurar fortbestehen
substancia ver **sustancia**
substantivo ver **sustantivo**
substituir ver **sustituir**
substraer ver **sustraer**
subsuelo m Untergrund m
subterráneo I. adj unterir-
disch II. m Unterführung f
suburbio m Vorort m
subvencionar vt subventio-
nieren
suceder vi 1 ↑ ocurrir geschehen 2 (venir después) folgen (a
auf akk)
sucesión f 1 ↑ continuación
Folge f 2 (herencia) Erbfolge f
3 (de cosas) Aufeinanderfolge
f, Serie f
sucesivo adj folgend; ◇ en lo ~
von nun an, künftig
suceso m 1 ↑ acontecimiento
Ereignis m 2 (caso) Vorfall m
sucesor(a) m/f (en un cargo)
Nachfolger(in f) m
sucio adj schmutzig
sucumbir vi ↑ rendirse sich ergeben

sucursal f Filiale f, Zweigstelle f
Sudáfrica f Südafrika n; **sudafricano(/a) I.** adj südafrikanisch **II.** m/f Südafrikaner(in f) m
Sudamérica f Südamerika n; **sudamericano(/a) I.** adj südamerikanisch **II.** m/f Südamerikaner(in f) m
sudar vi schwitzen; **sudor** m Schweiß m
Suecia f Schweden n; **sueco (/a) I.** adj schwedisch **II.** m/f Schwede m, Schwedin f **III.** m (idioma) das Schwedische
suegro(/a) m/f Schwiegervater m, -mutter f
suela f [Schuh-]Sohle f
sueldo m Gehalt n
suelo m **1.** vb ver soler; **II.** m **1.** (de la tierra) Boden m; (de casa) Fußboden m **2.** (terreno) Grund m
suelto I. adj **1.** lose, losgelöst **2.** (separado) einzeln **3.** ▷animal frei [herumlaufend] **II.** m Kleingeld n
sueño I. vb ver soñar; **II.** m **1.** Schlaf m; ◇ tener - müde sein **2.** (lo que se sueña) Traum m
suero m MED Serum n
suerte f **1.** (buena -) Glück n; ◇ ¡buena -! viel Glück!; ◇ mala - Pech n; ◇ por - glücklicherweise **2.** (futuro) Schicksal n **3.** (en sorteo) Los n

suéter m Pullover m
suficiente adj ↑ bastante genügend, ausreichend
sufrido adj ↑ paciente geduldig, nachsichtig
sufrimiento m ↑ aflicción Leiden n; **sufrir** vt ↑ aguantar ertragen, dulden; ↑ padecer erleiden
sugerir irr vt **1.** ↑ aconsejar vorschlagen **2.** ↑ insinuar andeuten; **sugestión** f (el sugestionar) Beeinflussung f, Suggestion f; **sugestivo** adj **1.** suggestiv **2.** ↑ atractivo attraktiv, faszinierend
suicida I. adj selbstmörderisch **II.** m/f Selbstmörder(in f) m; **suicidarse** vr Selbstmord begehen; **suicidio** m Selbstmord m
suizo(/a) I. adj schweizerisch **II.** m/f Schweizer(in f) m **III.** f (país) die Schweiz
sujeción f ↑ subordinación Unterwerfung f
sujetador m BH m, Büstenhalter m
sujetar vt **1.** ↑ agarrar festhalten **2.** ↑ dominar unterwerfen
sujeto I. adj befestigt **II.** m **1.** (PEY persona) Subjekt n **2.** ↑ tema Gegenstand m
suma f (de dinero) [Geld-]Summe f; ↑ cantidad Betrag m
sumar vt **1.** MATE addieren,

zusammenzählen ② ↑ *ascender*
a sich belaufen auf *akk*
sumergir I. *vt* ① ↑ *inundar*
überschwemmen ② ↑ *hundir*
[ein-]tauchen II. *vr:* ◇ **-se en**
sich vertiefen in *akk*
sumidero *m* Gully *m*, Abfluß *m*
suministrar *vt* liefern; **suministro** *m* Lieferung *f*
sumisión *f* ① (*acción*) Unterwerfung *f* ② (*actitud*) Unterwürfigkeit *f*
sumo *adj* höchste(r, s), äußerste
(r, s); ◇ **a lo -** höchstens
suntuoso *adj* luxuriös, prächtig
super *f* AUTO Super[-benzin] *n*
superar *vt* ① ↑ *aventajar* übertreffen ② → *dificultad* überwinden
superávit *m* COM Überschuß *m*
superficial *adj* oberflächlich;
superficie *f* ① Fläche *f* ②
también FIG Oberfläche *f*
superfluo *adj* überflüssig
superior I. *adj* ① ↑ *más alto*
höher ② ↑ *mejor* besser ③ ↑ *excepcional* hervorragend II. *m/f*
Vorgesetzte(r) *fm;* **superioridad** *f* Überlegenheit *f*
supermercado *m* Supermarkt *m*
superpoblación *f* Überbevölkerung
supersónico *adj* Überschall-

superstición *f* Aberglaube *m;*
supersticioso *adj* abergläubisch
superviviente I. *adj* überlebend II. *m/f* Überlebende(r) *fm*
suplementario *adj* zusätzlich,
ergänzend; **suplemento** *m* ①
(*de dinero*) Zuschlag *m* ② (*de
periódico*) Beilage *f*
suplente *m/f* Vertreter(in *f*) *m*
súplica *f* ↑ *petición* Bittschrift
f, Gesuch *n;* **suplicar** *vt* ersuchen, anflehen
suponer *irr vt* ① ↑ *creer* annehmen, vermuten ② ↑ *implicar*
bedeuten; **suposición** *f* ↑ *supuesto* Annahme *f*, Vermutung *f*
supremacía *f* Überlegenheit *f*
supremo *adj* oberste(r, s),
höchste(r, s)
supresión *f* ① ↑ *dominación*
Unterdrückung *f* ② ↑ *eliminación* Abschaffung *f;* **suprimir**
vt ① ↑ *eliminar* abschaffen ②
↑ *borrar* streichen ③ → *prestación* einstellen
supuesto I. *adj* angeblich II. *m*
↑ *suposición* Annahme *f*, Hypothese *f;* ◇ **¡por -!** selbstverständlich!
sur *m* Süden *m*
surcar *vt* ① AGR pflügen ②
FIG el mar, duchquieren; **surco**
m ① (*de disco*) Rille *f* ② AGR
Furche *f*

surfing *m* [Wind-]Surfen *n;* ◇ hacer ~ surfen; **surfista** *m/f* [Wind-]Surfer(in *f*) *m*

surgir *vi* ① ↑ *aparecer* erscheinen, auftauchen ② ↑ *brotar* hervorsprudeln

surtido *m* Auswahl *f*, Sortiment *n;* **surtir** *vt* ↑ *suministrar* versorgen, beliefern

susceptible *adj* ↑ *sensible* empfindlich

suscitar *vt* ↑ *provocar* verursachen

suscribir *irr* I. *vt* ↑ *firmar* unterschreiben II. *vr:* ◇ -se a una **revista** eine Zeitschrift abonnieren; **suscripción** *f* Abonnement *n*

suspender *vt* ① ↑ *colgar* aufhängen ② → *pago* einstellen ③ (*de cargo*) entheben ④ COLE durchfallen lassen; **suspensión** *f* ① Aufhängen *n* ② (*de sesión*) Unterbrechung *f* ③ AUTO Federung *f;* **suspenso** *adj* ① COLE durchgefallen ↑ *asombrado* erstaunt

suspicacia *f* Mißtrauen *n;* **suspicaz** *adj* argwöhnisch, mißtrauisch

suspirar *vi* seufzen; **suspiro** *m* Seufzer *m*

sustancia *f* Substanz *f*, Materie *f;* **sustancial** *adj* bedeutend

sustantivo *m* GRAM Substantiv *m*

sustituir *irr vt* ersetzen, vertreten; **sustituto(/a)** *m/f* [Stell]Vertreter(in *f*) *m*

susto *m* Schrecken *m*

sustraer *irr* *vt* ① ↑ *apartar* entziehen ② MATE subtrahieren

susurrar *vi* flüstern, murmeln

sutil *adj* ① ▷*asunto* heikel, schwierig ② ↑ *delgado* dünn

suyo(/a) *pron, adj* ① (*de él*) seine(r, s); (*de ellos*) ihre(r, s); ② (*de ella*) ihre(r, s); (*de ellas*) ihre (r, s) ③ (*de usted*) Ihre(r, s); (*de ustedes*) Ihre(r, s)

T

T, t *f* T, t *n*

tabaco *m* ① (*planta*) Tabak *m* ② ↑ *cigarrillo* Zigarette *f*

taberna *f* Kneipe *f*, Bar *f*, Bistro *n*

tabique *m* dünne Trennwand

tabla *f* ① Brett *n* ② (MATE *de multiplicar*) Einmaleins *n* ◇ -s *pl* TEATRO Bühne *f;* ◇ - de **surf** Surfbrett *n;* **tablado** *m* Podium *n*, Tribüne *f;* **tablero** *m* Tafel *f*, Platte *f;* ◇ - de ajedrez Schachbrett *n*

tableta f ① (*medicina*) Tablette f ② (*de chocolate*) Riegel m
tabú m Tabu m
tabulador m Tabulator m
taburete m Hocker m
tacaño adj geizig
tácito adj stillschweigend
taco m ① (*AM de zapato*) Absatz m ② Dübel m ③ (*de billar*) Queue m ④ (*de billetes*) Bündel n ⑤ FAM ↑ *lío, confusión* Durcheinander n ⑥ ↑ *juramento* Schimpfwort n
tacón m Absatz m
táctico(/a) I. adj taktisch II. f Taktik f
tacto m ① (*sentido*) Tastsinn m ② FIG Takt m
tachar vt ① → *escrito* durchstreichen ② ↑ *acusar, culpar* beschuldigen akk
taimado adj ↑ *pícaro* schlau, verschlagen
tajada f ① ↑ *corte* Schnitt m ② (*de melón*) Scheibe f
tajo m ↑ *corte* Schnitt m
tal I. adj, pron solche(r, s), derartige(r, s); ◇ **no comprendo ~ comportamiento** so ein Verhalten ist mir unverständlich; ¿ **conoces a un ~ Pablo?** kennst Du e-n gewissen Pablo? II. cj: ◇ **con ~ que** vorausgesetzt, daß III. adv: ◇ **~ como** genau wie; ◇ **~ vez** vielleicht; ¿ **qué ~?** wie geht's?

taladrar vt [durch-]bohren; **taladro** m Bohrer m
talar vt → *árbol* fällen
talento m ① ↑ *dote* Talent n, Begabung f ② ↑ *aptitud* Fähigkeit f
talgo m (*tren rápido*) spanischer Schnellzug
talón m ① (*también* ANAT *de calcetín*) Ferse f ② COM Abschnitt m, Schein m; FAM Scheck m; **talonario** m : ◇ **- de cheques** Scheckheft n
talla f ① ↑ *estatura* Wuchs m, Statur f; (*altura*) Größe f; ◇ **su - es de 1,75** er ist 1,75 m groß f (FIG *capacidad intelectual*) Fähigkeit f ② (*de ropa*) Größe f ③ (*de madera*) Schnitzerei f; **tallar** vt ① → *madera* schnitzen ② → *diamante* schleifen ③ → *piedra* meißeln
tallarín m GASTRON Bandnudel f
taller m ① (*de coches, carpintería*) Werkstatt f ② (*de pintor*) Atelier n
tallo m Stengel m, Stiel m
tamaño I. adj so groß, derartig II. m Größe f
también adv auch, ebenfalls
tambor m MUS, TECNI Trommel f
tamiz m feineres Sieb
tampoco adv auch nicht, ebensowenig

tampón m (de mujer) Tampon m

tan adv so, ebenso

tanda f ↑ turno Schicht f, Turnus m

tanga m Tanga m

Tánger m Tanger n

tanque m ① MIL Panzer m ② (de agua) Tank m

tanto(/a) I. adj (cantidad) so viel II. adv (cantidad) so sehr; (tiempo) so lange; ◇ − **mejor** umso besser III. cj ① ◇ **en/entre − que** +subj während, solange ② ◇ **con − que** +subj wenn nur IV. m ① (cantidad) [festgesetzte] Menge, Summe f ② SPORT Punkt m

tapa f ① (de recipiente) Deckel m ② GASTRON kleine Beilagen zum Trinken, Appetithappen; **tapacubos** m/sg AUTO Radkappe f; **tapar** vt ① (con ropa) zudecken ② →agujero zustopfen ③ (cubrir) verdecken ④ FIG ↑ encubrir verbergen

tapete m [Tisch-]Decke f

tapia f Lehmmauer f

tapiz m (de pared) Wandteppich m; **tapizar** vt ① →mueble beziehen, polstern ② →pared tapezieren ③ →suelo [mit Teppich] auslegen

tapón m ① (de botella) Korken; ◇ − **de rosca** Schraubverschluß m ② (de bañera) Stöpsel m

taquigrafía f Stenographie, Kurzschrift f

taquilla f (de billetes) [Karten] Schalter m

tardanza f ↑ retraso Verzögerung f, Verspätung f; **tardar** vi ① (durar) [lange] dauern ② (dejar pasar tiempo) zögern; ◇ a más − spätestens; ◇ **sin** − unverzüglich; **tarde** I. adv spät II. f ① (a partir de las 12) Nachmittag m ② (a partir de las 6) [früher] Abend; ◇ **¡buenas −!** (a partir de las 12) guten Tag!; (de noche) guten Abend!; **tardío** adj ↑ calmoso, perezoso langsam, schwerfällig

tarea f ① (de la casa, trabajo) Arbeit f ② (del colegio) Haus-/Schulaufgabe f

tarifa f ① (de precios) Preisliste f ② (de impuestos) Tarif m, Satz m

tarima f Podium n, Bühne f

tarjeta f Karte f; ◇ − **de crédito** Kreditkarte f; ◇ − **de embarque** Bordkarte f; ◇ − **postal** Postkarte f; ◇ − **de visita** Visitenkarte f

tarro m [Einmach-]Topf m

tarta f Torte f, Kuchen m

tartamudear vi stottern

tasa f ① ↑ derechos Gebühr m ② (impuesto) Abgabe f; ◇ − **de crecimiento** Wachstumsrate f; **tasación** f ① ↑ estimación Schätzung f ② (impuesto) Veranlagung f; **tasador** m [amt-licher] Schätzer; **tasar** vt ① → *mercancía* e-n Preis festsetzen für ② → *valor* schätzen, taxieren

tasca f (de barrio) Kneipe f

tatuaje m Tätowierung f

taurino adj Stier-, Stierkampf-; **tauromaquia** f Stierfechterkunst f

taxi m Taxi n; **taxímetro** m Taxameter m; **taxista** m/f Taxifahrer(in f) m

taza f (de té) Tasse f

te pron ① (objeto directo) dich; ◇ - amo ich liebe dich ② (objeto indirecto) dir; ◇ **quiero decír**-lo ich möchte es dir sagen ③ (reflexivo) dich; ◇ ¿cómo - llamas? wie heißt du?

té m Tee m

teatro m Theater n

tecla f Taste f; **teclado** m Tastatur f

técnico(/a) I. adj technisch; ◇ **diccionario** m - Fachwörterbuch n II. m/f Techniker(in f) m III. f Technik f

tecnología f Technik f, Technologie f; **tecnológico** adj technologisch, technisch

techo m ① (de edificio) Dach n ② (de habitación) Decke f

tedioso adj ① ↑ aburrido langweilig ② ↑ pesado ermüdend, öde

teja f Ziegel m; **tejado** m [Ziegel-]Dach n

tejanos m/pl [Blue-]Jeans pl

tejer vt ① → *tela* weben ② ↑ hacer punto stricken

tejido m ① ↑ *tela* Stoff m ② también ANAT Gewebe n

tela f ① ↑ *tejido* Gewebe n, Stoff m ② ↑ *lienzo* Leinen n, Leinwand f; **telar** m ① (máquina) Webstuhl m ② (fábrica) Weberei f; **telaraña** f Spinngewebe f

tele f FAM ↑ *televisor* Glotze f

telecomunicación f Fernmeldewesen n

telecontrol m Fernsteuerung f

telediario m Tagesschau f

teledirigido adj ferngesteuert

telefax m Telefax n

teleférico m Drahtseilbahn f

telefonear I. vt anrufen (a akk) II. vi telefonieren; **telefónico** adj telefonisch; **telefonista** m/f Telefonist(in f) m; **teléfono** m Telefon n; ◇ **guía** f de -s Telefonbuch n; ◇ **llamar por teléfono** anrufen (a akk)

telegrafía f Telegraphie f; **telegrafiar** vt telgraphieren

telegrama m Telegramm n

teleobjetivo m FOTO Teleobjektiv n

telepatía f Gedankenübertragung f

telescopio m Fernrohr n

telesilla f Sessellift m

telesquí <s> m Skilift m

teletexto m Fernschreiben n

televisión f Fernsehen n; **televisor** m Fernsehgerät n, Fernseher m; ◇ - a color Farbfernseher

télex m Telex n, Fernschreiben n

telón m TEATRO Vorhang m

tema m también MUS Thema n

temblar irr vi zittern, beben; **temblor** m Zittern n; ◇ - de tierra Erdbeben n; **tembloroso** adj zitt[e]rig

temer vt fürchten; **temerario** adj ↑ arrojado tollkühn, waghalsig; **temeroso** adj ängstlich, zaghaft

temible adj fürchterlich, furchtbar

temor m ↑ miedo Angst f

temperamento m Temperament n

temperatura f Temperatur f

tempestad f Sturm m; **tempestuoso** adj stürmisch

templado adj ① ▷líquido lau [-warm] ② ▷clima mild ③ ↑ moderado gemäßigt; **templar** vt ① ↑ contener mäßigen ② ↑ tranquilizar besänftigen

templo m REL Kirche f ② (construcción) Tempel m

temporada f ① (espacio de tiempo) Zeit f, Zeitraum m ② (estación) Jahreszeit f; (- alta) Saison f

temporal I. adj ① zeitweilig, zeitweise ② (no religioso) weltlich II. m Sturm m

temprano I. adj früh II. adv ① früh ② (antes de tiempo) zu früh

tenacidad f (perseverancia) Zähigkeit f, Hartnäckigkeit f; **tenaz** adj ↑ firme, obstinado beharrlich, starrsinnig

tenaza f MED, TECNI Zange f; (de langosta) Schere f, Zange f

tendencia f ① (- política) Tendenz f ② ↑ propensión Neigung f

tender irr II. vt ① →ropa aufhängen ② →mantel auflegen ③ →cable verlegen II. vi ↑ tener tendencia neigen (a zu); **tendero(/a)** m/f Ladeninhaber(in f) m, Krämer(in f) m; **tendido** m ① (de cable) Verlegung f ② TAUR Sperrsitz m

tendón m ANAT Sehne f

tenebroso adj ① ↑ oscuro, sombrío finster, dunkel ② ↑ oculto, misterioso unheimlich, düster

tenedor(a) I. m Gabel f II. m/f COM Inhaber(in f) m; ◇ - de libros Buchhalter(in f) m

tener irr vt ① ↑ sujetar [fest] halten ② ↑ poseer haben, besitz-

· en ③ ↑ *juzgar* halten (*por* für);
◇ - *que* müssen

tenia *f* Bandwurm *m*

teniente *m* MIL ▷*segundo*
Leutnant *m*

tenis *m* SPORT Tennis *n*

tenor *m* MUS Tenor *m*; ◇ a - de
laut, gemäß

tensión *f* Spannung *f*; **tenso**
adj también FIG [an-]gespannt

tentación *f* Versuchung *f*;
tentar *irr vt* ① ↑ *palpar* befühlen, betasten ② ↑ *inducir* verlocken, verführen ③ ↑ *intentar*
versuchen; **tentativa** *f* Versuch *m*

tenue *adj* ① ▷*hilo* dünn ②
▷*luz* schwach

teñir *irr vt* ① (*de negro*) färben
② FIG tönen

teólogo *m/f* Theologe *m*,
Theologin *f*

teoría *f* Theorie *f*; **teórico** *adj*
theoretisch

terapia *f* MED Therapie *f*

tercer *adj* dritte(r,s); ◇ - mundo die dritte Welt; **tercero(/a)**
I. *adj* dritte(r, s) II. *m/f* (*en un
asunto*) Vermittler(in *f*) *m*, Mit-
telsmann *m* III. *f* ① TREN dritte
Klasse ② AUTO dritter Gang

tercio *m* Drittel *n*

terciopelo *m* Samt *m*

terco *adj* ↑ *testarudo* starrsinnig; ▷*animal* störrisch

termas *f/pl* Thermalquellen *pl*

terminación *f* ① (*parte final*)
Ende *n* ② (*el poner fin*) Abschluß *m*; **terminal** *f* (*de autobús*) Endstation *f*; **terminar** I.
vt ↑ *acabar* beenden; ↑ *finalizar*
abschließen II. *vi* ① ←*viaje* enden ② ↑ *acabar* aufhören, zu
(*de*); **término** *m* ① ↑ *fin, final*
Ende *n*, Schluß *m* ② (*de tiempo*)
Frist *f*, Termin *m* ③ (*palabra*)
Terminus *m*

termo *m* Thermosflasche *f*

termómetro *m* Thermometer *n*

ternero(/a) I. *m/f* FAUNA
Kalb *n* II. *f* GASTRON Kalbfleisch *n*

ternura *f* Zärtlichkeit *f*

terracota *f* Terrakotta *f*

terraplén *m* (*desnivel de carretera*) Straßen-/Bahndamm *m*;
(*del terreno*) [Erd-]Aufschüt-
tung *f*

terrateniente *m/f* [Groß-]
Grundbesitzer(in *f*) *m*

terraza *f* (*de casa, bar*) Terrasse *f*

terremoto *m* Erdbeben *n*

terreno *m* ① ↑ *suelo* Boden *m*
② ↑ *tierra* Land *n*; ↑ *parcela*
Grundstück *n* ③ FIG ↑ *ámbito*
Bereich *m*, Gebiet *n*

terrestre *adj* Land-, Erd-

terrible *adj* ① ↑ *horrible*
schrecklich ② ↑ *muy grande* gewaltig, riesig

territorio *m* Territorium *n*, Gebiet *n*

terrón *m* ⟨1⟩ (*de azúcar*) Würfel *m* ⟨2⟩ (*de tierra*) Erdklumpen *m*

terror *m* Schrecken *m*, Entsetzen *n*

terrorismo *m* Terrorismus *m*; **terrorista** *m/f* Terrorist(in*f*) *m*

tertulia *f* Stammtisch *m*

tesina *f* UNI Diplom-, Zulassungsarbeit *f*

tesis *f* ⟨inv⟩ These *f*; ◇ - doctoral Doktorarbeit, Dissertation *f*

tesoro *m* Schatz *m*; ◇ el - público Staatskasse *f*

testamento *m* Testament *n*

testarudo *adj* starrköpfig

testículo *m* ANAT Hode[n] *m*

testificar I. *vt* ⟨1⟩ (*declarar como testigo*) bezeugen ⟨2⟩ ↑ *probar* beweisen **II.** *vi* (*hacer de testigo*) aussagen; **testigo** (*/a*) *m/f* JUR Zeuge *m*, Zeugin *f*

testimoniar *vt* bezeugen;
testimonio *m* ⟨1⟩ ↑ *declaración testimonial* Zeugenaussage *f* ⟨2⟩ ↑ *prueba* Zeugnis *n*

teta *f* ANAT *también* FAM Brust

tétanos *m* MED Wundstarrkrampf *m*

tetera *f* Teekanne, -kessel *f*

tetrabrik *m* Tetrapak ®*m*

textil I. *adj* Textil- **II.** *m pl* Textilien *n pl*

texto *m* Text *m*; **textual** *adj* ↑ *literal* wörtlich, buchstäblich

tez *f* Teint *m*, Hautfarbe *f*

ti *pron* ⟨1⟩ (*objeto directo*) dich; ◇ **tengo buenas noticias para -** ich habe gute Nachrichten für dich ⟨2⟩ (*objeto indirecto*) dir; ◇ **hoy por - y mañana por -** e-e Hand wäscht die andere

tía *f* ⟨1⟩ Tante *f* ⟨2⟩ FAM PEY Weibsbild *f*

tibia *f* ANAT Schienbein *n*

tibio *adj* ⟨1⟩ ▷*agua* lau[warm] ⟨2⟩ ▷*persona* lässig

tiburón *m* FAUNA Hai [-fisch] *m*

tiempo *m* ⟨1⟩ (*de reloj*) Zeit *f*; ◇ **llegar a -** rechtzeitig ankommen; ◇ **avisar con -** frühzeitig Bescheid geben; ◇ **al poco -** gleich darauf; ◇ **matar el -** die Zeit totschlagen ⟨2⟩ METEO Wetter *n* ⟨3⟩ ↑ *período* Zeitalter *n*, Epoche *f* ⟨4⟩ SPORT Halbzeit *f*

tienda *f* ⟨1⟩ Laden *m*, Geschäft *n* ⟨2⟩ ◇ **- de campaña** Zelt *n*

tierno *adj* ⟨1⟩ ▷*carne* zart, weich ⟨2⟩ ↑ *cariñoso* zärtlich

tierra *f* ⟨1⟩ (*superficie, suelo*) Erde *f*, Boden *m*; ◇ **tomar -** landen ⟨2⟩ (*planeta*) Erde *f* ⟨3⟩ (*región, país*) Heimat *f*

tieso *adj* ⟨1⟩ ↑ *firme, erguido* starr ⟨2⟩ ▷*tela* steif ⟨3⟩ (FIG *grave, frío*) steif, verkrampft

tiesto m Blumentopf m

tifus m MED Typhus m

tigre(-esa) m/f Tiger(in f) m

tijera[s] f Schere f

tilo m Linde f

timador(a) m/f Gauner(in f) m; **timar** vt betrügen

timbal m MUS Pauke f

timbre m ① (de la puerta) Klingel f ② (de documento) Stempel m

timidez f Schüchternheit f; **tímido** adj ▷persona schüchtern ② ▷animal scheu

timo m Schwindel m

timón m NAUT Steuer n

tímpano m ANAT Trommelfell n

tina f Badewanne f

tinieblas f/pl Finsternis f

tinta f Tinte f

tinte m ① (acción) Färben n ② (sustancia) Farbstoff m ③ FAM ↑ tintorería chemische Reinigung

tinto m : ◇ vino - Rotwein m

tintorería f chemische Reinigung

tío m ① Onkel m ② FAM PEY Typ m ③ FAM ↑ colega alter Knabe

tiovivo m Karussell n

típico adj typisch

tiple m/f Sopran m, Sopranistin f

tipo m ① ↑ modelo ideal Vor-

bild n, Modell n ② ↑ clase Art f ③ COM ◇ - de cambio Wechselkurs m ④ FAM PEY Typ m

tipógrafo(/a) m/f Drucker(in f) m

tira f Streifen m

tirada f ① (acción de tirar) Wurf m ② (ejemplares de edición) Auflage f; **tirador(a)** I. m/f (persona que dispara) Schütze m II. m (de puerta, cajón) Griff m

tiranía f Tyrannei f; **tiranizar** vt tyrannisieren; **tirano(/a)** m/f Tyrann(in f)

tirante I. adj ① ▷goma, cuerda straff ② FIG ▷situación gespannt II. m (de prenda) Träger m; ◇ -s pl Hosenträger pl; **tirantez** f ① (de cuerda) Gespanntheit f ② (FIG de situación) Spannung f

tirar I. vt ① ↑ lanzar werfen ② ↑ malgastar verschwenden, vergeuden ③ (deshacerse de) wegwerfen II. vi ① → armas, cohetes schießen ② (torcer, dirigirse) einbiegen (a nach)

tirita f MED Heftpflaster n

tiritar vi frösteln

tiro m ① (de lanzar, en fútbol) Wurf m ② (de arma) Schuß m ③ SPORT Schuß m

tirón m Ruck m; ◇ me leí el libro de un - ich das Buch in e-m Rutsch

tiroteo m Schießerei f

tisis f MED Schwindsucht f

títere m Marionette f

titubear vi ①(al hablar) stammeln ② ↑ dudar unschlüssig sein, zögern

titular I. adj Titular-; ◇ - **profesor** m - Ordinarius m, Lehrstuhlinhaber(in f) m **II.** m/f COM Inhaber(in f) m **III.** m (del periódico) Schlagzeile f, Überschrift f

título m ①(de libro, película, carrera) Titel m ②(certificado académico) Diplom n; ◇ - **de doctor** Doktortitel m ③ COM Wertpapier n

tiza f Kreide f

toalla f Handtuch n; **toallero** m Handtuchhalter m

tobillo m Fußknöchel m

tocadiscos m <inv> Plattenspieler m

tocado I. adj (un poco loco) verdreht, überspannt **II.** m ↑ peinado Frisur f

tocador m ①(mueble) Toilettentisch m, Frisiertisch m ②(habitación) Damentoilette f

tocar I. vt ①→ objeto berühren, anrühren ②→ guitarra spielen ③ ↑ alterar rühren an dat ④→ tema be-, ansprechen ⑤→ campana läuten **II.** vi ↑ corresponder an der Reihe sein ②→ premio zufallen ③ (a

la puerta) läuten, klingeln ④ ↑ atañer betreffen akk

tocino m Speck m

todavía adv ① ↑ aún noch ②(adversativo) [je-]doch; ◇ - **más/menos/mejor/peor** noch mehr/weniger/besser/schlechter

todo I. adj ①(conjunto) ganze (r, s) ②(cantidad, medida) alle (s) ③(cada) jeder(r, s) **II.** m ↑ total Ganze(s) n **III.** adv (enteramente) ganz, völlig; ◇ - **correr** in vollem Lauf; ◇ **ante/por/sobre** - vor allem, in erster Linie

Tokio m Tokio n

toldo m Sonnendach n

tolerable adj erträglich; **tolerancia** f Toleranz f; **tolerante** adj tolerant, duldsam; **tolerar** vt ① ↑ permitir, aceptar tolerieren, dulden ②→ comida vertragen

toma f ①(acción) Nehmen n ② MED Dosis f; **tomar** vt ① → objeto nehmen ② → medicamento einnehmen ③ → autobús nehmen ④ → cerveza trinken ⑤ → bocadillo essen ⑥ → decisión fassen ⑦ → medidas treffen, ergreifen ⑧ → foto machen ⑨ → temperatura messen ⑩ → sol sich sonnen

tomate m Tomate f

tomavistas m <inv> Filmkamera f

tómbola f Tombola f

tomillo m Thymian m

tomo m ↑ *volumen* Band m

tonel m Faß n

tonelada f [Gewichts-]Tonne f;
tonelaje m Tonnage f

tónico(/a) I. m ① MED Tonikum n ② *(para la piel)* Gesichtswasser n II. f ① ↑ *tendencia* Stimmung f, Trend m ② *(bebida)* Tonic Water n

tono m ① *(de voz)* Ton m ② *(de discurso, obra)* Stilebene f ③ *(de pintura)* Farbton m

tontería f Dummheit f; **tonto** *(/a)* I. adj ① ↑ *bobo* dumm ② *(de forma cariñosa)* albern II. m/f Dummkopf m

topar I. vt vi ① ↑ *chocar* zusammenstoßen mit ② ↑ *encontrar* treffen II. vr(se) ◇ **-se con** *(encontrarse)* [zufällig] treffen

topo m Maulwurf m

topografía f Topographie f

toque m ① *(acción)* Berührung f ② *(matiz, detalle)* Touch m ③ ↑ *campaneo* Glockenläuten n; ◇ **- de queda** Ausgangssperre f; MIL Zapfenstreich m

tórax m ANAT Brustkorb m

torbellino m *(de viento, polvo)* Wirbel m, Strudel m

torcer irr I. vt ① ↑ *retorcer* [ver-]drehen; → *toalla mojada* auswringen ② *(inclinar)* verschieben ③ → *calle* einbiegen *(a*

in) ④ → *tobillo* verstauchen II. vi ↑ *doblar* abbiegen *(a* nach) III. vr(se) → *tobillo* sich verstauchen

torear vi TAUR mit Stieren kämpfen, als Stierkämpfer auftreten; **toreo** m Stierfechtkunst f; **torero(/a)** m/f Torero m, Stierkämpfer(in f) m

tormenta f Sturm m

tornado m Wirbelsturm m, Tornado m

tornar I. vt ↑ *cambiar* umwandeln II. vi ↑ *regresar* zurückkehren III. vr(se) ◇ **-se en** sich verwandeln in *akk*

tornasol m FLORA Sonnenblume f

torneo m Turnier n

tornillo m Schraube f

torno m *(de alfarero)* Drehbank f

toro m *(animal)* Stier m

torpe adj ① *(de movimientos)* schwerfällig ② *(con las manos, palabras)* ungeschickt, linkisch

torpedo m Torpedo m

torpeza f ① Ungeschicklichkeit f ② ↑ *desacierto* Mißgriff m, Geistlosigkeit f; ◇ *cometer una* **- e**-n Bock schießen

torre f Turm m

torrente m ① *(de agua)* Sturzbach m ② *(de personas, cosas)* Strom, Schwall

tórrido adj ▷*clima* [tropisch] heiß

torsión f Verdrehung f
torta f (1) (de comer) Torte f (2) FAM Ohrfeige f
tortilla f Omelett n; ◇ **francesa** Omelett n; ◇ **española** Kartoffelomelett n, Tortilla f
tortuga f Schildkröte f
tortuoso adj ▷camino geschlängelt, gewunden
tortura f Folter f; **torturar** vt foltern
tos f Husten m; **remedio contra la** - Hustenmittel n
tosco adj (material, persona) roh, ungehobelt
toser vi husten
tostada f Toast m; **tostador** m Toaster m; **tostar** irr I. vt (1) → café rösten (2) → pan toasten (3) → piel bräunen, braun werden lassen II. vr(se) ein Sonnenbad nehmen
total I. adj (entero) völlig, ganz II. m ↑ suma Gesamtsumme f; **totalidad** f Gesamtheit f; **totalitario** adj totalitär; **totalizar** vt zusammenzählen, insgesamt betragen
tóxico adj giftig, toxisch; **toxicómano(/a)** m/f Suchtkranke(r) fm
traba f ↑ obstáculo Hindernis n
trabajador(a) I. adj ↑ aplicado fleißig II. m/f Arbeiter(in f) m; **trabajar** I. vi (1) arbeiten

(de als) (2) ← máquina funktionieren II. vt (1) → barro bearbeiten, kneten (2) → tierra bestellen; **trabajo** m (1) (ocupación) Arbeit f (2) (escrito) Aufgabe f (3) FIG ↑ dificultad Schwierigkeit f; ◇ **permiso m de** - Arbeitserlaubnis f; ◇ **sin** - arbeitslos; **trabajoso** adj hart, schwierig
trabar vt (1) ↑ juntar verbinden, zusammenfügen (2) FIG → conversación anknüpfen an akk
tracción f TECNI Zug m; ◇ - **de vapor** Dampfantrieb m; ◇ - **delantera** Vorderradantrieb m
tractor m Traktor m
tradición f Tradition f; **tradicional** adj traditionell
traducción f Übersetzung f; **traducir** vt ↑ übersetzen; **traductor(a)** m/f Übersetzer(in f) m; ◇ - **jurado** beeidigter Übersetzer
traer irr vt (1) ↑ acercar mitbringen, herbringen (2) → problemas verursachen (3) → pantalones tragen, anhaben
traficante m/f (de droga) Dealer m; **traficar** vi handeln, Handel treiben (con/en mit); **tráfico** m (1) (de coches) Verkehr m (2) (de drogas) Handel m
tragaluz m Dachfenster n
tragaperras m <inv> Spielautomat m

tragar vt ↑ *ingerir* [ver-]schluk-ken

tragedia f Tragödie f; **trágico** adj tragisch

trago m (de líquido) Schluck m

traición f Verrat m; **traicionar** vt verraten; **traidor(a)** m/f Verräter(in f) m

traigo vb ver **traer**

trailer m ① (película) Vorfilm f, Trailer m ② (camión) Zugmaschine f

traje m ① (de chaqueta, pantalón) Anzug m ② (típico del país) Tracht f; ◇ - **de baño** Badeanzug m

trajín m ① ↑ *ajetreo* Geschäftigkeit f ② (de coches) lebhafter Verkehr

trama f ① (de obra literaria) Plan m, Anlage f ② FIG ↑ *enredo* Komplott m; **tramar** vt FIG anzetteln, aushecken

tramitar vt → *divorcio* [amtlich] bearbeiten; **trámite** m ① (gestión) Erledigung f ② (procedimiento) Dienstweg m ③ ◇ -s m/pl Formalitäten f/pl

tramo m (de camino) [Weg-] Strecke f

trampa f ① Falle f ② (en el juego) Mogelei f

trampolín m (también FIG de piscina) Sprungbrett n; (de gimnasio) Trampolin n

tramposo(/a) I. adj betrügerisch II. m/f Betrüger(in f) m

trance m ① ↑ *aprieto* kritischer Augenblick ② (estado hipnótico) Trance f

tranquilidad f Ruhe f, Stille f; **tranquilizante** m MED Beruhigungsmittel n; **tranquilizar** vt beruhigen; **tranquilo** adj ① ▷*persona, mar, conciencia* ruhig ② ↑ *despreocupado* gelassen ③ ↑ *pacífico* friedlich

transacción f ① ↑ *convenio* Übereinkunft f ② ↑ *negocio* Geschäft n, Transaktion f

tra[n]satlántico m Überseedampfer m

tra[n]sbordador m Fährschiff n; **tra[n]sbordar** I. vt → *mercancía* umladen II. vi (en avión, tren) umsteigen; **tra[n]sbordo** m [Güter]Umschlag m; TREN Umsteigen n; ◇ **hacer** - umsteigen

tra[n]scurrir vi ← *tiempo* vergehen; **tra[n]scurso** m (de tiempo) Verlauf m (der Zeit)

transeúnte m/f Passant(in f) m

tra[n]sferencia f COM Überweisung f; **tra[n]sferir** vt → *negocio* übertragen, übereignen; → *dinero* überweisen

transformación f ↑ *alteración* Verwandlung f, Wandel m; **transformador** m ELECTR

Transformator *m;* **transformar** *vt* ① umwandeln, verändern; → *forma* umformen

tra[n]sfusión *f (de sangre)* Blutübertragung, Transfusion *f*

transición *f* POL Übergang *m*

transigencia *f* Nachgiebigkeit *f;* **transigir** *vi* ① ↑ *ceder* nachgeben ② ↑ *tolerar* dulden, akzeptieren

transistor *m* ① TECNI Transistor *m* ② *(radio)* Transistorradio *n*

transitable *adj* begehbar, befahrbar; **transitar** *vi:* ◇ · **por** durchfahren durch; **tránsito** *m* ① *(de personas)* Überfahrt *f* ② *(de coches)* Verkehr *m* ③ *también* AERO Transit *m;* **transitorio** *adj* vorübergehend, Übergangs-

tra[n]smisión *f* MEDIA Übertragung *f;* **tra[n]smitir** *vt* ① MEDIA senden ② → *estado de ánimo* übertragen ③ ↑ *comunicar* übermitteln

tra[n]sparencia *f* Durchsichtigkeit *f;* **tra[n]sparente** *adj* transparent, durchsichtig

tra[n]spirar *vi* schwitzen

tra[n]sportar *vt* transportieren; **tra[n]sporte** *m* Transport *m*

tranvía *m* Straßenbahn *f*

trapo *m* ① Lappen *m* ② *(para desempolvar)* Tuch *n*

tras *prep* ① ↑ *después* nach ② ↑ *detrás* hinter

trascendental *adj* bedeutend, wichtig

trasero I. *adj* ↑ *de detrás* hintere(r, s) **II.** *m* ANAT Hintern *m*

trasladar *vt* ① *(de lugar)* bewegen, versetzen ② ↑ *traducir* übertragen ③ → *fecha* verlegen, verschieben *(a auf akk, a nach dat)*

trasnochar *vi* ① *(sin dormir)* die Nacht schlaflos verbringen ② *(acostarse tarde)* die Nacht durchmachen

traspapelar *vt* → *documento* verlegen

traspasar *vt* → *pared, cuerpo* durchdringen, durchbohren ① → *negocio* verkaufen ② *(ir más allá)* überschreiten; **traspaso** *m (de negocio)* Abtretung *f*

trasplantar *vt* ① → *plantas* verpflanzen ② MED transplantieren

trastornar *vt* ① ↑ *revolver, desordenar* verdrehen, durcheinanderbringen ② *FIG* ↑ *disgustar, inquietar* bestürzen, verwirren; **trastorno** *m* MED Störung *f*

tratable *adj* umgänglich, leutselig

tratado *m* ① POL Vertrag *m* ② ↑ *obra, libro* Abhandlung *f,* Lehrbuch *n*

tratamiento m ① (*título*) Anrede ② MED Behandlung f
tratante m Händler(in f) m
tratar I. vt ① → behandeln ② ↑ *comerciar* handeln (*en* mit) ③ → *tema* behandeln **II.** vi: ◇ **- con** verkehren mit; ◇ **- de** ① ↑ *intentar* versuchen zu ② ↑ *tener por argumento* handeln von
trato m ① ↑ *acuerdo* Vereinbarung f ② (*con persona*) Umgang m, Verkehr m ③ (*de tú, usted*) Anrede f; ◇ **cerrar/hacer un -** ein Geschäft abschließen
través m ↑ *desgracia* Mißgeschick n; ◇ **al/de -** quer, seitlich; ◇ **a - del tunel** durch den Tunnel
travesía f ① (*camino*) Querstraße f ② (*viaje por mar, aire*) Überfahrt f, Überquerung f
travestí m Transvestit m
travesura f Streich m; **travieso** adj ① → *niño* unartig ② ↑ *malicioso* mutwillig
trayecto m ↑ *trecho* Strecke f, Abschnitt m
trazar vt ① → *línea, dibujo* zeichnen ② → *proyecto* planen, entwerfen
trébol m Klee m
trece numeral dreizehn
trecho m ↑ *recorrido* Strecke f
tregua f MIL Waffenruhe f
treinta numeral dreißig
tremendo adj ↑ *enorme* riesig
tren m TREN Zug m

trenza f Zopf m
trepar vt (*a un árbol*) klettern auf akk
tres numeral drei
triangular adj dreieckig; **triángulo** m Dreieck n
tribu f Stamm m
tribuna f SPORT Tribüne f
tribunal m JUR Gericht n, Gerichtshof m
tributo m ① (*impuesto*) Steuer f ② (*homenaje*) Tribut m
triciclo m Dreirad n
trigo m Weizen m
trilladora f Dreschmaschine f; **trillar** vt dreschen
trimestre m Quartal n
trincar vt ① (*con cuerdas*) anbinden, festbinden ② ↑ *detener, encarcelar* festnehmen, einsperren ③ (*FAM beber alcohol*) zechen
trinchera f ① MIL [Schützen] Graben m ② (*gabardina*) Trenchcoat m
trineo m Schlitten m
trinidad f : ◇ **la T-** REL die Dreifaltigkeit
tripa f ① ANAT Darm m ② *FAM* Bauch m
triple adj dreifach
tripulación f AERO, NAUT Besatzung f
triste adj ① ▷ *persona, cara, noticia* traurig ② ↑ *melancólico* betrübt, schwermütig ③ ▷ *suel-*

do armselig, mickerig; **triste- za** *f* Traurigkeit *f*

triunfar *vi* ① *(tener éxito)* triumphieren ② SPORT siegen; **triunfo** *m* ① ↑ *éxito* Triumph *m* ② SPORT Sieg *m*

trivial *adj* trivial

trocar *irr vt* ↑ *cambiar* eintauschen *(por* für, gegen)

trocear *vt* GASTRON in Stükke teilen

trombón *m* MUS Posaune *f*

trompa *f* ① *(del elefante)* Rüssel *m* ② MUS [Wald-]Horn *n* ③ *FAM* ↑ *borrachera* Rausch *m*

trompeta *f* MUS Trompete *f*

tronar *irr vi* ↑ *sonar truenos* donnern

tronco *m* ① *(de árbol, origen)* Stamm *m* ② *(del hombre)* Rumpf *m*

trono *m* Thron *m*

tropa *f* MIL Truppe *f*

tropezar *irr* I. *vi* ① *(con los pies)* stolpern ② ◇ **- con** stoßen auf **II.** *vr(se):* ◇ **-se con** ① *(encontrarse casualmente)* jd-n unvermutet treffen ② *(chocar)* zusammenstoßen mit

tropical *adj* tropisch, Tropen-; **trópicos** *m/pl* Tropen *pl*

tropiezo *m* ① ↑ *estorbo* Hindernis *m* ② ↑ *falta* Patzer *m* ③ ↑ *riña* Streit *m*

trotamundos *m* ⟨inv⟩ Globetrotter(in *f*) *m*

trote *m* Trab *m*

trozo *m* Stück *n*

truco *m* Trick *m*, Kniff *m*

trucha *f* Forelle *f*

trueno *m* Donner *m*

trueque *m* Tausch *m*

tu *adj* dein

tú *pron* du

tuberculosis *f* ⟨inv⟩ MED Tuberkulose *f*

tubería *f* [Rohr-]Leitung *f*

tubo *m* ① Rohr *n* ② ELECTR Röhre *f*; ◇ **- de pasta dentífrica** Zahnpastatube *f*

tuerca *f* [Schrauben-]Mutter *f*

tumba *f* Grab *n*

tumbar *vt* ↑ *derribar* umwerfen

tumor *m* MED Tumor *m*

tumulto *m* Tumult *m*, Aufruhr *m*

tuna **I.** *f* MUS *[spanische] Studentenkapelle in historischer Tracht* **II.** *f* FLORA Feigenkaktus *m*

túnel *m* Tunnel *m*

Túnez *m* Tunesien *n*; *(ciudad)* Tunis *n*

tupé *m* Toupet *n*

tupido *adj* ▷ *pelo* dicht

turba *f* ① *(combustible fósil, estiércol)* Torf *m* ② *(de gente)* Menge *f*, Schwarm *m*

turco(/a) **I.** *adj* türkisch **II.** *m/f* Türke *m*, Türkin *f*

turismo *m* ① Fremdenverkehr

m, Tourismus *m* ② (*vehículo*) Personenwagen *m*, Pkw *m*;
turista *m/f* Tourist(in *f*) *m*;
turístico *adj* touristisch, Fremdenverkehrs-
turno *m* ① ↑ *orden, vez* Reihe *f* ② (*horario de trabajo*) Schicht *f*
Turquía *f* [die] Türkei
tutear *vt* duzen
tutela *f* JUR Vormundschaft *f*;
tutor(a) *m/f* JUR Vormund *m*
tuyo/(a) *pron:* ◇ **el ~, la tuya** dein, deine, deiner

U

U, u I. *f* U, u *n* II. *cj* oder;
◇ **plata ~ oro** Silber oder Gold
ubicar I. *vi* ↑ *estar situado* sich befinden II. *vr(se)* sich befinden
ubre *f* Euter *n*
úlcera *f* MED Geschwür *n*
ulterior *adj* ① ↑ *del otro lado* weiter, jenseits ② ↑ *consecutivo* [nach-]folgend
ultimar *vt* beenden, abschließen
último *adj* ① letzte(r, s); ◇ **en ~ lugar** zuletzt [*o.* letzten Endes];

◇ **por ~** endlich, schließlich;
◇ **en el ~ momento** in letzter Minute ② ↑ *más reciente* jüngste(r, s), neueste(r, s) ③ ◇ **a la ~a** [*moda*] nach der neuesten Mode
ultra *m/f* POL Extremist(in *f*) *m*
ultramar *m* Übersee *f*; **ultramarinos** *m/pl* ① Kolonialwaren *pl* ② Lebensmittelgeschäft *n*
ultrasónico *adj* Überschall-
ultrasonido *m* Überschall
umbral *m* [Tür-]Schwelle *f*
un(a) I. *numeral* ① (*de número determinado*) ein(e); ◇ **~ año** ein Jahr ② (*pl: indeterminado*) ein paar II. *adj:* ◇ **a la ~a** um ein Uhr, um eins III. *artículo* ein(e) IV. *pron:* ◇ **~a vino ayer y otra vendrá mañana** e-e kam gestern und die andere wird heute kommen
unánime *adj* einmütig, einhellig
ungüento *m* Salbe *f*
único *adj* einzig[-artig]
unidad *f también* TECNI, MIL Einheit *f*; ◇ **~ monetaria** Währungseinheit *f*; ◇ **~ de vigilancia intensiva** MED Intensivstation *f*; **unido** *adj* ① (*cosas*) verbunden ② (*personas*) vereint
unificación *f* POL Vereinigung *f*; **unificar** *vt* ① → *regiones, esfuerzos* vereinen ② → *sueldos* vereinheitlichen

uniformar vt ① →*impresos* vereinheitlichen, einheitlich gestalten ② MIL in e-e Uniform stecken; **uniforme I.** adj ① (*misma forma*) einförmig, einheitlich ② ▷*movimiento* gleichmäßig **II.** m Uniform f; **uniformidad** f ① (*de forma*) Einförmigkeit f ② (*de movimiento*) Gleichmäßigkeit f ③ (*de superficie*) Gleichförmigkeit f

unilateral adj ① einseitig

unión f ① (*de cosas*) Verbindung f ② (*entre dos personas*) Zusammengehörigkeit f ③ ↑ *asociación* Vereinigung f; ◇ la U- Soviética die Sowjetunion;

unir vt ① →*cosas* zusammenfügen ② ↑ *ligar* verbinden

universal adj ① (*del universo*) allgemein, universal ② (*del mundo*) Welt-, weltweit; ◇ *historia f* - Weltgeschichte f

universidad f Universität f, Hochschule f

universo m Universum n

uno I. numeral eins **II.** pron eine (r, s), einzeln ◇ **cada** - jede(r, s); ◇ -s cuantos ein paar

untar vt ① (*en pan*) schmieren, bestreichen ② (*con ungüento*) [ein-]reiben ③ FAM ↑ *sobornar* bestechen

uña f ① Nagel m ② (*de animal*) Kralle f, Klaue f ③ (*de caballo*) Huf m

uperizado adj: ◇ leche -a H- Milch f

urbanidad f Höflichkeit f

urbanización f (*de viviendas*) Siedlung f, Villenkolonie f; **urbanizar** vt →*terreno* bebauen, urbanisieren; **urbano(/a)** adj (*de ciudad*) städtisch, Stadt- **II.** m/f [Stadt-]Polizist m

urgencia f ① ↑ *prisa* Eile f ② ↑ *apremio* Dringlichkeit f; ◇ -s m/pl Notdienst m; **urgente** adj dringend, eilig

urna f también POL Urne f

Uruguay m: ◇ el - Uruguay n; **uruguayo(/a) I.** adj uruguayisch **II.** m/f Uruguayer(in f) m

usado(/a) I. adj ▷*ropa* abgenutzt, abgetragen ② ↑ *de segunda mano* gebraucht; **usar** vt ① ↑ *utilizar* gebrauchen, benutzen ② ↑ *llevar* tragen ③ →*influencia* Gebrauch machen (de von)

uso m ① ↑ *empleo* Verwendung f; MED ◇ **de/para - externo** zur äußerlichen Anwendung ② ↑ *costumbre* Brauch m ③ ↑ *moda* Mode f

usted <-es> pron Sie

usual adj gebräuchlich, üblich; **usuario(/a)** m/f Benutzer(in f) m

usura f Wucher m

utensilio m Werkzeug n

útero m Gebärmutter f

útil adj (*que sirve*) nützlich; **utilidad** f ① Nutzen m ② ↑ *prove-*

cho Profit *m*, Vorteil *m*; **utilizar** *vt* [be-]nutzen
uva *f* Traube *f*

V

V, v *f* V, v *n*
vaca *f* ① FAUNA Kuh *f* ② GASTRON Rindfleisch *n*
vacaciones *flpl* Ferien *pl*, Urlaub *m*
vacante I. *adj* unbesetzt, frei II. *f* offene [*o.* freie] Stelle
vaciar *vt* → *botella* ausleeren; → *líquido* ausgießen
vacilación *f* Unschlüssigkeit *f*;
vacilante *adj* ① ▷*paso* schwankend ② ▷*indeciso* unschlüssig; **vacilar** *vi* schwanken
vacío I. *adj* ① ▷*calle* leer ② ▷*piso* unbewohnt, leerstehend II. *m* ① Leere *f* ② *indeciso* unschlüssig; ◇ **cerrado al** - vakuumverpackt
vacuna *f* Impfstoff *m*; **vacunar** *vt* impfen (*contra* gegen)
vacuno *adj* Rind[s]-, Rindervado *n* (*de río*) Furt *f*
vagabundo(/a) *m/f* Landstreicher(in *f*) *m*

vagar *vi* ↑ *andar errante* umherstreifen
vagina *f* ANAT Scheide *f*
vago(/a) I. *adj* ① ↑ *holgazán* faul, träge ② ↑ *incierto* vage, unbestimmt II. *m/f* Faulpelz *m*
vagón *m* TREN; (*de viajeros*) Personenwagen *m*; (*de mercancías*) Güterwagen *m*
vaho *m* ↑ *vapor* Dampf *m*, Dunst *m*
vaina *f* ① (*de arma*) Scheide *f* ② FLORA Hülse *f*, Schote *f*
vainilla *f* Vanille *f*
vajilla *f* Geschirr *n*
valenciano *adj* aus Valencia
valentía *f* ↑ *valor* Mut *m*, Tapferkeit *f*
valer *irr* I. *vt* ① ↑ *costar* kosten ② ↑ *problemas* einbringen; ◇ - **la pena** sich lohnen II. *vi* ① ↑ *tener valor* wert sein ② ↑ *equivaler* stehen (*por* für) ③ (*servir para algo*) taugen, brauchbar sein ④ ↑ *ser válido* gelten, gültig sein III. *vr(se)* ◇ **-se de** ↑ *utilizar* von etw Gebrauch machen, etw benützen; ◇ ¿**vale**? okay?; **validez** *f* Gültigkeit *f*; **válido** *adj* gültig
valiente *adj* tapfer, mutig
valija *f* ↑ *maleta* Koffer *m*
valioso *adj* wertvoll
valor *m* ① (*de objeto*) Wert *m* ② (*de persona*) Mut *m* ③ (COM

_pl_) Wertpapiere _n/pl;_ **valorar**
_vt_ schätzen

vals _m_ Walzer _m_

válvula _f_ TECNI Ventil _n_

valla _f_ ① ↑ _cercado_ Zaun _m_ ②
SPORT Hürde _f_

valle _m_ Tal _n_

vampiro _m_ Vampir _m_

vandalismo _m_ Vandalis-
mus _m_

vanguardia _f_ ① MIL Vorhut _f_
② FIG Avantgarde _f_

vanidad _f_ Eitelkeit _f;_ **vanidoso** _adj_ eitel, eingebildet

vano _adj_ ① _(sin fundamento)_
▷_deseo_ eitel ② ↑ _inútil_ vergeblich ③ ↑ _presumido_ eitel, eingebildet; ◇ **en ~** vergeblich

vapor _m_ ① _(de líquido)_ Dampf
_m_ ② _(buque)_ Dampfer _m;_ **va-
porizar** _vt_ verdampfen, verdunsten lassen

vaquero _m_ Cowboy _m;_ ◇ **-s** _pl_
Jeans _pl_

vara _f_ ① ↑ _bastón_ Stock _m_ ②
↑ _barra_ Stange _f_ ③ _(medida)_
Elle _f_

variable _adj_ veränderlich,
unbeständig; **variación** _f_ [Ver-]
Änderung _f;_ **variado** _adj_ ①
(con muchos cambios) abwechs-
lungsreich ② ↑ _distinto_ unterschiedlich; **variar** _vt_ ① ↑ _va-
riar_ ② ↑ _comida_ abändern,
verändern

variedad _f_ ① ↑ _diversidad_

Vielfalt _f_ ② BIOL Abart _f,_ Va-
riante _f_

vario I. _adj_ ① ↑ _diverso_ verschieden, gemischt ② ↑ _ines-
table_ veränderlich, unbeständig
II. _pron_ _(pl:)_ ↑ _algunos_ einige,
manche, mehrere

varón _m_ Mann _m,_ männliches
Wesen; **varonil** _adj_ männlich

Varsovia _f_ Warschau _n_

vasco(/**a**) I. _adj_ baskisch II. _m/f_
Baske _m,_ Baskin _f;_ ◇ **las Vas-
congadas** das Baskenland; **vas-
cuence** I. _adj_ baskisch II. _m_
(idioma) Baskisch _n_

vasija _f_ Gefäß _n_

vaso _m_ ① _(de beber)_ Glas _n_ ②
MED Gefäß _n_

vasto _adj_ ↑ _extenso_ gewaltig,
riesig

Vaticano _m;_ ◇ **el ~** der Vatikan

vatio _m_ ELECTR Watt _n_

vecindad _f_ ① ↑ _proximidad_
Nähe, Umgebung _f_ ② ↑ _vecin-
dario_ Nachbarschaft _f;_ **vecin-
dario** _m_ Nachbarschaft _f;_ **vecino**(/**a**) I. _adj_ ↑ _próximo_ benachbart II. _m/f_ ① _(de edificio)_
Nachbar(in _f_) _m_ ② _(de pueblo)_
Einwohner(in _f_) _m_

vega _f_ Aue _f_

vegetación _f_ Vegetation _f;_ **vegetal** _adj_ pflanzlich; **vegeta-
riano** _adj_ vegetarisch

vehemencia _f_ ↑ _ardor_ Heftig-
keit _f_

vehículo *m* Fahrzeug *n*

veinte *numeral* zwanzig

vejez *f* Alter *n*

vejiga *f* ANAT Blase *f*

vela *f* ① *(de cera)* Kerze *f* ② *(de barco)* Segel *n*

velar *vi* ① *(permanecer despierto)* wach bleiben ② *(cuidar)* wachen *(por/sobre* über *akk)*

velero *m* NAUT Segelschiff *n*

velo *m* Schleier *m*

velocidad *f* ① Geschwindigkeit *f* ② AUTO Gang *m;* **velocímetro** *m* AUTO Tacho[-meter] *m*

velódromo *m* Radrennbahn *f*

velomotor *m* Mofa *n*

veloz *adj* schnell

vena *f* MED Ader *f*

vencedor(a) I. *adj* siegreich II. *m/f* Sieger(in *f*) *m;* **vencer** I. *vt* ① → *enemigo* besiegen, siegen über ① → *dominar* → *dificultad* meistern, überwinden ③ ↑ *aventajar* übertreffen *(en* in/an *dat)* II. *vi* ① ↑ *ganar* siegen ② ← *plazo* ablaufen

vencimiento *m* ① *(de plazo)* Ablauf *m* ② *(de letra de cambio)* Verfall *m*

venda *f* Binde *f;* **vendaje** *m* Verband *m;* Bandage *f;* **vendar** *vt* verbinden

vendedor(a) *m/f* Verkäufer(in *f*) *m;* **vender** *vt* verkaufen

vendimia *f* Weinlese *f*

veneno *m* Gift *n;* **venenoso** *adj* giftig

venerable *adj* ehrwürdig; **venerar** *vt (↑ honrar)* verehren

venezolano/(a) I. *adj* venezolanisch II. *m/f* Venezolaner(in *f*) *m;* **Venezuela** *f* Venezuela *n*

venganza *f* Rache *f;* **vengar** I. *vt* rächen II. *vr(se)* sich rächen, Rache nehmen *(de* für *akk, en an dat)*

vengo *vb ver* **venir**

venidero *adj* kommend, [zu-]künftig; **venir** *irr* I. *vi* ① kommen; *el mes que viene* nächsten Monat ② ↑ *llegar* ankommen II. *vr(se)* ◇ *-se de* zurückkommen

venta *f* Verkauf *m*

ventaja *f* ① Vorteil *m* ② SPORT Vorsprung *m;* **ventajoso** *adj* vorteilhaft

ventana *f* Fenster *n;* **ventanilla** *f* ① *(de billetes)* Schalter *m* ② *(del coche)* Fenster *n*

ventilación *f* Lüftung *f;* **ventilador** *m* Ventilator *m;* **ventilar** *vt* ① → *habitación* lüften ② FIG → *asunto* erörtern

ventisca *f* Schneegestöber *n*

ventosidad *f* MED Blähung *f*

ventoso *adj* windig; **venturoso** *adj* glücklich

veo *vb ver* **ver**

ver *irr* I. *vt* ① sehen ② → *televisión* schauen ③ ↑ *comprender* verstehen 4 ↑ *visitar* ◇ **ir a** - besuchen 5 ◇ **no tener nada que - con** nichts zu tun haben mit

veraneante m/f Sommerfrischler(in f) m; **veraneo** m Sommerurlaub m; **verano** m Sommer m

veras : ◇ **de** - im Ernst, wirklich

verbal adj verbal, mündlich

verbena f (*fiesta popular*) Volksfest n, Kirmes f

verbo m Verb n

verdad f Wahrheit f; ◇ **¿de -?** im Ernst?; **verdadero** adj 1 ↑ *cierto* wahr 2 ↑ *auténtico* echt

verde I. adj 1 (*color*) grün 2 ▷*chiste* schmutzig II. m 1 (*color, hierba*) Grün n 2 (FAM *billete de mil*) Tausendpesetenschein m

verdugo m (*persona*) Henker m

verdura f Gemüse n

vereda f 1 AM Gehweg m 2 Fußweg m

veredicto m JUR Urteil n, Urteilsspruch m

vergonzoso adj 1 ↑ *tímido* schüchtern 2 (*que causa vergüenza*) beschämend; **vergüenza** f 1 ↑ *bochorno* Scham f 2 ↑ *pundonor* Anstand m, Ehrgefühl n 3 ↑ *deshonra* Schande f; ◇ **sentir/dar** - sich schämen

verídico adj wahr

verificación f 1 ↑ *comprobación* Feststellung f, Nachweis m 2 ↑ *control* [Nach-]Prüfung f; **verificar** I. vt 1 ↑ *comprobar* nachprüfen, überprüfen 2 ↑ *realizar* durchführen, verwirklichen II. vr(se) 1 ↑ *resultar* verdadero sich bewahrheiten 2 ↑ *realizarse* stattfinden

verja f Gitter n

verosímil adj glaubhaft

verruga f Warze f

versado adj: ◇ - **en** bewandert in dat

versátil adj ↑ *inconstante* wankelmütig

versión f ↑ *interpretación* Version f, Fassung f

verso m Vers m

vértebra f ANAT Wirbel m

vertedero m Mülldeponie f

verter vt 1 ↑ *recipiente* ausleeren 2 ↑ *derramar* verschütten

vertical adj vertikal, senkrecht

vértigo m MED Schwindel m, Schwindelgefühl n

vestíbulo f 1 (*de vivienda*) Flur m 2 (*de edificio*) Vorhalle f 3 (*de teatro, hotel*) Foyer m

vestido m (*de mujer*) Kleid n

vestir irr I. vt 1 (*a alguien*) anziehen 2 ↑ *llevar* tragen II. vr(se) sich anziehen

veterano(/a) m/f Veteran(in f) m

veterinario(/a) *m/f* Tierarzt *m*, -ärztin *f*

veto *m* Veto *n*, Einspruch *m*

vez *f* Mal *n*; ◇ **a la** - gleichzeitig; ◇ **¿cuántas veces?** wie oft?; ◇ **de una** - auf einmal; ◇ **una - por todas** ein für allemal; ◇ **de - en cuando** gelegentlich, hin und wieder; ◇ **la otra** - neulich; ◇ **muchas veces** oft; ◇ **rara** - selten; ◇ **tal** - vielleicht; ◇ **una - más** noch einmal

vía *f* ① ↑ *ruta* Weg *m*, Bahn *f* ② ▷*pública* Straße *f* ③ TREN Gleis *n*; ◇ **por** - **aérea** Luftpost *f*; ◇ **por** - **marítima** auf dem Seeweg *m*

viable *adj* ▷*plan* durchführbar

viaducto *m* Viadukt *m*

viajante *m/f* [Geschäfts-]Reisende(r) *fm*; **viajar** *vi* reisen; **viaje** *m* ① Reise *f* ② (*en coche, tren*) Fahrt *f* ③ (FAM *de la droga*) Trip *m*; **viajero**(/a) *m/f* Reisende(r) *fm*

vibración *f* Vibration *f*, Schwingung *f*; **vibrador** *m* Vibrator *m*; **vibrar** *vi* vibrieren, schwingen

vicepresidente *m/f* Vizepräsident(in *f*) *m*

viceversa *adv* umgekehrt

vicio *m* ① Laster *n* ② (*mala costumbre*) schlechte Angewohnheit

víctima *m/f* Opfer *n*

victoria *f* Sieg *m*; **victorioso** *adj* siegreich

vid *f* Weinstock *m*, Rebe *f*

vida *f* ① Leben *n* ② (*duración*) Lebensdauer *f*; ◇ **de por** - auf Lebenszeit; ◇ **¡en la/mi/tu** -**!** nie im Leben!

vídeo *m* ① Video *n* ② (*aparato*) Videogerät *n*, Videorecorder *m*; **videocámara** *f* Videokamera *f*; **videocassette** *f* Videokassette *f*; **vídeoclip** *m* Videoclip *m*; **videoteca** *f* Videothek *f*

vidriero(/a) *m/f* Glaser(in *f*) *m*; **vidrio** *m* Glas *n*

viejo(/a) **I.** *adj* alt **II.** *m/f* Alte(r) *fm*

Viena *f* Wien *n*; **vienés(-esa)** *adj* wienerisch

viento *m* Wind *m*

vientre *m* Bauch *m*

viernes *m* <inv> Freitag *m*; ◇ - **Santo** Karfreitag *m*

Vietnam *m* ◇ **el** - Vietnam *n*; **vietnamita** **I.** *adj* vietnamesisch **II.** *m/f* Vietnamese *m*, Vietnamesin *f*

viga *f* ① (*de madera*) Balken *m* ② (*de hierro*) Träger *m*

vigente *adj* ↑ *válido* gültig, rechtskräftig

vigilancia *f* ↑ *cautela* Wachsamkeit *f*; **vigilante** **I.** *adj* ↑ *atento* wachsam **II.** *m/f* ↑ *guardián* Wächter *m*; **vigilar**

I. vt bewachen **II.** vi ① wachsam sein ② MIL Wache halten
vigor m Kraft f; ◇ **entrar/poner en ~** in Kraft treten/setzen
villa f ① (casa con jardín) Villa f ② (población) Kleinstadt f
villancico m Weihnachtslied n
vinagre m Essig m; **vinagrera** f Essigflasche f
vincular vt [ver-]binden; **vínculo** m Bindung f, Band n
vindicar vt † vengar rächen
vino m Wein m; ◇ **-blanco** Weißwein m; ◇ **-tinto** Rotwein m
viña f Weinberg m
violación f ① (de mujer) Vergewaltigung f ② (de ley) Verletzung f; **violar** vt ① → mujer vergewaltigen ② → ley verletzen
violencia f ① Gewalt f ② † violación Vergewaltigung f
violento adj ① ▷ golpe heftig ② (persona) gewalttätig ③ † impetuoso aufbrausend
violín m MUS Geige f
viraje m ① (curva) Kurve f ② † giro Wendung f, Drehung f ③ (de ideas) Umschwung m
virgen I. adj (mujer) unberührt **II.** f ① (mujer) Jungfrau f ② REL Jungfrau f, Marienbild n
viril adj männlich
virtual adj (que puede ser) möglich, virtuell
virtud f ① † facultad Fähigkeit f

② (cualidad) Tugend f; ◇ **en ~ de** kraft gen
viruela f MED Pocken pl
virus m MED Virus n
visado m Visum n
viscoso adj ① † pegajoso klebrig, schleimig ② † espeso zähflüssig
visibilidad f AUTO Sicht[weite] f; **visible** adj ① sichtbar ② † evidente offensichtlich
visión f ① (de la vista) Sehvermögen n ② (imagen) Anblick m ③ † aparición Gesicht n, Vision f
visita f ① (a amigos) Besuch m ② (de turismo) Besichtigung f; **visitar** vt ① → amigos besuchen ② → museo besichtigen
vista f ① (sentido) Sehen n; ◇ **a primera ~** auf den ersten Blick; ◇ **con -s a** im Hinblick auf akk; ◇ **conocer a alguien de ~** jd-n vom Sehen kennen; ◇ **en ~ de** in Anbetracht gen ② Sehvermögen n; ◇ **él tiene buena ~** er sieht gut ③ (panorama) Aussicht f
visto vb ver vestir
visto I. pp de ver **II.** adj: ◇ **estar mal/bien ~** un-/beliebt sein; ◇ **por lo ~** offensichtlich, offenbar
vital adj ① (de vida) Lebens- ② † esencial lebenswichtig ③ † activo vital; **vitalidad** f Lebenskraft f, Vitalität f

vitamina f Vitamin n

viticultura f Weinbau m

viudo(/a) m/f Witwer m, Witwe f

víveres m/pl Lebensmittel pl

vivienda f Wohnung f; **vivir I.** vt leben **II.** vi ① (tener vida) leben ② ↑ habitar wohnen; **vivo** adj ① (con vida) lebendig, lebhaft ② ▷relato lebendig, anschaulich ③ ▷discusión angeregt ④ ↑ ingenioso gewieft, clever

vocablo m Wort n; **vocabulario** m Vokabular n

voladura f Sprengung f

volante m AUTO Lenkrad n

volar irr **I.** vt → puente sprengen **II.** vi ① ← avión fliegen ② ↑ escapar verschwinden

volcán m Vulkan m

volcar irr vt ↑ tumbar umstoßen, umwerfen

voleibol m Volleyball m

voltaje m ELECTR Spannung f

voltear vt ① ↑ dar vueltas herumdrehen, umkehren ② → campana läuten

voltio m ELECTR Volt n

volumen <volúmenes> m ① (tamaño) Volumen n ② (de sonido) Lautstärke f

voluntad f ① Wille m; ◇ tener mucha/poca - willensstark/willensschwach sein ② ↑ deseo

Wunsch m; ◇ a - nach Belieben n

voluntario(/a) **I.** adj freiwillig **II.** m/f Freiwillige(r) fm

volver irr **I.** vt ① drehen; → tortilla wenden; → página umschlagen ② (transformar) verwandeln (en in akk) **II.** vi ① ↑ regresar zurückkehren ② (a un tema) zurückkommen (a auf akk)

vomitar I. vt [er-]brechen **II.** vi sich erbrechen

vosotros pron ihr

votar I. vt (a alguien, partido) stimmen für **II.** vi wählen; **voto** m POL Stimme f

voy vb ver **ir**

voz f ① Stimme f; ◇ en - alta/baja laut/leise ② ↑ grito Schrei m; ◇ a -s lauthals

vuelo I. vb ver **voler**; **II.** m Flug m

vuelta f ① Wendung f; ◇ a la - de la esquina gleich um die Ecke ② ↑ regreso Rückkehr f; ◇ a - de correo postwendend ③ ↑ paseo Spaziergang m ④ SPORT Runde f ⑤ (dinero) Wechselgeld n

vuelto pp de **volver**

vuelvo vb ver **volver**

vuestro pron, adj poss euer, eu [e]re; ◇ un amigo - ein Freund von euch; ◇ es el - es gehört euch

vulgar *adj* [1] ↑ *grosero* vulgär
[2] ↑ *corriente* gewöhnlich
vulnerable *adj* verwundbar,
verletzlich; **vulnerar** *vt* [1]
↑ *herir* verwunden, verletzen [2]
→ *ley* brechen, verletzen

W

W, w *f* W, w *n*
wáter *m* WC *n*
whisky *m* Whisky *m*

X

X, x *f* X, x *n*
xenofobia *f* Ausländerfeind-
lichkeit *f*; **xenófobo** *adj* ausländerfeindlich, fremdenfeind-
lich
xerocopia *f* Xerokopie *f*
xilófono *m* MUS Xylophon *n*

Y

Y, y *f* Y, y *n*
y *cj* und
ya I. *adv* [1] schon [2] ↑ *ahora*
nun, jetzt [3] ↑ *luego* gleich, sofort; ◊ ~ **no** nicht mehr; ◊ ~ **voy**
ich komme gleich/sofort II. *cj*
da; ◊ ~ **que** da, weil
yacer *irr vi* liegen; **yacimiento** *m* (*de petróleo*) Vorkommen *n*
yate *m* Jacht *f*
yegua *f* Stute *f*
yema *f* [1] (*de huevo*) Eigelb *n*
[2] (*de planta*) Knospe *f*
yerba *f* Gras *n*, Kraut *n*
yerno *m* Schwiegersohn *m*
yeso *m* Gips *m*
yo *pron* ich
yodo *m* Jod *n*
yogur *m* Joghurt *m* o *n*; **yogur-
tera** *f* Joghurtmaschine *f*
yonqui *m/f* FAM Junkie *m/f*
Yugoslavia *f* HIST Jugoslawien *n*; **yugoslavo/(a)** I. *adj*
jugoslawisch II. *m/f* Jugoslawe
m, Jugoslawin *f*
yute *m* Jute *f*

Z

Z, z f Z, z n

zafiro m Saphir m

zagal(a) m/f ① ↑ *muchacho* Junge m, Mädchen n ② *(pastor joven)* Hirtenjunge m

zaguán m Diele f

zambo ① *(de piernas torcidas)* Xbeinige(r) fm ② *(mestizo)* Zambo m, Zamba f

zambullirse vr(se) *también* FIG untertauchen; ◇ **- en un trabajo** sich in e-e Arbeit hineinknien

zampar I. vt ↑ *devorar* fressen, schlingen II. vr(se) schlingen; ↑ *meterse* hereinplatzen

zanahoria f Mohrrübe f, Karotte f

zancudo adj langbeinig

zanganear vi FAM ↑ *vagabundear* rumhängen; **zángano(/a)** I. m *(abeja)* Drohne f II. m PEY Schnorrer(in f) m, Faulenzer(in f) m

zanja f Graben m

zapatería f *(tienda)* Schuhgeschäft n; **zapatero(/a)** m/f Schuhmacher(in f) m; **zapati-** lla f Pantoffel m; **zapato** m Schuh m

zarpa f Tatze f, Pranke f

zarpar vi NAUT die Anker lichten, auslaufen

zarzamora f Brombeere f

zarzuela f spanische Operette

Zimbabue m Simbabwe n

zodiaco m Tierkreis m; ◇ **signo m del ~** Tierkreiszeichen n

zombi I. adj FAM behämmert, dußlig, dämlich II. m Zombie m

zona f Zone f, Bereich m, Gebiet n; ◇ **~ azul** Kurzparkzone f

zoo m Zoo m; **zoológico** adj zoologisch; ◇ **parque m ~** Zoo m, Tiergarten m

zoom m FOTO Zoom m

zorro(/a) m/f Fuchs m, Füchsin f; FIG schlauer Fuchs

zozobrar vi ① NAUT kentern ② FIG ← *proyecto* scheitern

zumbar vi ① ← *abeja* summen ② ← *motor* brummen

zumo m [Frucht-]Saft m

zurcir vt ← *calcetines* flicken, stopfen

zurdo adj linkshändig

zutano(/a) m/f ↑ *fulano*, *mengano* ein gewisser Herr X, e-e gewisse Frau X

A

A, a n 1 A, A a f 2 MUS la m
Aal m <-[e]s, -e> anguila f
Aas n <-es, -e> carroña f; **Aas-
geier** m buitre m
ab I. präp 1 (zeitlich) desde, a
partir de; ◇ - Juli desde julio m
(räumlich) de; ◇ - München de
Múnich f II. adv 1 von da -
(räumlich) desde allí; (zeitlich)
desde entonces 2 ◇ - und zu a
veces
abändern vt modificar
Abart f anormalidad f; **abartig**
adj anormal; ▷ sexuell perverso
Abbau m <-[e]s> 1 TECH des-
montaje m 2 (von Rohstoffen)
explotación f 3 ↑ Reduzierung
reducción f; **abbauen** vt desmontar; explotar; reducir
abbestellen vt anular
abbezahlen vt pagar a plazos
abbiegen unreg I. vi: ◇ in e-e
Straße - doblar la calle II. vt
FIG impedir
Abbild n 1 copia f 2 ↑ Spiegel-
bild imagen f; **abbilden** vt representar; **Abbildung** f ilustración f, representación f
abblenden vt AUTO cambiar
las luces, dar la luz de cruce;
Abblendlicht n luz f de cruce

abbrechen I. unreg vt 1 → Ast
romper 2 ↑ beenden abandonar; interrumpir, suspender II.
unreg vi partirse en dos
abbrennen unreg I. vt quemar
II. vi quemarse
abbringen unreg vt: ◇ jd-n
von etw - disuadir a alguien de
hacer algo
abbröckeln vi caerse, descon-
charse
Abbruch m 1 derribo m 2
FIG interrupción f; (von Beziehungen) ruptura f
abbuchen vt cargar en cuenta
Abc n Abk v. abecé m; **Abc-
Schütze** m [alumno] m principiante
abdanken vi abdicar
abdecken vt 1 → Dach destapar; → Tisch quitar 2 ↑ zudek-
ken tapar, recubrir
abdichten vt → Ritze tapar;
→ Leck calafatear
abdrehen I. vt 1 ↑ zudrehen
cerrar 2 ↑ herunterdrehen destornillar II. vi → Wind cambiar
de dirección; ← Flugzeug cambiar de rumbo
Abdruck 1 m <-s, -e> impresión
f; ↑ Veröffentlichung publicación f
Abdruck 2 m <-s, Abdrücke>
(Stempel-) imprenta f; (Finger-)
huella f
abdrucken vt publicar

abdrücken I. vi disparar II. vr
◇ sich ~ ① dejar huellas ②
↑ sich abstoßen impulsarse

abebben vi bajar, descender;
← Wind aflojar

abend adv: ◇ gestern ~ ayer por
la tarde; **Abend** m <-s, -e> tarde
f; ◇ guten ~! ¡buenas tardes!;
Abendessen n cena f;
Abendkleid n traje de noche; **Abendkurs** m clases f/pl
nocturnas; **Abendland** n Occidente m; **abendlich** adj de la
tarde; **abends** adv por las tardes

Abenteuer n <-s, -> aventura f;
Abenteurin f aventurera f;
abenteuerlich adj aventurero; **Abenteurer** m <-s, -> aventurero m

aber I. cj pero; ◇ zwar ... ~ ... si
... pero ... II. adv: ◇ tausend
und ~ tausend Mal miles de
veces III. Partikel: ◇ das ist ~
nett pues eso sí que está bien;
◇ ~ ja! ¡claro que sí!

abergläubisch adj supersticioso

aberkennen unreg vt → Titel
desposeer; → Staatsangehörigkeit retirar

abermalig adj repetido; **aber-
mals** adv otra vez

abfahren unreg I. vi ↑ starten
salir; ← Boot zarpar II. vt ① recorrer, cubrir ② → Reifen gastar;

Abfahrt f salida f; **abfahrt[s]
bereit** adj listo para salir;
Abfahrtszeit f hora f de salida

Abfall m ① basura f ② FIG
disminución f, pérdida f; **Ab-
falleimer** m cubo m de la basura

abfallen unreg vi ① ↑ weniger
werden disminuir ② ↑ sich lösen caer[se]

abfällig adj despectivo

Abfallprodukt n residuo m

abfangen unreg vt ① ↑ aufhalten detener ② → Stoß parar

abfassen vt redactar

Abfertigung f ① (von Gepäck)
facturación f; (von Paketen) expedición f ② (am Zoll) control
m

abfinden unreg I. vt indemnizar II. vr ◇ sich ~ contentarse
(mit con); **Abfindung** f indemnización f

abflauen vi ← Wind aflojar;
← Wut calmar

abfliegen unreg vi despegar;
← Passagier salir en avión

abfließen unreg vi salir, correr

Abflug m despegue m

Abfluß m ① salida f ② (-rohr)
desagüe m

abführen I. vt ① llevar preso/
detenido ② → Steuern pagar II.
vi ① ↑ abzweigen desviar ②

MED tomar un laxante; **Abführmittel** n MED laxante m

abfüllen vt embotellar

Abgabe f ① entrega f; (von Stimme) voto m ② ↑ Rückgabe entrega f ③ FIN impuesto m; **abgabenfrei** adj libre de impuestos; **abgabenpflichtig** adj con impuestos

Abgas n: ◊ -e n/pl polución f

abgeben unreg I. vt ① proveer de, entregar ② ↑ aufgeben dejar, ceder ③ → Meinung dar [su opinión] II. vr ◊ sich - encargarse, ocuparse (mit de)

abgebrüht adj astuto

abgedroschen adj trillado, típico

abgegriffen adj manoseado

abgehen unreg vi ① dejar ② ↑ sich lösen soltarse

abgelegen adj apartado, solitario

abgemacht adj: ◊ -! ¡trato hecho!

abgeneigt adj: ◊ e-r Sache dat - sein estar poco dado a una cosa

Abgeordnete(r) fm diputado/a

abgerissen adj FAM raído, roto

Abgesandte(r) fm ↑ Diplomat enviado/a

abgespannt adj cansado, molido

abgestanden adj pasado

abgestorben adj muerto; ▷Gliedmaßen dormido

abgetragen adj gastado

abgewöhnen vt: ◊ sich dat das Rauchen - dejar de fumar

abgezehrt adj demacrado

ableiten unreg vi resbalar; FIG divagar

abgrenzen vt demarcar; FIG precisar, concretar

Abgrund m abismo m; **abgründig** adj profundo, a muerte

abhacken vt cortar

abhalten unreg vt: ◊ jd-n von etw - impedir algo a alguien

abhandeln vt tratar, discutir

abhanden adj: ◊ - kommen perderse

Abhandlung f tratado m, tratamiento m

Abhang m cuesta f, pendiente f

abhängen¹ <hängte ab, hat gehängt> vt ① descolgar; ▷Anhänger desenganchar ② → Verfolger despistar

abhängen² <hing ab, hat/ist abgehangen> vi: ◊ von jd-m/etw - depender de alguien/algo

abhängig adj dependiente (von de), debido (von a); **Abhängigkeit** f dependencia f

abhärten vr ◊ sich - fortalecerse

abhauen *unreg vi* FAM largarse

abheben *unreg* I. *vt* ① *(von Konto)* retirar ② → *Telefonhörer* coger II. *vi* ← *Flugzeug* despegar III. *vr* ◇ **sich -** diferenciarse *(von de)*, destacar[se] *(von de)*

abhetzen *vr* ◇ **sich -** darse prisa, cansarse

abholen *vt* → *jd-n* ir/venir a buscar; → *Paket etc.* recoger

abhorchen *vt* ① MIL espiar ② MED → *Lunge, Herz* auscultar

abhören *vt* captar; **Abhörgerät** *n* escucha *m*

Abitur *n* <-s, -e> selectividad *f*

abkapseln *vr* ◇ **sich -** aislarse

abkaufen *vt* comprar

abkehren *vr* ◇ **sich -** alejarse, apartarse *(von de)*

Abklatsch *m* <-es, -e> PEJ [mala] copia *f*

abklingen *vi* disminuir

abkochen *vt* hervir, cocer

abkommen *unreg vi* desviarse; *(von Idee)* abandonar

Abkommen *n* <-s, -> acuerdo *m*

abkömmlich *adj:* ◇ **der Direktor ist nicht -** el director no está libre

abkratzen *vt* rascar

abkühlen I. *vt* enfriar II. *vi* refrescar

abkürzen *vt* → *Weg* atajar;
→ *Wort* abreviar; **Abkürzung** *f* *(Wort-)* abreviatura *f*; *(Weg-)* atajo *m*

abladen *unreg vt* descargar

Ablage *f* bandeja *f* de correspondencia

ablagern *vr* ◇ **sich -** posarse

ablassen *unreg vi* parar *(von de)*

Ablauf *m* ← [-e]s> ① desagüe *m* ② *(von Frist)* término *m* ③ ↑ *Verlauf* transcurso *m*; **ablaufen** *unreg vi* ① desaguar ② ← *Frist* terminar

ablegen *vt* ① colocar ② → *Examen* hacer; **Ableger** *m* <-s, -> ① COMM filial *f*, sucursal *f* ② *(Blumen-)* esqueje *m*

ablehnen *vt* rechazar; **Ablehnung** *f* rechazo *m*

ableiten *vt* ① desviar ② GRAM derivar ③ ↑ *folgern* deducir; **Ableitung** *f* ① desviación *f* ② GRAM derivación *f*

ablenken I. *vt* ① desviar ② *(von Arbeit)* distraer II. *vi (von Thema)* cambiar de tema; **Ablenkung** *f* ① desviación *f* ② ↑ *Zerstreuung* distracción *f*

ablesen *unreg vt:* ◇ **jd-m etw an der Miene -** darse cuenta de algo por los gestos

abliefern *vt* entregar

ablösen *vt* ① quitar ② → *Kollegen* sustituir; **Ablösung** *f* ① acción *f* de quitar; sustitución *f*

abmachen *vt* ① quitar ②

↑ *vereinbaren* acordar; **Abmachung** f acuerdo m

abmagern vi adelgazar

Abmarsch m salida f; **abmarschbereit** adj preparado para salir

abmelden vt, vr ◇ sich - dar (se) de baja

abmessen unreg vt medir

abmontieren vt desmontar

abmühen vr ◇ sich - esforzarse

Abnahme f <-, -n> ① pérdida f ② ↑ *Kontrolle* inspección f

abnehmen unreg I. vt ① quitar ② →*Last* aligerar II. vi ① disminuir ② ↑ *schlanker werden* adelgazar; **Abnehmer(in** f) m <-s, -> comprador(a f) m

Abneigung f repugnancia f; ↑ *Antipathie* antipatía f

abnutzen I. vt usar, gastar II. vr ◇ sich - desgastarse, estropearse

Abonnement n <-s, -s> abono m, suscripción f; **abonnieren** vt →*Karte* abonar[se]; →*Zeitschrift* suscribir[se]

abpacken vt empaquetar

abpassen vt esperar

abprallen vi rebotar

abputzen vt limpiar

abquälen vr ◇ sich - atormentarse

abraten unreg vi: jd-m von etw - disuadir a alguien de hacer algo

abräumen vt quitar, recoger

abreagieren vr ◇ sich - desfogarse

abrechnen vi FIG ajustar cuentas (mit con); **Abrechnung** f ① COMM liquidación f ② FIG ajuste m de cuentas

abregen vr ◇ sich - FAM calmarse

Abreise f marcha f; **abreisen** vi salir de viaje

abreißen unreg I. vt →*Haus* derribar; →*Kalenderblatt* arrancar II. vi terminar

abriegeln vt acordonar

Abriß m <Abrisses, Abrisse> derribo m

Abruf m: ◇ auf - a petición de

abrüsten vi MIL desarmar; **Abrüstung** f desarme m

Abs. Abk v. **Absender** Rmt. remitente

Absage f cancelación f; **absagen** vt cancelar

absägen vt serrar

Absatz m ① COMM venta f ② (Text-) párrafo m

abschaben vt raspar

abschaffen vt abolir, eliminar; **Abschaffung** f abolición f

abschalten I. vt apagar II. vi dejar de pensar, desconectar

abschätzen vt apreciar; **abschätzig** adj despectivo

Abscheu m <-[e]s> asco m; **ab-**

scheulich adj asqueroso, repugnante

abschicken vt enviar

abschieben unreg vt expulsar

Abschied m <-[e]s, -e> despedida f

abschirmen vt proteger

abschlagen unreg vt ① ↑ *abhacken* cortar ② → *Bitte* rechazar, negar; **abschlägig** adj negativo; **Abschlagszahlung** f pago m

abschleifen unreg vt allanar

Abschleppdienst m servicio m de grúa; **abschleppen** vt remolcar; **Abschleppseil** n cable m para remolcar

abschließen unreg vt ① → *Tür* cerrar con llave ② → *Vertrag* hacer, cerrar ③ ↑ *beenden* terminar; **Abschluß** m ① (Vertrags-) conclusión f ② COMM balance m ③ ◇ **zum - para** terminar

abschneiden unreg vt I. vt ① → *Brot* partir; → *Stoff*, *Faden* cortar ② → *Weg* atajar II. vi: ◇ **gut/schlecht -** salir bien/mal

Abschnitt m ① ↑ *Teil* parte f ② ↑ *Bezirk* distrito m ③ (Zeit-) período m

abschrauben vt destornillar

abschrecken vt ① enfriar ② ↑ *drohen* intimidar, amenazar; **Abschreckung** f MIL intimidación f

abschreiben unreg vt ① ↑ *kopieren* copiar ② (von Steuer) desgravar; **Abschreibung** f (von Steuer) desgravación f

Abschrift f copia f

Abschuß m disparo m

abschüssig adj empinado, en cuesta

abschwächen vt suavizar, atenuar

abschweifen vi divagar

abschwellen unreg vi disminuir

absehbar adj previsible; **absehen** unreg vt prever

abseits I. adv: ◇ **- stehen** estar aparte II. präp: ◇ **- der Straße** apartado/lejos de la calle

absenden unreg vt enviar, mandar

Absender(in f) m <-s, -> remitente m/f

absetzbar adj ① (von Steuer) desgravable ② (von Posten) sustituible; **absetzen** I. vt ① → *Last* depositar ② → *Waren* vender ③ (von Steuer) desgravar II. vr ◇ **sich -** ① ↑ *sich ablagern* depositarse ② (ins Ausland) irse

absichern vt proteger, asegurar

Absicht f intención f; ◇ **mit - a** propósito; **absichtlich** adj adrede

absolut adj absoluto; **Absolutismus** m absolutismo m

Absperrung f barrera f

Absprache f convenio m; **absprechen** unreg vt ① ↑ vereinbaren convenir ② ↑ aberkennen denegar; ◇ jd-m etw - negar algo a alguien

abspülen vt fregar

abstammen vi proceder (von de); **Abstammung** f procedencia f

Abstand m ① distancia f ② (zeitlich) espacio m

Abstecher m <-s, -> ↑ kurze Reise escapada f

absteigen unreg vi ① (in Hotel) alojarse, pasar la noche ② (von Pferd) desmontar; (von Rad) bajar

abstellen vt ① → Auto aparcar ② (auf Tisch, Boden etc.) poner ③ → Motor parar

absterben unreg vi ←Baum morir

Abstieg m <-[e]s, -e> ① (vom Berg) descenso m ② FIG ▷finanziell baja f

abstimmen I. vi votar II. vt ① →Interessen amoldar, acoplar (auf akk a) ② →Instrumente afinar ③ ◇ etw aufeinander - armonizar dos cosas; **Abstimmung** f ↑ Wahl votación f

abstinent adj abstinente, abstemio; **Abstinenz** f abstinencia f

abstoßen unreg vt ① ↑ anwidern repeler, dar asco ② ↑ billig verkaufen vender a bajo precio; **abstoßend** adj asqueroso, repugnante

abstrakt adj abstracto; **Abstraktion** f abstracción f

abstreiten unreg vt desmentir

Abstrich m ① MED extracción f ② FIG ▷ -e machen conformarse con la mitad

Absturz m caída f; **abstürzen** vi caer, estrellarse

absurd adj absurdo

abtauen vti descongelar

Abtei f<-, -en> (Kloster-) abadía f

Abteil n <-[e]s, -e> compartimento m; **abteilen** vt separar, dividir; **Abteilung** f ① ↑ Abtrennung división f, separación f ② ↑ Sektion sección f; **Abteilungsleiter(in)** f) m jefe/a de departamento

abträglich adj perjudicial (dat para)

abtreiben unreg I. vt →Kind abortar II. vi ←Boot desviarse; **Abtreibung** f aborto m

abtrennen vt ① →Blatt cortar ② ↑ amputieren amputar, cortar ③ →Land separar

abtreten unreg I. vt pasar, ceder II. vi dimitir

abtrocknen vt secar

abtrünnig adj ↑ untreu infiel; ◇ - werden ser infiel

abwarten vti esperar

abwärts *adv* hacia abajo

abwaschen *unreg vt* 1 → *Gesicht* lavar 2 → *Geschirr* fregar

Abwasser *n* <-s, Abwässer> aguas *f/pl* residuales

abwechseln *vr* ◇ **sich** - turnarse

Abwehr *f* <-> 1 ↑ *Verteidigung* defensa *f* 2 ↑ *Widerstand* resistencia *f*; **abwehren I.** *vt* 1 → *Angriff* rechazar 2 *SPORT* → *Ball* parar **II.** *vi* ↑ *ablehnen* rechazar

abweichen *unreg vi* 1 ↑ *abkommen* desviarse, distanciarse; (*vom Thema*) salirse (*von dat* de) 2 ↑ *sich unterscheiden* discrepar (*von dat* de)

abweisen *unreg vt* 1 *no* recibir 2 *JURA* → *Klage* desestimar; **abweisend** *adj* distante, reservado

abwenden *unreg* **I.** *vt* 1 → *Unglück* evitar 2 → *Blick* apartar **II.** *vr*: ◇ **sich von jd-m** - alejarse de alguien, evitar a alguien

abwerten *vt* 1 → *Geld* devaluar 2 (*geistig*) despreciar

abwesend *adj* (*örtlich*) ausente; *FIG* ido, distraído; **Abwesenheit** *f* (*von Ort*) ausencia *f*; (*Geistes-*) distracción *f*

abwickeln *vt* *FIG* realizar, efectuar

abwischen *vt* limpiar

Abwurf *m* 1 descarga *f*; (*von Reiter*) derribo *m*; (*von Bomben*) lanzamiento *m* 2 *COMM* lanzamiento *m*

abzahlen *vt* pagar

abzählen *vt* contar

Abzahlung *f* pago *m*

Abzeichen *n* 1 distintivo *m* 2 ↑ *Orden* insignia *f*

abzeichnen I. *vt* 1 → *Bild* copiar 2 → *Vertrag* firmar **II.** ◇ **sich** 1 tomar forma 2 *FIG* insinuarse

abziehen *vi* 1 ↑ *zielen* apuntar (*auf akk* a) 2 *FIG* ← *Bemerkung* referirse (*auf akk* a)

abziehen *unreg* **I.** *vt* 1 ↑ *subtrahieren* restar 2 → *Ring, Schlüssel* quitar 3 → *Bett* quitar **II.** *vi* marchar, partir; ◇ **beleidigt** - irse ofendido

Abzug *m* 1 deducción *f* 2 *TYP, FOTO* copia *f*

abzweigen *vi* ← *Straße* bifurcarse; **Abzweigung** *f* bifurcación *f*

ach *interj* ¡ah!; ◇ **- je!** ¡ay!; ◇ **- so!** ¡ya!

Achse *f* <-, -n> *TECH, GEOL* eje *m*

Achsel *f* <-, -n> *ANAT* 1 hombro *m* 2 (*-höhle*) axila *f*

acht *nr* ocho; ◇ **in - Tagen** dentro de ocho días

Acht *f* <-, -en> 1 ◇ **die** - el ocho 2 ↑ *Aufmerksamkeit* ◇ **etw au-**

ßer a- lassen no tener en cuenta algo ③ ◇ sich in a- nehmen tener cuidado; **achtbar** adj respetable

achte(r, s) adj octavo; ◇ **der - Februar** el ocho de febrero; ◇ **München, den 8. Februar** Múnich, a 8 de febrero

achten I. vt ① respetar ② ↑ *einschätzen* apreciar; ◇ **gering/hoch** - valorar poco/mucho II. vi ↑ *aufpassen* prestar atención (**auf** akk a); **achtgeben** unreg vi tener cuidado (**auf** akk con); **achtlos** adj descuidado

achthundert nr ochocientos; **achtjährig** adj ① ◇ **-es Kind** niño de ocho años ② ◇ **-e Ehe** matrimonio de ocho años

achtsam adj cuidadoso; **Achtung** I. f <-> respeto m II. interj ↑ *Vorsicht!* ¡atención!

achtzehn nr dieciocho; **achtzig** nr ochenta

Acker m <-s, Äcker> tierra f de labranza

ADAC m <-> Abk v. **Allgemeiner Deutscher Automobil-Club** asociación de ayuda en carretera

Adapter m <-s, -> ELECTR adaptador m

adäquat adj adecuado; ▷*Verhalten* correcto

addieren vt sumar; **Addition** f suma f

ade interj FAM ¡adiós!

Ader f <-, -n> ① (*Puls-*) vena f ② (*Erz-*) veta f, filón m

Adjektiv n GRAM adjetivo m

Adler m <-s, -> águila f

Admiral m <-s, -e> almirante m

adoptieren vt adoptar; **Adoption** f adopción f; **Adoptivkind** n hijo m adoptivo

Adresse f <-, -n> dirección f; **adressieren** vt dirigir (**an** akk a)

Advent m <-[e]s, -e> adviento m

Adverb n GRAM adverbio m; **adverbial** adj GRAM adverbial

Affäre f <-, -n> ① (*Liebes-*) lío m amoroso ② ↑ *Angelegenheit* asunto m

Affe m <-n, -n> mono m

affektiert adj amanerado

Afrika n África f; **Afrikaner** (**in** f) m <-s, -> africano/a; **afrikanisch** adj africano

AG f <-, -s> Abk v. **Aktiengesellschaft** S.A. *Sociedad Anónima*

Agent(**in** f) m agente m/f; **Agentur** f agencia f

Aggregat n <-[e]s, -e> TECH grupo m electrógeno

Aggression f agresión f; **aggressiv** adj agresivo; **Aggressivität** f agresividad f

Ägypten n Egipto m

ähneln vi parecerse; ◇ jd-m ~ parecerse a alguien

ahnen vt **1** vermuten sospechar **2** ↑ voraussehen ◇ ich habe es ja geahnt! ¡me lo suponía! **3** erraten adivinar, saber; ◇ wie soll ich das ~! ¡cómo lo voy a saber!

ähnlich I. adj parecido, semejante **II.** adv **1** parecido; ◇ jd-m ~ sein/sehen parecerse a alguien **2** FIG ▷ das sieht ihm ~ eso es típico de él

Ahnung f **1** presentimiento m **2** FAM ◇ keine ~ haben von no tener idea de; **ahnungslos** adj desprevenido

Ahorn m <-s, -e> FLORA arce m

Aids n <-> Abk v. **Acquired Immune Deficiency Syndrom** SIDA m síndrome de inmunodeficiencia adquirido

Akademiker(in f) m <-s, -> universitario/a; **akademisch** adj académico

akklimatisieren vtr ◇ sich ~ aclimatar(se)

Akkusativ m GRAM acusativo m

Akne f <-, -n> acné m

Akt m <-[e]s, -e> **1** acción f **2** THEAT acto m **3** ↑ Nacktaufnahme desnudo m

Akte f <-, -n> ↑ Dokument acta m, documento m; **Aktentasche** f cartera f de ejecutivo

Aktie f <-, -n> acción f

Aktion f **1** acción f; ◇ in ~ treten entrar en acción **2** ↑ Kampagne campaña f

aktiv adj activo; **Aktivität** f actividad f

aktualisieren vt actualizar; **Aktualität** f actualidad f; **aktuell** adj de actualidad, palpitante

Akustik f acústica f

akut adj **1** ▷ Schmerz agudo **2** ▷ Thema, Frage de actualidad

AKW n <-s, -s> Abk v. **Atomkraftwerk** central f nuclear

akzeptieren vt →Vorschlag admitir; → Person aceptar

Alarm m <-[e]s, -e> alarma f; **Alarmanlage** f sistema m de alarma; **alarmieren** vt alertar, alarmar

albern adj tonto, infantil; ◇ -es Gerede tonterías

Alge f <-, -n> alga m

Algebra f <-> MATH álgebra m

Algerien n Argelia f

Alkohol m <-s, -e> alcohol m; **alkoholfrei** adj: ◇ -es Bier cerveza sin alcohol; **Alkoholiker(in** f) m <-s, -> alcohólico/a

All n <-s> universo m

alle(r, s) I. adj **1** (Gesamtheit) todo; ◇ ~ zusammen todos juntos **2** (jede(r, s)) cada uno; ◇ ~ zwei Monate cada dos meses **II.**

adv FAM ↑ *verbraucht* acabado, terminado; ◇ **die Butter ist - se** ha acabado la mantequilla

allein I. *adj* solo; ◇ **- sein** estar solo; ◇ **- leben** vivir solo **II.** *adv* ↑ *ausschließlich* sólo, solamente; ◇ **sie - kann das schaffen** sólo ella lo puede conseguir; **alleinstehend** *adj* soltero

allerbeste(r, s) *adj* el mejor de todos

allerdings *adv* pero, por otra parte

Allergie *f* MED alergia; **allergisch** *adj* alérgico

Allerheiligen *n* [día *m* de] Todos los Santos

alles *pron* todo; ◇ **- zusammen** todo junto

allgemein *adj* general; ◇ **im -en** por lo general, en general; ◇ **- bekannt** conocido por todos; **allgemeingültig** *adj* universal; **Allgemeinheit** *f* generalidad *f*; ◇ **die -** público en general

Alliierte(r) *fm* aliado/a

alljährlich *adj* anual

allmählich *adj* paulatino

Alltag *m:* ◇ **im -** vida diaria; **alltäglich** *adj* 1 ↑ *täglich* diario 2 ▷ *Erscheinung* común, normal

allwissend *adj* omnisciente

allzu *adv* demasiado; ◇ **- viel trinken** beber en exceso

Almosen *n* <-s, -> limosna *f*

Alpen *pl:* ◇ **die -** los Alpes

Alphabet *n* <-[e]s, -e> abecedario *m*; **alphabetisch** *adj* alfabético

Alptraum *m* pesadilla *f*

als *cj* 1 (*zeitlich*) ↑ *während* mientras; ◇ **- er heimfuhr, regnete es** estaba lloviendo mientras viajaba a casa; ↑ *nachdem* después; ◇ **- wir gegessen hatten, ...** después de haber comido, ... 2 de; ◇ **sie arbeitet - Mechanikerin** trabaja de mecánica 3 (*Komparativ*) ◇ **kleiner - menor que** 4 ◇ **- ob como** si

also I. *cj* ↑ *folglich* así que, conque; ◇ **- hat sie verstanden** así que lo ha entendido **II.** *adv* 1 ↑ *nun* pues; ◇ **- wenn ich ehrlich bin pues,** si soy sincero 2 ◇ **- schön!** ¡pues bueno! 3 ◇ **- na -!** ¡por fin!

alt *adj* 1 viejo, mayor; ◇ **wie - sind Sie?** ¿cuántos años tiene usted? 2 (*Ggs zu neu*) viejo, antiguo

Altar *m* <-[e]s, Altäre> altar *m*

Alter *n* <-s, -> 1 (*Lebens-*) edad *f* 2 (*von Sachen*) antigüedad *f*; **altern** *vi* envejecer

alternativ *adj* 1 ▷ *Vorschlag* optativo 2 ▷ *Lebensweise* alternativo; **Alternative** *f* alternativa *f*

Altersheim n asilo m, residencia f de ancianos; **Altertum** n antigüedad f; **altmodisch** adj ▷Ansichten anticuado; ▷Kleidung pasado de moda; **Altstadt** f casco m antiguo; ◇ **historische** - ciudad f histórica

Aluminium n <-s> aluminio m

am I. = an dem; **II.** präp **1** (Ortsbestimmung, - Haus) en **2** (Zeitangabe) ◇ - **Donnerstag** el jueves **3** ◇ - **schönsten** lo más bonito **4** ◇ - **Ende** al final

ambulant adj ambulante; **Ambulanz** f **1** ambulatorio m **2** ambulancia f

Ameise f <-, -n> hormiga f

Amerika n América f; **Amerikaner(in** f) m <-s, -> americano/a; **amerikanisch** adj americano

Amnestie f amnistía f

Ampel f <-, -n> semáforo m

Ampulle f <-, -en> MED ampolla f

Amputation f amputación f; **amputieren** vt amputar

Amsel f <-, -n> mirlo m

Amt n <-[e]s, Ämter> **1** Behörde servicio m **2** ↑ Posten cargo m

Amulett n <-[e]s, -e> amuleto m

amüsant adj entretenido, divertido; **amüsieren I.** vt entretener **II.** vr ◇ sich - **1** ↑ sich

vergnügen divertirse **2** ↑ lachen reírse

an I. präp dat/akk **1** (räumlich) (dat) ↑ nahe bei a; ◇ - **der Mauer** al muro; ↑ bei, in der Nähe von cerca de; ◇ **Köln am Rhein** Colonia a orillas del Rin **2** (räumlich) (akk) ↑ in die Nähe, neben cerca de, a; ◇ - **den Tisch** a la mesa; ◇ **ans Meer fahren** ir a la costa **3** (zeitlich) (dat) ◇ - **Ostern** en Semana Santa; ◇ **am Donnerstag** el jueves **4** ↑ neben con, pegado; ◇ **Tür - Tür** puerta con puerta **II. adv 1** ↑ ungefähr unos, cerca de; ◇ **die Arbeit dauert - die 3 Tage** el trabajo dura unos tres días **2** ↑ eingeschaltet encendido; ◇ **der Radio ist** - la radio está encendida **3** ◇ **von da** - a partir de aquel momento

Analyse f <-, -n> análisis m; **analysieren** vt analizar

Ananas f <-, - o. -se> piña f

Anarchie f anarquía f

Anatomie f anatomía f

Anbau ¹ m <-s> AGR cultivo m

Anbau ² m <-s, -ten> anexo m

anbauen vt **1** AGR → Getreide cultivar **2** → Gebäudeteil agrandar una construcción

anbei adv adjunto

anbeten vt FIG adorar

anbieten unreg **I.** vt: ◇ **jd-m**

etw - ofrecer algo a alguien **II.** *vr* ◇ **sich** - ofrecerse a

anbinden *unreg vt* ① →*Pferd* atar; →*Boot* amarrar ② *FIG* ◇ **kurz angebunden sein** ser de pocas palabras

Anblick *m* vista *f*; ◇ **beim ersten** - a primera vista

anbrennen *unreg* **I.** *vt* encender **II.** *vi* GASTRON quemarse

anbringen *unreg vt* ① →*Plakat, Lampe* fijar ② →*Leitung, Telefon* instalar ③ COMM →*Ware* vender ④ →*Kritik* hacer

Andacht *f* <-, -en> devoción *f*, dedicación *f*; **andächtig** *adj* devoto, absorto

andauern *vi* durar, continuar; **andauernd** *adj* ① ↑ *immerzu* continuo; ◇ - **reden** hablar continuamente ② ↑ *anhaltend* persistente

Andenken *n* <-s, -> recuerdo *m*

andere(r, s) *pron* ① ↑ *verschieden* otro; ◇ **ein -s Buch** otro libro *f* ↑ *folgend* siguiente; ◇ **am -n Tage** al día siguiente ③ ↑ *übrigen, restlichen* lo demás; ◇ **die -n Bücher habe ich gelesen** he leído los demás libros ④ ◇ **ein -s Mal** la próxima vez; **andererseits** *adv* por otro lado; ◇ **einerseits** - por un lado y por otro lado

ändern I. *vt* →*Plan* variar,

→*Kleid* cambiar; ◇ **seine Meinung** - cambiar de opinión **II.** *vr* ◇ **sich** - cambiar

anders *adv* ↑ *auf andere Weise* de otra manera; ▷*sein, schmecken, sprechen* distinto, diferente (*als* de); ◇ **er kann nicht** - no puede hacer otra cosa; ◇ **ich habe es mir** - **überlegt** me lo he pensado mejor; **andersartig** *adj* diferente, distinto; **anderswo** *adv* en otro sitio/lugar

anderthalb *nr* uno y medio

Änderung *f* ① (*von Plan*) modificación *f* ② (*von Meinung*) cambio *f* ③ ▷*vornehmen* arreglo *m*

anderweitig *adv* ↑ *auf andere Weise* de otra forma; ◇ **sich** - **beschäftigen** ocuparse de otras cosas

andeuten I. *vt* ① →*Frage* aludir ② →*hinweisen* insinuar, indicar **II.** *vr* ◇ **sich** - sentirse

Andeutung *f* ① ↑ *Anspielung* alusión *f*, insinuación *f* ② ↑ *Anflug* ◇ **e-s Lächelns** esbozo *m* de una sonrisa

Andorra *n* Andorra *f*

Andrang *m* concurrencia *f*; aglomeración *f*

aneignen *vt*: ◇ **sich** *dat* **etw** - ① adoptar; →*Wissen* adquirir ② →*Gebiet* adueñarse de

anekeln *vt* dar asco, repugnar

anerkannt *adj* reconocido;

anerkennen unreg vt ① ↑ akzeptieren reconocer ② → schätzen elogiar, apreciar ③ → gesetzlich reconocer, autorizar; **Anerkennung** f ① ↑ Akzeptieren reconocimiento m; aceptación f; legitimación ② ↑ Lob elogio m

Anfall m MED acceso m; **anfallen** unreg I. vt ↑ überfallen → jd-n asaltar II. vi ↑ entstehen producir, ocasionar; **anfällig** adj MED propenso (für a)

Anfang m <-[e]s, Anfänge> ↑ Beginn principio m, comienzo m; ◇ von - an desde el principio; ◇ - Juli a primeros de julio; **Anfänger(in** f) m <-s, -> ① principiante m/f ② ↑ Neuling novato/a; **anfangs** adv al principio

anfassen vt tocar
anfechten unreg vt impugnar
anfertigen vt hacer, producir
anfeuern vt ① → Ofen encender ② FIG → Mannschaft animar
anflehen vt: ◇ - um etw suplicar algo
anfordern vt pedir, exigir; **Anforderung** f ① ⊳ Bestellung pedido m (gen de) ② ⊳ stellen exigencia f (an akk de); ◇ hohe -en stellen exigir mucho
Anfrage f demanda f; **anfragen** vi informarse (bei de)

anfreunden vr ◇ sich - (mit jd-m) hacerse amigo (mit de)
anfügen vt añadir
anführen vt ① → Gruppe dirigir ② → Beweis alegar ③ → Beispiel citar ④ FIG → Textstelle citar; **Anführer(in** f) m jefe/a, cabecilla m/f; **Anführungszeichen** n/pl ① TYP comillas f/pl ② FIG ◇ in - entre comillas

Angabe f ① descripción f ② ↑ Instruktion instrucción f ③ ↑ Angeberei, Prahlerei farol m, chulería f ④ SPORT saque m
angeben unreg I. vt ① → Adresse decir ② → Tempo, Arbeit fijar, indicar; ◇ den Ton - llevar la voz cantante ③ → Temperatur señalar II. vi ↑ FAM ↑ prahlen presumir, fardar, chulear ② SPORT sacar; **Angeber(in** f) m <-s, -> FAM chulo/a, fanfarrón(-ona f) m; **angeblich** adj presunto
angeboren adj innato
Angebot n ① ↑ Vorschlag ofrecimiento m; ◇ jd-m ein - machen hacer un ofrecimiento a alguien ② COMM oferta f; ◇ - und Nachfrage oferta y demanda ③ ↑ Auswahl surtido m
angeheitert adj alegre, bebido
angehören vi pertenecer (dat a); **Angehörige(r)** fm ① pa-

riente *m/f* ② ↑ *Mitglied* miembro *m/f*

Angeklagte(r) *fm* acusado/a

Angel *f* <-, -n> ① (*zum Fischen*) caña *f* de pescar ② (*Tür-*) quicio *m*

Angelegenheit *f* ↑ *Sache* asunto *m*; ◇ **sich um seine -en kümmern** ocuparse de sus asuntos

angeln *vti* pescar [con caña]

angemessen *adj* ① ↑ *adäquat* adecuado ② ↑ *passend* conveniente

angenehm *adj* ① ↑ *verträglich* suave ② ↑ *nett* agradable ③ ◇ -! ¡encantado!; ◇ **-e Reise!** ¡buen viaje!

angenommen I. *adj* ↑ *adoptiert* adoptada **II.** *cj* suponiendo, supuesto que; ◇ **- wir fahren morgen heim, ...** suponiendo que mañana vayamos a casa, ...

angepaßt *adj* conformista

angeregt *adj* ◇ **sich - unterhalten** conversar animadamente

angesehen *adj* apreciado, respetado

Angestellte(r) *fm* empleado/a; (*Büro-*) oficinista *m/f*

angewiesen *adj*; ◇ **auf jd-n/ etw - sein** depender de alguien/ algo

angewöhnen *vt* ① ↑ *anerzie-*

hen acostumbrar; ◇ **jd-m etw - acostumbrar a alguien a algo** ② ↑ *aneignen* habituarse; ◇ **sich *dat* etw ~** habituarse a algo; **Angewohnheit** *f* costumbre *f*, hábito *m*

Angler(in *f*) *m* <-s, -> pescador (a *f*) *m* [de caña]

angreifen *unreg vt* ① *auch FIG* ↑ *attackieren* atacar ② MIL → *Stadt* asaltar ③ SPORT atacar ④ ← *Säure* corroer; ◇ **Säure greift Lack an** el ácido corroe el lacado; **Angreifer(in** *f*) *m* <-s, -> asaltante *m/f*; **Angriff** *m* ① *a.* MIL, SPORT ataque *m* (*auf akk* a) ② ◇ **etw in - nehmen** emprender algo; **angriffslustig** *adj* agresivo

Angst *f* <-, Ängste> ① miedo *m* (*vor dat* de) ② ↑ *Sorge* temor *m*; ◇ **~ um jd-n/etw haben** temer por alguien/algo; **Angsthase** *m* FAM cobarde *m*, miedoso *m*; **ängstigen I.** *vt* ↑ *Angst machen* → *jd-n* dar miedo **II.** *vr* ◇ **sich ~** ↑ *Angst haben* tener miedo (*vor dat* de); **ängstlich** *adj* ① ↑ *furchtsam* miedoso ② ↑ *besorgt* temeroso

angurten *vtr* ◇ **sich - poner(se)** el cinturón

anhalten *unreg* **I.** *vt* ① → *Auto* parar ② ↑ *ermahnen, auffordern* estimular; ◇ **zur Arbeit -** estimular al trabajo **II.** *vi* ① ↑ *stop-*

pen parar ② ↑ *andauern* durar ③ ◇ **um jd-s Hand** - pedir la mano de alguien; **anhaltend** *adj* continuo; **Anhalter(in** *f*) *m* <-s, -> autoestopista *m/f*; ◇ **per- reisen** viajar haciendo autoe- stop; **Anhaltspunkt** *m* indicio *m*

anhand *präp gen* por medio de

anhängen *unreg* I. *vt* ① → *Waggon* enganchar; →*Zettel* colgar (*an akk* en) ② FIG →*Be- merkung* añadir ③ FAM ◇ **jd-m etw** - colgar el muerto a alguien II. *vi* seguir (*an akk* a)

Anhänger ¹ *m* <-s, -> ① (*Schmuck*-) colgante *m* ② (*Zug*-) vagón *m* ③ ↑ *Schildchen* etiqueta *f*

Anhänger ²(**in** *f*) *m* <-s, -> (*von Partei*) partidario/a; (*von Sekte*) seguidor/a *f*) *m*; (*Fußball*-) afi- cionado/a

anheben *unreg* *vt* ① →*Ge- wicht* levantar, elevar ② →*Prei- se* subir

Anhieb *m*: ◇ **auf** - de pronto, rápidamente

anhören I. *vt* ① →*Musik* escu- char, oír ②→*jd-n* escuchar II. *vr* ① ↑ *zuhören* escuchar; ◇ **sich** *dat* **ein Hörspiel** - escuchar una radionovela ② ↑ *klingen* sonar; ◇ **das hört sich gut an** esto suena bien

animieren *vt* animar; ◇ **jd-n zum Kauf** - animar a alguien a comprar

Anis *m* <-es, -e> anís *m*

ankämpfen *vi* luchar contra

ankaufen *vt* comprar

Anker *m* <-s, -> NAUT ancla *m*; ◇ **vor** - **gehen** echar anclas

Anklage *f* ① JURA acusación *f* (*gegen einen*) ② FIG ↑ *Vor- wurf*, *Beschuldigung* reproche *m*, acusación *f*; **anklagen** ① JURA acusar (*wegen gen* por) ② FIG ↑ *kritisieren*, *beschuldi- gen* criticar, reprochar

anklopfen *vi* llamar [a la puer- ta]

anknüpfen I. *vt* ① →*Seil* atar (*an akk* a) ② FIG →*Beziehun- gen* entablar; →*Gespräch* trabar II. *vr* ◇ **sich** -FIG ↑ *anschließen* (*an Thema*) unirse (*an akk* a), seguir (*an dat* una cosa)

ankommen *unreg vi* ① llegar ② ↑ *näherkommen* acercarse ③ ↑ *gefallen* ◇ **gut** - gustar mucho (*bei a*) ④ ↑ *sich behaupten* man- tenerse, perseverarse; ◇ **gegen jd-n/etw** - mantenerse contra al- guien/algo ⑤ FAM ◇ **jetzt kommt er schon wieder damit an!** cada loco con su tema ⑥ ◇ **es kommt darauf an** depende de ⑦ ◇ **es darauf - lassen** arriesgar algo

ankündigen I. *vt* (*in Radio*,

TV) anunciar; (*in Zeitung*) publicar II. *vr* ◇ **sich - ←** *Unwetter, Unglück* acercarse; **Ankündigung** *f* anuncio *m*, aviso *m*
Ankunft *f* <-, Ankünfte> llegada *f*
anlassen *unreg* I. *vt* ① → *Motor* arrancar ② → *Licht* dejar encendido ③ *FAM → Mantel etc.* dejar puesto II. *vr* ◇ **sich -** *FAM* ↑ *anfangen, beginnen* empezar; ◇ **das läßt sich gut an** empieza bien la cosa; **Anlasser** *m* <-s, -> AUTO [e]starter *m*
Anlaufstelle *f persona/oficina a la que se le pide información*
anlegen I. *vt* ① → *Garten* plantar; → *Archiv, Kartei* hacer ② → *Geld, Kapital* invertir; ◇ **was wollen Sie denn -?** ¿cuánto quiere invertir? ③ → *Kleid* ponerse ④ → *Gewehr* apuntar (*auf akk* a) ⑤ colocar II. *vi* ① (*im Hafen*) atracar ② *FAM* ◇ **sich mit jd-m -** tomarla con alguien
anleiten *vt* → *jd-n* guiar, instruir; **Anleitung** *f* ① ↑ *Handbuch* manual *m* ② ↑ *Instruktion* instrucción *f*; ◇ **-en geben** dar instrucciones
Anliegen *n* <-s, -> ruego *m*; ◇ **ein - haben** tener un deseo
Anlieger(in *f*) *m* <-s, -> vecino/a
anmachen *vt* ① → *Radio* encender; → *Licht* encender, dar ②

FAM ↑ *befestigen* fijar (*an dat* a) ③ ↑ *mischen, anrühren → Salat* aderezar; → *Mörtel* amasar ④ *FAM* ↑ *anpöbeln* abordar; ◇ **jd-n dumm -** abordar a alguien de forma estúpida ⑤ *FAM* lanzar indirectas; → *Mädchen* ligar
Anmeldeformular *n* formulario *m* de inscripción; **anmelden** I. *vt* ① → *Auto* matricular; → *Radio* registrar; (→ *jd-n, beim Arzt*) pedir hora ② ↑ *bestehen auf → Anspruch* presentar; → *Zweifel* expresar II. *vr* ◇ **sich -** ① anunciarse ② *polizeilich* darse de alta; matricularse; **Anmeldung** *f* ① ↑ *das Anmelden* inscripción ② *registro m*
anmerken *vt* ① ↑ *hinzufügen* añadir ② ↑ *anstreichen, markieren* hacer una observación ③ ↑ *ansehen* notar; ◇ **jd-m etw -** notar algo a alguien; **Anmerkung** *f* ① ↑ *Fußnote* nota *f* ② ↑ *Bemerkung* observación *f*
anmutig *adj* gracioso, cautivador
Annäherungsversuch *m* intento *m* de acercamiento
annehmbar *adj* aceptable; **annehmen** *unreg* I. *vt* ① ↑ *aceptar* ② ↑ *adoptieren → Kind* adoptar ③ ↑ *vermuten* suponer ④ *presuponer*; ◇ **etw als gegeben -** dar algo por hecho II. *vr* ◇ **sich -** cuidar, ocuparse (*gen* de)

annektieren vt anexionar

Annonce f <-, -n> anuncio m; **annoncieren** vti poner un anuncio

annullieren vt anular

anonym adj anónimo; **Anonymität** f anonimato m

Anorak m <-s, -s> anorak m

anordnen vt 1 ↑ bestimmen, festsetzen disponer 2 ↑ ordnen ordenar; ◇ **nach dem Alphabet** - colocar por orden alfabético; **Anordnung** f 1 ↑ Weisung, Befehl instrucción f 2 ↑ Reihenfolge orden m

anpacken I. vt 1 ↑ anfassen agarrar 2 ↑ handhaben manejar; ↑ bewerkstelligen conseguir, lograr; ◇ **wie soll ich das nur -?** ¿cómo puedo conseguirlo? 3 FIG ↑ behandeln ◇ **jd-n hart** - tratar duramente a alguien II. vi ↑ helfen ayudar; ◇ **mit** - echar una mano

anpassungsfähig adj flexible; **Anpassungsschwierigkeiten** f/pl problemas m/pl de adaptación

Anpfiff m 1 SPORT pitido m de comienzo de partido 2 FAM ↑ Schelte, Zurechtweisung bronca f; ◇ **ich habe e-n gekriegt** me han echado una bronca

anpflanzen vt 1 ↑ pflanzen plantar 2 ↑ anbauen cultivar, sembrar

anpöbeln vt (FAM) → jd-n avasallar, molestar

anpreisen unreg vt presentar

Anprobe f prueba f; **anprobieren** vt probarse

anpumpen vt FAM pedir dinero de

Anrecht n ↑ Anspruch derecho m (auf akk a)

anreden vt dirigir la palabra; ◇ **jd-n mit "Sie"** - tratar a alguien de usted

anregend adj estimulante; ▷**Gespräch** animado; **Anregung** f estímulo m, incentivo m

Anreise f llegada f [de un viaje]

Anreiz m estímulo m, motivación f (zu a)

anrüchig adj de mala fama

Anruf m llamada f; **Anrufbeantworter** m <-s, -> contestador m automático; **anrufen** unreg I. vt 1 ↑ telefonieren → jd-n llamar [por teléfono], 2 ↑ zurufen llamar 3 ↑ bitten pedir II. vi ↑ telefonieren telefonear

ans = an das

anschaffen vt 1 adquirir; ◇ **sich dat etw** - comprarse algo 2 FAM ◇ **sich dat Kinder** - tener niños 3 FAM ◇ **gehen** (auf den Strich gehen) hacer la calle; **Anschaffung** f 1 ↑ Kauf adquisición f 2 ↑ das

Gekaufte compra *f;* ◇ **e-e nötige ~** una compra necesaria

anschalten *vt* encender

anschauen I. *vt* mirar; ◇ **sich** *dat* **ein Bild ~** contemplar un cuadro; **anschaulich** *adj* ilustrativo; ◇ **etw ~ darstellen** ilustrar algo;

Anschauung *f* ① ↑ *Überzeugung, Ansicht, Meinung* idea *f,* juicio *m* ② ↑ *Vorstellung (Welt-)* concepto *m* ③ ↑ *Kontemplation* contemplación *f*

Anschein *m* apariencias *f*/pl; ◇ **allem ~ nach** según las apariencias; **anscheinend** *adj* al parecer

Anschlag *m* ① ↑ *Überfall* asalto *m,* golpe *m;* ↑ *Attentat* atentado *m (auf akk* contra [la vida de]) ② ↑ *Information, Mitteilung* anuncio *m (an dat en)* ③ TECH tope *m;* ◇ **bis zum ~ drehen** girar hasta el tope

anschließen *unreg* **I.** *vt* ① → *Fahrrad* amarrar; → *Hund* atar ② ELECTR → *Leitung* empalmar ③ → *Sender, Telefon* conectar **II.** *vr* ◇ **sich ~** ① ↑ *mitmachen, beitreten (e-r Gruppe)* unirse *(dat* a) ② ↑ *beipflichten (e-r Meinung)* sumarse *(dat* a); **anschließend I.** *adj* cercano **II.** *adv:* ◇ **~ an** *akk (nach)* a continuación de; **Anschluß** *m* ① *(Strom-)* conexión *f* ② *(Wasser-)* toma *f* ③ *(Zug-)* enlace *m*

④ *FIG* ↑ *Kontakt* contacto *m;* ◇ **~ finden** encontrar amigos ⑤ ◇ **im ~ an** *akk (nach)* a raíz de

anschnallen I. *vt* ponerse el cinturón [de seguridad] **II.** *vr* ◇ **sich ~** ↑ *angurten (im Auto)* abrocharse

anschreiben *unreg* *vt* ① ↑ *schreiben (an Tafel)* apuntar ② ↑ *benachrichtigen* informar *(wegen de)* ③ *(notieren)* anotar; ◇ **~ lassen** apuntar en la cuenta ④ ◇ **bei jdm gut/schlecht angeschrieben sein** tener buena/mala prensa

anschreien *unreg vt* → *jd-n* gritar

Anschrift *f* dirección *f*

anschwellen *unreg vi* ① hincharse ② ↑ *lauter werden* aumentar; **Anschwellung** *f* ① hinchazón *f* ② aumento *m*

ansehen *unreg* *vt* ① ↑ *anschauen* → *jd-n* ver; → *Film, Bild* mirar; ▷ *verwundert* observar; ◇ **sich** *dat* **die Stadt ~** ver/visitar la ciudad ② *(FIG beurteilen, betrachten)* considerar *(als* como); ◇ **etw als seine Pflicht ~** considerar algo como su obligación ③ ↑ *anmerken* ◇ **jd-m etw ~** notar algo a alguien; **Ansehen** *n* ‹-s› ↑ *Ruf* fama *f;* ◇ **hohes ~ genießen** gozar de prestigio;

ansehnlich *adj* ① ↑ *gutaussehend* de buena presencia ② ↑ *beträchtlich* considerable

anseilen vt atar con cuerdas

Ansicht f ⟨-⟩ vista f ②↑ Betrachten, Ansehen fama f; ◇ zur - schicken mandar de muestra ③ ↑ Meinung opinión f; ◇ meiner nach en mi opinión; **Ansichtskarte** f [tarjeta] f postal

ansiedeln vtr ◇ sich - asentar (se); **Ansiedlung** f asentamiento m

ansonsten adv por lo demás

anspannen vt ①→ Pferd atar ②→ Muskeln tensar ③→ Nerven poner(se) tenso; **Anspannung** f ① ↑ Anstrengung esfuerzo m ②↑ Streß tensión f

anspielen I. vt ① SPORT sacar II. vi ↑ andeuten, sich beziehen auf insinuar, hacer referencia; ◇ auf etw akk - referirse a algo; **Anspielung** f insinuación f, referencia f (auf akk a)

Ansporn m ⟨-[e]s⟩ estímulo m, motivación f

Ansprache f discurso m; **ansprechen** unreg I. vt ①→ jd-n dirigir la palabra ②↑ zur Sprache bringen discutir, tratar II. vi ① FIG ◇ das spricht mich an me gusta ②↑ reagieren, Wirkung zeigen reaccionar (auf akk a);

Anspruch m ① ↑ Anrecht derecho m (auf akk a) ②↑ erheben reclamar ②↑ Forderung, Erwartung exigencia f; ◇ hohe Ansprüche stellen tener grandes pretensiones ③ ◇ jd-n/etw in - nehmen hacer uso de algo, emplear a alguien; **anspruchslos** adj ↑ sin pretensiones ② poco exigente ③ sencillo; **anspruchsvoll** adj ↑ pretencioso ②↑ wählerisch exigente ③ ▷Aufgabe difícil

anstacheln vt estimular

Anstalt f ⟨-, -en⟩ ① instituto m, centro m ② ◇ -en machen, etw zu tun prepararse para hacer algo

Anstand m modales modales; **anständig** adj honrado, decente

anstarren vt mirar fijamente

anstatt I. präp gen en lugar/vez de II. cj ↑ statt en lugar/vez de; ◇ - etw zu tun en lugar de hacer algo

anstecken I. vt ①→ Nadel poner, prender ②↑ infizieren contagiar II. vr ◇ sich - contagiarse, pegarse; **ansteckend** adj contagioso; **Ansteckung** f contagio m, infección f

anstehen unreg vi hacer cola

ansteigen unreg vi subir, aumentar

anstelle präp gen en lugar/vez de

Anstellung f empleo m

Anstieg m ⟨-[e]s, -e⟩ subida f, aumento m

anstiften vt inducir; ◇ jd-n zu

etw ~ inducir a alguien a [hacer] algo

anstimmen *vt* entonar

Anstoß *m* 1 ↑ *Ärger* ◇ - nehmen an *dat* escandalizarse de 2 *FIG* impulso *m;* **anstoßen** *unreg* I. *vt* → *Kopf* golpear II. *vi* brindar (*auf akk* por); **anstößig** *adj* escandaloso

anstreben *vt* aspirar a

anstreichen *unreg vt* 1 → *Wand* pintar 2 → *Fehler* marcar; → *Stelle im Buch* subrayar

anstrengen I. *vr* ◇ sich ~ esforzarse II. *vt* ↑ *beanspruchen* cansar, fatigar; **anstrengend** *adj* ▷*geistig* fatigoso; ▷*körperlich* cansado, agotador; **Anstrengung** *f* 1 ↑ *Mühe* esfuerzo *m* 2 ↑ *Strapaze* fatiga *f*

Ansturm *m* asalto *m*

antagonistisch *adj* antagonista

antasten *vt* → *Freiheit* atentar; → *Vorräte* empezar a gastar

Anteil *m* 1 ↑ *Beteiligung* participación (*an dat* en) 2 ↑ *Mitgefühl* interés *m;* **Anteilnahme** *f* interés *m,* compasión *f*

Antenne *f* <-, -n> *MEDIA,* *FAUNA* antena *f*

Antibabypille *f* píldora *f*

Antibiotikum *n* <-s, Antibiotika> *MED* antibiótico *m*

antik *adj* antiguo; **Antike** *f* <-, -n> antigüedad *f*

Antikörper *m* anticuerpo *m*

Antipathie *f* antipatía *f*

Antiquitäten *pl* antigüedades *f*pl

Antrag *m* <-[e]s, Anträge> 1 ↑ *Gesuch* solicitud *f* 2 *POL* moción *f*

antreiben *unreg vt* 1 → *Pferd etc.* dar riendas 2 → *jd-n* estimular, motivar

antreten *unreg* I. *vt* 1 → *Tätigkeit* ocupar 2 → *Reise* emprender 3 → *Erbschaft* aceptar II. *vi* *SPORT:* ◇ gegen jd-n ~ enfrentarse con alguien

Antrieb *m* 1 *TECH* impulso *m* 2 *FIG* motivación *f,* estímulo *m*

Antritt *m* entrada *f* en funciones; comienzo *m;* adición *f*

Antwort *f* <-, -en> 1 respuesta *f* (*auf akk* a) 2 *FIG* reacción; ◇ das ist die - auf dein Verhalten esa es la reacción a tu comportamiento; **antworten** *vi* 1 ↑ *erwidern* responder, contestar 2 *FIG* reaccionar (*auf akk* a)

anvertrauen I. *vt* 1 → *Kind* confiar 2 → *Geheimnis* contar, confiar; ◇ jd-m etw ~ contar algo a alguien II. *vr:* ◇ sich jd-m ~ confiarse a alguien

Anwalt *m* <-[e]s, Anwälte>, **Anwältin** *f* abogado/a; ◇ sich zum - für etw machen hacerse defensor de algo

anweisen unreg vt ① → Arbeiter, Schüler enseñar, instruir ②
↑ anordnen ◇ jd-n - etw zu tun
ordenar a alguien [hacer] algo;
Anweisung f ① ↑ Anleitung
instrucción f, indicación f ②
↑ Instruktion, Anordnung orden
f ③ (FIN Geld-) giro m

anwendbar adj aplicable; **anwenden** vt emplear, usar; **Anwendung** f ① ↑ Gebrauch empleo m, uso m ② ↑ Übertragung
aplicación f (auf akk a)

Anwesen n <-, -> finca f

anwesend adj presente; **Anwesenheit** f presencia f, asistencia f; ◇ in - von en presencia
de

anwidern vt dar asco, repugnar

Anwohner(in) f(m) m <-s, -> veci-
no/a

Anzahl f <-> cantidad f, multitud
f

Anzahlung f pago a cuenta,
gasto m anticipado (für, auf akk
de)

anzapfen vt ① → Faß espitar
② → Stromleitung derivar ③
→ Telefonleitung intervenir

Anzeichen n señal f, síntoma m
(für de)

Anzeige f <-, -n> ① anuncio m
② ↑ Meldung denuncia f; **anzeigen** vt ① ↑ melden denunciar ② ↑ angeben indicar; **An-**

zeiger m <-s, -> TECH indicador m

anziehen unreg I. vt ① → Kleidung ponerse ② → Schraube
apretar; → Seil tensar ③ FIG atraer II. vi ① → Wagen arrancar
② FIN ← Preise, Kurse subir
III. vr ◇ sich - ① ↑ ankleiden
vestirse ② FIG ◇ sich gegenseitig - atraerse mutuamente; **anziehend** adj ① ↑ attraktiv atractivo ② ↑ nett simpático; **An-
ziehung** f atracción f

Anzug m (Herren-) traje m;
(Jogging-) chandal m; (Schlaf-)
pijama m

anzünden vt → Feuer, Zigarette encender; → Haus incendiar,
prender fuego

apart adj particular

Apathie f apatía f; **apathisch**
adj apático

Apfel m <-s, Äpfel> manzana f

Apfelsine f naranja f

Apfelwein m sidra f

Apostroph m <-s, -e> TYP
apóstrofo m

Apotheke f <-, -n> ① farmacia
f ② ↑ Ausstattung botica f;
Apotheker(in) f(m) m <-s, -> far-
macéutico/a

Apparat m <-[e]s, -e> ① ↑ Gerät aparato m; (Foto-, Telefon-
etc.) máquina f; (Telefon-) teléfono m; ◇ bleiben Sie am -! ¡no
cuelgue! ② FIG organización f

Appartement n <-s, -s> apartamento m

Appell m <-s, -e> FIG llamada f

Appetit m <-[e]s, -e> auch FIG apetito m (auf akk de); ◇ **guten -!** ¡que aproveche!; **appetitlich** adj apetitoso

applaudieren vi aplaudir

Aprikose f <-, -n> albaricoque m

April m <-[s], -e> abril m; ◇ **13. - 1976** 13 de abril de 1976

Aquarium n acuario m

Äquator m <-s> ecuador m

Araber(in f) m <-s, -> árabe m/f; **Arabien** n Arabia f; **arabisch** adj árabe

Arbeit f <-, -en> **1** ↑ Tätigkeit trabajo m; ↑ Aufgabe tarea f; ◇ **e-e - erledigen** terminar un trabajo **2** ↑ Beruf trabajo m, empleo m; **arbeiten** vi **1** ↑ beschäftigt sein trabajar, estar empleado (bei de); ◇ **als Gärtner -** trabajar de jardinero **2** ↑ sich bemühen, anstrengen trabajar, esforzarse; ◇ **schwer -** trabajar duro; **Arbeiter(in** f) m <-s, -> trabajador(a f) m, obrero/a; **Arbeitgeber(in** f) m <-s, -> empresario/a; **Arbeitnehmer(in** f) m <-s, -> empleado/a; trabajador(a f) m; **Arbeitsamt** n oficina f de empleo; **Arbeitskräfte** pl mano f de obra; **arbeits-**

los adj parado, sin trabajo; ◇ **sich - melden** darse de alta como parado; **Arbeitslosengeld** n subsidio m de paro/ desempleo; **Arbeitslosigkeit** f paro m, desempleo m; **Arbeitsplatz** m puesto m de trabajo

Archäologe m <-n, -n>, **Archäologin** f arqueólogo m/f

Architekt(in f) m <-en, -en> arquitecto m/f; **Architektur** f arquitectura f

Ärger m <-s> **1** ↑ Verstimmung enfado m (über akk por) **2** ↑ Unannehmlichkeit disgusto m; ◇ **- haben wegen/mit etw/jd-m** llevarse un disgusto por algo/ con alguien; **ärgerlich** adj **1** ↑ verstimmt enfadado **2** ↑ unerfreulich disgustado; **ärgern I.** vt **1** ↑ belästigen, nerven → jd-n enfadar, irritar, molestar **2** ↑ wütend machen fastidiar, disgustar **3** ↑ necken, aufziehen tomar el pelo **II.** vr ◇ **sich -** enfadarse, molestarse

Argument n argumento m

Arie f <-, -n> aria f

arm adj pobre

Arm m <-[e]s, -e> **1** brazo m **2** ↑ Abzweigung afluente m; **Armband** n <-[e]s; -bänder> pulsera f; **Armbanduhr** f reloj m de pulsera

Arme(r) fm: ◇ **die -n** pl **1**

↑ *Mittellose(r)* los pobres ②
↑ *Bedauernswerte(r)* los desvalidos

Armee f <-, -n> MIL ejército m

Ärmel m <-s, -> manga f

ärmlich adj pobre, miserable

Armut f <-> pobreza f

Aroma n <-s, Aromen> ① aroma m ② ↑ *Duft* perfume m; **aromatisch** adj aromático

Arrest m <-[e]s, -e> JURA arresto m, retención f

arrogant adj arrogante; **Arroganz** f arrogancia f

Arsch m <-es, Ärsche> VULG ① ↑ *Hintern* culo m; ◇ jd-m in den - kriechen lamer el culo a alguien ② ↑ *Person* idiota m del culo, gilipollas m/f

Art f <-, -en> ① ↑ *Gattung* especie f ② ↑ *Sorte* clase f ③ ↑ *Wesen* manera f, modo m; ◇ **das ist so seine -** es su manera de ser ④ ↑ *Methode* método m; ◇ **auf diese - und Weise** de esta forma ⑤ estilo m; ◇ **nach - des Hauses** al estilo casera

Arterie f arteria f

Artikel m <-s, -> artículo m

Arznei f medicina f; **Arzt** m <-es, Ärzte>, **Ärztin** f médico/a

Asbest m <-[e]s, -e> amianto m

Asche f <-, -n> ceniza f;
Aschenbecher m cenicero

m; **Aschermittwoch** m miércoles m de ceniza

Asiat(in) f <-en, -en> asiático/a;
asiatisch adj asiático; **Asien** n Asia f

asozial adj asocial

Aspekt m <-[e]s, -e> aspecto m

aß impf v. **essen**

Assistent(in) f) m asistente m/f, ayudante m/f

Assoziation f asociación f; **assoziieren** vt asociar

Ast m <-[e]s, Äste> rama f

ästhetisch adj estético

Asthma n <-s> MED asma m

Astrologe m <-n, -n> astrólogo m; **Astrologie** f astrología f; **Astrologin** f <-n, -n> astróloga f

Astronaut(in) f) m <-en, -en> astronauta m/f

Astronomie f astronomía f

Asyl n <-s, -e> asilo m; **Asylant(in)** f) m asilado/a; **Asylrecht** n derecho m de asilo

Atelier n <-s, -s> estudio m

Atem m <-s> aliento m; ◇ - holen coger aliento; ◇ **außer** - sin aliento; **atemberaubend** adj ▷ *Spannung* grandísimo; ▷ *Schönheit* impresionante

Atheist(in) f) m ateo/a

Äthiopien n Etiopía f

Athlet(in) f) <-en, -en> atleta m/f

Atlantik *m* <-s> [Océano] *m* Atlántico

Atlas *m* <- *o.* -ses, -se *o.* Atlanten> atlas *m*

atmen *vti* respirar

Atmosphäre *f* <-, -n> [1] PHYS atmósfera *f* [2] FIG ↑ *Ausstrahlung, Stimmung* ambiente *m*

Atmung *f* respiración *f*

Atom *n* <-s, -e> átomo *m*; **atomar** *adj* atómico; **Atombombe** *f* bomba *f* atómica; **Atomenergie** *f* energía *f* nuclear; **Atomkraftwerk** *n* central *f* nuclear; **Atomkrieg** *m* guerra *f* atómica; **atomwaffenfrei** *adj*: ~ **-e Zone** zona *f* desnuclearizada; **Atomzeitalter** *n* era *f* atómica

Attentat *n* <-[e]s, -e> atentado *m* (*auf akk* contra); **Attentäter** (**in**) *f m* autor(a *f*) *m* del atentado

Attraktion *f* atracción *f*; **attraktiv** *adj* ↑ *interessant* ▷ *Person* ▷ *Angebot* atractivo

ätzen *vi* [1] corroer [2] MED cauterizar; **ätzend** *adj* [1] ▷ *Flüssigkeit* corrosivo; [2] ▷ *Geruch* penetrante [3] FIG ▷ *Spott* mordaz [4] FAM ↑ *unangenehm, nervig* fastidioso, desagradable; ◇ **ein ~er Typ** un pelma, un pesado

auch *cj* [1] ↑ *gleichermaßen, ebenso* también; ◇ **sowohl ... als ~ ...** no sólo ... sino también

... [2] ↑ *außerdem* además, ◇ **das hat er ~ gemacht** además ha hecho esto [3] ↑ *sogar* incluso; ◇ **der Reichste hat Probleme** incluso el hombre más rico tiene problemas [4] ↑ *wirklich de verdad*; ◇ **ist das ~ wahr?** ¿es de veras?

audiovisuell *adj* audiovisual; ~ **-er Unterricht** clase con métodos audiovisuales

auf I. *präp akk/dat* [1] (*räumlich, akk*) a; ◇ ~ **e-n Berg steigen** subir a una montaña; ◇ ~ **-s Bett legen** poner en la cama; [1] *zu* a; ◇ **die Post gehen** ir a correos [2] (*räumlich, dat*) en, sobre; ◇ ~ **dem Berg stehen** estar en la montaña; ◇ ~ **dem Stuhl liegen** estar en/sobre la silla; [1] *in* en; ◇ ~ **der Bank** en el banco; ◇ ~ **der Hochzeit** en la boda [3] (*zeitlich, akk*) ↑ *nach* después; ◇ ~ **Sonntag folgt Montag** después del domingo viene el lunes; ◇ **Schlag ~ Schlag** uno tras otro [4] ↑ *bis* hasta; ◇ **A~ Wiedersehen** hasta la vista [5] (*Art und Weise*) en; ◇ **etw ~ deutsch sagen** decir algo en alemán; ◇ ~ **einmal** de repente [6] (*als Reaktion*) ◇ ~ **seine Bitte hin** por su petición **II.** *adv* [1] ↑ *offen* abierto; ◇ **die Tür ist ~** la puerta está abierta [2] ◇ ~ **und ab gehen** ir de aquí para allá

aufarbeiten vt ① poner al día, recuperar ② →*Vergangenheit* superar

Aufbau m ① construcción f ② ↑*Gliederung, Struktur* estructura f; **aufbauen I.** vt ① →*Haus* construir; →*Zelt* montar ② →*Existenz* basar, fundar ③ →*Text* construir ④ →*Politiker* organizar, dirigir **II.** vr ◇ *sich* - ① ponerse (*vor dat* delante) ② ↑*basieren, sich gründen* basarse (*auf dat* en)

aufbauschen vt FIG exagerar

aufbessern vt →*Gehalt* aumentar; →*Wissen* aumentar, expander

aufbewahren vt ① guardar, conservar ② →*Gepäck* dejar, depositar; **Aufbewahrung** f ① conservación f; ◇ *jd-m etw* **zur - geben** entregar en depósito ② (*Gepäck-*) consigna f

aufblasen unreg **I.** vt →*Reifen* inflar, hinchar **II.** vr ◇ *sich* - FAM darse importancia

aufbleiben unreg vi ① ←*Geschäft* quedar abierto ② ←*Mensch* velar, no dormir

aufblenden vti ① FOTO velar ② AUTO dar la luz larga

aufbrausen vi FIG irritarse, ponerse frenético

aufbrechen unreg **I.** vt ↑*gewaltsam öffnen* fozar **II.** vi ①

marcharse ② ↑ *aufplatzen* abrirse; **Aufbruch** m salida f

aufbürden vt auch FIG: ◇ *jd-m etw* - cargar a alguien con algo

aufdecken vt ① destapar ② FIG →*Verbrechen, Wahrheit* descubrir ③ →*Spielkarte* enseñar, descubrir

aufdrängen I. vt obligar; ◇ *jd-m etw* - obligar algo a alguien **II.** vr ◇ *sich* - molestar, resultar pesado; ◇ *sich jd-m* - molestar a alguien

aufdrehen I. vt →*Wasser, Verschluß* abrir; →*Schraube* desatornillar, aflojar; →*Radio* poner [más] alto **II.** vi ↑*beschleunigen* acelerar

aufdringlich adj pesado, cargante

aufeinander adv ① (*räumlich*) uno sobre otro ② (*zeitlich*, *e-r nach dem anderen*) uno tras otro

Aufenthalt m ① ↑*Bleiben* estancia f ② ↑*Pause, Wartezeit* espera f ③ ↑*Aufenthaltsort* domicilio m; **Aufenthaltsgenehmigung** f permiso m de residencia

auffahren unreg vi ① ↑*zusammenstoßen* chocar (*auf akk* con) ② ↑*wütend werden* enfadarse, enfurecerse; **Auffahrt** f acceso m; **Auffahrunfall** m accidente m por choque de atrás

auffallen *unreg vi* ① llamar la
atención; ◇ **jd-m** - llamar la
atención a alguien ② ↑ *aufpral-
len* chocar *(auf dat* con); **auf-
fallend** *adj* llamativo, vistoso;
◇ -**klug** extraordinariamente inteligente

auffangen *unreg vt* ① → *Ball*
coger, recoger ② → *Wasser* acumular ③ → *Wort* pescar
→ *Blick* pillar; **Auffanglager**
n campo *m* de acogida

auffassen *vt* ① → *Bemerkung*
concebir, comprender; ↑ *interpretieren* interpretar ② ↑ *kapieren* entender; **Auffassung** *f* ①
↑ *Meinung* opinión *f*, juicio *m;*
◇ **meiner** - **nach** en mi opinión
② *(-sgabe)* comprensión *f*

auffordern *vt* → *verlangen* pedir; ◇ **jd-n** - **etw zu tun** pedir a
alguien que haga algo; **Aufforderung** *f* ① ↑ *Ermahnung* requerimiento *m* ② ↑ *Bitte* invitación *f*

aufführen **I.** *vt* ① → *Drama*
representar ② → *Namen, Daten*
alistar **II.** *vr* ◇ **sich** - comportarse; **Aufführung** *f* representación *f*

Aufgabe *f* ① ↑ *Verpflichtung,
Arbeit* deber *m*, tarea *f* ② (SCH
Haus-) tarea *f* ③ ↑ *Verzicht* cese
m ④ *(von Gewohnheit)* abandono *m* ⑤ *(von Gepäck)* facturación *f*

Aufgang *m* ① *(Treppen-)* escalera *f* ② *(Sonnen-)* salida *f*

aufgeben *unreg* **I.** *vt* ① ↑ *aufhören* abandonar, perder ②
→ *Rätsel* poner; → *Frage* hacer
③ ↑ *abgeben* → *Gepäck* facturar
④ → *Bestellung* poner, insertar
II. *vi a.* SPORT abandonar, dejar

aufgehen *unreg vi* ① ↑ *sich
öffnen* abrirse ② ← *Sonne* salir
③ → *Rechnung* coincidir ④
◇ **mir geht ein Licht auf** comprender ⑤ ◇ **in e-r Arbeit** - dedicarse de lleno al trabajo ⑥
◇ **in Flammen** - quemarse

aufgeklärt *adj* ↑ *informiert* informado

aufgelegt *adj* ① ↑ *gelaunt* de
humor; ◇ **gut** - **sein** estar de
buen humor ② ◇ **zu etw** - **sein**
estar dispuesto a algo

aufgeregt *adj* nervioso, excitado

aufgeschlossen *adj* abierto

aufgliedern *vtr* ◇ **sich** - dividirse *(in akk* en)

aufgrund *präp* a causa de, por
gen; ◇ - **Ihrer guten Leistun-
gen ...** por sus buenos rendi-
mientos ...

aufhalten *unreg* **I.** *vt* ① ↑ *hindern,* stoppen detener, parar ②
↑ *offen* halten dejar abierto;
→ *Augen* tener abierto **II.** *vr*
◇ **sich** - ① *(im Ausland)* estar,

permanecer (*bei* en); ◇ **sich lange** - estar mucho tiempo ②
↑ *sich befassen* dedicarse (*mit* a)

aufhängen I. *vt* ① → *Wäsche, Bild* colgar ② → *Person* ahorcar
II. *vr* ◇ **sich** - ahorcarse

aufheben *unreg* I. *vt* ① levantar, elevar ② ↑ *für ungültig erklären* anular, derogar; → *Urteil* revocar ③ ↑ *auflösen* desconvocar ④ ↑ *aufbewahren* conservar
II. *vr* ◇ **sich** - neutralizarse

aufheitern I. *vt* → *Person* animar II. *vr* ◇ **sich** - ① animarse
② ← *Wetter* despejarse

aufhetzen *vt* instigar, incitar;
◇ **jd-n gegen jd-n/etw** - instigar a alguien contra alguien/algo

aufholen I. *vt* → *Vorsprung* recuperar II. *vi* acortar distancias

aufhorchen *vi* escuchar atentamente

aufhören *vi* ① ↑ *zu Ende gehen* acabar, terminar ② ↑ *nicht weitermachen* dejar; ◇ **mit etw** - dejar algo

aufklären I. *vt* ① → *Verbrechen* aclarar ② ↑ *informieren*
▷ *sexuell* informar (*über* algo sobre) II. *vr* ◇ **sich** - ← *Wetter* despejarse; **Aufklärung** *f* ①
↑ *Aufklären* aclaración *f*; ▷ *sexuell* información *f* ② Ilustración *f*

aufkleben *vt* pegar, fijar

aufkommen *unreg vi* ①
← *Mode* aparecer ② ← *Wind* levantarse ③ ← *Gefühl* surgir ④
◇ **für jd-n/etw** - pagar por alguien/algo

aufladen *unreg vt* cargar

auflassen *unreg vt* ① ↑ *nicht schließen* dejar abierto ②
↑ *nicht ausziehen* dejar puesto

Auflauf *m* ① GASTRON suflé *m* ② ↑ *Ansammlung* muchedumbre *f*

aufleben *vi* ① ↑ *neu entflammen* resurgir ② ↑ *wieder aktiv werden* reanimarse

auflegen *vt* ① → *Telefonhörer* colgar ② ↑ *verlegen* editar ③ COMM → *Ware* lanzar ④ → *Gedeck, Tuch, Hand* poner

aufleuchten *vi* centellear

Auflistung *f* lista *f*

auflockern I. *vt* ① ↑ *entspannen* relajar ② FIG ↑ *entkrampfen* relajarse

auflösen I. *vt* ① (*in Wasser*) disolver, diluir ② → *Partei* disolver ③ → *Haushalt* vender, deshacerse de II. *vr* ◇ **sich** - ①
← *Tablette* disolverse, diluirse
② ← *Versammlung, Partei* disolverse; **Auflösung** *f* ① disolución *f* ② (*von Rätsel*) solución *f* ③ (*von Haushalt*) venta *f*

aufmachen I. *vt* ① ↑ *öffnen* abrir ② → *Laden* abrir II. *vr*

◇ **sich** - **1** ↑ *weggehen* marcharse **2** ↑ *sich zurechtmachen* arreglarse; **Aufmachung** *f* **1** ↑ *Ausstattung* decoración *f* **2** ↑ *Gestaltung* presentación *f*

aufmerksam *adj* **1** ↑ *konzentriert* atento **2** ↑ *zuvorkommend* cortés **3** ◇ *jd-n auf etw akk* - machen llamar la atención sobre algo; **Aufmerksamkeit** *f* **1** atención *f* **2** delicadeza *f*

aufmuntern *vt* **1** ↑ *ermuntern* estimular **2** ↑ *fröhlich machen* animar

Aufnahmeprüfung *f* examen *m* de ingreso

aufpassen *vi* tener cuidado

Aufprall *m* <-s, -e> choque *m*

Aufpreis *m* recargo *m*

aufpumpen *vt* hinchar, inflar

aufraffen *vr* ◇ **sich** - *FAM* decidirse (*zu* a)

aufräumen *vt* arreglar, ordenar

aufregen I. *vt* → *jd-n* inquietar, poner nervioso II. *vr* ◇ **sich** - ponerse nervioso, enfadarse (*über akk* por); **aufregend** *adj* **1** ↑ *spannend* ▷*Film* emocionante **2** ↑ *attraktiv* atractivo

aufreibend *adj* agotador, cansado

aufrichtig *adj* honrado, sincero

Aufruhr *m* <-[e]s, -e> revuelta *f*, disturbio *m*

Aufrüstung *f* rearme *m*

aufs = auf das

aufschieben *unreg vt* → *Termin* aplazar

aufschließen *unreg vt* abrir

Aufschluß *m* explicación *f*; **aufschlußreich** *adj* informativo

aufschnallen *vt* sujetar

aufschnappen *vt FAM* pescar

aufschneiden *unreg* I. *vt* cortar II. *vi* farolear

aufschrecken *unreg vi* ◇ **aus dem Schlaf** - despertarse sobresaltado

Aufschrei *m* grito *m*

aufschreiben *unreg vt* **1** anotar; ◇ **sich** *dat* **etw** - apuntar algo **2** ↑ *niederschreiben* escribir

Aufschub *m* aplazamiento *m*, retraso *m*

Aufschwung *m* **1** ↑ *Auftrieb* impulso *m* **2** COMM expansión *f*

aufsehen *unreg vi* levantar los ojos; **Aufsehen** *n* <-s> sensación *f*; **aufsehenerregend** *adj* sensacional; **Aufseher(in** *f)* *m* <-s, -> guarda *m/f*; (*Museum*) vigilante *m/f*

aufsetzen *vr* ◇ **sich** - incorporarse

Aufsicht *f* **1** control *f* **2** ↑ *Bewachung* vigilancia *f*

aufsperren *vt* ① abrir ②
→ *Mund* mantener abierto
aufspielen *vr* ◇ **sich** ~ farolear,
fardar
aufspringen *unreg vi* ① dar un
salto ② subir *(auf akk a)* ③
← *Haut, Lippen* agrietarse
aufstacheln *vt* incitar
Aufstand *m* rebelión *f*, sublevación *f*
aufstehen *unreg vi* ① ponerse
de pie ② *(aus Bett)* levantarse
aufsteigen *unreg vi* ① *(auf
Berg)* subir ② *(auf Motorrad
etc.)* montar
aufstellen I. *vt* ① → *Möbel* poner, colocar; → *Zelt* montar ②
→ *Kandidaten* proponer ③
→ *Rekord* establecer **II.** *vr*
◇ **sich** ~ colocarse; **Aufstellung** *f* ① *(von Zelt, Gerüst)*
montaje *m*, colocación *f* ② ↑ *Liste* relación *f* ③ *(von Truppen,
Teams)* formación *f*
aufstoßen *unreg vt* abrir de un
empujón
aufstützen *vr* ◇ **sich** ~ apoyarse *(auf akk en)*
auftauchen *vi* ① salir a la superficie ② ↑ *sichtbar werden*
aparecer
auftauen *vt* descongelar
aufteilen *vt* → *Ration* repartir;
→ *Arbeit* dividir *(auf akk en)*
Auftrag *m* <-[e]s, Aufträge> ①
↑ *Aufgabe* tarea *f* ② COMM en-

cargo *m* *(über akk de)* ③ ↑ *Weisung, Mission* misión *f*; **auftragen** *unreg vt* ① → *Essen* servir
② ↑ *Auftrag* geben → **jd-m etw**
encargar a alguien de algo; **Auftraggeber(in** *f)* *m* <-s, ->
COMM cliente/a
auftreten *unreg vi* ① ↑ *sich
benehmen* mostrarse ②
← *Krankheit* aparecer, venir;
Auftreten *n* <-s> conducta *f*;
◇ **in der Öffentlichkeit** comportamiento *m* en público; **Auftritt** *m* ① THEAT salida *f* a
escena ② PEJ escena *f*, discusión *f*
aufwachen *vi auch FIG* despertarse
aufwachsen *unreg vi* crecer
aufwärmen *vt* calentar
aufwärts *adv* hacia arriba
aufwecken *vt* despertar
aufweisen *unreg vt* mostrar,
ofrecer
aufwerten *vt* → *Währung* revaluar; *FIG* → *Person* revalorizar
Auf Wiedersehen *interj* adiós
aufwiegeln *vt* incitar
aufzählen *vt* enumerar
aufzeichnen *vt* ① → *Bild* dibujar ② ↑ *notieren* anotar ③
(auf Tonband) grabar; **Aufzeichnung** *f* ① ▷*schriftlich*
anotación *f* ② ↑ *Aufnahme* grabación *f* ③ MEDIA retransmisión *f* en diferido

aufzeigen vt mostrar, enseñar
aufziehen unreg vt ① → Vorhang abrir ② ↑ ernähren, versorgen criar
Aufzug m ① ↑ Fahrstuhl ascensor m ② THEAT escena f
aufzwingen unreg vt obligar; ◇ jd-m etw - imponer algo alguien
Auge n <-s, -n> ojo m; ◇ unter vier -n en privado; ◇ jd-m schöne -n machen ligar [con la mirada]; ◇ beide -n zudrücken hacer la vista gorda; **Augenarzt** m, **-ärztin** f oculista m/f, oftalmólogo/a; **Augenblick** m momento m, instante m; ◇ im - por el momento; **augenblicklich** adj ① ↑ sofort inmediato ② ↑ momentan ◇ - habe ich keine Zeit por el momento no tengo nada de tiempo; **Augenzeuge** m, **-zeugin** f testigo m/f ocular
August m <-[e]s o. -, -e> agosto m; ◇ 7. - 1991 7 de agosto de 1991
Aula f <-, Aulen o. -s> aula m
aus I. präp dat ① (räumlich) de; ◇ - dem Haus gehen salir de casa; ◇ - Spanien kommen venir de España ② (zeitlich) de; ◇ - dem 18. Jahrhundert del siglo XVIII ③ (Beschaffenheit) de; ◇ - Holz de madera ④ ↑ aufgrund, wegen por; ◇ - Liebe por

amor II. adv ① terminado, acabado; ◇ das Spiel ist - el juego ha terminado ② (Licht) apagado ③ ◇ von mir - por mí ④ ◇ von sich - por sí mismo ⑤ ◇ auf etw akk - sein tener como meta, aspirar a
ausarbeiten vt elaborar, hacer
ausbauen vt ① → Motor desmontar; → Haus ampliar ② FIG → Idee desarrollar
ausbessern vt → Wäsche reparar; → Haus restaurar, arreglar
Ausbeute f ganancia f; **ausbeuten** vt explotar
ausbilden vt enseñar; **Ausbildung** f (Schul-) educación f; (Berufs-) formación f
Ausblick m ① ↑ Aussicht vista f ② FIG perspectiva f (auf akk de)
ausbrechen unreg vi ① (aus Gefängnis) escaparse, fugarse ② ◇ in Tränen - ponerse a llorar ③ → Epidemie declararse
ausbreiten I. vt ① → Teppich extender; → Arme abrir II. vr ◇ sich - ① ← Feuer extenderse ② ← Gebiet ampliarse
Ausbruch m ① (Gefängnis-) fuga f, huída f ② (Gefühls-) arrebato m ③ (Krankheits-) erupción f
Ausdauer f constancia f, resistencia f

Ausdruck m, pl ⟨Ausdrücke⟩ expresión f; ◇ etw zum - bringen expresar algo; **ausdrükken I.** vt [1] → Zitrone exprimir [2] → Zigarette apagar [3] → Gedanken expresar **II.** vr: ◇ sich gewählt - expresarse correctamente; **ausdrücklich** adj expreso; **ausdruckslos** adj inexpresivo; **Ausdrucksweise** f manera f de expresarse

auseinander adv separado; **auseinandergehen** unreg vi [1] ↑ sich trennen separarse [2] ↑ differieren discrepar [3] ↑ kaputtgehen romperse; **auseinanderhalten** unreg vt FIG ↑ unterscheiden distinguir; **Auseinandersetzung** f discusión f, conflicto m

auserlesen adj selecto

Ausfahrt f (Autobahn-, Garagen-) salida f; ◇ -freihalten no aparcar: salida de vehículos

Ausfall m [1] suspensión f [2] (TECH Strom-) fallo m; **ausfallend** adj: ◇ - werden ponerse grosero

Ausfertigung f copia f; ◇ in dreifacher - por triplicado

Ausflucht f ⟨-, Ausflüchte⟩ evasiva f, pretexto m

Ausflug m excursión f

Ausfluß m [1] Abfluß desagüe m [2] MED ↑ Sekret flujo m

Ausfuhr f ⟨-, -en⟩ exportación

f; **ausführen** vt [1] ↑ exportieren exportar [2] ↑ verwirklichen llevar a cabo, realizar [3] ↑ erklären explicar; **ausführlich** adj detallado; **Ausführung** f [1] ↑ Realisierung realización f [2] ↑ Darstellung exposición f [3] ↑ Herstellungsart acabado m

ausfüllen vt [1] → Formular rellenar [2] (räumlich) ocupar; (zeitlich) emplear

Ausgabe f [1] ↑ Herausgeben (von Waren) reparto m [2] (Gepäck-) recogida f [3] (von Buch) edición f; (von Zeitung) número m

Ausgang m [1] (Ggs zu Eingang) salida f [2] ↑ Ende final m, fin m; ↑ Ergebnis resultado m; **Ausgangspunkt** m comienzo m

ausgeben unreg **I.** vt [1] → Geld gastar [2] → Essen repartir **II.** vr: ◇ sich für etw/jdn ausgeben hacerse pasar por algo/alguien

ausgebucht adj completo

ausgefallen adj raro, extraño

ausgeglichen adj [1] ▷ Person equilibrado [2] ▷ Verhältnis armonioso; **Ausgeglichenheit** f equilibrio m, armonía f

ausgehen unreg vi [1] (zum Essen) salir [2] ← Feuer, Licht apagarse [3] ← Haare caerse [4] ↑ Ergebnis haben acabar; ◇ wie

ist der Film/das Spiel ausge-
gangen? ¿cómo ha acabado la
película/el partido? ⑤ ← *Geld*
terminarse ⑥ ◇ *von etw* - basarse en algo
ausgelassen *adj* alegre, desenfadado
ausgelastet *adj* ocupadísimo,
ocupado
ausgemacht *adj* ↑ *vereinbart*;
◇ **es ist -, daß ...** está decidido
que ...
ausgenommen I. *cj* a menos
que, salvo que; ◇ **er ißt alles, -
Schweinefleisch** come de todo,
a menos que sea cerdo **II.** *präp*
salvo, a excepción de, excepto;
◇ **es kamen alle, - Angela** *dat*
vinieron todos, salvo Ángela
ausgezeichnet *adj* magnífico
ausgleichen *unreg* **I.** *vt* ①
↑ *kompensieren* compensar ③
↑ *aussöhnen* conciliar ③
→ *Konto* liquidar **II.** *vr* compen-
sarse
Ausgrabung *f* excavación *f*
aushalten *unreg* **I.** *vt* aguantar,
soportar **II.** *vi* resistir
aushandeln *vt* negociar
aushändigen *vt*: ◇ **jd-m etw -**
entregar algo a alguien
Aushang *m* anuncio *m*
aushelfen *unreg* *vi* ayudar
Aushilfskraft *f* personal *m* auxiliar; **aushilfsweise** *adv*: ◇ **-**

arbeiten trabajar por temporadas
ausholen *vi* ① (*zum Schlag*)
levantar la mano ② *FIG* ◇ **weit -**
tardar en ir al grano
auskennen *unreg* *vr* ◇ **sich -**
① (*an e-m Ort*) conocer el lugar
② ↑ *Bescheid wissen* saber
auskommen *unreg* *vi* ① entenderse; ◇ **gut miteinander -**
llevarse bien entre ellos ② (*mit
Geld*) tener bastante (*mit* con);
Auskommen *n*: ◇ **sein - haben** tener para vivir
auskundschaften *vt* ① descubrir ② → *Gelände* explorar
Auskunft *f* <-, *Auskünfte*> información *f;* ◇ **jd-m e-e - erteilen** informar a alguien
auslachen *vt*: ◇ **jd-n -** reírse
de alguien
ausladen *unreg* *vt* descargar
Auslage *f* ① (*Schaufenster-*)
escaparate *m* ② (*von Waren*) exposición *f* ③ ↑ *Kosten* ◇ **-n** *pl*
gastos *m/pl*
Ausland *n* extranjero *m;* ◇ **im/
ins -** en el/al extranjero; **Aus-
länder(in** *f) m* <-s, -> extranje-
ro/a; **ausländerfeindlich** *adj*
xenófobo; **ausländisch** *adj*
extranjero; ◇ **-e Waren** productos del extranjero/ de importación; ◇ **-e Mitbürger** ciudada-
nos extranjeros; **Auslandsge-
spräch** *n* TELEC conferencia *f*

internacional; **Auslandsvertretung** f representación f en el extranjero

auslassen unreg I. vt ① ↑ weglassen suprimir; ↑ versäumen perder; ↑ übergehen → jd-n olvidar, no hacer caso de ② → Wut descargar II. vr ◇ sich ~ hablar extensamente (über akk sobre)

Auslauf m corral m; **auslaufen** unreg vi ① → Flüssigkeit salirse, derramarse (aus dat de) ② ← Schiff zarpar; **Ausläufer** m ① (METEO Tief-) anticiclón m; (Hoch-) borrasca f ② GEOL estribación f

ausleeren vt vaciar

auslegen vt ① → Teppich poner, extender ② → Waren exponer ③ → Geld prestar; ◇ jd-m etw ~ prestar algo a alguien ④ → Text, Äußerung interpretar; **Auslegung** f ① interpretación f ② ↑ Erklärung explicación f

ausleihen unreg vt ① → Geld prestar; ◇ jd-m etw ~ prestar algo a alguien ② ↑ leihen ◇ sich dat etw von jd-m ~ tomar prestado algo de alguien

Auslese f selección f; **auslesen** unreg vt elegir, seleccionar

ausliefern I. vt ① entregar (an akk a) ② COMM entregar, distribuir II. vr ◇ sich ~ entregarse

auslöschen vt ① ↑ ausmachen

apagar ② ↑ vernichten extinguir ③ FIG → Erinnerung olvidar, borrar

auslösen vt ① ↑ in Gang setzen activar ② ↑ verursachen ocasionar, originar; **Auslöser** m <-s, -> ① TECH disparador m ② FIG estímulo (für para)

ausmachen vt ① apagar, extinguir ② ↑ vereinbaren concertar, fijar ③ ↑ entdecken descubrir ④ ↑ stören ◇ das macht mir nichts aus a mí no me importa eso

Ausmaß n ① extensión f ② FIG dimensión f, proporción f

ausmessen unreg vt medir

Ausnahme f <-, -n> excepción f; ◇ e-e ~ machen hacer una excepción; **ausnahmslos** adv sin excepción; **ausnahmsweise** adv por una vez, excepcionalmente

ausnützen vt ① → Person explotar ② → Gutmütigkeit aprovecharse

auspacken vt ① → Koffer deshacer ② FAM irse de la lengua

ausplaudern vt → Geheimnis contar

ausprobieren vt probar

Auspuff m <-[e]s, -e> AUTO tubo m de escape

ausradieren vt ① → Zeichnung borrar ② FIG aniquilar, exterminar

ausrauben vt robar

ausräumen vt ① ↑ leerräumen vaciar ② FIG ↑ beseitigen superar

Ausrede f excusa f, pretexto m; ◊ **faule - excusa** barata; **ausreden I.** vi ① ↑ zu Ende reden acabar de hablar; ◊ jd-n - lassen dejar hablar a alguien **II.** vt: ◊ jd-m etw - disuadir a alguien de algo

ausreichend adj ① bastante ② SCH ↑ Note 4 suficiente

Ausreise f salida f; **Ausreiseerlaubnis** f permiso m de salida; **ausreisen** vi salir [del país]

ausreißen unreg **I.** vt arrancar **II.** vi FAM largarse

ausrenken vt torcer, dislocar; ◊ **sich** dat etw - torcerse algo

ausrichten vt ① ↑ sagen, mitteilen comunicar, decir ② ↑ erreichen, bewirken conseguir ③ ↑ einstellen, einpassen ajustar (nach a)

ausrufen unreg vt ① (vor Überraschung) gritar ② → Streik convocar ③ ↑ rufen ◊ jd-n - lassen llamar a alguien por los altavoces; **Ausrufezeichen** n signo m de exclamación

ausruhen I. vr ◊ **sich** - descansar (von de) **II.** vi descansar

Ausrüstung f equipo m, accesorios m/pl

ausrutschen vi resbalar

Aussage f ① ↑ Erklärung explicación f ② JURA declaración f; **e-e - machen** prestar declaración ③ ↑ Inhalt, Bedeutung mensaje m; **aussagen I.** vt ① ↑ mitteilen decir ② ↑ ausdrücken, bedeuten expresar **II.** vi JURA declarar; **◊ vor Gericht -** prestar declaración en juicio

ausschalten vt ① ↑ ausmachen apagar ② FIG ↑ unterbinden eliminar ③ FIG ↑ aus dem Weg räumen eliminar; ◊ jd-n - eliminar a alguien

ausschenken vt →Bier servir

ausschlafen unreg vi descansar bien

Ausschlag m ① MED erupción f ② (von Zeiger, Pendel) oscilación f; **ausschlagen** unreg **I.** vt denegar **II.** vi ① →Pferd dar coces ② ←Zeiger oscilar; **ausschlaggebend** adj decisivo

ausschließen unreg vt ① FIG ↑ nicht miteinbeziehen, ausgrenzen excluir (aus dat de) ② FIG ↑ etw von vornherein - descartar algo de entrada; **ausschließlich I.** adj exclusivo **II.** adv ◊ nur sólo, exclusivamente; ◊ - im Winter in Urlaub fahren ir de vacaciones sólo en invierno

ausschmücken vt ① ↑ *dekorieren* decorar, adornar ② FIG embellecer

Ausschnitt m ① (*Bild-*) detalle m ② (*Text-*) fragmento m ③ ↑ *Dekolleté* escote m

ausschreiben unreg vt ① ↑ *vollständig schreiben* escribir [completo] ② → *Stelle* sacar a concurso ③ → *Wettbewerb* abrir ④ → *Rechnung* hacer

Ausschreitung f revuelta f, altercado m; ◇ **-en gegen Asylanten** ataques a asilados m/pl

Ausschuß m ① comité m, comisión m ② COMM ↑ *fehlerhafte Ware* género m defectuoso

ausschütten I. vt ① derramar ② → *Gewinn* repartir ③ FIG ◇ **sein Herz** - desahogarse, abrir su corazón II. vr FAM: ◇ **sich vor Lachen** - desternillarse de risa

aussehen unreg vi ① ▷ *gut, schlecht, jung* tener aspecto ◇ **es sieht nicht gut aus** la cosa se está poniendo fea ③ parece que; ◇ **es sieht nach Schnee aus** parece va a nevar; **Aussehen** n <-s> apariencia f, pinta f

außen adv ① (*Ggs innen*) afuera ② FIG ◇ **nach** - para fuera; **Außenhandel** m comercio m exterior; **Außenminister(in** f) m Ministro/a de asuntos exte-

riores; **Außenpolitik** f política f exterior; **Außenseite** f exterior m; **Außenseiter(in** f) m <-s, -> solitario/a, inconformista m/f

außer I. präp akk/dat ① ↑ *abgesehen von* menos, a excepción de; ◇ **alles** - **Käse** todo menos queso ② ↑ *außerhalb von* fuera de; ◇ - **Haus** fuera de casa ③ ◇ - **Betrieb** fuera de servicio ④ ◇ - **sich** dat sein estar fuera de sí II. cj ① ↑ *es sei denn* menos; ◇ **sie arbeiten gern**, - **es scheint die Sonne** trabajan a gusto, menos cuando sale el sol ② ◇ - **wenn** a no ser que +subj ③ ◇ - **daß** a menos que; **außerdem** cj además; **äußere(r, s)** adj exterior; **außergewöhnlich** adj extraordinario, fuera de lo normal; **außerhalb** I. präp gen ① (*räumlich*) fuera de; ◇ - **des Hauses** fuera de casa ② (*zeitlich*) fuera; ◇ - **der Sprechstunde** fuera del horario de consultas II. adv (- *wohnen*) vivir en las afueras

äußerlich adj exterior

äußern I. vt → *Kritik, Meinung* decir, expresar II. vr ◇ **sich** - ① ↑ *Stellung nehmen* dar su parecer (zu etw) ② ← *Aufregung, Freude* mostrar, manifestar

äußerst adv ↑ *sehr* muy, extremadamente; ◇ - **interessant** interesantísimo; **äußerste(r, s)** *adj* ① *(räumlich)* extremo; ◇ ~ **Grenze** la frontera más alejada ② *FIG* ↑ höchste(r, s) ▷*Spannung* mayor; ◇ jd-n bis aufs Äreizen provocar a alguien hasta más no poder ③ *COMM* ▷*Angebot* límite

Äußerung *f* declaración *f*, comentario *m*

Aussicht *f* ① vista *f*, panorama *m* ② ↑ Erwartung, Chance esperctiva *f (auf akk dec)*; ◇ etw in - haben tener algo en perspectiva; **aussichtslos** *adj* desesperado; **aussichtsreich** *adj* prometedor; **Aussichtsturm** *m* mirador *m*

Aussöhnung *f* reconciliación *f*

ausspielen I. *vt* ① → Karte jugar ② *FIG* → Einfluß, Überlegenheit aprovechar ③ *FIG* ↑ intrigieren intrigar, enemistar; ◇ jd-n gegen jd-n - poner a alguien en contra de alguien **II.** *vi* ① *(beim Kartenspiel)* salir ② *FIG* ◇ ausgespielt haben no tener nada que perder

Aussprache *f* ① ↑ Artikulation pronunciación *f* ② ↑ Diskussion *f*, debate *m*; **aussprechen** *unreg* **I.** *vt* ① ↑ artikulieren pronunciar ② ↑ ausreden dejar hablar ③ → Verdacht decir, expresar **II.** *vr* ◇ sich - ① ↑ Uneinigkeiten beilegen aclarar

un malentendido ② ↑ sich anvertrauen confiarse, sincerarse

Ausspruch *m* ① ↑ Äußerung dicho *m* ② ↑ Satz, Zitat proverbio *m*

ausspülen *vt* enjuagar

Ausstand *m* huelga *f*; ◇ in den - treten declararse en huelga

Ausstattung *f* ① ↑ Einrichtung decoración *f* ② ↑ Aufmachung presentación *f* ③ equipo *m*

ausstehen *unreg* **I.** *vt*: ◇ jd-n/etw nicht - können no poder aguantar/soportar a alguien/algo **II.** *vi* ← Entscheidung estar pendiente; ← Zahlungen estar por pagar

aussteigen *unreg vi* ① *(aus Bus etc.)* bajar, apearse ② *FAM* salirse *(aus dat de)*

ausstellen *vt* ① → Bilder exponer ② → Dokument extender ③ → Rechnung hacer; **Ausstellung** *f (von Gemälden)* exposición *f; (von Urkunde)* otorgamiento *m; (von Rechnung)* facturación *f*

aussterben *unreg vi* extinguirse

Ausstieg *m* <-s, -e> salida *f*

Ausstrahlung *f* ① *(FIG von Person)* carisma *m* ② *MEDIA* emisión *f*

ausstrecken *vt* → Hand extender

ausströmen vi ← Gas escaparse

aussuchen vt elegir; ◇ sich dat etw - elegir algo

Austausch m ① ↑ Wechsel, Tausch cambio m ② (Meinungs-) intercambio m; **austauschbar** adj intercambiable, canjeable; **austauschen** vt ① → Motor cambiar ② → Gedanken intercambiar; **Austauschmotor** m AUTO motor m de recambio

Australien n Australia f; ◇ in - en Australia; ◇ nach - fahren ir a Australia; **Australier(in** f) m <-s, -> australiano/a; **australisch** adj australiano

austrocknen vi secar

ausüben vt ① → Beruf ejercer ② → Reiz tener, ejercer (auf jd-n sobre) ③ → Macht, Druck presionar (auf akk

Ausverkauf m COMM liquidación f total; **ausverkauft** adj ① ▷ Karten, Waren vendido ② (besetzt) lleno

Auswahl f ① ↑ Sortiment selección f (an dat de) ② ↑ Auslese surtido m; **auswählen** vt elegir, seleccionar

auswandern vi emigrar

auswärts adv fuera; ◇ - essen comer fuera [de casa]; ◇ von - de [a]fuera

Ausweg m FIG escapatoria f;

◇ nach e-m - suchen buscar una escapatoria; **ausweglos** adj FIG sin solución; ◇ -e Lage situación desesperada

ausweichen unreg vi ① ↑ Platz machen apartarse; ◇ jd-m/e-r Sache - hacer sitio a alguien/ a una cosa ② FIG ↑ sich entziehen eludir; ◇ e-r Frage - contestar con evasivas a una pregunta; **ausweichend** adj FIG evasivo

Ausweis m <-es, -e> ① (Personal-) carné m de identidad ② (Bibliotheks-) carné m; **ausweisen** unreg I. vt ① ↑ abschieben expulsar ② mostrar la documentación II. vr ◇ sich - ↑ legitimieren probar su identidad; **Ausweispapiere** pl documentación f

Ausweisung f expulsión f

auswendig adv: ◇ - lernen aprender de memoria

auswerten vt valorar, interpretar; **Auswertung** f valoración f, interpretación f

auswirken vr ◇ sich - producir efecto (auf akk en); **Auswirkung** f efecto m (auf akk en)

auswuchten vt → Reifen, Räder equilibrar

auszeichnen I. vt ① → Ware poner el precio, marcar ② (mit Orden) distinguir **II.** vr ◇ sich - ① (durch Leistung) destacar ②

(durch Eigenschaft) caracteri-
zarse; **Auszeichnung** f ①
↑ Preisangabe etiqueta f ②
↑ Ehrung distinción f ③ ↑ Gunst
favor m ④ ◇ **mit** - con matrícula
de honor

ausziehen unreg I. vt → Kleidung quitarse II. vr ◇ **sich** –
desnudarse, quitarse la ropa III.
vi (aus Wohnung) mudarse

Auszubildende(r) fm apren-
diz(a f) m

authentisch adj auténtico

Auto n <-s, -s> coche m; ◇ –
fahren ir en coche, conducir;
Autobahn f AUTO autopista f;
Autofahrer(in f) m conductor
(a f) m

autogen adj: ◇ **-es Training**
técnica de relajación

Autogramm n <-s, -e> autógra-
fo m

Automat m <-en, -en> ① máquina f ② ↑ Roboter autómata m

Automatikgetriebe n transmisión f automática; **automatisch** adj ① ↑ mechanisch automático ② ↑ intuitiv intuitivo

autonom adj autónomo

Autor(in f) m <-s, -en> autor(a f)
m

Autoreifen m neumático m

autoritär adj autoritario

Autounfall m accidente m de
coche; **Autoverleih** m alquiler
m de coches

Axt f <-, Äxte> hacha f

Azubi m <-s, -s>, f <-, -s> Akr v.
Auszubildende(r)

B

B, b n ① B, b f ② MUS si m
bemol

Baby n <-s, -s> bebé m

Bach m <-[e]s, Bäche> arroyo m

Backe f <-, -n> ANAT carrillo
m, mejilla f

backen <backte, gebacken> vti
(in Ofen) asar; (in Pfanne) freír;
Bäckerei f (Brot-) panadería,
f; (Kuchen-) pastelería f

Bad n <-[e]s, Bäder> ① (Voll-)
baño m ② (Badezimmer) cuarto
m de baño; **Badeanzug** m traje m de baño; **Bademantel** m
albornoz m; **baden** I. vt bañar
II. vi bañarse, tomar un baño;
Badewanne f bañera f

Bahn f <-, -en> (Eisen-) ferrocarril m; **Bahnhof** m estación
f; **Bahnsteig** m <-[e]s, -e> andén m

bald adv pronto, dentro de
poco

Balkon m <-s, -s o. -e> balcón
m

Ball ¹ m <-[e]s, Bälle> balón m, pelota f

Ball ² m <-[e]s, Bälle> (Tanz-) baile m

Ballon m <-s, -s o. -e> globo m

Banane f <-, -n> plátano m

Band ¹ n <-[e]s, Bänder> ① (Stoff-, Ton-) cinta f ② ANAT ligamento m

Band ² m <-[e]s, Bände> (Buch-) tomo m

Bank ¹ f <-, Bänke> banco m

Bank ² f <-, -en> ① (Geld-) banco m ② (Spiel-) banca f

Bankkonto n cuenta f bancaria; **Bankleitzahl** f clave f bancaria; **Banküberweisung** f transferencia f bancaria

bar adj ① ↑ nackt desnudo ② ▷bezahlen en metálico, en efectivo

Bar f <-, -s> barra f; (Hotel-) bar m

Bär m <-en, -en> oso m

barfuß adj descalzo

Bargeld n dinero m en efectivo

Barmherzigkeit f misericordia f

Barriere f <-, -n> barrera f

Barscheck m cheque m en efectivo

Bart m <-[e]s, Bärte> barba f

basieren vi ↑ beruhen auf basarse, apoyarse (auf dat en); **Basis** f <-, Basen> a. MIL base f

Bau ¹ m <-[e]s> (von Häusern) construcción f

Bau ² m <-[e]s, Bauten> ↑ Gebäude edificio m

Bauch m <-[e]s, Bäuche> barriga f; **Bauchschmerzen** m/pl dolores m/pl de barriga

bauen vti ① → Haus construir, edificar ② ◇ auf etw/jd-n - confiar en algo/alguien

Bauer m <-n o. -s, -n> **Bäuerin** f agricultor(a f) m, campesino/a;

Bauernhof m granja f

Baufirma f empresa f constructora; **Bauherr(in** f) m constructor(a f) m

Baum m <-[e]s, Bäume> árbol m; **Baumwolle** f algodón m

Baustein m ① (für Gebäude, zum Spielen) pieza f de construcción ② FIG pieza f; **Baustelle** f obras f/pl

beabsichtigen vt proponerse

beachten vt ① ↑ bemerken fijarse en, tener en cuenta ② → Regeln observar, seguir

Beamte(r) m <-n, -n> **Beamtin** f funcionario/a

beanspruchen vt ① ↑ fordern reclamar, reinvindicar ② ↑ brauchen solicitar

Beanstandung f reclamación f

beantragen vt pedir, solicitar

beantworten vt responder; **Beantwortung** f respuesta f, contestación f

bearbeiten vt ▷*manuell* labrar, modelar, trabajar; →*Rohstoff* transformar; →*Boden* trabajar, cultivar

beaufsichtigen vt controlar

beauftragen vt ① ↑ *Auftrag* erteilen encargar, encomendar ② ↑ *anweisen* ordenar, mandar

bebauen vt →*Grundstück* construir en

beben vi temblar

Becher m <-s, -> vaso m

Becken n <-s, -> ① ANAT pelvis f ② (*Schwimm-*) piscina f; (*Wasch-*) lavabo m

bedanken vr ◇ sich - agradecer; ◇ **ich bedanke mich für Ihre Hilfe** le agradezco su ayuda

bedauern I. vt →*Vorfall* lamentar, sentir ② ↑ *bemitleiden* compadecer

bedecken vt cubrir, tapar; **bedeckt** adj ▷*Behälter* tapado; ▷*Himmel* cubierto

bedenken unreg vt considerar; **bedenklich** adj ① ↑ *besorgniserregend* sospechoso ② ↑ *beängstigend* inquietante

bedeuten I. vt ↑ *Sinn haben* significar; ↑ *ausdrücken* indicar II. vi ↑ *Wert haben* tener valor, ser de importancia; **bedeutend** adj ① ▷*Künstler* importante, reconocido ② ▷*Summe* considerable; **Bedeutung** f ①

↑ *Sinn* significado m ② ↑ *Wichtigkeit* importancia f

bedienen vt ① →*Gäste* servir ② →*Gerät* manejar; **Bedienung** f ↑ *Kellner* camarero/a; ↑ *Verkäufer* vendedor(a f) m

Bedingung f ① ↑ *Forderung* requisito m ② ↑ *Voraussetzung* condición f ③ (*Zahlungs-en*) condiciones f/pl

Bedrohung f amenaza f

bedrückt adj opresivo

Bedürfnis n ↑ *Verlangen* necesidad f

Beefsteak n <-s, -s> bistec m

beeilen vr ◇ sich - apresurarse, darse prisa; ◇ **beeil' dich!** ¡date prisa!

beeindrucken vt impresionar

beeinflussen vt influir, influenciar

beeinträchtigen vt limitar, obstaculizar

beenden vt acabar, terminar

beerdigen vt enterrar; **Beerdigung** f enterramiento m

Beet n <-[e]s, -e> (*Blumen-*) mata f

befahren I. unreg vt →*Straße* pasar por, transitar II. adj: ◇ **e-e viel -e Straße** una calle muy transitada

befassen vr ◇ sich - mit ocuparse de

Befehl m <-[e]s, -e> orden f, mandato m; **befehlen** <befahl, befohlen> vti ordenar, mandar

befestigen vt atar, amarrar (*an dat* a)

befinden unreg I. vr ◇ sich - ① ↑ sich aufhalten encontrarse, hallarse ② ↑ sich fühlen estar, encontrarse II. vi: ◇ über jds Schicksal - decidir sobre el destino de alguien

befolgen vt obedecer, seguir

befördern vt ① → Fracht llevar, transportar ② (zum Direktor) ascender

befreien vt ① (aus Notlage) sacar ② (von Sorge) liberar, librar

befriedigen vt ① ↑ zufriedenstellen satisfacer, contentar ② → Wünsche satisfacer, cumplir; **befriedigend** adj satisfactorio

befristet adj con un plazo limitado

befugt adj autorizado, permitido

befühlen vt tocar, palpar

Befund m <-[e]s, -e> MED resultado m/pl médicos

befürchten vt temer, tener miedo de; **Befürchtung** f temor m

befürworten vt → Plan apoyar, estar de acuerdo

begabt adj dotado, con talento; **Begabung** f talento m, don m

begeben unreg vr ◇ sich - ir, dirigirse, ponerse en camino (zu/ nach a)

begegnen I. vi ① ↑ treffen encontrarse (jd-m con alguien) ② → e-r Meinung oponerse a, estar en contra de II. vr ◇ sich/einander - encontrarse por casualidad; **Begegnung** f a. SPORT encuentro m

begehen unreg vt ① → Verbrechen cometer ② → Fest celebrar, festejar

begeistern vt entusiasmar

Begierde f <-, -n> deseo m, anhelo m

begießen unreg vt FAM brindar por

Beginn m <-[e]s> comienzo m, empiece m; **beginnen** <begann, begonnen> vti comenzar, empezar

begleichen unreg vt → Rechnung, Schuld pagar

begleiten vt ① ↑ mitgehen acompañar ② MUS acompañar a ③ ↑ einhergehen mit ser acompañado por

beglückwünschen vt felicitar (zu por)

begnügen vr ◇ sich - mit contentarse con, darse por satisfecho con

begraben unreg vt enterrar; **Begräbnis** n entierro m

begreifen unreg vt ↑ verstehen entender; ↑ nachfühlen comprender

begrenzen vt limitar

Begriff m <-[e]s, -e> ① concepto m, idea f ② FAM ↑ nicht recht verstehen ◇ schwer von - sein ser duro de mollera

Begründung f argumentación f

begrüßen vt ① →Gäste saludar ② →Entscheidung aceptar, admitir; **Begrüßung** f saludo m

behaglich adj agradable, cómodo

behalten unreg vt →Besitz mantener; →Glanz, Wert conservar

Behälter m <-s, -> (für Flüssigkeit) frasco m; (kleiner -) recipiente m; (großer -) contenedor m

behandeln vt ① →Patienten tratar, atender ② ↑ umgehen mit tratar; **Behandlung** f tratamiento m; trato m, manejo m

beharren vi: ◇ - auf dat obstinarse en, persistir en; **beharrlich** adj (↑ geduldig) persistente; ↑ hartnäckig obstinado, insistente

behaupten I. vt decir, opinar; afirmar II. vr ◇ sich - gegen imponerse a; **Behauptung** f afirmación f, opinión f

beheben unreg vt ◇ sich - mit etw ayudarse de, servirse de

beherrschen I. vt ① →Situation, Arbeit dominar, estar al tanto de; →Fremdsprache dominar, saber; →Instrument saber tocar; →Wut, Gefühl dominar, controlar ② →Volk, Land gobernar, mandar en II. vr ◇ sich - controlarse, dominarse

behindern vt →Entwicklung impedir, obstaculizar; →Person estorbar ↑ im Wege stehen estorbar; **Behinderte(r)** fm disminuído/a físico/a, impedido/a

Behörde f <-, -n> ↑ Amt oficina f

bei präp dat ① (örtlich) cerca de; ◇ das Haus - der Brücke la casa cerca del puente; ◇ -m Konditor en la pastelería; ◇ Tisch en la mesa ② (zeitlich) ◇ - Beginn al principio; ◇ - seiner Rückkehr a su vuelta; ↑ während de, durante; ◇ - Tag/Nacht de día/noche; ◇ - Nebel con niebla ③ ◇ - vollem Bewußtsein en pleno uso de sus facultades

beichten I. vt confesar, admitir II. vi ↑ zur Beichte gehen confesarse

beide(s) adj, pron los dos, ambos; ◇ wir - nosotros dos; ◇ e-r von -n uno de los dos; ◇ keiner von -n ninguno de los dos; ◇ in -n Fällen en ambos casos; **beiderseits** adv por ambas partes, de forma recíproca

Beifahrer(in f) m copiloto m/f

Beifall m <-[e]s> aplauso m
beifügen vt adjuntar
Beilage f ① (Zeitungs-) suplemento m ② GASTRON guarnición f
Beileid n (bei Trauerfall) pésame m
beim = **bei dem** ① (Vorgang) ◇ - Putzen limpiando, al limpiar ② jd-n - Wort nehmen tomar a alguien al pie de la letra
Bein n <-[e]s, -e> ① ANAT pierna f ② (von Tieren) pata f
beinah[e] adv casi, por poco
beinhalten vt contener
beisammen adv juntamente con, conjuntamente
Beispiel n <-[e]s, -e> ejemplo m; ◇ [wie] zum - [como] por ejemplo; **beispiellos** adj sin ejemplo, sin igual; **beispielsweise** adv por ejemplo
beißen <biß, gebissen> vt morder
Beistand m apoyo m, ayuda f;
beistehen unreg vi ayudar, socorrer, aconsejar
beisteuern vt aportar, contribuir
Beitrag m <-[e]s, Beiträge> ① aportación, ayuda f ② (finanzieller -) contribución f; (Mitglieds-) cuota f; **beitragen** unreg vti aportar, contribuir (zu a)
beitreten unreg vi (Mitglied

werden) adherirse a, hacerse miembro de; → Partei afiliarse (dat a); **Beitritt** m adhesión f, ingreso m
beiwohnen vi (e-m Vortrag) asistir
beizeiten adv temprano
bejahend adj afirmativo
bekämpfen vt combatir, luchar contra; **Bekämpfung** f lucha f (gen contra)
bekannt adj conocido; **Bekannte(r)** fm conocido/a; **bekanntgeben** unreg vt dar a conocer; **bekanntlich** adv como ya se sabe; **bekanntmachen** vt dar a conocer; **Bekanntmachung** f ① (öffentlich) publicación f ② (privat) aviso m, advertencia f; **Bekanntschaft** f conocimiento m
bekehren vt convertir
bekennen unreg I. vt reconocer, admitir II. vr: ◇ sich als Sünder - reconocerse pecador; **Bekenntnis** n confesión f
beklagen I. vt lamentar II. vr: ◇ sich - über akk quejarse de; **beklagenswert** adj lamentable
bekleiden vt ① (mit Kleidern) vestir ② -Amt desempeñar; **Bekleidung** f vestimenta, ropa f; **Bekleidungsindustrie** f confección f

beklemmend adj opresivo
bekommen unreg **I.** vt obtener; →Kind tener; →Zug alcanzar **II.** vi: ◇ jd-m gut ~ sentar bien a alguien
bekräftigen vt afirmar, corroborar
bekreuzigen vr ◇ sich ~ santiguarse
bekriegen vt hacer la guerra contra
bekunden vt demostrar, mostrar
beladen unreg vt cargar
Belag m <-[e]s, Beläge> revestimiento m, capa f superficial
belagern vt ① → Stadt sitiar ② FIG → Star asediar; **Belagerung** f asedio m
belangen vt demandar
belanglos adj insustancial
belasten vt cargar; COMM cargar en cuenta; FIG ↑ bedrükken oprimir
belästigen vt molestar; **Belästigung** f molestia f, estorbo m
Belastung f FIG auch carga f
belaufen unreg vr ◇ sich ~ ascender, elevarse (auf akk a)
beleben vt animar; →Wirtschaft reactivar
Beleg m <-[e]s, -e> justificante m, recibo m
belegen vt ① →Ausgaben justificar ② →Sitz reservar; →Kurs asistir

Belegschaft f personal m
belehren vt instruir; **Belehrung** f enseñanza, instrucción f
beleibt adj corpulento
beleidigen vt ofender, insultar; **beleidigend** adj ofensivo, insultante; **Beleidigung** f ofensa f, insulto m
belesen adj instruido
beleuchten vt iluminar, alumbrar; **Beleuchtung** f ① iluminación f ② (von Straße) alumbrado m ③ (Kerzen-) luz f
Belgien n Bélgica f; **Belgier** (in f) m <-s, -> belga m/f; **belgisch** adj belga
belichten vt FOTO exponer; **Belichtung** f exposición f; **Belichtungsmesser** m <-s, -> fotómetro m
Belieben n: ◇ [ganz] nach ihrem ~ a su gusto m
beliebig adj cualquiera
beliebt adj popular, querido; **Beliebtheit** f popularidad f
beliefern vt proveer de
bellen vi ladrar
belohnen vt recompensar; **Belohnung** f recompensa f
belügen unreg vt mentir a
Belustigung f diversión f
bemächtigen vr ◇ sich [e-r Sache] ~ tomar posesión [de algo]
bemalen vt pintar

bemängeln vt sacar defectos, criticar

bemerkbar adj perceptible, reconocible; ◇ **sich - machen** hacerse notar

bemerken vt ① ↑ wahrnehmen percibir ② ↑ äußern decir, mencionar; **bemerkenswert** adj notable, digno de atención, destacable

Bemerkung f observación f, nota f

bemitleiden vt compadecerse de

bemühen I. vt.: ◇ **darf ich Sie nochmals -, dies zu tun?** ¿le podría pedir otra vez que se ocupe de esto? **II.** vr ◇ **sich -** esforzarse; **Bemühung** f esfuerzo m (um die)

benachbart adj vecino

benachrichtigen vt informar, avisar (von de); **Benachrichtigung** f información f, aviso m

benachteiligen vt perjudicar

benehmen unreg vr ◇ **sich -** comportarse; **Benehmen** n <-s> comportamiento m

beneiden vt envidiar; **beneidenswert** adj envidiable

Beneluxländer n/pl Benelux m

Bengel m <-s, -> rapaz f

benommen adj aturdido, ido, atontado

benötigen vt requerir, necesitar

benutzen, benützen (süddt., ÖST) vt utilizar, usar, aprovechar; **Benutzer(in)** m <-s, -> usuario/a; **benutzerfreundlich** adj de fácil uso; **Benutzung** f utilización f, uso m

Benzin n <-s, -e> AUTO gasolina f; ◇ **bleifreies/bleihaltiges -** gasolina sin/con plomo; **Benzinkanister** m lata f de gasolina; **Benzintank** m depósito m de gasolina

beobachten vt observar; **Beobachter(in)** m <-s, -> observador(a f) m; **Beobachtung** f observación f

bepacken vt cargar

bepflanzen vt plantar (mit de)

bequem adj ① cómodo ② ↑ träge perezoso; **Bequemlichkeit** f ① comodidad f ② ↑ Trägheit pereza f

beraten unreg **I.** vt →jd-n aconsejar; → etwas deliberar sobre **II.** vr: ◇ **sich - lassen über** etw dejarse aconsejar sobre algo; **Berater(in** f) m <-s, -> consejero/a, asesor(a f) m; **Beratung** f consejo m, consulta f; **Beratungsstelle** f consultorio m, asesoría f

berauben vt robar

berauschen vr ◇ **sich -** emborracharse; FIG entusiasmarse;

berauschend adj embriagador

berechenbar adj predecible

berechnen vt ① calcular ② COMM cargar en cuenta; **Berechnung** f cálculo m, cuenta f

berechtigen vt autorizar; **berechtigt** adj ① autorizado ② ▷Vorwurf justificado; **Berechtigung** f derecho m, autorización f

beredt adj elocuente

Bereich m <-[e]s, -e> ① ↑ Gebiet zona f ② ↑ Zuständigkeit campo m, terreno m

bereichern vr ~ sich ~ enriquecerse (an con)

Bereifung f neumáticos m/pl

bereisen vt viajar por

bereit adj preparado; ◇ bist du -? ¡estas listo?; ◇ er war -, uns zu helfen estaba dispuesto a ayudarnos

bereiten vt ① → Essen preparar ② → Freude, Sorgen dar, causar

bereits adv ya

Bereitschaft f disposición f; **Bereitschaftsarzt** m, **-ärztin** f médico m/f de guardia

bereitwillig adj solícito

bereuen vt arrepentirse de

Berg m <-[e]s, -e> montaña f; FIG montón m; **bergab** adv cuesta abajo; **bergauf** adv cuesta arriba; **Bergarbeiter** m minero m; **Bergbahn** f ferrocarril de montaña m; **Bergbau** m minería f

bergen <barg, geborgen> vt salvar, rescatar

Bergführer(in f) m guía m/f de montaña; **Berggipfel** m cumbre, cima f; **bergig** adj montañoso; **Bergkette** f cordillera f; **Bergmann** m, pl <-leute> minero m; **Bergrutsch** m desprendimiento m; **Bergsteigen** n alpinismo m; **Bergsteiger (in** f) m <-s, -> alpinista m/f

Bergung f salvamento m, rescate m

Bergwacht f <-, -en> servicio m de salvamento; **Bergwerk** n mina f

Bericht m <-[e]s, -e> informe m (über von akk sobre); **berichten** vti informar, comunicar; **Berichterstatter(in** f) m <-s, -> corresponsal m/f

berichtigen vt corregir

Bermudas pl ① (Inseln) Las Islas Bermudas f/pl ② (Shorts) bermudas f/pl

bersten <barst, geborsten> vi reventar

berüchtigt adj de mala fama

berücksichtigen vt tener en cuenta, considerar

Beruf m <-[e]s, -e> profesión f; (Handwerks~) oficio m; ◇ was sind Sie von -? ¿a qué se dedica/ en qué trabaja usted?

berufen *unreg* I. *vt* nombrar (*als/zu* como/para) II. *vr:* ◇ **sich auf etw** *akk* - referirse a algo III. *adj* capacitado

beruflich *adj* profesional

Berufsberatung *f* orientación *f* profesional; **Berufskrankheit** *f* enfermedad *f* profesional; **Berufsleben** *n* vida *f* profesional; **Berufsschule** *f* escuela *f* de formación profesional; **berufstätig** *adj:* ◇ - **sein** trabajar

Berufung *f* ① vocación *f* ② (*in Amt*) nombramiento *m* ③ JURA apelación *f*

beruhen *vi* basarse (*auf dat* en); ◇ **die Arbeit auf sich - lassen** dejar por terminado el trabajo

beruhigen *vt* calmar, tranquilizar; **Beruhigungsmittel** *n* tranquilizante, calmante *m*

berühmt *adj* famoso

berühren *vt* tocar; **Berührung** *f* toque, roce *m*

besagt *adj* mencionado

besänftigen *vt* calmar, apaciguar

Besatzung *f* ① ↑ *Mannschaft* tripulación *f* ② MIL guarnición *f*

beschädigen *vt* estropear; **beschädigt** *adj* dañado; **Beschädigung** *f* deterioro *m*

beschaffen I. *vt* conseguir, proporcionar II. *adj* acondicionado; **Beschaffenheit** *f* condición *f*, estado *m*

beschäftigen I. *vt* dar empleo II. *vr* - ocuparse de; ◇ **sich mit etw** - dedicarse a algo; **beschäftigt** *adj* ocupado; (*in Firma*) empleado; **Beschäftigung** *f* (*Freizeit-*) actividad *f*; (*im Beruf*) trabajo *m*; (*mit Thema*) ocupación *f*

beschämen *vt* avergonzar, humillar; **beschämend** *adj* vergonzoso

Bescheid *m* <-[e]s, -e> ① (*behördliche Entscheidung*) decisión *f*, notificación *f* ② ◇ **ich weiß darüber** - estoy al corriente; ◇ **jd-m** - **sagen** comunicar algo [*o.* dar aviso] a alguien

bescheiden *adj* modesto; **Bescheidenheit** *f* modestia *f*

bescheinigen *vt* certificar; **Bescheinigung** *f* certificado *m*; (*Empfangs-*) recibo *m*

Bescherung *f* (*an Weihnachten*) reparto *m* de regalos; FAM ◇ **das ist vielleicht e-e schöne -!** ¡buena se ha armado!

beschimpfen *vt* insultar, injuriar

beschlagen *unreg* I. *vt* → *Pferd* herrar II. *vr* ◇ **sich** - ← *Fenster* empañarse III. *adj* informado, enterado

beschlagnahmen *vt* confiscar

beschleunigen *vti* acelerar; **Beschleunigung** *f* aceleración *f*

beschließen *unreg vt* ↑ *beenden* terminar; ↑ *Beschluß fassen* acordar, decidir

Beschluß *m* dictamen *m*, decisión *f*

beschmutzen *vt* ensuciar

beschneiden *unreg vt* →*Papier* recortar; →*Zweige* podar

beschränken I. *vt* limitar (*auf akk* a) II. *vr* ◇ sich - limitarse (*auf* a); **beschränkt** *adj* limitado, reducido

beschreiben *unreg vt* describir; **Beschreibung** *f* descripción *f*

beschuldigen *vt* acusar; **Beschuldigung** *f* acusación *f*

beschützen *vt* proteger (*vor dat* de); **Beschützer(in** *f*) *m* <-s, -> protector(a *f*) *m*

Beschwerde *f* <-, -n> [1] queja *f*, reclamación *f* [2] ◇ -n *pl* MED achaques *m/pl*; **beschweren** *vr* ◇ sich - quejarse (*über akk* de)

beschwerlich *adj* fatigoso, molesto

beschwipst *adj* bebido, alegre, piripi

beschwören *unreg vt* jurar

beseitigen *vt* →*Spuren* borrar;

↑ *umbringen* liquidar, quitar de en medio

Besen *m* <-s, -> escoba *f*

besessen *adj* obsesionado; (*von Teufel*) poseído

besetzen *vt* ←*Truppen* →*Haus* ocupar; →*Tisch* reservar; **besetzt** *vt* ▷*Toilette* ▷*Taxi* ▷*Telefonleitung* ocupado; ▷*Tisch* reservado; **Besetzung** *f* [1] ocupación *f* [2] THEAT reparto *m*

besichtigen *vt* visitar; **Besichtigung** *f* visita *f*

besiegen *vt* vencer

besinnlich *adj* pensativo; **Besinnung** *f* [1] conocimiento *m*; ◇ wieder zur - kommen recobrar el sentido; FIG entrar en razón [2] ↑ *Nachdenken* reflexión *f*; **besinnungslos** *adj* desmayado

Besitz *m* <-es> posesión *f*; **besitzen** *unreg vt* tener, poseer; **Besitzer(in** *f*) *m* <-s, -> dueño/a

besoffen *adj* FAM borracho

besondere(r, s) *adj* especial, extraordinario, particular; **Besonderheit** *f* especialidad *f*, particularidad *f*; **besonders** *adv* sobre todo, especialmente

besonnen *adj* prudente, juicioso

besorgen *vt* ↑ *beschaffen* proporcionar; ↑ *einkaufen* comprar; ↑ *erledigen* realizar, efectuar

Besorgnis f preocupación f;
besorgt adj preocupado
Besorgung f ↑ *Beschaffen* provisión f; ↑ *Einkauf* compra f
besprechen unreg vt discutir;
◊ sich - über akk consultar con alguien; **Besprechung** f ① ↑ *Unterredung* conferencia f, entrevista f ② ↑ *Beurteilung* comentario m, opinión f; (von Buch) reseña f
besser kompar v. gut adj mejor
bessern vr ◊ sich - über akk corregirse, enmendarse; ← *Krankheit, Wetter* mejorarse; **Besserung** f mejora f; MED, METEO mejoría f; ◊ gute -! ¡que se mejore!
Bestand m ① existencia f ② (an Waren) existencias flpl
beständig adj ① constante ② METEO estable
Bestandteil m componente m, parte f
bestätigen vt confirmar, certificar; ◊ den Empfang - acusar recibo; **Bestätigung** f confirmación f, certificado f
Bestattung f entierro m
beste(r, s) superl v. gut adj lo mejor; ◊ am -n gehst du gleich lo mejor es que te vayas enseguida
bestechen unreg vt sobornar;
bestechlich adj sobornable;

Bestechung f soborno m, corrupción f
Besteck n <-[e]s, -e> cubierto m
bestehen unreg I. vi existir, perdurar II. vt ← *Kampf* sostener; ← *Prüfung* aprobar; ◊ - auf dat insistir en; ◊ - aus dat componerse de
bestehlen unreg vt robar
besteigen unreg vt subir a; ← *Pferd* montar a
bestellen vt ① ← *Waren* pedir; ← *Zimmer* reservar ② ← *Boden* cultivar ③ ← *Nachricht* dar; ← *Grüße* enviar saludos [de parte de alguien] ④ (zu sich -) mandar venir, citar; **Bestellschein** m hoja de pedido f; **Bestellung** f ① (das Bestellen) encargo m ② COMM pedido m ③ ↑ *Nachricht* recado m ④ (von Boden) cultivo m
bestenfalls adv en el mejor de los casos
bestens adv maravillosamente
besteuern vt gravar [con impuestos]
Bestie f auch FIG bestia f
bestimmen vt → *Tag* determinar, fijar; ↑ *aussehen* destinar;
↑ *veranlassen* disponer; **bestimmt** I. adj decidido, seguro, determinado II. adv seguramente; **Bestimmung** f ① reglamento m, determinación f ②

↑ *Schicksal* destino *m;* **Bestimmungsort** *m* lugar *m* de destino

Bestleistung *f* SPORT récord *m;* **bestmöglich** *adj* lo mejor posible

Best.-Nr. *Abk v.* Bestellnummer número *m* de pedido

bestrafen *vt* castigar; **Bestrafung** *f* castigo *m*

bestrahlen *vt* iluminar; MED tratar con rayos; **Bestrahlung** *f* iluminación *f;* MED radioterapia *f*

bestreichen *unreg vt* pintar; → *Brot* untar

bestreiten *unreg vt* ① negar, poner en tela de juicio ② financiar, pagar

bestreuen *vt* espolvorear

bestürmen *vt* asaltar; ◇ **mit Bitten** - importunar con ruegos; ◇ **mit Fragen** - acosar a preguntas

Bestürzung *f* susto *m*

Besuch *m* ‹-[e]s, -e› visita *f;* **besuchen** *vt* visitar; ↑ *teilnehmen* asistir; ◇ **das Konzert war gut besucht** el concierto fue muy concurrido; **Besucher(in** *f)* *m* ‹-s, -› ① visitante *m/f* ② ↑ *Teilnehmer* participante *m/f;* **Besuchszeit** *f* horas *f/pl* de visita

betagt *adj* anciano

betätigen I. *vt* TECH accionar

II. *vr* ◇ **sich** - tomar parte; ◇ **sich künstlerisch/politisch** - participar en actividades artísticas/políticas; ◇ **sich in der Küche** - ayudar en la cocina; **Betätigung** *f* ① ↑ *Tätigkeit* acción *f,* actividad *f;* ▷*beruflich* ocupación *f* ② TECH accionamiento *m*

betäuben *vt* ① → *Körper* adormecer; → *Nerven* calmar ② FIG → *Gewissen* tranquilizar ③ MED anestesiar; **Betäubungsmittel** *n* anestésico *m*

beteiligen I. *vt:* - **jd-n an etw** *dat* - dejar participar en algo **II.** *vr:* ◇ **sich an etw** *dat* → *Diskussion* tomar parte en; → *Unterricht* participar en; **Beteiligung** *f* participación *f,* contribución *f*

beten *vi* rezar

Beton *m* ‹-s, -s *o.* -e› hormigón *m*

betonen *vt* ① acentuar ② FIG ◇ **ich möchte nochmals ausdrücklich** -, **daß ...** quiero hacer incapié de nuevo en ...; **betont** *adj* acentuado; **Betonung** *f* ① *(von Silbe)* acentuación *f;* ↑ *Akzent* acento *m* ② FIG énfasis *m*

Betr. *Abk v.* Betreff

Betracht *m:* ◇ **in** - **kommen** venir al caso; ◇ **etw/jd-n außer** - **lassen** no tener algo/a alguien

en cuenta; ◇ **etw** in - **ziehen**
considerar algo

betrachten vt ① mirar, contemplar ② FIG considerar (als
como)

beträchtlich adj considerable

Betrachtung f contemplación
f; (von Problem) análisis m

Betrag m <-[e]s, Beträge> cantidad, suma f

betragen unreg **I.** vt elevarse a,
ascender a **II.** vr ◇ sich - portar-
se, comportarse; **Betragen** n
<-s> comportamiento m

Betreff m Asunto m; **betreffen** unreg vt concernir; **be-
treffs** präp con respecto a

betreiben unreg vt ejercer, dedicarse a

betreten unreg vt entrar en;
◇ B- des Rasens verboten prohibido pisar el césped

betreuen vt cuidar, encargarse
de

Betrieb m <-[e]s, -e> ① ↑ Firma empresa f ② ↑ Geschäftigkeit actividad f ③ ◇ landwirt-
schaftlicher - producción f/ex-
plotación f agrícola; ◇ außer -
sein/setzen estar/poner fuera de
servicio; ◇ in - sein/setzen
estar/poner en funcionamiento);
Betriebsklima n ambiente m
laboral; **Betriebsrat** m comité
m de empresa; **Betriebssy-
stem** n PC sistema m operacio-

nal; **Betriebsunfall** m accidente m laboral; **Betriebs-
wirtschaft** f economía f de la
empresa

betrinken unreg vr ◇ sich [mit
etw] -emborracharse [con algo]

betroffen adj afectado, con-
sternado

betrübt adj apenado

Betrug m <-[e]s> fraude m; engaño m; JURA estafa f; **betrügen** unreg vt engañar; JURA
estafar; **Betrüger(in** f) m <-s,
-> estafador(a f) m; **betrügerisch** adj JURA fraudulento

betrunken adj borracho

Bett n <-[e]s, -en> cama f;
Bettbezug m funda f

betteln vi mendigar

bettlägerig adj que guarda
cama; **Bettlaken** n sábana f

Bettler(in f) m <-s, -> mendigo/
a

Bettwäsche f ropa f de cama

beugen I. vt doblar **II.** vr ◇ sich
- ① (aus dem Fenster) asomarse
② ↑ sich unterwerfen ceder (dat
en); ◇ sich jdm - doblegarse a
alguien

Beule f <-, -n> ↑ Schwellung
chichón m, hinchazón f; AUTO
↑ Delle abolladura f

beunruhigen vt inquietar

beurteilen vt juzgar; → Buch
criticar; **Beurteilung** f juicio
m, apreciación f

Beute f <-> ① presa f ② (FIG bei Verbrechen) botín m
Beutel m <-s, -> bolsa f
Bevölkerung f población f; **Bevölkerungsrückgang** m descenso m demográfico
bevollmächtigen vt autorizar, dar poder a; **Bevollmächtigte(r)** f∙m apoderado/a
bevor cj antes de (que)
bevormunden vt tener bajo tutela; ◇ **ich laße mich von Euch nicht länger - no** dejo que me mandeis ni un minuto más
bevorstehen unreg vi estar próximo
bevorzugen vt preferir; **Bevorzugung** f preferencia f
bewachen vt vigilar; **Bewachung** f vigilancia f
bewaffnen vt armar; **Bewaffnung** f armamento m
bewahren vt guardar, conservar; ◇ **jd-n vor jd-m/etw - prote**ger a alguien de alguien/de algo
bewähren vr ◇ **sich - als** acreditarse como; ← **Gerät** dar buen resultado; **Bewährung** f prueba f; ◇ **e-e Strafe zur - ausset**zen conceder la remisión condicional; **Bewährungsfrist** f plazo m de prueba
bewältigen vt dominar, vencer; → **Aufgabe** realizar
bewässern vt regar; **Bewässerung** f riego m

bewegen I. vt mover; FIG conmocionar II. vr ◇ **sich - mover**se; **beweglich** adj móvil; FIG flexible, ágil; **bewegt** adj ① movido, agitado; ↑ **ergriffen** conmovido ② (Meer) agitado; **Bewegung** f ① movimiento m ② FIG agitación f
Beweis m <-es, -e> prueba f; **beweisen** unreg vt probar, demostrar
bewerben unreg vr ◇ **sich -** solicitar (um algo); **Bewerber (in** f) m <-s, -> solicitante m/f, aspirante m/f; **Bewerbung** f solicitud f
bewerten vt valorar
bewilligen vt conceder
bewirken vt producir
bewirten vt dar de comer a beber, atender
bewirtschaften vt explotar
bewohnen vt habitar; **Bewohner(in** f) m <-s, -> habitante m/f
bewölkt adj nublado; **Bewölkung** f nubosidad f
bewundern vt admirar; **bewundernswert** adj admirable; **Bewunderung** f admiración f
bewußt adj consciente; ↑ **absichtlich** intencionado; ◇ **sich** dat **e-r Sache** gen **- sein** ser consciente de una cosa; **bewußtlos** adj inconsciente; **Be-**

wußtlosigkeit f inconsciencia f; **Bewußtsein** n <-s> conocimiento m

bezahlen vt pagar; **Bezahlung** f pago m

bezeichnen vt ① ↑ markieren marcar ② ↑ beschreiben detallar ③ ↑ zeigen señalar ④ ←Wort significar; **bezeichnend** adj significativo, típico (für de); **Bezeichnung** f ↑ Benennung denominación f; ↑ Ausdruck expresión f

bezeugen vt testificar

bezichtigen vt: ◇ jd-n e-s Diebstahls - acusar a alguien de un robo

beziehen unreg I. vt ① →Sessel tapizar; →Bett cambiar las sábanas ② →Wohnung, Zimmer instalarse en ③ →Gehalt percibir, recibir II. vr ◇ sich -referirse (auf akk a)

Beziehung f relación f; ◇ seine -en spielen lassen utilizar sus contactos; ↑ Hinsicht respecto m

beziehungsweise cj o mejor, o tambien

Bezirk m <-[e]s, -e> distrito m; (Wohn-) barrio m

Bezug m <-[e]s, Bezüge> ① funda f ② (COMM von Waren) compra f, adquisición f; ◇ in b- auf akk en relación con

bezüglich präp gen relativo [a]

bezwecken vt tener por objeto

bezweifeln vt dudar

Bibel f <-, -n> biblia f

Bibliographie f bibliografía f

Bibliothek f <-, -en> biblioteca f

biegen <bog, gebogen> I. vt →Holz, Metall doblar II. vt ◇ sich -doblarse III. vi ↑ abbiegen torcer (in akk a); **biegsam** adj flexible

Biene f <-, -n> abeja f

Bier n <-[e]s, -e> cerveza f; ◇ dunkles/helles -cerveza f rubia/negra

Biest n <-[e]s, -er> ① bestia f ② FIG mala persona f

bieten <bot, geboten> vt ofrecer; (bei Versteigerung) pujar

Bikini m <-s, -s> biquini m

Bilanz f COMM balance m

Bild n <-[e]s, -er> auch FIG imagen f, cuadro m

bilden I. vt ① formar ② (erziehen) educar II. vr ◇ sich -formarse; ▷geistig instruirse

Bilderbuch n libro m con dibujos; **Bilderrahmen** m marco m; **Bildhauer(in)** f m <-s, -> escultor(a f) m

bildlich adj ① plástico ② ↑ übertragen figurativo

Bildschirm m pantalla f; **Bildschirmgerät** n PC ordenador m

Bildung f ① formación f ②
▷*geistig* cultura f
Bildwörterbuch n diccionario
m ilustrado
Billard n <-s, -e> billar m; **Billardkugel** f bola f de billar;
Billardtisch m mesa f de billar
billig adj barato
billigen vt aprobar; **Billigung** f
aprobación f
Binde f <-, -n> ① (*Verband*)
gasa f ② (*Damen-*) compresa f
Bindegewebe n tejido m conjuntivo
Bindehautentzündung f
conjuntivitis f
binden <band, gebunden> vt
atar; →*Buch* encuadernar;
→*Krawatte* anudar
Bindfaden m cordel m
Bindung f ① (*an Vertrag*) compromiso m; (*an Partner*) unión f
② (*Ski-*) fijación f
Binnenhafen m puerto m fluvial; **Binnenhandel** m comercio m interior; **Binnenmarkt** m mercado m nacional
Binse f <-, -n> junco m
Binsenwahrheit f perogrullada f
biodynamisch adj biodinámico
Biographie f biografía f
Biologie f biología f; **biologisch** adj biológico; (*ohne*

Chemiezusätze) biodegradable;
Biomüll m basura orgánica f
Birke f <-, -n> abedul m
Birnbaum m peral m; **Birne** f
<-, -n> ① pera f ② ELECTR
bombilla f
bis adv, präp akk ① (*räumlich, -
zu/an*) hasta; ◇ **hierher** hasta
aquí ② (*zeitlich*) a, hasta; ◇
Dienstag muß es fertig sein el
martes tiene que estar terminado; ◇ **- bald/gleich** hasta pronto/
hasta ahora; ◇ **- auf etw** akk sin
incluir
Bischof m <-s, Bischöfe> obispo m
bisher adv hasta ahora
Biskuit n <-[e]s, -s o. -e> bizcocho m
biß impf v. **beißen**
Biß m <Bisses, Bisse> mordisco
m, mordedura f
Bissen m <-s, -> bocado m
bissig adj ① mordedor ② FIG
mordaz
Bit n <-s, -s> PC bit m
bitte interj por favor; ◇ **können
Sie mir - helfen?** ¿me puede a
ayudar, por favor¿; ◇ **helfen Sie
mir -!** ¡ayúdeme, por favor¡; ◇
wie -? ¡cómo decía usted?; ◇
Vielen Dank! B- [sehr]! ¡muchas gracias; de nada; ◇ -
schön! aquí tiene
Bitte f <-, -n> ruego m; **bitten**
<bat, gebeten> vti pedir (*um* algo)

bitter adj amargo
Blähungen pl MED ventosidad f
Blamage f <-, -n> vergüenza f, ridículo m; **blamieren** vr ◇ **sich** - ponerse en ridículo, meter la pata
blank adj brillante, límpio
Blankoscheck m cheque m en blanco
Bläschen n burbujita f; MED vesícula f
Blase f <-, -n> 1 burbuja f; (auf Haut) ampolla f 2 ANAT vejiga f
Blasebalg m fuelle m; **blasen** I. <blies, geblasen> vi soplar II. vt →Trompete tocar; **Blasinstrument** n instrumento m de viento
blaß adj pálido
Blatt n <-[e]s, Blätter> hoja f
blättern vi hojear
Blätterteig m hojaldre m
Blattlaus f <-, -läuse> pulgón m
blau adj 1 azul 2 FAM bebido 3 ▷Auge morado; **blauäugig** adj 1 de ojos azules 2 FIG inocentón; **blaumachen** vi FAM hacer novillos
Blausäure f ácido m prúsico
Blazer m <-s, -> chaqueta f de traje
Blech n <-[e]s, -e> plancha f, hojalata f; **Blechdose** f lata f;

Blechschaden m AUTO daños m/pl materiales
Blei n <-[e]s, -e> plomo m
bleiben <blieb, geblieben> vi quedar[se], permanecer; **bleibend** adj constante, duradero
bleich adj pálido
bleichen vt →Wäsche blanquear; →Haare decolorar
bleifrei adj sin plomo
Bleistift m lápiz m; **Bleistift[an]spitzer** m <-s, -> sacapuntas m/sg
Blende f <-, -n> 1 (im Auto) parasol f 2 FOTO diafragma m
blenden vt deslumbrar, cegar
blendend adj 1 ▷Licht cegador 2 FAM deslumbrante; ◇ **mir geht es** - me va maravillosamente/genial
Blick m <-[e]s, -e> 1 mirada f 2 † Aussicht vista f; **blicken** vi mirar
blieb impf v. **bleiben**
blies impf v. **blasen**
blind adj ciego; ◇ **-er Passagier** polizón m
Blinddarm m intestino m ciego; **Blinddarmentzündung** f apendicitis f
Blindenschrift f braille m; **Blindheit** f ceguera f; **blindlings** adv a ciegas
Blindschleiche f <-, -n> lución m

Blinker m <-s, -> AUTO intermitente m

blinzeln vi guiñar

Blitz m <-es, -e> relámpago;
Blitzableiter m <-s, -> para-
rrayos m/sg; **blitzen** vi [1] relu-
cir, brillar, resplandecer [2] ME-
TEO ◇ es blitzt ganz in der
Nähe están cayendo relámpagos
en las cercanías; **Blitzlicht** n
FOTO flash m

Block m <-[e]s, Blöcke> auch
FIG a. POL bloque m; (Häu-
ser-) manzana f

Blockade f bloqueo m

Blockflöte f flauta f dulce

blockfrei adj POL: ◇ -e Staaten países m/pl no alineados

blockieren vt bloquear

Blockschrift f letra f de molde

blöd adj estúpido, tonto; **Blödsinn** m tontería f; **blödsinnig**
adj imbécil

blöken vi ← Schaf balar

blond adj rubio; **blondieren**
vt teñir de rubio

bloß I. adj [1] ◇ Oberkörper desnudo [2] ↑ nur, schon mero **II.**
adv solamente, sólo

bloßstellen vt ridiculizar

Blue-jeans, **Blue Jeans** f
pantalones m/pl vaqueros

blühen vi florecer, FIG prosperar

Blume f <-, -n> [1] flor f [2] (von

Wein) aroma m; **Blumenbeet**
n macizo m de flores; **Blumenkohl** m coliflor f; **Blumenstrauß** m ramo m de flores;
Blumentopf m tiesto m

Bluse f <-, -n> blusa f

Blut n <-[e]s> sangre f; **blut-
arm** adj anémico; **Blutdruck**
m tensión f arterial

Blüte f <-, -n> flor f, FIG prosperidad f; **Blütezeit** f floración
f; FIG apogeo m

bluten vi sangrar; **Bluter(in** f)
m <-s, -> MED hemofílico/a;
Bluterguß m derrame m de
sangre, hematoma m; **Blutge-
fäß** n vaso m sanguíneo; **Blutgruppe** f grupo m sanguíneo;
blutig adj sangriento; **Blut-
körperchen** n/pl glóbulo m
sanguíneo; ◇ die weißen - [los]
leucocitos m/pl; ◇ die roten -
[los] eritrocitos m/pl; **Blutpro-
be** f análisis m de sangre; **Blutübertragung** f transfusión f
de sangre; **Blutung** f hemorragia f; (Regel-) regla, periodo;
Blutvergiftung f intoxicación
f de la sangre

BLZ Abk v. **Bankleitzahl**

Bobbahn f pista f de bob

Bock m <-[e]s, Böcke> [1]
(Schaf-) macho [2] (Gestell) caballete m [3] SPORT potro m

Bockwurst f salchicha f

Boden m <-s, Böden> [1] suelo

m ② (*von Topf*) fondo *m* ③ (*Dach-*) ático *m* **bodenlos** *adj* ① sin fondo ② *FAM* increíble
Bodenschätze *m/pl* riquezas *f/pl* del subsuelo
Bodybuilding *n* culturismo *m*
bog *impf v.* biegen
Bogen *m* <-s, -> ① (*Kurve*) curvatura *f* ② ARCHIT arco *m* ③ (*Papier-*) pliego *m*; **Bogenschießen** *n* tiro *m* con arco
Bohle *f* <-, -n> tabla *f*
Bohne *f* <-, -n> alubia *f*, judía *m*; (*Kaffee-*) grano *m* de café
bohnern *vt* encerar; **Bohnerwachs** *n* cera *f* para pisos
bohren *vt* taladrar; **Bohrer** *m* <-s, -> taladro *m*; **Bohrinsel** *f* plataforma *f* petrolera; **Bohrmaschine** *f* taladradora *f*; **Bohrturm** *m* torre *f* de sondeo
Boiler *m* <-s, -> calentador *m* de agua
Boje *f* <-, -n> boya *f*
bombardieren *vt* bombardear; **Bombe** *f* <-, -n> bomba *f*; **Bombenerfolg** *m* *FAM* exitazo *m*
Bonbon *n* <-s, -s> caramelo *m*
Boot *n* <-[e]s, -e> bote *m*; lancha *f*; **Bootshaus** *n* casa *f* guardabotes
Bord[1] *m* <-[e]s, -e> NAUT borda *f*; ◇ **Mann über** - ¡hombre al

agua¡; ◇ **an/von - gehen** subir a bordo
Bord[2] *n* <-[e]s, -e> (*Bücher-*) estante *m*
Bordell *n* <-s, -e> burdel *m*
Bordkarte *f* tarjeta *f* de embarque
Bordstein *m* bordillo *m*
borgen *vt* prestar
Börse *f* <-, -n> bolsa *f*; **Börsenkrach** *m* desastre *f* financiero
Borste *f* <-, -n> cerda *f*
bösartig *adj* malicioso; MED maligno
Böschung *f* cuesta *f*; (*Straßen-*) arcén *m*; ↑ *Abhang* pendiente *f*
böse *adj* malo
boshaft *adj* malo, malicioso; **Bosheit** *f* malicia
Boß *m* jefe *m*
Botanik *f* botánica *f*
Bote *m* <-n, -n>, **Botin** *f* mensajero/a
Botschaft *f* ① mensaje *m* ② POL embajada *f*; **Botschafter** (**in** *f*) *m* <-s, -> embajador(a *f*) *m*
Bottich *m* <-[e]s, -e> cuba *f*
Bouillon *f* <-, -s> caldo *m*
Boutique *f* boutique *f*
Bowle *f* <-, -n> ponche *m*
Box *f* <-, -en> caja *f*
boxen *vti* boxear; **Boxen** *n*

<-s> boxeo *m*; **Boxer(in** *f*) *m* <-s, -> SPORT boxeador(a *f*) *m*

Boxkampf *m* combate *m* de boxeo

boykottieren *vt* boicotear

brach *impf v.* **brechen**

brachliegend *adj* de barbecho

brachte *impf v.* **bringen**

Branche *f* <-, -n> ramo *m*; **Branchenverzeichnis** *n* índice *m* comercial

Brand *m* <-[e]s, Brände> incendio *m*; **Brandsalbe** *f* pomada *f* para quemaduras; **Brandstifter(in** *f*) *m* pirómano/a; **Brandstiftung** *f* incendio *m* provocado

Brandung *f* resaca *f*

Brandwunde *f* quemadura *f*

brannte *impf v.* **brennen**

Branntwein *m* brandi *m*

Brasilien *n* Brasil *m*

braten <briet, gebraten> *vt* asar, freír; **Braten** *m* <-s, -> asado *m*; **Brathuhn** *n* pollo *m* asado; **Bratkartoffeln** *f/pl* patatas *f/pl* doradas; **Bratpfanne** *f* sartén *f*; **Bratrost** *m* parrilla *f*

Bratsche *f* <-, -n> viola *f*

Bratspieß *m* broqueta *f*; **Bratwurst** *f* salchicha *f* para asar

Brauch *m* <-[e]s, Bräuche> costumbre *f*

brauchbar *adj* útil

brauchen *vt* necesitar

Brauerei *f* cervecería *f*

braun *adj* ▷*Haare* moreno; ↑ *gebräunt* bronceado, moreno

Bräune *f* <-> *(von Haut)* moreno *m*; *(durch Sonne)* bronceado *m*; **bräunen** *v* ① ▸ *Haut* ② *(durch Sonne)* bronceado *m*; **bräunen** *v* ① → *Zwiebeln* dorar ② *(durch Sonne)* ponerse moreno

braungebrannt *adj* bronceado, moreno

Braunkohle *f* lignito *m*

Brause *f* <-, -n> ① ↑ *Dusche* ducha *f*; ↑ *Duschkopf* alcachofa *f* ② ↑ *Limonade* gaseosa *f*

Braut *f* <-, Bräute> novia *f*; **Bräutigam** *m* <-s, -e> novio *m*; **Brautpaar** *n* novios *m/pl*

brav *adj* bueno

BRD *f* <-> *Abk v.* **Bundesrepublik Deutschland** RFA

brechen <brach, gebrochen> **I.** *vt* ① romper ② *(er-)* vomitar **II.** *vi* romperse; **Brechreiz** *m* náuseas *f/pl*

Brei *m* <-[e]s, -e> papilla *f*; ◇ *Kartoffel-* puré *m* de patatas

breit *adj* ancho; **Breite** *f* <-, -n> ① anchura ② GEOL latitud *f*; **Breitengrad** *m* grado *m* de latitud; **breitschult[e]rig** *adj* ancho de hombros

Bremsbelag *m* guarnición *f* del freno; **Bremse** *f* <-, -n> ① freno ② ↑ *Stechfliege* tábano *m*; **bremsen** *vti* frenar; **Bremsflüssigkeit** *f* líquido *m* de freno; **Bremslicht** n luz f de frenado; **Bremspedal** n pedal m de freno; **Bremsspur** f huella f de frenada

brennbar adj inflamable; **brennen** <brannte, gebrannt> vi quemar, arder; ← Kerze, Leuchte estar encendido; ← Wunde escocer; **Brennessel** f ortiga f; **Brennholz** n leña f; **Brennspiritus** m alcohol m para quemar; **Brennstoff** m combustible m; **Brennweite** f FOTO distancia f de foco

brenzlig adj FIG peligroso, crítico

Brett n <-[e]s, -er> ① tabla f ② (Spiel-) tablero m

Brezel f <-, -n> rosquilla f

Brief m <-[e]s, -e> carta f; **Brieffreund(in** f) m amigo/a por carta; **Briefkasten** m buzón m; **Briefmarke** f sello m; **Brieföffner** m abrecartas m; **Briefpapier** n papel m de cartas; **Brieftasche** f billetero m; **Briefträger(in** f) m cartero m/ f; **Briefumschlag** m sobre m; **Briefwechsel** m correspondencia f

briet impf v. **braten**

Brillant m <-en, -en> brillante m

Brille f <-, -n> gafas f/pl, anteojos m/pl; **Brillengestell** n montura f

bringen <brachte, gebracht> vt (herbringen) traer; (mitnehmen) llevar; ↑ begleiten acompañar; ◇ jd-n dazu ~, etw zu tun obligar a alguien a hacer algo; ◇ jd-n um etw ~ privar a alguien de

Brise f <-, -n> brisa f

Brite m <-n, -n>, **Britin** f inglés (-esa f) m; **britisch** adj británico, inglés; ◇ **die Britischen Inseln** f/pl las Islas f/pl Británicas

Brombeere f mora f

Bronchitis f <-> bronquitis f

Bronze f <-, -n> bronce m

Brosche f <-, -n> broche m

Broschüre f <-, -n> folleto m

Brot n <-[e]s, -e> pan m; **Brötchen** n panecillo m; **Brotrinde** f corteza f de pan

Bruch m <-[e]s, Brüche> ① rotura f ② (MED Knochen-) fractura f; (Leisten-) hernia f ③ MATH quebrado m; **Bruchteil** m parte f

Brücke f <-, -n> puente m

Bruder m <-s, Brüder> hermano m; (Kloster-) fraile m; **brüderlich** adj fraternal

Brühe f <-, -n> caldo m

brüllen vi ← Tier rugir; ↑ weinen berrear

brummig adj gruñón

brünett adj moreno

Brunnen m <-s, -> (Wasser-) pozo m; (Spring-) fuente f

brüsk *adj* brusco
Brust *f* <-, Brüste> pecho *m*;
Brustschwimmen *n* natación *f* a braza; **Brustwarze** *f* pezón *m*
Brüstung *f* (*Fenster-*) antepecho *m*; ↑ *Geländer* balaustrada *f*
Brut *f* <-, -en> [1] cría *f* [2] ↑ *Brüten* incubación *f*
brutal *adj* brutal; **Brutalität** *f* brutalidad *f*
brüten *vi* empollar; **Brutkasten** incubadora *f*
brutto *adv* bruto; **Bruttoeinkommen** *n* ingreso *m* bruto; **Bruttogewicht** *f* peso *m* bruto
Bube *m* <-n, -n> (*Spielkarte*) sota *f*
Buch *n* <-[e]s, Bücher> libro *m*
Buche *f* <-, -n> haya *f*
buchen *vt* → *Reise* reservar; COMM contabilizar
Bücherei *f* biblioteca *f*; **Bücherregal** *n* estantería *f*; **Bücherschrank** *m* librería *f*
Buchfink *m* pinzón *m*
Buchhalter(in) *f m* <-s, -> contable *m/f*; **Buchhaltung** *f* contabilidad *f*; **Buchhandlung** *f* librería *f*
Büchse *f* <-, -n> [1] bote *m* [2] (*Blech-*) lata *f* [3] ↑ *Gewehr* rifle *m*; **Büchsenfleisch** *n* carne de lata *f*; **Büchsenöffner** *m* abrelatas *m/sg*

Buchstabe *m* <-ns, -n> letra *f*; **buchstabieren** *vt* deletrear
Bucht *f* <-, -en> bahía *f*; (*kleine* -) cala *f*
Buchung *f* reserva *f*; COMM contabilización *f*
Buckel *m* <-s, -> joroba *f*; **buckelig** *adj* jorobado
bücken *vr* ◇ **sich** - doblarse
Buddha *m* <-s, -s> buda *m*
Bude *f* <-, -en> [1] tenderete *m* [2] *FAM* cuchitril *m*
Budget *n* <-s, -s> presupuesto *m*
Büfett *n* <-s, -s> ↑ *Anrichte* aparador *m*; ◇ **kaltes** - buffet *m* frío
Büffel *m* <-s, -> búfalo *m*
Bug *m* <-[e]s, -e> NAUT proa *f*
Bügel *m* <-s, -> [1] (*Kleider-*) percha *f* [2] (*Brillen-*) varilla *f* [3] (*Steig-*) estribo *m*
Bügelbrett *n* tabla *f* de planchar; **Bügeleisen** *n* plancha *f*; **bügelfrei** *adj* no necesita plancharse; **bügeln** *vti* planchar
Bühne *f* <-, -n> teatro *m*; (*Theater-*) escenario *m*; **Bühnenbild** *n* decorado *m*
Bulette *f* hamburguesa *f*
Bulgarien *n* Bulgaria *f*; **bulgarisch** *adj* búlgaro
Bulldozer *m* <-s, -> niveladora *f*
Bulle *m* <-n, -n> [1] toro *m* [2] *FAM* poli *m*

Bummel m <-s, -> paseo m, vuelta f

Bummelstreik m huelga f de celo

bumsen vt VULG joder, follar

Bund [1] m <-[e]s, Bünde> [1] asociación f, alianza f, unión f [2] (Hosen-) pretina f

Bund [2] m <-[e]s, -e> manojo m; (Stroh-) haz m

Bündel n <-s, -> [1] (Geld-) fajo m; (Akten-) legajo m; (Zeitungs-) montón m de periódicos [2] (PHYS Strahlen-) haz m de rayos

Bundes- in Komposita federal; **Bundesbahn** f (Bundesbahn u. Reichsbahn) Ferrocarriles m/pl Federales; **Bundeskanzler** (in f) m canciller m federal; **Bundesland** n región f federal; **Bundesrepublik** f República f Federal; **Bundesstaat** m Estado m Federal; **Bundeswehr** f Ejército m Federal

Bündnis n alianza f

Bungalow m <-s, -s> chalé m

Bunker m <-s, -> refugio m antiaéreo

bunt adj de colores, multicolor; **Buntstift** m lápiz m de color

Burg f <-, -en> castillo m; ↑ Festung fortaleza f

bürgen vi garantizar, dar fianza

Bürger(in f) m <-s, -> ciudadano/a; **Bürgerinitiative** f cam-

paña f ciudadana; **Bürgerkrieg** m guerra f civil; **bürgerlich** adj civil; **Bürgermeister(in** f) m alcalde(-sa f) m; **Bürgersteig** m <-[e]s, -e> acera f

Bürgschaft f fianza f

Büro n <-s, -s> oficina f; **Büroklammer** f clip m

Bürokratie f burocracia f

Bursch[e] m <-en, -en> muchacho m

Bürste f <-, -n> cepillo m; **bürsten** vt cepillar

Bus m <-ses, -se> autobús m

Busch m <-[e]s, Büsche> arbusto m

Büschel n <-s, -> (Gras-) manojo m; (Haar-) mechón m

Busen m <-s, -> (Frauen-) pecho m

Business n FAM negocio m

Buße f <-, -n> [1] REL penitencia f [2] ↑ Bußgeld multa f; **büßen I.** vt hacer penitencia; →Sünden expiar **II.** vi ◇ **für deinen Leichtsinn mußt du** tienes que pagar por tu imprudencia

Büstenhalter m sujetador m

Butter f <-> mantequilla f; **Butterdose** f mantequera f; **Buttermilch** f suero m de mantequilla

bzw. adv Abk v. **beziehungsweise**

C

C, c n ① C, c f ② MUS do m **ca.** Abk v. **circa**

Café n <-s, -s> café m; **Cafeteria** f <-, -> cafetería f

campen vi acampar; **Camping** n <-s> camping m; **Campingbus** m caravana f; **Campingplatz** m sitio m para acampar

CD f <-, -s> Abk v. **Compact Disc** CD m

Celsius n <-, -> celsio m

Center n <-s, -> (Verkaufs-) centro m

Champagner m <-s, -> champán m

Champignon m <-s, -s> champiñón m

Chance f <-, -n> oportunidad f

Chaos n <-> caos m; **chaotisch** adj caótico

Charakter m <-s, -e> carácter m; **charakterisieren** vt caracterizar; **charakteristisch** adj característico (für de)

charmant adj encantador; **Charme** m <-s> encanto m

Charterflug m vuelo m chárter; **chartern** vt → **Flugzeug** flotar

Chauffeur(in) f(m) m chófer m

checken vt ① controlar ② FAM → **kapieren** coger, pillar

Chef(in) f(m) m <-s, -s> jefe/a; **Chefarzt** m, **-ärztin** f médico/a jefe; **Chefsekretärin** f secretaria f del jefe

Chemie f <-> química f; **Chemiker(in)** f(m) m <-s, -> químico m/f; **chemisch** adj químico; ◇ **-e Reinigung** limpieza en seco

Chiffre f <-, -n> ① ↑ **Code** cifra f ② (-annonce) inicial f

China n <-n, -n>, **Chinese** m <-n, -n>, **Chinesin** f chino/a

Chips pl patatas f/pl fritas

Chirurg(in) f(m) m <-en, -en> cirujano/a; **Chirurgie** f cirujía f

Chlor n <-s> cloro m

Choke m <-s, -s> AUTO [e]stárter m

cholerisch adj colérico

Chor m <-[e], Chöre> coro m, coral f

Christ(in) f(m) m <-en, -en> cristiano/a; **Christbaum** m árbol m de Navidad; **christlich** adj cristiano

Chrom n <-s> cromo m

Chronik f crónica f; **chronisch** adj crónico; **chronologisch** adj cronológico

circa adv cerca de, aproximadamente

clever adj listo, astuto, espabilado

Clown m <-s, -s> payaso m

Cocktail m <-s, -s> cóctel m

Cognac m <-s, -s> coñá m

Comic m <-s, -s> cómic m, tebeo m

Compact Disc f <-, -s> Compact Disc m

Computer m <-s, -> ordenador m

Container m <-s, -> contenedor m

Couch f <-, -s o. -en> sofá m, sillón m

Courage f <-> corage m, valor m

Cousin m <-s, -s> primo m; **Cousine** f <-, -n> prima f

Cowboy m <-s, -s> cowboy m, vaquero m

Creme f <-, -s> 1 (Haut-) crema f 2 (Schuh-) betún m; (Zahn-) pasta f 3 (Schokoladen-) crema f

D

D, d n 1 D, d f s MUS re m

da I. adv 1 (örtlich) ↑ dort ahí; ↑ hier aquí 2 (zeitlich) ↑ dann entonces II. cj ↑ weil ya/puesto que, como

dabei adv 1 (örtlich) al lado; ◇ ein Garten ist auch - también tenemos un jardín 2 (zeitlich) al

mismo tiempo, a la vez 3 (obwohl) aunque; **dabeihaben** unreg vt llevar [consigo]; **dabeisein** unreg vi 1 ↑ anwesend sein estar presente 2 ↑ mitmachen participar

Dach n <-[e]s, Dächer> tejado m; (Zelt-) techo m; **Dachboden** m desván m; **Dachdecker(in** f) m <-s, -> tejador(a f) m; **Dachluke** f tragaluz m; **Dachgarten** m azotea f jardín; **Dachpappe** f cartón m asfaltado; **Dachrinne** f canalón m; **Dachziegel** m teja f

Dachs m <-es, -e> tejón m

Dachstuhl m armadura f de cubierta

dachte impf v. **denken**

Dackel m <-s, -> perro m salchicha

dadurch I. adv 1 (örtlich) por allí 2 ↑ infolgedessen así, de este modo; ↑ deshalb por eso II. cj: ◇, daß debido a que, por

dafür adv 1 (für diese Sache) para eso 2 (als Gegenleistung) a cambio 3 (obwohl) teniendo en cuenta

dagegen I. adv (gegen diese Sache) contra; ◇ wer ist/wer hat etw -? ¿quién está en contra?; (im Vergleich [dazu]) en comparación a II. cj ↑ jedoch por el contrario

daheim adv en casa

daher I. *adv* (*örtlich*) de allí; (*Ursache*) de ahí II. *cj* ↑ *deswegen* por eso

dahin *adv* ① (*örtlich*) [hacia] allí ② (*zeitlich, bis zu dem Zeitpunkt*) hasta entonces ③ (*in bestimmter Weise*) ◊ **die Parteien haben sich -[gehend] geäußert** los partidos políticos opinaron que

dahinter *adv* detrás

damals *adv* por aquel entonces; ◊ **seit - ist er verbannt** desde entonces está desterrado

Dame *f* <-, -n> ① (*Frau*) dama *f*, señora *f* ② (*Brettspiel*) damas *f/pl*; KARTEN caballo; (*Schach*) reina *f*; **Damenfahrrad** *n* bicicleta *f* de señora

damit I. *adv* con ello/esto II. *cj* para que

Damm *m* <-[e]s, Dämme> dique *m*

dämmern *vi* ← *Morgen* amanecer; ← *Abend* atardecer; **Dämmerung** *f* (*Morgen-*) amanecer *m*; (*Abend-*) atardecer *m*

Dampf *m* <-[e]s, Dämpfe> vapor *m*; **Dampfbügeleisen** *n* plancha a vapor *f*; **dampfen** *vi* echar vapor

dämpfen *vt* ① GASTRON rehogar ② FIG → *Lautstärke* amortiguar; → *Ehrgeiz* reducir; → *Schmerzen* calmar

Dampfer *m* <-s, -> [buque *m* de]

vapor; **Dampfkochtopf** *m* olla *f* exprés

danach *adv* ① (*örtlich*) detrás ② (*zeitlich*) después ③ (*nach etwas*) ◊ **sich - sehnen** anhelar algo ④ (*[dem]entsprechend*) de acuerdo con ello

Däne *m* <-n, -n> **Dänin** *f* danés (-esa *f*) *m*

daneben *adv* ① (*örtlich*) cerca de, al lado ② (*darüber hinaus*) además ③ (*im Vergleich dazu*) en comparación

Dänemark *n* Dinamarca *f*; **dänisch** *adj* danés

dank *präp gen o dat* gracias a; **Dank** *m* <-[e]s> gracias *f/pl*; ◊ **vielen [herzlichen] -!** ¡much [ísim]as gracias!; ◊ **das soll der - sein, daß ich dich geliebt habe?** ¿este es el agradecimiento por haberte querido tanto?; **dankbar** *adj* agradecido; **Dankbarkeit** *f* agradecimiento *m*; **danke** *interj* ¡gracias!; **danken** *vi* agradecer, dar las gracias; COMM **Betrag -d erhalten** recibí

dann *adv* (*zeitlich*) entonces, después

daran *adv* a, de, en, por; ◊ **ich war nahe -, zu ...** estuve a punto de ...

darauf *adv* ① (*örtlich*) encima de ② (*zeitlich*) ◊ **kurz/bald -** poco después; ◊ **am Morgen ~ a**

la mañana siguiente; ◇ **ein paar Wochen ~** un par de semanas más tarde

daraus adv de esto, de ahí; ◇ **~ geht hervor, daß ...** de esto se desprende que ...

darbieten vt ↑ *vorführen* representar; **Darbietung** f representación f

darin adv en esto, dentro

darlegen vt exponer, explicar

Darlehen n <-s, -> préstamo m

Darm m <-[e]s, Därme> ANAT intestino m

darstellen vt ① ↑ *bedeuten* representar; ◇ **das Angebot stellt e-e große Herausforderung dar** esta oferta representa un gran desafío ② *(auf e-m Bild)* reproducir; THEAT representar ③ → *Sachverhalt* describir; **Darsteller(in** f) m <-s, -> intérprete m/f

darüber adv ① *(örtlich)* sobre esto ② FIG sobre; ◇ **seine Meinung ~ war klar** su opinión al respecto estaba clara; ◇ **~ hinaus** además

darum I. adv ① *(örtlich)* alrededor ② *(um folgende Sache)* ◇ **es geht uns ~, daß ...** lo que nos interesa es que II. cj ↑ *deswegen* por eso

darunter adv ① *(örtlich)* debajo ② *(unter e-r Menge)* entre ③ *(weniger)* menos

das I. *Artikel (bestimmt)* el II. *pron (dies[es], jenes)* lo; ◇ **~ heißt** es decir

dasein *unreg* vi ① existir, estar presente ② *(verfügbar sein)* haber; ◇ **es sind keine Löffel mehr da** aquí no hay más que cucharas; **Dasein** n <-s> existencia f

dasjenige *pron (demonstrativ, neutrum)* ésto, aquello

daß cj que

dasselbe *pron (neutrum)* lo mismo

Datei f PC fichero m

Daten pl a. PC datos m/pl; **Datenbank** f, pl <-en> banco m de datos; **Datenschutz** m protección f de datos; **Datenträger** m portador de datos; **Datenverarbeitung** f procesamiento m de datos

datieren vt fechar

Dattel f <-, -n> dátil m

Datum n <-s, Daten> fecha f

Dauer f <-> duración f; **Dauerauftrag** m COMM orden f permanente; **dauerhaft** adj duradero; **Dauerkarte** f abono m; **Dauerlauf** m carrera f de resistencia; **dauern** vi durar; **dauernd** adj continuo, permanente; ◇ **so spät kommen** llegar siempre tarde; **Dauerwelle** f permanente f

Daumen m <-s, -> pulgar m

Daunendecke f edredón de plumas m

davon adv de ello

davor adv ① (räumlich) delante ② (zeitlich) antes

dazu adv ① con eso, a, con ② (im Hinblick darauf) al respecto; ◇ seine Äußerungen - waren karg sus comentarios al respecto fueron escasos ③ (zu diesem Zweck) para eso; **dazugehören** vi pertenecer a

dazwischen adv entre lo cual; (örtlich auch) en medio de

DDR f <-> Abk v. Deutsche Demokratische Republik RDA f; ◇ die ehemalige - la antigua RDA

dealen vi FAM traficar con drogas; **Dealer(in** f) m <-s, -> traficante m/f; (FAM kleiner -) camello m

Debatte f debate m, discusión f

Deck n <-[e]s, -s o. -e> cubierta f

Decke f <-, -n> ① (Zimmer-) techo m ② cubierta f; (Woll-) manta f de lana

Deckel m <-s, -> tapa f

decken vt cubrir; → Tisch poner; → Dach tejar

Deckung f ① SPORT defensa f; (Abwehr) marcaje m; (beim Boxen) guardia f ② COMM garantía f

Decoder m <-s, -> decodificador m

defekt adj defectuoso; **Defekt** m <-[e]s, -e> defecto m

defensiv adj defensivo

Definition f definición f

Defizit n <-s, -e> déficit m

Degen m <-s, -> espada f

dehnbar adj elástico; **dehnen** vt estirar, extender; **Dehnung** f alargamiento m, extensión f

Deich m <-[e]s, -e> dique m

dein pron tu; **deine(r, s)** pron (sg) tuyo/a; (pl) tuyos/as; **deinerseits** adv de tu parte; **deinetwegen** adv por ti

deklinieren vt declinar

Dekolleté n <-s, -s> escote m

Dekoration f decoración f; **dekorieren** vt decorar, adornar

Delegation f delegación f; **Delegierte(r)** fm delegado/a

delikat adj ① ▷ Essen exquisito ② ↑ heikel delicado

Delikt n <-[e]s, -e> JURA delito m

Delle f <-, -en> FAM abolladura f

Delphin m <-s, -e> delfín m

dem dat v. der, das

dementsprechend adj relativo

demgemäß, demnach adv por consiguiente

demgegenüber adv por otro lado

demnächst adv dentro de poco
Demo f <-, -s> FAM manifestación f
Demokrat(in f) m <-en, -en> demócrata m/f; **Demokratie** f democracia f; **demokratisch** adj democrático
Demonstrant(in f) m manifestante m/f; **Demonstration** f manifestación f; **demonstrieren I.** vt demostrar **II.** vi POL manifestarse
demütig adj modesto, sumiso; **demütigen** vt humillar
den akk v. **der**
denken <dachte, gedacht> vti pensar; **Denkmal** n <-s, Denkmäler> monumento m; **denkwürdig** adj memorable
denn I. cj pues, puesto que, porque; v. **mehr - je** son que nunca **II.** Partikel: ◇ **es sei -**, es kommt jemand a no ser que venga alguien; ◇ **was ist - los?** ¿pero qué pasa!; ◇ **kannst du - nicht aufpassen?** ¿pero es que no puedes tener cuidado?; ◇ **wo - sonst?** pues ¿dónde sino?
dennoch cj sin embargo
denunzieren vt denunciar, delatar
Deo n <-s, -s> **Deodorant** n <-s, -s> desodorante m; **Deoroller** m desodorante m de bola
deponieren vt depositar; **Depot** n <-s, -s> depósito m

Depression f depresión f
der I. Artikel el **II.** pron (demonstrativ) éste; ◇ **das ist -**, **von dem ...** éste es el del que ...; (relativ) el que
derartig adj tal, semejante; **derjenige** pron (demonstrativ) éste, aquél; (relativ, welcher) el que; **dermaßen** adv tan; **derselbe** pron el mismo
desertieren vi desertar
deshalb adv por eso
Design n <-s, -s> diseño m
Desinfektion f desinfección f; **Desinfektionsmittel** n desinfectante m
Dessert n <-s, -s> postre m
destillieren vt destilar
desto adv tanto; ◇ **je größer, -besser** cuanto más grande mejor
deswegen cj por eso
detailliert adj detallado
Detektiv(in f) m detective m/f
deuten I. vt interpretar **II.** vi ↑ zeigen señalar (auf akk algo); ◇ **alles deutet darauf hin, daß ...** todo indica que ...
deutlich adj claro; **Deutlichkeit** f claridad f
deutsch adj alemán; ◇ **- reden/sprechen** hablar alemán; ◇ **auf en alemán; **Deutsche Mark** f marco m [alemán]; **Deutsch** n ① (Sprache) alemán m; ◇ **- lernen** aprender alemán; ◇ **ins -e**

übersetzen traducir al alemán ② (*Unterrichtsfach*) ◊ **unterrichten** enseñar alemán; **Deutsche(r)** *fm* alemán(-ana *f*) *m*; **deutschfeindlich** *adj* antialemán; **deutschfreundlich** *adj* germanófilo; **Deutschland** *n* Alemania *f*; **deutschsprachig** *adj* ▷*Buch* en alemán; ▷*Bevölkerung* de lengua alemana

Deutung *f* interpretación *f*

Devise *f* <-, -n> ↑ *Wahlspruch* lema *m*; ◊ **-n** *pl* FIN divisas *f/pl*

Dezember *m* <-[s], -> diciembre *m*

dezent *adj* decente, discreto

dezimal *adj* decimal

Dia *n* <-s, -s> FOTO día, diapositiva *f*

Diabetes *m o f* <-, -> MED diabetes *f*; **Diabetiker(in** *f*) *m* diabético/a

Diafilm *m* película *f* diapositiva

Diagnose *f* <-, -n> diagnóstico *m*

Dialekt *m* <-[e]s, -e> dialecto *m*

Dialog *m* <-[e]s, -e> diálogo *m*

Diamant *m* diamante *m*

Diaprojektor *m* proyector *m* de diapositivas

Diät *f* <-, -en> dieta *f*, régimen *m*

dich *pron akk v.* **du** te

dicht I. *adj* ① espeso, denso ② ▷*Stiefel* impermeable **II.** *adv:* ◊ **- an/bei** cerca de, pegado a; **dichten** *vt* LIT hacer versos; **Dichter(in** *f*) *m* <-s, -> poeta (-isa *f*) *m*; **Dichtung**¹ *f* poesía *f*

Dichtung² *f* (TECH *Gummi-*) junta *f*

dick *adj* grueso; ▷*Mensch* gordo; **dickflüssig** *adj* espeso; **Dickicht** *n* <-s, -e> matorral *m*; **Dickkopf** *m* testarudo *m*, cabezón *m*; **Dickmilch** *f* cuajada *f*

die I. *Artikel (bestimmt)* la *f/sg*, las *f/pl*, los *m/pl* **II.** *pron (demonstrativ)* esta *f/sg*, estas *f/pl*, estos *m/pl*; *(relativ)* la que, las *f/pl* que, los *m/pl* que

Dieb(in *f*) *m* <-[e]s, -e> ladrón (-ona *f*) *m*; **Diebstahl** *m* <-[e]s, Diebstähle> robo *m*

diejenige *pron (demonstrativ, fem.)* ésta, aquella

Diele *f* <-, -n> ① ↑ *Flur* entrada *f* ② (*dickes Brett*) tablón *m*

dienen *vi* servir (*jd-m* a alguien); **Diener(in** *f*) *m* <-s, -> criado/a; **Dienerschaft** *f* servidumbre *f*

Dienst *m* <-[e]s, -e> servicio *m*

Dienstag *m* martes *m*; **dienstags** *adv* los martes

dienstbereit *adj* servicial; ▷*Apotheke* de turno; **Dienstbote** *m*, **-botin** *f* criado/a;

Dienstleistung f prestación f de servicios; **dienstlich** adj oficial; **Dienstmädchen** n criada f; **Dienstreise** f viaje m oficial; **Dienststelle** f oficina f; ↑ *Behörde* departamento m

dies pron (kurz für dieses) s. **diese(r, s)**

diesbezüglich adj correspondiente

diese(r, s) pron esa, este, esto f/m/n, estos m/pl, estas f/pl

Diesel I. n <-s> diesel m **II.** m <-s, -> FAM vehículo m de motor diesel

dieselbe pron s. **derselbe**

Dieselmotor m motor m diesel; **Dieselöl** n gasoil m

diesjährig adj de este año; **diesmal** adv esta vez; **diesseits** präp gen de este lado

Dietrich m ganzúa f

Differentialgetriebe n engranaje m diferencial

Differenz f diferencia f

Digitaluhr f reloj m digital

Diktat n dictado m

Diktator(in f) m dictador(a f) m; **Diktatur** f dictadura f

diktieren vt dictar; **Diktiergerät** n dictáfono m

Dill m eneldo m

Dimension f dimensión f

Ding n <-[e]s, -e> cosa f, asunto m

Dioxin n <-s, -e> CHEM dioxina f

Diözese f <-, -n> diócesis f

Diphtherie f difteria f

Diplom n <-[e]s, -e> diploma m

Diplomat(in f) m <-en, -en> diplomático/a; **diplomatisch** adj diplomático

dir pron dat v. du a ti, te

direkt adj directo

Direktor(in f) m director(a f) m

Direktübertragung f transmisión f en directo

Dirigent(in f) m director (a f) m de orquesta; **dirigieren** vt dirigir

Dirndl[kleid] n traje m tirolés

Dirne f <-, -n> prostituta f

Diskette f disquete m; **Diskettenlaufwerk** n mecanismo m de arrastre del disquete

Diskjockey m pinchadiscos m

Disko f discoteca f

Diskontsatz m tipo m de descuento

Diskothek f <-, -en> discoteca f

diskret adj discreto

Diskriminierung f discriminación f

Diskuswerfer(in f) m lazador (a f) m de disco

Diskussion f discusión f; **diskutieren** vti discutir

disqualifizieren vt SPORT descalificar

Distanz f distancia f; **distanzieren** vr ◊ sich [von e-r Sache/jd-m] ~ apartarse de una cosa/de alguien

Distel f <-, -n> cardo m

Disziplin f <-, -en> disciplina f

dividieren vt dividir (durch por/entre)

DM Abk v. Deutsche Mark marco m [alemán]

doch I. adv: ◊ das ist nicht wahr! -! ¡eso no es verdad! ¡que sí! II. cj ↑ aber pero; ↑ trotzdem sin embargo

Docht m <-[e]s, -e> mecha f

Dock n <-s, -s o. -e> dique m

Dogge f <-, -n> dogo m

Doktor(in f) m doctor(a f) m

Doktorarbeit f tesis f [doctoral]

Dokument n documento m

Dolch m <-[e]s, -e> puñal m

Dollar m <-s, -s> dólar m

Dolmetscher(in f) m <-s, -> intérprete m

Dolomiten pl Dolomitas f/pl

Dom m <-[e]s, -e> catedral f

Donau f Danubio m

Donner m <-s, -> trueno m; **donnern** vi tronar

Donnerstag m jueves m; **donnerstags** adv los jueves

doof adj FAM bobo, soso

Doping n <-s, -s> doping m

Doppel n <-s, -> ① duplicado m ② SPORT doble m; **Doppel-**

bett n cama f doble; **Doppelgänger(in** f) m <-s, -> doble m/f; **Doppelhaus** n duplex m; **Doppelpunkt** m dos puntos m/pl; **Doppelstecker** m enchufe m doble; **doppelt** adj doble; **Doppelzimmer** n habitación f doble; ◊ ein ~ mit Dusche und WC, bitte una habitación doble con ducha y sercicio por favor

Dorf n <-[e]s, Dörfer> pueblo m

Dorn m <-[e]s, -en> espina f; **dornig** adj espinoso; **Dornröschen** n la Bella Durmiente

dörren vt secar

Dorsch m <-[e]s, -e> bacalao m

dort adv allí; ◊ ~ drüben/oben/unten al otro lado/allá arriba/allá abajo

dorthin adv hacia allí

Dose f <-, -n> caja f; (Blech-) lata f; **Dosenmilch** f leche condensada f; **Dosenöffner** m abrelatas f/sg

Dosis f <-, Dosen> dosis f

Dotter m o n <-s, -> yema f

Drache m <-n, -n> dragón m; **Drachen** m <-s, -> (Spielzeug-) cometa f

Draht m <-[e]s, Drähte> alambre m; **Drahtseilbahn** f teleférico m

Drama n <-s, Dramen> drama m; **dramatisch** adj dramático

dran = FAM **daran**

drang impf v. **dringen**

Drang m <-[e]s, Dränge> ansia m (nach de)

drängeln vti empujar

drängen I. vt 1 ↑ drücken empujar 2 ◊ jd-n [zu etw] - suplicar a alguien a que haga algo II. vi 1 ← Sache urgir; ← Zeit apremiar 2 ◊ die Zuschauer drängten [sich] nach draußen los espectadores se agolpaban para salir afuera

drastisch adj drástico

drauf = FAM **darauf**

draußen adv afuera

Dreck m <-[e]s> suciedad f; **dreckig** adj sucio

drehbar adj giratorio

Drehbuch n FILM guión m

drehen I. vti girar; → Zigaretten liar; → Film rodar II. vr ◊ sich - dar vueltas, girar; ↑ handeln von tratarse (von de); **Drehkran** m grúa f giratoria; **Drehstuhl** m silla f giratoria; **Drehtür** f puerta f giratoria; **Drehung** f 1 (Drehen) giro m 2 (an Achse) vuelta f; **Drehzahlmesser** m <-s, -> AUTO cuentarrevoluciones m

drei nr tres; **Dreieck** n triángulo m; **dreieckig** adj triangular;

Dreifaltigkeit f REL Trinidad f; **dreifach** adj triple; **dreimal** adv tres veces; **Dreirad** n triciclo m

dreißig nr treinta

dreiviertel nr tres cuartos

dreizehn nr trece

dreschen <drosch, gedroschen> vt trillar; **Drescher** m, **Dreschmaschine** f trilladora f

dressieren vt adiestrar; **Dressur** f adiestramiento m

dringen <drang, gedrungen> vi pasar (durch a través de akk a); ◊ auf etw akk - exigir; ◊ in jd-n - profundizar en alguien; **dringend** adj urgente; **Dringlichkeit** f urgencia f

drinnen adv adentro

dritt nr: ◊ zu - de a tres; **dritte (r, s)** adj tercero; ◊ die - Welt el tercer mundo

Drittel n <-s, -> tercio m

drittens adv en tercer lugar, tercero

Droge f <-, -n> droga f; **drogenabhängig** adj drogadicto

Drogerie f droguería f

drohen vi amenazar (jd-m a alguien); **Drohung** f amenaza f

Dromedar n dromedario m

drosch impf v. **dreschen**

drosseln vt → Geschwindigkeit aminorar; → Ausgaben reducir

drüben adv al otro lado

Druck ¹ *m* <-[e]s, -e> PHYS *auch* FIG presión *f*

Druck ² *m* <-[e]s, -e> TYP impresión *f;* **Druckbuchstabe** *m* caracteres *m/pl* tipográficos; **drucken** *vt* imprimir

drücken I. *vti* → *Hand* apretar; FIG → *Preise* bajar **II.** *vr:* ◇ *sich vor etw dat* - esquivar algo; **drückend** *adj* ▷*Wetter* bochornoso

Drucker *m* <-s, -> ① PC impresora *f* ② (*Beruf*) impresor *m;* **Druckerei** *f* imprenta *f;* **Druckfehler** *m* error *m* de imprenta; **Druckknopf** *m* (*an Kleidung*) botón *m* automático

Drüse *f* <-, -n> glándula *f*

Dschungel *m* <-s, -> jungla *f*

du, Du *pron* tú

Dübel *m* ① espiga *f* ② ↑ *Holzzapfen* tarugo *m*

ducken *vtr* ◇ *sich* - agacharse

Dudelsack *m* gaita *f*

Duell *n* <-s, -e> duelo *m*

Duft *m* <-[e]s, Düfte> fragancia *f;* **duften** *vi* oler bien

dulden *vti* ① ↑ *ertragen* soportar ② ↑ *billigen* tolerar

dumm *adj* tonto; **Dummheit** *f* tontería *f,* estupidez *f;* **Dummkopf** *m* idiota *m*

dumpf *adj* ① ▷*Geräusch* sordo ② ▷*Luft* cargado

Düne *f* <-, -n> duna *f*

Dünger *m* <-s, -> abono *m;* (*Kunst-*) fertilizante *m*

dunkel *adj* ① (*Ggs. zu hell*) oscuro; ② ▷ **im D-n tappen** dar golpes de ciego ① FIG vago, confuso ③ ▷*Geschäfte* dudoso; ◇ **-e Geschäfte machen** hacer negocios dudosos; **Dunkelheit** *f* oscuridad *f;* **Dunkelkammer** *f* FOTO cámara *f* oscura

dünn *adj* ① ↑ *schlank* delgado ② ▷*Brett* fino ③ ▷*Kaffee* flojo; ▷*Suppe* claro

Dunst *m* <-es, Dünste> ① (*Wettertrübung*) bruma *f* ② (*Ausdünstung*) vaho *m*

dünsten *vt* rehogar

dunstig *adj* ↑ *diesig* brumoso

Duplikat *n* duplicado *m*

durch *präp akk* ① a través de ② (*Mittel, Ursache*) por ③ (*Zeit*) durante; ◇ **8 Uhr ~** las 8 y pico

durcharbeiten *vt* trabajar/ estudiar a fondo

durchaus *adv* de cualquier manera; ◇ **er möchte ~, daß Sie mitkommen** quiero que usted venga a todo trance; ◇ **~ nicht!** de ningún modo

durchblättern *vt* hojear

durchbohren *vt* ① (*durchdringen*) atravesar ② (*mit Blicken*) penetrar, atravesar

durchbrechen I. *unreg vt* romper; → *Mauer* abrir **II.** *unreg vi* romperse; ← *Sonne* salir

durchbrennen *unreg vi*
← *Glühbirne* fundirse; *FAM* escaparse

durchdenken *unreg vt* meditar, pensar detenidamente

durchdringen *unreg vt* ① atravesar, penetrar ② ← *Regen* empapar

durcheinander *adv* ① desordenado; ◇ **er aß/trank alles** - comía y bebía sin orden ni concierto ② *FAM* ◇ - **sein** estar hecho un lío; **Durcheinander** *n* <-s-> ① ↑ *Unordnung* desorden *m* ② ↑ *Wirrwarr* confusión *f*; ◇ **was ist das für ein** -! *(von Personen)* ¡qué es este jaleo!; *(von Sachen)* ¡pero qué desorden!

Durchfahrt *f* ① *(Durchfahren, Durchqueren)* travesía *f* ② *(Tor-)* puerta *f*; ◇ - **verboten!** ¡prohibido el paso!

Durchfall *m* MED diarrea *f*

durchfallen *unreg vi (beim Examen)* ser suspendido; THEAT fracasar

durchführbar *adj* realizable, factible; **durchführen** *vt* realizar, llevar a cabo; **Durchführung** *f* realización *f*

Durchgang *m* ① ↑ *Passage* pasaje *m* ② *(das Durchgehen)* paso *m*; ◇ - **verboten!** ¡prohibido el paso! ③ *(POL Wahl-)* vuelta *f*; **Durchgangsbahnhof** *m* estación *f* de tránsito

durchgehen *unreg* I. *vt* ↑ *behandeln* tratar II. *vi* atravesar; ← *Pferd* desbocarse; ◇ **mein Temperament ging mit mir durch** perdí el control de mí mismo; **durchgehend** I. *adj* permanente; ◇ ▷ *Zug* directo II. *adv*: ◇ ~ **geöffnet** horario corrido

durchhalten *unreg vti* resistir

durchkommen *unreg vi* ① *(durch Öffnung)* atravesar; *(durch Absperrung)* pasar por ② *(am Telefon)* tener línea ③ *(mit Gesten)* hacerse entender ④ *(in Prüfung)* aprobar ⑤ ← *Patient* sobrevivir

durchlassen *unreg vt* dejar pasar

durchlaufen *vi* pasar sin parar; ← *Wasser* pasar; filtrarse

durchlesen *unreg vt* leer

durchleuchten ¹ *vt (durch Öffnung)* alumbrar

durchleuchten ² *vt* MED mirar por rayos X; FIG → *Vorgang* investigar

durchlöchern *vt* agujerear; *(mit Gewehr)* acribillar

durchmachen *vt* ① → *Krise* atravesar ② *FAM* → **die Nacht** - pasar la noche entera de fiesta

Durchmesser *m* <-s, -> diámetro *m*

durchqueren *vt* atravesar

Durchreise *f*: ◇ **wir befinden**

uns auf der - estamos de paso m/tránsito m

durchreißen unreg vti romper

Durchsage f <-, -n> comunicado m, aviso m

durchschauen I. vi mirar a través de **II.** vt → Person conocer, calar; → Gedanken leer

Durchschlag m (mit Kohlepapier) copia f

durchschneiden unreg vt cortar

Durchschnitt m término m medio, promedio m; **durchschnittlich I.** adj medio, mediocre **II.** adv por término medio; **Durchschnittsgeschwindigkeit** f velocidad f media

Durchschrift f copia f

durchsehen I. unreg vt → Zeitschrift hojear; → Aufsatz revisar **II.** unreg vi mirar a través de

durchsetzen I. vt → Vorhaben conseguir; ◊ seinen Kopf - salirse con la suya **II.** vr ◊ sich - triunfar

durchsichtig adj transparente

durchsprechen unreg vt discutir

durchstehen unreg vt soportar, aguantar

durchstreichen unreg vt tachar

durchsuchen vt registrar; FAM ◊ das Zimmer nach etw - revolver la habitación en busca

de algo; **Durchsuchung** f registro m; cacheo m

durchtrieben adj astuto

durchwachsen adj ① ▷Speck entreverado ② FAM regular

durchwählen vi marcar directamente

durchweg adv sin excepción, casi siempre

durchziehen unreg vt ① hacer pasar (durch por); → Faden enhebrar; → Vorhaben llevar a cabo; **Durchzug** m ① paso m, tránsito m ② ↑ Luftzug corriente f de aire

dürfen <durfte, gedurft> vi poder, deber; ◊ darf ich? ¿se puede?; ◊ es darf geraucht werden se puede fumar; ◊ was darf es sein? ¿qué desea?; ◊ das darf nicht geschehen eso no debe ocurrir/pasar; ◊ es dürfte Ihnen bekannt sein, daß .. debería saber que ...

dürftig adj ① ▷Leben modesto, pobre ② ▷Leistung insuficiente

dürr adj ① seco, árido ② ▷Mensch flaco; **Dürre** f <-, -n> sequedad f, sequía f

Durst m <-[e]s> sed f; ◊ - haben tener sed; **durstig** adj sediento

Dusche f <-, -n> ducha f; **duschen** vt, vi, vr ◊ sich - duchar (se)

Düse f <-, -n> TECH tobera f;
Düsenantrieb m propulsión f
a chorro; **Düsenflugzeug** n
avión m reactor; **Düsenjäger**
m cazarreactor m

düster adj 1 ▷Farbe, Zimmer
oscuro 2 ▷Gedanken sombrío
3 ▷Zukunft negro

Duty-free-Shop m <-s, -s>
duty-free-shop

Dutzend n <-s, -e> docena f;
◇ ein halbes -, zwei - media
docena, dos docenas; ◇ bitte geben sie mir ein - Birnen deme
12 peras, por favor

duzen vtr ◇ sich - tutear(se);
◇ wollen wir uns nicht lieber
-? ¿no es mejor que nos tutee-
mos?

DV f <-> Abk v. **Datenverarbeitung**

Dynamik f PHYS dinámica f
2 FIG dinamismo m; **dynamisch** adj dinámico

Dynamit n <-s> dinamita f

Dynamo m <-s, -s> dinamo m

D-Zug m tren m expreso

E

E, e n 1 E, e f 2 MUS mi m

Ebbe f <-, -n> marea f baja

eben I. adj llano II. adv 1 ▷er
kommt - llega en este momento
2 ▷sie ist - abgefahren acaba
de salir [con el coche] 3 ◇ - das
meine ich eso es justamente lo
que quiero decir; ◇ -! ¡justo!;
Ebene f <-, -n> 1 (Hoch-,
Tief-) llanura f 2 FIG ↑ Niveau
nivel m 3 MATH plano m;
ebenfalls adv igualmente;
ebenso adv lo mismo, igual,
como; **ebensoviel** adv tanto;
ebensoweit adv tan lejos;
ebnen vt allanar, aplanar

Echo n <-s, -s> eco m

echt adj 1 ▷Schmuck verdadero 2 ▷Gemälde auténtico

Eckball m SPORT saque m de
esquina; **Ecke** f <-, -n> 1 (Zim-
mer-) rincón m 2 (Haus-) esquina f; **eckig** adj angular, anguloso; **Eckzahn** m ANAT
colmillo m

edel adj 1 ▷Holz noble 2
▷Stein precioso 3 ▷Mensch
noble; **Edelgas** n gas m noble; **Edelstein** m piedra f preciosa

Efeu m <-s> yedra f, hiedra f

Effekt m <-s, -e> efecto m

EG f <-> Abk v. **Europäische Gemeinschaft** C.E. f
egal adj igual; ◇ **das ist mir völlig - me da absolutamente igual**
Egoist(in f) m egoísta m/f;
egoistisch adj egoísta
ehe cj antes de + inf
Ehe f <-, -n> matrimonio m;
Eheberatung f orientación f matrimonial; **Ehebruch** m adulterio m; **Ehefrau** f esposa f; **Eheleute** pl esposos m/pl;
ehelich adj ① matrimonial, conyugal ② ▷Kind legítimo
ehemalig adj antiguo
Ehemann m <-[e]s, -männer> marido m, esposo m; **Ehepaar** n matrimonio m
eher adv ① ↑ früher antes ② ↑ lieber mejor; ◇ **das paßt mir schon** - me va/sienta mejor ③ ↑ wahrscheinlich probablemente ④ ↑ vielmehr ◇ **ich würde - sagen ...** yo diría más bien ...
Ehering m alianza f; **Ehescheidung** f divorcio m
ehrbar adj respetable
Ehre f <-, -n> ↑ Würde honor m, honra f; **ehren** vt → jd-n honrar, respetar; **ehrenamtlich** adj honorífico; **Ehrenmitglied** n miembro m honorario; **Ehrenwort** n palabra f de honor
Ehrfurcht f veneración f
Ehrgeiz m ambición f (nach de); **ehrgeizig** adj ambicioso

ehrlich adj sincero, honesto;
Ehrlichkeit f sinceridad f
Ehrung f homenaje m
ehrwürdig adj venerable
Ei n <-[e]s, -er> huevo m
Eiche f <-, -n> encina f; **Eichel** f <-, -n> FLORA bellota f
eichen vt contrastar; → Waage tarar
Eichhörnchen n ardilla f
Eid m <-[e]s, -e> juramento m
Eidechse f <-, -n> lagartija f
eidesstattlich adj jurado;
◇ **-e Erklärung** declaración jurada
Eidotter n yema f [de huevo];
Eierbecher m huevera f; **Eierkuchen** m crepe m; **Eierlikör** m licor m de huevo; **Eierschale** f cáscara f de huevo;
Eierstock m ANAT ovario m
Eifer m <-s> ① ↑ Streben afán m ② ↑ Begeisterung ardor m;
Eifersucht f celos m/pl; **eifersüchtig** adj celoso (auf akk de)
eifrig adj aplicado, diligente
Eigelb n <-[e]s, -> yema f [de huevo]
eigen adj ① propio ② ↑ typisch típico, característico ③ ↑ Meinung personal, propio ④ ↑ wunderlich ▷Mensch singular; **eigenartig** adj raro, extraño; **Eigenbedarf** m necesidades f/pl propias; **eigenmächtig** adj

no autorizado; **Eigenname** m nombre m propio; **eigennützig** adj interesado; **Eigenschaft** f ① ↑ Merkmal característica f ② ↑ Besonderheit peculiaridad f ③ ↑ Funktion ◇ in meiner - als Vorsitzender ... en calidad de presidente; **eigensinnig** adj obstinado, testarudo

eigentlich I. adj ① ↑ wahr real, verdadero II. adv: ◇ - hat sie recht en el fondo tiene razón

Eigentum n propiedad f; **Eigentümer(in** f) m <-s, -> propietario/a, dueño/a

eigentümlich adj ① ↑ kennzeichnend característico, peculiar, típico (für de) ② ↑ seltsam raro, extraño

Eigentumswohnung f piso m de propiedad

eignen vr ◇ sich - ← Person ser apto; ← Sache ser apropiado (für, zu para)

Eilbote m: ◇ per -n expreso; **Eilbrief** m carta f urgente; **Eile** f <-> prisa f; **eilen** vi ← Mensch darse prisa; ◇ es eilt corre prisa; **eilends** adv de prisa; **Eilgut** n mercancías m/pl de gran velocidad; **eilig** adj ① ↑ schnell rápido; ◇ es - haben tener prisa ② ↑ dringend urgente; **Eilzug** m tren m de cercanías

Eimer m <-s, -> cubo m

ein(e) I. nr uno; ◇ es ist - Uhr es la una; ◇ -er Meinung sein ser de la misma opinión II. Artikel (unbestimmt) un m

eine(r, s) pron uno, una; ◇ -r von vielen uno de muchos

einander pron mutuamente

einarbeiten I. vt iniciar (in akk en) II. vr ◇ sich - iniciarse (in akk en)

einatmen vti inspirar, inhalar

Einbahnstraße f calle f de dirección única

Einband m, pl <-bände> cubierta f

einbauen vt ① instalar, montar; ◇ Schrank empotrar ② FIG insertar; **Einbaumöbel** pl muebles m/pl empotrables

einberufen unreg vt → Sitzung convocar; MIL llamar a filas

Einbettzimmer n habitación f individual

einbiegen unreg vi doblar

einbilden vr imaginarse; ◇ sich dat etw auf sich - creerse algo, presumir de; **Einbildung** f ① ↑ Vorstellung imaginación f ② ↑ irrige Vorstellung ilusión f ③ ↑ Dünkel presunción f

einbrechen unreg vi ① (in Gebäude) irrumpir, entrar; (MIL in Land) invadir (in akk en) ② ← Nacht caer; ← Winter entrar; **Einbrecher(in** f) m <-s, -> ladrón(-ona f) m

einbringen unreg vt ① → Ernte recoger; → Geld aportar; → Nutzen rentar ② → Gesetzesantrag presentar

Einbruch m ① (in Geschäft) irrupción f; (MIL in Land) invasión f ② (der Nacht) caída f; METEO llegada f; ◇ **bei ~ der Nacht** al anochecer

einbürgern vt → jd-n naturalizar; → Fremdwort introducir

einchecken vt AERO facturar

eindeutig adj claro, evidente, inconfundible

eindringen unreg vi ① irrumpir (in akk en) ② (in Gebäude) entrar ③ (MIL in Land) invadir ④ FIG insistir (auf jdn a alguien)

eindringlich adj insistente

Eindringling m intruso m; MIL invasor m

Eindruck m, pl <-drücke> impresión f; **eindrucksvoll** adj impresionante

eineinhalb nr uno y medio

einengen vt limitar

einerlei <inv> adj ↑ egal igual;
einerseits adv por un lado

einfach adj ① ▷Lebensweise modesto ② ▷Kleidung sencillo, simple ③ ▷Mensch sencillo ④ ◇ **e-e -e Fahrkarte** un billete de ida

einfahren unreg I. vt ① → Ernte recoger ② → Auto rodar II. vi

← Zug llegar; **Einfahrt** f ① (Garagen-) entrada f ② (in Bahnhof) llegada f

Einfall m ① ↑ Idee ocurrencia f, idea f ② MIL invasión f; **einfallen** unreg vi ① ← Haus derrumbarse ② MIL invadir ③ (in den Sinn kommen) ocurrirse algo

einfältig adj inocente, ingenuo, simple

Einfamilienhaus n chalé m [para una familia]

einfangen unreg vt → Tier coger, capturar

einfarbig adj unicolor; ▷Stoff liso

einfetten vt engrasar

einfinden unreg vr ◇ **sich** ~ acudir, personarse, llegar

einflößen vt ① → jd-m etw dar, administrar algo a alguien ② FIG infundir, dar; ◇ **jd-m Angst** ~ infundir miedo a alguien

Einfluß m influencia f; poder m (auf akk sobre); **einflußreich** adj influyente

einförmig adj monótono

einfrieren unreg vi → Lebensmittel congelar

Einfuhr f <-> importación f;
Einfuhrbeschränkungen f/pl barreras f/pl aduaneras

einführen vt ① → Ware importar ② → Mensch presentar ③

→ *Neuerung* introducir, lanzar;
Einführung f introducción f
(*in akk* en, a)
Eingabe f solicitud f, petición f
Eingang m ① entrada f ②
COMM llegada f
eingebildet adj ① imaginario
② ↑ *arrogant* engreído, arrogante
Eingeborene(r) fm indígeno/a
Eingebung f inspiración f
eingehen unreg I. vi ① ← *Post*
llegar ② ← *Stoff* encoger ③
← *Pflanze* secarse, morirse II. vt
① → *Wette* hacer ② → *Risiko*
correr; **eingehend** adj minucioso, detallado
Eingemachte(s) n conservas
f/pl
eingeschrieben adj UNI matriculado; ▷*Brief* certificado
eingestehen unreg vt confesar, reconocer
Eingeweide pl intestinos m/pl,
tripas f/pl
eingießen unreg vt servir,
echar
eingleisig adj BAHN de vía
única
eingliedern vt incorporar
eingreifen unreg vi ① TECH
engranar ② FIG intervenir (*in
akk* en); **Eingriff** m intervención f
einhalten unreg vt → *Gesetz*

respetar, observar; → *Termin*
cumplir
einhängen vt ① → *Telefon* colgar ② ◇ sich bei jd-m - colgarse
del brazo de alguien
einheimisch adj ① ▷*Person*
nativo ② ▷*Produkt* nacional,
del país
Einheit f ① unidad f; conjunto
m ② (*Telefon-*) paso m; (*Währungs-*) unidad f [monetaria];
einheitlich adj ① ▷*Kleidung*
uniformado ② ▷*Struktur* unificado; **Einheitspreis** m precio
m único
einholen vt ① alcanzar ②
→ *Verspätung* recuperar ③
→ *Erlaubnis* pedir
einhundert nr cien
einig adj ① ↑ *vereint* unido ②
↑ *gleichgesinnt* de acuerdo;
◇ sich dat - sein estar de acuerdo (*über akk* sobre)
einige pron pl unos, algunos;
◇ - *Leute* algunas personas;
◇ **ich habe es** - **Male versucht**
lo he intentado varias veces; **einigemal** adv algunas veces
einigen vr ◇ sich - ponerse de
acuerdo (*auf akk* sobre)
einiges pron ① ↑ *manches* algunas cosas ② ↑ *ziemlich viel*
bastante
Einigkeit f ① unión f ② POL
unidad f; **Einigung** f ① acuerdo m ② (*von Volk*) unión f

einjährig adj ① ▷*Kind* de un año ② FLORA ▷*Pflanze* anual
einkassieren vt cobrar
Einkauf m compra f; **einkaufen** I. vt comprar II. vi hacer compras; **Einkaufspreis** m precio m de compra; **Einkaufstasche** bolsa f de la compra; **Einkaufswagen** m carrito m de la compra; **Einkaufszentrum** n centro m comercial
einklammern vt poner entre paréntesis
Einklang m armonía f; ◇ sich im - befinden estar en armonía
einkleiden vt vestir
einklemmen vt pillar; ◇ sich dat **die Finger** - pillarse los dedos
Einkommen n <-s, -> ingresos m/pl, renta f; **Einkommensteuer** f impuesto m sobre la renta
einladen unreg vt ① (in Wagen) cargar ② →jd-n invitar; ◇ **zu sich nach Hause** - invitar a su casa ③ (in Bar) convidar (zu akk a); **Einladung** f invitación f (zu a)
Einlage f ① GASTRON guarnición f ② (Schuh-) plantilla f ③ (Spar-) depósito m ④ ▷*musikalisch* intermedio m
Einlaß m <Einlasses, Einlässe> entrada f; admisión f; **einlassen** unreg I. vt ↑ *Eintritt ge-*

währen dejar entrar II. vr ① ◇ **sich** akk **mit jd-m** - relacionarse con alguien ② ◇ **sich auf etw** akk - estar involucrado en algo; PEJ meterse en un lío
Einlauf m ① SPORT llegada f ② MED lavativa f; **einlaufen** unreg vi ① ↑ *ankommen* llegar; (in Hafen) entrar ② ←Stoff encoger[se]
einleben vr ◇ sich - adaptarse, aclimatizarse
Einlegearbeit f incrustación f
einlegen vt ① poner ② →*Kassette* meter ③ →*Film* cargar ④ GASTRON poner en salsa ⑤ ◇ **Veto/Widerspruch** - poner el veto
einleiten vt comenzar, iniciar
Einleitung f introducción f
einleuchtend adj comprensible, convincente
Einlieferungsschein m resguardo m
einlösen vt ① →*Scheck* hacer efectivo, cobrar ② FIG ↑ *erfüllen* cumplir
einmal adv ① una vez; ◇ **etw noch** - **tun** hacer algo otra vez ② ↑ *e-s Tages* algún día; ◇ **irgendwann** - algún día más adelante ③ ◇ **auf** - de una vez; de repente; **a la vez** ④ ◇ **nicht** - ni siquiera; **Einmaleins** n tabla f de multiplicar
einmalig adj ① ▷*Gelegenheit*

único ② ▷*Leistung* extraordinario

einmarschieren *vi* MIL invadir ② entrar (*in akk* en)

einmischen *vr* ◇ **sich** - entrometerse; ↑ *eingreifen* intervenir (*in akk* en)

einmünden *vi* ← *Fluß* desembocar (*in akk* en); ← *Straße* dar (*in akk* a)

einmütig *adj* unánime

Einnahme *f* <-, -n> ① (*von Geld*) ingreso *m* ② (*von Medizin*) toma *f* ③ MIL conquista *f*;

einnehmen *unreg vt* ① → *Geld* ganar ② → *Medizin* tomar ③ MIL ocupar, tomar ④ → *Amt* ocupar ⑤ → *Haltung* adoptar ⑥ *FIG* ◇ jd-n für sich - ganarse/granjearse las simpatías de alguien

Einöde *f* desierto *m*, soledad *f*

einordnen *vr* ◇ **sich** - ① (*in Gemeinschaft*) adaptarse a, integrarse a ② AUTO colocarse en un carril; ◇ **sich links** - colocarse en el carril de la izquierda

einpacken *vt* (*in Geschenkpapier*) envolver (*in akk* en)

einparken *vt* AUTO aparcar

einpflanzen *vt* → *Pflanze* plantar

einplanen *vt* tener en cuenta

einprägen *vt* ① → *Muster* estampar ② ◇ jd-m etw - inculcar algo a alguien ③ ◇ **sich** *dat*

etw - grabarse algo [en la memoria]; **einprägsam** *adj* ▷*Gedicht* fácil de aprender; ▷*Melodie* pegadizo

einquartieren *vt* alojar

einräumen *vt* ① → *Möbel* colocar ② *FIG* → *Recht* conceder

einreden *vt* ① ◇ jd-m etw - hacer creer algo a alguien ② ◇ **sich** *dat* etw -engañarse con algo

einreiben *unreg vt* frotar, extender

einreichen *vt* → *Antrag* entregar; → *Gesuch* presentar

Einreise *f* entrada *f*; **Einreisebestimmungen** *fpl* condiciones *fpl* de entrada en un país; **einreisen** *vi* entrar; **Einreisevisum** visado *m* [de entrada]

einreißen *unreg vt* ① → *Papier, Stoff* rasgar ② → *Gebäude* derribar

einrichten *vt* ① → *Wohnung* amueblar, decorar ② → *Filiale* establecer; fundar ③ ↑ *arrangieren* arreglar; **Einrichtung** *f* ① ↑ *Mobiliar* mobiliario *m* ② ↑ *Institution* institución *f*, organización *f*

eins *nr* ① uno ② SCH diez *m*, sobresaliente *m*

einsam *adj* ① ▷*Mensch* solo, solitario ② ▷*Haus* aislado; **Einsamkeit** *f* ① soledad *f* ② aislamiento *m*

einsammeln vt recoger

Einsatz m ① (Wett-) apuesta f ② ↑ Verwendung uso f, empleo m

einschalten I. vt ① ELECTR encender, dar ② ↑ hinzuziehen avisar, informar; → Anwalt recurrir a II. vr ◇ sich - intervenir (in akk en)

einschätzen vt ① → Vermögen calcular, tasar ② → Fähigkeiten valorar ③ → Lage estimar

einschicken vt enviar

einschieben unreg vt ① meter, introducir ② → Bemerkung intercalar

einschiffen I. vt embarcar II. vr ◇ sich - embarcarse

einschlafen unreg vi dormirse, quedarse dormido

einschlagen unreg vt ① ↑ kaputtschlagen estropear ② → Fenster romper ③ → Nagel clavar ④ → Steuer girar ⑤ → Weg tomar II. vi ① → Blitz caer (in akk en) ② ← Schallplatte, Lied tener buena acogida, tener éxito

einschleichen unreg vr ◇ sich - ① (in Haus) entrar sigilosamente ② → Fehler colarse ③ ← Gewohnheit introducirse

einschließen unreg vt ① → jd-n encerrar ② ↑ umzingeln rodear, cercar ③ FIG ↑ enthalten contener; ↑ einbeziehen incluir;

einschließlich I. adv inclusive; ◇ bis 31. Juli - hasta el 31 de julio inclusive II. präp gen incluso; ◇ - Trinkgeld incluso propinas

einschnappen vi ① ← Schloß cerrarse [de golpe] ② FAM enfadarse, picarse

einschneidend adj radical, drástico

einschränken I. vt ① → Freiheit coartar, restringir ② → Kosten reducir, restringir ③ → Behauptung delimitar II. vr ◇ sich - reducir gastos, ahorrar; **Einschränkung** f ① restricción f ② restricción f ③ ↑ Vorbehalt delimitación f

Einschreib[e]brief m carta f certificada; **einschreiben** unreg vt (in Liste) inscribir; **Einschreiben** n certificado m

einschreiten unreg vi intervenir

einschüchtern vt intimidar

einsehen unreg vt ① ↑ begreifen comprender ② → Fehler reconocer

einseifen vt enjabonar

einseitig adj ① → Lähmung de un lado ② → Abrüstung unilateral ③ ↑ subjektiv subjetivo

einsenden unreg vt enviar; **Einsender(in** f) m remitente m/f

einsetzen I. vt ① ↑ installieren colocar, poner ② ↑ *ernen-nen* designar ③ → *Geld* apostar ④ ↑ *verwenden* usar, emplear **II.** *vr*: ◇ **sich für jd-n** - interceder por alguien

Einsicht *f* ↑ *Verstehen* comprensión *f*; **einsichtig** *adj* ① ▷*Mensch* comprensivo ② ▷*Grund* razonable

Einsiedler(in *f*) *m* eremita *m/f*

einsperren *vt* ① encerrar ② (*ins Gefängnis*) encarcelar

einspringen *unreg vi* reemplazar

Einspruch *m* protesta *f*, veto *m*, reclamación *f*; ◇ - **einlegen** suplicar/formular una protesta/objeción

einspurig *adj* BAHN de vía única

einst *adv* ① antes, antiguamente ② ↑ *später einmal* algún día

einstecken *vt* ① meter ② ELECTR enchufar ③ → *Brief* echar ④ FIG → *Beleidigung* tragar

einstehen *unreg vi* ① ↑ *eintreten* hacerse responsable (*für de*) ② ↑ *geradestehen* responder (*für de*)

einsteigen *unreg vi* (*in Fahrzeug*) subir (*in akk* a)

einstellen I. *vti* ① ↑ *hinstellen* poner, colocar ② → *Mitarbeiter* dar trabajo a, contratar ③ → *Kamera* enfocar; → *Sender* sintoni-

zar ④ → *Produktion* suspender; ◇ **bitte das Rauchen** - apaguen sus cigarrillos, por favor **II.** *vr* ◇ **sich - auf etw** hacerse a la idea de hacer algo; **Einstellung** *f* ① (*von Möbel*) colocación *f* ② (*von Arbeiter*) contratación *f*, colocación *f* ③ ↑ *Beendigung* (*von Produktion*) suspensión *f* ④ (*von Radio*) sintonización *f* (*von Hebel*) ajuste *m*; (*von Kamera*) enfoque *m* ⑤ FIG ↑ *Haltung* actitud *f*

Einstieg *m* <-[e]s, -e> (*von Bus, Zug*) entrada *f*

einstimmig *adj* ↑ *einhellig* unánime; **einstöckig** *adj* de un piso; **einstündig** *adj* de una hora

Einsturz *m* derrumbamiento *m*, hundimiento *m*; **Einsturzge-fahr** *f* peligro *m* [casa en ruinas]; **einstürzen** *vi* derrumbarse, hundirse

einstweilen *adv* ① ↑ *inzwischen* entretanto ② ↑ *zunächst einmal* por ahora; **einstweilig** *adj* provisional, temporal

eintauchen *vt* mojar

eintauschen *vt* cambiar, canjear (*gegen* por)

eintausend *nr* mil

einteilen *vti* ① → *Vorräte* racionar; → *Zeit* distribuir ② ↑ *gliedern* dividir; **Einteilung** *f* división *f*, clasificación *f*

eintönig adj ▷Dasein monótono; ▷Landschaft uniforme

Eintopf m puchero m

Eintracht f <-> armonía f

eintragen unreg vt (in Liste) inscribir (in akk en);

einträglich adj lucrativo, productivo

eintreffen unreg vi ⟨1⟩ ↑ ankommen llegar ⟨2⟩ ↑ wahr werden cumplirse

eintreten unreg vi ⟨1⟩ ↑ hineingehen entrar (in akk en); ◇ treten Sie doch ein! ¡pase! ⟨2⟩ ↑ beitreten ingresar en; **Eintritt** m ↑ Betreten entrada f; **Eintrittspreis** m [precio de la] entrada f; **Eintrittskarte** f entrada f

eintrocknen vi secarse

einüben vt ensayar; → Rolle estudiar

einundzwanzig nr veintiuno

einverstanden I. interj de acuerdo II. adj: ◇ - sein estar de acuerdo; **Einverständnis** n ⟨1⟩ consentimiento m ⟨2⟩ ↑ Übereinstimmung acuerdo m

Einwand m <-[e]s, Einwände> objeción f

Einwanderer m inmigrante m; **Einwand[r]erin** f inmigrante f; **einwandern** vi inmigrar; **Einwanderung** f inmigración f

einwandfrei adj perfecto, correcto

Einwegflasche f botella f sin retorno

einweichen vt poner en remojo

einweihen vt ⟨1⟩ inaugurar ⟨2⟩ FAM → Kleidung estrenar ⟨3⟩ ◇ jd-n in ein Geheimnis - hacer partícipe a alguien de un secreto; **Einweihung** f ↑ Eröffnung inauguración f

einwenden unreg vt oponerse (gegen a), hacer una objeción a algo

einwerfen unreg vt → Münze meter, introducir; → Brief echar

einwickeln vt ↑ einpacken envolver

einwilligen vi consentir (in akk en); **Einwilligung** f consentimiento m

einwirken vi influir; ◇ auf jd-n/etw - influir sobre alguien/ algo

Einwohner(in) f(m) <-s, -> (von Stadt) habitante m/f; **Einwohnermeldeamt** n oficina f de empadronamiento

Einwurf m ⟨1⟩ ↑ Öffnung abertura f ⟨2⟩ (von Briefkasten) boca f de buzón ⟨3⟩ SPORT saque m de banda

Einzahl f GRAM singular m

einzahlen vt ingresar; **Einzahlung** f ingreso m

einzäunen vt cercar, vallar

Einzelbett n cama f individual;

Einzelgänger(in f) m solitario/a; **Einzelhandel** m comercio m al por menor; **Einzelhändler(in** m minorista m/f; **Einzelheit** f detalle m; **einzeln I.** adj ① solo, único ② ↑ isoliert aislado **II.** adv separado; ◇ **bis ins -e gehen** entrar en detalles; **Einzelzimmer** n habitación f individual

einziehen unreg **I.** vt ① → Kopf doblar ② → Bauch encoger ③ → Steuern recaudar ④ → Betrag cobrar ⑤ MIL reclutar **II.** vi (in Wohnung) instalarse

einzig adj ▷Kind único, solo; **einzigartig** adj único, incomparable

Einzug m ① (in Wohnung) entrada f ② ↑ Beginn comienzo m

Eis n <-es, -> ① hielo m ② (Speise-) helado m; **Eisbahn** f pista f de hielo; **Eisbär** m FAUNA oso m blanco; **Eisdiele** f heladería f

Eisen n <-s, -> hierro m

Eisenbahn f ferrocarril m; **Eisenbahnnetz** m red f ferroviaria; **Eisenbahnwagen** m vagón m

eisern adj ① de hierro, metálico ② FIG férreo, rígido

Eishockey n hockey m sobre hielo; **eisig** adj ① ▷Kälte helado ② FIG ▷Blick frío; **Eiskunstlauf** m patinaje m artístico [sobre hielo]; **Eisläufer (in** f) m patinador(a f) m; **Eisscholle** témpano m de hielo; **Eisschrank** m nevera f; **Eistüte** helado m de cucurucho; **Eiszapfen** m carámbano m

eitel adj vanidoso, engreído; **Eitelkeit** f vanidad f

Eiter m <-s-> pus m; **eiterig** adj purulento; **eitern** vi supurar

Eiweiß n <-es, -e> ① clara f de huevo ② CHEM proteína f; **Eizelle** f FLORA óvulo m

Ekel n <-s> asco m; **ekelerregend, ekelhaft** asqueroso, repugnante

Ekzem n <-s, -e> MED eczema m

elastisch adj elástico

Elefant m elefante m

elegant adj elegante; **Eleganz** f elegancia f

Elektriker(in f) m <-s, -> electricista m/f; **elektrisch** adj eléctrico; **elektrisieren** vt electrizar; **Elektrizität** f electricidad f; **Elektroherd** m cocina f eléctrica; **Elektronenmikroskop** n microscopio m electrónico; **elektronisch** adj electrónico; **Elektrorasierer** m <-s, -> maquinilla f de afeitar eléctica

Element n <-s, -e> CHEM elemento m

elementar adj ① ↑ grundle-

gend fundamental ② ↑ *primitiv* elemental

elend *adj* ① miserable ② ↑ *armselig* pobre ③ ↑ *niederträchtig* miserable, ruin; **Elend** *n* <-[e]s> miseria *f*; **Elendsviertel** *n* barrios *m/pl* pobres

elf *nr* once; **Elf** *f* <-, -en> SPORT el once *m*

Elfenbein *n* marfil *m*

Elfmeter *m* SPORT penalti *m*

Ellbogen *m* ANAT codo *m*

Elster *f* <-, -n> urraca *f*

Eltern *pl* padres *m/pl*; **elternlos** *adj* ↑ *waise* huérfano

Email *n* <-s, -s> esmalte *m*

Emanze *f* <-, -n> PEJ FAM mujer *f* emancipada; **emanzipieren** *vr* ◇ *sich* ~ emanciparse

Embargo *n* <-s, -s> embargo *m*

Embryo *m* <-s, -s *o.* -nen> embrión *m*

empfahl *impf v.* **empfehlen**

empfand *impf v.* **empfinden**

Empfang *m* <-[e]s, Empfänge> ① recepción *f* ② *(von Waren)* recogida *f*; **empfangen** <empfing, empfangen> *vt* ① ↑ *entgegennehmen* recibir ② ↑ *willkommen heißen* recibir, acoger; **Empfänger(in)** *f* *m* <-, -> ① *(von Brief)* destinatario/a ② COMM consignatario/a

empfänglich *adj* sensible *(für* a)

Empfängnisverhütung *f* anticoncepción *f*

Empfangsbestätigung *f* acuse *m* de recibo; **Empfangsdame** *f* recepcionista *f*

empfehlen <empfahl, empfohlen> *vt* recomendar; **empfehlenswert** *adj* recomendable; **Empfehlung** *f* recomendación *f*

empfinden <empfand, empfunden> *vt* sentir; **empfindlich** *adj* sensible, susceptible; **Empfindung** *f* ① *(Kälte-)* sensación *f* ② ↑ *Gefühl* sentimiento *m*

empfing *impf v.* **empfangen**

empfohlen *pp v.* **empfehlen**

empfunden *pp v.* **empfinden**

empörend *adj* escandaloso

Emporkömmling *m* advenedizo/a

Empörung *f* indignación *f*

Endbahnhof *m* BAHN estación *f* terminal

Ende *n* <-s, -n> ① ↑ *Schluß* final *m*, fin *m*; ◇ ~ *Juli* [a] finales de julio ② ↑ *Abschluß* término *m*; **enden** *vi* terminar[se], finalizar [se], acabar[se]; **endgültig** *adj* definitivo

Endivie *f* escarola *f*

Endlagerung *f* depósito *m* [final]

endlich *adv* finalmente; **endlos** *adj* infinito; **Endspiel** *n*

SPORT encuentro *m* final; **End-station** *f* [estación] *f* terminal

Endung *f* GRAM designencia *f*

Energie *f* energía *f*; **energielos** *adj* sin energía; **energisch** *adj* 1 activo, enérgico 2 ↑ *entschlossen* decidido

eng *adj* estrecho

engagieren I. *vt* contratar II. *vr* ◇ *sich* - comprometerse, luchar (*für por*)

Enge *f* <-, -n> estrechez *f*

Engel *m* <-s, -> ángel *m*

England *n* Inglaterra *f*; **Engländer(in** *f*) *m* <-s, -> inglés (-esa *f*) *m*; **englisch** *adj* inglés

Engpaß *m* paso *m* estrecho; FIG falta *f*

Enkel(in *f*) *m* <-s, -> nieto/a

enorm *adj* enorme

entbehren I. *vi* carecer de II. *vt* → *jd-n* echar de menos

entbinden *unreg* I. *vt* 1 (*von Verpflichtung*) dispensar 2 MED asistir al parto II. *vi* MED dar a luz; **Entbindung** *f* MED parto *m*

entdecken *vt* descubrir; **Entdecker(in** *f*) *m* <-s, -> descubridor(a *f*) *m*

Ente *f* <-, -n> pato *m*

enteignen *vt* expropiar

enterben *vt* desheredar

entfalten I. *vt* → *Zeitung* abrir

II. *vr* ↑ *sich entwickeln* desarrollarse

entfernen *vr* ◇ *sich* - marcharse; **entfernt** *adj* apartado, retirado; **Entfernung** *f* distancia *f*

entfremden *vr*: ◇ *sich jd-m/e-r Sache* - distanciarse de alguien/algo

entführen *vt* secuestrar; **Entführung** *f* secuestro *m*

entgegen I. *präp dat* ↑ *im Gegensatz zu* en contra de II. *adv* (*in Richtung auf*) en dirección; **entgegenbringen** *unreg vt* ofrecer; **entgegengehen** *unreg vi* salir al encuentro de; **entgegengesetzt** *adj* 1 ↑ *umgekehrt* opuesto, contrario 2 ↑ *gegenteilig* contrario; **entgegenkommen** *unreg vi* ir al encuentro (*jd-m* de alguien); FIG acercarse (*jd-m* a alguien); **entgegenkommend** *adj* amable; **entgegennehmen** *unreg vt* 1 *annehmen* → *Glückwünsche* recibir; → *Telefonanruf* atender

entgegnen *vt* contestar, replicar

entgehen *unreg vi* 1 ↑ *entkommen* escapar 2 ◇ *sich dat etw - lassen* perderse algo

entgeistert *adj* boquiabierto

entgleisen *vi* BAHN descarrilar

enthalten *unreg* I. *vt* contener

II. *vr:* ◊ **sich der Stimme** - abstenerse de votar

enthüllen *vt* destapar; *FIG* sacar a la luz

Enthusiasmus *m* <-> entusiasmo *m*

entkleiden *vt* desvestir, quitar la ropa

entkommen *unreg vi* escapar

entkräften *vt* ↑ *widerlegen* rebatir

entladen *unreg vt* descargar

entlang *adv, präp akk o dat* a lo largo

entlassen *unreg vt* ① ↑ *verabschieden* despedir ② ↑ *kündigen* despedir, echar; **Entlassung** *f* ① (*aus Krankenhaus*) alta *f*; JURA puesta *f* en libertad ② ↑ *Kündigung* despido *m*

entlasten *vt* descargar; **Entlastung** *f* descargo *m*

entledigen *vr:* ◊ **sich e-r Sache/jd-s** - deshacerse de algo/alguien

entmachten *vt* quitar el poder

entmündigen *vt* poner bajo tutela

entmutigen *vt* desanimar

entnehmen *unreg vt* coger, sacar; *FIG* concluir, deducir

entnervt *adj* echo polvo, agotado, quemado

enträtseln *vt* desvelar

entrichten *vt* → *Betrag* pagar

entrüsten *vr* ◊ **sich** - indignarse (*über akk por*); **entrüstet** *adj* indignado

entsagen *vi* renunciar a

Entschädigung *f* ① ↑ *Abfindung* indemnización *f* ② ↑ *Ersatz* compensación *f*

entschärfen *vt* → *Bombe* desactivar

entscheiden *unreg vti* decidir (*über akk sobre*); **entscheidend** *adj* decisivo; **Entscheidung** *f* decisión *f*

entschließen *unreg vr* ◊ **sich** - decidirse (*zu, für por*)

entschlossen *adj* decidido, enérgico; **Entschluß** *m* decisión *f*

entschlüsseln *vt* descifrar

entschlußfreudig *adj* que decide con facilidad

entschuldigen I. *vt* perdonar, excusar; ◊ **Sie bitte** perdone, por favor **II.** *vr* ◊ **sich** - disculparse (*für por*)

entsetzlich *adj* horrible, terrible, espantoso

entspannen I. *vt* ① → *Muskeln* relajar ② → *Situation* distender **II.** *vr* ◊ **sich** - relajarse, descansar de; **Entspannung** *f* relajación *f*; descanso *m*

entsprechen *unreg vi* corresponder a, equivaler a; **entsprechend I.** *adj* (↑ *angemessen*) correspondiente **II.** *adv* conforme [a]; ◇ **~ reagieren** reaccionar conforme [a] III. **präp** *dat* según; ◇ **~ meinem Vorschlag** según mi consejo

entstehen *unreg vi* originarse; ← **Konflikte** producirse; ← **Eindruck** dar

entstellen *vt* ① ↑ *Gesicht* afear, desfigurar ② ↑ *verfälschen* falsificar

enttäuschen *vt* ← *Hoffnungen* desengañar; ◇ **enttäuscht sein über** *akk*/**von** estar decepcionado por; **Enttäuschung** *f* decepción *f* (*über akk* por)

Entwaffnung *f* desarme *m*

Entwarnung *f* in *m* de alarma

entweder *cj*: ◇ **~, oder!** ¡una cosa o la otra!

entwenden *vt* robar, quitar

entwerfen *unreg vt* esbozar; → *Text* trazar [los puntos principales]

entwerten *vt* picar

entwickeln I. *vt* ① ↑ *erfinden* desarrollar; → *Produkt* hacer, elaborar ② ↑ *Plan* exponer ③ FOTO revelar II. *vr* **~** desarrollarse, crecer; **Entwicklung** *f* ① ↑ *Ausarbeitung* elaboración *f* ② ↑ *Entstehung* desarrollo *m*

entwöhnen *vt* desacostumbrarse, deshabituar

entwürdigend *adj* humillante, degradante

Entwurf *m* ① ↑ *Skizze* esbozo *m* ② ↑ *Konzept* borrador *m*

entziehen *unreg* I. *vt* ① ↑ *wegnehmen*, verweigern quitar ② → *Führerschein* retirar II. *vr* ◇ **sich ~** escaparse de

entziffern *vt* descifrar

entzünden I. *vt* ← *Feuer* encender; *FIG* despertar II. *vr* ◇ **sich ~** ① ← *Benzin* encenderse ② MED inflamarse; **Entzündung** *f* MED inflamación *f*

entzwei *adv* roto; **entzweibrechen** *unreg* I. *vt* ← *Brot* partir; → *Teller* romper [en dos] II. *vi* ← *Gegenstände* romperse; **entzweien** I. *vt* → *Familie* desunir; → *Freunde* enemistar II. *vr* ◇ **sich ~** ↑ *auseinandergehen* enemistarse

Enzyklopädie *f* enciclopedia *f*

Epidemie *f* epidemia *f*

Epilepsie *f* epilepsia *f*

Episode *f* <-, -n> episodio *m*

Epoche *f* <-, -n> época *f*

er *pron* ① (*persönliches Fürwort maskulin*) él ② (*persönliches Fürwort neutrum*) él; ◇ **wenn ich ~ wäre** yo que él

erbarmen *vr* ◇ **sich ~** compadecerse (*gen* de); **erbärmlich** *adj* ① *armselig* miserable, deplorable ② ↑ *schlecht* lamentable

erbauen *vt* ↑ *errichten* construir, erigir, edificar

erbaulich adj gratificante, entretenido

Erbauung f construcción f

Erbe[1] n <-s> herencia f;

Erbe[2] m <-n, -n> heredero m; **erben** vti heredar

erbeuten vt capturar, apresar

Erbin f heredera f

erbitten unreg vt pedir

erbittert adj irritado; ◊ - um etw kämpfen luchar encarnizadamente por algo

erblassen vi palidecer, ponerse pálido

erblich adj ⊳Krankheit hereditario

erblicken vt auch FIG ver; ◊ in jd-m e-n Freund - ver un amigo en alguien

erblinden vi quedarse ciego, cegar

erbosen I. vt ↑ erzürnen irritar **II.** vr ◊ sich - montar en cólera (über akk por)

erbrechen unreg vr ◊ sich - vomitar, devolver

Erbrecht n JURA derecho m sucesorio

erbringen unreg vt dar, traer

Erbse f <-, -n> FLORA guisante m

Erd- in Komposita terrestre; **Erdachse** f eje m terrestre; **Erdanziehung** f atracción f de la tierra; **Erdarbeiten** f/pl obras f/pl de excavación; **Erdbeben** n terremoto m; **Erd-**

beere f fresa f; **Erdboden** m suelo m; **Erde** f <-, -n> [1] Tierra f [2] ↑ Boden suelo m

erdenklich adj imaginable

Erdgas n gas m natural; **Erdgeschoß** n planta f baja; **Erdkunde** f geografía f; **Erdoberfläche** f superficie f terrestre; **Erdöl** n petróleo m; **Erdreich** n tierra f

erdrosseln vt estrangular

erdrücken vt aplastar; FIG agobiar

Erdrutsch m corrimiento m de tierra; **Erdteil** m continente m

erdulden vt aguantar, soportar

ereignen vr ◊ sich - ocurrir, suceder, pasar; **Ereignis** n suceso m; **ereignisreich** adj movido, agitado

erfahren unreg vt [1] → Neuigkeit saber [2] ↑ erleben experimentar; **Erfahrung** f experiencia f; ◊ etw in - bringen enterarse de algo, averiguar algo; **erfahrungsgemäß** adv por experiencia

erfassen vt [1] ↑ registrieren tomar [2] ↑ ergreifen coger

erfinden unreg vt inventar; **Erfinder(in** f) m inventor(/a f) m; **erfinderisch** adj ingenioso; ◊ Not macht - la necesidad es la madre del ingenio; **Erfindung** f invento m

Erfolg m <-[e]s, -e> éxito m;

◇ **ein voller** - un gran éxito;
◇ **ohne** - sin resultados

erfolgen vi ↑ *geschehen* suceder, ocurrir

erfolglos adj sin éxito, infructuoso; **erfolgreich** adj afortunado; **Erfolgserlebnis** n experiencia f positiva; **erfolgversprechend** adj prometedor

erfordern vt pedir, precisar, necesitar

erforschen vt investigar; → *Gebiet* explorar

erfreuen I. vt alegrar II. vr ◇ **sich** - alegrarse (*an dat* por); ◇ **er erfreut sich bester Gesundheit** gen goza de buena salud; **erfreulich** adj favorable

erfrieren unreg vi ← *Mensch* morirse de frío

erfrischen vr ◇ **sich** - refrescarse; **erfrischend** adj refrescante

erfüllen I. vt satisfacer II. vr ◇ **sich** - cumplirse

ergänzen vt ① ↑ *anfügen* añadir ② ↑ *vervollständigen* completar; **Ergänzung** f añadidura f

ergeben unreg I. vt dar por resultado, resultar; ◇ **was hat die Untersuchung -?** ¿qué resultados ha lanzado la investigación? II. vr ◇ **sich** - ① ↑ *kapitulieren* capitular ② ↑ *zustandekommen* surgir

Ergebnis n resultado m; **ergebnislos** adj sin resultado

ergiebig adj productivo; ▷*Geschäft* lucrativo

ergreifen unreg vt ① → *Arm* coger ② ↑ *festnehmen* capturar, detener; **ergreifend** adj emocionante

erhaben adj elevado; FIG festivo

erhalten unreg I. vt ① ↑ *bekommen* recibir ② ↑ *bewahren* mantener II. adj conservado; ◇ **gut** - en buen estado; **erhältlich** adj disponible, adquisible; **Erhaltung** f mantenimiento m

erhängen vtr ◇ **sich** - ahorcar[se]

erhärten unreg I. vt ① endurecer II. vr ◇ **sich** - ↑ *hart werden* endurecerse, confirmarse

erheben unreg I. vt ① ↑ *emporheben* levantar ② JURA → *Klage* hacer, formular II. vr ◇ **sich** - (*von Stuhl*) levantarse

erheblich adj ① ↑ *deutlich* destacable, considerable ② ↑ *wichtig* importante

Erhebung f ← *Hügel* elevación f

erheitern vt alegrar, animar, divertir

erhitzen vtr ◇ **sich** - ← *Wasser* calentar(se); FIG ← *Gemüt* acalorarse

erhöhen vt ① → *Mauer* levantar ② ↑ *anheben* subir, aumentar

erholen *vr* ◇ *sich* ~ ① ↑ *sich entspannen* descansar ② (*von Schock*) recuperarse; **Erholung** *f* descanso *m*

erinnern I. *vt* recordar II. *vr* ◇ *sich* ~ acordarse (*an akk* de); **Erinnerung** *f* recuerdo *m* (*an akk* de)

erkalten *vi* enfriarse

erkälten *vr* ◇ *sich* ~ resfriarse, encatarrarse

erkämpfen *vt* conseguir luchando

erkennen *unreg vt* ↑ *wahrnehmen* percibir; ↑ *sehen* ver; **Erkenntnis** *f* ↑ *Wissen, Vernunft* conocimiento *m*

erklären *vt* ① ↑ *darlegen* demostrar ② (*zu deuten suchen*) interpretar ③ ↑ *mitteilen* proclamar, declarar; **Erklärung** *f* ① ↑ *Deutung, Auslegung* explicación *f* (*für* de) ② ↑ *Mitteilung* declaración *f*

erkranken *vi* enfermar (*an dat* de); **Erkrankung** *f* enfermedad *f*, dolencia *f*

erkunden *vt* explorar

erkundigen *vr* ◇ *sich* ~ informarse (*nach de akk* sobre); **Erkundigung** *f* información *f*

Erlaß *m* <Erlasses, Erlasse> ① ↑ *Weisung, Verordnung* decreto *m* ② ↑ *Aufhebung* dispensa *f*;

erlassen *unreg vt* ① ↑ *verordnen* decretar ② → *Schulden* perdonar; ◇ **jd-m etw** ~ perdonar algo a alguien

erlauben I. *vt* permitir II. *vr:* ◇ *sich dat etw* ~ permitirse algo; **Erlaubnis** *f* ① ↑ *Zustimmen* consentimiento *m;* ◇ **um** ~ **fragen** pedir permiso ② ↑ *Genehmigung* permiso *m;* **erlaubt** *adj* permitido; ↑ *legal* lícito

erläutern *vt* ↑ *erklären* explicar, aclarar

erleben *vt* ① estar presente, vivir ② ↑ *erfahren* experimentar; ◇ **etw am eigenen Leibe** ~ vivirlo uno mismo; **Erlebnis** *n* ↑ *Erfahrung* experiencia *f*

erledigen *vt* ① llevar a cabo; → *Arbeit* despachar ② FAM ↑ *ermüden* cansar, agotar; ◇ **total erledigt sein** estar agotadísimo ③ FAM ↑ *umbringen* liquidar, cargarse a

erleichtern *vt* ↑ *leichter machen* facilitar; FIG aliviar; **erleichtert** *adj* aliviado

erleiden *unreg vt* soportar, aguantar

erlernbar *adj:* ◇ **schwer/leicht** ~ difícil/fácil de aprender; **erlernen** *vt* aprender

erlesen *adj* exquisito, excelente

erleuchten *vt* iluminar, alumbrar

erliegen *unreg vi* caer en; ◇ **e-r Krankheit** - morir de una enfermedad

Erlös *m* <-es, -e> ↑ *Ertrag* rendimiento *m (aus de)*

erlöschen *vi* extinguirse

erlösen *vt* ↑ *retten* salvar, liberar

ermächtigen *vt* autorizar (*zu* a); **Ermächtigung** *f* autorización *f*

ermahnen *vt* exhortar (*zu* a)

ermäßigen *vt* rebajar, reducir; **Ermäßigung** *f* disminución *f*

ermessen *unreg vt* estimar

ermitteln I. *vt* ↑ *feststellen* determinar **II.** *vi:* ◇ **gegen jd-n** - hacer pesquisas sobre alguien; **Ermittlung** *f* ① ↑ *Feststellung* comprobación *f (von de)* ② JURA pesquisa *f*

ermöglichen *vt* hacer posible, facilitar

ermorden *vt* asesinar; **Ermordung** *f* asesinato *m*

ermüden I. *vt* cansar **II.** *vi* cansarse; **ermüdend** *adj* cansado, fatigoso

ermuntern *vt* estimular (*zu* a)

ermutigen *vt* animar, alentar (*zu* a)

ernähren I. *vt* dar de comer, alimentar **II.** *vr:* ◇ **sich - von** vivir de; **Ernährung** *f* alimentación *f*

ernennen *unreg vt* nombrar; ◇ **jd-n zum Deligierten** - nombrar delegado a alguien; **Ernennung** *f* nombramiento *m (zu* como)

erneuern *vt* ↑ *instandsetzen* reparar

erneut I. *adj* ↑ *nochmalig* repetido **II.** *adv* ↑ *wieder* de nuevo; ◇ - **etw tun** volver a hacer algo

ernst *adj* serio, grave; ◇ **jd-n/ etw** - **nehmen** tomar a alguien/ algo en serio; **Ernst** *m* <-es> seriedad *f*; **ernsthaft** *adj* serio, grave

Ernte *f* <-, -n> recogida *f*; **ernten** *vt* recolectar; FIG recoger

ernüchtern *vt* quitar la borrachera, despejarse; FIG desengañar; **Ernüchterung** *f* desilusión *f*

erobern *vt* conquistar; **Eroberung** *f* conquista *f*

eröffnen I. *vt* ① → *Geschäft* abrir, inaugurar ② ↑ *beginnen* abrir, inaugurar **II.** *vr* ◇ **sich** - ← *Möglichkeit* presentarse

erörtern *vt* → *Thema* discutir

Erotik *f* erotismo *m*

erpicht *adj:* ◇ - **sein auf** *akk* estar ansioso por

erpressen *vt* ① → *Lösegeld* chantajear, hacer chantaje ② ↑ *nötigen* obligar a, forzar a; **Erpresser(in** *f) m* <-s, -> chantajista *m/f*; **Erpressung** *f* chantaje *m*

erproben vt probar, someter a prueba

erraten unreg vt adivinar

erregen I. vt ① ↑ aufregen excitar, agitar ② ↑ hervorrufen provocar, causar **II.** vr ◇ sich - excitarse (über akk por)

erreichbar adj ① (nicht weit weg) cercano ② ↑telefonisch localizable; **erreichen** vt ① ↑ ankommen llegar (an dat a) ② ↑ antreffen encontrar, localizar ③ → Ziel lograr, alcanzar

errichten vt ① ↑ aufstellen edificar ② ↑ gründen fundar

erringen unreg vt conseguir; → Sieg ganar

erröten vi ponerse colorado, ruborizarse

Ersatz m <-es> ① sustitución f (für por) ② (für Notfall) repuesto m; **ersatzlos** adj sin recambio; **Ersatzreifen** m AUTO neumático m de repuesto; **Ersatzspieler(in** f) m jugador(a f) m de reserva; **Ersatzteil** n pieza f de repuesto

erschaffen unreg vt producir, crear

erscheinen unreg vi ① ↑ sich einfinden llegar ② (publiziert werden) publicarse; **Erscheinung** f ↑ Aufmachung aparición f

erschießen unreg vt matar, dar un tiro

erschlagen unreg vt matar a golpes

erschöpfen vt ① cansar, agotar ② → Reserven, Geduld acabar; **erschöpfend** adj ↑ anstrengend agotador; **Erschöpfung** f cansancio m

erschrecken I. vt asustar, espantar **II.** <erschrak, erschrocken> vi llevarse un susto; **erschreckend** adj alarmante, terrible, espantoso

erschweren vt dificultar

erschwinglich adj asequible

ersehen unreg vt: ◇ daraus ersieht man, daß ... de esto se deduce ...

ersetzbar adj sustituible; **ersetzen** vt ① ↑ auswechseln remplazar ② ↑ vertreten hacer las veces de ③ ↑ ausgleichen compensar

ersichtlich adj evidente, claro

ersparen vt evitar; **Ersparnis** f ahorro m (an dat en)

erst adv ① ↑ zunächst primero; ◇ - die Arbeit, dann das Vergnügen primero el trabajo, después la diversión ② ↑ anfangs al principio; ◇ - kamen die Gäste, dann ... al principio llegaron los invitados, después ... ③ (nicht eher als) no antes de; ◇ sie kommt - morgen no viene hasta mañana ④ (nicht mehr *als*) no más; ◇ **sie ist - 18 Jahre alt** no tiene más de 18 años ⑤ ↑ *gar* ◇ **und ich -!** ¡y yo!

erstarren *vi* entumecerse

erstatten *vt* ① → *Unkosten* rembolsar ② ◇ **Anzeige -** denunciar, poner una denuncia

erstaunen *vt* sorprender, asombrar; **Erstaunen** *n* <-s> asombro *m* (*über akk* de); **erstaunlich** *adj* ① asombroso; ▷*Begebenheit* sorprendente ② ▷*Leistung* admirable

erstbeste(r, s) *adj PEJ* el primero que se presente; ◇ **den E-n heiraten** casarse con el primero que aparezca

erste(r, s) *adj* ① primero ② ↑ *ursprünglich* ◇ **der - Mensch** el hombre primitivo

erstechen *unreg vt* matar a cuchilladas

erstehen *unreg vt* comprar

erstens *adv* lo primero, en primer lugar

erstere(r, s) *pron* lo primero, la primera

ersticken I. *vt* → *jd-n* ahogar, asfixiar; → *Feuer* sofocar II. *vi* ahogarse, asfixiarse

erstmalig I. *adj* primero II. *adv* por primera vez

erstrebenswert *adj* deseable

erstrecken *vr* ◇ **sich -** ▷*räumlich* extenderse (*über, auf akk* sobre, a); ▷*zeitlich* alargarse

ersuchen *vt* pedir, solicitar (*um algo*)

ertappen *vt* sorprender, pillar (*bei con*)

erteilen *vt* dar, impartir

Ertrag *m* <-[e]s, Erträge> rendimiento *m*

ertragen *unreg vt* soportar, aguantar; ◇ **das ist ja nicht zu-es** inaguantable; **erträglich** *adj* soportable, aguantable

ertrinken *unreg vi* ahogarse

erübrigen I. *vt* sobrar II. *vr* ◇ **sich -** sobrar, estar de más

erwachen *vi* despertarse

erwachsen *adj* adulto, mayor; **Erwachsene(r)** *fm* adulto/a

erwägen <erwog, erwogen> *vt* ① → *Möglichkeiten* considerar ② ↑ *prüfen* ◇ *Plan* examinar ③ ↑ *überlegen* pensar

erwählen escoger, elegir

erwähnen *vt* ↑ *nennen* nombrar

erwarten *vt* → *Brief, Ereignis* esperar; ◇ **etw kaum - können** esperar algo con impaciencia; **Erwartung** *f* espera *f*

erweisen *unreg* I. *vt* → *Dienst* hacer (*jd-m* a alguien) II. *vr:* ◇ **sich als etw -** resultar ser algo

Erwerb *m* <-[e]s, -e> profesión *f*; **erwerben** *unreg vt* ① ↑ *kaufen* comprar ② (*sich zu eigen machen*) → *Fähigkeit* adquirir;

erwerbslos *adj* parado, sin trabajo

erwidern *vt* ↑ *entgegnen* responder, contestar

erwiesen *adj* probado, demostrado

erwischen *vt* 1 →*Verbrecher* coger, atrapar; 2 →*Bus* coger, pillar

erwünscht *adj* deseado

erzählen *vt* contar, relatar; **Erzählung** *f* 1 (von Geschichte) relato *m* 2 (literarische Gattung) narración *f*

erzeugen *vt* 1 ↑ *herstellen* producir, fabricar 2 ↑ *hervorrufen* dar, provocar

erziehen *unreg vt* →*Kind* educar; **Erziehung** *f* 1 educación *f* 2 ↑ *Bildung* formación *f*

erzielen *vt* lograr, conseguir

es *pron 3. Person sg, neutrum* 1 (in bezug auf Menschen, nom) el, ella; (akk) le, la; ◇ - **ist schon 3 Jahre alt** tiene ya 3 años 2 (in bezug auf Dinge) ◇ **sie hat - neu gekauft** es lo ha comprado nuevo 3 (für Abstrakta) lo; ◇ **niemand will - gesagt haben** nadie dice haberlo dicho 4 (formales Subjekt) ◇ - **ist mein Mann, der kocht** él es mi marido, el cocinero; ◇ **ist 2 Uhr** son las 2 5 (formales Objekt) ◇ **ich bin - müde ...** estoy

harto de ... 6 (unpersönlich) ◇ - **schneit** está nevando

Esel *m* <-s, -> burro *m*

eßbar *adj* comestible **essen** <aß, gegessen> *vti* comer; **Essen** *n* <-s, -> 1 ↑ *Nahrung* alimento *m* 2 ↑ *Mahlzeit* comida *f*

essentiell *adj* esencial

Essig *m* <-s, -e> vinagre *m*

Eßwaren *f/pl* comestibles *m/pl;*

Eßzimmer *n* comedor *m*

Etage *f* <-, -n> planta *f*, piso *m*

Etappe *f* <-, -n> 1 ↑ *Teilstrecke* etapa *f* 2 ↑ *Zeitabschnitt* fase *f*

Etikett *n* <-[e]s, -e> etiqueta *f*

etliche *pron pl* algunos *pl;* **etliches** *pron* algunos

Etui *n* <-s, -s> estuche *m*, funda *f*

etwa *adv* 1 ↑ *ungefähr* aproximadamente, más o menos 2 ↑ *zum Beispiel* ◇ **nehmen wirseinen Vater** tomemos por ejemplo a su padre 3 ↑ *womöglich, am Ende* acaso; ◇ **du bist doch nicht - pleite?** ¡no estás, por casualidad, sin un duro?

etwas I. *pron* 1 ↑ *ein bißchen* un poco, algo; ◇ - **besser** algo mejor 2 ↑ *irgendwas* algo, alguna cosa; ◇ **hast du - gehört?** ¡has oído algo?; ◇ **er hat - Unsympathisches an sich** tiene algo que le hace antipático II. *adv* ↑ *ein wenig, irgendwie* un poco; ◇ **kannst du mir das - erklären?** ¿me lo puedes explicar un poco?

euch *pron akk, dat v.* **ihr** os; *(betont, nach Präposition)* a vosotros

euer I. *pron (possessiv, adjektivisch)* vuestro; *(pl)* vuestros II. *pron gen v.* **ihr** *(personal)* de vosotros

eure(r, s) *pron (possessiv, substantivisch)* vuestro; *(pl)* vuestros; **eurerseits** *adv* de vuestra parte

Europa *n* <-s> Europa *f*; **Europäer(in)** *f m* <-s, -> europeo/a

evakuieren *vt* ① → *Bevölkerung* evacuar ② → *Gebiet* desalojar

evangelisch *adj* ▷ *Kirche* evangélico, protestante

eventuell I. *adj* eventual II. *adv* ① *möglicherweise* probablemente

EWG *f* <-> *Abk v.* **Europäische Wirtschaftsgemeinschaft** C.E.E. *f*

ewig *adj* ① *immer* eterno ② *(alles überdauernd)* infinito

exakt *adj* exacto, preciso

Examen *n* <-s, - *o.* Examina> examen *m*

Exekutive *f* ejecutivo *m*

Exemplar *n* <-s, -e> ejemplar *m*

Exil *n* <-s, -e> exilio *m*

Existenz *f* existencia *f*; **existieren** *vi* ① ↑ *leben* vivir *(von dat* de) ② ↑ *vorhanden sein* existir

exklusiv *adj* exclusivo; **exklusive** *adv, präp gen* sin contar, sin tener en cuenta

Exkurs *m* <-, -e> digresión *f*

exotisch *adj* exótico

Expansion *f* ↑ *Ausdehnung* expansión *f*

Experiment *n* experimento *m*

Experte *m* <-n, -n>, **Expertin** *f* experto/a

explodieren *vi* estallar; **Explosion** *f* explosión *f*

Export *m* <-[e]s, -e> exportación *f*; **Exportartikel** *m* COMM artículo *m* de exportación; **exportieren** *vt* exportar

extra I. <inv> *adj* especial, extra II. *adv* ① ↑ *gesondert* extra ② ↑ *speziell* especialmente

extrem *adj* ① ↑ *äußerst* ◇ - **kalt** extremadamente frío ② ↑ *radikal* extremo, radical

extremistisch *adj* POL extremo; ◇ **rechts-, links-** extrema derecha, extrema izquierda

F

F, f n ① F, f f ② MUS fa m
Fabel f <-, -n> fábula f; **fabelhaft** adj fabuloso, genial, magnífico
Fabrik f fábrica f; **Fabrikant (in** f) m fabricante m/f; **Fabrikarbeiter(in** f) m obrero/a
Fach n <-[e]s, Fächer> ① (Schub-) cajón m ② ↑ Gebiet especialidad f ③ (Schul-) asignatura f; (Studien-) rama f; **Fachausdruck** m, pl <-ausdrücke> término m técnico
Fächer m <-s, -> abanico m
fad[e] adj insípido; ↑ langweilig aburrido
Faden m <-s, Fäden> ① hilo m ② FIG ◇ roter - hilo m conductor
fähig adj ① capaz ② ↑ tüchtig competente
Fahne f <-, -n> bandera f
Fahrausweis m billete m; **Fahrbahn** f calzada f
Fähre f <-, -n> ferry m
fahren <fuhr, gefahren> I. vt ① → Auto conducir ② MIN tener turno II. vi viajar; ← Zug salir; **Fahrer(in** f) m <-s, -> conductor/a; **Fahrkarte** f ↑ Ticket billete m; **Fahrkartenschalter** m taquilla f; **Fahrplan** m hora-

rio m; **Fahrrad** n bicicleta f;
Fahrscheinautomat m máquina f automática de billetes;
Fahrschule f autoescuela f;
Fahrstuhl m ascensor m;
Fahrt f <-, -en> ① viajar m ② ↑ Reise viaje m
Fährte f <-, -n> carril m
Fahrzeug n vehículo m
Falke m <-n, -n> halcón m
Fall m <-[e]s, Fälle> ① caída f ② JURA, GRAM caso m ③ ◇ auf keinen - en ningún modo; ◇ auf jeden - de todos modos
Falle f <-, -n> trampa f
fallen <fiel, gefallen> vi ① caer; ← Preise bajar ② ↑ sterben morir, caer ③ FIG ◇ aus der Rolle - salirse alguien de sus casillas
fällen vt ① → Baum cortar ② FIG fallar
falls adv en caso de
Fallschirm m paracaídas m
falsch adj ① equivocado ② ▷Schmuck falso; **fälschen** vt falsificar; **Fälschung** f falsificación f
Falte f <-, -n> (Haut-) arruga f; (Bügel-) pliego m; **falten** vt doblar
familiär adj familiar; **Familie** f familia f; ↑ Gattung género m;
Familienname m apellido m;
Familienstand m estado m civil
fand impf v. **finden**

Fang m ‹-[e]s, Fänge› captura f, presa f; **fangen** ‹fing, gefangen› vt → Ball recoger

Farbe f ‹-, -n› 1 color m 2 (Öl-, Stoff-) pintura f; **färben I.** vt teñir **II.** vi (ab-) desteñir; **Farbfilm** m película f en color; **farbig** adj de color; **farblos** adj 1 descolorido 2 ↑ langweilig aburrido; **Färbung** f colorido m; FIG tendencia f

Fasching m ‹-s, -e o. -s› carnaval m

Faser f ‹-, -n› fibra f

Faß n ‹Fasses, Fässer› (Wein-) cuba f

faßbar adj comprensible; **fassen I.** vt 1 coger 2 FIG ◇ nicht zu –! ¡es increíble! 3 ↑ Raum bieten tener cabida para **II.** vr: ◇ sich auf etw akk gefaßt machen prepararse para algo; **Fassung** f 1 (von Ring) engaste m, engarce m 2 FIG dominio m de sí mismo 3 ↑ Bearbeitung versión f; **fassungslos** adj desconcertado

fast adv casi

fasten vi ayunar

faul adj 1 ▷Lebensmittel podrido 2 ▷Mensch perezoso; **faulen** vi pudrirse

Faust f ‹-, Fäuste› puño

Februar m ‹-[s], -e› febrero; ◇ **26. – 1961** a 26 de febrero de 1961

Feder f ‹-, -n› pluma f; **federn** vi tener suspensión; **Federung** f AUTO suspensión f

fegen vt barrer

fehl adv: ◇ – am Platz sein estar fuera de lugar

fehlen vi 1 faltar 2 FIG ◇ was fehlt Ihnen? ¿qué le ocurre/pasa?; **Fehler** m ‹-s, -› 1 falta f 2 (Druck-) errata f; **fehlerfrei** adj sin faltas, perfecto; **fehlerhaft** adj con faltas, incorrecto; **Fehlgriff** m equivocación f; **fehlschlagen** unreg vi fracasar; **Fehltritt** m FIG desliz m, resbalón m

Feier f ‹-, -n› fiesta f; **Feierabend** m: ◇ – machen terminar la jornada de trabajo; **Feierlichkeit** f ‹-en pl fiestas fpl; **feiern** vt celebrar

feig[e] adj cobarde; **Feigling** m cobarde m

Feile f ‹-, -n› lima f

fein adj 1 fino 2 ↑ vornehm refinado, distinguido

Feind(in f) m ‹-[e]s, -e› enemigo/a; **feindlich** adj enemigo, hostil; **Feindschaft** f enemistad f; **feindselig** adj hostil

feinfühlig adj sensible, delicado

Feld n ‹-[e]s, -er› 1 campo m 2 FIG terreno m

Felge f ‹-, -n› AUTO llanta f

Fell n ‹-[e]s, -e› pelaje m

Fels m <-en, -en> roca f; **Felsen** m <-s, -> peñasco m; **felsig** adj rocoso

feminin adj femenino; **Feminismus** m feminismo m

Fenster n <-s, -> (Zimmer-) ventana f; (Auto-) ventanilla f; (Schau-) escaparate m; **Fensterscheibe** f cristal m

Ferien pl vacaciones f/pl; **Ferienkurs** m curso m de vacaciones

Ferkel n <-s, -> lechón m

fern I. adj lejano II. adv ① ◇ von hier lejos de aquí ② FIG ◇ das liegt mir - yo jamás haría eso; **Ferne** f <-, -n> lejanía f, distancia f; **ferner** I. kompar v. **fern**; II. (weiterhin) en adelante; **Fernglas** n prismáticos m/pl; **fernsehen** unreg vi ver la televisión; **Fernsehen** n <-s> televisión f; **Fernseher** m televisor m

Ferse f <-, -n> talón m

fertig adj ① terminado, acabado ② ↑ **bereit** preparado; **Fertigkeit** f habilidad f; **fertigmachen** vt terminar, acabar; **fertigwerden** unreg vi FIG: ◇ - mit etw liquidar/solucionar algo

Fessel f <-, -n> ① cadena f ② ↑ **Knöchel** empeine m; **fesseln** vt atar, amarrar; FIG cautivar

fest adj ① fijo ② ◇ Nahrung

espeso ③ ◇ Händedruck fuerte ④ ◇ Schlaf profundo

Fest n <-[e]s, -e> fiesta f, festividad f

festangestellt adj empleado fijo; **festbinden** unreg vt atar, amarrar; **festhalten** unreg I. vt ① coger, sujetar ② FIG escribir II. vr ◇ sich - agarrarse (an dat a); **Festland** n tierra f firme; **festlegen** I. vt fijar, determinar II. vr ◇ sich - comprometerse

festlich adj de fiesta, festivo

festnehmen unreg vt detener; **festschnallen** vt atar, amarrar; **festsetzen** vt fijar

Festspiel n festival m

feststellen vt ① descubrir ② ↑ **sagen** afirmar, declarar

Festung f fortaleza f

fett adj ◇ Essen graso; ◇ Mensch gordo; **Fett** n <-[e]s, -e> grasa f; **fettarm** adj ① ◇ Diät bajo en calorías ② ◇ Milch desnatado

feucht adj húmedo; **Feuchtigkeit** f humedad f

Feuer n <-s, -> fuego m; (Herd-) lumbre f; **Feuergefahr** f peligro m de incendio; **Feuerlöscher** m <-s, -> extintor m; **Feuerwehr** f <-, -en> cuerpo m de bomberos; **Feuerwerk** n fuegos m/pl artificiales; **Feuerzeug** n encendedor m, mechero m

Fichte f <-, -n> abeto m
Fieber n <-s, -> fiebre f
fiel impf v. **fallen**
Figur f <-, -en> ① figura f ② (Roman-) personaje m
Filiale f <-, -n> COMM filial f, sucursal f
Film m <-[e]s, -e> ① película f ② FOTO carrete m
Filter m <-s, -> filtro m
Finale n <-s, -[s]> final f
Finanzamt n ministerio m de Hacienda; **finanziell** adj financiero, económico; **finanzieren** vt financiar
finden <fand, gefunden> I. vt ① encontrar ② FIG ↑ meinen creer II. vr ◇ sich - encontrarse
fing impf v. **fangen**
Finger m <-s, -> dedo m; **Fingerhandschuh** m guante m
Finnland n Finlandia f
finster adj oscuro; **Finsternis** f oscuridad f, tinieblas fpl
Firma f <-, Firmen> empresa f
Fisch m <-[e]s, -e> ① FAUNA pez m ② GASTRON pescado m ③ ASTROL -e pl Piscis m; **fischen** vti pescar; **Fischer(in** f) m <-s, -> pescador/a; **Fischgeschäft** n pescadería f
fit adj ① ◇ sich - halten mantenerse en forma ② FAM competente
fix adj ① rápido, ágil ② ▷Ge-

halt fijo ③ FAM ◇ - und fertig sein estar hecho polvo
fixieren vt fijar
flach adj llano, liso; FIG superficial; **Fläche** f <-, -n> superficie f; **Flachland** n llanura f
flackern vi oscilar
Flagge f <-, -n> bandera f
Flamme f <-, -n> llama f; FIG ◇ Feuer und - sein estar entusiasmado
Flanke f <-, -n> SPORT flanco m
Flasche f <-, -n> botella f; **Flaschenöffner** m abridor m
flau adj flojo, débil; ◇ mir ist - im Magen tengo el estómago revuelto; **Flaute** f <-, -n> ① calma f chicha ② COMM estancamiento m
flechten <flocht, geflochten> vt trenzar
Fleck m <-[e]s, -e> ① mancha f ② ↑ Stelle lugar m; ◇ nicht vom - kommen no avanzar; **fleckenlos** adj sin mancha; **Fleckenwasser** n quitamanchas m; **fleckig** adj manchado
flegelhaft adj grosero, maleducado
flehen vi pedir, suplicar
Fleisch n <-[e]s> ① (Schweine-) carne f ② (Frucht-) pulpa f; **Fleischer(in** f) m <-s, -> carnicero/a; **Fleischerei** f carnicería f

Fleiß m <-es> [1] esfuerzo m [2] FAM ◇ etw mit - tun hacer algo adrede; **fleißig** adj trabajador, aplicado

flexibel adj flexible

flicken vt remendar, poner un parche; **Flicken** m <-s, -> parche m

Flieder m <-s, -> lila f

Fliege f <-, -n> [1] FAUNA mosca f [2] (Kleidung) pajarita f

fliegen <flog, geflogen> vti pilotar, volar; **Flieger(in** f) m <-s, -> piloto m/f

fliehen <floh, geflohen> vi huir

Fließband n, pl <-bänder> cadena f de montaje; **fließen** <floß, geflossen> vi [1] fluir ← Elektrizität circular; **fließend** adj [1] ▷Gewässer corriente [2] ▷sprechen fluido

flink adj rápido, ágil

Flinte f <-, -n> fusil m

flippig adj FAM inquieto

flirten vi ligar, coquetear

Flitterwochen f/pl luna f de miel

flocht impf v. **flechten**

Flocke f <-, -n> copo m

flog impf v. **fliegen**

floh impf v. **fliehen**

Flohmarkt m rastro m, mercadillo m

Flop m <-s, -s> FAM desastre m

florieren vi florecer, prosperar

floß impf v. **fließen**

Floß n <-es, Flöße> balsa f

Flosse f <-, -n> aleta f

Flöte f <-, -n> flauta f

flott adj [1] ↑ schick elegante [2] ↑ schnell ◇ aber -! ¡rápido!

Flotte f <-, -n> flota f

Fluch m <-s, Flüche> [1] juramento, m [2] (böser -) maldición f; **fluchen** vi jurar, maldecir

Flucht f <-, -en> huida f; **fluchtartig** adj a la escapada; **flüchten** vi huir (vor dat de); **flüchtig** adj [1] fugitivo [2] ↑ oberflächlich superficial; **Flüchtling** m (Wirtschafts-) fugitivo m; (politisch) refugiado m

Flug m <-[e]s, Flüge> vuelo m; ◇ guten -! ¡un buen vuelo!

Flügel m <-s, -> [1] ala m [2] MUS piano m de cola

Fluggast m pasajero/a; **Fluggesellschaft** f compañía f aérea; **Flughafen** m aeropuerto m; **Flugnummer** f número m de vuelo; **Flugplatz** m campo m de aviación; **Flugzeug** n avión m

Flur m <-[e]s, -e> pasillo m, corredor m

Fluß m <-Flusses, Flüsse> río m [2] FIG ◇ in - bringen poner en movimiento

flüssig adj [1] ▷Material líquido ② FIG fluido; **Flüssigkeit** f ① líquido m ② FIG fluidez f

flüstern vi susurrar

Flut f <-, -en> ① pleamar f ② FIG oleada f

Folge f <-, -n> ① serie f ② ↑ *Konsequenz* consecuencia f; **folgen** vi ① seguir (*jd-m* a alguien) ② FIG ◊ **können Sie mir ~?** ¿me entiende? ③ ◊ **daraus folgt, daß ...** resulta que ...; **folgend** adj siguiente; **folgendermaßen** adv del modo siguiente; **folgerichtig** adj lógico, consecuente; **folgern** vt deducir (*aus dat* de); **Folgerung** f deducción f; **folglich** adv por lo tanto

Folie f hoja f

Folter f <-, -n> ① tormento m ② FIG tortura f

Fön® m <-[e]s, -e> secador m de pelo

förderlich adj útil, provechoso

fordern vt ① pedir ② FIG exigir

fördern vt ① promover ② MIN extraer

Forderung f exigencia f, petición f

Förderung f ① promoción f ② MIN extracción f

Forelle f trucha f

Form f <-, -en> ① forma f ② (*Back-*) molde m

Formalität f formalidad f

Format n formato m, tamaño m

formbar adj moldeable

Formel f <-, -n> fórmula f

formell adj formal

formen vt formar

förmlich adj formal, oficial; **formlos** adj informal

Formular n <-s, -e> formulario m, impreso m; **formulieren** vt formular

forschen vi investigar; **forschend** adj inquisitivo; **Forscher(in)** m <-s, -> investigador(a *f*) m

Forst m <-[e]s, -e> bosque m

fort adv ① fuera ② ◊ **in e-m ~** continuamente; **fortbestehen** unreg vi continuar, perdurar; **fortbewegen** vr ◊ **sich ~** avanzar, moverse hacia delante; **fortbilden** vr ◊ **sich ~** perfeccionarse; **fortbleiben** unreg vi no venir/regresar; **fortbringen** unreg vt llevar, transportar; **Fortdauer** f continuidad f; **fortfahren** unreg vi marcharse; **fortführen** vt continuar; **fortgehen** unreg vi irse; **fortgeschritten** adj avanzado; ◊ **F-enkurs** curso m superior; **fortkommen** unreg vi progresar; **fortpflanzen** vr ◊ **sich ~** reproducirse; **Fortschritt** m ① avance m, adelanto m ② ◊ **~e**

machen hacer progresos; **fortschrittlich** adj avanzado; **fortsetzen** vt continuar, seguir; **Fortsetzung** f continuación f; **fortwährend** adj continuo

Foto I. n <-s, -s> foto f **II.** m <-s, -s> cámara f de fotos; **Fotograf** (in f) m <-en, -en> fotógrafo/a; **Fotografie** f fotografía f; **fotografieren** vt fotografiar

Fracht f <-, -en> carga f

Frack m <-[e]s, Fräcke> frac m

Frage f <-, -n> [1] pregunta f [2] ↑ Problem cuestión f; ◇ etw in - stellen poner en duda; **fragen I.** vt [1] preguntar; ◇ nach der Uhrzeit - preguntar la hora [2] ◇ um Rat - pedir un consejo **II.** vr ◇ sich - preguntarse; **fraglich** adj [1] dudoso [2] ↑ betreffend en cuestión; **fraglos** adv sin duda; **fragwürdig** adj [1] ↑ zweifelhaft dudoso [2] ↑ bedenklich sospechoso

frankieren vt franquear

Frankreich n Francia f; **Franzose** m <-n, -n> francés m; **Französin** f francesa f

fraß impf v. **fressen**

Frau f <-, -en> [1] mujer f [2] (als Anrede) señora f; ◇ ~ Müller señora Müller [3] (Ehe-) esposa f; **Frauenarzt** m, **-ärztin** f ↑ Gynäkologe ginecólogo/a; **Frauenbewegung** f feminis-

mo m, emancipación f; **fraulich** adj femenino

frech adj descarado, impertinente; **Frechheit** f descaro m, impertinencia f

frei adj [1] libre [2] ▷Beruf liberal [3] ▷Arbeitsstelle vacante [4] ◇ im F-en al aire libre [5] ▷Eintritt gratis; **Freibad** n piscina f descubierta; **freigiebig** adj generoso; **Freigiebigkeit** f generosidad f; **freihalten** unreg vt dejar libre; **freihändig** adv a pulso; **Freiheit** f libertad f; **freiheitlich** adj liberal; **freilassen** unreg vt poner en libertad

freilich adv claro

freimachen I. vt [1] despejar [2] →Brief franquear **II.** vr ◇ sich - [1] aligerarse de ropa [2] ↑ Urlaub nehmen cogerse vacaciones; **freisprechen** unreg vt absolver; **Freispruch** m sentencia f absolutoria; **freistellen** vt: ◇ jd-m etw - dejar algo a elección de alguien

Freitag m viernes; **freitags** adv los viernes

freiwillig adj voluntario; **Freizeit** f tiempo m libre

fremd adj [1] desconocido [2] ↑ seltsam extraño; **fremdartig** adj extraño; **Fremde(r)** fm [1] ↑ Unbekannter desconocido/a [2] ↑ Ausländer extranjero/a;

Fremdenführer(in f) m guía m/f; **Fremdenverkehr** m turismo m; **Fremdenzimmer** n habitación f; **fremdländisch** adj extranjero; **Fremdsprache** f idioma m extranjero

fressen <fraß, gefressen> vti 1 ←Tier devorar 2 ←Säure corroer

Freude f <-, -n> alegría f; **freudig** adj alegre, feliz; **freudlos** adj triste; **freuen** I. vi unpers: ◇ [es] freut mich, Sie kennenzulernen encantado de conocerle II. vr: ◇ sich über etw akk - alegrarse de algo

Freund(in m) m <-[e]s, -e> amigo/a, novio/a

freundlich adj 1 amable 2 ▷Wetter agradable

Freundschaft f amistad f; **freundschaftlich** adj amistoso

Frevel m <-s, -> delito m (an dat contra)

Frieden m <-s, -> 1 paz f; ◇ - schließen hacer las paces 2 FIG ↑ Harmonie tranquilidad f; **Friedensbewegung** f movimiento m pacifista

Friedhof m cementerio m

friedlich adj 1 pacífico 2 ↑ harmonisch tranquilo

frieren <fror, gefroren> I. vi tener frío II. vt unpers 1 ◇ es friert está helando 2 ◇ es friert mich me estoy helando

frigid[e] adj frígido

frisch adj 1 fresco 2 ▷Kleidung recién lavado, limpio 3 ▷Wesen vivo

Friseur m peluquero m; **Friseuse** f peluquera f; **frisieren** vtr ◇ sich - peinar(se); **Frisiersalon** m salón m de peluquería

Frist f <-, -en> 1 ↑ Zeitraum espacio m de tiempo 2 ↑ Zeitpunkt plazo m; **fristlos** adj en el acto

Frisur f peinado m

froh adj 1 contento 2 ▷Nachricht agradable; **fröhlich** adj alegre, contento; **Fröhlichkeit** f alegría f

fromm adj piadoso

Front f <-, -en> 1 ↑ Vorderseite fachada f 2 METEO frente m; **frontal** adj frontal

fror impf v. frieren

Frosch m <-[e]s, Frösche> rana f

Frost m <-[e]s, Fröste> 1 (Nacht-) helada f 2 (Schüttel-) temblor m; **frösteln** vi temblar, tiritar; **frostig** adj frío; **Frostschutzmittel** n anticongelante m

Frottee n o m <-[s], -s> tejido m de rizo

Frucht f <-, Früchte> fruto m; **Fruchtbarkeit** f 1 (von Boden) fecundidad f 2 BIOL fertilidad f; **fruchten** vi dar frutos, tener éxito; **Fruchtsaft** m zumo m de frutas

früh I. adj temprano **II.** adv ① (zeitig) pronto; ◇ - **aufstehen** levantarse pronto ② (am Morgen) de madrugada; **Frühe** f <->: ◇ **in aller** - muy temprano **früher** ¹ kompar v. **früh**

früher ² **I.** adj ① ↑ damalig antiguo ② ↑ ehemalig anterior **II.** adv: ◇ - **oder später** tarde o temprano

Frühling m primavera f; **frühreif** adj precoz; **Frühstück** n desayuno m; **frühstücken** vi desayunar; **frühzeitig** adj a tiempo

frustrieren vt frustrar

Fuchs m <-es, Füchse> zorro m; **Füchsin** f zorra f

Fuge f <-, -n> ① ↑ Spalt grieta f ② MUS fuga f

fügen I. vt unir, juntar **II.** vr ◇ **sich** - adaptarse (in akk a) **III.** vr unpers: ◇ **es wird sich** - esto vendrá bien

fühlbar adj palpable; **fühlen I.** vt ① palpar ② → Schmerz sentir **II.** vr ◇ **sich** - sentirse; **Fühler** m <-s, -> antena f

fuhr impf v. **fahren**

führen I. vt dirigir, guiar **II.** vi ① estar en cabeza ② → Weg conducir; **Führerschein** m carné m de conducir; **Führung** f ① dirección f ② SPORT ◇ **die**

- **übernehmen** ponerse en cabeza

Fülle f <-> ① abundancia f ② ↑ Umfang corpulencia f; **füllen** vtr ◇ **sich** - llenar(se)

Füller m <-s, ->, **Füllfederhalter** m <-s, -> pluma f estilográfica

Füllung f relleno m; (von Zahn) empaste m

Fund m <-[e]s, -e> hallazgo m

Fundament n ARCHIT cimientos m/pl; FIG fundamento m; **fundamental** adj fundamental

Fundbüro n oficina f de objetos perdidos

fundiert adj sólido

fünf nr ① (Zahl) cinco ② SCH cuatro; **fünffach I.** adj quíntuple **II.** adv cinco veces; **fünfhundert** nr quinientos; **fünfjährig** adj de cinco años; **fünfmal** adv cinco veces; **fünfte(r, s)** adj ① quinto ② ▷ Datum cinco; ◇ **der** - **April** el cinco de abril; ◇ **München, den -n April** Munich, a cinco de abril; **Fünftel** n <-s, -> quinta f parte; **fünftens** adv en quinto lugar; **fünfzehn** nr quince; **fünfzig** nr cincuenta

fungieren vi actuar (als de)

Funk m <-s> radio f

Funke[n] m <-ns, -n> chispa f; **funkeln** vi brillar

funken vt radiar; **Funksta-tion** f estación f de radio

Funktion f ① función f ② ◇ außer - fuera de servicio;

funktionieren vi funcionar

für I. präp akk ① por; ◇ das F-u. Wider el pro y el contra ② (anstelle) por; ◇ - jd-n etw tun hacer algo por alguien ③ para; ◇ - e-e Prüfung lernen estudiar para un examen ④ (Preis) por; ◇ - 15 Mark por 15 marcos II. pron ① ◇ was - ein Buch? ¿qué libro? ② ◇ was - ein Mann! ¡qué hombre!

Furcht f <-> temor m; **furcht-bar** adj horrible, terrible;

fürchten I. vt temer, tener miedo a/de II. vi ①↑ befürchten temer ② ◇ - um etw temer por algo; **fürchterlich** adj horrible, terrible; **furchtlos** adj sin miedo

füreinander adv el uno para el otro

fürs = für das

Fürsorge f cuidado m

Fürsprecher(in f) m intercesor (a f) m

Fürst(in f) m <-en, -en> príncipe m, princesa f; **fürstlich** adj ① ↑ reichlich de reyes ② ▷Residenz regio

Fuß m <-es, Füße> pie m; ◇ zu - a pie; **Fußball** m SPORT fútbol m; **Fußboden** m suelo m;

Fußbremse f AUTO freno m de pedal; **Fußgänger(in** f) m <-s, -> peatón m; **Fußweg** m camino m para peatones

Futter n <-s, -> ① (Katzen-) comida f ② (Mantel-) forro m;

füttern vt alimentar

Futur n <-s, -e> GRAM futuro m

G

G, g n ① G, g f ② MUS sol m

Gabe f <-, -n> ① regalo m, donativo m ② ↑ Begabung don m

Gabel f <-, -n> ① tenedor m ② (Telefon-) soporte m; **gabeln** vr ◇ sich - bifurcarse

gackern vi cacarear

Gaffer(in f) m <-s, -> FAM curioso/a, mirón (-ona f) m

Gag m <-s, -s> ocurrencia f, broma f

Gage f <-, -n> cachet m

gähnen vi bostezar

galant adj galante

Galerie f galería f

Galgen m <-s, -> horca f, patíbulo m

Galle f <-, -n> ① ANAT vesícula f ② (-nsekret) bilis f

Galopp m <-s, -s o. -e> galope m

Gang m <-[e]s, Gänge> 1 paseo m 2 (-art) forma f de andar 1 ↑ Verlauf curso m 3 AUTO marcha f 5 ↑ Korridor pasillo m 6 FIG ◊ in - kommen comenzar, entablar

gängig adj 1 normal, corriente 2 ▷Ware fácil de vender

Gangschaltung f cambio f de marcha

Gangway f <-, -s> (von Schiff) pasarela f; (von Flugzeug) escalerilla f de [des]embarque

Gans f <-, Gänse> ganso m; **Gänsehaut** f FIG ◊ e-e - haben/bekommen tener/ponerse la piel de gallina

ganz I. adj 1 todo; ↑ ungeteilt entero; ↑ komplett completo; ◊ das -e Jahr todo el año, el año entero; ◊ Europa toda Europa 2 ↑ intakt intacto; ◊ das Glas ist noch - el cristal está intacto 3 ↑ ziemlich bastante; ◊ e-e -e Menge una gran multitud II. adv 1 ↑ ziemlich bastante; ◊ es geht mir - gut me va muy bien 2 ↑ völlig totalmente; ◊ - allein completamente solo; ◊ - und gar nicht de ningún modo

gar I. adj ▷Fleisch en su punto; ▷Gemüse cocido II. adv 1 ↑ etwa acaso 2 ↑ sogar incluso 3 ◊ - nichts/keiner absoluta-

mente nada/nadie 4 ◊ - nicht übel sein no estar nada mal

Garage f <-, -n> garaje m

Garantie f garantía m; **garantieren I.** vt asegurar, prometer II. vi: ◊ für etw - responder de algo

Garderobe f <-, -n> 1 ropa f 2 ↑ Vorraum guardarropa m

Gardine f cortina f

garen vti cocer a fuego lento

gären <gor, gegoren> vi 1 fermentar; ← Saft hervir 2 FIG ◊ in ihm gärt es está a punto de explotar

Garn n <-[e]s, -e> (Näh-) hilo m; (Woll-) hebra f

garnieren vt guarnecer

Garnitur f conjunto m; (Wäsche-) juego m

garstig adj ▷Mensch repugnante; ▷Wetter de perros

Garten m <-s, Gärten> (Gemüse-) huerto m; (Schloß-) jardín m; **Gartenhaus** n pabellón m; **Gärtner(in** f) m <-s, -> jardinero/a; **Gärtnerei** f(Blumen-) jardinería f; (Obst-) horticultura f

Gas n <-es, -e> gas m 2 AUTO ◊ - geben acelerar; **Gasflasche** f bombona f de gas; **gasförmig** adj gaseiforme; **Gasherd** m cocina f de gas; **Gasleitung** f tubería f de gas; **Gaspedal** n AUTO acelerador m

Gasse f <-, -n> callejón m

Gast m <-es, Gäste> [1] huésped m, invitado m, convidado m [2] (Hotel-) cliente m; **Gastarbeiter(in** f) m trabajador(a f) m extranjero; **gastfreundlich** adj hospitalario; **Gastfreundschaft** f hospitalidad f; **Gastgeber(in** f) m <-s, -> anfitrión (-ona f) m; **Gasthaus** n, **Gasthof** m fonda f, pensión f; **gastlich** adj hospitalario; **Gastronomie** f gastronomía f; **Gaststätte** f restaurante m; **Gastwirt(in** f) m dueño/a de local; **Gastzimmer** n habitación f [en un hostal]

Gaswerk n central f de gas; **Gaszähler** m contador m de gas

Gatte m <-n, -n> marido m, esposo m

Gatter n <-s, -> verja f, cerca f

Gattin f esposa f, mujer f

Gattung f [1] BIOL clase f, especie f [2] (Literatur-) género m

Gaul m <-[e]s, Gäule> jamelgo m

Gaumen m <-s, -> paladar m

Gauner(in f) m <-s, -> [1] granuja m, bribón m [2] FAM **so ein -!** ¡qué pillo!

geb. adj Abk v. **geboren, geborene(r)**

Gebäck n <-[e]s, -e> pastas f/pl

Gebärde f <-, -n> gesto m; **gebärden** vr ◇ **sich -** comportarse

gebären <gebar, geboren> vt dar a luz; ◇ **wo sind Sie geboren?** ¿dónde ha nacido usted?

Gebäude n <-s, -> [1] edificio m [2] FIG sistema m

Gebell n <-[e]s> ladrido m

geben <gab, gegeben> I. vt [1] pasar, dar; ◇ **jd-m die Hand - ** dar la mano a alguien; TELEC ◇ **- Sie mir bitte Frau Müller?** ¿me puede poner con la señora Müller, por favor? [2] † **gewähren** conceder [3] → **Gastspiel, Theaterstück** poner, dar, echar [4] tener, ser; ◇ **das gibt keinen Sinn** no tiene sentido; MATH ◇ **fünf und vier gibt neun** cinco más cuatro son nueve [5] (Funktionsverb) dar; ◇ **ein Versprechen -** prometer algo II. vi unpers: ◇ **es gibt Leute, die ...** hay gente que ...; ◇ **das gibt's nicht!** ¡no puede ser!, ¡no es posible!; ◇ **es gibt Regen** va a llover

Gebet n <-[e]s, -e> rezo m, oración f

Gebiet n <-[e]s, -e> [1] región f [2] (Hoheits-) territorio m [3] FIG terreno m

gebildet adj culto, preparado

Gebirge n <-s, -> sierra f, cordillera f

Gebiß n <Gebisses, Gebisse> dentadura f

geboren adj [1] nacido m; ◇ **- am**

26.2. nacido el 26 del dos ②
◇ **Gutmann, -e Haas** Gutmann, Haas de soltera

Geborgenheit f seguridad f

Gebot n <-[e]s, -e> ① ↑ *Weisung* orden f ② ↑ *Gesetz* imperativo m; REL ◇ **die zehn -e** los diez mandamientos

Gebr. *Abk v.* **Gebrüder**

Gebrauch m <-[e]s, Gebräuche> ① empleo m ② ↑ *Anwendung* uso m; **gebrauchen** vt ① usar, emplear, manejar ② ↑ *brauchen* ◇ **das kann ich gut - esto me puede servir; gebräuchlich** adj usual, costumbre, habitual, normal; **Gebrauchsanweisung** f modo m de empleo, instrucciones f/pl para su uso; **gebraucht** adj de segunda mano; **Gebrauchtwagen** m coche m usado, vehículo f de ocasión

gebrechlich adj ↑ *schwach* frágil, débil

Gebrüder pl hermanos m/pl

Gebrüll n <-[e]s> rugido m

Gebühr f <-, -en> (Telefon-) tasa f; (Post-) porte m; **gebührend** adj debido; **gebührenfrei** adj sin tasas; **gebührenpflichtig** adj sujeto a tasas; ◇ **-e Verwarnung** multa f

gebunden adj ① ↑ *Buch* encuadernado ② ▷ *Hände* atado

Geburt f <-, -en> ① nacimiento

m ② FIG origen m; **gebürtig** adj nacido, natural; ◇ **ich bin -e Deutsche** soy de origen alemana; **Geburtsdatum** n fecha f de nacimiento; **Geburtsjahr** n año m de nacimiento; **Geburtsort** m lugar m de nacimiento; **Geburtstag** m cumpleaños m; ◇ **- haben** tener cumpleaños; **Geburtsurkunde** f partida f de nacimiento

Gebüsch n <-[e]s, -e> arbustos m/pl, matorral m

Gedächtnis n memoria f

Gedanke m <-ns, -n> ① pensamiento m; ◇ **sich** dat **über etw** akk **-n machen** preocuparse por ② ↑ *Idee* idea f; **gedankenlos** adj ① irreflexivo ② ↑ *zerstreut* distraído

Gedeck n <-[e]s, -e> ① cubierto m ② ↑ *Menü* menú m

gedeihen <gedieh, gediehen> vi ① crecer ② FIG ← *Arbeit, Plan* prosperar

gedenken unreg vi: ◇ **ich gedenke, etw zu tun** me propongo hacer algo

Gedicht n <-[e]s, -e> poema m

gediegen adj sólido

Gedränge n <-> aglomeración f; ↑ *Ansammlung* multitud f; **gedrängt** adj apretado

Geduld f <-> paciencia f; **gedulden** vr ◇ **sich -** tener paciencia; **geduldig** adj paciente

geeignet *adj* adecuado, apto (*für* para)

Gefahr *f* <-, -en> ① peligro *m*; ◇ **sich in - begeben** exponerse al peligro ② ↑ *Gefährdung* amenaza *f*; ◇ **außer - sein** fuera de peligro; **gefährden** *vt* → *jd-n* poner en peligro; → *Leben, Plan etc.* arriesgar; **gefährlich** *adj* ① peligroso, arriesgado ② ↑ *kritisch* crítico, grave

Gefährte *m* **Gefährtin** *f* compañero/a

Gefälle *n* <-s, -> ① inclinación *f*; (*von Straße*) desnivel *m* ② *FIG* ↑ *Unterschied* diferencia *f*

gefallen *unreg vi* ① gustar, agradar; ◇ **er/sie/es gefällt mir** me gusta él/ella/esto ② ◇ **sich** *dat* **etw - lassen** aguantar algo

Gefallen *m* <-s, -> favor *m*; ◇ **jd-m e-n - tun** hacer a alguien un favor

gefällig *adj* amable, complaciente, atento; **Gefälligkeit** *f* favor *m*; ◇ **etw aus - tun** hacer algo por amabilidad

gefangen *adj* prisionero; **Gefangene(r)** *fm* preso/a; (*Kriegs-*) prisionero/a; **gefangenhalten** *unreg vt* tener prisionero/preso; **gefangennehmen** *unreg vt* detener; *MIL* capturar; **Gefangenschaft** *f* prisión *f*, cautiverio *m*; **Gefängnis** *n* ① cárcel *f* ② (*-strafe*) prisión *f*

Gefäß *n* <-es, -e> vasija *f*, recipiente *m*

gefaßt *adj* ① calmado ② ◇ **auf etw** *akk* **- sein** estar preparado para

gefleckt *adj* jaspeado, moteado

Geflügel *n* <-s> aves *f/pl* de corral; **geflügelt** *adj* ① con alas ② *FIG* ◇ **ein - es Wort** una palabra célebre

gefragt *adj* ▷*Ware* de gran demanda; ▷*Künstler* solicitado

gefräßig *adj* voraz, glotón

gefrieren *unreg vi* helarse, congelarse; **Gefrierfach** *n* congelador *m*; **Gefrierschrank** *m* congelador *m*

gefügig *adj* dócil, manejable

Gefühl *n* <-[e]s, -e> ① sensación *f* ② ↑ *Empfindung* sentimiento *m* ③ ↑ *Gespür* sensibilidad *f*; **gefühllos** *adj* ① insensible ② ▷*Person* frío, sin corazón; **gefühlsbetont** *adj* sentimental; **gefühlsmäßig** *adj* intuitivo

gegebenenfalls *adv* dado el caso, eventualmente

gegen *präp akk* ① contra, en contra de; ◇ **- jd-n sein** estar contra alguien ② ◇ **- mich ist er e-e Null** en comparación conmigo no es nadie ③ ↑ *jd-m gegenüber* con; ◇ **- mich ist er freundlich** conmigo es muy amable ④ ↑ *im Austausch für* ◇ **nur - Bar-**

geld sólo por dinero en metálico/ efectivo **5** ↑ *ungefähr* ◇ - **Mitternacht** sobre la media noche

Gegend f <-, -en> **1** zona f, región f **2** ↑ *Stadtviertel* barrio m

gegeneinander adv uno contra otro, mutuamente

Gegenfahrbahn f AUTO carril m contrario

Gegengift n antídoto m

Gegenleistung f contraprestación f

Gegenmittel n MED antídoto m

Gegenpartei f JURA, SPORT contrario m

Gegensatz m **1** oposición f; ↑ *Kontrast* contraste m **2** ↑ *Gegenteil* opuesto m; ◇ **Gegensätze ziehen sich an** los opuestos se atraen **3** ↑ *Konflikt* divergencia f; **gegensätzlich** adj **1** contradictorio **2** ↑ *unterschiedlich* contrario, opuesto

Gegenseite f JURA parte f contraria; **gegenseitig** adj **1** ↑ *einander* uno a otro; ◇ **sich - stützen** apoyarse mutuamente **2** ↑ *beiderseitig* ◇ **in -em Einvernehmen** de mutuo acuerdo

Gegenstand m **1** objeto m **2** FIG tema m; **gegenständlich** adj concreto; **gegenstandslos** adj **1** superfluo **2** ↑ *unbegründet* infundado

Gegenstück n equivalente m

Gegenteil n lo contrario m (von de); ◇ **im - al** contrario; **gegenteilig** adj contrario, opuesto

gegenüber I. präp dat **1** enfrente de; ◇ **- der Haltestelle** enfrente de la parada **2** ↑ *im Hinblick* en relación; ◇ **ihm - habe ich keine Bedenken** en relación con él no tengo dudas **3** ↑ *im Vergleich* en comparación con II. adv enfrente (von de); **gegenüberstellen** vt **1** oponerse, confrontar **2** FIG comparar; **Gegenüberstellung** f **1** oposición f, confrontación f **2** ↑ *Vergleich* comparación f

Gegenwart f <-> **1** presente m, actualidad f **2** ↑ *Anwesenheit* ◇ **in - von** en presencia de; **gegenwärtig** I. adj **1** presente, actual **2** ↑ *momentan* momentáneo, de momento II. adv: ◇ **das ist mir nicht mehr -** ya no me acuerdo de ello

gegenzeichnen vti refrendar

Gegner(in f) m <-s, -> **1** SPORT adversario/a **2** ↑ *Gegenspieler* rival m/f

Gehalt[1] m <-[e]s, -e> **1** (von Film) contenido m **2** ↑ *Anteil* grado m

Gehalt[2] n <-[e]s, Gehälter> sueldo m; **Gehaltsempfänger (in** f) m asalariado/a

gehässig adj odioso

Gehäuse n <-s, -> (Uhr-) caja f

geheim adj **1** privado; ▷*Wahl*

secreto ② ↑ *geheimnisvoll* misterioso, oculto; ↑ *rätselhaft* enigmático; **geheimhalten** *unreg vt* ocultar; **Geheimnis** *n* secreto *m*; **geheimnisvoll** *adj* misterioso, enigmático; incomprensible

gehemmt *adj* inhibido

gehen ⟨ging, gegangen⟩ **I.** *vi* ① ir, andar, caminar; ◇ **zu Fuß** – ir a pie ② ↑ *weg*– irse, marcharse; ↑ *abfahren* salir; ◇ **der Bus geht um 12** el autobús sale a las 12 ③ ↑ *funktionieren* funcionar ④ ◇ **Raum zwischen** ◇ **wieviel Liter** – **in die Flasche?** ¿cuántos litros caben en la botella? ⑤ ↑ *sich ausdehnen* (*räumlich*) ir, llegar (*bis* hasta); (*zeitlich*) ◇ **das Konzert geht bis 21 Uhr** el concierto dura hasta las 9 de la noche ⑥ ↑ *sich entwickeln* ◇ **die Prüfung ging gut** me fue bien el examen; ◇ **das geht ja noch** no está mal **II.** *vi unpers* ↑ *sich befinden* encontrarse; ◇ **wie geht es [Ihnen]?** ¿cómo se encuentra [usted]?; ◇ **mir/ihr geht es gut** estoy bien

Gehilfe *m* ⟨-n, -n⟩ **Gehilfin** *f* ① ↑ *Assistentin* ayudante *m/f*, auxiliar *m/f* ② ↑ *Komplizin* cómplice *m/f*

Gehirn *n* ⟨-[e]s, -e⟩ ANAT cerebro *m*

Gehör *n* ⟨-[e]s⟩ oído *m*

gehorchen *vi* obedecer

gehören *vi* ① pertenecer ② ◇ **das Buch gehört ins Regal** el libro tiene que estar en la estantería

gehörlos *adj* sordo

gehorsam *adj* obediente

Gehsteig *m* ⟨-[e]s, -e⟩ **Gehweg** *m* ⟨-[e]s, -e⟩

Geier *m* ⟨-s, -⟩ buitre *m*

Geige *f* ⟨-, -n⟩ MUS violín *m*; **Geiger(in** *f*) *m* ⟨-s, -⟩ violinista *m/f*

Geisel *f* ⟨-, -n⟩ rehén *m*

Geist *m* ⟨-[e]s, -er⟩ ① fantasma *m*, aparición *f*, espíritu *m* ② ↑ *Bewusstsein* inteligencia *f*; **geistesabwesend** *adj* distraído, pensativo; **geistesgegenwärtig** *adv* decididamente, rápidamente; **Geisteswissenschaft** *f* letras *f/pl*; **Geisteszustand** *m* estado *m* mental; **geistig** *adj* ① inmaterial, espiritual ② ▷ *Arbeit* intelectual ③ ↑ *psychisch* [p]síquico, mental; ◇ – **behindert** deficiente mental

geistlich *adj* eclesiástico; **Geistliche(r)** *fm* ① (*katholisch*) sacerdote *m*, cura *m* ② (*protestantisch*) pastor(a *f*) *m*

Geiz *m* ⟨-es⟩ avaricia *f*, tacañería *f*; **Geizhals** *m*, **Geizkragen** *m* avaro *m*; **geizig** *adj* avaro, tacaño, roñoso

gekonnt *adj* bien hecho
Gelächter *n* <-s, -> carcajadas *f/pl*
geladen *adj* ELECTR cargado
gelähmt *adj* paralizado
Gelände *n* <-s, -> ① región *f* ② (*Bau-*) terreno *m*
Geländer *n* <-s, -> seto *m*, pasamano *m*
gelangen *vi* ① lograr, conseguir, alcanzar (*zu etw* algo) ② ↑ *ankommen* llegar
gelassen *adj* tranquilo, calmado, sereno; ◇ **etw ~ hinnehmen** tomarse algo con calma
geläufig *adj* corriente, usual
gelaunt *adj* dispuesto; ◇ **schlecht/gut ~** de buen/mal humor
gelb *adj* amarillo
Geld *n* <-[e]s, -er> dinero *m*; **Geldanlage** *f* FIN inversión *f*; **Geldautomat** *m* cajero automático; **Geldbeutel** *m* monedero *m*; **Geldstrafe** *f* multa *f*
Gelee *n* <-s, -s> jalea *f*
gelegen *adj* ① situado, ubicado ② ↑ *passend* oportuno; **Gelegenheit** *f* ① ↑ *Chance* oportunidad *f*; COMM ocasión *f*; ◇ **e-e ~ wahrnehmen** aprovechar la ocasión ② ◇ **Schlaf-** lugar *m* para dormir; **gelegentlich** I. *adj* ocasional II. *adv* ↑ *manchmal* a veces, de vez en cuando;

◇ **~ ein Glas trinken** beber una copa de vez en cuando
gelehrt *adj* culto, instruido; ↑ *akademisch* sabio, erudito; **Gelehrte(r)** *f/m* sabio/a, erudito/a
Gelenk *n* <-[e]s, -e> ANAT articulación *f*; (*von Maschine*) juntura *f*; **gelenkig** *adj* ágil, flexible
Geliebte(r) *f/m* amado/a
gelingen <gelang, gelungen> *vi* ▷*Plan* funcionar, salir bien; ▷*Arbeit* tener éxito
gelten <galt, gegolten> I. *vt* durar; ◇ **der Gutschein gilt ein Jahr** el vale dura un año II. *vi* ① (*gültig sein*) ser valedero; ← *Gesetz* estar en vigor ② ↑ *erlaubt sein* estar permitido; ◇ **das gilt nicht** eso no vale ③ ↑ *zutreffen* auf valer, ser válido; ◇ **das gilt auch für Sie** esto también es válido para usted; **Geltung** *f* ① ↑ *Beachtung, Ansehen* prestigio *m*; ◇ **zur ~ kommen** resaltar ② ↑ *Einfluß* influencia *f*
Gelübde *n* <-s, -> voto *m*
gelungen *adj* estupendo, maravilloso, con éxito
gemächlich *adj* ① ↑ *ruhig* ▷*Person* calmado; ↑ *langsam* lento, despacio ② ↑ *friedlich* cómodo
Gemälde *n* <-s, -> cuadro *m*, pintura *f*

gemäß I. *präp dat* conforme a, según; ◊ **seinem Wunsch ~ con-**forme a sus deseos II. *adv* ↑ **an-**gemessen apropiado para, adecuado a/para; ▷**jd-m/e-r Sache sein** ser apropiado para alguien/para algo

gemäßigt *adj* moderado; ▷*Klima* templado

gemein *adj* ① ↑ *gewöhnlich* corriente, normal ② *FIG* ▷*Person* grosero, vulgar; ▷*Lachen* soez ③ ◊ **etw ~ haben mit** tener algo en común <

Gemeinde *f* <-, -n> comunidad *f*; (Land-) municipio *m*; (Pfarr-) parroquia *f*

Gemeinheit *f* ① infamia *f* ② ↑ *gemeine Handlung* canallada *f*

gemeinsam I. *adj* común, colectivo II. *adv* ↑ *miteinander* en común; ↑ *zusammen* juntos; **Ge-**meinsamkeit *f*: ◊ **-en** *f/pl* rasgos *m/pl* en común

Gemeinschaft *f* comunidad *f*; **gemeinschaftlich** *adj* común, colectivo; ◊ **etw ~ tun** hacer algo en común

Gemetzel *n* <-s, -> carnicería *f*, masacre *f*

Gemisch *n* <-es, -e> mezcla *f*; **gemischt** *adj* mixto, mezclado

Gemse *f* <-, -n> rebeco *m*

Gemurmel *n* <-s> murmullo *m*

Gemüse *n* <-s, -> verdura *f*; **Ge-**müsehändler(in *f*) *m* verdulero/a

Gemüt *n* <-[e]s, -er> alma *m*; **gemütlich** *adj* ① ▷*Zimmer* cómodo ② ↑ *langsam* lento, despacio; **Gemütlichkeit** *f* comodidad *f*

Gemütskrankheit *f* melancolía *f*; **Gemütsruhe** *f*: ◊ **in aller ~** con toda tranquilidad

Gen *n* <-s, -e> gene *m*

genau I. *adj* ① exacto, preciso ② ↑ *sorgfältig* minucioso, meticuloso II. *adv* ① exactamente; ◊ **- richtig** justo, exacto, correcto; ◊ **genau!** ¡exacto!, ¡eso es! ② ↑ *gewissenhaft* munuciosamente, a conciencia; ◊ **~ - genommen** bien mirado; **Genauigkeit** *f* exactitud *f*, minuciosidad *f*

genehmigen *vt* permitir, autorizar; → *Antrag* conceder; **Ge-**nehmigung *f* concesión *f*, permiso *m*; (Bau-) autorización *f*

Generaldirektor(in *f*) *m* director (a *f*) *m* general; **General-**streik *m* huelga *f* general; **Ge-**neralversammlung *f* asamblea *f* general

Generation *f* generación *f*

generell *adj* general

genetisch *adj* genético

genial *adj* genial; ▷*Erfindung* ingenioso

Genick *n* <-[e]s, -e> *ANAT* nuca *f*

Genie n <-s, -s> **1** ↑ Begabung ingenio m **2** (Person) genio m
genieren vr ◇ sich - tener vergüenza
genießbar adj que se puede comer, que sabe buen; **genießen** <genoß, genossen> vt disfrutar de, gozar de; → Essen saborear; FAM ◇ er ist heute nicht zu - hoy está insoportable/inaguantable
Genitalien pl genitales m/pl
Genossenschaft f cooperativa f; (Berufs-, Handels-) colectivo m
genug adv bastante, suficiente; ◇ - zu trinken bastante para beber; ◇ mehr als - más que suficiente; **genügen** vi ser suficiente, bastar; **genügend** adj suficiente, bastante; **genügsam** adj contentado
Genugtuung f reconciliación f; (innere -) satisfacción f
Genuß m <Genusses, Genüsse> **1** placer m **2** ↑ Vergnügen gozo m; **genüßlich** adv gozoso
Geograph(in f) m <-en, -en> geógrafo/a m; **Geographie** f geografía f; **geographisch** adj geográfico
Geologe m <-n, -n> **Geologin** f geólogo/a
Geometrie f MATH geometría f
Gepäck n <-[e]s> equipaje m;

Gepäckabfertigung f facturación f de equipajes; **Gepäckaufbewahrung** f consigna f; **Gepäckausgabe** f entrega f de equipajes; **Gepäckträger** m portaequipajes m/sg
gepflastert adj pavimentado
gepflegt adj cuidado; ▷Mensch culto, educado
gerade I. adj **1** recto **2** ↑ aufrecht derecho **3** ↑ direkt recto **4** MATH par II. adv **1** ↑ soeben, jetzt ahora mismo; ◇ sie ist - beim Essen está comiendo; ◇ er ist - gegangen acaba de salir **2** ↑ eben, genau justamente, precisamente; ◇ -pünktlich justo a tiempo; ◇ -, weil justo porque **3** ↑ ausgerechnet justamente; ◇ das hat mir - noch gefehlt lo que nos faltaba
geradeaus adv todo derecho;
geradeheraus adv sin rodeos, directamente
geradestehen unreg vi FIG responder (für a)
geradewegs adv directamente
geradlinig adj FIG ↑ aufrichtig sincero; ↑ offen abierto
Gerät n <-[e]s, -e> **1** utensilio m **2** (Fernseh-) aparato m
geraten unreg vi **1** ↑ gelingen salir, resultar **2** ◇ an jd-n - dar con alguien
geräumig adj espacioso, amplio

Geräusch n <-[e]s, -e> ruido m; **geräuschlos** adj silencioso; **geräuschvoll** adj ruidoso
gerecht adj ① justo ② ↑ unparteiisch imparcial ③ ◊ e-r Sache - werden juzgar bien algo;
Gerechtigkeit f ① (von Rechtsspruch) justicia f ② (von Entscheidung) imparcialidad f
gereizt adj irritado, nervioso; **Gereiztheit** f irritación f, nerviosismo m
Gericht n <-[e]s, -e> ① plato m ② (Amts-) tribunal m
gerichtlich adj judicial; **Gerichtshof** m tribunal m de justicia; **Gerichtskosten** pl costes m/pl judiciales; **Gerichtssaal** m sala f de audiencia; **Gerichtstermin** m citación f judicial; **Gerichtsverfahren** n procedimiento m judicial
gering adj ① ↑ niedrig pequeño; ▷Gehalt escaso, bajo ② FIG mínimo; ▷Unterschied insignificante; **geringfügig** adj insignificante; **geringschätzig** adj despectivo, desdeñoso
Gerippe n <-s, -> esqueleto m
gerissen adj astuto, zorro
Germanist(in f) m germanista m/f
gern[e] adv (lieber, am liebsten) ① ↑ bereitwillig con mucho gusto; ◊ -! ¡claro que sí!, ¡de mil amores! ② ◊ jd-n - haben, jd-n

~ mögen caer muy bien alguien, querer a alguien; ◊ etw - haben/mögen gustar algo
Geröll n <-[e]s, -e> cantos m/pl rodados
Gerte f <-, -n> fusta f
Geruch m <-[e]s, Gerüche> olor m; **geruchlos** adj inodoro, sin olor; **Geruchssinn** m olfato m
Gerücht n <-[e]s, -e> rumor m
Gerüst n <-[e]s, -e> ↑ Gestell armazón m; (Bau-) andamio m
gesamt adj entero, íntegro, general; **Gesamtergebnis** n resultado m definitivo; **Gesamtheit** f totalidad f; **Gesamtsumme** f suma f total
gesalzen adj salado
Gesandte(r) fm enviado/a; **Gesandtschaft** f delegación f
Gesang m <-[e]s, Gesänge> canto m
Gesäß n <-es, -e> trasero m, posaderas f/pl
geschafft adj FAM molido, hecho polvo
Geschäft n <-[e]s, -e> ① negocio m ② ↑ Laden tienda f ③ FAM ◊ sein - verrichten hacer sus necesidades
geschäftig adj diligente, activo, dinámico
geschäftlich adj comercial; **Geschäftsabschluß** m conclusión f de una operación; **Ge-**

schäftsfrau f mujer f de negocios; **Geschäftsführer(in** f) m gerente m/f; **Geschäftsleitung** f | dirección f 2 (*Personen*) gerencia f; **Geschäftsmann** m, pl <-leute> hombre m de negocios, comerciante m; **Geschäftsreise** f viaje m de negocios

geschah impf v. geschehen

geschehen <geschah, geschehen> vi suceder

Geschenk n <-[e]s, -e> regalo m

Geschichte f <-, -n> 1 historia f 2 ↑ *Angelegenheit* asunto m 3 ↑ *Erzählung* cuento m; **geschichtlich** adj histórico

geschieden adj separado, divorciado

Geschirr n <-[e]s, -e> platos m/pl; (*Kaffee-*) servicio m

Geschlecht n <-[e]s, -er> sexo m; GRAM género m

Geschmack m <-[e]s, Geschmäcke> 1 (*von Speisen*) sabor m 2 ↑ *Gefallen, Vorliebe* ⋄ **an etw** dat **finden** coger gustillo a algo; **geschmackvoll** adj de buen gusto

geschmeidig adj suave, flexible

Geschöpf n <-[e]s, -e> criatura f

Geschoß n <Geschosses, Geschosse> 1 (*Wurf-*) proyectil m 2 ↑ *Stockwerk* planta f

Geschrei n <-s> gritos m/pl, griterío m

geschützt adj protegido

Geschwindigkeit f velocidad f, rapidez f

Geschwister pl hermanos m/pl

geschwollen adj hinchado

Geschwulst f <-, Geschwülste> tumor m

Geschwür n <-[e]s, -e> úlcera f

Geselle m <-n, -> compañero m, camarada m; **Gesellenprüfung** f examen m de oficial; **Gesellin** f compañera f

Gesellschaft f 1 sociedad f 2 (*Handels-*) asociación f 3 ↑ *Begleitung* compañía f; **gesellschaftlich** adj social

Gesetz n <-es, -e> ley f; **gesetzgebend** adj legislativo; **Gesetzgebung** f legislación f; **gesetzlich** adj legal; ▷*Vormund* legítimo; **gesetzlos** adj ilegal, anárquico; **gesetzwidrig** adj ilegal

Gesicht n <-[e]s, -er> 1 cara f 2 ↑ *Aussehen* aspecto m; **Gesichtspunkt** m punto m de vista

Gesinnung f principios m/pl; ▷*geistig* ideas f/pl

gespannt adj tenso; ▷*Lage* tenso, tirante

Gespenst n <-[e]s, -er> fantasma m; **gespenstig, gespenstisch** adj fantasmal

Gespräch n <-[e]s, -e> conversación f; (Telefon-) llamada f; **gesprächig** adj hablador, locuaz

Gestalt f <-, -en> 1 estatura f 2 ↑ Form ◇ in - von en forma de; **gestalten** vt formar; **Gestaltung** f formación f, estructuración f; ▷künstlerisch realización f

Geständnis n confesión f

Gestank m <-[e]s> peste f, tufo m

Geste f <-, -n> ademán m, gesto m

gestehen unreg vt → Verbrechen confesar, reconocer; → Liebe declarar

Gestein n <-[e]s, -e> roca f

Gestell n <-[e]s, -e> estantería f; (Fahr-) chasis m

gestern adv ayer

gestikulieren vi gesticular

Gestirn n <-[e]s, -e> astro m

gestreift adj de rayas

Gesuch n <-[e]s, -e> petición f

gesucht adj buscado, begehrt, solicitado

gesund adj sano, saludable; **Gesundheit** f salud f; ◇ -! ¡Jesús!

Getöse n <-s> estruendo m, ruido m

getragen adj triste, lento

Getränk n <-[e]s, -e> bebida f

getrauen vr ◇ sich -, etw zu tun atreverse a hacer algo

Getreide n <-s, -> cereales m/pl

getrennt adj separado

Getriebe n <-s, -> engranaje m

Getümmel n <-s> jaleo m, barullo m

geübt adj ejercitado

Gewächs n <-es, -e> planta f, vegetal m

gewachsen adj: ◇ jd-m/e-r Sache - sein poder hacer frente a alguien/a algo

gewagt adj atrevido

Gewähr f <-> garantía f; ◇ ohne - sin garantía; **gewähren** vt conceder; **gewährleisten** vt garantizar, asegurar

Gewahrsam m <-s>: ◇ jd-n in - nehmen detener a alguien

Gewährung f concesión f, consentimiento m

Gewalt f <-, -en> poder m; (Natur-) fuerza f, (Kontrolle) ◇ sich in der - haben ser dueño de sí mismo; ◇ gesetzgebende - poder m legislativo; **gewaltig** adj ↑ riesig enorme; FAM tremendo; **gewalttätig** adj violento

gewandt adj hábil, diestro; **Gewandtheit** f habilidad f, destreza f

Gewässer n <-s, -> aguas f/pl

Gewebe n <-s, -> tejido m

Gewehr n <-[e]s, -e> fusil m, escopeta f

gewellt adj ondulado

Gewerbe n <-s, ->: ◇ Handel und - comercio e industria

Gewerkschaft f sindicato m; **gewerkschaftlich** adj sindical

Gewicht n <-[e]s, -e> ① peso m ② FIG importancia f

gewillt adj: ◇ - sein, etw zu tun estar dispuesto a hacer algo

Gewimmel n <-s> hervidero m

Gewinde n <-s, -> (von Schraube) rosca f

Gewinn m <-[e]s, -e> ganancia f, beneficio m; FIG ↑ Bereicherung provecho m; **gewinnbringend** adj lucrativo, ventajoso; **gewinnen** (gewann, gewonnen) vt ① ganar ② ↑ erreichen conseguir; **gewinnend** adj seductor, atrayente; **Gewinner(in)** f(m) m <-s, -> ganador(a) f m; **Gewinnung** f MIN extracción f

Gewirr n <-[e]s> confusión f; (Straßen-) laberinto m

gewiß I. adj ↑ bestimmt cierto, seguro **II.** adv ciertamente, seguramente, por cierto

Gewissen n <-s, -> conciencia f; **gewissenhaft** adj concienzudo, escrupuloso; **gewissenlos** adj sin escrúpulos

gewissermaßen adv en cierto modo

Gewißheit f certeza f, seguridad f

Gewitter n <-s, -> tormenta f

gewöhnen I. vt acostumbrar, adaptar **II.** vr ◇ sich - acostum-

brarse, adaptarse, habituarse (an akk a); **Gewohnheit** f costumbre f, hábito m; ◇ aus - por costumbre; **gewöhnlich** adj ↑ alltäglich habitual; ↑ normal normal, corriente; **gewohnt** adj familiar; ◇ etw - sein estar acostumbrado a, estar habituado a; **Gewöhnung** f adaptación f

Gewölbe n <-s, -> bóveda f

Gewürz n <-es, -e> especia f

gezahnt adj dentado

gezeichnet adj ① ▷Bild firmado ② (nach Strapaze) marcado

Gezeiten pl mareas f/pl

ggf. Abk v. **gegebenenfalls**

Gicht f <-> MED gota f

Giebel m <-s, -> ARCHIT frontón m

Gier f <-> ansia m, avidez f, afán m; **gierig** adj ▷Blick ansioso; (beim Essen) glotón

gießen (goß, gegossen) vt verter, echar; →Blumen regar; **Gießkanne** f regadera f

Gift n <-[e]s, -e> veneno m; **giftig** adj venenoso; FIG ▷Blick pérfido

Gigant m <-en, -en> gigante m; **gigantisch** adj gigante; ▷Welle gigantesco

Gipfel m <-s, -> (Berg-) cima f, cumbre f; POL cumbre f

Gips m <-es, -e> escayola f, yeso m

Giraffe f <-, -n> jirafa f

Girokonto n cuenta f corriente

Gitarre f <-, -n> guitarra f

Gitter n <-s, -> reja f; FAM ◊ hinter -n sitzen estar entre rejas

Glanz m <-es> brillo m; **glänzen** vi brillar, lucir, resplandecer; **glänzend** adj ▷Haar brillante; ▷Leistung magnífico; **glanzlos** adj sin brillo

Glas n <-es, Gläser> ① cristal m ② (Trink-) vaso m; **Glaser(in** f) m <-s, -> vidriero/a; **gläsern** adj de cristal, de vidrio; **glasig** adj ▷Blick vidrioso; ▷Zwiebel transparente; **glasklar** adj claro como el agua

Glasur f (Kuchen-) glaseado m; (auf Töpferware) esmalte m

glatt adj ① liso, llano; ▷Haut terso, suave ② ▷ rutschig resbaladizo; **Glätte** f <-, -n> llanura f; **Glatteis** n superficie f helada; **glätten** vt alisar

Glatze f <-, -n> calva f

Glaube m <-ns, -n> religión f; ↑ Überzeugung creencia f; **glauben** vt creer; ◊ jd-m con-fiar en alguien; **glaubhaft** adj creíble; **gläubig** adj REL creyente; (gut-, leicht-) confiado; **Gläubige(r)** f(m) m; **Gläubiger(in** f) m <-s, -> acreedor(a f) m; **glaubwürdig** adj digno de crédito

gleich I. adj igual; ↑ identisch idéntico II. adv en el acto; ↑ sofort, bald en seguida III. Partikel: ◊ er ist mir - no me importa él; ◊ es ist mir - me da igual

gleichaltrig adj de la misma edad; **gleichbedeutend** adj equivalente; **Gleichberechtigung** f igualdad f de derechos; **gleichbleiben** unreg vr ◊ sich - no cambiar, quedar igual; **gleichen** <glich, geglichen> I. vi: ◊ jd-m/e-r Sache - ser igual que alguien/algo II. vr ◊ sich - parecerse; **gleichermaßen** adv de la misma manera, de igual forma, por igual; **gleichfalls** adv igualmente; **Gleichförmigkeit** f uniformidad f, homogeneidad f; **Gleichgewicht** n equilibrio m; **gleichgültig** adj indiferente; ↑ unbedeutend insignificante; **Gleichgültigkeit** f indiferencia f; **Gleichheit** f igualdad f; **gleichkommen** unreg vi equivaler a; ◊ jd-m - igualar a alguien; **gleichmäßig** adj regular, constante; **gleichsam** adv en cierto modo; **gleichsehen** unreg vi: ◊ jd-m - parecerse a alguien; **gleichstellen** vt: ◊ jd-n - mit comparar a alguien con; **Gleichung** f MATH ecuación f; **gleichwohl** cj no obstante, sin embargo; **gleichzeitig** adj simultáneo; **gleichziehen** *un-reg vi:* ◊ **mit jd-m** - igualar a alguien

Gleis *n* <-es, -e> vía *f;* (*Bahnsteig*) andén *m*

gleiten <glitt, geglitten> *vi* deslizarse; ↑ *rutschen* resbalar, patinar

Gletscher *m* <-s, -> glaciar *m*

glich *impf v.* **gleichen**

Glied *n* <-[e]s, -er> **1** miembro *m;* (*Finger-*) falange *f* **2** (*Satz-*) elemento *m;* **gliedern** *vt* clasificar; **Gliederung** *f* clasificación *f;* **Gliedmaßen** *pl* extremidades *f/pl*

glimpflich *adj* leve; ◊ - **davonkommen** salir bien librado

glitschig *adj* resbaladizo

glitt *impf v.* **gleiten**

glitzern *vi* brillar, despedir destellos

global *adj* global; **Globus** *m* <-, Globen> globo *m* terráqueo

Glocke *f* <-, -n> campana *f;* **Glockenturm** *m* campanario *m*

glorifizieren *vt* glorificar

glorreich *adj* glorioso

Glotze *f* <-, -n> *FAM* caja *f* tonta

Glück *n* <-[e]s> suerte *f;* ◊ - **haben** tener suerte; ◊ **viel** -! ¡buena suerte!; ◊ **zum** - por suerte; **glücklich** *adj* feliz, dichoso; ▷*Gewinner* afortunado; **glücklicherweise** *adv* por fortuna,

afortunadamente; **Glücksbringer** *m* <-s, -> amuleto *m;* **Glückssache** *f:* ◊ **das ist** -eso es cuestión de suerte; **Glückwunsch** *m:* ◊ **herzlichen** -! ¡muchas felicidades!

Glühbirne *f* bombilla *f;* **glühen** *vi FIG* ← *Gesicht* arder, enrojecerse; **glühend** *adj* ▷*Gesicht* enrojecido

Glut *f* <-, -en> incandescencia *f;* (*Feuers-*) brasa *f*

Gnade *f* <-, -n> gracia *f;* ◊ **ohne** - sin piedad; **gnadenlos** *adj* sin piedad; **gnädig** *adj* indulgente

Gold *n* <-[e]s> oro *m;* **golden** *adj* de oro; **Goldfisch** *m* pez *m* dorado; **Goldgrube** *f FIG* mina *f* de oro; **Goldschmied(in** *f) m* orfebre *m/f*

Golf [1] *m* <-[e]s, -e> *GEOL* golfo *m*

Golf [2] *n* <-s> *SPORT* golf *m*

Golfplatz *m* campo *m* de golf; **Golfspieler(in** *f) m* golfista *m/f*

gönnen *vt:* ◊ **jd-m etw** - alegrarse de a por alguien; **gönnerhaft** *adj* presuntuoso, condescendiente

Gorilla *m* <-s, -s> gorila *m*

goß *impf v.* **gießen**

Gosse *f* <-, -n> *FIG:* ◊ **jd-n aus der** - **ziehen** sacar a alguien del arroyo

Gott *m* <-es, Götter> Dios *m;*

◇ grüß ~ ¡buenos días!; ◇ ~ **sei Dank!** ¡gracias a Dios!; **Gottesdienst** *m* misa *f*; **Göttin** *f* diosa *f*; **göttlich** *adj* divino

Grab *n* <-[e]s, Gräber> tumba *f*, sepultura *f*

graben <grub, gegraben> *vti* cavar; **Graben** *m* <-s, Gräben> zanja *f*; (*Straßen-*) cuneta *f*; (*Wasser-*) acequia *m*

Grabstein *m* lápida *f*

Grabung *f* excavación *f*

Grad *m* <-[e]s, -e> 1 MATH grado *m* 2 ↑ *Ausmaß* nivel *m*

Graf *m* <-en, -en> conde *m*; **Gräfin** *f* condesa *f*

Gramm *n* <-s, -> gramo *m*

Grammatik *f* gramática *f*; **grammatikalisch**, **grammatisch** *adj* gramatical

Granat *m* <-[e]s, -e> MIN granate *m*

grandios *adj* grandioso

Granit *m* <-s, -e> granito *m*

Grapefruit *f* <-, -s> pomelo *m*

Graphiker(in *f)* *m* <-s, -> dibujante *m/f*; publicitario; **graphisch** *adj* gráfico

Gras *n* <-es, Gräser> hierba *f*, yerba *f*; **grasen** *vi* pastar, pacer

grassieren *vi* extenderse

gräßlich *adj* atroz, espantoso

Grat *m* <-[e]s, -e> cresta *f*

Gräte *f* <-, -n> espina *f*

gratis *adv* gratis

Gratulation *f* felicitación *f*; **gratulieren** *vi* felicitar; ◇ **jdm** [zu etw] - felicitar a alguien

grau *adj* gris

grauenhaft, **grauenvoll** *adj* horrible, horroroso

grauhaarig *adj* cano[so]

grausam *adj* cruel, brutal; **Grausamkeit** *f* crueldad *f*, barbaridad *f*

Grausen *n* <-s> miedo *m*, horror *m*

gravierend *adj* grave, agravante

Grazie *f* gracia *f*; **grazil** *adj* esbelto, delgado

greifbar *adj* cercano; **greifen** <griff, gegriffen> I. *vt* coger; ↑ *fangen* atrapar II. *vi* 1 ~ *helfen* agarrar 2 ↑ *gebrauchen* ◇ **zu etw** ~ recurrir a 3 ◇ **um sich** ~ extenderse

Greis(in *f)* *m* <-es, -e> anciano/a *m/f*

grell *adj* ▷*Licht* intenso, deslumbrante; ▷*Farbe* chillón

Grenze *f* <-, -n> límite *m*; (*Staats-*) frontera *f*; (*Zoll-*) aduana *f*; FIG límite *m*; **grenzen** *vi* lindar, ser colindante (*an akk* con); **grenzenlos** *adj* sin límites

Grieche *m* <-n, -n> griego *m*; **Griechenland** *n* Grecia *f*; **Griechin** *f* griega *f*; **griechisch** *adj* griego

Grieß *m* <-es> sémola *f*

griff *impf v.* **greifen**

Griff *m* <-[e]s, -e> 1 agarrón *m* 2 *(an Tür)* tirador *m*; *(von Topf)* asa *m*; *(Messer-)* mango *m*

Grill *m* <-s, -s> parrilla *f*; *(im Freien)* barbacoa *f*

Grille *f* <-, -n> grillo *m*

Grimasse *f* <-, -n> mueca *f*

grinsen *vi* reírse maliciosamente

Grippe *f* <-, -n> gripe *f*

grob <gröber, am gröbsten> *adj* grueso; ▷*Stoff* basto, burdo; ▷*Mensch* basto, grosero; ▷*Fehler* grave

Groll *m* <-[e]s> rencor *m*, resentimiento *m*

groß <größer, am größten> 1 grande 2 *(nach Maßangabe)* ◇ 2 Meter - dos metros de largo 3 *(Zeitspanne)* ◇ **die -en Ferien** las largas vacaciones 4 ◇ **im -en und ganzen** en general, en líneas generales; **großartig** *adj* estupendo, excelente, fenomenal

Großbritannien *n* <-s> Gran Bretaña *f*

Größe *f* <-, -n> 1 grandeza *f* 2 ↑*Höhe* altura *f* 3 *(Kleider-)* talla *f*; *(Schuh-)* número *m* 4 ↑*Bedeutung* importancia *f*; **Großeltern** *pl* abuelos *m/pl*; **Größenwahn** *m* delirio *m* de grandeza; **großherzig** *adj* generoso; **Großmacht** *f* gran potencia *f*; **Großmarkt** *m* mercado *m* cen-

tral; **großmütig** *adj* generoso; **Großmutter** *f* abuela *f*; **großspurig** *adj* fanfarrón; arrogante; **größtenteils** *adv* por lo general; **Großvater** *m* abuelo *m*; **großziehen** *unreg vt* sacar adelante, criar; **großzügig** *adj* generoso

grotesk *adj* grotesco

Grotte *f* <-, -n> gruta *f*

grub *impf v.* **graben**

grübeln *vi* meditar *(über akk* sobre)

Grubenarbeiter *m* minero *m*

Gruft *f* <-, Grüfte> panteón *m*

grün *adj* verde; **Grün** *n* <-s> verde *m*

Grund *m* <-[e]s, Gründe> 1 ↑*Boden* suelo *m* 2 *(von Glas)* fondo *m* 3 *FIG* causa *f*; ◇ **im -e** [genommen] en el fondo; **Grundbegriff** *m* concepto *m* fundamental; **Grundbesitz** *m* finca *f*

gründen *vt* crear; → *Partei, Verein* fundar; **Gründer(in)** *f/m* <-s, -> fundador(a *f*) *m*

Grundlage *f* fundamento *m*, base *f*; **Grundkurs** *m* SCH nivel *m* elemental; **grundlegend** I. *adj* básico, fundamental II. *adv*: ◇ **etw** - [ver]ändern cambiar algo por completo

gründlich *adj* 1 profundo, sustancial; ▷*Kenntnisse* sólido 2 ↑*vollständig* completo

grundlos adj infundado, sin motivo; **Grundrecht** n derecho m fundamental; **Grundriß** m (von Gebäude) planta f; **Grundsatz** m principio m; **grundsätzlich** adj fundamental; **Grundschule** f escuela f primaria; **Grundstück** n finca f, terreno m

Gründung f fundación f

grundverkehrt adj totalmente equivocado; **grundverschieden** adj completamente distinto; **Grundwortschatz** m vocabulario m básico

Gruppe f <-, -n> grupo m; **gruppenweise** adv en grupos; **gruppieren** vt agrupar, asociar

gruseln vr ◊ sich - tener miedo/pánico

Gruß m <-es, Grüße> saludo m; ◊ viele Grüße saludos, muchos recuerdos; **grüßen** vti saludar

Gulasch n <-[e]s, -e> GASTRON estofado m

gültig adj valedero; ▷Paß válido

Gummi n o m <-s, -s> goma f, caucho m; **Gummiband** n goma f, cinta f elástica

Gunst f <-> favor m

günstig adj oportuno, propicio

Gurke f <-, -n> pepino m; ◊ saure - pepinillo en vinagre

Gurt m <-[e]s, -e> cinto m, faja f; (Sicherheits-) cinturón m

Gürtel m <-s, -> cinturón m

gut I. <besser, am besten> adj bueno; ▷Mensch bondadoso **II.** adv ◊ schon - ¡está bien!

Gut n <-[e]s, Güter> ① ↑ Besitz bienes m/pl; ② ↑ Eigentum propiedad f ② (Land-,) finca f

Gutachten n <-s, -> peritaje m

gutartig adj inofensivo; MED benigno

Güte f <-> bondad f

gutgehen unreg vi unpers: ◊ es geht ihm gut le va bien; ◊ es wird schon alles - ¡ya se arreglará todo!

Guthaben n <-s, -> saldo m a favor

gutheißen unreg vt aprobar

gütig adj bondadoso

gutmütig adj bondadoso

Gutschein m vale m

Gutschrift f abono m [en cuenta]

Gymnasium n instituto m de enseñanza media

Gymnastik f gimnasia f

Gynäkologe m <-n, -n> ginecólogo m; **Gynäkologie** f MED ginecología f; **Gynäkologin** f ginecóloga f

H

H, h n ① H, h f ② MUS si m

Haar n <-[e]s, -e> pelo m; **Haarbürste** f cepillo m de pelo; **Haarschnitt** m corte m de pelo; **Haartrockner** m <-s, -> secador m de pelo

haben <hatte, gehabt> I. Hilfsverb: ◇ **wo hast du geschlafen?** ¿dónde has dormido? II. vi tener; ◇ **Sie - zu gehorchen** usted debe obedecer

Hacke f <-, -n> azada f

Hackfleisch n carne f picada

Hafen m <-s, Häfen> puerto m; **Hafenstadt** f ciudad f portuaria

Hafer m <-s, -> avena f

Haft f <-> arresto m, prisión f; **haftbar** adj responsable; **haften** vi ① ↑ kleben pegar (an dat a) ② ↑ haftbar sein ser responsable (für akk de); **Haftung** f responsabilidad f

Hagel m <-s> granizo m

Hahn m <-[e]s, Hähne> ① FAUNA gallo m ② (Wasser-) grifo m

Hähnchen n GASTRON pollo m

Haken m <-s, -> gancho m, punta f

halb adj: ◇ - **eins** las doce y media; ◇ **ein -es Dutzend** media docena; **halbieren** vt → Zahl dividir; → Kuchen partir; **Halbinsel** f península f; **Halbschuh** m botín m

half impf v. **helfen**

Hälfte f <-, -n> mitad f

Halle f <-, -n> ① (Turn-) gimnasio m; (Flugzeug-) hangar m ② (Hotel-) sala f; **Hallenbad** n piscina f cubierta

hallo interj ① (Begrüßung) hola ② (am Telefon) diga

Hals m <-es, Hälse> cuello m; **HalsNasen-Ohren-Arzt** m, **-Ärztin** f ↑ HNO otorrinolaringólogo/a; **Halsweh** n: ◇ - **haben** tener dolor de garganta

Halt m <-[e]s, -e> ① ↑ Anhalten, Pause parada f ② FIG apoyo m ③ ↑ h-! ¡alto!; **haltbar** adj ① (Lebensmittel) ◇ - **bis** de consumo hasta ② ▷Schuhe resistente

halten <hielt, gehalten> I. vt tener ① (in der Hand) sujetar, aguantar ② ↑ stützen apoyar, sostener II. vi ① ↑ stoppen parar ② (nicht kaputtgehen) resistir ③ (Lebensmittel durar ④ FIG ◇ **ich halte ihn für verrückt** considero que está loco III. vr ① (nicht verderben) conservarse ② ← Wetter aguantar ③ ◇ **sich - für** creerse, considerarse

Haltestelle f parada f; **Halteverbot** n prohibición f de aparcar

Haltung f ① (Körper-) porte m ② (Geistes-) actitud f

Hammel m <-s, -> carnero m

Hammer m <-s, Hämmer> martillo m

Hand f <-, Hände> mano f; ◇ aus zweiter ~ de segunda mano; **Handarbeit** f ① (Stricken) costura f ② ↑ manuell gefertigt trabajo m manual; ◇ das ist ~ es hecho a mano; **Handbremse** f freno m de mano

Handel m <-s> comercio m; **handeln** I. vi ① actuar ② COMM ◇ ~ mit etw comerciar ③ FIG ◇ ~ von tratar de II. vr unpers: ◇ es handelt sich um se trata de; **Handelsbilanz** f balanza f comercial; **Handelskammer** f Cámara f de Comercio; **Handelsschule** f escuela f de comercio; **Handelsvertreter(in)** f m representante m/f

handgearbeitet adj hecho a mano; **Handgelenk** n ANAT muñeca f; **Handgepäck** n equipaje m de mano; **handgeschrieben** adj escrito a mano

Händler(in) f m <-s, -> comerciante m/f

Handlung f ① ↑ Vorgang acto m, acción f ② ↑ Ergebnis hecho m ③ ↑ Geschäft comercio m

Handschelle f esposas f/pl; **Handschrift** f escritura f, letra

f; **Handschuh** m guante m; **Handtasche** f bolso m; **Handtuch** n toalla f; **Handwerk** n oficio m; **Handwerker(in)** f m <-s -> ① (von Beruf) obrero/a ② (Kunst-) artesano/a

Hang m <-[e]s, Hänge> ① (Berg-) pendiente f ② ↑ Neigung tendencia (zu a)

Hängematte f hamaca f

hängen I. <hing, gehangen> vi ① (befestigt sein) estar colgado ② ◇ an etw/jd-m ~ tener mucho cariño fI. vt → jd-n colgar

harmlos adj ▷Verletzung inofensivo

Harmonie f armonía f; **harmonisch** adj armónico

Harn m <-[e]s, -e> orina f

hart adj ① (Ggs weich) duro ② FIG ▷Schicksal difícil ③ FIG ▷Mensch duro, insensible, severo; **Härte** f <-, -n> dureza f; **hartgekocht** adj duro; **hartherzig** adj desalmado, duro de corazón; **hartnäckig** adj testarudo, terco

Haschisch m <-> hachís m, chocolate m

Hase m <-n, -n> liebre f

Haselnuß f avellana f

Haß m <Hasses> odio m; **hassen** vt odiar

häßlich adj feo

hatte impf v. **haben**

Hauch m <-[e]s, -e> soplo m

Haufen *m* <-s, -> 1 (*Stein-*) montón *m* 2 (*FAM große Menge*) mogollón *m*

häufen *vt* apilar, amontonar

häufig I. *adj* frecuente **II.** *adv* a menudo; **Häufigkeit** *f* frecuencia *f*

Haupt- *in Komposita* principal *m;* **Hauptbahnhof** *m* estación *f* central; **hauptberuflich** *adv* profesionalmente; **Hauptdarsteller(in)** *m* protagonista *m/ f;* **Haupteingang** *m* entrada *f* principal; **Hauptfach** *n* SCH asignatura *f* principal; UNI especialidad *f;* **Hauptpostamt** *n* central *f* de correos; **Hauptrolle** *f* papel *m* principal; **Hauptsache** *f :* ◇ -, man ist gesund! ¡lo más importante es la salud!; **Hauptstadt** *f* capital *f;* **Hauptstraße** *f* calle *f* principal

Haus *n* <-es, Häuser> casa *f;* **Hausarbeit** *f* 1 ▷*verrichten* tareas *f/pl* domésticas 2 UNI trabajo *m;* SCH deberes *m/pl;* **Hausarzt** *m*, **-ärztin** *f* médico/ a de cabecera; **Hausaufgabe[n]** *f* deberes *m/pl;* **Hausbesetzer(in)** *m* ocupa *m/f;* **Häusermakler(in)** *f m* agente *m/f* de la propiedad inmobiliaria; **Hausfrau** *f* ama *f* de casa; **Haushalt** *m* 1 casa *f* 2 POL presupuesto *m;* **Hausherr(in** *f)*

m dueño/a de la casa; **häuslich** *adj* casero; **Hausmann** *m, pl* <-männer> *hombre que hace el trabajo del ama de casa;* **Hausmeister(in** *f)* *m* portero/a; **Hausordnung** *f* reglamento *m;* **Hausratversicherung** *f* seguro *m* del hogar; **Haustier** *n* animal *m* doméstico; **Hauswirtschaft** *f* economía *f* doméstica

Haut *f* <-, Häute> piel *f;* **Hautarzt** *m*, **-ärztin** *f* dermatólogo/ a; **hauteng** *adj* ceñido; **Hautfarbe** *f* color *m* de la piel

Hbf. *Abk v.* Hauptbahnhof

Hebamme *f* <-, -n> comadrona *f*

Hebel *m* <-s, -> palanca *f*

heben <hob, gehoben> *vt* 1 → *Gewicht* levantar 2 ↑ *verstärken* aumentar

Heck *n* <-[e]s, -e> 1 NAUT popa *f* 2 AUTO parte *f* trasera

Hecke *f* <-, -n> seto *m*

Heckmotor *m* motor *m* trasero

Heer *n* <-[e]s, -e> MIL ejército *m*

Hefe *f* <-, -n> levadura *f*

Heft *n* <-[e]s, -e> cuaderno *m*

Hefter *m* <-s, -> clasificador *m*

heftig *adj* fuerte, violento

Heftpflaster *n* esparadrapo *m*

Heide *m* <-n, -n> pagano *m*

Heidelbeere *f* arándano *m*

Heidin *f* pagana *f;* **heidnisch** *adj* pagano

heikel adj difícil

heilbar adj curable; **heilen I.** vt curar **II.** vi cicatrizar

heilig adj santo, sagrado; **Heiligabend** m Nochebuena f

Heilmittel n remedio m; **Heilpraktiker(in** f) m curandero/a titulado; **Heilung** f cicatrización f

heim adv a casa; **Heim** n <-[e]s, -e> 1↑ *Zuhause* hogar m 2 (*Alten-*) asilo m; (*Erziehungs-*) reformatorio m

Heimat f <-, -en> patria f; **heimatlos** adj sin patria

Heimcomputer m ordenador m personal

heimisch adj 1 del país m ◇ **sich - fühlen** sentirse como en casa

heimkehren vi volver a la patria

heimlich adj secreto

Heimreise f vuelta f a casa

heimtückisch adj malicioso

Heimweh n: ◇ **- haben** tener nostalgia

Heirat f <-, -en> boda f; **heiraten** vti casar(se)

heiser adj ronco

heiß adj 1 caliente 2 FIG ▷*Thema* candente

heißen <hieß, geheißen> vi 1 ◇ **Robert Müller - llamarse** Robert Müller 2↑ *bedeuten* significar; ◇ **es -t** se dice

heiter adj 1 ▷*Wetter* despejado 2 ▷*Mensch* alegre; **Heiterkeit** f alegría f

heizen vt 1 → *Raum* calentar, caldear 2 → *Ofen* calentar; **Heizung** f calefacción f

hektisch adj nervioso, apresurado

Held m <-en, -en> héroe m; **Heldin** f heroína f

helfen <half, geholfen> vi ayudar, ser útil

hell adj 1 claro 2 (*Farbton*) vivo; **Helligkeit** f claridad f

Helm m <-[e]s, -e> casco m

Hemd n <-[e]s, -en> camisa f

hemmen vt 1↑ *hindern* impedir 2↑ *verlegen machen* reprimir; **hemmungslos** adj sin escrúpulos, desinhibido

Hengst m <-es, -e> semental m

Henkel m <-s, -> asa m

her adv 1 (hacia) aquí 2 (*zeitlich*) ◇ **es ist 12 Jahre** - hace 12 años

herab adv (hacia) abajo; **herabhängen** unreg vi colgar; **Herablassung** f FIG: ◇ **mit - behandeln** actuar con condescendencia; **herabsetzen** vt → *Preise* bajar, rebajar, reducir

heran adv FAM ↑ *ran* por aquí; **herankommen** unreg vi acercarse

herauf adv FAM hacia arriba; **heraufbeschwören** unreg vt causar, provocar; **heraufziehen** *unreg* I. *vt* → *Last* levantar II. *vi* ← *Unwetter* amenazar

heraus *adv FAM* fuera, afuera; **herausbekommen** *unreg vt* 1 *FIG* → *Geheimnis* descubrir 2 → *Wechselgeld* recibir la vuelta 3 (*Nagel aus Wand*) sacar; **herausbringen** *unreg vt* 1 → *Gartenmöbel* sacar 2 → *Buch* publicar; **herausfordern** *vt* retar, desafiar; **Herausforderung** *f* reto *m*, desafío *m*; **herausgeben** *unreg vt* 1 → *Geld* dar la vuelta 2 → *Zeitschrift* publicar; **herausholen** *vt* sacar, liberar

herb *adj* 1 amargo, agrio 2 *FIG* duro

Herberge *f* ‹-, -n› albergue *m*

Herbst *m* ‹-[e]s, -e› otoño

Herd *m* ‹-[e]s, -e› 1 (*in Küche*) hornillo *m* cocina 2 (*Entzündungs-*) fogón *m*

Herde *f* ‹-, -n› (*Kuh-*) rebaño *m*

herein *adv FAM* adentro; ◇ -! ¡adelante!; **hereinbitten** *unreg vt* rogar a alguien que entre **hereinfallen** *unreg vi* caer; *FIG* ◇ - **auf etw** *akk* caer en la trampa; **hereinkommen** *unreg vi* entrar; **hereinlegen** *vt*: ◇ **jd-n** → engañar a alguien

Hergang *m* desarrollo *m*, proceso *m*

hergeben *unreg vt* dar

Hering *m* ‹-s, -e› 1 FAUNA arenque *m* 2 (*Zelthaken*) piquete *m*

herkommen *unreg vi* 1 ◇ **komm mal her!** ¡ven aquí! 2 ◇ **wo kommen Sie her?** ¿de dónde es usted?

Herkunft *f* ‹-, Herkünfte› origen *m*

heroisch *adj* heroico

Herr *m* ‹-[e]n, -en› 1 ◇ - ... don ... 2 ◇ **sehr geehrte Damen und -en** señores y señoras *f FIG* ◇ **sein eigener - sein** no depender de nadie

herrichten I. *vt* → *Wohnung* renovar; → *Bett* hacer II. *vr* ◇ **sich fürs Theater** - arreglarse para el teatro

Herrin *f*: ◇ - **des Hauses** ama *f* de casa; **herrisch** *adj* dominante, autoritario

herrlich *adj* maravilloso, magnífico

Herrschaft *f* poder *m*, dominio *m*; **herrschen** *vi* gobernar

herstellen *vt* producir, fabricar; **Herstellung** *f* producción *f*, fabricación *f*

herüber *adv* a este lado

herum *adv* 1 alrededor; ◇ **um das Haus** - alrededor de la casa 2 (*zeitlich*) ◇ **um den 25. Juli** - hacia el 25 de julio; **herumirren** *vi* andar desorientado; **herumkriegen** *vt* 1 → *Wartezeit* pasar el tiempo ② ↑ *überreden* convencer, persuadir

herunter *adv* hacia abajo; **heruntergekommen** *adj* venido a menos; **herunterhängen** *unreg vi* colgar; **herunterkommen** *unreg vi* ① ↑ *Treppe* bajar ② FIG degenerar; **herunterspielen** *vt* minimizar

hervor *adv* hacia delante; **hervorbringen** *unreg vt* crear; **hervorheben** *unreg vt* destacar, resaltar; **hervorragend** *adj* sobresaliente; **hervorrufen** *unreg vt* causar, motivar

Herz *n* <-ens, -en> corazón *m*; **herzlich** *adj* ① ▷*Mensch* abierto, afectuoso ② -en Dank muchísimas gracias

Hetze *f* <-, -n> ① prisa *f* ② ↑ *Propaganda* provocación *f*; **hetzen** *vi* ① ↑ *hasten* darse prisa, apresurarse ② ↑ *Propaganda betreiben* provocar

Heu *n* <-[e]s> heno *m*

Heuchelei *f* hipocresía *f*

heulen *vi* ← *Wolf* aullar; ← *Wind* bramar

heute *adv* hoy; **heutzutage** *adv* hoy en día

hieb *impf v.* **hauen**

Hieb *m* <-[e]s, -e> (*Faust*-) puñetazo *m*; (*Peitschen*-) latigazo *m*

hielt *impf v.* **halten**

hier *adv* aquí; **hierbleiben** *unreg vi* quedarse aquí; **hier-**

durch *adv* por eso; **hierher** *adv* para acá; **hierzulande** *adv* en este país

hieß *impf v.* **heißen**

Hilfe *f* <-, -n> ① ayuda *f*; ◇ um - bitten pedir ayuda ② ◇ Erste - leisten prestar los primeros auxilios; **hilflos** *adj* desamparado; **hilfreich** *adj* beneficioso; **Hilfsarbeiter(in** *f*) *m* auxiliar *m*/*f*; **hilfsbereit** *adj* dispuesto a ayudar; **Hilfsverb** *n* GRAM verbo *m* auxiliar

Himbeere *f* frambuesa *f*

Himmel *m* <-s, -> cielo *m*; **Himmelsrichtung** *f* punto *m* cardinal; **himmlisch** *adj* divino, maravilloso

hin *adv* ① aquí; ◇ - und her de aquí para allá ② FAM ◇ das Auto ist - el coche está estropeado

hinab *adv* hacia abajo; **hinabsteigen** *unreg vi* descender; **hinabstürzen** *vi* precipitarse

hinarbeiten *vi*: ◇ auf etw *akk* - aspirar a

hinauf *adv* hacia arriba; **hinaufsteigen** *unreg vi* subir (*auf akk* a); (*auf Berg*) escalar

hinaus *adv* ① [a]fuera ② ◇ auf Jahre - para varios años; **hinausgehen** *unreg vi* salir; **hinausschieben** *unreg vt* aplazar; **hinauswerfen** *unreg vt* ① ↑ *kündigen* despedir ② (aus

Kneipe) echar; **hinauswollen**
vi (*meinen*): ◇ **auf etw** *akk* ~ querer decir cierta cosa; **hinausziehen** *unreg* I. *vt* demorar II.
vr ◇ **sich** ~ prolongarse
Hinblick *m*: ◇ **im** ~ **auf** *akk* en
vista de
hinderlich *adj* molesto, que
estorba
hindern *vt*: ◇ **jd-n an etw** *dat* ~
impedir algo a alguien; **Hindernis** *n*: ◇ ~**se aus dem Weg räumen** salvar obstáculos
hindurch *adv* [1] (*räumlich*) a
través de [2] (*zeitlich*) durante
años
hinein *adv* [hacia] adentro; **hineinfallen** *unreg vi* caer (*in akk*,
en, a; **hineingehen** *unreg vi*
entrar; **hineinpassen** *vi* [1] (*in
Kleider*) caber [2] (*in Gruppe*)
encajar; **hineinversetzen** *vr*:
◇ **sich** - **in jd-n/etw** ponerse en el
lugar de algo/alguien
Hinfahrt *f* viaje *m* de ida
hinfallen *unreg vi* caerse
hinfällig *adj* sin validez
hing *impf v*. **hängen**
hingeben *vr* ◇ **sich etw/jd-m** ~
dedicarse a
hingehen *unreg vi*: ◇ **zu jd-m** ~
ir a alguien
hinhalten *unreg vt* [1] ↑ *vertrösten* dar esperanzas [2] ↑ *reichen*
◇ **jdm etw** ~ acercar algo a alguien

hinken *vi* cojear
hinlegen I. *vt* poner II. *vr* ◇ **sich**
~ tumbarse
Hinreise *f* viaje *m* de ida
Hinrichtung *f* ejecución *f*
hinsichtlich *präp gen* en lo que
concierne a, en lo concerniente
a
hinstellen *vt* [1] colocar [2] *FIG*
presentar, describir
hinten *adv* detrás; **hintenherum** *adv FIG*: ◇ **etw** ~ **erfahren**
enterarse de algo por detrás
hinter *präp dat/akk* [1] ◇ ~ **dem
Haus** detrás de [2] *FIG* ◇ **sich** -
jd-n stellen apoyar/avalar a alguien; **hintere(r, s)** *adj* ◇ **der**
~ **Wagen ist 1. Klasse** el coche
de atrás es de primera; **hintereinander** *adv* uno detrás de
otro; **hintergehen** *unreg vt*
FIG engañar; **Hintergrund** *m*
[1] (*auf Bild*) fondo *m* [2] *FIG*
trasfondo *m*; **hinterhältig** *adj*
malintencionado, pérfido; **hinterher** *adv* [1] (*räumlich*) detrás
[2] (*zeitlich*) después; **hinterlassen** *unreg vt* [1] ~ *Nachricht*
dejar [2] ↑ *vererben* legar; **hinterlegen** *vt* entregar, depositar;
hinterlistig *adj* pérfido, astuto; **Hinterrad** *n* rueda *f* trasera;
hinterrücks *adv* por la espalda; **hintertreiben** *unreg vt*
frustrar, entorpecer; **Hintertür**
f puerta *f* trasera

hinüber adv al otro lado; **hin-übergehen** unreg vi pasar al otro lado

hinunter adv [hacia] abajo; **hinunterfallen** unreg vi derrumbarse; ◇ **die Treppe** - caerse por la escalera; **hinunterschlucken** vt tragar, digerir

hinwegsetzen vr: ◇ **sich** - **über** akk no hacer caso de, hacer caso omiso de

Hinweis m <-es, -e> ① advertencia f, indicación f ② ↑ Anhaltspunkt referencia f; **hinweisen** unreg vi indicar, señalar (auf akk algo)

hinzufügen vt: ◇ **lassen Sie mich noch** - déjenme además añadir

Hirn n <-[e]s, -e> cerebro m

Hirsch m <-[e]s, -e> ciervo m

Hirt(in f) m <-en, -en> pastor(a f) m

Historiker(in f) m <-s, -> historiador(a f) m; **historisch** adj histórico

Hit m éxito m

Hitze f <-> calor m; **Hitzschlag** m insolación f

H-Milch f leche f uperisada

hob impf v. heben

hoch <höher, am höchsten> ① (5 m-) alto ② (hohe Miete) elevado ③ ▷Klang agudo; **Hoch** n <-s, -s> METEO anticiclón m; **hochachtungsvoll** adv aten-

tamente; **Hochbetrieb** m COMM: ◇ **es herrscht** - hay mucha actividad; **Hochburg** f centro m; **Hochdeutsch** n alto alemán m; **Hochdruck** m METEO alta presión f; **Hochform** f: ◇ **in** - **sein** estar en plena forma; **hochgradig** adj extremo; **hochhalten** unreg vt ① ↑ in die Höhe halten mantener en alto ② FIG apreciar; **Hochhaus** n edificio m alto; **hochleben** vi: ◇ **jd-n** - **lassen** vitorear; **Hochmut** m soberbia f, arrogancia f; **hochmütig** adj soberbio, arrogante; **Hochsaison** f temporada f alta; **Hochschule** f escuela f superior, universidad f; **Hochspannung** f alta tensión f

höchst adv muy, sumamente; **höchste(r, s)** superl v. hoch adj; **höchstens** adv ↑ nicht mehr als como mucho; **Höchstgeschwindigkeit** f velocidad f máxima; **höchstwahrscheinlich** adv muy probablemente

Hochwasser n inundación f; **hochwertig** adj de gran valor; **Hochzeit** f <-, -en> boda f; **Hochzeitsreise** f viaje m de novios

Hocker m <-s, -> taburete m

Hoden m <-s, -> ANAT testículo m

Hof m <-[e]s, Höfe> ① (Bauern-) granja f ② (Schul-) patio m

hoffen vi esperar (auf akk a); **hoffentlich** adv ◊ ~ geht es dir gut espero que te vaya bien; **Hoffnung** f esperanza f

höflich adj amable, atento, cortés; **Höflichkeit** f amabilidad f, cortesía f

hohe(r, s) adj s. hoch

Höhe f <-, -n> altura f

Hoheit f ① POL soberanía m ② (Titel) alteza f

Höhensonne f lámpara f solar; **Höhenzug** m cordillera f; **Höhepunkt** m punto m culminante

höher kompar v. hoch

hohl adj hueco

Höhle f <-, -n> cueva f

Hohn m <-[e]s> burla f, desprecio m; **höhnisch** adj burlón

holen vt ir a recoger

Holland n Holanda f; **Holländer(in** f) m <-s, -> holandés(-esa f) m; **holländisch** adj holandés

Hölle f <-, -n> infierno f; **Höllenangst** f: ◊ e-e ~ haben tener pánico

holp[e]rig adj con baches, irregular

Holunder m <-s, -> saúco m

Holz n <-es, Hölzer> ① (von Baum) madera f ② (Brenn-) leña f; **hölzern** adj de madera

Holzfäller(in f) m <-s, -> leñador(a f) m; **Holzkohle** f carbón m vegetal; **Holzweg** m FAM: ◊ auf dem ~ sein ir por mal camino

homosexuell adj homosexual

Honig m <-s, -e> miel f; **Honigmelone** f sandía f

Honorar n <-s, -e> honorarios m/pl; **honorieren** vt ① pagar honorarios ② FIG ↑ anerkennen apreciar, honrar

Hopfen m <-s, -> FLORA lúpulo m

Horde f <-, -n> cuadrilla f

hören vt ① oír ② (zu) escuchar; **Hörer(in** f) m <-s, -> ① (MEDIA Zu-) oyente m/f ② (Telefon-) auricular m

Horizont m <-[e]s, -e> horizonte m

Hormon n <-s, -e> hormona f

Horn n <-[e]s, Hörner> ① (Tier-) cuerno m ② (Instrument) trompa f

Hörspiel n MEDIA radionovela f

Hose f <-, -n> pantalón m

Hotel n <-s, -s> hotel m

hübsch adj guapo, atractivo

Hubschrauber m <-s, -> helicóptero m

Huf m <-[e]s, -e> casco m, pezuña f

Hüfte f <-, -n> ANAT cadera f

Hügel m <-s, -> colina f; **hügelig** adj accidentado

Huhn n <-[e]s, Hühner> ①

↑ *Henne* gallina *f* ② GASTRON pollo *m*

Hülle *f* <-, -n> ① funda *f* ② FIG ◇ **in - und Fülle** en abundancia

hüllen *vt* ① envolver (*in akk* en) ② FIG ◇ **sich in Schweigen -** quedarse callado

Hülsenfrucht *f* legumbre *f*

human *adj* FIG humano

Hummel *f* <-, -n> abejorro *m*

Hummer *m* <-s, -> langosta *f*

Humor *m* <-s> humor *m;* **humorvoll** *adj* humorístico

Hund *m* <-[e]s, -e> perro *m*

hundert *nr* cien; **hundertprozentig** *adj, adv* cien por cien

Hündin *f* perra *f*

Hunger *m* <-s> hambre *m;* **- haben** tener hambre; **hungern** *vi* pasar hambre; **hungrig** *adj* hambriento

Hupe *f* <-, -n> claxon *m;* **hupen** *vi* tocar el claxon

hüpfen *vi* saltar, dar saltos

Hürde *f* <-, -n> obstáculo *m*

Hure *f* <-, -n> PEJ ramera *f*

husten *vi* toser; **Husten** *m* <-s> tos *f*

Hut *m* <-[e]s, Hüte> sombrero *m*

hüten I. *vt → Schafe* guardar; → *Kinder* cuidar **II.** *vr* **sich -** tener cuidado (*vor dat* con)

Hütte *f* <-, -n> cabaña *f*

Hygiene *f* <-> higiene *f;* **hygienisch** *adj* higiénico

Hymne *f* <-, -n> himno *m*

hypnotisieren *vt* hipnotizar

Hypothek *f* <-, -en> hipoteca *f*

hysterisch *adj* histérico

I, i *n* I, i *f*

i.A. *Abk v.* **im Auftrag** por orden (p. o.)

IC *m* <-, -s> *Abk v.* **Intercity** intercity *m*

ich *pron* yo; ◇ **- denke** pienso; ◇ **- Idiot!** ¡qué idiota soy!

ideal *adj* ideal; **idealistisch** *adj* idealista

Idee *f* <-, -n> idea *f*

identifizieren *vt* identificar

identisch *adj* idéntico

ideologisch *adj* ideológico

Idiot(in *f***)** *m* <-en, -en> idiota *m/f;* **idiotisch** *adj* idiota

idyllisch *adj* idílico

Igel *m* <-s, -> erizo *m*

ignorieren *vt* ignorar, no hacer caso

ihm ① *pron dat v.* **er** ◇ **sag -, er soll kommen** dile que venga ② *pron dat v.* **es** ◇ **schenk - en Ball [dem Kind]** regálale una pelota [al niño]

ihn *pron akk v.* **er** ◇ **sie liebt -** le quiere [a él]

ihnen *pron dat v. pl* sie ◇ **ich sagte -, daß ...** les dije [a ellos] que ...

Ihnen *pron dat v.* **Sie** ◇ **ich sage -, daß ...** le digo [a usted] que ...

ihr ① *pron* (2. Person pl) vosotros; ◇ **geht - schon?** ¿ya os vais? ② *pron dat v. sg* sie ◇ **ich erzähle - schon ...** le conté [a ella] que ... ③ *pron possessiv v. sg* sie (adjektivisch) su; ◇ **es ist - Auto** es su coche [de ella] ④ *pron possessiv v. pl* sie (adjektivisch) su; ◇ **es ist - Auto** es su coche [de ellos]

Ihr *pron possessiv v. sg u. pl* **Sie** ◇ **ist das - Auto?** ¿es su coche [de usted]

ihre(r, s) ① *pron possessiv v. sg* sie (substantivisch) de ella; ◇ **ist das ihres?** ¿es de ella? ② *pron possessiv v. pl* sie (substantivisch) de ellos; ◇ **ist das ihres?** ¿es de ellos/ellas

Ihre(r, s) *pron:* ◇ **ist das Ihres?** ¿es de usted[es]?

illegal *adj* ilegal, ilícito

Illusion *f* ilusión *f*

Illustrierte *f* <-n, -n> revista *f*

Imbiß *m* <Imbisses, Imbisse> aperitivo *m*

imitieren *vt* imitar

Imker(in *f)* *m* <-s, -> apicultor *m* [*m*] *f)* *m*

Immatrikulation *f* UNI matrícula *f*

immer *adv* siempre; ◇ **- wenn** siempre que; ◇ **wie -** como siempre; ◇ **- noch** todavía; ◇ **für -** para siempre

immerhin *adv* ① (in jedem Falle) de todas maneras ② ↑ wenigstens por lo menos

Immobilien *f/pl* inmuebles *pl*

immun *adj* inmune

impfen *vt* vacunar; **Impfstoff** *m* vacuna *f*; **Impfung** *f* vacunación *f*

imponieren *vi* imponer (jd-m a alguien)

Import *m* <-[e]s, -e> importación *f*; **importieren** *vt* importar

improvisieren *vti* improvisar

imstande *adj:* ◇ **- sein** ser capaz de

in *präp* ① (räumlich: akk/dat) a, en; ◇ **- die Garage fahren** entrar en el garaje; ◇ **- der Garage** en el garaje; ◇ **- sein** estar de moda ② (zeitlich) en, dentro de; ◇ **bis -s hohe Alter** hasta una edad avanzada; ◇ **- e-r Stunde** dentro de una hora

inbegriffen *adv* incluido

Inder(in *f)* *m* <-s, -> indú *m/f*

Indianer(in *f)* *m* <-s, -> indio/a; **indianisch** *adj* indio

Indien *n* India *f*

indirekt *adj* indirecto

individuell *adj* individual

Indiz *n* <-es, -ien> *a.* JURA indicio *m*

Industrie f industria f

Infektion f infección f; **infizieren** I. vt contagiar II. vr ◇ sich ~ contagiarse

Inflation f inflación f

infolge präp gen como consecuencia; **infolgedessen** adv por lo tanto, por eso

Information f información f; **informieren** I. vt informar II. vr ◇ sich ~ informarse (über akk de/sobre)

Ingenieur(in) m ingeniero/a m/f

Inhaber(in) f m m <-s, -> 1 ↑ Besitzer dueño/a 2 (Führerschein-) titular m/f

inhalieren vt inhalar

Inhalt m <-[e]s, -e> contenido m; **Inhaltsverzeichnis** n índice m

Initiative f iniciativa f

Injektion f inyección f

inklusive präp, adv inclusive, incluido gen

Inland n interior m [de un país]; ◇ ~sverkehr tráfico m nacional

inmitten präp en medio de gen (von

innen adv dentro; **Innenminister(in** f) m ministro/a del Interior; **Innenpolitik** f política f interior; **Innenstadt** f centro m de la ciudad

innere(r, s) adj 1 ▷Organ interno 2 ▷Angelegenheit íntimo, personal

innerhalb adv, präp dentro (gen de)

innerlich adj interior

innig adj íntimo

Insasse m <-n, -n>, **Insassin** f ocupante m/f

insbesondere adv especialmente

Inschrift f inscripción f

Insekt n <-[e]s, -en> insecto m

Insel f <-, -n> isla f

Inserat n anuncio m; **inserieren** vt poner un anuncio

insgesamt adv en total

Installateur(in f) m fontanero/a

Instandhaltung f cuidado m, conservación f

Instanz f JURA instancia f

Instinkt m <-[e]s, -e> instinto m

Institut n <-[e]s, -e> instituto m

Instrument n instrumento m

Insulin n <-s> insulina f

intelligent adj inteligente; **Intelligenz** f inteligencia f

intensiv adj intensivo, de forma intensa; **Intensivstation** f unidad f de cuidados intensivos, U.V.I. f

interessant adj interesante; **Interesse** n <-s, -n> interés m (an dat por); **interessieren** vt interesar

Internat n internado m

international adj internacional

interpretieren vt interpretar

Interview n <-s, -s> interviú m, entrevista f; **interviewen** vt entrevistar

intim adj íntimo

Intrige f <-, -n> intriga f

Invasion f invasión f

Inventur f inventario m

investieren vt invertir

inwiefern adv hasta [qué punto]

inzwischen adv entretanto

Irak m Irak m

Iran m Irán m

irdisch adj terrenal

Ire m <-n, -n> irlandés m

irgendein(e) adj algún, alguna, cualquier(a); **irgendwann** adv cualquier día; **irgendwie** adv de alguna forma; **irgendwo** adv en algún lugar

Irin f irlandesa f; **irisch** adj irlandés; **Irland** n Irlanda f

Ironie f ironía f; **ironisch** adj irónico

irre adj ① ↑ verrückt loco ② FAM ◇ das ist -! ¡eso es genial!; **Irre(r)** fm loco/a

irren I. vi ① ◇ umher- extraviarse ② errar, equivocarse **II.** vr ◇ sich - equivocarse

Irrenanstalt f manicomio m

Irrtum m <-s, -tümer> error m, equivocación f; **irrtümlich** adj ▷annehmen erróneo, equivocado

Isolierband n, pl <-bänder> cinta f aislante; **isolieren** vt ① aislar ② (→ Wand, gegen Kälte) revestir; (gegen Geräusche) insonorizar

Israel n Israel m

Italien n Italia f; **Italiener(in f)** m <-s, -> italiano/a; **italienisch** adj italiano

J

J, j n J, j f

ja adv sí; (Telefon) ◇ - bitte? ¿diga?

Jacke f <-, -n> chaqueta f

Jagd f <-, -en> caza f; **jagen** vti cazar

Jahr n <-[e]s, -e> año m; **Jahreszeit** f estación f [del año]; **Jahrhundert** n <-s, -e> siglo m; **jährlich** adj anual; **Jahrzehnt** n <-s, -e> década f

jähzornig adj iracundo

jammern vi quejarse

Januar m <-s, -> enero m; ◇ 26. - 1961 26 de enero de 1961

Japan n Japón m; **Japaner(in f)** m <-s, -> japonés(-esa f) m; **japanisch** adj japonés

je I. adv jamás; ◇ seit eh und -

desde siempre II. *präp:* ◇ 15 DM
- Person 15 marcos por persona
III. *cj:* ◇ ~ **eher desto besser**
cuanto antes mejor; ◇ ~ **nachdem** depende de

Jeans *f* <-, -> vaqueros *m/pl*
jede(r, s) I. *adj* cada II. *pron*
cada; (~ *einzelne*) cada uno
jedenfalls *adv* de todas formas;
◇ **- hat er davon gewußt** de todas formas ya lo sabía
jederzeit *adv* a todas horas;
jedesmal *adv* cada vez, siempre
jedoch *adv* pero
jemals *adv* ① (*futurisch*) algún
día ② (*vergangen*) jamás; ◇ **hast
du - geraucht?** ¿jamás has fu-
mado?
jemand *pron:* ◇ **ist - da?** ¿hay
aguien ahí?
jene(r, s) I. *adj* ese, aquel II.
pron ese, aquel
jenseits *präp:* ◇ **- der Mauer** al
otro lado del muro
jetzt *adv* ahora
jeweils *adv* cada vez, respecti-
vamente
Job *m* <-s, -s> [puesto de] trabajo
m
joggen *vi* hacer footing
Joghurt *m o n* <-s, -s> yogur *m*
Journalismus *m* periodismo
m; **Journalist(in** *f)* *m* periodista *m/f*
jubeln *vi* gritar de alegría

Jubiläum *n* <-s, Jubiläen> aniversario *m*
jucken *vti* picar
Jude *m* <-n, -n> judío *m;* **Jüdin**
f judía *f;* **jüdisch** *adj* judío
Jugend *f* <-> ① juventud *f* ②
↑ *Lebensalter* adolescencia *f;*
Jugendherberge *f* albergue
m juvenil; **jugendlich** *adj* joven; **Jugendliche(r)** *fm* joven
m/f
Jugoslawe *m* <-n, -n> jugosla-
vo *m;* **Jugoslawien** *n* Jugosla-
via *f;* **Jugoslawin** *f* yugoslava
f; **jugoslawisch** *adj* yugosla-
vo
Juli *m* <-[s], -s> julio *m*
jung <jünger, am jüngsten> *adj*
joven
Junge *m* <-n, -n> chico *m,* muchacho *m;* **Junggeselle** *m* sol-
terón *m;* **-gesellin** *f* soltera *f*
jüngste(r, s) *superl v.* **jung**
Juni *m* <-[s], -s> junio *m*
Jurist(in *f)* *m* jurista *m/f;* **juristisch** *adj* jurídico
Juwelier(in *f)* *m* <-s, -e> joyero/
a
Jux *m* <-es, -e> broma *f*

K

K, k n K, k f
Kabarett n <-s, -e o. -s> cabaret m
Kabel n <-s, -> ELECTR cable m; **Kabelfernsehen** n televisión f por cable
Kabeljau m <-s, -e o. -s> bacalao m
Kabine f (Umkleide-) vestuario m; (Schlaf-) camarote m; (Telefon-) cabina f
Kabinett n <-s, -e> POL gabinete m
Kachel f <-, -n> baldosa f; ▷glasierte azulejo m; **Kachelofen** m estufa f de azulejos
Käfer m <-s, -> escarabajo m
Kaffee m <-s, -s> café m; **Kaffeekanne** f cafetera f; **Kaffeelöffel** m cucharilla f de café; **Kaffeemaschine** f cafetera f automática
Käfig m <-s, -e> jaula f
kahl adj ① ▷Mensch calvo ② ▷Raum vacío; ▷Landschaft desértico; ▷Wand desnudo
Kai m <-s, -e o. -s> muelle m
Kaiser(in f) m <-s, -> emperador (a f) m
Kajak n <-s, -s> kayac m
Kajüte f <-, -n> camarote m
Kakao m <-s, -s> cacao m

Kaktee f <-, -n> **Kaktus** m <-, -se> cactus m
Kalb n <-[e]s, Kälber> becerro m; GASTRON ternera f; **Kalbfleisch** n carne f de ternera
Kalender m <-s, -> calendario m
Kalk m <-[e]s, -e> cal f
kalkulieren vt calcular
Kalorie f caloría f
kalt <kälter, am kältesten> adj frío; ◊ **mir ist [es]** - tengo frío; **kaltblütig** adj ▷Person de sangre fría; ▷Tat a sangre fría; **Kälte** f <-> frío m; **Kaltmiete** f alquiler m sin gastos incluídos
Kamel n <-[e]s, -e> camello m
Kamera f <-, -s> FOTO cámara f fotográfica
Kamerad(in f) m <-en, -en> (Schul-) compañero/a
Kamille f <-, -n> manzanilla f; **Kamillentee** m [infusión f de] manzanilla
Kamin m <-s, -e> chimenea f
Kamm m <-[e]s, Kämme> (Haar-) peine m; **kämmen** vtr ◊ sich - peinar(se)
Kammer f <-, -n> cuarto m
Kampagne f <-, -n> campaña f
Kampf m <-[e]s, Kämpfe> auch FIG lucha f (für, um por); **kämpfen** vi pelear[se]; auch FIG luchar (um, für por);
Kämpfer(in f) m MIL combatiente m/f; SPORT luchador(a f)

m; **kämpferisch** *adj* luchador, combativo

Kanada *n* <-s> Canadá *m;* **Kanadier(in)** *m* <-s, -> canadiense *m/f;* **kanadisch** *adj* canadiense

Kanal *m* <-s, Kanäle> canal *m;* **Kanalisation** *f* alcantarillado *m,* canalización *f*

Kandidat(in) *f) m* <-en, -en> candidato/a; **Kandidatur** *f* candidatura *f;* **kandidieren** *vi* presentar la candidatura *(für* a)

Känguruh *n* <-s, -s> canguro *m*

Kaninchen *n* conejo *m*

Kanister *m* <-s, -> bidón *m*

Kanne *f* <-, -n> jarra *f*

Kanone *f* <-, -n> cañón *m*

Kante *f* <-, -n> ① ↑ *Ecke* canto *m* ② ↑ *Rand* borde *m*

Kantine *f* comedor *m*

Kanu *n* <-s, -s> piragua *f,* canoa *f*

Kanzel *f* <-, -> púlpito *m*

Kanzlei *f* cancillería *f*

Kanzler(in) *m* <-s, -> ① POL canciller *m/f* ② UNI rector(a *f) m*

Kap *n* <-s, -s> cabo *m*

Kapazität *f* ① capacidad *f* ② ↑ *Fachmann* expecialista *m*

Kapelle *f* ① capilla *f* ② MUS orquesta *f* de cámara

kapieren *vti* FAM pescar, coger

Kapital *n* <-s, -e *o.* -ien> capital

m; **Kapitalanlage** *f* inversión *f* de capital; **kapitalistisch** *adj* capitalista

Kapitän *m* <-s, -e> NAUT capitán *m;* AERO, MIL comandante *m*

Kapitel *n* <-s, -> capítulo *m*

Kapitulation *f* rendición *f,* capitulación *f;* **kapitulieren** *vi* capitular, rendirse *(vor* a)

Kappe *f* <-, -n> ① gorra *f* ② ↑ *Verschluß* cierre *m*

Kapsel *f* <-, -n> cápsula *f*

kaputt *adj* ① roto, estropeado ② FAM ↑ *erschöpft* roto, hecho polvo, molido; **kaputtgehen** *unreg vi* romper, estropear; **kaputtmachen** *vt* romper, estropear

Kapuze *f* <-, -n> capucha *f*

Karat *n* quilate *m*

Karate *n* <-> karate *m*

Karawane *f* <-, -n> caravana *f*

Kardinal *m* <-s, Kardinäle> cardenal *m*

Karfreitag *m* Viernes *m* Santo

kariert *adj* ▷ *Stoff* de cuadros; ▷ *Papier* cuadriculado

Karies *f* <-> caries *f*

Karikatur *f* caricatura *f*

karitativ *adj* caritativo

Karneval *m* <-s, -e *o.* -s> carnaval *m*

Karosserie *f* AUTO carrocería *f*

Karotte *f* <-, -n> zanahoria *f*

Karpfen *m* <-s, -> carpa *f*

Karre f <-, -n> **Karren** m <-, -n>
[1] (*Schub-*) carretilla f [2] *FAM*
chatarra f, cacharro m

Karriere f <-, -n> carrera f

Karte f <-, -n> (*Visiten-*) tarjeta
f; (*Ansichts-*) postal f; (*Fahr-*)
billete m; (*Eintritts-*) entrada f;
(*Land-*) mapa m; (*Speise-*) carta
f

Kartei f fichero m

Kartenspiel n [1] juego m de
cartas [2] (*Spielkarten*) baraja f

Kartoffel f <-, -n> patata f; **Kar-**
toffelbrei m puré m de patatas;
Kartoffelchips pl patatas f/pl
fritas; **Kartoffelpüree** n puré
m de patatas; **Kartoffelsalat**
m ensalada f de patatas

Karton m <-s, -s> cartón m, caja f
de cartón

Karussell n <-s, -s> tiovivo m

Karwoche f Semana f Santa

Käse m <-s, -> queso m

Kaserne f <-, -n> cuartel m

Kasino n <-s, -s> [1] MIL sala f
de oficiales [2] (*Spiel-*) casino m

Kasse f <-, -n> [1] caja f [2]
(*Kino-*) taquilla f; (*in Bank*) ventanilla f; **Kassenarzt** m,
-ärztin f médico/a del seguro;
Kassenpatient(in f) m paciente m/f del seguro

Kasserolle f <-, -n> cacerola f

Kassette f [1] (*Schmuck-*) joye-
ro m [2] ↑ *Tonband* cinta f, casete
m/f; **Kassettendeck** n plati-

na f; **Kassettenrecorder** m
<-s, -> cassette m, casete m

kassieren vt cobrar; ◇ darf ich
-? ¡quisiera cobrar!; **Kassierer**
(**in** f) m <-s, -> cajero/a

Kastagnette f castañuela f

Kastanie f [1] (*Baum*) castaño m
[2] (*Frucht*) castaña f

Kasten m <-s, Kästen> [1] caja f
[2] ↑ *Schublade* cajón m

Katalog m <-[e]s, -e> catálogo m

Katarrh m <-s, -e> catarro m

Katastrophe f <-, -n> catástrofe f

Kategorie f categoría f

Kater m <-s, -> [1] FAUNA gato
m [2] FAM resaca f

Kathedrale f <-, -n> catedral f

Katholik(in f) m <-en, -en> ca-
tólico/a; **katholisch** adj cató-
lico

Katze f <-, -n> gato m

kauen vti masticar

Kauf m <-[e]s, Käufe> compra f,
adquisición f; ◇ etw in - nehmen
conformarse con algo; **kaufen**
vt comprar, adquirir; **Käufer(in**
f) m <-s, -> comprador/a f) m;
Kauffrau f comerciante f;
Kaufhaus n grandes almacenes m/pl; **käuflich** adj [1] en
venta [2] FIG * bestechlich* sobornable; **Kaufmann** m, pl
<Kaufleute> [1] comerciante m
[2] ↑ *Lebensmittelhändler* tende-

ro *m*; **Kaufvertrag** *m* contrato *m* de compraventa

Kaugummi *m* o *n* chicle *m*

kaum *adv* ① ↑ *wahrscheinlich nicht* difícilmente ② ↑ *fast nicht* casi, apenas; ◇ **ich kann es - glauben** casi no puedo creerlo; ◇ **sie hat - geschlafen** apenas ha dormido ③ ↑ *soeben* apenas; ◇ **- war sie zu Hause ...** apenas llegó a casa ...

Kaution *f* garantía *f*; JURA fianza *f*; *(Miet-)* caución *f*

Kaviar *m* <-s, -> caviar *m*

Kegel *m* <-s, -> ① cono *m* ② *(Spiel-)* bolo *m*; **Kegelbahn** *f* bolera *f*; **kegeln** *vi* jugar a los bolos

Kehle *f* <-, -n> ANAT ① ↑ *Gurgel* garganta *f* ② ↑ *Rachen* faringe *f*; **Kehlkopf** *m* ANAT laringe *f*

kehren *vt* ↑ *fegen* barrer; **Kehrschaufel** *f* pala *f*

Keil *m* <-[e]s, -e> cuña *f*

Keiler *m* <-s, -> jabalí *m*

Keim *m* <-[e]s, -e> ① FLORA brote *m* ② MED germen *m*; **keimen** *vi* ← *Pflanze* germinar, brotar; **keimfrei** *adj* esterilizado

kein(e) *adj (attributiv)* no; ◇ **sie ist -e Schwedin** no es sueca; ◇ **auf -en Fall** de ningún modo, de ninguna manera; **keine(r, s)** *pron* ① ningún, ninguno, ningu-

na ② ↑ *nicht* no; ◇ **-e schlechte Idee** no es mala idea; **keinesfalls** *adv* de ningún modo; **keineswegs** *adv* de ninguna manera

Keks *m* o *n* <-es, -e> galleta *f*

Kelle *f* <-, -n> *(Suppen-)* cazo *m*

Keller *m* <-s, -> ① sótano *m* ② *(Vorrats-)* bodega *f*

Kellner(in) *f* *m* <-s, -> camarero/a *m f*

kennen *(kannte, gekannt) vt* ① → *Stadt* conocer ② ↑ *wissen* saber ③ ↑ *bekannt sein mit* conocer; **kennenlernen** *vt* llegar a conocer a alguien/algo; **Kenntnis** *f* conocimiento *m*; ◇ **etw zur - nehmen** tomar nota de algo; **Kennzeichen** *n* ① característica *f*, señal *f* ② AUTO matrícula *f*; **kennzeichnen** *vt* ① marcar, señalar ② FIG caracterizar

kentern *vi* zozobrar

Keramik *f* cerámica *f*

Kerbe *f* <-, -n> muesca *f*

Kerker *m* <-s, -> calabozo *m*

Kerl *m* <-s, -e> PEJ individuo *m*, tipo *m*

Kern *m* <-[e]s, -e> ① hueso *m*; *(von Obst)* petita *f*; *(Nuß-)* carne *f* ② BIOL, PHYS núcleo *m* ③ ↑ *Zentrum* centro *m*; **Kernenergie** *f* energía *f* nuclear; **Kernkraftgegner(in)** *f* *m* enemigo/a de la energía nuclear; **Kernkraftwerk** *n* central *f* nuclear; **Kernreaktor** *m* reac-

tor *m* uclear; **Kernteilung** *f*
PHYS división *f* nuclear; BIOL
división *f* celular

Kerze *f* <-, -n> **1** (*Wachs-*) vela *f*
2 AUTO bujía *f*

Kessel *m* <-s, -> caldera *f*

Ketchup *m o n* <-[s], -s> ketchup *m*

Kette *f* <-, -n> cadena *f*; ↑ *Halskette* collar *m*

Ketzer(in *f*) *m* <-s, -> hereje *m/f*

Keuchhusten *m* tos *f* ferina

Keule *f* <-, -n> **1** maza *f*;
↑ *Knüppel* porra *f* **2** GASTRON
muslo *m*

keusch *adj* casto

kfm. *adj Abk v.* **kaufmännisch**

Kfz *n Abk v.* **Kraftfahrzeug**

Kiefer ¹ *m* <-s, -> ANAT maxilar
m; (*-knochen*) mandíbula *f*

Kiefer ² *f* <-, -n> BIOL pino *m*;
Kiefernwald *m* pinar *m*

Kiel *m* <-[e]s, -e> NAUT quilla *f*

Kieme *f* <-, -n> agalla *f*

Kies *m* <-es, -e> **1** casquillo *m*
2 *FAM* pasta *f*

kiffen *vi FAM* fumar porros

Kilo *n* <-s, -[s]> kilo *m*; **Kilogramm** *n* <-s, -e> kilogramo *m*;
Kilojoule *n* kilojoule *m*; **Kilometer** *m* kilómetro *m*; **Kilo-
meterzähler** *m* AUTO cuen-
takilómetros *m*; **Kilowatt** *n* kilovatio *m*

Kind *n* <-[e]s, -er> **1** niño/a,

crío/a **2** ↑ *Tochter* hija *f*; ↑ *Sohn*
hijo *m*; **Kinderarzt** *m*, **-ärztin**
f pediatra *m/f*; **Kinderbett** *n*
cama *f* de niño; **Kindergarten**
m jardín *m* de infancia; **Kinder-
geld** *n* subsidio *m* familiar [*por
hijos*]; **Kinderkrankheit** *f* enfermedad *f* infantil; **Kinderläh-
mung** *f* poliomelitis *f*; **kinder-
los** *adj* sin hijos; **Kindermäd-
chen** *n* niñera *f*; **Kinderwagen** *m* cochecito *m* de niño;
Kinderzuschlag *m* puntos *m/
pl* por hijos; **Kindheit** *f* infancia *f*; **kindisch** *adj* pueril;
kindlich *adj* infantil

Kinn *n* <-[e]s, -e> barbilla *f*;
Kinnhaken *m* SPORT gancho
m a la mandíbula

Kino *n* <-s, -s> cine *m*; **Kinopro-
gramm** *n* cartelera *f* de cines

Kiosk *m* <-[e]s, -e> quiosco *m*,
kiosco *m*

kippen I. *vt* **1** ↑ *Fenster* entornar **2** ↑ *umstürzen* volcar II. *vi*
↑ *Turm* caer; ↑ *Auto* volcar

Kirche *f* <-, -n> iglesia *f*; **Kir-
chensteuer** *f* impuesto *m* de la
Iglesia; **kirchlich** *adj* eclesiástico

Kirsche *f* <-, -n> cereza *f*

Kissen *n* <-s, -> (*Kopf-*) almohada *f*; (*Sofa-*) cojín *m*

Kiste *f* <-, -n> caja *f*, cajón *m*

Kitsch *m* <-[e]s> cursilería *f*;
kitschig *adj* cursi

Kitt m <-[e]s, -e> masilla f
Kittchen n FAM chirona f
Kittel m <-s, -> (Arbeits-) mono m; (Arzt-) bata f
kitten vt → Krug pegar; → Fensterscheibe enmasillar
kitzelig adj: ◇ - **sein** tener cosquillas; **kitzeln** vt hacer cosquillas
Kiwi f <-, -s> kiwi m
KKW n <-s, -s> Abk v. **Kernkraftwerk**
Klage f <-, -n> 1 lamentación f 2 ↑ Beschwerde queja f 1 JURA demanda f; **klagen** vi 1 lamentarse (über akk de) 2 ↑ sich beschweren quejarse (über akk de) 3 JURA presentar demanda, demandar (gegen a); **Kläger(in** f) m <-s, -> JURA demandante m/f
Klammer f <-, -n> 1 grapa f; (Büro-) clip m; (Wäsche-) pinza f 2 TYP paréntesis m
Klang m <-[e]s, Klänge> sonido m
Klappbett n cama f plegable
Klappe f <-, -n> 1 tapa f; (Ventil-) válvula f 2 ANAT válvula f; **klappen** I. vi FIG ↑ gelingen salir bien, funcionar II. vi unpers: ◇ **es klappt** va bien III. vt plegar
klappern vi golpear repetidamente; ← Schreibmaschine teclear
Klapp[fahr]rad n bicicleta f

plegable; **Klappmesser** n navaja f de muelle; **Klappsitz** m asiento m plegable/abatible; **Klapptisch** m mesa f plegable
klar adj claro; ▷ Himmel despejado
Kläranlage f estación f depuradora de agua; **klären** vt 1 depurar 2 FIG → Frage aclarar, poner en claro
Klarheit f claridad f
Klarsichtfolie f película f transparente
Klärung f (von Abwasser) depuración f (FIG von Frage) aclaración f
Klasse f <-, -n> clase f; SCH curso m; **Klassengesellschaft** f sociedad f clasista
Klassik f clasicismo m; **klassisch** adj clásico
Klatsch m <-[e]s, -e> FIG chismes m/pl; **klatschen** vi FIG cotillear, contar cotilleos/chismes (über akk sobre)
Klaue f <-, -n> (von Huftier) pezuña f; (von Raubtier) zarpa f; (von Raubvogel) garra f
klauen vt FAM mangar, levantar
Klausel f <-, -n> cláusula f
Klavier n <-s, -e> piano m
kleben I. vt pegar, adherir (an akk a) II. vi pegar, estar adherido (an dat a); **klebrig** adj pegajoso; **Klebstoff** m pegamento m

Klee m <-s> trébol m
Kleid n <-[e]s, -er> vestido m; **Kleiderbügel** m percha f; **Kleiderbürste** f cepillo m para la ropa; **Kleiderhaken** m colgador m; **Kleiderschrank** m armario m ropero; **Kleidung** f vestidos m/pl, ropa f; **Kleidungsstück** n prenda f de vestir
Kleie f <-> salvado m
klein adj pequeño; **Kleinbus** m minibús m; **Kleingeld** n dinero m suelto, calderilla f; **Kleinigkeit** f [1] pequeñez f, bagatela f; **Kleinkind** n niño m pequeño; **kleinlich** adj [1] mezquino [2] ↑ knauserig tacaño [3] ↑ pedantisch pedante; **Kleinwagen** m coche m pequeño
Klemme f <-, -n> [1] ELECTR borne m [2] FIG ↑ Zwangslage aprieto m, apuro m; ◇ **in der - stecken** estar en un aprieto/apuro; **klemmen I.** vt [1] (fest-)apretar [2]→ Finger pillarse II. vi quedarse atascado
Klempner(in) f m <-s, -> fontanero/a
Klette f <-, -n> [1] lampazo m [2] FAM lapa f
klettern vi trepar, escalar; **Kletterpflanze** f planta f trepadora
Klettverschluß® m belcro m
Klima n <-s, -s o. -ta> clima m;

Klimaanlage f aire m acondicionado
Klinge f <-, -n> hoja f, cuchilla f
Klingel f <-, -n> timbre m; **klingeln** vi tocar el timbre
klingen <klang, geklungen> vi sonar
Klinik f clinica f
Klinke f <-, -n> picaporte m
Klippe f <-, -n> peña f, roca f
Klips m <-es, -e> (Ohr-) pendiente m [que no necesita agujero]; (Haar-) recogedor m
klirren vi → Gläser tintinear; ← Fensterscheibe vibrar
Klischee n <-s, -s> cliché m
Klo[sett] n <-s, -s> FAM retrete m, servicio m
klopfen I. vi (an Tür) llamar a la puerta; ← Herz latir; ← Motor picar **II.** vt → Teppich sacudir; → Steine picar; ◇ **auf/an/gegen etw** akk - golpear en/contra algo
Kloß m <-es, Klöße> [1] ↑ Klumpen bola f [2] GASTRON albóndiga f
Kloster n <-s, Klöster> convento m, monasterio m
Klotz m <-es, Klötze> bloque m
Klub m <-s, -s> club m
klug <klüger, am klügsten> adj inteligente; ↑ vernünftig sensato, prudente; **Klugheit** f inteligencia f, sensatez f
Klumpen m <-s, -> (Erd-) terrón

m; (Blut-) coágulo *m f;* GASTRON grumo *m*
knabbern *vi* mordisquear
Knäckebrot *n* pan *m* crujiente
knacken I. *vt* FAM → *Tresor* forzar, abrir **II.** *vi* ← *Treppe* crujir; ← *Radio* hacer interferencias
Knall *m* <-[e]s, -e> *(von Schuß)* detonación *f; (von Tür)* portazo *m;* **knallen** *vi* ← *Tür* dar un portazo; ← *Schlag* sonar; ← *Feuerwerk* estallar
knapp *adj* poco, justo, escaso; **Knappheit** *f* escasez *f*
knarren *vi* ← *Tür* rechinar; ← *Holz* crujir
Knäuel *m o n* <-s, -> *(Woll-)* ovillo *m,* madeja *f*
Knautschzone *f* AUTO zona *f* de absorción de impactos
kneifen <kniff, gekniffen> **I.** *vt* pellizcar **II.** *vi* apretar; **Kneifzange** *f* tenazas *f/pl*
Kneipe *f* <-, -n> FAM bar *m,* taberna *f*
kneten *vt* → *Teig* amasar; → *Ton* modelar
Knick *m* <-[e]s, -e> *(in Papier)* doblez *f; (in Stoff)* arruga *f;* **knicken** *vt* ① → *Papier* doblar ② → *Streichholz* romper
Knie *n* <-s, -> ① ANAT rodilla *f* ② *(in Rohr)* codillo *m;* **Kniebeuge** *f* <-, -n> flexión *f* de rodillas; **Kniekehle** *f* corva *f;* **knien I.** *vi* estar de rodillas **II.**

vr ◇ **sich** - ponerse de rodillas, arrodillarse; **Kniescheibe** *f* rótula *f;* **Kniestrumpf** *m* media *f* corta
knipsen *vt* ← *Fahrkarte* picar; FOTO hacer una foto
Knirps[1] ® *m* <-es, -e> *(Regenschirm)* paraguas *m* plegable
Knirps[2] *m* <-es, -e> *(kleiner Junge)* chiquillo *m*
knirschen *vi* ← *Kies* crujir; ◇ **mit den Zähnen** - hacer rechinar los dientes
knistern *vi* ← *Feuer* crepitar
knitterfrei *adj* inarrugable, que no se arruga; **knittern** *vi* arrugar
Knoblauch *m* ajo *m;* **Knoblauchzehe** *f* diente *m* de ajo; **Knoblauchzwiebel** *f* cabeza *f* de ajo
Knöchel *m* <-s, -> ANAT nudillo *m; (Fuß-)* tobillo *m*
Knochen *m* <-s, -> hueso *m;* **Knochenbruch** *m* fractura *f;* **knochig** *adj* huesudo
Knödel *m* <-s, -> GASTRON albóndiga *f*
Knolle *f* bulbo *m,* tubérculo *m*
Knopf *m* <-[e]s, Knöpfe> botón *m;* **Knopfloch** *n* ojal *m*
Knorpel *m* <-s, -> cartílago *m*
Knospe *f* <-, -n> capullo *m*
knoten *vt* anudar; **Knoten** *m* <-s, -> ① *(Seemanns-)* nudo *m* ② *↑ Verdickung,* BIOL nudo *m;*

MED bulto m ③ NAUT nudo m;
Knotenpunkt m BAHN nudo m ferroviario; AUTO nudo m
Know-how n <-[s]> saber m cómo
Knüller m <-s, -> FAM bomba f; (Verkaufs-) sensación f
knüpfen vt ← Faden anudar; → Teppich hacer
Knüppel m <-s, -> palo m; (Polizei-) porra f
knurren vi ← Hund gruñir; AUTO nudo m
knusp[e]rig adj crujiente
k.o. adj ① SPORT k.o. ② FAM ↑ erschöpft hecho polvo
Koalition f coalición f
Kobalt n <-s> CHEM cobalto m
Kobold m <-[e]s, -e> duende m
Kobra f <-, -s> cobra f
Koch m <-[e]s, Köche> cocinero m; **Kochbuch** n libro de cocina; **kochen** I. vt ① ↑ zubereiten preparar, hacer ② ↑ Wasser hervir II. vi ① cocinar ② ↑ gar werden cocer a fuego lento; **Kocher** m <-s, -> hervidor m; **Köchin** f cocinera f; **Kochlöffel** m cuchara f; **Kochplatte** f hornillo m; **Kochrezept** n receta f de cocina; **Kochtopf** m olla f, cacerola f
Köder m <-s, -> cebo m
Koffein n <-s> cafeína f; **koffeinfrei** adj descafeinado
Koffer m <-s, -> maleta f; (Schrank-) baúl m; **Kofferraum** m AUTO maletero m

Kognak m <-s, -s> coñac m
Kohl m <-[e]s, -e> berza f, col f
Kohle f <-, -n> carbón m; **Kohlensäure** f CHEM ácido m carbónico; **Kohlepapier** n papel m carbón
Kohlrabi m <-[s], -s> colinabo m
Koitus m <-, -o. -se> coito m
Koje f <-, -n> NAUT camarote m
kokett adj coqueta; **kokettieren** vi coquetear (mit jd-m con alguien)
Kokosnuß f coco m
Koks m <-es, -e> coque m
Kolben m <-s, -> ① (Gewehr-) culata f ② TECH émbolo m
Kolik f MED cólico m
Kollaps m <-es, -e> colapso m
Kollege m <-n, -n>, **Kollegin** f colega m/f
Kollision f ① ↑ Zusammenstoß colisión f ② (zeitlich) coincidencia f ③ FIG ↑ Konflikt choque m
Kolonie f colonia f
Kolonne f <-, -n> fila f; (Auto-) caravana f
Kombination f combinación f
Kombiwagen m camioneta f
Komet m <-en, -en> cometa m
Komfort m <-s> comodidad f; (von Wohnung etc.) confort m; **komfortabel** adj confortable, cómodo
komisch adj ① ↑ lustig cómico, gracioso ② ↑ merkwürdig

raro, extraño; † *sonderbar* curioso

Komitee n <-s, -s> comisión f, comité m

Komma n <-s, -s o. -ta> coma f

Kommandant(in f) m comandante m/f; **kommandieren** vt † *abordnen* ordenar; † *schicken* mandar; **Kommando** n <-s, -s> mando m; † *Befehlswort* orden f

kommen <kam, gekommen> vi [1] venir; (an-) ←*Zug* llegar; ◇ **wie komme ich zum Bahnhof?** ¡cómo voy a la estación?; ◇ **sie kommt morgen zu uns** nos visita mañana; ◇ **komm jetzt!** ¡ven de una vez! [2] † *stammen* venir, ser, proceder (*aus* de)

Kommentar m comentario m

kommerziell adj comercial

Kommissar(in f) m comisario/a

Kommode f <-, -n> cómoda f

Kommune f <-, -n> municipio m

Kommunikation f comunicación f

Kommunion f REL comunión f

Kommunismus m comunismo m

Komödie f comedia f

kompakt adj compacto

Kompanie f compañía f

Kompaß m <Kompasses, Kompasse> brújula f

kompetent adj competente; **Kompetenz** f competencia f

komplett adj completo

komplex adj complejo; **Komplex** m <-es, -e> [1] conjunto m [2] PSYCH complejo m

Komplikation f complicación f

Kompliment n piropo m

Komplize m <-n, -n>, **Komplizin** f cómplice m/f

kompliziert adj complicado

Komponist(in f) m MUS compositor(a f) m

Kompott n <-[e]s, -e> compota f

Kompresse f compresa f

Kompromiß m <Kompromisses, Kompromisse> compromiso m; ◇ **e-n ~ schließen** llegar a un acuerdo

Kondensmilch f leche f condensada

Kondition f condición f; **Konditorei** f pastelería f

Kondom n <-s, -e> condón m

Konfekt n <-[e]s, -e> dulces m/pl

Konferenz f conferencia f

Konfession f confesión f; **konfessionslos** adj aconfesional, sin religión

Konfirmation f REL confirmación f

konfiszieren vt confiscar

Konfitüre f <-, -n> confitura f

Konflikt *m* <-[e]s, -e> conflicto *m*

konfrontieren *vt* enfrentar (*mit* con)

Kongreß *m* <Kongresses, Kongresse> congreso *m*

König(in) *m* <-[e]s, -e> rey *m*, reina *f*; **königlich** *adj* real

Konjunktur *f* coyuntura *f*

konkret *adj* concreto

Konkurrent(in) *m* <in> rival *m/f*; COMM competidor(a *f*) *m*; **Konkurrenz** *f* competencia *f*; **konkurrenzfähig** *adj* competitivo

Konkurs *m* <-es, -e> COMM quiebra *f*

können <konnte, gekonnt> *vti* ① poder; ◇ **ich kann nichts mehr essen** no puedo comer más; ◇ **es kann sein, daß ...** puede que ...; ◇ **kann ich mal telefonieren?** ¿puedo llamar por teléfono? ② → *Sprache* hablar, dominar; ◇ **können Sie Russisch?** ¿habla usted ruso?; (*schwimmen, Auto fahren*) saber

konsequent *adj* consecuente; **Konsequenz** *f* consecuencia *f*; ◇ **die -en tragen** sufrir las consecuencias

konservativ *adj* POL conservador

Konserve *f* <-, -n> conserva *f*; **konservieren** *vt* conservar

konstant *adj* constante

konstruieren *vt* construir; **Konstruktion** *f* construcción *f*

Konsul(in) *m* <-s, -n> cónsul *m/f*; **Konsulat** *n* consulado *m*

Konsument(in *f*) *m* consumidor(a *f*) *m*

Kontakt *m* <-[e]s, -e> contacto *m*; **Kontaktlinsen** *f/pl* lentes *f/pl* de contacto, lentillas *f/pl*

Kontinent *m* <-[e]s, -e> continente *m*

kontinuierlich *adj* continuo

Konto *n* <-s, Konten> cuenta *f*; **Kontoauszug** *m* extracto *m* de cuenta; **Kontonummer** *f* número *m* de cuenta; **Kontostand** *m* estado *m* de la cuenta

Kontrast *m* <-[e]s, -e> contraste *m*

Kontrolle *f* <-, -n> control *m*, inspección *f*, control *m*; **kontrollieren** *vt* controlar, inspeccionar

Konvention *f* ① ↑ *Übereinkunft* convenio *m* ② POL ↑ *Vertrag* convención *f*; **konventionell** *adj* convencional

Konversation *f* conversación *f*

Konzentration *f* concentración *f*; **Konzentrationslager** *n* HIST campo *m* de concentración

Konzern *m* <-s, -e> consorcio *m*

Konzert n <-[e]s, -e> MUS ① (Violin-) concierto m ② audición f

Konzession f ① ↑ Genehmigung licencia f ② ↑ Zuständnis concesión f

Kopf m <-[e]s, Köpfe> cabeza f; **Kopfhörer** m auricular m, casco m; **Kopfkissen** n almohada f; **Kopfsalat** m lechuga f; **Kopfschmerzen** m/pl dolor m de cabeza

Kopie f copia f; **kopieren** vt copiar; **Kopiergerät** n copiadora f

Kopilot(in f) m copiloto m/f

Koppel f <-, -n> dehesa f

Koralle f <-, -n> FAUNA coral m

Korb m <-[e]s, Körbe> cesta f; (Näh-) costurero m; FIG ◇ jd-m e-n - geben dar calabazas a alguien

Korken m <-s, -> corcho m; **Korkenzieher** m <-s, -> sacacorchos m/sg

Korn[1] n <-[e]s, Körner> ① (Samen-) semilla f; (Pfeffer-) grano m f ② ↑ Getreide cereales m/pl

Korn[2] m <-[e]s, -> (Schnaps) aguardiente m

körnig adj granulado

Körper m <-s, -> cuerpo m; **Körperbau** m constitución f, complexión f; **körperbehindert** adj impedido, minusválido;

Körpergröße f estatura f, talla f; **körperlich** adj corporal, físico

korrekt adj correcto

Korrespondent(in f) m corresponsal f; **Korrespondenz** f correspondencia f

Korridor m <-s, -e> pasillo m, corredor m

korrigieren vt corregir

Kosmetik f cosmética f

Kosmos m <-> cosmos m

Kost f <-> comida f, alimento m; ◇ - und Logis comida y alojamiento

kostbar adj valioso, caro

kosten[1] vti costar, valer; ◇ **das Buch kostet 15 Mark** el libro cuesta 15 marcos

kosten[2] vti → Speise probar (von etw algo)

Kosten pl ↑ Ausgaben gastos m/pl, costos m/pl; **kostenlos** adj gratis, gratuito

köstlich adj delicioso, exquisito; ◇ **sich - amüsieren** divertirse de lo lindo

kostspielig adj caro

Kostüm n <-s, -e> (Damen-) traje m, conjunto m

Kot m <-[e]s> excrementos m/pl, heces f/pl

Kotelett n <-[e]s, -e o. -s> chuleta f

Kotflügel m AUTO guardabarros m

Krabbe f <-, -n> FAUNA camarón m

Krach m <-[e]s, -s o. -e> ruido m, jaleo m

krächzen vi ← Rabe graznar

kraft präp gen en virtud de

Kraft f <-, Kräfte> fuerza f, eficacia f; ◊ **in - treten** ← Gesetz entrar en vigor

Kraftfahrer(in f) m automovilista m/f; **Kraftfahrzeug** n automóvil m, vehículo m

kräftig I. adj fuerte **II.** adv ↑ sehr; ◊ **- festdrehen** apretar fuerte

kraftlos adj sin fuerza; **kraftvoll** adj vigoroso; **Kraftwerk** n central f eléctrica

Kragen m <-s, -> (von Hemd) cuello m; (von Mantel) solapa f

Krähe f <-, -n> corneja f

krähen vi ← Hahn cantar

Kralle f <-, -n> (Vogel-) garra f; (Katzen-) uña f

Krampf m <-[e]s, Krämpfe> (Muskel-) calambre m; (Magen-) retortijón m; **Krampfader** f variz f; **krampfhaft** adj convulsivo, espasmódico

Kran m <-[e]s, Kräne> grúa f

krank <kränker, am kränksten> adj enfermo, malo; ◊ **sich - melden** darse de baja por enfermedad; **Kranke(r)** fm enfermo/a

kränken vt ← jd-n ofender

Krankengeld n subsidio m de enfermedad; **Krankenhaus** n hospital m; **Krankenkasse** f Seguridad f Social; **Krankenpfleger(in** f) m enfermero/a; **Krankenschein** m volante m del seguro; **Krankenschwester** f enfermera f [titulada]; **Krankenversicherung** f seguro m de enfermedad; **Krankenwagen** m ambulancia f; **Krankenzimmer** n habitación f del enfermo

krankhaft adj ① enfermizo ② ▷Sucht patológico; **Krankheit** f enfermedad f; **Krankheitserreger** m agente m patológico

kränklich adj enfermizo

Kränkung f ofensa f

Kranz m <-es, Kränze> corona f

kraß adj enorme

Krater m <-s, -> cráter m

kratzen vti ① rascar; ← Katze arañar ② ↑ reiben raspar; ← Wolle cardar; **Kratzer** m <-s, -> ↑ Kratzspur arañazo m, rasguño m; (auf Lack) raya f

kraulen I. vi ↑ schwimmen nadar a crol **II.** vt ↑ streicheln acariciar

kraus adj rizado, crespo

Kraut n <-[e]s, Kräuter> ① hierba f ② ↑ Kohl berza f, col f

Krawall m <-s, -e> revuelta f, alboroto m; ◊ **- machen** hacer ruido

Krawatte f corbata f; **Krawattennadel** f alfiler m de corbata
kreativ adj creativo
Krebs m <-es, -e> ① FAUNA cangrejo m ② MED cáncer m; **krebserregend** adj cancerigeno
Kredit m <-[e]s, -e> crédito m; ◇ e-n ~ aufnehmen pedir un crédito; **Kreditanstalt** f instituto m de crédito; **Kreditkarte** f tarjeta f de crédito
Kreide f <-, -n> ① ↑ *Kalkstein* creta f ② SCH tiza f
Kreis m <-es, -e> círculo m; ↑ *Bezirk* distrito m
Kreisel m <-s, -> peonza f
kreisen vi dar vueltas, girar
kreisförmig adj circular; **Kreislauf** m ① MED circulación f ② FIG ciclo m; **Kreislaufstörung** f problema m circulatorio; **Kreisstadt** f capital f del distrito; **Kreisverkehr** m tráfico m giratorio
Kreißsaal m sala f de partos
Krematorium n crematorio m
krepieren vi FAM! ↑ *sterben* estirar la pata
Kresse f <-, -n> berro m
Kreta n Creta f
Kreuz n <-es, -e> ① cruz f; (*Autobahn-*) cruce m ② ANAT región f lumbar, riñones m/pl; **kreuzen I.** vti cruzar **II.** vr ◇ sich ~ ① *Linie, Briefe* cruzarse ② ←*Ansichten, Pläne* no coincidir; **Kreuzer** m <-s, -> NAUT crucero m; **Kreuzfahrt** f crucero m
kreuzigen vt crucificar; **Kreuzigung** f REL crucifixión f
Kreuzotter f víbora f
Kreuzung f *Straßen-, a.* BIOL cruce m
Kreuzworträtsel n crucigrama m
Kreuzzug m cruzada f
kriechen <kroch, gekrochen> vi ←*Schlange* rectar; (*auf dem Bauch*) arrastrarse; **Kriechtier** n reptil m
Krieg m <-[e]s, -e> guerra f
kriegen vt FAM ① recibir ② ↑ *erwischen* coger, atrapar, pillar
Kriegsausbruch m comienzo m de la guerra; **Kriegsdienstverweigerer** m <-s, -> objetor m de conciencia; **Kriegsgefangene(r)** fm prisionero/a de guerra; **Kriegsgericht** m consejo m de guerra; **Kriegsschiff** n barco m de guerra; **Kriegsverbrechen** n crimen m de guerra
Krimi m <-s, -s> FAM película f, novela f policíaca
Kriminalität f delincuencia f
Kriminalpolizei f Brigada f de Investigación Criminal; **Kriminalroman** m novela f policíaca

kriminell adj criminal; **Kriminelle(r)** fm criminal m/f

Kripo f <-> FAM policía f de investigación criminal

Krippe f <-, -n> **1** ↑ Futtertrog pesebre m **2** (Kinder-) guardería f **3** REL nacimiento m, belén m

Krise f <-, -n> crisis f

Kristall m <-s, -e> cristal m

Kritik f crítica f; ◇ - an jd-m/etw üben criticar a alguien/algo; **Kritiker(in)** m/f m <-s, -> crítico m/f; **kritisch** adj crítico; **kritisieren** vti criticar

Kroatien n <-s> Croacia f

Krokodil n <-s, -e> cocodrilo m

Krone f <-, -n> **1** corona f **2** (Baum-) copa f

krönen vt coronar

Kronleuchter m araña f; **Kronprinz** m, **-prinzessin** f príncipe m heredero, princesa f heredera

Krönung f **1** coronación f **2** FIG momento m álgido

Kropf m <-[e]s, Kröpfe> (von Mensch) bocio m; (bei Truthahn) buche m

Kröte f <-, -n> sapo m

Krücke f <-, -n> muleta f; ◇ an -n gehen andar con muletas

Krug m <-[e]s, Krüge> **1** (Milch-) cántaro m **2** (Bier-) jarra f

Krümel m <-s, -> (Brot-) migaja f; (Tabaks-) hebra f

krumm adj torcido

krümmen vr ◇ sich - doblarse

Krüppel m <-s, -> tullido m, inválido m

Kruste f <-, -> (Brot-) corteza f; MED costra f

Kruzifix n <-es, -e> crucifijo m

Krypta f <-, Krypten> cripta f

Kuba n <-s> Cuba f

Kübel m <-s, -> cubo m

Kubikmeter m metro m cúbico

Küche f <-, -n> cocina f

Kuchen m <-s, -> pastel m

Küchenherd m cocina f

Kuckuck m <-s, -e> cuco m; **Kuckucksuhr** f reloj m de cuco

Kugel f <-, -n> **1** bola f; (Erd-) globo m **2** (Gewehr-) bala f; **kugelförmig** adj esférico; **Kugellager** n TECH rodamiento m de bolas; **Kugelschreiber** m bolígrafo m; **Kugelstoßen** n <-s> SPORT lanzamiento m de peso

Kuh f <-, Kühe> vaca f; **Kuhfladen** m boñiga f

kühl adj fresco; **Kühlbox** f <-, -en> nevera f portátil; **kühlen** vt refrescar, enfriar; **Kühler** m <-s, -> AUTO radiador m; **Kühlschrank** m frigorífico m; **Kühltasche** f bolsa f isotérmica; **Kühlwasser** n AUTO agua m del radiador

Küken n <-s, -> pollito m

Kuli m <-s, -s> ① cargador m ② FAM bolígrafo m

Kultfigur f ídolo m

kultivieren vt ① → Land cultivar ② ↑ verfeinern mejorar, refinar; **kultiviert** adj ① ▷Benehmen refinado ② ▷Person culto

Kultur f ① cultura f ② civilización f ③ (Gemüse-) cultivo m ④ (von Bakterien) cultivo m; **kulturell** adj cultural

Kümmel m <-s, -> comino m

Kummer m <-s> ↑ Leid pena f; ↑ Betrübnis aflicción f; ↑ Sorge preocupación f

kümmerlich adj raquítico

kümmern I. vt preocupar, importar; ◇ **was kümmert's dich?** ¡qué te importa? II. vr ① ↑ pflegen cuidar de, preocuparse de; ◇ **sich um jd-n/etw** - cuidar de alguien/algo ② ◇ **sich um etw** - ocuparse de algo

Kunde m <-n, -n> **Kundin** f cliente/a; **Kundendienst** m asistencia f técnica

Kundgebung f manifestación f

kündigen I. vi ① despedir; ← Arbeitnehmer avisar del cese de empleo ② (Mietverhältnis auflösen) desahuciar; ← Mieter avisar del desalojamiento II. vt → Arbeit, Wohnung dejar; → Abonnement anular; → Vertrag rescindir; **Kündigung** f

(von Stelle) despedida f; (von Wohnung) aviso m de desalojamiento; (von Arbeitgeber) despido m; (von Vermieter) anuncio m de desahucio; **Kündigungsfrist** f plazo m de aviso

Kundschaft f clientela f

Kunst f <-, Künste> arte m; **Kunstausstellung** f exposición f de arte; **Kunstfaser** f fibra f sintética; **Kunstgewerbe** n artesanía f; **Kunsthandwerk** n artesanía f artística; **Kunstherz** n corazón m trasplantado

Künstler(in) f) m <-s, -> artista m/f; **künstlerisch** adj artístico, creativo

künstlich adj artificial

Kunstsammler(in) f) m coleccionista m/f de obras de arte; **Kunstseide** f rayón m, seda f artificial; **Kunststoff** m plástico m; **Kunststück** n (Zirkus-) demostración f de habilidad; (Zauber-) truco m; ◇ **das ist kein -!** ¡eso lo hace cualquiera!; **kunstvoll** adj artístico; **Kunstwerk** n obra f de arte

Kupfer n <-s, -> cobre m; **Kupferstich** m grabado m en cobre

Kuppel f <-, -n> cúpula f

kuppeln I. vi AUTO embragar II. vt unir a dos personas, juntar

Kupplung f AUTO embrague m

Kur f <-, -en> cura f

Kurbel f ‹-, -n› manivela f; **Kurbelwelle** f cigüeñal m

Kürbis m ‹-ses, -se› calabaza f

Kurier m ‹-s, -e› correo m

Kurort m balneario m; **Kurpfuscher(in** f) m matasanos m/f

Kurs m ‹-es, -e› ① ↑ *Richtung* rumbo m, curso m; ◇ ~ **nehmen auf** akk emprender rumbo a ② ↑ *Unterricht* curso m ③ FIN cotización f; **Kursbuch** n guía f de ferrocarriles

kursieren vi circular

Kurssturz m FIN baja f repentina del cambio; **Kurssteigerung** f subida f del cambio

Kurswagen m BAHN coche m directo

Kurve f ‹-, -n› curva f; **kurvenreich, kurvig** adj con muchas curvas

kurz ‹kürzer, am kürzesten› adj (*räumlich*) corto; (*zeitlich*) breve; ◇ **seit -em** desde hace poco; **Kurzarbeit** f jornada f reducida; **kurzärm[e]lig** adj de manga corta; **Kürze** f ‹-, -n› (*von Strecke*) corta distancia f; (*zeitlich*) brevedad f; (*von Ausdruck*) concisión f; **kürzen** vt ① → *Rock* acortar; → *Film* cortar; → *Buch* abreviar, acortar ② → *Gehalt* recortar; **kurzfristig** adj a corto plazo; **kurzlebig** adj con poco tiempo de vida; **kürzlich** adv hace poco; **Kurz-**

parkzone f zona f azul; **Kurzschluß** m ELECTR cortocircuito m; **Kurzschrift** f taquigrafía f; **kurzsichtig** adj ① miope ② FIG ▷ *Planung* de miras estrechas; **Kurzstreckenrakete** f cohete m de corto alcance; **Kurzwarenladen** m mercería f; **Kurzwelle** f onda f corta

Kuß m ‹Kusses, Küsse› beso m; **küssen** vt besar

Küste f ‹-, -n› costa f; **Küsten** adj de costa; **Küstenfischerei** f pesca f de bajura; **Küstenstrich** m franja f costera

Küster m ‹-s, -› sacristán m

Kutsche f ‹-, -n› carroza f, coche m de caballos

Kutte f ‹-, -n› hábito m

Kutter m ‹-s, -› balandro m

Kuvert n ‹-s, -s› sobre m

KW f kilovatio m

KZ n ‹-s, -s› Abk v. **Konzentrationslager**

L

L, l n L, l f

Label n ‹-s, -› etiqueta f

labil adj ① (*politische Lage*) inestable ② ▷ *Gesundheit* débil

Labor n ‹-s, -e› laboratorio m

Labyrinth n ‹-[e]s, -e› laberinto m

lächeln vi sonreír; **Lächeln** n ‹-s› sonrisa f; **lachen** vi reír; **lächerlich** adj ridículo, absurdo

Lachs m ‹-es, -e› salmón m

Lack m ‹-[e]s, -e› (Nagel-) laca f; (von Auto) lacado m; **lackieren** vt → Auto lacar; → Holz barnizar; → Nägel pintar[se]

laden [1] ‹lud, geladen› vt cargar

laden [2] ‹lud, geladen› vt JURA citar

Laden m ‹-s, Läden› tienda f, comercio m; **Ladenbesitzer(in** f) m dueño/a de la tienda

Ladung [1] f ‹-, en› carga f

Ladung [2] f ‹-, -en› JURA citación f

lag impf v. **liegen**

Lage f situación f; ↑ Zustand estado m; ◇ **in der - sein** ser capaz de

Lager n ‹-s, -› [1] (Flüchtlings-) campo m; (Zelt-) campamento m [2] ↑ Vorratsraum almacén m; **Lagerfeuer** n hoguera f

lagern vt almacenar

Lagune f ‹-, -n› laguna f

lähmen vt paralizar; **Lähmung** f parálisis f

Laken n ‹-s, -› sábana f

Lakritze f ‹-, -n› regaliz m

Lama n ‹-s, -s› llama f

Lamelle f laminilla f

lamentieren vi quejarse, lamentarse

Lamm n ‹-[e]s, Lämmer› cordero m

Lampe f ‹-, -n› lámpara f; **Lampion** m ‹-s, -s› farolillo m [de papel]

Land n ‹-[e]s, Länder› [1] país m, nación f [2] campo m; **Landbesitz** m tierras f/pl, fincas f/pl; **Landbesitzer(in** f) m terrateniente m/f

Landebahn f AERO pista f de aterrizaje; **landen** vti ← Schiff atracar; ← Flugzeug aterrizar

Landenge f istmo m; **Landesinnere(s)** n interior m del país; **Landeswährung** f moneda f del país; **Landgut** n finca f; **Landhaus** n casa f de campo; **Landkarte** f mapa m; **Landkreis** m distrito m rural; **ländlich** adj rural; **Landschaft** f ‹-, -en› paisaje m; **Landsmann** m, **Landsmännin** f compatriota m/f; **Landtag** m POL dieta f

Landung f (von Schiff) desembarque m; (von Flugzeug) aterrizaje m

Landwirt(in f) m agricultor(a f) m; **Landwirtschaft** f agricultura f

lang adj [1] (räumlich) alto [2] (zeitlich) largo; **lange** adv (zeitlich) mucho tiempo; **Länge** f ‹-,

-n> duración f; **Längengrad** m grado m de longitud; **Längenmaß** n medida f de longitud

Langeweile f aburrimiento m

langfristig adj a largo plazo; **langjährig** adj de años

längs präp gen a lo largo de

langsam I. adj lento II. adv ↑ allmählich despacio, lentamente; **Langsamkeit** f lentitud f

Langspielplatte f disco m de larga duración

Languste f <-, -n> langosta f

langweilen vr ◇ sich - aburrirse; **langweilig** adj aburrido

langwierig adj ▷Krankheit crónico; ▷Arbeit pesado

Lappalie f nimiedad f

Lappen m <-s, -> trapo m

Lärche f <-, -n> alerce m

Lärm m <-[e]s> ruido m, estrépito m; **lärmen** vi hacer ruido

Larve f <-, -n> larva f

las impf v. **lesen**

Lasche f <-, -n> lengüeta f

Laser m <-s, -> láser m

lassen <ließ, gelassen> vi ① ↑ erlauben permitir, autorizar ② ↑ aufhören mit dejar; ◇ sein Leben - dejar esta vida ③ ↑ veranlassen hacer, mandar

lässig adj despreocupado; **Lässigkeit** f despreocupación f

Last f <-, -en> carga f; **lasten** vi cargar, pesar (auf dat sobre)

Laster ¹ n <-s, -> vicio f

Laster ² m <-s, -> camión m

lasterhaft adj vicioso; **lästern** vi hablar mal

lästig adj ↑ störend pesado; ↑ unangenehm desagradable

Lastschrift f cargo m en cuenta

Lastwagen m camión m

Latein n <-s> latín m

Laterne f <-, -n> linterna f; (Straßen-) farola f

Latz m <-es, Lätze> peto m

Laub n <-[e]s> follaje m; **Laubbaum** m árbol m frondoso

Laube f <-, -n> glorieta f

Laubfrosch m rana f común

Lauch m <-[e]s, -e> puerro m

lauern vi acechar

Lauf m curso m; **laufen** <lief, gelaufen> vti ① andar, correr ② ← Vertrag durar, valer; **laufend** adj corriente; FAM ◇ auf dem -en sein estar al corriente

Laufpaß m FIG: ◇ jd-m den - geben mandar a paseo a alguien; **Laufsteg** m pasarela f; **Laufzeit** f plazo m de vencimiento

Lauge f <-, -n> colada f; CHEM lejía f

Laune f <-, -n> humor m; ◇ schlechte - haben estar de mal humor; **launenhaft** adj caprichoso

Laus f <-, Läuse> piojo m

lauschen vi escuchar

laut I. adj alto **II.** präp gen o dat ↑ gemäß según

Laut m <-[e]s, -e> sonido m

läuten vti tocar

lautlos adj sin ruido; **Lautsprecher** m altavoz m; **Lautstärke** f volumen m

lauwarm adj templado, tibio

Lava f <-, Laven> lava f

Lavendel m <-s, -> lavanda f

Lawine f avalancha f; (aus Schnee) alud m

Leasing n <-s> alquiler m [con posibilidad de compra]

leben vi vivir, existir; **Leben** n <-s, -> vida f, existencia f; **lebend** adj vivo; **lebendig** adj lleno de vida; **Lebendigkeit** f vivacidad f, viveza f; **Lebenserwartung** f esperanza f de vida; **lebensfähig** adj viable; **Lebensgefahr** f peligro m de muerte; **lebensgefährlich** adj muy peligroso; **Lebensgefährte** m, **-gefährtin** f compañero/a; **lebenslänglich** adj perpetuo; **Lebenslauf** m curriculum m vitae; **lebenslustig** adj lleno de vida, alegre; **Lebensmittel** pl comestibles m/pl; **Lebensmittelgeschäft** n tienda f de comestibles; **Lebensmittelvergiftung** f intoxicación f; **Lebensstandard** m nivel m de vida; **Lebensstil** m estilo m de vida;

Lebensunterhalt m sustento m; **Lebensversicherung** f seguro m de vida; **Lebensweise** f modo m de vivir

Leber f <-, -n> hígado m; **Leberwurst** f embutido m de hígado

Lebewesen n ser m viviente

Lebewohl n adiós m

lebhaft adj vivo, animado; **Lebhaftigkeit** f vivacidad f, animación f

Lebkuchen m pan m de especias

leblos adj sin vida, muerto

Leck n <-[e]s, -e> (von Fass) agujero m; ↑ Riß fuga f

lecken vt ↑ lutschen chupar; ↑ schlecken lamer

lecker adj rico, apetitoso

Leder n <-s, -> cuero m; **ledern** adj de cuero; **Lederwaren** pl artículos m/pl de cuero

ledig adj soltero

lediglich adv sólo, solamente

leer adj vacío; FIG ↑ sinnlos sin sentido; **Leere** f <-> vacío m; **leeren** vt vaciar

legal adj legal; **legalisieren** vt legalizar; **Legalität** f legalidad f

legen I. vt **→ 1** poner **2 →** Fliesen colocar; **→** Gasleitung instalar **3 →** Wert - auf akk dar importancia a **II.** vr **◇ sich - 1** ponerse, colocarse **2 →** Sturm calmarse; **← Lärm** disminuir

Legende f <-, -n> leyenda f

Legislative f legislativo m

legitim adj legítimo; **Legitimation** f legitimación f

legitimieren vt legitimar; **Legitimität** f legitimidad f

Leguan m <-s> iguana f

Lehm m <-[e]s, -e> barro m

lehnen vtr ◊ sich - apoyar(se)

Lehrbrief m certificado m; **Lehrbuch** n libro m de texto; **Lehre** f <-, -n> 1 aprendizaje m 2 teoría f; **lehren** vt 1 enseñar 2 ↑ deutlich machen mostrar; **Lehrer(in** f) m <-s, -> maestro/a, profesor/a; **Lehrgang** m curso m; **Lehrling** m aprendiz(a f) m; **lehrreich** adj instructivo

Leib m <-[e]s, -er> cuerpo m; FIG ◊ mit - und Seele con cuerpo y alma; **leibhaftig** adj en persona, mismo; **Leibwache** f guardia f personal, guardaespaldas m

Leiche f <-, -n> cadáver m; **Leichenhalle** f depósito m de cadáveres; **Leichenwagen** m coche m fúnebre; **Leichnam** m <-[e]s, -e> cadáver m

leicht adj 1 ▷ Gewicht ligero 2 ↑ mühelos fácil, sencillo 3 ▷ Essen ligero; ▷ Wein suave

Leichtathletik f atletismo m

leichtfertig adj despreocupado, imprudente, ligero de cascos

leichtgläubig adj crédulo

Leichtigkeit f ligereza f; ◊ mit ~ con facilidad

leichtlebig adj frívolo

leichtnehmen unreg vt tomar a la ligera

Leichtsinn m despreocupación f, imprudencia f; **leichtsinnig** adj despreocupado, imprudente

leid adv: ◊ es tut mir - lo siento, me da pena; **Leid** n <-[e]s> pena f; **leiden** <litt, gelitten> I. vi sufrir, padecer II. vt ↑ mögen caer bien; ◊ jd-n/etw nicht - können no poder soportar a alguien/algo; **Leiden** n <-s, -> sufrimiento m

Leidenschaft f pasión f; **leidenschaftlich** adj apasionado

leider adv desgraciadamente

leihen <lieh, geliehen> vt prestar; **Leihwagen** m coche m de alquiler

Leim m <-[e]s, -e> pegamento m

Leine f <-, -n> cuerda f; (Hunde-) correa f

Leinen n <-s, -> lino m

Leinsamen m linaza f

leise adj bajo, silencioso

Leiste f <-, -n> 1 listón m; (Zier-) moldura f 2 ANAT ingle f

leisten vt → Arbeit hacer, realizar; → Schwur prestar; ◊ sich dat etw - können poder permitirse algo

Leistung f 1 ↑ Arbeit rendimiento *m*; ↑ *Ergebnis* resultado *m* ② ↑ *Verdienst* mérito *m*; **leistungsfähig** *adj* eficiente; **Leistungsvermögen** *n* potencia *f*

Leitartikel *m* editorial *f*

leiten *vt* → *Firma* llevar, dirigir; (*in e-e Richtung*) guiar; FIG ↑ *veranlassen* ◇ in die Wege - disponer, tomar medidas; **leitend** *adj* conductor; ▷*Stellung* directivo

Leiter *f* <-, -n> escalera *f* de mano; (*Sprossen*-) escalón *m*

Leitung *f* ① ↑ *Führung* conducción *f*; (*von Firma*) dirección *f* ② (*Wasser*-) cañería *f* ③ (*Telefon*-) línea *f*; **Leitungswasser** *n* agua *m* del grifo

Lektüre *f* <-, -n> lectura *f*

Lende *f* <-, -n> lomo *m*

lenkbar *adj* dirigible; **lenken** *vt* conducir; **Lenkrad** *n* volante *m*; **Lenkschloß** *n* antirrobo *m*; **Lenkstange** *f* manillar *m*; **Lenkung** *f* dirección *f*

Leopard *m* <-en, -en> leopardo *m*

Lerche *f* <-, -n> alondra *f*

lernen *vt* aprender

lesbar *adj* legible; **lesen** <las, gelesen> *vti* ① leer ② ↑ *ernten* recoger; → *Wein* vendimiar; **Leser(in** *f*) *m* <-s, -> lector(a *f*) *m*; **leserlich** *adj* legible

lethargisch *adj* letárgico

letzte(r, s) *adj* ① ◇ zum -n Mal por última vez ② ↑ *neueste* último ③ (*von schlechter Qualität*) malo, pasado (✓ *vorige(r, s*) pasado; **letztendlich** *adv* al final, finalmente; **letztens** *adv* últimamente; **letztlich** *adv* después de todo

leuchten *vi* brillar; **Leuchter** *m* <-s, -> (*Kerzen*-) candelabro *m*; (*Kron*-) araña *f*; **Leuchtturm** *m* faro *m*

leugnen *vti* negar

Leukoplast® *n* <-[e]s, -e> tirita *f*

Leute *pl* gente *f*

Leutnant *m* <-s, -s *o.* -e> alférez *m*

Lexikon *n* <-s, Lexika> léxico *m*, diccionario *m*

Liaison *f* <-, s> aventura *f* amorosa

Libelle *f* libélula *f*; TECH burbuja *f*

liberal *adj* liberal; **Liberalismus** *m* liberalismo *m*

Libyen *n* Libia *f*

Licht *n* <-[e]s, -er> luz *f*; ◇ ans- kommen salir a la luz; **licht** *adj* ↑ *hell* claro; **lichtdurchlässig** *adj* transparente; **lichtempfindlich** *adj* sensible a la luz

lichten I. *vt* aclarar; → *Anker* levar II. *vr* ◇ sich - aclararse; ← *Haar* hacerse ralo, escasear

Lichtmaschine f dínamo m;
Lichtschalter m interruptor
m de la luz; **Lichtschranke** f
barrera f óptica; **Lichtschutz-
faktor** m factor m de protección
[contra el sol]

Lichtung f claro m

Lid n <-[e]s, -er> párpado m; **Lidschatten** m sombra f de ojos

Liebe f <-, -n> amor m; **Liebe-
lei** f amorío m; **lieben** vt amar;
liebenswürdig adj amable

lieber adv mejor, más bien;
◇ ich gehe - nicht mejor no voy

Liebespaar n pareja f de ena-
morados; **liebevoll** adj cariñoso; **liebgewinnen** unreg vt tomar cariño a; **liebhaben** unreg
vt querer; **Liebhaber(in** f) m
<-s, -> amante m/f; **Liebhabe-
rei** f afición f; **lieblich** adj
▷Duft agradable; ▷Wein suave;
Liebling m favorito m; ◇ mein
- cariño; **Lieblings** in Komposita preferido; **lieblos** adj sin
cariño, insensible; **Liebschaft**
f amores m/pl

Lied n <-[e]s, -er> canción f

lief impf v. **laufen**

Lieferant(in f) m proveedor(a f)
m; **Lieferfrist** f plazo m de entrega; **liefern** vt entregar; ↑ versorgen mit proveer de; ▷Beweis
suministrar; FIG ◇ jd-n etw
Messer - traicionar a alguien;
FAM ◇ geliefert sein estar en las

últimas; **Lieferschein** m nota f
de entrega; **Liefertermin** m
plazo m de entrega; **Lieferung** f
entrega f; **Lieferwagen** m fur-
goneta f de reparto

Liege f cama f plegable; (Cam-
ping-) tumbona f; **liegen** <lag,
gelegen> vi ① (in waagerechter
Lage) estar echado/tumbado;
← Weinflaschen estar colocado
horizontalmente ② (in den Bergen, am See) estar, estar situado
③ ◇ diese Leute - mir nicht
estas personas no son de mi gusto; ◇ Sprachen - ihm im Blut
los idiomas le son innatos ④
FAM ◇ die Entscheidung liegt
bei ihm le corresponde decidir a
él ⑤ ◇ mir liegt viel/nichts an
seinem Rat (no) me interesa su
consejo; **Liegesitz** m asiento m
abatible; **Liegestuhl** m tumbona f; **Liegewagen** m BAHN
coche m cama

lieh impf v. **leihen**

ließ impf v. **lassen**

Lift m <-[e]s, -e o. -s> ascensor
m

Liga f liga f

Likör m <-s, -e> licor m

lila <inv> adj lila

Lilie f azucena f

Liliputaner m liliputiense m

Limit n límite m; ◇ ein - setzen
poner un límite

Limonade f limonada f

Limousine f limusina f

Linde f <-, -n> tilo m

lindern vt →Schmerz calmar; →Trauer aliviar; **Linderung** f alivio m

lindgrün adj verde pálido

Lineal n <-s, -e> regla f

Linie f ① ↑ Gerade línea f; ↑ Strich raya f ② ↑ Reihe fila f; ◇ sich in e-r ~ aufstellen alinearse ③ (Verkehrsstrecke) línea f; ◇ mit der - 3 fahren ir con la línea 3 ④ (politische -) línea f ⑤ FAM ◇ gut für die schlanke - bueno para la línea

Linke f <-, -n> izquierda f; POL izquierda f; SPORT izquierdazo m; **linke(r, s)** adj: ◇ - Masche punto al revés; FIG ◇ zwei - Hände haben ser un manazas

linkisch adj torpe

links I. adv (- gehen) a la izquierda; (- stricken) al revés; FAM ◇ jd-n/etw - liegenlassen no hacer caso de alguien/algo; FAM ◇ etw mit - machen hacer algo en un abrir y cerrar de ojos II. präp gen: ◇ - von mir a la izquierda; **Linksaußen** m <-, -> SPORT extremo m izquierda; **Linkshänder(in** f) m <-s, -> zurdo/a; **Linkskurve** f curva f a la izquierda

linksradikal adj POL de la extrema izquierda; **Linksradikale(r)** fm radical m de izquierda

Linoleum n <-s> linóleo m

Linse [1] f <-, -n> lente f; (optisch) lentilla f

Linse [2] f (Gemüse) lenteja f

Lippe f <-, -n> labio m; **Lippenstift** m barra f de labios

liquid adj líquido

liquidieren vt liquidar

Lira f <-, Lire> lira f

lispeln vi cecear

List f <-, -en> astucia f, treta f

Liste f <-, -n> lista f

listig adj astuto

Litanei f REL letanía f

Liter m o n <-s, -> litro m

literarisch adj literario; **Literatur** f literatura f; **Literaturverzeichnis** n bibliografía f

Lithographie f litografía f

litt impf v. **leiden**

Liturgie f liturgia f; **liturgisch** adj litúrgico

live adv MEDIA en vivo, en directo

Lizenz f licencia f

Lkw m <-[s], -[s]> Abk v. **Lastkraftwagen** camión m

Lob n <-[e]s> alabanza f; **loben** vt alabar, elogiar; **lobenswert** adj digno de alabanza; **Lobgesang** m himno m; **Lobrede** f elogio m

Loch n <-[e]s, Löcher> agujero m; **lochen** vt agujerear; **Locher** m <-s, -> taladradora f, perforador m; **löcherig** adj agujereado; **Lochkarte** f tarjeta f perforada; **Lochstreifen** m cinta f perforada

Locke f <-, -n> rizo m, bucle m

locken vt atraer

locker adj flojo; ↑ lose suelto; ▷Leben libertino; ▷Moral relajado

lockern vt aflojarse

lockig adj rizado

Lockvogel m reclamo m

Lodenmantel m abrigo m de paño tirolés

lodern vi arder

Löffel m <-s, -> cuchara f

log impf v. **lügen**

Logarithmus m logaritmo m

Loge f <-, -n> THEAT palco m; (Freimaurer-) logia f; (Pförtner-) portería f

Logik f lógica f; **logisch** adj lógico

Lohn m <-[e]s, Löhne> salario m; (Arbeits-) sueldo m; **Lohnausgleich** m ajuste m de salarios; **Lohnempfänger(in** f) m asalariado/a

lohnen I. vt: ○ jd-m etw - recompensar a alguien por algo II. vr ○ sich - valer/merecer la pena;

lohnend adj que vale la pena

Lohnsteuer f impuesto m sobre los salarios; **Lohnsteuerkarte** f tarjeta f de impuestos sobre salarios

Loipe f <-, -n> pista f de fondo

lokal adj local

Lokal n <-[e]s, -e> local m

lokalisieren vt localizar; **Lokalisierung** f localización f

Lokomotive f locomotora f; **Lokomotivführer** m maquinista m

Lorbeer m <-s, -en> auch FIG laurel m

los adj suelto, flojo; ○ -! ¡vamos!; ○ **was ist -?** ¿qué pasa?; ○ **dort ist nichts/viel** - no hay mucho movimiento

Los n <-es, -e> 1 ↑ Schicksal destino m, suerte f 2 (Lotterie-) billete m de lotería

losbinden unreg vt soltar, desatar

Löschblatt n papel m secante; **löschen** I. vt 1 → Feuer apagar 2 COMM cancelar; → Information borrar 3 → Fracht descargar II. vi → Feuerwehr extinguir [un fuego]; **Löschgerät** n extintor m; **Löschtaste** f tecla f para borrar; **Löschung** f 1 extinción f 2 COMM cancelación f 3 (von Fracht) descarga f

lose adj suelto, flojo

Lösegeld n rescate m

losen vi echar a suertes

lösen I. vt 1 soltar 2 → Rätsel adivinar 3 CHEM diluir 4 → Verlobung romper 5 → Fahrkarte sacar II. vr ○ sich - 1

↑ *aufgehen* abrirse ② ← *Zucker* disolverse; FIG ← *Problem* resolverse

losfahren *unreg vi* salir, ponerse en marcha; **losgehen** *unreg vi* irse, ponerse en marcha; ↑ *anfangen* empezar; ↑ *Bombe* explotar; ◇ *auf jn* - atacar a alguien; **loskaufen** *vt* rescatar

löslich *adj* soluble

losmachen I. *vt* soltar; → *Boot* desenganchar **II.** *vr* ◇ *sich* - liberarse de; **lossagen** *vr* ◇ *sich* - *von* renegar de (*von* jd-m/etw renegar de alguien/algo); **lossprechen** *unreg vt* absolver

Lösung *f* ① (*von Rätseln*) solución *f* ② ↑ *Trennung* separación *f* ③ (*im Theater*) desenlace *m* ④ CHEM disolución *f*; **Lösungsmittel** *n* disolvente *m*

loswerden *unreg vt* librarse de, deshacerse de

Lot *n* <-[e]s, -e> plomada *f*; ◇ *im* - a plomo; FIG en orden; **loten** *vti* echar la plomada, sondear

löten *vt* soldar; **Lötkolben** *m* soldador *m*

Lotterie *f* lotería *f*

Löwe *m* <-n, -n> FAUNA león *m*; ASTROL Leo *m*; **Löwenzahn** *m* diente *m* de león; **Löwin** *f* leona *f*

loyal *adj* leal; **Loyalität** *f* lealtad *f*

LP *f* elepe *m*

Luchs *m* <-es, -e> lince *m*

Lücke *f* <-, -n> hueco *m;* **lückenhaft** *adj* incompleto; **lückenlos** *adj* completo

lud *impf v.* **laden**

Luder *n* <-s, -> (PEJ *Frau*) mal bicho *m*

Luft *f* <-, Lüfte> aire *m;* ↑ *Atem* respiración *f;* ◇ *jd-n wie* - *behandeln* tratar a alguien como si no estuviera; **Luftangriff** *m* ataque *m* aéreo; **Luftballon** *m* globo *m;* **Luftblase** *f* burbuja *f* [de aire]; **luftdicht** *adj* hermético; **Luftdruck** *m* presión *f* atmosférica

lüften *vti* ventilar; → *Hut* quitarse

Luftfahrt *f* aviación *f;* **Luftfilter** *m* filtro *m* de aire; **luftgekühlt** *adj* refrigerado por aire; **Luftkurort** *m* estación *f* climática; **Luftmatratze** *f* colchón *m* neumático; **Luftpirat(in)** *m* pirata *m/f* aéreo; **Luftpost** *f* correo *m* aéreo; **Luftpumpe** *f* bomba *f* de aire; **Luftröhre** *f* ANAT tráquea *f;* **Luftschlange** *f* serpentina *f;* **Luftschutz** *m* defensa *f* antiaérea; **Luftschutzkeller** *m* refugio *m* antiaéreo; **Luftsprung** *m:* ◇ *e-n* - *machen* FIG dar saltos en el aire

Lüftung *f* ventilación *f*

Luftverkehr *m* tráfico *m* aéreo;

Luftverschmutzung f contaminación f atmosférica; **Luftwaffe** f ejército m del aire; **Luftzug** m corriente f de aire

Lüge f ‹-, -n› mentira f; **lügen** ‹log, gelogen› vi mentir; **Lügner(in)** f m ‹-s, -› mentiroso/a

Luke f ‹-, -n› tragaluz m

Lump m ‹-en, -en› pícaro m, sinvergüenza m

lumpen vi: ◇ sich nicht - lassen no ser tacaño

Lunge f ‹-, -n› pulmón m; **Lungenentzündung** f pulmonía f, neumonía f; **lungenkrank** adj enfermo del pulmón

Lunte f ‹-, -n› mecha f; ◇ - riechen descubrir el pastel

Lupe f ‹-, -n› lupa f; FIG ◇ unter die - nehmen examinar de cerca

Lust f ‹-, Lüste› ganas f/pl; ◇ - haben, etw zu tun tener ganas de hacer algo

lüstern adj lascivo, lujurioso

lustig adj † fröhlich alegre, gracioso, divertido

Lüstling m mujeriego m

lustlos adj desganado, sin animación; **Lustmord** m asesinato m con abuso sexual; **Lustspiel** n comedia f

lutschen vti chupar; ◇ am Daumen - chuparse el dedo; **Lutscher** m ‹-s, -› chupachús m, pirulí m

Luxemburg n Luxemburgo m; **luxemburgisch** adj de Luxemburgo

luxuriös adj lujoso; **Luxus** m ‹-› lujo m; **Luxusartikel** m/pl artículos m/pl de lujo; **Luxushotel** n hotel m de lujo; **Luxussteuer** f impuesto m de lujo

Lymphe f ‹-, -n› linfa f

lynchen vt linchar

Lyrik f lírica f; **Lyriker(in)** f m ‹-s, -› poeta/-isa f) m; **lyrisch** adj lírico

M

M, m n M, m f

machbar adj posible, factible; **machen I.** vt hacer ① → Gegenstand fabricar ② FAM → Auto reparar **II.** vi: ◇ das macht nichts no importa; ◇ mach's gut! ¡que te vaya bien!

Macht f ‹-s, Mächte› poder m; **mächtig** adj poderoso, potente

Mädchen n chica f, niña f

Magazin n ‹-s, -e› ① † Lager almacén m ② † Zeitschrift revista f

Magen m <-s, Mägen o. -> estómago m; **Magenschmerzen** m/pl dolores de estómago m/pl

mager adj ① flaco ② ▷Fleisch magro ③ ↑ gering poco

Magie f magia f; **magisch** adj mágico

Magnet m <-s o. -en, en> imán m; **magnetisch** adj magnético

mähen vti →Rasen cortar; →Getreide segar

mahlen <mahlte, gemahlen> vt moler

Mahlzeit I. f comida f **II.** interj ¡que aproveche!

Mähne f <-, -n> (von Pferd) crines f/pl; (von Löwe) melena f

mahnen vt exhortar a, advertir; COMM ▷wegen Schulden reclamar; **Mahnung** f aviso m

Mai m <-[e]s, -e> mayo m; ◇ der 1. - el 1 de mayo

Mais m <-es> maíz m; **Maiskolben** m mazorca f; GASTRON panoja f

makaber adj macabro

Makel m <-s, -> falta f; ▷moralisch tacha f; **makellos** adj sin tacha, intachable

Make-up n maquillaje m

Makler(in f) m <-s, -> (Immobilien-) agente m/f; (Börsen-) corredor(a f) m

Makrele f <-, -n> caballa f

Mal ¹ n <-[e]s, -e> vez f; ◇ mit e-m - de una vez, a la vez

Mal ² n <-[e]s, e o. Mäler> (Wund-) marca f; (Mutter-) lunar m

malen vti pintar; **Maler(in** f) m <-s, -> pintor(a f) m; **Malerei** f pintura f; **malerisch** adj pictórico, pintoresco

Malz n <-es> malta f

Mama, Mami f <-, -s> mamá f

man pron se

Manager(in f) m <-s, -> ejecutivo/a, empresario/a

manche(r, s) pron alguno/a

manchmal adv a veces, algunas veces

Mandant(in f) m JURA cliente m/f

Mandat n mandato m

Mandel f <-, -n> ① almendra f ② ANAT amígdala f

Manege f <-, -n> pista f de circo

Mangel m <-s, Mängel> falta f, carencia f (an dat de); **mangelhaft** adj ① ↑ unvollendet imperfecto, incompleto ② ↑ fehlerhaft defectuoso; **mangels** präp gen por falta de

Manieren pl modales m/pl

Manifest n <-es, -e> manifiesto m

Maniküre f <-, n> manicura f

Manipulation f manipulación f; **manipulieren** vt manipular

Mann m <-[e]s, Männer> hombre m; (Ehe-) marido m

Mannequin n <-s, -s> maniquí f, modelo f

mannigfaltig adj variado, diverso

männlich adj masculino; **Männlichkeit** f masculinidad f

Mannschaft f SPORT equipo m; NAUT, AERO tripulación f

Manöver n <-s, -> ① MIL maniobra f ② (Ablenkungs-) manejos m/pl

Manschette f puño m

Mantel m <-s, Mäntel> ① (Kleidungsstück) abrigo m ② (TECH Reifen-) cubierta f

manuell adj manual

Manufaktur f manufactura f

Manuskript n <-[e]s, -e> manuscrito m

Mappe f <-, -n> ① (Noten-) carpeta f ② (Akten-) cartera f

Marathon m <-s, -s> SPORT maratón m

Märchen n cuento m; **märchenhaft** adj de cuento, maravilloso; **Märchenprinz** m príncipe m azul

Margarine f margarina f

Marienkäfer m mariquita f

Marine f NAUT marina f; **marineblau** adj azul marino

marinieren vt poner en escabeche

Marionette f marioneta f

maritim adj marítimo

Mark ¹ f <-, -> marco m

Mark ² n <-[e]s> (Knochen-) médula f

markant adj marcado

Marke f <-, -n> ① marca f; (Sorte) clase f ② (Brief-) sello m; (Hunde-) chapa f

markieren vt marcar; → Weg señalar; **Markierung** f señalización f

Markise f <-, -n> toldo m

Markt m <-[e]s, Märkte> mercado m; ◇ **schwarzer** - el mercado negro; **Marktbude** f puesto m ambulante; **Marktlücke** f COMM: ◇ **e-e - schließen** cubrir la demanda [con un nuevo producto]; **Marktplatz** m plaza f del mercado; **Marktwirtschaft** f economía f de mercado

Marmelade f mermelada f

Marmor m <-s, -e> mármol m

Marokko n Marruecos m

Mars m Marte m

marsch interj ¡marchen!

Marsch m <-[e]s, Märsche> marcha f; **marschieren** vi marchar, desfilar

martern vt martirizar, torturar

Märtyrer(in f) m <-s, -> mártir m/f

März m <-[es], -e> marzo m; ◇ **im** - en marzo; ◇ **4. - 1915** el 4 de marzo de 1915

Marzipan n GASTRON mazapán m

Masche f <-, -n> malla f, punto

m; FAM ◇ **die neueste** - el último truco

Maschine f máquina f; **maschinell** adj mecánico; **Maschinenbauer(in** f) m constructor(a f) m de máquinas

Masern pl MED sarampión m

Maske f <-, -n> máscara f, careta f; **maskieren** vr ◇ **sich** - enmascararse; disfrazarse

maskulin adj masculino

maß impf v. **messen**

Maß n <-es, -e> ① (Flächen-) medida f ② (Meter-) metro m; FIG ◇ **mit zweierlei - messen** aplicar la ley del embudo

Massage f <-, -n> masaje m

Massaker n <-s, -> matanza f, masacre m

Maßarbeit f FIG trabajo m de precisión

Masse f <-, -n> ① masa f; (Konkurs-) cantidad f ② (Menschenanzahl) muchedumbre f

Maßeinheit f unidad f de medida

Massenmedium n medio m de comunicación [de masas]

Masseur(in f) m masajista m/f; **Masseuse** f masajista f

maßgebend, maßgeblich adj decisivo

massieren vt dar un masaje, masajear

massig adj voluminoso, abultado; FAM a manta

mäßig adj ① moderado ② ↑ **mittelmäßig** regular; **mäßigen** I. vt ↑ **mildern, dämpfen** → Zorn calmar, contener; → Worte suavizar II. vr ◇ **sich** - moderarse, controlarse

massiv adj sólido, macizo

maßlos adj enorme, desmedido

Maßnahme f <-, -n> medida f

Maßstab m ① FIG modelo m a seguir ② (von Landkarte) escala f

Mast m <-[e]s, -e[n]> ① NAUT mástil m ② (ELECTR Strom-) poste m

mästen vt cebar, engordar

Material n <-s, -ien> material m

Materie f materia f; **materiell** adj material

Mathematik f matemáticas f pl; **mathematisch** adj matemático

Matratze f <-, -n> colchón m

Matrose m <-n, -n> marinero m

Matsch m <-[e]s> barro m, fango m

matt adj ① ↑ **kraftlos** débil ② ↑ **glanzlos**, a. FOTO mate

Matte f <-, -n> (Bade-) esterilla f; (Fuß-) felpudo m

Mauer f <-, -n> muro m; **Mauerwerk** n mampostería f

Maul n <-[e]s, Mäuler> morro m; (von Hund) hocico m; (FAM freche Reden führen) ◇ **ein loses ~ haben** ser un bocazas

Maulbeerbaum m morera f

maulen vi FAM estar de morros (über akk por); **Maulesel** n mulo m; **Maulheld** m FAM fanfarrón m; **Maultier** n mulo m; **Maulwurf** m FAUNA topo m

Maurer(in f) m <-s, -> albañil m/f

Maus f <-, Mäuse> ratón m; **Mausefalle** f ratonera f; **mausern** vr ◇ **sich ~** estar de muda

maximal adj máximo; **Maximum** n <-s, Maxima> máximo m

Mayonnaise f <-, -n> mayonesa f

Mechanik f mecánica f; **Mechaniker(in** f) m <-s, -> mecánico m/f; **mechanisch** adj mecánico; **Mechanismus** m mecanismo m

meckern vi 1 ← Ziege balar 2 FAM criticar, quejarse

Medikament n medicamento m, medicina f; **Medizin** f <-, -en> medicina f; **Mediziner(in** f) m (Arzt) médico/a

Meer n <-[e]s, -e> mar m; **Meerenge** f estrecho m; **Meersalz** n sal f marina

Mehl n <-[e]s, -e> harina f; **mehlig** adj harinoso

mehr I. pron kompar v. **viel** más; ◇ **~ oder weniger** más o menos II. adv kompar v. **sehr** más (als que); **mehrdeutig** adj ambiguo

mehrere pron varios, diversos

mehrfach adj repetido

Mehrheit f mayoría f; **Mehrwertsteuer** f impuesto m sobre el valor añadido; **Mehrzahl** f mayoría f; GRAM plural m

meiden <mied, gemieden> vt evitar

Meile f <-, -n> 1 legua f 2 (See-) milla f; **meilenweit** adv a mucha distancia

mein pron (adjektivisch) mi; **meine(r, s)** pron (substantivisch) mío

Meineid m perjurio m

meinen vti 1 pensar, estimar 2 ↑ sagen wollen querer decir; ↑ etw/jd-n im Sinn haben ◇ **wen ~ Sie?** ¿a quién se refiere usted?

meinerseits adv de mi parte; **meinethalben**, **meinetwegen** adv 1 ↑ wegen mir por mi causa 2 ↑ mir zuliebe por mí

Meinung f opinión f; ◇ **jd-m die ~ sagen** decir cuadro verdades a alguien

meist adv en la mayoría de las veces; ◇ **hat er Recht** suele tener razón; **meiste(r, s)** pron superl v. **viel** (adjektivisch): ◇

die -n **Leute** la mayoría de la gente; (*substantivisch*) ◇ **das** la mayoría; **meistens** *adv* la mayoría de las veces

Meister(in) f m <-s, -> maestro/a; **Meisterschaft** f **1** maestría f **2** SPORT campeonato m; **Meisterwerk** n obra f maestra

Melancholie f melancolía f

melden I. *vt* dar parte de; →*Diebstahl* denunciar **II.** *vr* ◇ **sich** - presentarse, apuntarse; (*auf Annonce*) anunciarse; (*am Telefon*) contestar; **Meldung** f aviso m, informe m

Melodie f melodía f; **melodisch** *adj* melódico

Melone f <-, -n> melón m

Menge f <-, -n> **1** ↑ *Anzahl* cantidad f **2** (*Menschen-*) muchedumbre f **3** FAM montón m

Mensch m <-en, -en> hombre m; ◇ **kein** - nadie; **menschenfreundlich** *adj* humanitario; **Menschenkenner(in)** f m <-s, -> conocedor(a) f m de la naturaleza humana; **Menschenrechte** n/pl derechos m/pl humanos; **menschenscheu** *adj* tímido, poco sociable; **Menschheit** f humanidad f; **menschlich** *adj* humano; **Menschlichkeit** f humanidad f

Mentalität f mentalidad f

Menü n <-s, -s> a. PC menú m

merken I. *vt* **1** ↑ *spüren* sentir **2** ↑ *wahrnehmen* darse cuenta de, notar **II.** *vr* ◇ **sich** - tomar nota de; **Merkmal** n <-[e]s, -e> señal f, rasgo m característico

merkwürdig *adj* raro, extraño, curioso

meßbar *adj* mensurable

Messe f <-, -n> **1** misa f **2** COMM feria f

messen <maß, gemessen> **I.** *vt* medir; →*Temperatur* tomar; →*Fieber* mirar **II.** *vr* ◇ **sich** - **mit** medirse con

Messer n <-s, -> cuchillo m; FIG **jd-n** ans - **liefern** delatar a alguien

Messing n <-s> latón m

Meßinstrument n instrumento m de medición

Metall n <-s, -e> metal m

Meteor n <-s, -e> meteorito m; **Meteorologie** f meteorología f

Meter m o n <-s, -> metro m

Methode f <-, -n> método m

Metier n <-s, -s> ◇ **das ist nicht mein** - no es mi terreno

Metzger(in) f m <-s, -> carnicero/a; **Metzgerei** f carnicería f

Meute f <-, -n> *auch* FIG jauría f

meutern *vi* amotinarse

Mexiko n Méjico m

mich *pron akk v.* **ich** (*unbetont*)
me; (*betont*) a mí
mied *impf v.* **meiden**
Miene *f* <-, -n> gesto *m*
miesmachen *vt FAM:* ◇ **jd-m
etw** - aguarle la fiesta a alguien
Mietauto *n* coche *m* de alquiler;
Miete *f* <-, -n> alquiler *m;* **mieten** *vt* alquilar; **Mieter(in** *f) m*
<-s, -> inquilino/a
Migräne *f* <-, -n> jaqueca *f*
Mikrofon, **Mikrophon** *n* <-s,
-e> micrófono *m*
Mikroskop *n* <-s, -e> microscopio *m*
Mikrowellenherd *m* micro-
ondas *m/sg*
Milch *f* <-> leche *f;* **Milchkaf-
fee** *m* café *m* con leche; **Milch-
reis** *m* arroz *m* con leche
mild *adj* suave; ▷*Richter* benévolo; ▷*Strafe* leve; **mildern** *vt*
suavizar, calmar, aliviar
Milieu *n* <-s, -s> ambiente *m*
Militär *n* <-s> ejército *m;*
◇ **beim - sein** estar en el ejército; **Militärregierung** *f* gobierno *m* militar
Millimeter *m* milímetro *m*
Million *f* millón *m*
Minderheit *f* minoría *f;* **Min-
derjährige(r)** *f/m* menor *m/f* de
edad; **mindern** *vt* disminuir,
rebajar
mindeste(r, s) *adj* menos;

◇ **das ist doch das -!** ¡es lo
mínimo!
Mine *f* <-, -n> mina *f*
Mineralwasser *n* agua *m* mineral
minimal *adj* mínimo
Minister(in *f) m* <-s, -> minis-
tro/a; **Ministerium** *n* ministerio *m*
minus *adv a.* MATH menos;
FAM ◇ **- 15 Grad** 15 grados
bajo cero
Minute *f* <-, -n> minuto *m*
mir *pron dat v.* **ich** (*betont*) a
mí; (*unbetont*) me
mischen *vt* mezclar
miserabel *adj* ▷*Wetter* miserable; ▷*Zeugnis* malísimo
Mißachtung *f* desprecio *m;*
Mißbildung *f* MED deformación *f;* **mißbilligen** *vt* desaprobar, censurar; **Mißbrauch** *m*
abuso *m;* **mißbrauchen** *vt* hacer mal uso de; **Mißerfolg** *m*
fracaso *m;* **mißfallen** *unreg vi*
disgustar, desagradar, no gustar;
mißgelaunt *adj* de mal humor,
malhumorado; **Mißgeschick**
n adversidad *f;* **mißglücken** *vi*
fracasar algo, fallar algo; **Miß-
gunst** *f* envidia *f;* celos *m/pl;*
mißhandeln *vt* maltratar
Missionar(in *f) m* misionero/a
Mißklang *m* disonancia *f;* **mißlingen** <mißlang, mißlungen>
vi fracasar; **mißraten** *adj* fra-

casado, descarriado; **Mißstimmung** f descontento m; **mißtrauen** vi desconfiar de, no fiarse de; **Mißtrauen** n ‹-s› desconfianza f; **mißtrauisch** adj desconfiado, receloso; **mißverstehen** unreg vt entender mal, interpretar mal

Mist m ‹-[e]s› 1 (als Dünger) estiércol m 2 FAM ◇ **so ein -!** ¡maldita sea!

mit präp dat 1 (Hilfsmittel) con, mediante, por medio de 2 (Zugehörigkeit) con; ◇ - **dir sind wir 5 Personen** contigo somos cinco 3 (Art und Weise) ◇ - **Absicht** adrede, con intención; **mitarbeiten** vi colaborar, cooperar; **Mitbesitzer(in** f) m copropietario/a; **Mitbürger(in** f) m conciudadano/a; **miteinander** adv juntos; en común; **miterleben** unreg vt presenciar; **Mitgefühl** n ↑ Mitleid compasión f; **mitgehen** unreg vi ir con, acompañar a

Mitglied n (Vereins-) socio/a, miembro; (Partei-) afiliado m

Mithilfe f ayuda f, apoyo m

mithören vt escuchar; **mitkommen** unreg vi venir con; FAM ↑ verstehen seguir; **Mitleid** n compasión f; **mitleidig** adj compasivo, piadoso; **mitmachen** vt 1 → Lehrgang participar en 2 → neueste Mode se-

guir 3 FAM ◇ **er mußte viel -** ha tenido que pasar por muchas cosas; **mitnehmen** unreg vt llevarse; **mitreden** vti intervenir [en una conversación]; **mitreißen** unreg vt (mit sich) arrastrar 2 FIG entusiasmar; **mitsamt** präp dat con, junto con; **mitschicken** vt enviar/mandar junto, incluir; **mitschneiden** unreg vt grabar en directo; **Mitschuld** f parte f de culpa; **mitschuldig** adj cómplice; **Mitschüler(in** f) m compañero/a [de clase]; **Mitspieler(in** f) m compañero/a de juegos

Mittag m mediodía m; **Mittagessen** n comida f; **mittags** adv a[l] mediodía

Mittäter(in f) m cómplice m/f

Mitte f ‹-, -n› 1 centro m, medio m 2 ◇ - **Juni** a mediados de junio

mitteilen vt informar, comunicar; **mitteilsam** adj comunicativo; **Mitteilung** f información f; ▷amtlich comunicado m, informe m

Mittel n ‹-s, -› 1 medio m; ◇ **der Zweck heiligt die Mittel** el fin justifica los medios 2 ↑ Abhilfe remedio m; ◇ **ein - gegen Flecken** un remedio para las manchas 3 ↑ Maßnahme medida f

mittelalterlich adj medieval

Mittelfinger *m* dedo *m* corazón

mittellos *adj* sin recursos

mittelmäßig *adj* ▷*Leistung* medio; ▷*Schüler* regular

Mittelmeer *n* [Mar *m*] Mediterráneo

Mittelpunkt *m* centro *m*

mittels *präp gen* por medio de, mediante

Mittelschule *f* escuela secundaria de seis cursos; **Mittelstand** *m* clase *f* media; **Mittelwelle** *f* MEDIA onda *f* media

mitten *adv* en medio de; ◇ - **auf der Straße** en medio de la calle; ◇ - **in der Nacht** a media noche

Mitternacht *f* medianoche *f*

mittlere(r, s) *adj* medio, intermedio, mediano; **mittlerweile** *adv* entretanto, mientras tanto

Mittwoch *m* -[e]s, -e> miércoles *m*

mitwirken *vi* colaborar, cooperar (*bei en*)

mixen *vt* mezclar; **Mixer** *m* <-s, -> batidora *f*

Möbel *n* <-s, -> mueble *m*; **Möbelwagen** *m* camión *m* de mudanza

mobil *adj* móvil

Mobiliar *n* <-s, -e> mobiliario *m*; **möblieren** *vt* amueblar

mochte *impf v.* **mögen**

Mode *f* <-, -n> moda *f*; ◇ **mit der - gehen** ir a la moda

Model *n* <-s, -s> modelo *f*, maniquí *f*

Modell *n* <-s, -e> modelo *m*

Mode[n]schau *f* desfile *m* de modelos

Moder *m* <-s> moho *m*

Moderation *f* MEDIA presentación *f*; **Moderator(in** *f*) *m* MEDIA presentador(a *f*) *m*

modern *adj* moderno; **modernisieren** *vt* modernizar

modifizieren *vt* modificar

modisch *adj* moderno, de moda

Mofa *n* <-s, -s> ciclomotor *m*

mogeln *vi* FAM hacer trampas

mögen *<mochte, gemocht>* ◇ **1** ↑ *gern haben* gustar; ◇ **er mag nur Sekt** sólo le gusta el champán **2** ↑ *können* poder; ◇ **das mag wohl sein, aber …** eso puede ser, pero …

möglich *adj* posible; **Möglichkeit** *f* posibilidad *f*; ◇ **nach -** en lo posible

Mohrrübe *f* <-, -n> zanahoria *f*

Mokka *m* <-s, -s> café *m* moca

Mole *f* <-, -n> muelle *m*; malecón *m*

Molekül *n* <-s, -e> CHEM molécula *f*

Moll *n* <-, -> MUS modo *m* menor

mollig *adj* gordito, regordete

Moment[1] *m* <-[e]s, -e> momento *m*, instante *m*

Moment ^{2} n <-[e]s, -e> PHYS momento m

momentan adj momentáneo, actual

Monarch(in f) m <-en, -en> monarca m/f; **Monarchie** f monarquía f

Monat m <-[e]s, -e> mes m; **monatlich** adj mensual

Mönch m <-s, -e> monje m

Mond m <-[e]s, -e> luna f; **Mondschein** m claro f de luna; **mondsüchtig** adj sonámbulo

Monokel n monóculo m

Monopol n <-s, -e> monopolio m

monoton adj monótono

Monster n <-s, -> monstruo m

Monsun m <-s, -e> monzón m

Montag m <-[e]s, -e> lunes m

Montage f <-, -n> [1] TECH ensamblaje m; (von Film) montaje m [2] ↑ Installation instalación f;

Monteur(in f) m instalador(a f) m; **montieren** vt [1] → Gerät montar [2] → Anlage instalar

Monument n <-s, -e> monumento m

Moor n <-[e]s, -e> pantano m

Moos n <-es, -e> musgo m

Moped n <-s, -s> ciclomotor m

Moral f <-> [1] moral f [2] ↑ Lehre ◇ die - von der Geschichte/ Fabel la moraleja de la historia/ fábula

Morast m <-[e]s, -e> fango m, lodo m

morbid adj mórbido

Mord m <-[e]s, -e> asesinato m; **Mörder(in** f) m <-s, -> asesino/ a; **Mordsschreck** m FAM susto m de muerte; **Mordverdacht** m: ◇ unter - stehen ser sospechoso de asesinato; **Mordwaffe** f arma m homicida

morgen adv mañana; ◇ - früh mañana por la mañana

Morgen m <-s, -> mañana f; ◇ **Guten** -! ¡buenos días!; **Morgengrauen** n amanecer m; **Morgenrot** n aurora f; **morgens** adv por la mañana; ◇ um 2 Uhr - a las 2 de la madrugada

Morphium n morfina f

morsch adj podrido

morsen vi transmitir por morse

Mörtel m <-s, -> mortero m

Mosaik n <-s, -en o. -s> mosaico m

Moschee f <-, -n> mezquita f

Moskito m <-s, -s> mosquito m

Moslem m <-s, -s> musulmán m

Most m <-[e]s, -e> (Trauben-) mosto m; (Apfel-) sidra f

Motiv n <-es, -e> [1] ↑ Beweggrund motivo m, razón f [2] FOTO motivo m; **motivieren** vt ↑ ansporen motivar

Motor m <-s, en> TECH motor m; **Motorboot** n motora f; **Motorrad** n motocicleta f, moto f; **Motorschaden** m avería f del motor

Motte f <-, -n> polilla f
Möwe f <-, -n> gaviota f
Mücke f <-, -n> mosquito m
müde adj ↑ erschöpft cansado;
Müdigkeit f cansancio m
muffig adj ▷ Geruch que huele a cerrado
Mühe f <-, -n> ① ↑ Last molestia f; ◇ mit - und Not a duras penas ② ↑ Anstrengung esfuerzo m; **mühelos** adj sin esfuerzo; **mühevoll** adj laborioso, difícil
Mühle f <-, -n> molino m
mühsam adj ▷ Arbeit penoso, difícil; ▷ Aufstieg laborioso; **mühselig** adj difícil, laborioso
Mulde f depresión f
Mull m <-[e]s, -e> MED gasa f
Müll m <-[e]s> basura f; **Müllabfuhr** f recogida f de basura;
Mülleimer m cubo m de [la] basura
Müller(in f) m <-s, -> molinero/a
Müllmann m basurero m
mulmig adj ▷ unbehaglich desagradable, incómodo
Multiplikation f multiplicación f
Mumie f momia f
Mumps m MED paperas
Mund m <-[e]s, Münder> boca f; FIG ◇ nicht auf den - gefallen sein tener un pico de oro
mündig adj mayor de edad
mündlich adj ▷ Zusage verbal; ▷ Prüfung oral

Mündung f ① (von Fluß) desembocadura f ② (von Gewehr) boca f
Munition f munición f
Münster n <-s, -> catedral f
munter adj FIG animado, espabilado, vivo
Münze f <-, -n> moneda f
Murmel f <-, -n> canica f
murmeln vi murmurar
mürrisch adj gruñón, huraño
Mus n <-es, -e> compota f
Muschel f <-, -n> concha f
Museum n <-s, Museen> museo m
Musik f música f; **Musiker(in** f) m <-s, -> músico m/f
Muskel m <-s, -n> músculo m;
Muskelkater m agujetas f/pl;
muskulös adj musculoso
Müsli n <-s, -> musli m
müssen <mußte, gemußt> vi ① deber, tener que, tener que; ◇ lachen - tener que reir ② (Vermutung, Wunsch) deber [de]; ◇ die Leute - reich sein esa gente debe [de] ser rica
Muster n <-s, -> ① ↑ Modell modelo m, muestra f ② ↑ Dekor diseño m ③ ↑ Warenprobe prueba f; **mustergültig** adj modelo, ejemplar; **mustern** vt examinar
Mut m <-[e]s> valor m, valentía f, coraje m; ◇ jd-m - machen dar ánimo a alguien; **mutig** adj va-

liente, valeroso, bravo; **mutlos**
adj desanimado, desalertado
Mutter ¹ *f* <-, Mütter> madre *m*
Mutter ² *f* <-, -n> (*Schrauben-*)
tuerca *f*
mütterlich *adj* materno; **Muttersprache** lengua *f* materna;
Muttersprachler(in) *f(m)* *m* <-s,
-> nativo/a
mutwillig *adj* mal intencionado, con mala intención
Mütze *f* <-, -n> gorra *f*
MWSt *Abk v.* **Mehrwertsteuer** IVA *m*
mysteriös *adj* misterioso
Mythologie *f* mitología *f*

N

N, n *n* N, n *f*
na *interj* \-pues!; ◇ - **also!** ¡pues
eso!; ◇ - **ja!** ¡bueno!; ◇ - **und?** ¿y
qué?
Nabel *m* <-s, -> ombligo *m*
nach I. *präp dat* (*in Richtung*) a,
hacia; ◇ - **Hause gehen** ir a/para
casa; (*zeitlich*) ◇ - **dem Essen**
después de comer; (*gemäß*) ◇ -
Belieben a [su] gusto II. *adv*:
◇ **ihm -!** ¡seguidle!; ◇ - **wie vor**
como antes; **nachahmen** *vt*

imitar, copiar; **nacharbeiten**
vt → *Lektion* recuperar
Nachbar(in) *f(m)* *m* <-n, -n> veci-
no/a
Nachbehandlung *f* (*nach
Operation*) tratamiento *m* post-
operatorio; **nachbereiten** *vt*
repasar; **nachbessern** *vt* retocar; **nachbestellen** *vt* hacer
un nuevo pedido; **nachbilden**
vt reproducir, copiar; **nachblicken** *vi* seguir con los ojos;
nachbringen *unreg vt* enviar/
dar posteriormente
nachdem *cj* (*zeitlich*) después
[de] que; ◇ **je-** [ob] depende de [si]
nachdenken *unreg vi* meditar,
reflexionar, pensar (*über akk* sobre); **nachdrücklich** *adj* enfático, insistente; **nacheinan-
der** *adv* uno detrás de otro;
Nacherzählung *f* resumen *m;*
nachfolgen *vi:* ◇ **jd-m/e-r Sache -** suceder/seguir a alguien/
algo; **Nachforderung** *f* (*bei
Rechnung*) reclamación *f* suple-
mentaria, exigencia *f* posterior;
nachforschen *vti* investigar,
indagar; **Nachfrage** *f* COMM
demanda *f;* **nachfüllen** *vt* rellenar; **nachgeben** *unreg vi* **1**
(*e-er Bitte*) ceder **2** ← *Preise* bajar **3** ← *Geländer* hundirse;
Nachgebühr *f* sobretasa *f;*
nachgehen *unreg vi* **1** seguir
(*jd-m* a alguien) **2** ↑ *erforschen*

investigar ③ ← *Uhr* retrasarse;
Nachgeschmack m gustillo
m; **nachgießen** *unreg* vt servir
más; **nachhaltig** *adj* ▷*Eindruck* duradero, persistente;
▷*Widerstand* constante; **nachher** *adv* después; **Nachhilfe** f
clases *fpl* particulares; **nachholen** vt recuperar; **nachkommen** *unreg* vi ① (*zeitlich*)
llegar/venir más tarde ② (*e-r
Verpflichtung*) cumplir con;
Nachlaß m <-lasses, -lässe> ①
↑ *Erbe* herencia f, sucesión f ②
(*Preis-*) reducción m; **nachlassen** *unreg* I. vt ① ← *Preis* reducir ② ← *Strafe* remitir ③ (*lok-
kern*) aflojar II. vi (*Wirkung*) disminuir; ← *Sturm* calmarse; ← *Regen* cesar; **nachlässig** *adj* descuidado, despreocupado, dejado; **nachmachen** vt ① imitar
(*jd-m* a alguien) ② → *Geld* falsificar; **nachmachen** vt ① imitar
hacer más tarde ③ → *Geld* falsificar; **Nachmieter(in** f) m siguiente inquilino/a; **Nachmittag** m tarde f; **Nachnahme** f
<-, -n> TELEC re[e]mbolso m;
Nachname m apellido m;
nachprüfen vt → *Rechnung*
comprobar, repasar, revisar;
→ *Aussage* verificar; **Nachre-
de** f ① (*im Buch*) epílogo m ②
◇ *üble* ~difamación f; **nachrei-
chen** vt ↑ *später abgeben* entregar más tarde

Nachricht f <-, -en> noticia f;
↑ *Mitteilung* información f, aviso m; **Nachrichten** pl MEDIA
noticias fpl
nachrüsten I. vt TECH → *Auto*
reequipar II. vi MIL armarse;
nachsagen vt ① ↑ *wiederholen* repetir ② FIG, *meist* PEJ
◇ *jd-m etw* ~atribuir algo malo a
alguien; **nachschicken** vt
→ *Post* mandar; **nachschlagen** *unreg* I. vt ① nachlesen buscar, consultar II. vi ↑ *sich entwickeln wie* salir a, parecerse a;
Nachschub m abastecimiento
m; (*für Truppen*) refuerzos m/pl;
nachsehen *unreg* I. vt ↑ *prüfen* revisar, repasar II. vti
↑ *nachschlagen* buscar, mirar
III. vi ① ↑ *nachblicken* seguir
con los ojos (*jd-m* a alguien) ②
↑ *kontrollieren* asegurarse (*ob
de*) ③ FIG ◇ *jd-m etw* ~perdo-
nar algo a alguien; **nachsen-
den** *unreg* vt mandar; **nachsichtig** *adj* indulgente, tolerante; **nachsitzen** *unreg* vi SCH
repetir curso; **Nachspeise** f
postre m
nächste(r, s) *adj* ① (*räumlich*)
próximo, cercano; ◇ das ~ Restaurant el restaurante más cercano ② (*zeitlich*) próximo, siguiente
nachstellen I. vt ① → *Satz* posponer, colocar al final ② → *Uhr*

retrasar ③ ⊳ *Instrument* reajustar II. *vi* ↑ *verfolgen* perseguir

nächstens *adv* pronto, dentro de poco, en breve

Nacht *f* <-, Nächte> noche *f*

Nachteil *m* desventaja *f*

Nachthemd *n* camisón *m*

Nachtisch *m* postre *m*

Nachtleben *n* vida *f* nocturna;
nächtlich *adj* de la noche, nocturno

nachtragen *unreg vt* ① ⊳ *vergessene Dinge* llevar ② (*Text ergänzen*) añadir ③ FIG ↑ *verübeln* guardar rencor; ⋄ **jd-m etw** - no perdonar algo a alguien; **nachträglich** *adj* retrasado

Nachtruhe *f* silencio *m* de la noche; **Nachtschicht** *f* turno *m* de noche; **Nachttisch** *m* mesita *f* de noche

Nachweis *m* <-es, -e> prueba *f*, comprobación *f*, justificación *f*; **nachweisbar** *adj* demostrable, comprobable; **Nachweis** <-, *f* posterid *f*; **nachwirken** *vi* seguir teniendo efecto, repercutir; **Nachwuchs** <-es>, *m* ↑ *Nachkommen* jóvenes *m/pl*; **nachziehen** *unreg* I. *vt* ① → *Schrauben* apretar ② ⊳ *lahmes Bein* arrastrar ③ → *Make-up* marcar II. *vi* (*mit Wohnung*) seguir a alguien cambiando de ciudad

Nacken *m* <-s, -> nuca *f*

nackt *adj* ⊳ *Mensch, Wahrheit* desnudo

Nadel *f* <-, -n> ① (*Kompaß-, an Plattenspieler*) aguja *f* ② (*Pinien--*) pinocha *f* ③ (*Krawatten-*) alfiler *f*

Nagel ¹ *m* <-s, Nägel> clavo *m*

Nagel ² *m* <-s, Nägel> (*Finger-*) uña *f*

nagen *vti* ← *Hund* roer

nah[e] I. *adj, adv* ① (*räumlich*) cerca; ⊳ *Verwandte* íntimo ② (*zeitlich*) ⊳ *Fest* próximo II. *präp dat* cerca de; **Nähe** *f* ⋄ proximidad *f*, cercanía *f*; ↑ *Umgebung* alrededores *m/pl*; **nahegehen** *unreg vi* afectar

nähen *vti* coser (*an akk* algo)

nähere(r, s) *adj* más detallado, -a

näherkommen *unreg* I. *vi* intimar; ⋄ **e-r Sache** - conocer mejor una cosa II. *vr* ⋄ **sich** - conocerse mejor; **nähern** *vr* ⋄ **sich** - acercarse, aproximarse

nahm *impf v.* **nehmen**

Nahrung *f* alimento *m*

Nahverkehrszug *m* tranvía *m*, tren *m* de cercanías

Name *m* <-ns, -n> nombre *m*; **namhaft** *adj* ① ↑ *berühmt* eminente, notable ② ↑ *beträchtlich* considerable

nämlich *adv* es decir; ↑ *denn* esto es, o sea

nannte *impf v.* **nennen**

Narbe f <-, -n> cicatriz f; FIG secuela f

Narkose f <-, -n> MED anestesia f

naschen vti comer golosinas/dulces

Nase f <-, -n> nariz f

naß adj mojado; ▷Sommer húmedo

Nation f nación f; **national** adj nacional; **Nationalität** f nacionalidad f; **Nationalpark** m parque m nacional

Natur f ① (nur sg) naturaleza f ② ↑ Eigenart carácter m; **natürlich** I. adj ① ▷Haarfarbe, Verhalten natural ② (JURA -e Person) natural, físico II. adv naturalmente, por supuesto III. interj ¡por supuesto!, ¡claro que sí!; **Naturschutzgebiet** n reserva f nacional; **Naturtalent** n don m natural; FIG persona f con talento; **Naturvolk** n pueblo m primitivo

Navigation f NAUT, AERO navegación f

Nebel m <-s, -> niebla f

neben präp akk/dat ① (räumlich) al lado de, junto a ② ↑ im Vergleich zu en comparación con ③ ↑ außer además de; **nebenan** adv al lado; **nebenbei** adv ①

nebst präp dat ① junto a ② incluido

Neffe m <-n, -n> sobrino m

negativ adj negativo; **Negativ** n FOTO negativo m

Neger(in f) m <-s, -> negro/a

nehmen <nahm, genommen> I. vt ① ↑ ergreifen coger; ↑ festhalten agarrar ② → Trinkgeld, Stundenlohn aceptar ③ ↑ stehlen coger, robar ④ ↑ verwenden, benutzen usar, utilizar II. vr ◊ sich - ① ↑ essen comer; ↑ trinken beber; ↑ sich nehmen servirse ② → Wohnung, Hotel coger ③ → Anwalt, Putzfrau contratar

Neid m <-[e]s> envidia f

nein adv no

nennen <nannte, genannt> I. vt (mit Namen) llamar, nombrar; ↑ bezeichnen designar; (bezeichnen als) calificar de II. vr ◊ sich - llamarse, nombrarse

Nerv m <-s, -en> nervio m; FAM ◊ jd-m auf die -en gehen poner a alguien los nervios de punta; **Nervenzusammenbruch** m ataque m de nervios, crisis f nerviosa; **nervlich** adj ▷Belastung, Anspannung nervioso; **nervös** adj nervioso; **nervötend** adj monótono, rutinario; ▷Arbeit enervante

Nest n <-[e]s, -er> ① nido m ② FAM ↑ Ort pueblo m de mala muerte ③ FAM ↑ Bett cama f

nett adj ↑ freundlich amable, simpático; ↑ hübsch bonito, mono; ↑ angenehm agradable

Netz n <-es, -e> ① (zum Tragen, Halten, Fangen) red f; FIG ◇ **jd-m ins - gehen** caer en la trampa de alguien ② (soziales ~) sistema m social ③ (AUTO Straßen-, Verkehrs-) red f

neu adj ① nuevo ② ▷Nachrichten ▷Verfahren reciente ③ (fabrik~) nuevo ④ ▷Sprache, Geschichte, Musik moderno; **Neubau** m <-s, Neubauten> construcción f nueva, edificio m nuevo; **neuerdings** adv ↑ kürzlich últimamente; ↑ seit kurzem desde hace poco; **Neuerung** f innovación f

Neugier f curiosidad f; **neugierig** adj curioso

Neuheit f novedad f, innovación f; **Neuigkeit** f novedad f, noticia f de última hora

neun nr nueve; **neunhundert** nr novecientos; **neunzehn** nr diecinueve; **neunzig** nr noventa

neutral adj neutro; POL neutral

Neuwahl f nueva elección f

nicht adv ① (Verneinung) no; ◇ - **nur, sondern auch** no sólo sino también; (Gebot, Verbot) ◇ - **berühren!** ¡no tocar! ② (zur Bekräftigung, Bestätigung) ◇ - **wahr?** ¿no es verdad? ③ (ganz gut) ◇ - **schlecht** no está nada mal

Nichtachtung f falta f de respeto

nichtig adj ① ↑ unbedeutend insignificante, vano, sin importancia; ↑ wertlos sin valor ② ↑ ungültig ▷Vertrag, Urteil nulo; **Nichtigkeit** f bagatela f; ↑ Sinnlosigkeit absurdo m

Nichtraucher(in f) m) no fumador(a f) m

nichts pron nada; **nichtssagend** adj insignificante; **Nichtstun** n <-s> f Müßiggang vagancia f, gandulería f

nicken vi ① bejahen asentir con la cabeza; ↑ grüßen saludar con la cabeza

nie adv nunca; ◇ - **wieder** nunca más

nieder I. adj ① (in Rangordnung) ▷Adel, Tiere inferior ② ▷Arbeiten, Stellung bajo II. adv abajo; ◇ **auf und -** arriba y abajo; **niederdrücken** vt ① echar hacia abajo ② FIG deprimir; **Niedergang** m decadencia f; **niedergeschlagen** adj FIG deprimido, desanimado, abatido; **Niederlage** f (im Kampf) ↑ Mißerfolg derrota f; **niederlegen** I. vt ① posar; ▷Kranz consignar ② →Arbeit dejar; →Amt dimitir II. vr ◇ sich acostarse; **Niederschlag** m ① CHEM precipitado m ② METEO precipitaciones f pl

niederträchtig *adj* infame, vil

Niederung *f* depresión *f* del terreno

niederwerfen *unreg vt* derribar; *auch FIG* tirar al suelo

niedlich *adj* ▷*Gesicht, Kind* lindo, gracioso

niedrig *adj* ▷*Raum, Temperatur, Preis* bajo; ▷*Stand* humilde

niemals *adv* nunca, jamás

niemand *pron* nadie, ninguno

Niere *f* <-, -n> riñón *m*

nieseln *vi unpers* lloviznar

niesen *vi* estornudar

Niete *f* <-, -n> ① (*Los*) billete *m* no premiado ② (*Person*) fracaso *m*

Nikolaus *m* <-, Nikoläuse> Santa Claus *m*

nirgends, nirgendwo *adv* en ninguna parte

Niveau *n* <-s, -s> categoría *f*;

noch I. *adv* todavía; ◇ - **heute** hoy mismo; ◇ - **vor e-r Woche** tan sólo hace una semana; (*weiterhin*) ◇ **hast du - Hunger?** ¿todavía tienes hambre? II. *cj:* ◇ **weder ... – ni ...**

nochmal[s] *adv* otra vez;

nochmalig *adj* repetido, reiterado

nominieren *vt* nombrar; proponer

Nonne *f* <-, -n> monja *f*

Nordamerika *n* Norteamérica *f*, América *f* del Norte

norddeutsch *adj* del norte de Alemania; **Norddeutschland** *n* Alemania *f* del Norte

Norden *m* <-s> norte *m*; **nordisch** *adj* nórdico, del norte;

nördlich I. *adj* del norte; ▷*Kurs, Richtung* septentrional II. *adv:* ◇ - **von** al norte del;

Nordosten *m* nordeste *m*

nörgeln *vi* criticarlo todo

Norm *f* <-, -en> ① norma *f* ② ↑*Vorschrift* norma *f*; ↑*Regel* regla *f*

normal *adj* normal, corriente; ↑*gesund* cuerdo; **Normalbenzin** *n* gasolina *f* normal; **normalerweise** *adv* normalmente; **normalisieren** I. *vt* → *Verhältnis* normalizar II. *vr* ◇ **sich** - normalizarse

normen *vt* ↑*normieren* normalizar, estandarizar

Norwegen *n* Noruega *f*

Not *f* <-, Nöte> necesidad *f*; ↑*Armut* pobreza *f*; ↑*Elend* miseria *f*;

Notarzt *m*, **-ärztin** *f* médico *m/f* de urgencia; **notdürftig** *adj* apenas suficiente; ↑*behelfsmäßig* provisional

Note *f* <-, -n> ① SCH ↑*Zensur* nota *f*, calificación *f* ② MUS nota *f* ③ ↑*Papiergeld* billete *m* de banco ④ ↑*persönliche Eigenart* toque *m*

Notfall *m* caso *m* de emergencia; **notfalls** *adv* en caso de emergencia; **Nothelfer** m salvador m

notieren vt ① anotar, apuntar, tomar nota de ② COMM → *Kurswert* cotizar en bolsa; **Notierung** f COMM cotización f

nötig adj necesario; ◇ etw - haben necesitar algo; **nötigen** vt ↑ *zwingen* obligar, forzar; ↑ *dringend bitten* coaccionar; **nötigenfalls** adv caso m de emergencia

Notiz f <-, -en> apunte m, anotación f; (*Zeitungs*-) noticia f; **Notizzettel** m nota f

notlanden vi AERO hacer un aterrizaje forzoso; **Notlandung** f aterrizaje m forzoso; **Notlüge** f mentira f piadosa; **Notruf** m llamada f de socorro; **Notunterkunft** f alojamiento m provisional; **Notverband** m vendaje m provisional; **Notwehr** f <-> legítima defensa f

notwendig adj necesario, imprescindible, preciso; **Notwendigkeit** f necesidad f

November m <-[s]> noviembre m

nüchtern adj ① sobrio; ▷*Magen* en ayunas ② >*Urteil*, *Bericht* realista, objetivo

Nudel f <-, -n> pasta f

null nr cero; (*Fehler*) ninguno; TELEC, SPORT cero; **Nullösung** f POL solución f cero

numerieren vt numerar; **numerisch** adj numérico

Nummer f <-, -n> ↑ *Zahl* número m; ↑ *Größe* talla f; número m; **Nummernschild** n AUTO matrícula f

nun I. adv ahora II. interj: ◇ - denn! [o. also] ¡vaya! III. *Partikel*: ◇ was hat er denn -? ¿qué tiene ahora?, ¿qué le pasa ahora?

nur I. adv ↑ *bloß* sólo, solamente II. cj (*allerdings, jedoch*) sólo que III. *Partikel* pues

Nuß f <-, Nüsse> nuez f

Nutte f <-, -n> puta f, furcia f

nütze adj: ◇ zu nichts - sein no servir para nada; **nutzbar** adj utilizable, aprovechable; ◇ - machen utilizar, aprovechar; **nutzbringend** adj beneficioso, lucrativo, productivo; **nutzen**, **nützen** I. vt utilizar, aprovechar II. vi servir, ser útil; **nützlich** adj útil, provechoso; ◇ sich - machen ayudar, echar una mano; **Nutzung** f utilización f, aprovechamiento m

Nymphe f <-, -n> ninfa f

O

O, o n O, o f

o interj ◇ o weh! ¡ay!; ◇ o doch! ¡claro que sí!

Oase f <-, -n> oasis m

ob cj si; ◇ das wohl wahr ist? ¿crees que puede ser verdad?; ◇ - Regen, - Sonne con lluvia, con sol; ◇ und -! ¡y tanto!

obdachlos adj sin hogar

obduzieren vt hacer la autopsia

O-Beine n/pl piernas f/pl zambas

oben adv arriba; ◇ nach - hacia arriba; ◇ von - de arriba; ◇ - ohne desnudo de cintura arriba; ◇ jd-n von - bis unten mustern mirar a alguien de arriba abajo; ◇ jd-n von - herab behandeln tratar a alguien con desprecio

obenauf adv (ganz oben) encima

obendrein adv además

obenerwähnt, obengenannt adj antes citado, susodicho

Ober m <-s, -> (in Restaurant) camarero m

Oberarm m brazo m

Oberbefehl m MIL mando m supremo; **Oberbefehlshaber** m MIL general m en jefe; **Oberbegriff** m término m genérico

Oberbekleidung f ropa f [de encima]

Oberbürgermeister(in f) m primer alcalde(-esa f) m

Oberdeck n NAUT cubierta f superior

obere(r, s) adj ▷Etage superior

Oberfläche f superficie f; **Obergeschoß** n piso m superior; **oberhalb** präp, adv por encima de

Oberhaupt n cabeza m

Oberhemd n camisa f

Oberinspektor(in f) m inspector jefe/a; **Oberkellner(in** f) m jefe/a de comedor

Oberkiefer m maxilar m superior; **Oberkörper** m tronco m, parte f superior del cuerpo; **Oberlicht** n luz f de techo; **Oberlippe** f labio m superior; **Oberschenkel** m muslo m

Oberschicht f capa f superior; (von Gesellschaft) clase f alta; **Oberschule** f instituto m de bachillerato

oberste(r, s) adj ▷Fach, Ablage superior; ▷Knopf de arriba

Oberstufe f SCH grado m superior

Oberteil n parte f superior; (von Kleidung) cuerpo m

Oberwasser n (FIG überlegen sein): ◇ - haben ser superior;

Oberweite f busto m

obgleich *cj* aunque

obige(r, s) *adj* (*in Brief*) antes mencionado, susodicho

Objekt *n* <-[e]s, -e> [1] ↑ *Gegenstand* objeto *m* [2] (*Forschungs-*)tema *m* [3] GRAM complemento *m*

Objektiv *n* FOTO objetivo *m*

Obligation *f* obligación *f*

Oboe *f* <-, -n> oboe *m*

Obulus *m* aportación *f*; ◇ seinen ~ entrichten hacer una aportación

obschon *cj* aunque

obskur *adj* oscuro

Obst *n* <-[e]s> fruta *f*; **Obstbaum** *m* árbol *m* frutal; **Obstsalat** *m* macedonia *f*

obwohl, obzwar *cj* aunque

Ochse *m* <-n, -n> buey *m*

öd[e] *adj* ▷*Land, Gegend* desierto

oder *cj* o; (*delante de o/h*) u

Ofen *m* <-s, Öfen> (*Heiz-*) estufa *f*

offen *adj* [1] ▷*Tür, Wunde* abierto [2] ▷*Stelle* libre, desocupado; **offenbaren** *vt* mostrar, manifestar; **offenbleiben** *unreg vi* quedar abierto; **offenhalten** *unreg vt* dejar abierto; **Offenheit** *f* sinceridad *f*; **offenkundig** *adj* público; **offenlassen** *unreg vt* dejar abierto; **offenlegen** *vt* revelar; **offensichtlich** *adj* evidente; **offenste-**

hen *unreg vi* ← *Tor* estar abierto

öffentlich *adj* público; **Öffentlichkeit** *f* público *m*

offiziell *adj* oficial

öffnen *vt* abrir; **Öffnung** *f* abertura *f*; **Öffnungszeit** *f* horario *m* de abertura

oft *adv* a menudo, frecuentemente; **öfter** *adv* más a menudo; **öfters** *adv* FAM muy a menudo

oh *interj* ¡oh!

ohne **I.** *präp akk* sin **II.** *cj* (*mit Infinitiv oder daß*) sin, sin que; ◇ ~ etw zu sagen sin decir nada; **ohnegleichen** *adv* ↑ *außergewöhnlich* sin igual, único

Ohnmacht *f* <-, Ohnmachten> desmayo *m*; **ohnmächtig** *adj* desmayado; FIG impotente

Ohr *n* <-[e]s, -en> oreja *f*; FAM ◇ die -en aufsperren/aufmachen abrir los oídos; **ohrenbetäubend** *adj* ▷*Lärm* ensordecedor; **Ohrenschmerzen** *m/pl* dolor *m* de oídos; **Ohrfeige** *f* bofetada *f*; **ohrfeigen** *vt* abofetear; **Ohrring** *m* aro *m* [de pendiente]

oje *interj* (*Schreck*) ¡ala!; (*Stoßseufzer*) ¡ay!

okkupieren *vt* → *Land* ocupar

Ökoladen *m* tienda *f* de productos naturales; **ökologisch** *adj* ecológico

ökonomisch *adj* económico

Ökopartei f partido m verde/ecológico; **Ökosystem** n ecosistema m

Oktober m <-[s], -> octubre m

ökumenisch adj ecuménico

Öl n <-[e]s, -e> aceite m; **ölen** vt engrasar; **Ölfarbe** f pintura f al óleo; **Ölfeld** n campo m petrolífero; **Ölheizung** f calefacción f de fuel-oil; **ölig** adj aceitoso; **Ölsardinen** f/pl sardinas f/pl en aceite; **Ölwechsel** m cambio m de aceite

Olympiade f olimpíada f; **olympisch** adj olímpico

Oma f <-, -s> FAM abuelita f

Omelett[e] n <-[e]s, -s> tortilla f

ominös adj sospechoso, ominoso

Omnibus m autocar m

Onkel m <-s, -> tío m

Opa m <-s, -s> FAM abuelito m

Oper f <-, -n> ópera f

Operation f operación f; **operieren** I. vt operar, intervenir II. vi operar

Opernball m baile m de la ópera; **Opernsänger(in** f) m cantante m/f de ópera

Opfer n <-s, -> víctima f; **opfern** I. vt sacrificar II. vr ◊ sich ~ sacrificarse

opponieren vi oponerse, oponer resistencia (gegen a)

opportun adj ↑ zweckmäßig oportuno

Opposition f resistencia f; POL oposición f; **oppositionell** adj de la oposición

Optiker(in f) m <-s, -> óptico m/f

optimal adj óptimo

Optimist(in f) m optimista m/f

Orakel n <-s, -> oráculo m

oral adj oral

Orange f <-, -n> naranja f

Oratorium n oratorio m

Orchester n <-s, -> orquesta f

Orchidee f <-, -n> orquídea f

Orden m <-s, -> ① REL orden f ② (Verdienst-) condecoración f

ordentlich adj ① ↑ anständig decente ② ↑ geordnet ordenado

ordern vti pedir, encargar

ordinär adj ordinario

ordnen vt ordenar, poner en orden; **Ordner** m <-s, -> ordenador m; **Ordnung** f disposición f; ◊ alles in ~? ¿está todo bien/en orden?; **ordnungsgemäß** adj en regla; **ordnungshalber** adv por orden; **Ordnungsstrafe** f multa f; **ordnungswidrig** adj ilegal

Organ n <-s, -e> órgano m

Organisation f organización f; **Organisationstalent** n (Mensch) talento m organizador; **organisieren** I. vt organizar II. vr ◊ sich ~ organizarse, unirse

Organismus m organismo m

Organverpflanzung f transplante m de órganos

Orgel f <-, -n> órgano m

Orgie f orgía f

Orient m <-s> oriente m; **orientalisch** adj oriental

orientieren vr ◇ sich - orientarse; **Orientierung** f orientación f

original adj original; **Originalfassung** f versión f original

originell adj original, curioso

Orkan m <-[e]s, -e> huracán m

Ornament n ornamento m, adorno m

Ort m <-[e]s, -e> **1** ↑ *Platz, Stelle* lugar m, sitio m; **2** ~ **an - u. Stelle** en el mismo lugar **2** ↑ *Dorf* población f

Orthographie f ortografía f

Orthopäde m <-n, -n>, **Orthopädin** f MED ortopeda m/f

örtlich adj local; **Örtlichkeit** f localidad f

Ortsangabe f indicación f del lugar; **Ortschaft** f población f; **ortsfremd** adj forastero, de fuera; **Ortsgespräch** n **1** TELEC conferencia f urbana **2** ↑ *Dorfklatsch* cotilleo m del lugar; **Ortszeit** f hora f local

Ostblock m POL bloque m oriental

Osten m <-s> oriente m; *(von Land)* este m

ostentativ adj ostentoso

Osterei n huevo m de Pascua; **Osterfest** n Pascua f; **Ostern** n <-> Pascua f

Österreich n Austria f; ◇ **in - en** Austria; ◇ **nach - fahren** ir a Austria

Osteuropa n Europa f oriental

östlich I. adj oriental; ▷*Kurs, Richtung* al este II. adv al este; ◇ **- von Rom** al este de Roma

out adj FAM: ◇ **- sein** estar pasado de moda

oval adj oval, ovalado

Oxidationsmittel n oxidante m; **oxidieren** vi oxidar

Ozean m <-s, -e> océano m

Ozon n <-s> ozono m; **Ozonloch** n agujero m de ozono; **Ozonschicht** f capa f de ozono

P

P, p n P, p f

paar <inv> adj: ◇ **ein -** ↑ *einige* algunos, unos pocos; **Paar** n <-[e]s, -e> **1** par m **2** *(Liebes-)* pareja f; **paarmal** adv: ◇ **ein - un** par de veces; **paarweise** adv ↑ *zu zweit* en parejas

Päckchen n **1** paquete m **2** *(von Zigaretten)* cajetilla f

packen vt 1 → *Koffer* hacer la maleta 2 ↑ *festhalten* coger 3 FIG ↑ *ergreifen, fesseln* absorber, cautivar 4 FAM ↑ *bewältigen* ◇ **er packt das nicht** él no lo va a lograr; **Packpapier** n papel m de embalar; **Packung** f 1 (~ *Kekse*) caja f, paquete m 2 ↑ *Kompresse* compresa f

Pädagoge m <-n, -n> pedagogo m; **Pädagogin** f pedagoga f; **Pädagogik** f pedagogía f; **pädagogisch** adj pedagógico

Paddelboot n piragua f

Pagenkopf m (*Frisur*) melena f estilo paje

Paket n <-[e]s, -e> paquete m; **Paketkarte** f formulario m de envío postal; **Paketschalter** m ventanilla f de envíos postales

Pakistan n Pakistán m

Pakt m <-[e]s, -e> pacto m

Palast m <-es, Paläste> 1 palacio m 2 (*Tanz-*) sala de baile f

Palästinenser(in) f) m <-s, -> palestino/a

Palme f <-, -n> palmera f

Pampelmuse f <-, -n> pomelo m

panieren vt GASTRON empanar

Panik f: ◇ **ich bin in - geraten** me ha entrado pánico; **panisch** adj pánico, de pánico

Panne f <-, -n> 1 avería f;

◇ **Reifen-** pinchazo m 2 ↑ *Mißgeschick* percance m

Panther m <-s, -> pantera f

Pantoffel m <-s, -n> zapatilla f; FAM ◇ **er steht unterm -** es un calzonazos

Papa m <-s, -s> FAM papá m

Papagei m <-s, -en> papagayo m

Papier n <-s, -e> 1 papel m 2 (*Wert-*) título m 3 ◇ -e pl documentos pl; **Papierkorb** m papelera f

Pappe f <-, -n> cartón m

Pappel f <-, -n> álamo m

Paprika m <-s, -s> 1 pimiento m 2 (*-pulver*) pimentón m

Papst m <-[e]s, Päpste> Papa m

Paradies n <-es, -e> 1 edén m 2 FIG ↑ *fruchtbarer, schöner Ort* paraíso m; **paradiesisch** adj paradisíaco

paradox adj paradójico; **Paradox** n <-es, -e> paradoja f

Paragraph m <-en, -en> 1 (JURA *Gesetzes-*) artículo m 2 ↑ *Textabschnitt* párrafo m

parallel adj paralelo; **Parallele** f <-, -n> 1 (*Linien*) paralela f 2 ↑ *Ähnlichkeit* paralelismo m

Parasit m <-en, -en> 1 ↑ *Schädling* parásito m 2 FIG ↑ *Schmarotzer* gorrón m

Parfüm n <-s, -s o. -e> perfume m; **Parfümerie** f perfumería f

Park m <-s, -s> 1 (*Stadt-*) parque m 2 (*Fuhr-*) parking m

parken I. vt → *Auto* aparcar II. vi ↑ *halten* parar; **Parkhaus** n aparcamiento m de coches; **Parkplatz** m ① plaza f de aparcamiento ② (*großer Platz*) aparcamiento m; **Parkverbot** n vado m

Parlament n parlamento m; **Parlamentarier(in** f) m ‹-s, -› diputado/a; **parlamentarisch** adj parlamentario

Parole f ‹-, -n› lema m

Partei f partido m; **parteiisch** adj partidario; **parteilos** adj sin partido político, independiente; **Parteitag** m congreso m del partido

Partie f ① → *Schach, Poker* partida f ② ◇ gute - ↑ *Heirat* buen partido ③ (*Mund-*) zona f ④ COMM partida f

Partizip n ‹-s, -ien› GRAM participio m

Partner(in f) m ‹-s, -› ① (*Geschäfts-*) socio/a ② → *Spiel* pareja f ③ ↑ *Lebensgefährte* pareja f; **partnerschaftlich** adj ↑ *gleichberechtigt* de igualdad

Party f ‹-, -s o. Parties› fiesta f

Paß m ‹Passes, Pässe› ① (*Reise-*) pasaporte m ② (*Berg-*) paso m

Passage f ‹-, -n› ① (*Schiffs-, Durchgang*) → *Text* pasaje m

Passagier m ‹-s, -e› pasajero m

Passant(in f) m ↑ *Fußgänger* transeúnte m/f

Paßamt n oficina f de pasaportes; **Paßbild** n fotografía f de pasaporte

passen vi ① ← *Kleidung* sentar bien ② ↑ *harmonieren* armonizar, pegar (*zu con*) ③ ◇ **ich passe** ↑ *aufgeben* paso ④ ◇ **das paßt mir nicht** (*nicht einverstanden sein*) eso no me viene bien; **passend** adj ① ▷*Termin* conveniente ② ▷*Antwort* ↑ *angebracht* adecuado

passieren I. vi ↑ *geschehen* pasar, ocurrir II. vt ① → *Brücke* ↑ *vorbei-, darüberfahren* cruzar ② ↑ *durch Sieb* colar

passiv adj (*Ggs aktiv*) pasivo; **Passiv** n GRAM pasiva f; **Passiva** pl COMM ↑ *Schulden* deberes m/pl pasivos; **Passivität** f pasividad f; **Passivraucher(in** f) m fumador(a f) m pasivo/a

Paßkontrolle f control m de pasaportes; **Paßstraße** f paso m de montaña

Pastor(in f) m pastor(a f) m

Pate m ‹-n, -n› (*Tauf-*) padrino m; **Patenkind** n ahijado m

Patent n ‹-[e]s, -e› patente f; **Patentamt** n registro m de la propiedad industrial; **patentieren** vt patentar; **Patentschutz** m protección f de la propiedad industrial

Pater m <-s, - o. Patres> REL padre m

pathetisch adj patético

Patient(in) f) m paciente m/f

Patin f madrina f

Patriot(in) f) m <-en, -en> patriota m/f; **patriotisch** adj patriótico; **Patriotismus** m patriotismo m

Patron m <-s, -e> (Schutz-) patrón m

Patrone f <-, -n> cartucho m

pauken vti SCH empollar; **Pauker(in)** f) m <-s, -> FAM ↑ Lehrer profe m/f

pausbäckig adj ↑ dickbäckig mofletudo

Pauschalpreis m precio m global; **Pauschalreise** f viaje m con todo incluido

Pause f <-, -n> 1 (Mittags-) pausa f 2 ↑ Kopie calco m

pausen vt ↑ kopieren calcar

pausenlos adj sin descanso; **Pausenzeichen** n MUS sintonía f

Pauspapier n calca f

Pavian m <-s, -e> babuino m

Pazifik m <-s> Pacífico m

Pazifist(in) f) m pacifista m/f; **pazifistisch** adj pacifista

PC m <-s, -s> Abk v. **Personal Computer**

Pech n <-s, -e> 1 pez f; FIG ◇ wie - und Schwefel ser uña y carne 2 FIG ↑ Unglück mala suerte f; ◇ - haben tener mala suerte; **Pechsträhne** m FAM mala racha f; **Pechvogel** m (FAM Person) gafe m

Pedal n <-s, -e> pedal m

Pegel m <-s, -> 1 (Wasser-) nivel m del agua 2 (Geräusch-) volumen m del sonido

peilen vt 1 ↑ ausloten sondear 2 FIG → Lage explorar

Pein f <-> tortura f; **peinigen** vt torturar; **peinlich** adj 1 ↑ beschämend desagradable 2 ↑ gewissenhaft minucioso

Peitsche f <-, -n> látigo m; **peitschen** vt 1 ↑ schlagen dar latigazos, azotar 2 ← Regen llover a cántaros, diluviar

Pelz m <-es, -e> piel f

penetrant adj pesado

Penis m <-, -se> ANAT pene m

Pension f 1 pensión f; ◇ Halbmedia pensión; ◇ Voll- pensión completa 2 ↑ Ruhestand ↑ Rente pensión f; **Pensionär(in)** f) m ↑ Rentner ↑ Schüler pensionista m/f; **pensioniert** adj pensionado; **Pensionsgast** m huésped m

per präp akk 1 (- Bahn) ↑ mit, durch por 2 (Datum) ↑ bis hasta

perfekt adj perfecto

Perfekt n <-[e]s, -e> GRAM pretérito m perfecto

Pergament n pergamino m

Periode f <-, -n> [1] ↑ *Zeitabschnitt* período m [2] ↑ *Menstruation* período m, regla f; **periodisch** adj periódico

Peripherie f periferia f; **Peripheriegerät** n PC ↑ *Drucker*, *Tastatur* equipo m periférico

Perle f <-, -n> perla f

perplex adj perplejo

Person f <-, -en> [1] ↑ *Mensch* persona f [2] ↑ *Film-, Romanfigur* personaje m

Personal n <-s> personal m; **Personalabteilung** f sección f de personal; **Personalausweis** m carné m de identidad; **Personal Computer** m PC ordenador m personal; **Personalien** pl datos m/pl personales; **Personalpronomen** n GRAM pronombre m personal; **Personenkraftwagen** m coche m, turismo m, automóvil m; **Personenkreis** m grupo m de personas; **Personenschaden** m desgracias f/pl personales; **personifizieren** vt personificar; **persönlich I.** adj ↑ *intim, vertraulich* personal **II.** adv: ◇ etw ~ erledigen ↑ *selbst* solucionar algo personalmente; **Persönlichkeit** f personalidad f

Perspektive f perspectiva f

Perücke f <-, -n> peluca f

pervers adj perverso

Pessimismus m pesimismo m;

Pessimist(in f) m pesimista m/f; **pessimistisch** adj pesimista

Petersilie f perejil m

Petroleum n <-s> petróleo m

Pfad m <-[e]s, -e> [1] ↑ *Weg* sendero m [2] PC subregistro m

Pfahl m <-[e]s, Pfähle> estaca f

Pfand n <-[e]s, Pfänder> [1] (*Flaschen-*) dinero m por el envase [2] (*bei Pfänderspiel*) prenda f [3] FIG ↑ *Leihgabe* préstamo m [4] JURA fianza f; **Pfandbrief** m (*Wertpapier*) célula f hipotecario; **pfänden** vt embargar; **Pfandhaus** n casa f de empeño; **Pfandschein** m resguardo m; **Pfändung** f embargo m

Pfanne f <-, -n> [1] (*Brat-*) sartén f [2] (*FAM fertigmachen*) ◇ jd-n in die ~ hauen machacar a alguien, hacer polvo a alguien

Pfarrer(in f) m <-s, -> cura m/f

Pfau m <-[e]s, -en> pavo m real

Pfeffer m <-s, -> pimienta f

Pfefferminz n <-es, -e> menta f

pfeffern vt [1] echar pimienta f [2] ◇ gepfefferte Preise haben ser caro

Pfeife f <-, -n> [1] (*Triller-*) silbato m [2] (*Tabaks-*) pipa f [3] FAM ↑ *Versager* ◇ so e-e ~ un perdedor

Pfeil m <-[e]s, -e> flecha f

Pfeiler m <-s, -> pilar m

Pfennig m <-[e]s, -e> pfennig m

Pferd n <-[e]s, -e> caballo m

pfiff impf v. **pfeifen**

Pfingsten n <-, -> Pascua f; **Pfingstrose** f peonía f

Pfirsich m <-s, -e> melocotón m

Pflanze f <-, -n> planta f; **pflanzen** vt plantar; **Pflanzenfett** n aceite m vegetal

Pflaster n <-s, -> [1] (Heft-) esparadrapo m [2] (Kopfstein-) empedrado m

Pflaume f <-, -n> ciruela f

Pflege f <-, -n> [1] ↑ Betreuung cuidado m [2] ↑ Instandhaltung conservación f; (von Garten) cuidado m; **pflegebedürftig** adj necesitado de cuidado; **pflegen** vt [1] ↑ versorgen cuidar [2] → Beziehungen mantener [1] → Gewohnheit soler (zu inf)

Pflicht f <-, -en> [1] ▷ erfüllen obligación f, deber m; **pflichtbewußt** adj con sentido del deber; **Pflichtfach** n asignatura f obligatoria

pflücken vt coger

Pforte f <-, -n> puerta f; **Pförtner(in** f) m <-s, -> portero/a

Pfosten m <-s, -> poste m, jamba f

Pfote f <-, -n> [1] pata m

Pfund n <-[e]s, -e> [1] libra f [2] (Sterling) libra f esterlina

Pfütze f <-, -n> charco m

Phänomen n <-s, -e> fenómeno

m; **phänomenal** adj extraordinario

Phantasie f fantasía f, imaginación f; **phantasielos** adj sin imaginación; **phantastisch** adj [1] ↑ toll genial [2] ↑ unrealistisch fantástico

Pharmazeut(in f) m <-en, -en> farmacéutico/a

Phase f <-, -n> fase f, época f

Philippinen pl las Filipinas pl

Philologie f filología f

Philosophie f filosofía f; **philosophisch** adj filosófico

Phonetik f fonética f

Phosphat n <-s> fosfato m; **phosphatfrei** adj sin fosfato

Phosphor m <-s> fósforo m

Photo n <-s, -s> foto f

pH-Wert m nivel m de pH

Physik f física f; **physikalisch** adj físico; **Physiker(in** f) m <-s, -> físico/a

Physiologie f fisiología f; **physisch** adj físico

Pickel m <-s, -> grano m

Picknick n <-s, -e o. -s> picnic m, merienda f en el campo

Pigment n pigmento m

Pik n <-s, -s> (Karte) espadas f/pl

pikant adj [1] ↑ scharf picante [2] ▷ Angelegenheit escabroso

Pilger(in f) m <-s, -> peregrino/a

Pille f <-, -n> [1] ↑ Tablette pastilla f [2] (zur Verhütung) píldora f

Pilot(in f) m <-en, -en> piloto/a

Pilz m <-es, -e> ① ▷ giftig seta f ② (-krankheit) hongo m

Pinie f pino m

pinkeln vi FAM ↑ urinieren mear

Pinsel m <-s, -> ① pincel m ② (Einfalts-) simple m, inocentón m

Pinzette f pinza f

Piste f <-, -n> pista f

Pistole f <-, -n> pistola f

Pkw m <-[s], -[s]> Abk v. **Personenkraftwagen** turismo m, coche m, automóvil m

plagen I. vt atomentar II. vr ◇ sich ~ afanarse

Plakat n anuncio m

Plan m <-[e]s, Pläne> ① (Stadt-) plano m ②

plappern vi FAM charlar, parlar

Plastik I. f (Kunstwerk) arte m plástico II. n ↑ Kunststoff plástico m

Plastiktüte f bolsa f de plástico

Platin n <-s> platino m

Platte f <-, -n> ① (Tisch-) tablero m; (Stein-) piedra f ② (Schall-) disco m; **Plattenspieler** m tocadiscos m

Plattfuß m (von Reifen) pinchazo m

Platz m <-es, Plätze> ① ↑ Raum espacio m ② (Sitz-) asiento m ③

(Markt-) plaza f; (Park-) plaza de aparcamiento f ④ ↑ Plazierung posición m

platzen ① vi explotar, reventar

Platzwunde f herida f abierta

plaudern vi charlar

plazieren I. vt ↑ hinstellen colocar, poner II. vr ◇ sich ~ SPORT clasificarse

Pleite f <-, -n> FAM ① ↑ Bankrott bancarrota f, quiebra f ② ↑ Reinfall fracaso m

Plenum n <-s, Plena> pleno m

Plombe f <-, -n> ① ↑ Siegel precinto m ② (Zahn-) empaste m; **plombieren** vt → Zahn empastar

plötzlich I. adj ↑ jäh, unerwartet inesperado II. adv ↑ auf einmal de repente

plündern I. vt → Geschäft saquear II. vi ↑ stehlen robar; **Plünderung** f saqueo m

Plural m <-s, -e> GRAM plural m

plus adv y, más; **Plus** n <-, -> ① ↑ Mehr plus m ② ↑ Vorteil ventaja f

Plutonium n plutonio m

PLZ Abk v. **Postleitzahl**

Po m <-s, -s> FAM ↑ Hintern trasero m

pochen vi ① → Puls palpitar ② ◇ an die Tür – llamar a la puerta

Pocken pl viruela f

Podium n ↑ *Bühne* estrado m, podio m

Poet(in f) m <-en, -en> poeta(-isa f) m

Pol m <-s, -e> polo m; **Polarkreis** m círculo m polar

Pole m <-n, -n> polaco m; **Polen** n Polonia f

Police f <-, -n> (*Versicherungs-*) póliza f

polieren vt dar brillo

Polin f polaca f

Politik f política f; **Politiker(in** f) m <-s, -> político/a; **politisch** adj político

Polizei f policía f; **polizeilich** adj [1] policial; ◇ - gesucht buscado por la policía [2] ◇ sich - melden darse de alta en la policía; **Polizist(in** f) m policía m

Pollen m <-s, -> (*Blüten-*) polen m

polnisch adj polaco

Polyp m <-en -en> [1] *FAM* ↑ *Polizist* poli m [2] ◇ **-en** pl pólipo m

Pomade f gomina f

Pommes frites pl patatas pl fritas

Popmusik f música f pop

populär adj popular; **Popularität** f popularidad f

Portal n <-s, -e> portal m

Portemonnaie n <-s, -s> monedero m

Portier m <-s, -s> portero m

Portion f ración f, porción f

Porto n <-s, -s> franqueo f; **portofrei** adj porte pagado

Porträt n <-s, -s> retrato m; **porträtieren** vt retratar

Portugal n Portugal m; **Portugiese** m <-n, -n> portugués m; **Portugiesin** f portuguesa f; **portugiesisch** adj portugués

Porzellan n <-s, -e> porcelana f

Position f posición f

positiv adj [1] ↑ *bestätigend* afirmativo [2] ▷*denken* positivo

Possessivpronomen n pronombre m posesivo

Post f <-> [1] (*-amt*) correos m/pl [2] ↑ *Briefe* correo m; **Postanweisung** f giro m postal; **Postbote** m, **-botin** f cartero/a

Posten m <-s, -> [1] ↑ *Amt, Stellung* puesto m [2] (COMM *Waren-*) existencias f/pl [3] MIL cargo m

Poster n <-s, -> póster m

Postfach n apartado m de correos; **Postkarte** f postal f; **postlagernd** adv lista de correos; **Postleitzahl** f distrito m postal; **Postsparkasse** f caja f postal; **Poststempel** m matasellos m; **postwendend** adv FIG a vuelta de correo

Potenz f potencia f

prächtig adj [1] ↑ *prunkvoll* suntuoso [2] ▷*Mensch* maravilloso

Prädikat n ① (GRAM Verb) predicado m ② (Bewertung) calificación f

prägen vt grabar

Prägnanz f exactitud f

prahlen vi presumir de; **Prahlerei** f presunción f

Praktik f práctica f; **Praktikum** n <-s, Praktika> prácticas f/pl; **praktisch I.** adj ① ↑ zweckmäßig práctico ② ↑ geschickt hábil ③ ◊ -er Arzt practicante m **II.** adv: ◊ er verdient nichts no gana nada practicamente; **praktizieren I.** vt ↑ anwenden practicar **II.** vi ← Arzt ejercer

Praline f bombón m

Prämie f ① (Geld-) recompensa f, premio m ② (Versicherungs-) prima f; **prämieren** vt premiar

präparieren vt preparar

Präposition f GRAM preposición f

Präsens n <-> GRAM presente m

präsentieren vt presentar

Präservativ n preservativo m

Präsident(in f) m presidente/a

Präsidium n ① (Polizei-) jefatura f ② ↑ Gremium presidencia f

Präteritum n <-s, Präterita> GRAM pretérito m

Praxis f <-, Praxen> ① práctica f ② (Arzt-) consulta f

Predigt f <-, -en> sermón m

Preis m <-es, -e> ① precio m ② ↑ Gewinn premio m ③ ◊ **um keinen** - por nada del mundo

preisen <pries, gepriesen> vi alabar

preiswert adj económico

prekär adj precario

prellen vt ← Zeche marcharse sin pagar; **Prellung** f golpe m

Premiere f <-, -n> estreno m; **Premierminister(in** f) m primer ministro m, primera ministra f

Presse f <-, -n> ① (Saft-) exprimidor m ② ↑ Zeitung prensa f; **Pressefreiheit** f libertad f de prensa; **Pressekonferenz** f rueda f de prensa; **Pressemeldung** f noticia f de prensa

pries impf v. **preisen**

Priester(in f) m <-s, -> cura m/f

prima <inv> adj genial

primitiv adj ① ↑ einfach primitivo, sencillo ② ↑ dürftig, armselig pobre ③ ↑ geistlos corto de miras

Prinz m <-en, -en> príncipe m; **Prinzessin** f princesa f

Prinzip n <-s, -ien> ① ↑ Grundsatz principio m; ◊ -ien haben tener principios ② ◊ im - en principio

privat adj ① Besitz particular ② ↑ familiär privado ③ ↑ persönlich privado, personal

pro I. *präp* ↑ *für*, *je por akk* II. *adv*: ◇ - **und kontra** pros y contras

Probe *f* <-, -n> ① ↑ *Test* prueba *f*; ◇ **jd-n auf die - stellen** poner a alguien a prueba ② (THEAT *General-*) ensayo *m* ③ (Wein-) degustación *f*; **Probeexemplar** *n* muestra *f*; **proben** *vt* THEAT ensayar; **probeweise** *adv* a base de ensayos; **Probezeit** *f* período *m* de prueba; **probieren** I. *vt* → *Wein* probar II. *vi* ↑ *experimentieren* probar, ensayar

Problem *n* <-s, -e> problema *m*; **problemlos** *adj* sin problemas

Produkt *n* <-[e]s, -e> ① ↑ *Erzeugnis* producto *m* ② ↑ *Ergebnis* resultado *m*; **Produktion** *f* producción *f*; **Produzent(in** *f)* *m* (von Ware) fabricante *m/f* ② (von Film) productor(a *f) m*; **produzieren** I. *vt* producir, fabricar II. *vr* ↑ *sich darstellen* presentarse

professionell *adj* profesional

Professor(in *f)* *m* profesor(a *f) m*; (Schule) maestro/a

Profi *fm* profesional *mf*

Profil *n* <-s, -e> ① (von Reifen) dibujo *m* ② (von Gesicht) perfil *m* ③ FIG ↑ *Ausstrahlung* carisma *m*

Profit *m* <-[e]s, -e> beneficio *m*;

profitieren *vi* beneficiarse, sacar provecho (von de)

Prognose *f* <-, -n> pronóstico *m*

Programm *n* <-s, -e> ① (Fernseh-) programa *m* ② (Kino-) cartelera *f* ③ PC programa *m*; **programmieren** *vt* PC programar; **Programmierer(in** *f) m* <-s, -> técnico/a de programación; **Programmiersprache** *f* PC lenguaje *m* de programación

progressiv *adj* progresivo

Projekt *n* <-[e]s, -e> ① ↑ *Plan* plan *m* ② (Selbsthilfe-) proyecto *m*

proklamieren *vt* proclamar

Proletariat *n* proletariado *m*

Promenade *f* paseo *m*

Promille *n* <-[s], -> (Alkohol) grado *m* de alcoholemia

Promiskuität *f* promiscuidad *f*

Promotion *f* ① COMM ↑ *Werbung* promoción *f* ② ↑ *Doktortitel* doctorado *m*; **promovieren** *vi* doctorarse

prompt *adj* rápido

Pronomen *n* <-s, -> GRAM pronombre *m*

Prophet(in *f) m* <-en, -en> profeta *m/f*

Proportion *f* proporción *f*; **proportional** *adj* proporcional

Prosa *f* <-> prosa *f*

Prospekt *m* <-[e]s, -e> (Werbe-) prospecto *m*

prost *interj* salud

prostituieren vr ◇ sich - prostituirse; **Prostituierte** f prostituta f

Protest m <-[e]s, -e> protesta f

Protestant(in f) m protestante m/f; **protestantisch** adj protestante

protestieren vi protestar

Prothese f <-, -n> (Zahn-) prótesis f

Proton n <-s, -en> protón m

Prototyp m prototipo m

Proviant m <-s, -e> comida f

Provinz f <-, -en> provincia f; **provinziell** adj provinciano

Provision f (Verkaufs-) comisión f

provisorisch adj provisional

Provokation f provocación f; **provozieren** vt provocar

Prozent n <-[e]s, -e> (hundertster Teil) tanto m por ciento; **Prozentsatz** m porcentaje m; **prozentual** adj con respecto al tanto por ciento

Prozeß m <Prozesses, Prozesse> 1 JURA juicio m 2 ↑ Vorgang proceso m; 2 ◇ - kurzen - machen ir directo al grano; **prozessieren** vi pleitear (gegen contra)

Prozession f (religiös) procesión f

prüfen vi 1 ↑ testen probar, comprobar 2 ↑ kontrollieren controlar 3 ↑ Prüfung abnehmen examinar; **Prüfer(in** f) m

<-s, -> examinador(a f) m; **Prüfling** m examinado/a; **Prüfung** f 1 (von Motor) comprobación f 2 (Ausbildung) examen m 3 (Buch-) revisión f

Prügel m <-s, -> 1 (Holz-) palo m 2 ◇ - pl ↑ Schläge paliza f; **Prügelei** f pelea f; **prügeln I.** vt dar una paliza **II.** vr ◇ sich - pelearse

pseudo- präf seudo

Psychiater(in f) m <-s, -> psiquiatra m/f

psychisch adj [p]síquico

Psychoanalyse f [p]sicoanálisis m

Psychologe m <-n, -n> [p]sicólogo m; **Psychologin** f [p]sicóloga f; **Psychologie** f [p]sicología f; **psychologisch** adj [p]sicológico

Psychopharmaka pl (Medizin) tranquilizante m

psychosomatisch adj [p]sicosomático

Psychoterror m terror m [p]sicológico

Psychotherapeut(in f) m [p]sicoterapeuta m/f

Pubertät f pubertad f

Publikum n <-s> público m

publizieren vt publicar

Pudding m <-s, -e o. -s> (Vanille-) flan m

Puder m <-s, -> (Baby-) polvos m/pl

Puff ^{1} n <-s, -s> *FAM* casa f de citas

Puff ^{2} m <-s, Püffe> ↑ *Schubs, Stoß* golpe m

Pullover m <-s, -s> jersey m

Puls m <-es, -e> pulso m

Pulver n <-s, -> ① polvos m/pl ② (*Schieß-*) pólvora f; **pulverisieren** vt pulverizar; **Pulverschnee** m nieve f polvo

Pumpe f <-, -n> ① (*Luft-*) inflador m ② (*Wasser-*) bomba f ③ *FAM* ↑ *Herz* corazón m

Punk m <-s, -s> (*Jugendlicher*) punky m

Punkt m <-[e]s, -e> ① ① *Satzzeichen* punto m ② *FIG* ↑ *Angelegenheit* punto m, asunto m

pünktlich adj puntual

Pupille f <-, -n> pupila f

Puppe f <-, -n> (*Stoff-*) muñeca f

pur adj ① ↑ *rein, unvermischt* puro ② ↑ *völlig* total

Püree n <-s, -s> puré m

Putsch m <-[e]s, -e> golpe m de estado; **putschen** vi dar un golpe de estado

putzen vt ① limpiar ② → *Nase* limpiarse; **Putzfrau** f limpiadora f

putzig adj mono

Putzlappen m trapo m de limpiar

Pyjama m <-s, -s> pijama m

Pyramide f <-, -n> pirámide f

Q

Q, q n Q, q f

Quacksalber(in f) m <-s, -> *PEJ* charlatán(-ana f) m

Quader m <-s, -> (*-stein*) sillar m, piedra f de sillería

Quadrat n *MATH* cuadrado m; **Quadratkilometer** m kilómetro m cuadrado; **Quadratwurzel** f *MATH* raíz f cuadrada

quaken vi ← *Frosch* croar; ← *Ente* graznar

Qual f <-, -en> tortura f; ▷ *seelisch* tormento m; **quälen** vt ↑ *foltern* torturar, atormentar; (*mit Bitten*) molestar; **Quälgeist** m *FAM* plomo m, pelmazo m

Qualifikation f cualificación f, calificación f

Qualität f ① (*von Ware*) calidad f ② *FIG* ↑ *positive Eigenschaften* cualidad f; **Qualitätsware** f productos m/pl de calidad

Qualle f <-, -n> medusa f

Qualm m <-[e]s> humareda f; **qualmen** vti ← *Schornstein* echar humo

qualvoll adj tormentoso, espantoso

Quantität f cantidad f; **quantitativ** adj cuantitativo

Quantum n <-s, Quanten> cantidad f

Quarantäne f <-, -n> cuarentena f

Quark m <-s> ① GASTRON requesón m ② FAM ↑ Unsinn tonterías f/pl; **Quarkkuchen** m pastel m de queso fresco

Quartal n <-s, -e> trimestre m; ◇ **Kündigung zum -[sende]** despido al final del trimestre;

Quartett n <-s, -e> MUS cuarteto m

Quartier n <-s, -e> ↑ Unterkunft alojamiento m

Quarz m <-es, -e> cuarzo m

quasi adv casi

quasseln vi FAM desbarrar

Quatsch m <-es> FAM ↑ Unsinn tonterías f/pl; **quatschen** vi FAM estar de palique, cotillear, desbarrar

Quecksilber n CHEM mercurio m

Quelle f <-, -n> ① (Erdöl-) yacimiento m ② FIG ↑ Herkunft origen m ③ ↑ Literaturangabe fuente f bibliográfica; **quellen** <quoll, gequollen> vi ① (hervor-) brotar, manar ② ↑ schwellen ← Holz hincharse

quengeln vi FAM lloriquear

quer adv ① ↑ der Breite nach transversal ② ↑ schräg diagonal; ◇ **- durch den Wald** a través del bosque; ◇ **- über den Platz**

gehen pasar por [el medio de] la plaza; **Querbalken** m travesaño m; **Quere** f <-, -n> FAM: ◇ **jd-m in die - kommen** poner pegas a alguien; **querfeldein** adv a campo través; **Querflöte** f MUS flauta f travesera; **Querruder** n AERO alerón m; **Querschiff** n nave f transversal; **querschnittsgelähmt** adj parapléjico [por la médula]; **Querstraße** f travesía f

Querulant(in) m f intrigante m/f

Quetschung f MED contusión f, magulladura f

quieken vi ← Schwein chillar, dar gritos agudos

quietschen vi ← Tür chunregiar; ← Mensch chillar; FAM ◇ **vor Vergnügen -** gritar de contento

Quintett n <-s, -e> quinteto m

Quirl m <-[e]s, -e> molinillo m

quitt adj ◇ **- sein mit jd-m** estar en paz con alguien

quittieren vt ① → Rechnung extender [un recibo] ② → Dienst presentar la dimisión; **Quittung** f recibo m

Quiz n <-, -> concurso m; **Quizmaster** m <-s, -> presentador m; **Quizsendung** f concurso m televiso

Quote f <-, -n> cuota f; **Quotenregelung** f regulación f de la cuota

Quotient m <-en, -en> MATH cociente m

R

R, r n R, r f

Rabatt m <-[e]s, -e> descuento m

Rabe m <-n, -n> cuervo m

rabiat adj ↑ grob bruto, grosero

Rache f <-> venganza f; ◇ an jd-m - nehmen vengarse de alguien

Rachen m <-s, -> boca f

rächen I. vt: jd-n - vengar a alguien II. vr ◇ sich - vengarse de alguien; **rachsüchtig** adj vengativo

Rad n <-[e]s, Räder> 1 ↑ Reifen rueda f 2 (Fahr-) bici f

Radar n o m <-s> radar m; **Radarkontrolle** f control m por radar

Radau m <-s> FAM revuelta f, jaleo m

radfahren unreg vi ir en bicicleta; **Radfahrer(in)** m ciclista m/f; **Radfahrweg** m carril m para bicicletas

radieren vt borrar; **Radiergummi** m goma f de borrar; **Radierung** f aguafuerte m

radikal adj 1 ↑ rigoros radical 2 (links-) extremista; **Radikale(r)** fm (Links-, Rechts-) extremista m/f

Radio n <-s, -s> radio f

radioaktiv adj radiactivo; **Radioaktivität** f radiactividad f

Radiorecorder m <-s, -> radiocassette m

Radius m <-, Radien> radio m

Radrennen n carrera f ciclística; **Radsport** m ciclismo m

raffen vt 1 → Stoff recoger 2 → Geld amasar

raffiniert adj refinado, sutil, vivo

Rahm m <-s> crema m

Rahmen m <-s, -> 1 (Bilder-) marco m 2 (von Auto) chasis m 3 FIG ◇ im - des Möglichen dentro de lo posible

Rakete f <-, -n> misil m

Rampe f <-, -n> rampa f; **Rampenlicht** n candilejas fipl; FIG ◇ im - stehen ser el centro

Rand m <-[e]s, Ränder> 1 (von Teller) borde m; (von Brille) montura f (von Augen) ojeras fipl 3 (von Papier) margen m; FIG ◇ am -e de paso

randalieren vi saquear, destruir

rang impf v. **ringen**

Rang m <-[e]s, Ränge> 1 ↑ Ordnung orden f 2 ↑ Sitzreihe fila f

rangieren I. vt maniobrar II. vi:

◇ **an erster Stelle** - figurar en primer lugar; **Rangordnung** f **1** ↑ *Hierarchie* jerarquía f **2** FIG escala f

Ranke f <-, -n> zarcillo m

rann *impf v.* **rinnen**

rannte *impf v.* **rennen**

ranzig *adj* rancio

Raps m <-es, -e> colza f

rar *adj* **1** ↑ *selten* raro **2** ◇ **sich ~ machen** dejarse ver poco; **Rarität** f curiosidad f

rasch *adj* rápido

rasen *vi* **1** ↑ *schnell fahren* conducir muy deprisa **2** ↑ *wüten* estar furioso

Rasen m <-s, -> césped m

Rasierapparat m maquinilla f de afeitar; **rasieren** I. *vt* ~ *Bart* afeitar II. *vr* ◇ **sich ~** afeitarse; **Rasierklinge** f hoja f de afeitar; **Rasierseife** f jabón m de afeitar

Rasse f <-, -n> raza f

Rast f <-, -en> parada f; **rastlos** *adj* incansable; **Rastplatz** m área m de descanso

Rat m <-[e]s, Räte> **1** (*Gemeinde-*) ayuntamiento m **2** ↑ *Vorschlag* consejo m

Rate f <-, -n> plazo m

raten <riet, geraten> I. *vt* ↑ *Rat geben* aconsejar (*jd-m* a alguien) II. *vi* adivinar

ratenweise *adv* a plazos; **Ratenzahlung** f pago m a plazos

Ratgeber(in f) m <-s, -> consejero/a

Rathaus n ayuntamiento m

ratifizieren *vt* ratificar

Ration f porción f

rational *adj* racional; **rationalisieren** *vt* racionalizar

rationell *adj* económico; **rationieren** *vt* racionar

ratlos *adj* confuso, desvalido; **Ratlosigkeit** f confusión f, desamparo m; **ratsam** *adj* aconsejable; **Ratschlag** m recomendación f

Rätsel n <-s, -> **1** FIG misterio m **2** (*Bilder-*) rompecabezas m; **rätselhaft** *adj* misterioso

Ratte f <-, -n> rata f

Raub m <-[e]s> **1** (*-überfall*) robo m **2** ↑ *Beute* botín m; **rauben** *vt* **1** ↑ *stehlen* robar **2** FIG → *Hoffnung* quitar; **Räuber(in** f) m <-s, -> ladrón(-ona f) m

Rauch m <-[e]s> humo m; **rauchen** *vti* fumar; **Raucher(in** f) m <-s, -> fumador(a f) m; **Raucherabteil** n BAHN sección f de fumadores; **räuchern** *vt* ahumar; **rauchig** *adj* **1** ▷ *Luft* lleno de humo **2** ▷ *Geschmack* ahumado

Rauferei f pelea f

rauh *adj* **1** ▷ *Oberfläche* rugoso **2** ▷ *Wetter* frío **3** ▷ *Mensch* tosco

Raum m <-[e]s, Räume> **1**

(Wohn-) habitación f ② ↑ Platz sitio m ③ ↑ Umgebung zona f
räumen vt ① ↑ ausziehen aus abandonar ② → Saal desocupar ③ (auf-) ordenar
Raumfahrt f viaje m espacial
räumlich adj espacioso
Raumschiff n nave f espacial
Raupe f <-, -n> oruga f
Rausch m <-[e]s, Räusche> borrachera f
rauschen vi ① ← Wasser fluir ② ← Blätter crujir
Rauschgift n estupefaciente m; **Rauschgiftsüchtige(r)** f(m) drogadicto/a
räuspern vr ◊ sich - carraspear
Razzia f <-, Razzien> redada f
reagieren vi reaccionar (auf akk a); **Reaktion** f reacción f; **reaktionär** adj reaccionario
Reaktor m reactor m; **Reaktorkern** m núcleo m reactor
real adj real; **realisieren** vt realizar; **Realismus** m realismo m; **Realist(in)** f(m) realista m/f; **realistisch** adj realista; **Realität** f realidad f
Realschule f escuela f secundaria
Rebe f <-, -n> vid f
Rebell(in) f(m) m <-en, -en> rebelde m/f; **Rebellion** f rebelión f; **rebellisch** adj rebelde
Rebstock m cepa f
Rechenschaft f: ◊ - ablegen

rendir cuentas, dar cuenta (über akk de)
rechnen I. vt hacer cálculos II. vi: ◊ auf etw/jd-n - contar con algo/alguien; **Rechner** m <-s, -> ordenador m; **Rechnung** f ① cálculo m ② COMM cuenta f
recht I. adj ① ↑ passend oportuno ② ↑ richtig correcta II. adv (- teuer) bastante
Recht n <-[e]s, -e> ① ↑ Anspruch derecho m (auf akk a) ② JURA ◊ von -s wegen por derecho
Rechte f <-n, -n> derecha f; **rechte(r, s)** adj derecho; **Rechte(r)** f(m) ◊ politisch derechista m/f
rechteckig adj rectangular
rechtfertigen I. vt justificar II. vr ◊ sich - justificarse; **Rechtfertigung** f justificación f
rechtmäßig adj legítimo
rechts adv a la derecha
Rechtsanwalt m, **-anwältin** m abogado m/f
rechtschaffen adj honrado
Rechtschreibung f ortografía f
rechtskräftig adj en vigor
rechtsradikal adj POL de extrema derecha
rechtswidrig adj ilegal
rechtzeitig adv a tiempo
Recycling n <-s> reciclado m;

Recyclingpapier n papel m reciclado

Redakteur(in f) m redactor(a f) m; **Redaktion** f redacción f

Rede f <-, -n> ① discurso m ② GRAM ▷direkte, indirekte estilo m; **redegewandt** adj locuaz; **reden** I. vi hablar II. vt ▷dummes Zeug decir; **Redensart** f dicho m; **Redner(in** f) m <-s, -> orador(a f) m

reduzieren vt reducir

reell adj ↑ ehrlich honrado

Referat n : ◇ ein - halten exponer un tema (über akk sobre)

Referenz f recomendación f, referencia f

reflektieren I. vt → Licht reflejar II. vi ↑ nachdenken meditar (über akk sobre)

Reform f <-, -en> reforma f; **reformatorisch** adj reformador; **Reformhaus** n herboristería f; **reformieren** vt reformar

Regal n <-s, -e> estantería f

rege adj ① ▷Verkehr denso ② ▷Geschäft activo ③ ▷geistig lúcido

regelmäßig adj regular; **regeln** vt ① ▷Verkehr dirigir ② → Angelegenheit arreglar; **Regelung** f regulación f

regen vr ◇ sich - ① ↑ sich bewegen moverse ② ↑ sich bemerkbar machen notarse

Regen n <-s, -> lluvia f; **Re-**

genbogen m arco m iris; **Regenmantel** m impermeable m; **Regenschirm** m paraguas m/ sg

Regie f (bei Film etc.) dirección f

regieren I. vt regir II. vi ↑ herrschen gobernar; **Regierung** f gobierno m

Regiment n <-s, -er> ① ↑ Herrschaft mando m ② MIL regimiento m

Region f región f

Regisseur(in f) m director(a f) m

Register n <-s, -> ↑ Verzeichnis registro m; FIG ◇ alle - ziehen hacer todo lo posible; **registrieren** vt ① ↑ wahrnehmen percibir ② (in Register eintragen) registrar

Regler m <-s, -> regulador m

regnen vb unpers llover; ◇ es regnet llueve

Regung f emoción f; **regungslos** adj inmóvil

reiben <rieb, gerieben> vt ① → Käse rallar ② → Augen frotar; **reibungslos** adj sin problemas, sin roces

reich adj ▷Person rico; ▷Ernte abúndante

Reich n <-[e]s, -e> reino m

reichen vi ① ◇ mir reicht's ya es suficiente ② ↑ sich erstrecken alcanzar

reichlich I. adj abundante **II.** adv ↑ ziemlich bastante
Reichtum m <-s, -tümer> riqueza f
Reichweite f alcance m
reif adj ① ▷Obst maduro ② ▷Mensch adulto; **Reife** f <-> madurez f; **reifen** vi madurar
Reifen m <-s, -> neumático m
Reihe f <-, -n> ① ↑ Serie serie f; ◇ der ~ nach uno por uno ② ↑ Menge tanda f ③ (Sitz-) fila f
rein I. adj ① ↑ sauber limpio ② ↑ pur puro **III.** adv: ◇ ~ zufällig de pura casualidad
Reinfall m FAM fracaso m
Reinheit f ↑ Sauberkeit limpieza f; FIG pureza f; **reinigen** vt limpiar; **Reinigung** f limpieza f
reinlegen vt FAM ↑ täuschen engañar
Reis m <-es, -e> arroz m
Reise f <-, -n> viaje m; **Reiseandenken** n recuerdo m; **Reisebüro** n agencia f de viajes; **Reiseführer** m guía f de viajes; **Reiseleiter(in** f) m guía m/f viajero ↑ viajar, ir de viaje; **Reisende(r)** fm viajero/a; **Reisepaß** m pasaporte m; **Reisescheck** m cheque m de viaje; **Reiseziel** n destino m
reißen <riß, gerissen> **I.** vt ① ↑ zerreißen romper ② ← Raubtier desgarrar ③ FIG ◇ sich um etw ~ esforzarse por algo **II.** vi

← Faden rasgar; **reißend** adj ①; ▷Strom violento ② COMM ▷Absatz masivo; **Reißverschluß** m cremallera f; **Reißzwecke** f chincheta f
reiten <ritt, geritten> **I.** vt → Pferd montar **II.** vi cabalgar, ir/montar a caballo; **Reiter(in** f) m <-s, -> jinete m/f; **Reitpferd** n caballo m de monta; **Reitstiefel** m bota f de montar
Reiz m <-es, -e> ① ▷stark, optisch estímulo m ② ↑ Herausforderung aliciente m
reizbar adj irritable; **Reizbarkeit** f irritabilidad f; **reizen** vt ① →Haut escocer, picar ② ↑ herausfordern incentivar
reizend adj ① ▷Person encantador ② ▷Säure corrosivo
Reizgas n gas m lacrimógeno
reizlos adj sin interés, aburrido; **reizvoll** adj sugestivo
Reklamation f reclamación f
Reklame f <-, -n> anuncio m
reklamieren I. vi presentar una reclamación **II.** vt reclamar
Rekord m <-[e]s, -e> récord m
Rektor(in f) m director(a f) m; (von Hochschule) rector(a f) m; **Rektorat** n (von Schule) dirección f; (von Hochschule) rectorado m
Relais n <-, -> relevador m, relé m
Relation f relación f

relativ adj relativo; **relativie-
ren** vt relativizar; **Relativität**
f relatividad f
relevant adj relevante
Religion f religión f; **religiös**
adj ① religioso ② † fromm piadoso, religioso
Relikt n <-[e]s, -e> resto m
Reling f <-, -s> borda f
Reliquie f reliquia f
Rendezvous n <-, -> cita f
Rennbahn f (Pferde-) hipódromo m
rennen <rannte, gerannt> vi ①
† schnell laufen correr ② (stoßen) ◇ gegen etw/jd-n - chocar
con algo/alguien; **Rennen** n <-
s, -> ① carrera f ② FIG ◇ im -
sein competir; **Rennfahrer(in**
f) m piloto m/f de carreras
renommiert adj famoso, de renombre
renovieren vt renovar; **Renovierung** f renovación f
rentabel adj rentable; **Renta-
bilität** f rentabilidad f
Rente f <-, -n> † Pension renta f,
pensión f; ◇ in - gehen retirarse
rentieren vr ◇ sich - ser rentable
Rentner(in f) m <-s, -> pensionista m/f
Reparatur f reparación f; **Re-
paraturwerkstatt** f taller m
de reparaciones; **reparieren** vt
reparar, arreglar

Report m informe m; **Reportage** f <-, -n> reportaje m; **Repor-
ter(in** f) m <-s, -> reportero/a;
(Zeitungs-) periodista m/f
Repräsentant(in f) m representante m/f; **repräsentativ**
adj representativo; **repräsen-
tieren** I. vt ① → Meinung representar ② → Wert mostrar II.
vi representar
Reproduktion f † Kopie reproducción f; **reproduzieren** vt
① † kopieren reproducir ②
† wiedergeben repetir
Reptil n <-s, -ien> reptil m
Republik f república f; **Repu-
blikaner(in** f) m <-s, -> ① (Re-
publikanhänger) republicano/a
② (rechte Partei) derechista m/
f; **republikanisch** adj ①
▷Gesinnung republicano ②
▷Partei derechista
Reservat n reserva f natural
Reserve f <-, -n> reserva f; **Re-
serverad** n rueda f de repuesto;
reservieren vt reservar; **re-
serviert** adj reservado
Reservoir n <-s, -e> reserva f
Residenz f residencia f; **resi-
dieren** vi residir
Resignation f resignación f;
resignieren vi resignarse
Resolution f resolución f
Resonanz f ① † Widerhall resonancia f ② FIG † Anklang
acogida f

Respekt *m* <-[e]s> respeto *m;*
respektabel *adj* respetable;
respektieren *vt* respetar; **re-**
spektlos *adj* irrespetuoso; **re-**
spektvoll *adj* respetuoso

Rest *m* <-[e]s, -e> ① ↑ *Übrig-*
bleibsel restos *m/pl* ② *FIG* ◇ jd-
m den ~ geben arruinar a alguien

Restaurant *n* <-s, -s> restaurante *m*

restaurieren *vt* restaurar

restlich *adj* restante; **restlos**
adj completo

Resultat *n* resultado *m*

Retorte *f* <-, -n> alambique *m;*
Retortenbaby *n* niño *m* pro-
beta

retten *vt* ① *(aus Gefahr)* salvar
② ↑ *erhalten* conservar; **Ret-**
tung *f* ① ↑ *Befreiung* salvación
f ② ↑ *Bewahrung* conservación
f; **Rettungsboot** *n* bote *m* salvavidas; **Rettungsring** *m* salvavidas *m;* **rettungslos** *adj*
perdido, sin salvación

Reue *f* <-> arrepentimiento *m;*
reuen *vt* me arrepiento de

Revanche *f* <-, -n> ① ↑ *Vergel-*
tung desquite *m* ② *SPORT* revancha *f;* **revanchieren** *vr*
◇ sich - ① desquitarse ② *(für*
Gefahren) devolver

Revision *f* revisión *f*

Revolte *f* <-, -n> revuelta *f*

Revolution *f* revolución *f;* Re-

volutionär(in *f) m* revolucio-
nario/a; **revolutionieren** *vt*
revolucionar

Revolver *m* <-s, -> revólver *m*

Rezept *n* <-[e]s, -e> receta *f;* **re-**
zeptpflichtig *adj* con receta
médica

Rhein *m* Rin *m*

Rhetorik *f* retórica *f;* **rheto-**
risch *adj* retórico

Rheuma *n* <-s> reuma *m*

rhythmisch *adj* rítmico;
Rhythmus *m* ritmo *m*

richten I. *vt* ① ↑ *lenken* dirigir
(auf akk a*)* ② → *Pistole* apuntar
(auf akk a*)* ③ → *Essen* preparar
④ ↑ *verurteilen* juzgar ⑤ *FIG*
→ *Worte* dirigir *(an akk* a*)* ⑥ *(in*
Ordnung bringen) arreglar **II.**
vr: ◇ sich - nach regirse por;
Richter(in *f) m* <-s, -> juez *m/f;*
richterlich *adj* judicial

richtig I. *adj* ① ↑ *korrekt* correcto ② ↑ *passend* adecuado ③
↑ *echt* verdadero **II.** *adv* ① ↑ *tat-*
sächlich como se debe hacer,
bien ② *FAM* ◇ ~ heiß bien caliente; **Richtigstellung** *f*
↑ *Berichtigung* corrección *f,* rec-
tificación *f*

Richtlinie *f* línea *f* a seguir;
Richtpreis *m* precio *m* orienta-
tivo

Richtung *f* ① dirección *f* ②
▷*politisch* tendencia *f*

rieb *impf v.* reiben

riechen ‹roch, gerochen› I. vt
1 → *Duft* oler **2** FAM ◇ etw/
j-dn *akk* nicht - **riechen können**
no poder soportar algo/a alguien
II. vi **1** ▷*gut, stark* oler **2**
↑ *duften* oler (*nach* a)
rief *impf v.* **rufen**
Riegel m ‹-s, -› **1** (*Tür-*) cerro-
jo m **2** FIG ◇ - **vorschieben**
parar, poner el freno **3** (*Scho-
ko-*) chocolatina f
Riese m ‹-n, -n› gigante m; **Rie-
senerfolg** m exitazo m; **riesen-
groß** adj enorme, gigantesco;
riesig adj **1** ↑ *sehr groß* enorme,
gigantesco **2** FAM ↑ *toll* genial
riet *impf v.* **raten**
Rind n ‹-[e]s, -er› **1** (*Vieh*) ganado m vacuno **2** GASTRON de
vaca; **Rindfleisch** n carne f de
vaca
Ring m ‹-[e]s, -e› **1** (*Diamant-*)
anillo m **2** (*Box-*) ring m **3**
(*Straße-*) circunvalación f
ringen ‹rang, gerungen› I. vi **1**
↑ *kämpfen* luchar **2** ◇ **mit sich -**
luchar consigo mismo **3** ◇ **nach**
Luft - respirar II. vt → **Hände**
frotarse
Ringfinger m dedo m anular;
ringförmig adj circular
Ringkampf m SPORT lucha f
libre; **Ringrichter(in** f) m f
SPORT árbitro f
ringsum adv (um … herum) alrededor

rinnen ‹rann, geronnen› vi fluir,
correr
Rippe f ‹-, -n› costilla f
Risiko n ‹-s, -s› riesgo m; **Risi-
kogruppe** f grupo m de riesgo;
riskant adj ariesgado; **riskieren** vt arriesgar
riß *impf v.* **reißen**; **Riß** m ‹Ris-
ses, Risse› **1** (*von Wand*) grieta f
2 (*in Haut*) estria f; (*in Stoff*) roto
m; **rissig** adj **1** ▷*Material* roto,
desgarrado **2** ▷*Haut* estriado
ritt *impf v.* **reiten**
Rivalität f rivalidad f
Robbe f ‹-, -n› foca f
Roboter m ‹-s, -› robot m
robust adj **1** ↑ *kräftig* fuerte **2**
↑ *widerstandsfähig* robusto
roch *impf v.* **riechen**
röcheln vi respirar con dificultad
Rock I. m ‹-[e]s, Röcke› **1** (*Da-
men-*) falda f **2** (*Jacke*) chaqueta
f II. m ‹-s, -s› (*Musik*) rock m
Rockband f ‹-, Rockbands›
grupo m de rock
Rocker(in f) m roquero/a
Rodelbahn f pista f de trineos;
rodeln vi ir en trineo
roden vt desmontar, desforestar,
talar
Roggen m ‹-s, -› centeno m
roh adj **1** ▷*Fleisch, Gemüse*
crudo **2** ▷*Sitten* bárbaro, brutal;
Rohmaterial n materia f prima; **Rohöl** n crudo m

Rohr n <-[e]s, -e> ① (Ofen-) tubo m ② (Bambus) caña f; **Rohrbruch** m rotura f de la cañería
Rohstoff m materia f prima
Rokoko n <-s> rococó m
Rolladen m persiana f
Rolle f <-, -n> ① (Papier-) rollo m ② (Zwirn-) bobina f ③ ↑ Walze rodillo m ④ (in Film) papel m ⑤ FIG ↑ Funktion papel m, rol m; ◇ e-e ~ spielen jugar un papel [importante] ⑥ SPORT voltereta f
rollen I. vi ① ↑ Kugel rodar ② ← Wagen arrollar ③ ← Wellen romper II. vt ① ↑ schieben empujar ② → Teppich enrollar;
Rollstuhl m silla f de ruedas;
Rolltreppe f escalera f mecánica
Roman m <-s, -e> novela f
Romantik f ① (Epoche) romanticismo m ② FIG ◇ Sinn für ~ haben ser romántico; **Romantiker(in** f) m <-s, -> romántico/a; **romantisch** adj romántico
Romanze f <-, -n> romance m
röntgen vt hacer una radiografía; **Röntgenaufnahme** f radiografía f; **Röntgenstrahlen** pl rayos m/pl X
rosa <inv> adj rosa
Rose f <-, -n> rosa f
Rosenkohl m col f de Bruselas
Rosenkranz m rosario m
Rosenmontag m lunes m de carnaval

Rosette f roseta f
rosig adj ① ▷ Gesichtsfarbe sonrosado ② PEJ ▷ Aussichten de color rosa
Rosine f uva f pasa
Rost m <-[e]s, -e> ① (von Grill) parrilla f; (Gitter) reja f ② ↑ Oxidation óxido m; **rosten** vi oxidarse
rösten vt tostar
rostfrei adj inoxidable; **rostig** adj oxidado; **Rostschutz** m antioxidante m
rot adj ① rojo ② (erröten) ponerse rojo; **rotblond** adj rojizo
Röteln pl rubéola f
rothaarig adj pelirrojo; **Rotkehlchen** n petirrojo m; **Rotwein** m vino m tinto
Roulade f (GASTRON Fleisch-) filete m relleno enrollado
Routine f ① ↑ Übung práctica f ② ↑ Gewohnheit rutina f
Rubin m <-s, -e> rubí m
Rubrik f columna f
Ruck m <-[e]s, -e> ① ↑ Stoß golpe m, empujón m ② (Rechts-) giro a la derecha m ③ FIG ◇ sich e-n ~ geben superarse
rücken I. vt ← Möbel mover II. vi ↑ Platz machen apartar, hacer sitio
Rücken m <-s, -> ① (Körperteil) espalda f ② (Berg-) loma f ③ (Buch-) lomo m

Rückerstattung f devolución f; **Rückfahrt** f viaje m de vuelta; **Rückfall** m [1] (*Krankheit*) recaída f [2] (*Straftat*) reincidencia f; **rückfällig** adj ser reincidente; **Rückfrage** f demanda f; **Rückgabe** f devolución f; **Rückgang** m [1] (*Temperatur-*) descenso m [2] (*Bevölkerungs-*) disminución f

Rückgrat n <-[e]s, -e> columna f vertebral

Rückhalt m [1] reserva f [2] ↑ *Stütze* apoyo m; **rückhaltlos** adj incondicional; **Rückkehr** f <-, -en> regreso m; **rückläufig** adj recesivo; **Rücklicht** n luz f trasera

rücklings adv de espaldas

Rückreise f viaje m de vuelta

Rucksack m mochila f

Rückschlag m recaída f; **Rückschluß** m conclusión f; **Rückschritt** m retroceso m; **rückschrittlich** adj reaccionario; **Rückseite** f (*von Buch*) reverso m; (*von Haus*) parte f posterior; **Rücksicht** f consideración f, respeto m; ◇ **- nehmen auf** akk tener respeto por, tener en consideración; **rücksichtslos** adj [1] ▷*Person* desconsiderado [2] ▷*Verhalten* tosco; **rücksichtsvoll** adj considerado; **Rückspiegel** m retrovisor m; **rückständig** adj [1] ↑ *alt-*

modisch pasado [2] ▷*Zahlungen* atrasado; **Rücktritt** m (*von Minister etc.*) dimisión f; **rückwärtig** adj posterior; **rückwärts** adv hacia atrás; **Rückwärtsgang** m marcha f atrás; **Rückzahlung** f devolución f; **Rückzug** m retirada f

Ruder n <-s, -> [1] (*von Schiff*) timón m [2] (FIG Staats-) poder m; **Ruderboot** n barca f [de remos]

Ruf m <-[e]s, -e> [1] ↑ *Rufen* grito m [2] ↑ *Berufung* vocación f [3] ↑ *Ansehen* fama f; **rufen** <rief, gerufen> I. vi [1] ↑ *schreien* gritar [2] (*zum Essen*) llamar II. vt [1] → *Namen* llamar [2] → *Arzt* llamar, avisar

Ruhe f <-> [1] ↑ *Stille* calma f [2] ↑ *Stillstand* reposo m [3] ↑ *Entspannung, Schlaf* descanso m [4] ↑ *Ausgeglichenheit* paz f, tranquilidad f; **ruhelos** adj inquieto; **ruhen** vi [1] ↑ *erholen, liegen* descansar [2] ↑ *begraben sein* reposar, descansar [3] ←*Arbeit* descansar; **Ruhepause** f descanso m; **Ruhestand** m jubilación f; **Ruhetag** m día m de descanso; **ruhig** I. adj [1] ↑ *still, schweigsam* silecioso [2] ↑ *unbeweglich* reposado [3] ↑ *ausgeglichen* tranquilo [4] ↑ *entspannt* suelto II. adv: ◇ **sag das -!** ¡dilo tranquilamente!

Ruhm m <-[e]s> fama f; **rühmen I.** vt ↑ loben alabar **II.** vr ◇ sich - alabarse; **rühmlich** adj glorioso

Ruhr f <-> disentería f

Rührei n huevos m/pl revueltos; **rühren I.** vt → Teig amasar **II.** vr ◇ sich - ① ↑ sich bewegen moverse ② ↑ sich melden avisar **II.** vi ① ↑ Mitleid erregen tocar la fibra sensible ② ↑ entstehen venir; ◇ - von venir de; **Rührend** adj conmovedor; **Rührung** f emoción f

Ruin m <-s> ↑ Bankrott ruina f; ◇ in den - treiben estar en la ruina

Ruine f <-, -n> (Burg-) ruinas f/pl

ruinieren vt arruinar

rülpsen vi eructar

Rum m <-s, -s> ron m

Rumäne(in f) m <-n, -n> rumano/a; **Rumänien** n Rumania f; **rumänisch** adj rumano

rumhängen unreg vi FAM dar vueltas, estar cruzado de manos

rumoren vi → Magen crujir

rund I. adj ① ▷ Ball, Kreis redondo ② ↑ dick gordo ③ FIG ◇ - e Sache perfecto, redondo (negocio) **II.** adv ① - 125 Mark alrededor de 125 marcos ② ◇ - um die Uhr el día entero; **Rundbrief** m circular f; **Runde** f <-, -n> ① vuelta f ② (fröh-

liche -) grupo m; **Rundfahrt** f vuelta f

Rundfunk m radio f; **Rundfunkgebühr** f cuota f por servicio radiofónico

Rundreise f: ◇ - durch Europa viaje m por toda europa

runzeln vt: ◇ die Stirn - fruncir el ceño

Rüpel m <-s, -> grosero m; **rüpelhaft** adj grosero

Ruß m <-es> hollín m; **rußen** vi ennegrecerse

Russe m

Russin f ruso/a; **russisch** adj ruso; **Russisch** n (Sprache) ruso m; **Rußland** n Rusia f

rüsten I. vi MIL ↑ bewaffnen armar **II.** vt ↑ fertigmachen equipar **III.** vr ◇ sich - prepararse (zu para)

rüstig adj robusto

Rüstung f ① MIL armamento m ② (Ritter-) armadura f; **Rüstungskontrolle** f control m armamentístico

Rüstzeug n ① ↑ Werkzeug herramienta f ② (FIG Kenntnisse) preparación f

rutschen vi resbalar; **rutschig** adj resbaladizo

S

S, s n S, s f

Saal m <-[e]s, Säle> (Tanz-) salón m

Saat f <-, -en> siembra f

Sabotage f <-, -n> sabotage m

Sache f <-, -n> 1 ↑ Ding cosa f; ↑ Gegenstand objeto m 2 ↑ Angelegenheit asunto m; **sachlich** adj objetivo, realista;

Sachschaden m daños m/pl materiales

Sack m <-[e]s, Säcke> saco m, bolsa f

Safe m o n <-s, -s> caja f fuerte

Saft m <-[e]s, Säfte> (Obst-) zumo m; (Braten-) jugo m

Säge f <-, -n> sierra f

sagen vti decir

sägen vti serrar

sah impf v. **sehen**

Sahne f <-> nata f, crema f

Saison f <-, -s> temporada f

Sakko m o n <-s, -s> chaqueta f americana

Sakrament n sacramento m

Salami f <-, -> salami m

Salat m <-[e]s, -e> 1 FAUNA ↑ Kopfsalat lechuga f 2 GASTRON ensalada f

Salbe f <-, -n> pomada f

Salon m <-s, -s> 1 ↑ Empfangszimmer sala f 2 (Friseur-) salón m

salopp adj descuidado

Salve f <-, -n> (Gewehr-) salva f

Salz n <-es, -e> sal f; **salzen** <salzte, gesalzen> vt salar; **salzig** adj salado

Samen m <-> 1 semilla f 2 ANAT esperma m

Sammelbestellung f pedido m colectivo; **sammeln** vt 1 ↑ zusammentragen reunir; → Antiquitäten coleccionar; ↑ horten acumular 2 → Geld recaudar, reunir; → Altpapier recoger;

Sammlung f colección f

Samstag m sábado m; **samstags** adv los sábados

sämtliche adj todos

Sand m <-[e]s, -e> arena f

Sandale f <-, -n> sandalia f

Sandbank f, pl <-bänke> banco m de arena; **sandig** adj arenoso;

Sandkasten m cajón m de arena [para jugar los niños]

sandte impf v. **senden**

Sandwich n <-[s], -[e]s> sandwich m

sanft adj 1 ↑ behutsam cuidadoso 2 ↑ mild dulce 3 ▷Wind suave

sang impf v. **singen**

Sänger(in f) m <-s, -> cantante m/f

sanitär adj higiénico; ◇ -e Anlagen pl servicios m/pl

Sanitäter(in f) m <-s, -> enfermero/a; MIL sanitario/a

sank impf v. **sinken**

Sanktion f sanción f

sann impf v. **sinnen**

Sarg m <-[e]s, Särge> ataúd m

saß impf v. **sitzen**

Satellit m <-en, -en> ASTRON satélite m

Satire f <-, -n> sátira f

satt adj [1] ↑ nicht mehr hungrig lleno, no poder comer o beber más [2] ↑ überdrüssig harto; ◇ jd-n/etw - haben estar harto de alguien/algo

Sattel m <-s, Sättel> (Reit-) silla f de montar

Satz m <-es, Sätze> [1] GRAM oración f [2] SPORT tiempo m [3] (Boden-) sedimento m [4] ↑ Sprung salto m

Satzung f reglamento m

Sau f <-, Säue> auch FIG cerda f, cochina f, marrana f

sauber adj limpio; **Sauberkeit** f limpieza f; (von Person) aseo m; **saubermachen** vti limpiar, hacer la limpieza

sauer adj [1] ácido, agrio [2] FAM ↑ beleidigt enfadado, picado

Sauerstoff m oxígeno m

saufen <soff, gesoffen> vti FAM empinar el codo; **Säufer(in)** f m <-s, -> FAM bebedor(a f) m

saugen <sog o. saugte, gesogen o. gesaugt> vti chupar

Säugetier n mamífero m;

Säugling m niño m de pecho, lactante m, bebé m

Säule f <-, -n> columna f

Saum m <-[e]s, Säume> dobladillo m

Sauna f <-, -s> sauna f

Säure f <-, -n> ácido m

S-Bahn f ferrocarril m suburbano

schaben vt raspar

schäbig adj [1] ↑ armselig miserable [2] ↑ abgetragen usado, gastado [3] FAM ▷Trinkgeld roñoso

Schach n <-s, -s> ajedrez m; **Schachbrett** n tablero m de ajedrez

Schacht m <-[e]s, Schächte> (Brunnen-) pozo m

Schachtel f <-, -n> ↑ Verpakkung caja f; ↑ Karton cartón m; (Zigaretten-) cajetilla f

schade I. <inv> adj ↑ bedauerlich (nur prädikativ) pena, lástima II. interj. ◇ schade! ¡qué pena!

Schädel m <-s, -> craneo m

schaden vi perjudicar, dañar; **Schaden** m <-s, Schäden> [1] daño m [2] ↑ Nachteil perjuicio m; **Schadenersatz** m indemnización f por daños y perjuicios

schadhaft adj deteriorado, defecto

schädigen vt hacer daño, perjudicar; **schädlich** adj dañino, perjudicial, malo (für para)

Schadstoff m sustancia f nociva; **schadstoffarm** adj que contamina poco

Schaf n <-[e]s, -e> oveja f; **Schäfer(in** f) <-s, -e> pastor(a f) m

schaffen <schuf, geschaffen> vt ① → Kunstwerk crear; → Einrichtung hacer, organizar, fundar ② ↑ wegbringen llevar, transportar

Schaffner(in f) m <-s, -> BAHN revisor(a f) m; (Bus-) cobrador(a f) m

schäkern vi bromear, vacilarse; tomar el pelo

schal adj ▷ Bier flojo

Schal m <-s, -e o. -s> bufanda f

Schale f <-, -n> ① ↑ Schüssel fuente f ② (Nuß-) cáscara f; (Apfel-) piel f

schälen vt → Obst pelar; → Eier quitar la cáscara de

Schall m <-[e]s, -e> PHYS sonido m; **Schalldämpfer** m <-s, -> AUTO silenciador m; **schalldicht** adj insonorizado; **Schallplatte** f disco m

schalt impf v. **schelten**

schalten I. vt conectar II. vi AUTO cambiar de marcha; **Schalter** m <-s, -> ① (an Gerät) interruptor m ② (Post-) ventanilla f; **Schalthebel** m

TECH palanca f de mando; AUTO palanca f de cambios

Scham f <-> (-gefühl) vergüenza f; **schämen** vr ◇ sich - avergonzarse, tener vergüenza (wegen etw/jd-m por algo de alguien); **schamlos** adj ↑ ohne Scham impúdico, indecente; ↑ unverschämt desvergonzado

Schande f <-> vergüenza f, deshonra f

scharf adj ① ▷ Essen picante; ▷ Geruch penetrante ② ▷ Messer afilado ③ ▷ Kurve cerrado; **Schärfe** f <-, -n> ① (von Essen) sabor m picante ② (von Messer) filo m ③ (von Foto) nitidez f, claridad f; **schärfen** vt afilar

Scharnier n <-s, -e> bisagra f

Schatten m <-s, -> sombra f; **schattig** adj sombrío

Schatz m <-es, Schätze> tesoro m

schätzen ① → Wert evaluar, valorar, tasar ② ↑ vermuten calcular ③ ↑ verehren apreciar, estimar

Schau f <-> ① (Moden-) desfile m ② ↑ Ausstellung exposición f, exhibición f

schauen vi mirar, contemplar

Schauer m <-s, -> ① (Regen-) chaparrón m ② ↑ Zittern escalofrío m

Schaufel f <-, -n> pala f

Schaufenster n escaparate m

Schaukel f <-, -n> columpio m;
schaukeln I. vi columpiarse
II. vt ↑ wiegen mecer;
Schaukelpferd n caballo m de balancín

Schaum m <-[e]s, Schäume> espuma f; **schäumen** vi espumar, hacer espuma, hacer burbujas; ← Meer agitarse, encresparse; **Schaumfestiger** m espuma f fijadora para el pelo; **Schaumwein** m vino m espumoso

Schauplatz m lugar m del suceso; FIG escenario m

Schauspiel n ① THEAT pieza f de teatro ② FIG espectáculo m; **Schauspieler(in)** f m actor m, actriz f

Scheck m <-s, -s> cheque m; ◇ en - einlösen satisfacer/liquidar/rembolsar un cheque; **Scheckbuch** n talonario m de cheques; **Scheckkarte** f tarjeta f [de banco]

Scheibe f <-, -n> ① (Brems-) disco m ② (Fenster-) cristal m; (Schaufenster-) luna f ③ (Brot-) rebanada f; (Wurst-) rodaja f; **Scheibenwischer** m AUTO limpiaparabrisas m/sg

Scheide f <-, -n> ① ANAT vagina f ② (Schwert-) vaina f [donde se guarda el filo]

scheiden <schied, geschieden> **I.** vt → Ehe separar **II.** vi ①

↑ weggehen marcharse, irse ② ◇ sich - lassen divorciarse;

Scheidung f (Ehe-) divorcio m

Schein m <-[e]s, -e> ① (Geld-, Fahr-) billete m ② (Licht-) luz f ③ (FIG An-) apariencia f; **scheinbar** adj aparente; **scheinen** <schien, geschienen> vi ① parecer ② ↑ leuchten brillar, lucir; ◇ der Mond scheint hay luna; **Scheinwerfer** m <-s, -> AUTO faro m

Scheiße f <-> VULG mierda f

Scheitel m <-s, -> (Haar-) raya f

scheitern vi fracasar, malograrse (an dat)

Schelm m <-[e]s, -e> pícaro m

Schema n <-s, -s o. -ta> esquema f; **schematisch** adj esquemático

Schemel m <-s, -> taburete m

Schenkel m <-s, -> ANAT muslo m

schenken vt regalar

Schere f <-, -n> tijera[s] f; ◇ e-e - una[s] tijera[s]

Schererei f FAM fastidio m, lío m, problema m

Scherz m <-es, -e> ① Witz chiste m, broma f; ◇ etw im - sagen decir algo en broma

scheu adj tímido

scheuern vti → Boden fregar

Scheune f <-, -n> pajar m, granero m

scheußlich adj horrible, terrible; ↑ abstoßend repugnante, asqueroso

Schicht f <-, -en> ① ↑ Überzug (Farb-) capa f ② GEOL estrato m ③ (Bevölkerungs-) clase f ④ (Nacht-) turno m

schick adj elegante, chic

schicken vt mandar, enviar

Schicksal n <-s, -e> suerte f; destino m

schieben <schob, geschoben> vti empujar

schied impf v. **scheiden**

Schiedsrichter(in f) m SPORT árbitro m/f

schief adj ↑ schräg, geneigt ▷Ebene inclinado; ▷Haus ladeado, torcido; ▷Winkel oblicuo

Schiefer m <-s, -> pizarra f

schiefgehen unreg vi FAM salir mal, torcerse, venirse abajo

schielen vi ser bizco

schien impf v. **scheinen**

Schiene f <-, -n> ① ↑ Gleis rail m ② MED tablilla f

schießen <schoß, geschossen> vti disparar; (mit Ball) tirar (auf akk a); **Schießerei** f tiroteo m

Schiff n <-[e]s, -e> ① barco m, embarcación f ② ARCHIT nave f; **Schiffahrt** f navegación f; **Schiffbruch** m naufragio m; **schiffbrüchig** adj náufrago

Schikane f <-, -n> traba f, pega

f; **schikanieren** vt poner trabas/pegas

Schild m <-[e]s, -e> ① ↑ Schutzwaffe escudo m ② (Schutz-) revestimiento m ③ (Preis-) etiqueta f; (Verkehrs-) señal f; (Namens-) placa f; (Laden-) letrero m

Schilddrüse f ANAT tiroides m

schildern vt describir; **Schilderung** f descripción f

Schilf n <-[e]s, -e> carrizo m, cañaveral m

Schimmel ¹ m <-s, -> (Pferd) caballo m blanco

Schimmel ² m <-s, -> (Brot-) moho m; **schimmelig** adj mohoso; **schimmeln** vi enmohecer

schimmern vi brillar, resplandecer

schimpfen vti ↑ tadeln regañar, reñir; **Schimpfwort** n taco m, palabrota f

Schinken m <-s, -> ▷roh, gekocht jamón m

Schippe f <-, -n> pala f; FIG FAM ◇ jdn auf die ~ nehmen tomar el pelo a alguien; **schippen** vt → Schnee quitar; → Kohlen cargar con una pala

Schirm m <-[e]s, -e> ① (Regen-) paraguas m; (Sonnen-) sombrilla f; ◇ den ~ aufspannen abrir el paraguas/la sombrilla ② (Lampen-) pantalla f; (Fall-) paracaídas m ③ (Mützen-) visera f ④

(Wand-) biombo m ⑤ (Bild-) pantalla f; **Schirmherr(in** f) m patrocinador(a f) m
Schiß m <Schisses> FAM: ◇ - **haben vor etw/jd-m** cagarse de miedo, tener un miedo tremendo de algo/alguien
schizophren adj esquizofrénico
Schlacht f <-, -en> ① batalla f; ◇ **e-e - schlagen** librar una batalla ② FIG ↑ Auseinandersetzung disputa f
schlachten vt matar; → Vieh degollar
Schlachtenbummler(in f) m SPORT hincha m/f
Schlachter(in f) m <-s, -> carnicero/a
Schlachtfeld n campo m de batalla; **Schlachthof** m matadero m; **Schlachtplan** m FIG plan m de batalla
Schlacke f <-, -n> ① segregación f ② TECH escoria f ③ BIOL fibras f/pl, residuos m/pl
Schlaf m <-[e]s> sueño m; (Mittags-) siesta f; ◇ **e-n leichten - haben** tener un sueño ligero; **Schlafanzug** m pijama m; **Schläfchen** n sueñecito m, siestecita f; ◇ **ein - machen** dar una cabezada
Schläfe f <-, -n> ANAT sien f; ◇ **graue -** canas f/pl
schlafen <schlief, geschlafen>

vi ① estar dormido, dormir ② ↑ übernachten pasar la noche; ◇ **im Zelt** - dormir en una tienda de campaña ③ FAM ↑ unaufmerksam sein estar dormido; ◇ **mit offenen Augen** - soñar despierto ④ ◇ **mit jd-m** - hacer el amor con alguien
schlaff adj ① ▷Riemen, Seil flojo ② ▷Muskel relajado ③ ▷Haut fofo, flácido ④ FIG ↑ mutlos débil; ◇ **sich - fühlen** sentirse débil/sin fuerzas
Schlafgelegenheit f alojamiento m; **schlaflos** adj en vela, en blanco; **Schlaflosigkeit** f insomnio m; ◇ **an - leiden** tener insomnio; **Schlafmittel** n pastilla f para dormir; **Schlafmütze** f ① FAM ↑ Langschläfer dormilón m ② ↑ träger Mensch pasmado m; **schläfrig** adj soñoliento; **Schlafsaal** m dormitorio m; **Schlafsack** m saco m de dormir; **Schlaftablette** f pastilla f para dormir; **Schlafwagen** m BAHN coche-cama m; **Schlafzimmer** n dormitorio m
Schlag m <-[e]s, Schläge> ① golpe m ② ELECTR descarga f ③ FIG ◇ **mit e-m** - de una vez; **Schlaganfall** m MED ataque m de apoplejía; **schlagen** <schlug, geschlagen> vti ① ↑ hauen golpear, pegar ②

← *Glocke* sonar; → *Trommel* tocar; → *Takt* tocar ③ ← *Herz* latir ④ ↑ *besiegen* ganar, vencer ⑤ ↑ *Sahne* batir

Schlager m ‹-s, -› canción f de moda, éxito m musical

Schläger m ‹-s, -› (SPORT *Golf-*) palo m; (*Tennis-*) raqueta f; (*Hockey-*) stick m

schlagfertig adj ① ▷*Person* que tiene buenas salidas al hablar ② ↑ *Antwort* agudo, brillante;

Schlagloch n bache m;

Schlagsahne f nata f montada

Schlamm m ‹-[e]s, -e› ① fango m, lodo m ② ↑ *Schlick* barro m; **schlammig** adj embarrado, de fango, de lodo

Schlamperei f FAM chapuza f; dejadez f; **schlampig** adj FAM ↑ *unordentlich* desordenado; ▷*Arbeit* chapucero; ↑ *nachlässig* dejado

schlang impf v. **schlingen**

Schlange f ‹-, -n› ① serpiente f, culebra f ② (*Menschen-*) cola f; ◇ ~ **stehen** hacer cola;

schlängeln vr ◇ **sich** ~ ① reptar, arrastrarse ② ← *Fluß* serpentear; **Schlangenlinie** f línea f sinuosa

schlank adj ▷*Person* delgado; ▷*Finger, Beine* fino; **Schlankheitskur** f cura f de adelgazamiento

schlapp adj ① ↑ *erschöpft* cansado, agotado, abatido ② ↑ *träge* sin energía, apático ③ ↑ *schlaff* flojo; **schlappmachen** vi FAM flaquear, venirse abajo

schlau adj ① ↑ *clever* astuto, listo ② ↑ *klug* inteligente

Schlauch m ‹-[e]s, Schläuche› ① (*Garten-*) manguera f ② (*Fahrrad-*) cámara f de aire; **Schlauchboot** n bote m neumático

schlecht adj ① malo ② ↑ *verdorben* podrido, estropeado ③ ↑ *böse* malo, perverso; ▷*Gedanke* maligno; **schlechtgehen** unreg vi unpers: ◇ jd-m geht es schlecht irle mal a alguien; **schlechtmachen** vt hablar mal de alguien, calumniar a alguien

schlecken vti ① ↑ *lecken* → *Eis* lamer ② ↑ *naschen* comer golosinas

schleichen ‹schlich, geschlichen› vi ① ← *Katze* avanzar/ir sigilosamente; ◇ **aus dem Haus** ~ salir a hurtadillas de la casa ② ◇ **sich schleppen** andar lentamente/con dificultad; **schleichend** adj ▷*Krankheit* latente; ▷*Gift* lento; **Schleichwerbung** f publicidad f encubierta

Schleier m ‹-s, -› (*Braut-*) velo m; (*Spitzen-*) mantilla f; **schleierhaft** adj FAM: ◇ das ist mir es un enigma, no lo comprendo

Schleife f <-, -n> ① (Haar-) lazo m ② (Fluß-) meandro m ③ PC iteración f

Schleifpapier n papel m de lija

Schleim m <-[e]s, -e> MED mucosidad f; **schleimig** adj ① ↑ schlüpfrig viscoso ② ↑ voller Schleim mucoso ③ FIG ↑ kriecherisch arrastrado, rastrero; ↑ heuchlerisch hipócrita

schlemmen vi comer en exceso, banquetear

schlendern vi ir de paseo; ◇ durch die Straßen ~ pasear por las calles

Schleppe f <-, -n> cola f

schleppen vt ① ↑ ab- remolcar ② → Last cargar; **Schlepper** m <-s, -> tractor m, remolcador m; **Schlepplift** m telesilla m

Schleuder f <-, -n> honda f; **Schleudergefahr** f AUTO piso m deslizante, piso m resbaladizo; **schleudern I.** vt ① ↑ werfen lanzar ② → Wäsche centrifugar **II.** vi AUTO patinar, resbalar; **Schleudersitz** m AERO asiento m catapulta

schlich impf v. **schleichen**

schlicht adj ▷Person simple, sencillo, simple

schlichten vt arreglar, mediar

schlief impf v. **schlafen**

schließen <schloß, geschlossen> vti ① cerrar ② ↑ beenden

terminar ③ ↑ ausfüllen rellenar, tapar ④ → Freundschaft, Bündnis hacer; → Ehe contraer; → Vertrag concluir ⑤ ↑ folgern deducir (aus de); **Schließfach** n (Post-) apartado m de correos; (Bank-) caja f de seguridad

schließlich adv ① por fin, finalmente; al final ② ◇ - doch después de todo sí

schlimm adj malo; **schlimmstenfalls** adv en el peor de los casos

Schlinge f <-, -n> lazo m

Schlingel m <-s, -> FAM pillín m, pilluelo m

schlingen <schlang, geschlungen> vti engullir, devorar

Schlips m <-es, -e> corbata f

Schlitten m <-s, -> ① trineo m ② FAM cochazo m; **Schlittschuh** m patín m [para hielo]; ◇ - laufen patinar

Schlitz m <-es, -e> (Einwurf-) ranura f; (Hosen-) bragueta f; (Mauer-) abertura f; **schlitzäugig** adj de ojos rasgados

schloß impf v. **schließen**

Schloß n <Schlosses, Schlösser> ① (Gebäude) palacio, castillo m ② (Tür-) cerradura f; (an Schmuck) cierre m; **Schlosser** (in f) m <-s, -> cerrajero/a

schlottern vi ① (vor Kälte) tiritar; (vor Angst) temblar ② ← Kleidung estar ancho, bailar

Schlucht f <-, -en> barranco m, desfiladero m

schluchzen vi sollozar

Schluck m <-[e]s, -e> trago m; **schlucken** vti tragar

schlug impf v. **schlagen**

schlüpfen vi ① ← Vogel salir ② ↑ sich zwängen (durch Zaunloch) meterse por, pasar por ③ ◇ in die Jacke ~ ponerse la chaqueta

Schlüpfer m <-s, -> braga f

Schlupfloch n escondrijo m; guarida f

schlüpfrig adj ① ▷Boden resbaladizo ② FIG ▷Witz verde, picante

schlürfen vti sorber algo, hacer ruido al beber

Schluß m <Schlusses, Schlüsse> final m, fin m

Schlüssel m <-s, -> llave f; **Schlüsselblume** f BIOL primavera f; **Schlüsselbund** m manojo m de llaves; **Schlüsselloch** n ojo m de la cerradura

Schlußfolgerung f conclusión f; **Schlußlicht** n (von Auto) luz f trasera; **Schlußverkauf** m COMM rebajas f pl

schmächtig adj ▷Körperbau flaco; ▷Person delgado m

schmackhaft adj sabroso

schmal adj estrecho; **Schmalfilm** m película f de paso estrecho

Schmalz n <-es, -e> manteca f

schmatzen vi hacer ruido al comer

schmecken I. vt ① saborear ② ↑ kosten probar II. vi ① ← Essen saber; ◇ nach etw ~ saber a algo; ◇ es schmeckt mir me gusta ② FAM ↑ gefallen gustar

schmeichelhaft adj que halaga, que adula; **schmeicheln** vi halagar, adular

schmeißen <schmiß, geschmissen> vt ↑ werfen lanzar, tirar

schmelzen <schmolz, geschmolzen> I. vi ← Eis derretirse; ← Erz fundirse II. vt derretir

Schmerz m <-es, -en> dolor m; **schmerzen** vti doler, causar dolor; **schmerzhaft**, **schmerzlich** adj doloroso; penoso; **schmerzlos** adj sin dolor; **schmerzstillend** adj calmante, sedante, analgésico

Schmied(in) f(m) <-[e]s, -e> (Waffen-) herrero/a; (Pferde-) herrador/a; **schmieden** vt ① forjar ② ↑ Pläne idear, tramar

schmieren vt ① ↑ streichen → Brote untar ② ↑ einreiben extender ③ ← Achse engrasar ④ FIG ↑ bestechen sobornar; **Schmiergeld** n soborno m; **schmierig** adj grasoso, pringoso; FIG adulador

Schminke f <-, -n> maquillaje

m; **schminken** *vtr* ◇ **sich** - maquillarse; → *Augen* pintarse

schmirgeln *vt* esmerilar

schmiß *impf v.* **schmeißen**

schmeißen *vtr* ◇ **sich** - maquillarse; → *Augen* pintarse

schmollen *vi* poner mala cara, estar de morros

schmolz *impf v.* **schmelzen**

Schmorbraten *m* GASTRON estofado *m*, → *Fleisch* asar ② ← *Kabel* quemar ③ FIG ◇ **jd-n** - **lassen** dejar a alguien en suspenso

Schmuck *m* <-[e]s, -e> ① (*Gold-*) joyas *f/pl;* (*Mode-*) bisutería *f* ② ↑ *Dekoration* adorno *m;* **schmücken** *vt* adornar, decorar

schmuddelig *adj* FAM mugriento; descuidado

Schmuggel *m* <-s> contrabando *m;* **schmuggeln** *vti* hacer contrabando de, traficar con

Schmutz *m* <-es> suciedad *f,* mugre *f;* **schmutzig** *adj* sucio, manchado

schnappen *vti* atrapar, coger; ← *Hund* morder, dar un mordisco (*nach* a); ◇ **nach Luft** - coger una bocanada de aire; **Schnappschuß** *m* FOTO instantánea *f*

Schnaps *m* <-es, Schnäpse> aguardiente *m*

schnarchen *vi* roncar

schnattern *vi* ← *Enten* gaznar

schnauben **I.** *vi* ← *Pferd* resollar **II.** *vr* ◇ **sich** - sonarse

schnaufen *vi* respirar con dificultad

Schnauze *f* <-, -n> ① (*Hunde-*) hocico *m* ② (*Ausguß-*) pitorro *m*

Schnecke *f* <-, -n> FAUNA caracol *m*

Schnee *m* <-s> nieve *f;* **Schneeball** *m* bola *f* de nieve; **Schneekette** *f* AUTO cadena *f* antideslizante; **Schneemann** *m* muñeco *m* de nieve; **Schneesturm** *m* temporal *m* de nieve

schneiden <schnitt, geschnitten> *vti* cortar; ◇ **sich** *akk* - cortarse

schneien *vi* nevar

schnell **I.** *adj* ① ↓ *Auto* rápido ② ↓ *Entschluß* pronto **II.** *adv* ① con rapidez, de prisa, rápidamente ② ◇ - **wütend werden** enfadarse con facilidad; **Schnellhefter** *m* <-s, -> carpeta *f;* **Schnelligkeit** *f* rapidez *f,* prontitud *f;* **Schnellstraße** *f* autovía *f;* **Schnellzug** *m* BAHN tren *m* expreso

schnitt *impf v.* **schneiden**

Schnitt *m* <-[e]s, -e> ① (*von Baum*) poda *f* ② (*-wunde*) corte *m*

Schnitte *f* <-, -n> rebanada *f*

Schnittlauch *m* cebolleta *f;* **Schnittpunkt** *m* punto *m* de intersección; **Schnittwunde** *f* corte *m*

Schnitzel n <-s, -> GASTRON escalope m f

schnitzen vti tallar

schnüffeln vi ① ← Hund olfatear, olisquear ② FAM → Rauschstoffe esnifar ③ FAM husmear, fisgar

Schnuller m <-s, -> chupete m

Schnupfen m <-s, -> resfriado m, catarro m

Schnur f <-, Schnüre> ↑ Seil cuerda f; ↑ Faden cordón m

Schnürschuh m zapato m de cordones; **Schnürsenkel** m cordón m

schob impf v. **schieben**

Schock m <-[e]s, -s> shock m, trauma m ② (Elektro-) descarga f; **schockieren** vt chocar, escandalizar, agraviar

Schokolade f chocolate m

schon adv ↑ bereits ya

schön adj bonito, hermoso; ◇ schlaf -! ¡que duermas bien!

schonen I. vt ▷ Kleidung, Nerven cuidar II. vr ◇ sich - cuidarse

Schönheit f belleza f, hermosura f

schöpfen vt ① → Wasser sacar ② → Mut recuperar; **Schöpfung** f creación f

schor impf v. **scheren**

Schorf m <-[e]s, -e> costra f

Schornstein m a. NAUT chimenea f; **Schornsteinfeger**

(in f) m <-s, -> deshollinador(a f) m

schoß impf v. **schießen**

Schottland n Escocia f; ◇ in - en Escocia; ◇ nach - fahren ir a Escocia

schräg adj oblicuo, inclinado, torcido;

Schramme f <-, -n> rasguño m, arañazo m

Schrank m <-[e]s, Schränke> armario m; (Kleider-) ropero m

Schranke f <-, -n> barrera f

Schraube f <-, -n> ① (Holz-, Flügel-) tornillo m ② ↑ Propeller hélice f; **schrauben** vt atornillar; **Schraubverschluß** m cierre m de rosca

Schreck m <-[e]s, -e> susto m; **schreckhaft** adj miedoso, asustadizo; **schrecklich** adj ① ↑ entsetzlich terrible, horrible, espantoso ② FAM ↑ sehr enorme; ◇ müde/groß/viel cansadísimo/grandísimo/muchísimo

Schrei m <-[e]s, -e> grito m

schreiben <schrieb, geschrieben> vti apuntar, anotar; → Roman escribir; ◇ jd-n krank/gesund - dar a alguien de baja/de alta; **Schreiben** n <-s, -> carta f; **schreibfaul** adj perezoso para escribir; **Schreibfehler** m falta f de ortografía; **Schreibtisch** m escritorio m; **Schreib-**

waren pl artículos m/pl de escritorio

schreien <schrie, geschrie[e]n> vti gritar

schrie impf v. **schreien**

schrieb impf v. **schreiben**

Schrift f <-, -en> 1 escritura f 2 ↑ Hand- letra f; **schriftlich** adj [por] escrito; **Schriftsteller (in** f) m <-s, -> escritor(a f) m; **Schriftstück** n documento m, escrito m

schrill adj estridente; ▷Farbe chillón

schritt impf v. **schreiten**

Schritt m <-[e]s, -e> 1 paso m 2 (von Hose) entrepierna f; **Schrittmacher** m <-s, -> 1 SPORT guía m 2 MED marcapasos m

schroff adj 1 ↑ jäh escarpado, abrupto 2 FIG rudo, brusco

Schrot m o n <-[e]s, -e> 1 grano m triturado 2 (Blei-) perdigón m

Schrott m <-[e]s, -e> auch FAM chatarra f

schrubben vt fregar

schüchtern adj tímido, vergonzoso

schuf impf v. **schaffen**

Schuft m <-[e]s, -e> canalla m, granuja m

schuften vi FAM trabajar como un negro

Schuh m <-[e]s, -e> zapato m; **Schuhcreme** f betún m

Schulaufgaben f/pl SCH deberes m/pl

schuld adj ◇ ~ haben tener la culpa (an dat de); **Schuld** f <-, -en> culpa f; **Schulden** pl FIN deudas f/pl; **schuldig** adj culpable (an dat de); **schuldlos** adj inocente; **Schuldner (in** f) m <-s, -> deudor(a f) m; **Schuldschein** m pagaré m

Schule f <-, -n> escuela f, colegio m; **Schüler(in** f) m <-s, -> (Haupt-, Berufs-) alumno/a; **Schulferien** pl vacaciones f/pl escolares; **schulfrei** adj sin clase; ◇ ~er Tag día no lectivo; **schulpflichtig** adj en edad escolar

Schulter f <-, -n> ANAT hombro m

Schulung f formación f, educación f

Schulzeugnis n notas f/pl [del colegio]

Schuppe f <-, -n> (von Fisch) escama f; (Haar-) caspa f

Schuppen m <-s, -> 1 ↑ Abstellraum cobertizo m 2 (Beat-) tinglado m

schürfen I. vt MIN hacer excavaciones **II.** vi → Haut raspar, rozar

Schurke m, **Schurkin** f bribón (-ona f) m, canalla m

Schürze f <-, -n> delantal m

Schuß m <Schusses, Schüsse> tiro m, disparo m

Schüssel f <-, -n> fuente f

Schußverletzung f herida f de bala

Schuster(in f) m <-s, -> zapatero/a

Schutt m <-[e]s> escombros m/ pl

Schüttelfrost m escalofríos m/ pl; **schütteln** vt sacudir; → jd-n agitar, menear; → Hand estrechar

schütten vt verter

Schutz m <-es> [1] protección f; ◇ jd-n in - nehmen salir en defensa de alguien [2] ↑ Unterschlupf refugio m; ◇ jd-m - bieten refugiar a alguien; **Schutzblech** m guardabarros m/pl; **schützen** vt proteger, defender (vor dat de); **Schutzimpfung** f MED vacuna f preventiva; **schutzlos** adj indefenso, desprotegido, desamparado; **Schutzmann** m, pl <-leute o. -männer> agente m de policía; **Schutzmaßnahme** f medida f preventiva

schwach adj débil, delicado; **Schwäche** f <-, -n> debilidad f; **schwächen** vt debilitar

Schwachsinn m [1] imbecilidad f [2] FIG ↑ Unsinn idiotez f; ◇ - reden decir idioteces; **schwachsinnig** adj [1] ↑ gei-

stig behindert imbécil [2] ▷Idee descabellado; **Schwachstelle** f punto m débil

Schwager m, **Schwägerin** f cuñado/a

Schwalbe f <-, -n> FAUNA golondrina f

schwamm impf v. **schwimmen**

Schwamm m <-[e]s, Schwämme> esponja f

Schwan m <-[e]s, Schwäne> FAUNA cisne m

schwang impf v. **schwingen**

schwanger adj embarazada, en estado; **Schwangerschaft** f embarazo m; **Schwangerschaftsabbruch** m interrupción f del embarazo, aborto m

schwanken vi [1] ↑ schaukeln balancearse; ↑ taumeln tambalearse [2] ↑ nicht stabil sein ▷ Preise oscilar; ▷Gewicht variar [3] ↑ zögern titubear, vacilar

Schwanz m <-es, Schwänze> [1] (von Tier) rabo m [2] ↑ Schlußteil cola f

schwänzen vt FAM → Schule hacer novillos

Schwarm m <-[e]s, Schwärme> [1] (Bienen-) enjambre m; (von Vögeln) bandada f; (von Menschen) gentío m [2] FAM ídolo m

schwarz adj negro; auch FIG ◇ ins S-e treffen dar en el blanco/clavo; **Schwarzarbeit** f trabajo m clandestino; **Schwarzbrot** n pan m negro; **schwarzfahren** unreg vi ① (in Bus, Zug) viajar sin billete/pagar ② (mit Auto) conducir sin permiso; **Schwarzmarkt** m mercado m negro

schwatzen, schwätzen I. vi charlar II. vt ◆ daherreden; ◇ **dummes Zeug** - decir tonterías/bobadas

Schwebe f FIG: ◇ **in der** - pendiente, en suspenso, en vilo; **Schwebebahn** f teleférico m; **schweben** vi ① ↑ fliegen flotar ② ↑ hoch hängen colgar; ◇ **sie** - **in Gefahr** les acecha un peligro

Schweden n Suecia f

schweigen <schwieg, geschwiegen> vi callar[se]; **Schweigen** n <-s> silencio m; **schweigsam** adj callado, de pocas palabras

Schwein n <-[e]s, -e> cerdo m; **Schweinefleisch** n carne f de cerdo; **Schweinerei** f ① ↑ Durcheinander, Schmutz porquería f ② ↑ Gemeinheit cerdada f; **Schweinestall** m auch FIG pocilga f

Schweiß m <-es> sudor m, transpiración f

Schweiz f: ◇ **die** - Suiza f; ◇ **in der** - en Suiza; ◇ **in die** - fahren

ir a Suiza; **Schweizer(in** f) m <-s, -> suizo/a; **Schweizerdeutsch** n dialecto m suizo-alemán; **schweizerisch** adj suizo; **Schweizer Käse** m queso m gruyer

schwelen vi arder despacio y sin llama

Schwelle f <-, -n> ① (Tür-) dintel m ② FIG ↑ Übergang umbral m ③ BAHN traviesa f

schwellen <schwoll, geschwollen> vi MED hincharse, inflamarse; **Schwellung** f MED hinchazón f

schwenken I. vt ◆ Fahne blandir, agitar II. vi ◆ abbiegen girar, torcer; ◇ **nach links** - girar a la izquierda

schwer I. adj ① Koffer, Person pesado ② Problem difícil ③ ↑ schlimm Schlag duro; ◇ Katastrophe grave, importante II. adv ↑ sehr: ◇ -verletzt gravemente herido; **Schwerarbeit** f trabajo m duro; **schwerfallen** unreg vi ← Arbeit, Entscheidung costar [mucho]; ◇ **es fällt mir schwer** me cuesta mucho; **schwerfällig** adj pesado, lento, torpe; **schwerhörig** adj duro de oído; **Schwerindustrie** f industria f pesada; **Schwerkraft** f PHYS fuerza f de gravedad; **Schwerkranke** (r) fm enfermo/a de gravedad;

Schwerpunkt m FIG punto m esencial/clave

Schwert n <-[e]s, -er> espada f

schwerverdaulich adj pesado, indigesto; **schwerverletzt** adj herido de gravedad; **schwerwiegend** adj ▸ Fehler grave; ▸ Frage serio, de peso

Schwester f <-, -n> ① hermana f ② MED enfermera f ③ (Ordens-) religiosa f, hermana f

schwieg impf v. **schweigen**

Schwiegereltern pl suegros m/pl; **Schwiegermutter** f suegra f; **Schwiegersohn** m yerno m; **Schwiegertochter** f nuera f; **Schwiegervater** m suegro m

Schwiele f <-, -n> callo m

schwierig adj difícil; **Schwierigkeit** f dificultad f

Schwimmbad n piscina f; **Schwimmbecken** n piscina f; **schwimmen** <schwamm, geschwommen> vi a. SPORT nadar; **Schwimmer(in** f) m <-s, -> ① nadador(a f) m ② TECH flotador m ③ (beim Angeln) veleta f; **Schwimmflosse** f aleta f; **Schwimmweste** f chaleco m salvavidas

Schwindel m <-s> ① (-gefühl) vertigo m, mareo m ② ↑ Unehrlichkeit patraña f ③ ↑ Betrug fraude m; **schwindelfrei** adj que no se marea

schwindeln vi mentir; **Schwindler(in** f) m <-s, -> mentiroso/a

schwindlig adj que se marea; ◇ mir ist - me estoy mareando, me mareo

schwingen <schwang, geschwungen> I. vt agitar, blandir II. vi ① ↑ schaukeln ← Pendel oscilar ② ↑ vibrieren vibrar; **Schwingung** f PHYS oscilación n; (von Ton) vibración f

Schwips m <-es, -e> chispa f; ◇ e-n - haben estar alegre/achispado

schwitzen vi transpirar, sudar

schwoll impf v. **schwellen**

schwören <schwor, geschworen> vti jurar

schwul adj FAM homosexual; FAM marica m

schwül adj bochornoso; **Schwüle** f <-> bochorno m

Schwung m <-[e]s, Schwünge> impulso m, empuje m; **schwungvoll** adj lleno de vida, dinámico

Schwur m <-[e]s, Schwüre> juramento m; **Schwurgericht** n JURA tribunal m de jurados

SDI n Abk v. strategic defence initiative IDS

sechs nr ② seis ② SCH cero; **sechsfach I.** adj seis veces II. adv seis veces; **sechshundert** nr seiscientos; **sechsjährig**

adj de seis años; **sechsmal** *adv* seis veces; **sechste(r, s)** *adj* sexto; ◇ **der ~ Mai** el seis de mayo; ◇ **Bonn, den 6. Mai** Bonn, a 6 de mayo; **Sechste(r)** *fm* sexto/a; **Sechstel** *n* <-s, -> la sexta parte *f*; **sechstens** *adv* en sexto lugar

sechzehn *nr* dieciséis

sechzig *nr* sesenta

Secondhandladen *m* tienda *f* de segunda mano

See I. *m* <-s, -> lago *m* **II.** *f* mar *m*; **Seebad** *n* balneario *m* marítimo; **Seegang** *m* oleaje *m*; **Seehund** *m* FAUNA foca *f*; **Seeigel** *m* FAUNA erizo *m* de mar; **Seeklima** *n* clima *m* marítimo; **seekrank** *adj* mareado; **Seekrankheit** *f* mareo *m*

Seele *f* <-, -n> alma *f*; **seelenruhig** *adj* con calma; **seelisch** *adj* [p]síquico, del alma, mental

Seelsorge *f* cura *f* de almas

Seemeile *f* milla *f* marina; **Seenot** *f* peligro *m* de naufragar; **Seereise** *f* crucero *m*, viaje *m* por mar; **Seestern** *m* estrella *f* de mar; **Seezunge** *f* lenguado *m*

Segel *n* <-s, -> vela *f*; **Segelboot** *n* velero *m*, balandro *m*, barco *m* de vela; **Segelflugzeug** *n* planeador *m*; **segeln** *vti* navegar a vela; **Segelschiff** *n* velero *m*, barco *m* de vela; **Se-**

gelsport *m* deporte *m* de la vela

Segen *m* <-s, -> bendición *f*; **segnen** *vt* ← *Pfarrer* bendecir

sehen <sah, gesehen> *vti* ver; **sehenswert** *adj* digno de ver [se], que vale la pena de ver[se]; **Sehenswürdigkeit** *f* monumentos *m/pl* dignos de visitarse

Sehne *f* <-, -n> ANAT tendón *m*; *(von Bogen)* cuerda *f*

sehnen *vr* ~ **sich** ← desear ardientemente algo, añorar algo; *(nach Vergangenem)* sentir nostalgia *(nach de)*; **Sehnsucht** *f* deseo *m* ardiente, anhelo *m*; **sehnsüchtig** *adj* deseoso, nostálgico

sehr *adv* muy, mucho; ◇ **zu ~** demasiado

Sehstörung *f* trastorno *m* visual

seicht *adj* ▷ *Wasser* poco profundo; FIG ▷ *Gespräch* superficial, trivial

Seide *f* <-, -n> seda *f*

Seife *f* <-, -n> jabón *m*

Seil *n* <-[e]s, -e> cuerda *f*, soga *f*; **Seilbahn** *f* teleférico *m*

sein <war, gewesen> *vi* ser; *(zur Bildung des Passivs, Eigenschaft)* ser; *(Zustand, Gefühl)* estar

sein(e) *pron possessiv v.* **er, es** 1 *(unbetont)* su 2 *(betont)* suyo; *(pl)* sus, suyos; **seinerseits** *adv* por su parte

seit I. *präp dat* desde; ◇ **lan-**

gem desde hace tiempo/mucho; ◇ **er ist - e-r Woche hier** está aquí desde hace una semana **II.** *cj* desde que; **seitdem I.** *adv* desde entonces; desde entonces está enfermo **II.** *cj* desde que está enfermo

Seite *f* <-, -n> [1] (*von Körper*) lado *m*, costado *m* [2] (*Buch-*) página *f*; (*Zeitungs-*) plana *f*; (*von Stoff*) lado *m*; (*von Münze*) cara *f*; **Seitenausgang** *m* salida *f* lateral; **seitens** *präp gen* de parte de; **Seitenstechen** *n* punzadas *f/pl* en el costado; **Seitenstraße** *f* calle *f* lateral

seither *adv* desde entonces

seitlich I. *adj* de lado, lateral **II.** *präp* al lado de

Sekretär(in) *m* [1] secretario/a [2] (*Möbelstück*) secreter *m*

Sekt *m* <-[e]s, -e> champán *m*, champaña *m*, cava *m*

Sekte *f* <-, -n> secta *f*

Sekunde *f* <-, -n> segundo *m*

selbst I. *pron* mismo; ◇ **sie** - ella misma; ◇ **wie von** - como por sí solo **II.** *adv* ↑ *sogar* incluso, aun; **selbständig** *adj* independiente; **Selbstauslöser** *m* <-s, -> FOTO disparador *m* automático; **Selbstbedienung** *f* autoservicio *m*; **Selbstbefriedigung** *f* masturbación *f*; **Selbstbeherrschung** *f* dominio *m* de sí mismo; **selbstbewußt** *adj*

▷*Auftreten* consciente de sí mismo; ↑ *anmaßend* arrogante, pretencioso; **selbstklebend** *adj* autoadhesivo; **selbstlos** *adj* desinteresado, desprendido; **Selbstmord** *m* suicidio *m*; **Selbstmörder(in** *f*) *m* suicida *m/f*; **selbstsicher** *adj* ▷*Mensch* seguro de sí mismo; ▷*Haltung* seguro; **Selbstsicherheit** *f* seguridad *f* de sí mismo; **selbstverständlich I.** *adj* evidente, lógico **II.** *adv* naturalmente, por supuesto, no faltaba más; **Selbstvertrauen** *n* confianza *f* en sí mismo

selten I. *adj* raro **II.** *adv* raras veces, poco frecuente; **Seltenheit** *f* rareza *f*

seltsam *adj* raro, extraño, curioso, singular

Semester *n* <-s, -> semestre *m*

Seminar *n* <-s, -e> seminario *m*

Semmel *f* <-, -n> panecillo *m*; **Semmelknödel** *m* albóndiga *f*

sen. *Abk v.* **Senior**

Senat *m* <-[e]s, -e> senado *m*

senden I. <sandte, gesandt> *vt* → *Brief* mandar, enviar **II.** *vti* MEDIA emitir, transmitir; **Sender** *m* <-s, -> MEDIA emisora *f*

Sendung *f* [1] (*von Brief*) envío *m* [2] MEDIA emisión *f*; (*Programm*) programa *m*

Senf *m* <-[e]s, -e> ↑ *Mostrich* mostaza *f*

Senior m <-s, -n> decano m; (-chef) jefe m, persona f mayor

senken vt bajar

senkrecht adj vertical, perpendicular

Sensation f sensación f

sensibel adj sensible

sentimental adj sentimental

September m <-[s], -> se[p]tiembre m

Serbien n Servia f

Serie f serie f

seriös adj serio

Serum n <-s, Seren> suero m

Service n <-[s], -> servicio m

Serviette f servilleta f

Sessel m <-s, -> sillón m; **Sessellift** m telesilla m

seßhaft adj sedentario

Set n <-s, -s> juego m

setzen I. vt poner, colocar; ◇ **auf jd-n/etw** - apostar por alguien/algo **II.** vr ◇ **sich** - sentarse, tomar asiento **III.** vi: ◇ **über e-n Fluß**-cruzar/atravesar un río

Seuche f <-, -n> epidemia f

seufzen vi dar un suspiro, suspirar por; **Seufzer** m <-s, -> suspiro m

Sexualität f sexualidad f; **sexuell** adj sexual

Shampoo[n] n <-s, -s> champú m

Sherry m <-s, -s> jerez m

Shop m <-s, -s> tienda f

Shorts f <-, -> pantalones m/pl cortos

Show f <-, -s> espectáculo m, show m

Sibirien n <-s> Siberia f

sich pron (akk) sí; (dat) a sí

Sichel f <-, -n> hoz f

sicher I. adj ① ▷Weg, Entfernung seguro (vor dat de) ② ▷Auftreten, Fahrer seguro, hábil **II.** adv seguramente; **Sicherheit** f seguridad f; FIN fianza f; (als Garantie) garantía f; **Sicherheitsabstand** m distancia f de seguridad; **Sicherheitsgurt** m cinturón m de seguridad; **sicherheitshalber** adv para mayor seguridad

sicherlich adv seguramente

sichern vt asegurar; **Sicherung** f (das Sichern) protección f; ELECTR fusible m

Sicht f <-> vista f; ◇ **auf lange** ~ a largo plazo; **sichtbar** adj visible; **Sichtverhältnisse** pl visibilidad f

sie pron ① 3. Person feminin, sg; (in bezug auf Menschen) ella; (akk) la; (betont, akk) a ella ② 3. Person pl, ellos/as; (betont, akk) a ellos/as; (unbetont) los, las

Sie pron ① (sg. Höflichkeitsform, nom) usted; (akk) a usted ② (pl, nom) ustedes; (akk) a ustedes; ◇ **jd-n mit** - anreden tratar a alguien de usted

Sieb n <-[e]s, -e> (Getreide-) criba f, tamiz m; (Tee-) colador m

sieben nr siete; **siebenfach** adj siete veces; **siebenhundert** nr setecientos; **siebenjährig** adj de siete años; **siebenmal** adv siete veces; **siebte(r, s)** adj séptimo; **Siebtel** n <-s, -> séptima parte f; **siebtens** adv en séptimo lugar

siebzehn nr diecisiete

siebzig nr setenta

sieden vti hervir, cocer

Siedler(in f) m <-s, -> colono m/f, colonizador(a f) m

Sieg m <-[e]s, -e> victoria f, triunfo m

Siegel n <-s, -> sello m; **Siegelring** m sello m

siegen vi vencer, ganar (über akk a); **Sieger(in** f) m <-s, -> vencedor(a f) m

siehe s. **sehen**

siezen vt tratar de usted

Signal n <-s, -e> señal f

Silbe f <-, -n> sílaba f

Silber n <-s> CHEM plata f; **silbern** adj plateado; ▷ Jubiläum, Hochzeit de plata

Silvester n <-s, -> Nochevieja f

simulieren vt simular

singen <sang, gesungen> vti cantar

Single [1] m <-s, -s> (Mensch) soltero/a

Single [2] f <-, -s> (Schallplatte) disco m

Singvogel m pájaro m cantor

sinken <sank, gesunken> vi caer, descender; ← Schiff hundirse; ← Hoffnung desvanecerse; ← Ansehen perder; ← Temperatur descender, disminuir

Sinn m <-[e]s, -e> (Wahrnehmungs-) sentido m; ↑ Bedeutung significado m; ◇ der ~ des Lebens el sentido de la vida; **Sinnesorgan** n órgano m sensorial; **sinnlich** adj físico, material, sensual; **sinnlos** adj ▷ Versuch sin sentido, inútil; ▷ Plan absurdo; **sinnvoll** adj que tiene sentido; ▷ Versuch razonable

Sintflut f diluvio m

Sippe f <-, -n> clan m, estirpe f

Sitte f <-, -n> costumbre f; **sittlich** adj moral, ético

Situation f situación f

Sitz m <-es, -e> [1] (-platz) asiento m [2] (Wohn-) residencia f; **sitzen** <saß, gesessen> vi [1] estar sentado [2] ← Kleidung sentar bien; **Sitzplatz** m asiento m

Sitzung f sesión f, reunión f, junta f; (bei Künstler) sesión f

Skala f <-, Skalen> escala f

Skandal m <-s, -e> escándalo m; **skandalös** adj escandaloso

Skandinavien n <-s> Escandinavia f

Skelett n <-[e]s, -e> esqueleto m

skeptisch adj escéptico

Ski m <-s, -er> esquí m; ◇ ~ lau-

fen, - fahren esquiar; **Skibrille**
f gafas f/pl de esquiar; **Skiläu-**
fer(in f) m esquiador(a f) m;
Skilehrer(in f) m monitor (a f)
m de esquí

Skinhead m ‹-s, -s› cabeza m
rapada

Skischule f escuela f de esquí;
Skiträger m portaesquís m

Skizze f ‹-, -n› esbozo m, boceto
m, croquis m

Skorpion m ‹-s, -e› FAUNA escorpión m

skrupellos adj sin escrúpulos

Skulptur f escultura f

Slipper m ‹-s, -› zapatilla f

Smaragd m ‹-[e]s, -e› esmeralda f

Smog m ‹-s› niebla f espesa con
humo; **Smogalarm** m aviso m
de niebla espesa con humo

Smoking m ‹-s, -s› smoking m

so I. adv ① así, de ese modo; ◇
… wie tan … como ② (Maß,
Grad) tan **II.** cj (deshalb) así
que, de tal modo que; ◇ **…, daß**
… de tal forma que; ◇ **…, daß**
tan … que; ◇ **um – besser** tanto
mejor

sobald cj tan pronto como

Socke f ‹-, -n› calcetín m

Sodawasser n soda f

Sodbrennen n ardor m de estómago

soeben adv ahora mismo

Sofa n ‹-s, -s› sofá m

sofern cj en tanto que +subj, con
tal que

soff impf v. **saufen**

sofort adv en seguida, inmediatamente

Software f ‹-, -s› software m

sog impf v. **saugen**

sogar adv incluso, hasta, aun

sogenannt adj llamado

sogleich adv en seguida, inmediatamente

Sohle f ‹-, -n› ① (Schuh~) suela f
② Tal~, MIN fondo m

Sohn m ‹-[e]s, Söhne› hijo m

solang[e] cj en tanto que;
↑ während mientras; ◇ **- bis** hasta que

solch pron tal

Soldat m ‹-en, -en› soldado m

solidarisch adj solidario; **So-**
lidarität f solidaridad f

solide adj ‹Bauweise sólido, duradero; ‹Mensch serio, formal

Solist(in f) m solista m/f

Soll n ‹-[s], -[s]› FIN debe m;
(Arbeitsmenge) cuota f de trabajo fijada

sollen vi deber; ◇ **was soll das?**
¿qué es esto?; ◇ **was soll's!** ¡da
igual!; ◇ **sollte es nicht gelin-**
gen, dann … en caso que no
funcione [entonces] …; ◇ **sie –**
sehr reich sein deben ser muy
ricos; (Erwartung, Wunsch)
◇ **wir sollten uns treffen** debe-
ríamos vernos

Solo n <-s, -s o. Soli> solo m

somit cj por lo tanto, así pues

Sommer m <-s, -> verano m; **Sommerferien** pl vacaciones f/pl de verano; **sommerlich** adj veraniego, estival; ▷ Temperatur sf veraniego, estival; ▷ Temperatur sf veraniego, estival; **Sommerschlußverkauf** m rebajas f/pl de verano

Sonderangebot n oferta f especial; **sonderbar** adj raro, curioso, singular; **Sonderfall** m caso m especial; **Sondergenehmigung** f autorización f especial; **Sondermüll** m basura f perjudicial para el medio ambiente

sondern cj sino; ◇ **nicht nur ..., ~ auch ...** no sólo ... sino también ...

Sonderpreis m precio m especial; **Sonderzug** m BAHN tren m especial

Sonnabend m sábado m

Sonne f <-, -n> sol m; **sonnen** vr ◇ **sich** ~ tomar el sol; **Sonnenaufgang** m salida f de sol; **sonnenbaden** vi tomar un baño de sol; **Sonnenbrand** m quemadura f de sol; **Sonnenbrille** f gafas f/pl de sol; **Sonnenenergie** f energía f solar; **Sonnenhut** m gorro m; **Sonnenschirm** m sombrilla f; **Sonnenuntergang** m puesta f de sol; **sonnig** adj soleado

Sonntag m domingo m; **sonntags** adv los domingos

sonst adv ↑ **außerdem** además; ◇ ~ **noch etwas?** ¡alguna otra cosa?; ↑ **andernfalls** si no, de lo contrario; ◇ ~ **nichts** nada más

sooft cj cada vez que, siempre que

Sorge f <-, -n> preocupación f; **sorgen** I. vi cuidar algo, ocuparse de; ◇ **für jd-n** ~ cuidar de alguien II. vr ◇ **sich** ~ preocuparse (um por)

sorgfältig adj cuidadoso, atento, esmerado; **sorglos** adj despreocupado; **sorgsam** adj cuidadoso, atento, esmerado

Sorte f <-, -n> clase f, especie f; **Sorten** pl FIN moneda f extranjera

sortieren vt clasificar

Sortiment n surtido m

sosehr cj por mucho que +subj

Soße f <-, -n> salsa f

Sound m <-s, -s> sonido m

Souvenir n <-s, -e> recuerdo m

Souveränität f soberanía f

soviel I. cj: ◇ ~ **ich weiß** que yo sepa II. adv tanto

sowenig adv tan poco; ◇ ~ **wie möglich** lo menos posible

sowie cj ① ↑ **sobald** tan pronto como ② ↑ **ebenso** tal como ③ ↑ **und** así como; **sowieso** adv de todas formas, de todos modos; ◇ **etw** ~ **tun müssen** tener que hacer algo de todas formas

Sowjetunion f <->: ◊ die - la Unión Soviética

sowohl cj: ◊ - ... als auch ... no sólo ... sino también ...

sozial adj social; **Sozialarbeiter(in** f) m asistente/ social; **Sozialdemokrat(in** f) m socialdemócrata m/f; **sozialdemokratisch** adj socialdemócrata; **Sozialhilfe** f asistencia f pública

sozialistisch adj socialista

Sozialstaat m Estado m social; **Sozialversicherung** f seguro m social; **Sozialwohnung** f vivienda f social/de protección civil

sozusagen adv por así decir, como quien dice

Spaghetti pl espaguetis m/pl

Spalt m <-[e]s, -e> hendidura f; (Tür-) resquicio m; Riß grieta f

Spalte f <-, -n> ① (in Text auch) columna f ② (Gletscher-) grieta f de glaciar

spalten vt partir (en dos); → Gruppe dividir, separar; **Spaltung** f escisión f; BIOL segregación f; PHYS fisión f

Span m <-[e]s, Späne (von Holz)> astilla f, viruta f

Spange f <-, -n> (Haar-) recogedor m, pasador m; (Zahn-) aparato m

Spanien n <-s> España f; **Spa-** **nier(in** f) m <-s, -> español(a f) m

spannen I. vt ↑ straffen estirar II. vi ← Hemd, Bluse estar justo

spannend adj ▷Buch emocionante, interesante, de suspense; ▷Augenblick cautivador; **Spannung** f tensión f; ELECTR voltaje m; **Spannungsgebiet** n zona f de tensiones

Sparbuch n cartilla f de ahorro; **Sparbüchse** f hucha f; **sparen** vti ahorrar, economizar; **Sparer(in** f) m <-s, -> ahorrador (a f) m

Spargel m <-s, -> espárrago m

Sparkasse f caja f de ahorros; **Sparkonto** n cuenta f de ahorro; **sparsam** adj ▷Mensch ahorrativo; ▷Auto económico

Spaß m <-es, Späße> ↑ Scherz broma f; ↑ Vergnügen diversión f; ◊ jd-m den - verderben aguar la fiesta a alguien

spät I. adj ↑ verspätet tardío; ▷Stunde avanzado; ▷Gast rezagado II. adv tarde

Spaten m <-s, -> laya f

später I. adj futuro, venidero II. adv kompar v. **spät** más tarde; **spätestens** adv lo más tarde, a más tardar

spazierengehen unreg vi ir de paseo, dar un paseo; **Spaziergang** m paseo m

Speck m <-[e]s, -e> tocino m

Spedition f (-sfirma) agencia f de transportes

Speer m <-[e]s, -e> lanza f; SPORT jabalina f

Speichel m <-s> saliva f

Speicher m <-s, -> (Dach-) desván m; (Korn-) granero m; (Wasser-) depósito m; PC memoria f; **speichern** vti -> Korn almacenar; -> Wärme acumular; PC memorizar, almacenar

Speise f <-, -n> alimento m, comida f; **Speiseeis** n helado m; **Speisekammer** f despensa f; **Speisekarte** f menú m; **speisen** vti comer; **Speisewagen** m vagón m restaurante

spektakulär adj espectacular

Spekulation f FIN especulación f

Spende f <-, -n> donativo m; ↑ Schenkung donación f; **spenden** vt -> Geld dar, hacer donación de; -> Blut donar

spendieren vt FAM dar; (im Lokal) ◇ e-e Runde ~ pagar una ronda

Sperre f <-, -n> (Straßen-) barrera f; **sperren** vti -> Grenze cerrar; -> Straße cortar; -> Kredit congelar; -> Strom / Telefon cortar; **Sperrholz** n madera f contrachapeada; **sperrig** adj de mucho bulto, voluminoso; **Sperrmüll** m muebles m/pl y objetos fuera de uso

Spesen pl gastos m/pl

Spezialist(in f) m especialista m/f (für en)

Spezialität f especialidad f; ◇ ee - des Hauses una especialidad de la casa

speziell adj especial, particular

Spiegel m <-s, -> espejo m; **spiegeln** vti -> Fußboden reflejar; **Spiegelreflexkamera** f cámara f reflex

Spiel n <-[e]s, -e> 1 (Karten-, Brett-) juego m 2 SPORT partido m; **Spielautomat** m máquina f recreativa; PEJ tragaperras m/f; **Spielbank** f casino m; **spielen** vti 1 jugar a 2 MUS tocar; ◇ den Beleidigten - hacerse el ofendido; **Spieler(in** f) m <-s, -> 1 jugador(a f) m 2 MUS músico m; **Spielfeld** n campo m de juego; (Tennis) pista f; **Spielfilm** m largometraje m; **Spielmarke** f ficha f; **Spielplan** m THEAT cartelera f; **Spielplatz** m parque m infantil; **Spielregel** f regla f del juego; **Spielverderber(in** f) m <-s, -> aguafiestas m/f; **Spielzeug** n juguete m

Spieß m <-es, -e> pica f; (Brat-) asador m

Spinat m <-[e]s, -e> espinacas f/pl

Spinne f <-, -n> araña f

spinnen <spann, gesponnen> I.

vt → *Wolle* hilar **II.** *vi* FAM estar loco/como una cabra/mal de la cabeza; **Spinnennetz** *n* telaraña *f*

Spion(in *f) m* <-s, -e> ① espía *m/f* ② (*in Tür*) mirilla *f;* **Spionage** *f* <-, -n> espionaje *m;* **spionieren** *vi* espiar

Spirale *f* <-, -n> espiral *f*

Spirituosen *f/pl* bebidas *f/pl* alcohólicas

Spiritus *m* <-, -se> alcohol *m;* **Spirituskocher** *m* infiernillo *m*

Spital *n* <-s, Spitäler> hospital *m*

spitz *adj* agudo; **Spitze** *f* <-, -n> ① punta *f;* (*Berg-*) cima *f* ② (*Textil*) encaje *m* ③ FAM ◇ -! ¡magnífico!

Spitzel *m* <-s, -> soplón *m;* ↑ *Spion* espía *m*

spitzen *vt* ① → *Bleistift* afilar ② FIG → *Ohren* aguzar

Spitzenleistung *f* rendimiento *m* de primera; **Spitzensportler(in** *f) m* deportista *m/f* de primera

spitzfindig *adj* sutil, puntilloso

Spitzname *m* mote *m*

Splitt *m* <-s, -e> gravilla *f*

Splitter *m* <-s, -> (*Holz-*) astilla *f;* ↑ *Bruchstück* fragmento *m*

Sponsor(in *f) m* <-s, -en> esponsor *m/f*

spontan *adj* espontáneo

Sport *m* <-[e]s> deporte *m;* **Sportlehrer(in** *f) m* profesor (a *f*) *m* de educación física; **Sportler(in** *f) m* <-s, -> deportista *m/f;* **sportlich** *adj* deportivo, deportista; **Sportplatz** *m* campo *m* de deportes; **Sportverein** *m* sociedad *f* deportiva; **Sportwagen** *m* AUTO deportivo *m;* (*Kinderwagen*) cochecito *m*

Spott *m* <-[e]s> burla *f;* **spottbillig** *adj* baratísimo, tirado, regalado; **spotten** *vi* burlarse de, reírse (*über akk* de); **spöttisch** *adj* → *Bemerkung* irónico, sarcástico; ▷ *Lachen* burlón

sprach *impf v.* **sprechen**

Sprache *f* <-, -n> lengua *f,* idioma *m;* **Sprachführer** *m* manual *m* de conversación; **sprachlos** *adj* atónito, estupefacto; ◇ *völlig* ~ *sein* quedarse sin habla/de una pieza; **Sprachwissenschaft** *f* lingüística *f*

sprang *impf v.* **springen**

Spray *m o n* <-s, -s> (*Raum-*) [e]spray *m;* (*Haar-*) laca *f*

sprechen <sprach, gesprochen> *vi* hablar; **Sprecher(in** *f) m* <-s, -> ↑ *Redner* orador(a *f*) *m;* (*für Gruppe*) portavoz *m/f;* MEDIA locutor(a *f*) *m;* **Sprechstunde** *f* consulta *f;* tutoría *f;* **Sprechzimmer** *n* despacho *m; (von Arzt)* sala *m* de consulta, consultorio *m*

sprengen *vt* ① *(mit Sprengstoff)* explotar, hacer estallar ② *(mit Wasser)* → *Rasen* regar; → *Wäsche* rociar; **Sprengstoff** *m* explosivo *m;* **Sprengung** *f* voladura *f*

Sprichwort *n* refrán *m,* proverbio *m*

springen ‹sprang, gesprungen› *vi* ① saltar ② ← *Glas, Metall* reventar, partirse ③ ◇ **in die Augen** - saltar a la vista

Sprit *m* ‹-s› gasolina *f*

Spritze *f* ‹-, -n› jeringa *f;* MED jeringuilla *f;* † *Injektion* inyección *f;* **spritzen** I. *vt* → *Garten, Pflanzen* regar II. *vi* ← *Blut* salir a chorro *m;* MED poner una inyección

Sproß *m* ‹Sprosses, Sprosse› † *Nachkomme* vástago *m,* descendiente *m;* † *Trieb* retoño *m*

Spruch *m* ‹-[e]s, Sprüche› *(Denk-)* dicho *m; (Wahl-)* lema *m; (Lehrgedicht)* proverbio *m;* JURA sentencia *f,* fallo *m*

sprudeln *vi* ← *Wasser* burbujear; ← *Worte* salir a borbotones

sprühen I. *vt (mit Wasser)* rociar II. *vi* ← *Funken* echar chispas; **Sprühregen** *m* llovizna *f*

Sprung *m* ‹-[e]s, Sprünge› ① salto *m* ② † *Riß* grieta *f,* raja *f;*

Sprungbrett *n* SPORT *auch* FIG trampolín *m;* **Sprungschanze** *f* SPORT trampolín *m;* **Sprungtuch** *n* tela *f* salvavidas

Spucke *f* ‹-› saliva *f;* **spukken** *vti* escupir

spuken *vi* ← *Geist* haber fantasmas; ◇ **es spukt im Schloß** en el castillo hay fantasmas

Spülbecken *n* pila *f,* fregadero *m*

Spule *f* ‹-, -n› ELECTR *a.* bobina *f,* carrete *m*

spülen I. *vi* lavar; † *abwaschen* fregar II. *vt* → *Haare* lavar; → *Wäsche* aclarar; → *Geschirr* fregar; **Spülmaschine** *f* lavaplatos *m/sg;* **Spülung** *f* MED lavado *m*

Spur *f* ‹-, -en› huella *f*

spürbar *adj* sensible; **spüren** *vt* sentir, notar

Staat *m* ‹-[e]s, -en› Estado *m;* **staatenlos** *adj* sin nacionalidad; **staatlich** *adj* oficial, nacional; ▷ *Subvention* estatal; **Staatsangehörigkeit** *f* nacionalidad *f;* **Staatsanwalt** *m,* **-anwältin** *f* fiscal *m/f;* **Staatsbürger(in** *f) m* ciudadano/a; **Staatsexamen** *n* licenciatura *f;* **Staatsoberhaupt** *n* jefe *m* de Estado

Stab *m* ‹-[e]s, Stäbe› bastón *m,* vara *f; (Gitter-)* barrote *m;*

Stabhochsprung m SPORT salto m de pértiga

stabil adj estable; **stabilisieren** vt estabilizar

Stachel m ‹-s, -n› pincho m; espina f; (von Tier) púa f; (von Insekten) aguijón m; **stachelig** adj espinoso; **Stachelschwein** n puerco m espín

Stadion n ‹-s, Stadien› estadio m

Stadium n ‹-s, Stadien› estado m; (Entwicklungs-) fase f

Stadt f ‹-, Städte› ciudad f; **Stadtkern** m casco m urbano; **Stadtmauer** f muralla f de la ciudad; **Stadtplan** m plano m de la ciudad; **Stadtteil** m, **Stadtviertel** n barrio m

stahl impf v. **stehen**

Stahl m ‹-[e]s, Stähle› acero m

Stall m ‹-[e]s, Ställe› establo m; (für Pferde) cuadra f

Stamm m ‹-[e]s, Stämme› (Baum-) tronco m; (Sippe) familia f, clan m; (Kunden-) clientela f; **Stammbuch** n libro m familiar

stammen vi proceder de, venir de; ◇ - **von** descender de; ◇ **er stammt aus einfachen Verhältnissen** él es de familia pobre; ◇ **sie stammt aus Heidelberg** ella es [natural] de Heidelberg

Stammgast m cliente m habitual; **Stammtisch** m FAM peña f

stampfen vi (mit Fuß) patalear; ← Maschine apisonar; ← Schiff cabecear

stand impf v. **stehen**

Stand m ‹-[e]s, Stände› **1** (das Stehen) posición f de pie **2** ↑ Zustand estado m; (Kassen-) situación f **3** (Obst-) puesto m; (Taxi-) parada f **4** (soziale Stellung) condición f; (Adels-) posición f

Standard m ‹-s, -s› estándar m; (Lebens-) nivel m

Standbild n estatua f

Ständer m ‹-s, -› soporte m

Standesamt n registro m civil; **standesgemäß** adj conforme a su posición social

standfest adj estable, fijo; **standhaft** adj firme, constante; **standhalten** unreg vi → Blick mantener fijo; → Angriff resistir; ◇ jd-m/e-r Sache a alguien/algo

ständig adj ▷Wohnsitz fijo; ▷Bedrohung permanente, constante, continuo; ▷Begleiter permanente

Standlicht n luz f de posición; **Standort** m emplazamiento m, ubicación f; MIL guarnición f; **Standpunkt** m FIG punto m de vista; **Standspur** f AUTO carril m de estacionamiento

Stange f ‹-, -n› **1** palo m; (Metall-) barra f **2** (Zigaretten-) cartón m **3** ◇ **e-e - Geld** un dineral

stank *impf v.* **stinken**

Stapel *m* <-s, -> ① (*Holz-*) montón *m*; (*Wäsche-*) pila *f* ② (*NAUT* grada *f*; **Stapellauf** *m NAUT* botadura *f*; **stapeln** *vt* amontonar, apilar

starb *impf v.* **sterben**

stark <stärker, am stärksten> *adj* ▷*Mensch* fuerte; ▷*Herz* robusto; ▷*Kaffee* cargado; ▷*Schmerzen* intenso; **Stärke** *f* <-, -n> ① (*körperl. Kraft*) fuerza *f*, vigor *m*; ↑ *besondere Fähigkeit* fuerte *m*; (*Brillen-*) graduación *f*; ↑ *Durchmesser* diámetro *m*; ↑ *Umfang* volumen *m* ② (*Reis-, auch Wäsche-*) almidón *m*; **stärken I.** *vt* fortalecer; → *Wäsche* almidonar **II.** *vr* ◇ *sich* - comer y beber algo para recobrar fuerzas; **stärkend** *adj* fortalecedor

Starkstrom *m* corriente *f* de alto voltaje

Stärkung *f* fortalecimiento *m*, robustecimiento *m*; (*Essen*) tentempié *m*

starr *adj* ▷*Material* rígido, tieso; ▷*Haltung* inflexible; ▷*Blick* fijo

starren *vi* ↑ *blicken* mirar fijamente, clavar los ojos en algo; ◇ *jd-m ins Gesicht* - mirar fijamente a alguien en la cara; ◇ *vor* Schmutz - estar sucísimo

starrköpfig *adj* testarudo, ter-

co, cabezota; **Starrsinn** *m* testarudez *f*, terquedad *f*

Start *m* <-[e]s, -s> salida *f*; *AERO* despegue *m*; ◇ *an der Startbereit* gehen tomar la salida, ir a sus puestos; **startbereit** *adj AERO* listo para despegar; **starten I.** *vt SPORT* dar la señal de salida; *FAM* ◇ *e-e Aktion* - iniciar/poner en marcha una acción; *PC* arrancar **II.** *vi* salir, marchar; **Starter** *m* <-s, -> *AUTO* stárter *m*; **Starterlaubnis** *f* autorización *f* para despegar

Station *f* ↑ *Abteilung* sección *f*; **stationär** *adj* estacionario; ▷*Behandlung* clínico; **stationieren** *vt* estacionar

Statist(in) *f(m)* *m* extra *m/f*

Statistik *f* estadística *f*; **statistisch** *adj* estadístico

Stativ *n* trípode *m*

statt *präp gen* en lugar de, en vez de

Stätte *f* <-, -n> sitio *m*, lugar *m*

stattfinden *unreg vi* celebrarse, tener lugar

stattlich *adj* ▷*Figur* arrogante; ▷*Gebäude* imponente, majestuoso, magnífico; ▷*Geldsumme* considerable

Statue *f* <-, -n> estatua *f*

Statussymbol *n* signo *m* de la posición social

Stau *m* <-[e]s, -e o. -s> atasco *m*, retención *f*

Staub m <-[e]s> polvo m; FAM ◇ **sich aus dem - machen** poner pies en polvorosa; **stauben** vi levantar polvo; ◇ **es staubt** hay polvo; **staubig** adj cubierto de polvo, polvoriento; **staubsaugen** vti pasar la aspiradora; **Staubsauger** m aspiradora f

stauen I. vt → Wasser estancar II. vr ◇ **sich -** ← Wasser estancarse; ← Verkehr congestionarse

staunen vi asombrarse, admirarse, sorprenderse (über akk de); **Staunen** n <-s> asombro m, admiración f; sorpresa f; ◇ **jdn in - versetzen** asombrar a alguien

stechen <stach, gestochen> I. vt 1 (verletzen) pinchar, dar punzadas 2 (beim Kartenspiel) matar 3 (in Kupfer) grabar 4 (an Schuhr) fichar II. vi 1 ← Mücke picar; ← Rose pinchar 2 ◇ **in See -** hacerse a la mar

Steckbrief m orden f de busca y captura; **Steckdose** f enchufe m [hembra]

stecken I. vt meter II. vi ← Schlüssel estar; ◇ **in Schwierigkeiten -** estar metido en un lío; FAM ◇ **wo - die Kinder?** ¡dónde se han metido los niño?; **steckenbleiben** unreg vi quedar parado; (beim Reden) perder el hilo; (im Verkehr) meterse en un atasco; **stecken-**

lassen unreg vt → Schlüssel dejar [la llave] puesta; ◇ **laß [dein Geld] stecken!** ¡te convido!

Steg m <-[e]s, -e> puente m de peatones; (Anlege-) embarcadero m

stehen <stand, gestanden> I. vi 1 (sich befinden) estar, encontrarse; (nicht liegen) estar de pie 2 ← Uhr estar parado 3 ◇ **zu seinem Wort -** cumplir su palabra II. vi unpers: ◇ **es steht schlecht um ihn** las cosas están feas para él III. vr ◇ **sich gut -** (finanziell) vivir bien; ◇ **sich gut - (mit Person)** llevarse bien (mit con); **stehenbleiben** unreg vi pararse, quedarse parado; ↑ anhalten detenerse; **stehenlassen** unreg vt dejar

stehlen <stahl, gestohlen> vt robar, hurtar

steigen <stieg, gestiegen> vi subir, aumentar; ◇ **in/auf etw akk -** subir[se] a algo

steigern vt aumentar, elevar, subir; **Steigerung** f aumento m, subida f; GRAM comparación f

Steigung f elevación f; ↑ Hang pendiente f, cuesta f

steil adj ▷ Abhang empinado; ▷ Fels abrupto, escarpado; **Steilhang** m declive m

Stein m <-[e]s, -e> (Mauer-) piedra f; (Gallen-) cálculo m;

(Spiel-) ficha f; **steinig** adj ▷Weg depregso; ▷Gelände rocoso; **steinreich** adj FIG riquísimo

Stelle f <-, -n> sitio m; (Absturz-) lugar m; (Arbeits-) colocación f, puesto m; ↑ Amt organismo m oficial

stellen I. vt ① poner, meter, colocar ② → Wecker → Falle poner ③ → Diagnose, Frage hacer II. vr ◇ sich - ① (bei Polizei) entregarse ② (bei Gegner) hacer frente a; ◇ sich e-r Sache - enfrentarse a una cosa ③ ◇ sich krank/taub - hacerse el enfermo/el sordo

Stellenangebot n oferta f de empleo; **Stellengesuch** n demanda f de empleo; **Stellenvermittlung** f oficina f de colocación

Stellung f ① ↑ Position posición f ② ↑ Amt cargo f

Stellvertreter(in f) m representante m/f, sustituto/a

stemmen I. vt (hoch-) levantar; (Druck ausüben) presionar II. vr ◇ sich - FIG: ◇ sich - gegen resistirse/oponerse a

Stempel m <-s, -> sello m; **Stempelkissen** n almohadilla f; **stempeln** vt ① sellar, timbrar; → Briefmarke matasellar ② FAM ◇ -gehen estar parado

stenographieren vti taquigra-

fiar; **Stenotypist(in** f) m taquimecanógrafo/a

Steppe f <-, -n> estepa f

Sterbehilfe f eutanasia f; **sterben** <starb, gestorben> vi morir de, fallecer; **sterblich** adj mortal

steril adj estéril; ▷Verband esterilizado; **sterilisieren** vt esterilizar

Stern m <-[e]s, -e> estrella f; **Sternbild** n constelación f; ◇ unter dem - des Stiers geboren sein nacer bajo el signo de Tauro; **Sternschnuppe** f <-, -n> estrella f fugaz

stets adv siempre; constantemente, continuamente

Steuer ¹ n <-s, -> NAUT timón m; AUTO volante m; FIG dirección f

Steuer ² f <-, -n> (Lohn-) impuesto m, contribución f; **Steuerberater(in** f) m asesor (a f) m fiscal; **steuerfrei** adj libre de impuestos; **Steuerhinterziehung** f fraude m fiscal; **Steuerklasse** f categoría f de impuestos

steuern vti → Auto conducir; → Flugzeug pilotar; → Entwicklung dirigir; → Tonstärke controlar

Steuernummer f número m fiscal; **Steuerzahler(in** f) m contribuyente m/f

Stich *m* <-[e]s, -e> **1** pinchazo *m*; (Mücken-) picadura *f*; (beim Nähen) punto *m* **2** KARTEN baza *f* **3** KUNST grabado *m* ◇ **e-n ~ ins Blaue haben** tirar a azul; **die Milch hat e-n ~** la leche se ha cortado; **jd-n im ~ lassen** dar la estacada [o. espalda] a alguien

sticheln *vi* FIG echar indirectas

stichhaltig *adj* convincente, sólido, válido; **Stichwahl** *f* balotaje *m*; **Stichwort** *n* entrada *f*; (in Wörterbuch) voz *f* guía

sticken *vti* bordar; **Stickerei** *f* bordado *m*

stickig *adj* sofocante; ▷Luft viciado

Stiefbruder *m* hermanastro *m*

Stiefel *m* <-s, -> bota *f*

Stiefeltern *pl* padrastos *m/pl*; **Stiefkind** *n* hijastro *m*; **Stiefmutter** *f* madrastra *f*; **Stiefvater** *m* padrasto *m*

Stiel *m* <-[e]s, -e> mango *m*; (Besen-) palo *m*

Stier *m* <-[e]s, -e> FAUNA toro *m*; **Stierkampf** *m* corrida *f* de toros

stieß *impf v.* **stoßen**

Stift ¹ *m* <-[e]s, -e> **1** (Draht-) tachuela *f* **2** (Blei-) lápiz *m*

Stift ² *n* <-[e]s, -e> convento *m*

stiften *vt* fundar; → Unruhe crear, provocar, causar; ↑ spen-

den donar; **Stiftung** *f* ↑ Schenkung donación *f*; (Organisation) fundación *f*

Stil *m* <-[e]s, -e> estilo *m*

still *adj* ▷Ort, Gegend tranquilo, silencioso, pacífico; ▷Mensch callado; ↑ unbewegt quieto; **Stille** *f* <-> ↑ Ruhe tranquilidad *f*; ↑ Schweigen silencio *m*

stillen *vt* → Säugling dar el pecho, amamantar; → Blutung cortar; → Schmerz calmar; → Hunger, Durst saciar

stillschweigend *adj* callado; **-e Übereinkunft** acuerdo tácito; **Stillstand** *m* parada *f*; **zum ~ bringen** parar, detener

stimmberechtigt *adj* con derecho al voto; **Stimme** *f* <-, -n> voz *f*; (Wahl-) voto *m*

stimmen I. *vt* MUS afinar II. *vi* **1** ser cierto; → Abrechnung cuadrar **2** (überein-) coincidir con; ◇ **für/gegen etw ~** votar a favor/en contra de algo; **Stimmrecht** *n* derecho *m* al voto

Stimmung *f* **1** estado *m* de ánimo; ◇ **in ~ sein für etw** estar de humor para algo **2** ↑ Atmosphäre ambiente *m*

Stimmzettel *m* papeleta *f* de votación

stinken <stank, gestunken> *vi* apestar (nach a), oler mal

Stipendium *n* beca *f*

Stirn f <-, -en> frente f; **Stirnband** n cinta f para la frente

Stock [1] m <-[e]s, Stöcke> bastón m, palo m

Stock [2] m <-[e]s, Stockwerke> piso m, planta f

Stockung f paralización f, detención f; (von Verkehr) atasco m; FIN estancamiento m

Stockwerk n piso m, planta f

Stoff m <-[e]s, -e> ↑ Gewebe tejido m; ↑ Materie materia f

stöhnen vi gemir

Stollen [1] m <-s, -> süddt ↑ Christ- pastel m de Navidad

Stollen [2] m <-s, -> [1] MIN galería f [2] (an Fußballschuhen) taco m

stolpern vi tropezar, dar un traspié (über akk con)

stolz adj orgulloso, soberbio, eingebildet, vanidoso; **Stolz** m <-es> orgullo m

stopfen vt [1] (hinein-, voll-) llenar; GASTRON → Geflügel rellenar; → Pfeife cargar [2] → Strumpf, Loch zurcir

stoppen I. vt → Verkehr parar, detener; (mit Uhr) cronometrar II. vi pararse, detenerse; **Stoppschild** n señal f de stop; **Stoppuhr** f cronómetro m

Stöpsel m <-s, -> tapón m

stören vt estorbar; → Unterricht, Ruhe molestar; **Störfall** m (in AKW) accidente m

stornieren vt anular

störrisch adj terco, obstinado, testarudo, cabezota

Störung f molestia f; MED trastorno m; MEDIA interferencia f

Stoß m <-es, Stöße> ↑ Schubs empujón m; ↑ Schlag golpe m; ↑ Stapel montón m; **Stoßdämpfer** m AUTO amortiguador m; **stoßen** (stieß, gestoßen) I. vt ↑ schubsen empujar, dar empujones II. vi [1] ◇ an/ gegen jd-n/etw - golpear a alguien/ algo; ◇ auf etw akk - encontrar algo [de casualidad] [2] ↑ angrenzen lindar (an akk con) III. vr ◇ sich - darse un golpe, golpearse; **Stoßstange** f AUTO parachoques m; **Stoßzeit** f hora f punta

stottern vi tartamudear; ← Motor zumbar

Strafanstalt f penitenciaría f, cárcel f; **strafbar** adj sancionable, punible; **Strafe** f <-, -n> castigo m; (Geld-) multa f, sanción f; (Gefängnis-) condena f; JURA pena f; **strafen** vt castigar, sancionar, multar

straff adj [1] ↑ steif rígido; FIG ↑ streng severo [2] ▷Seil tenso; ▷Haut tirante

Strafgefangene(r) fm presidiario/a, preso m/f; **Strafraum** m SPORT área m de castigo;

Strafrecht n derecho m penal;
Strafstoß m SPORT penalty
m; **Strafverteidiger(in** f) m
abogado/a defensor(a); **Straf-**
zettel m boletín m de denuncia
Strahl m <-[e]s, -en> 1 (Son-
nen-) rayo m 2 (Wasser-) chorro
m; **strahlen** vi radiar, brillar;
strahlenverseucht adj con-
taminado de radiaciones
Strähne f <-, -n> (Haar-) mechón m
stramm adj tenso, tirante
strampeln vi ← Baby patalear
Strand m <-[e]s, Strände> playa
f; **stranden** vi ← Schiff naufragar; FIG ← Mensch fracasar;
Strandgut n objetos m/pl arro-
jados por el mar; **Strandkorb**
m sillón m de mimbre para la
playa
Strapaze f <-, -n> trabajo m pesado, esfuerzo m grande; **stra-**
pazierfähig adj resistente;
strapaziös adj agotador
Straße f <-, -n> calle f; **Stra-**
ßenbahn f tranvía m; **Stra-**
ßenkarte f mapa m de carrete-
ras; **Straßenschild** n letrero m
de calle; **Straßenschlacht** f
disturbios m/pl, altercado m ca-
llejero; **Straßenverkehr** m
tráfico m, circulación f; **Stra-**
ßenverkehrsordnung f reglamento m de tráfico
strategisch adj estratégico

sträuben I. vt → Haare erizar
II. vr ◇ **sich** - 1 ← Haar, Fell
erizarse, ponerse en punta 2
FIG oponerse, resistirse (gegen
etw a)
Strauch m <-[e]s, Sträucher> arbusto m
Strauß [1] m <-es, Sträuße> (Blu-
men-) ramo m
Strauß [2] m <-es, -e> FAUNA
avestruz m
streben vi aspirar (nach a);
strebsam adj ↑ arbeitsam trabajador; ↑ ehrgeizig ambicioso;
▷Schüler aplicado, empollón
Strecke f <-, -n> trayecto m, recorrido m; BAHN tramo m
strecken vt estirar, extender,
alargar
Streich m <-[e]s, -e> ↑ Schaber-
nack jugarreta f; ◇ jd-m e-n -
spielen hacer una broma a alguien
streicheln vt acariciar
streichen <strich, gestrichen>
vt 1 ← Brot untar, extender 2
→ Zaun pintar 3 (durch-) tachar,
borrar 4 → Ausflug suspender;
Streichholz n cerilla f
Streife f <-, -n> patrulla f
Streifen m <-s, -> ↑ Linie raya f;
(Stück) tira f; **Streifenwagen**
m coche m patrulla
Streik m <-[e]s, -s> huelga f;
streiken vi estar/declararse en
huelga

Streit m <-[e]s, -e> pelea f, lucha f, conflicto m; **streiten** <stritt, gestritten> **I.** vi ↑ zanken pelearse (über, um por) **II.** vr: ◇ **sich über** akk reñir por, discutir sobre; **Streitkräfte** pl MIL fuerzas flpl armadas; **streitsüchtig** adj que le gusta crear disputas, pendenciero

streng adj ① duro, severo; ▷Sitten rígido, estricto ② ▷Winter riguroso

Streß m <Stresses> estrés m; **stressig** adj que produce estrés, que estresa

streuen vt esparcir, echar

strich impf v. **streichen**

Strich m <-[e]s, -e> línea f, raya f

Strick m <-[e]s, -e> cuerda f, soga f

stricken vti hacer punto; **Strickzeug** n utensilios m/pl para hacer puntos

strikt adj estricto

stritt impf v. **streiten**

strittig adj discutible m

Stroh n <-[e]s> paja f; **Strohhalm** m brizna f de paja; ↑ Trinkhalm pajita f

Strom m <-[e]s, Ströme> ① río m ② ELECTR corriente f eléctrica; **strömen** vi ← Wasser correr, fluir; ← Menschen afluir; **Stromkreis** m circuito m; **stromlinienförmig** adj aero-

dinámico; **Stromrechnung** f recibo m de la luz

Strömung f auch FIG corriente f

Stromverbrauch m consumo m eléctrico

Struktur f estructura f

Strumpf m <-[e]s, Strümpfe> media f

Stück n <-[e]s, -e> ① ↑ Teil parte f, pedazo m; (Mengenangabe) pieza f; (Wegstrecke) tramo m, trecho m ② THEAT obra f; **Stückgut** n bulto m suelto; **stückweise** adv a trozos; COMM por piezas

Student(in) m estudiante m/f

Studie f ↑ Untersuchung estudio m

Studienplatz m plaza f; **studieren** vti ① estudiar en la universidad ② FIG → Speisekarte mirar detenidamente; **Studium** n estudio m; (an Universität) carrera f

Stufe f <-, -n> escalón m; peldaño m; (Entwicklungs-) nivel m

Stuhl m <-[e]s, Stühle> silla f

stumm adj mudo

Stummel m <-s, -> resto m; (Zigaretten-) colilla f; (von Kerze) cabo m

stumpf adj ① ▷Messer desafilado ② ▷Haar sin brillo ③ ↑ teilnahmslos apático, indiferente ④ ▷Winkel obtuso

Stumpf *m* <-[e]s, Stümpfe> (*Baum-*) tocón *m*; (*Bein-*) muñón *f*

Stunde *f* <-, -n> hora *f*; SCH clase *f*; **Stundenkilometer** *m/pl* kilómetros *m/pl* por hora; **Stundenlohn** *m* salario *m* por horas

stupid *adj* estúpido

stur *adj* terco, testarudo, cabezón

Sturm *m* <-[e]s, Stürme> tempestad *f*, tormenta *f*; **stürmen I.** *vi* ↑ *rennen* correr **II.** *vt* MIL asaltar, tomar **III.** *vi unpers:* ◇ draußen stürmt es afuera hay tempestad/tormenta; **stürmisch** *adj* tempestuoso, tormentoso; ▷*Liebhaber* apasionado

Sturz *m* <-es, Stürze> caída *f*; **stürzen I.** *vt* ◇ *Regierung* derrocar, derribar **II.** *vi* ① caer[se] ② ← *Aktienkurs*, *Thermometer* descender ③ ↑ *rennen* correr hacia **III.** *vr* ◇ sich - arrojarse, precipitarse; abalanzarse (*in*, *auf akk* sobre)

Stütze *f* <-, -n> apoyo *m*; FIG ↑ *Hilfe* ayuda *f*

stützen I. *vt* apoyar **II.** *vr* ◇ sich - apoyarse (*auf akk* en); **Stützpunkt** *m auch* FIG base *f*

subjektiv *adj* subjetivo

Subvention *f* subvención *f*

Suchaktion *f* búsqueda *f*; **Suche** *f* <-, -n> búsqueda *f*, busca *f*

(*nach de*); **suchen** *vti a.* PC buscar (*nach etw/jd-m* algo/a alguien)

Sucht *f* <-, Süchte> MED adicción *f*; FIG manía *f*, afán *m*; **süchtig** *adj* ① (*rauschgift-*) adicto, toxicómano ② FIG ávido; **Suchtkranke(r)** *fm* toxicómano/a

Süden *m* <-s> sur *m*; ◇ im - von al sur de; **Südfrankreich** *n* Francia *f* meridional; **südlich I.** *adj* del sur, meridional **II.** *adv* al sur (*gen* de); **Südwesten** *m* Sudoeste *m*

Sülze *f* <-, -n> gelatina *f*

Summe *f* <-, -n> suma *f*, total *m*

summen I. *vi* ← *Fliege* ← *Klimaanlage* zumbar **II.** *vt* → *Melodie* tararear

Sumpf *m* <-[e]s, Sümpfe> pantano *m*

Sünde *f* <-, -n> pecado *m*

Super *n* <-s> (*Benzin*) super *f*; **Supermarkt** *m* supermercado *m*

Suppe *f* <-, -n> sopa *f*

Surfbrett *n* tabla *f* de surf; **surfen** *vi* hacer surf[ing], coger olas

süß *adj* ① dulce, azucarado ② ↑ *lieblich* dulce, suave ③ ↑ *hübsch* precioso, lindo; **Süßigkeiten** *f/pl* dulces *m/pl*; **Süßwasser** *n* agua *m* dulce

Sweatshirt *n* <-s, -s> suéter *m*

Symbol n <-s, -e> símbolo m
Sympathie f simpatía f
Symptom n <-s, -e> síntoma m
synchronisieren vt sincronizar; → Film doblar
synthetisch adj sintético
System n <-s, -e> a. PC sistema m; **systematisch** adj sistemático, metódico
Szene f <-, -n> ① escena f ② (FAM Drogen-) mundillo m

T

T, t n T, t f
Tabak m tabaco m
Tabelle f (Preis-) lista f; (Gewichts-) tabla f
Tablett n <-[e]s, -s> bandeja f
Tablette f pastilla f, comprimido m
Tachometer n <-s, -> AUTO taquímetro m
Tadel m <-s, -> ↑ Rüge reprimenda f; ↑ Kritik crítica f; **tadeln** vt reprender, criticar; ◇ jd-n für sein Verhalten ~ criticar a alguien por su comportamiento
Tafel f <-, -n> ① tablero m; (Wand-) encerado m; (Schiefer-) pizarra f; (Gedenk-) lápida f ②

↑ Tabelle tabla f ③ (Schalt-) cuadro m ④ panel m; (Schokolade etc.) tableta f ⑤ (Kaffee-, Geburtstags-) mesa f; ◇ **die ~ aufheben** levantar la mesa
Tag m <-[e]s, -e> día m; ◇ **bei ~** de día; ◇ **e·s ~es** algún día; ◇ **die ~e werden kürzer** los días se acortan; MIN ◇ **unter ~** bajo tierra; ◇ **über ~** a cielo abierto; ◇ **guten ~!** ¡buenos días!; **Tagebuch** n diario m; **tagen** I. vi reunirse, celebrar una sesión II. vi unpers: ◇ **es tagt** está amaneciendo; **Tagesanbruch** m amanecer m; **Tagescreme** f crema f de día; **Tagesdecke** f colcha f; **Tagesgericht** n plato m del día; **Tageskarte** f (Eintrittskarte) billete m válido para todo el día; (Speisekarte) carta f de los platos del día; **Tageslicht** n luz f del día; **Tagesmutter** f canguro m; **Tagesordnung** f orden f del día; **Tagesschau** f MEDIA telediario m; **Tageszeit** f hora f del día; **Tageszeitung** f diario m; **tageweise** adv por/al día
täglich I. adj diario, de cada día II. adv diariamente, todos los días
tagsüber adv por el día, durante el día; **tagtäglich** adj diario; **Tagtraum** m deseo m, sueño m; ◇ **~en ~ haben** soñar con los

ojos abiertos/soñar despierto;
Tagung f congreso m, reunión
f
Taille f <-, -n> talla m, cintura f;
tailliert adj entallado
Takt m <-[e]s, -e> tacto m, delicadeza f; MUS compás m; (Zeit-
maß) ◊ **im - marschieren** desfilar al compás; FIG ◊ **jd-n aus
dem - bringen** desconcertar a
alguien; **Taktik** f táctica f; **taktisch** adj táctico; **taktlos** adj
indiscreto, poco delicado, sin
tacto; **taktvoll** adj delicado
Tal n <-[e]s, Täler> valle m
Talent n <-[e]s, -e> talento m;
◊ **junge -e suchen** [o. fördern]
buscar nuevos talentos
Talisman m <-s, -e> talismán
m
Talkshow f <-, -s> talkshow f
Talsperre f presa f
Tamburin n <-s, -e> pandereta f,
pandero m
Tampon m <-s, -s> tampón m
Tang m <-[e]s, -e> (Meer-) alga
m marina
Tangente f <-, -n> MATH tangente f; ↑ Umgehungsstraße circunvalación f
Tango m <-s, -s> tango m
Tank m <-s, -s> depósito m, cisterna f; (Wasser-) aljibe m; MIL
tanque m; **tanken** vti AUTO
echar gasolina; FAM ◊ **getankt
haben** haber bebido como una

cuba; **Tanker** m <-s, -> petrolero m; **Tankschiff** n petrolero
m; **Tankstelle** f gasolinera f
Tanne f <-, -n> BIOL abeto m;
Tannenzapfen m piña f de
abeto
Tante f <-, -n> tía f; (FAM komi-
sche Frau) tía f, tipa f
Tanz m <-es, Tänze> baile m;
tanzen vti bailar; **Tänzer(in**
f) m <-s, -> bailarín(-ina f) m;
Tanzfläche f pista f de baile;
Tanzmusik f música f de baile
Taoismus m taoísmo m
Tape n <-s, -s> cinta f
Tapete f <-, -n> papel m pinta-
do
tapfer adj valiente, intrépido;
Tapferkeit f valentía f
Tarantel f <-, -n> BIOL tarántu-
la f; FAM ◊ **wie von der - gesto-
chen** como loco; (plötzlich) de
repente
Tarif m <-s, -e> tarifa f; **tarif-
lich** adj según la tarifa; **Tarif-
partner** m/pl patronos m/pl y
obreros; **Tarifvertrag** m convenio m colectivo
tarnen vt camuflar; ↑ verbergen
disimular; **Tarnung** f camuflaje m
Tasche f <-, -n> (Hosen-) bolsillo m; (Hand-) bolso m; (Ein-
kaufs-) bolsa f; FAM ◊ **jd-m auf
der - liegen** vivir a expensas de

alguien; **Taschenbuch** *n* libro *m* de bolsillo; **Taschengeld** *n* dinero *m* para gastos; (*monatlich*) paga *f*; **Taschenlampe** *f* linterna *f*; **Taschenmesser** *n* navaja *f*; **Taschenrechner** *m* calculadora *f* [de bolsillo]; **Taschentuch** *n* pañuelo *m*

Tasse *f* <-, -n> taza *f*; FAM ♦ **nicht alle -n im Schrank haben** estar mal de la cabeza

Tastatur *f* teclado *m*

tastbar *adj* ▷*Beule* palpable

Taste *f* <-, -n> *a.* PC tecla *f*; **tasten I.** *vi* tocar (*nach algo*) **II.** *vt* MED palpar **III.** *vr* ♦ **sich** -tocarse, palparse

tat *impf* ▼ **tun**; **Tat** *f* <-, -en> ↑ *Handlung* hecho *m*, acto *m*; ↑ *Verbrechen* crimen *m*; ♦ **auf frischer - ertappen** coger con las manos en la masa; ♦ **in der** -realmente, efectivamente; **tatenlos** *adj*: ♦ **- zusehen** mirar sin hacer nada; **Täter(in** *f*) *m* <-s, -> autor(a *f*) *m*; **tätig** *adj* ▷*Mensch* activo; ▷*Mitarbeit* eficaz; ♦ **- werden** empezar a hacer algo; ♦ **in e-r Firma - sein** estar empleado en una empresa; **Tätigkeit** *f* [1] (*von Mensch*) actividad *f*; ♦ **e-r geregelten - nachgehen** tener un trabajo regular [2] (*von Maschine*) funcionamiento *m*; **tatkräftig** *adj* enérgico, activo

Tätowierung *f* tatuaje *m*

Tatsache *f* ↑ *Faktum* hecho *m*; ↑ *Realität* realidad *f*; ♦ **jd-n vor vollendete -n stellen** poner a alguien ante un hecho consumado; (*Aussage*) ♦ **den -n entsprechend** correspondiente al hecho; **tatsächlich I.** *adj* real, verdadero, auténtico **II.** *adv* (*in Wirklichkeit*) realmente, en efecto

tätscheln *vt* dar palmaditas

Tau [1] *n* <-[e]s> rocío *m*

Tau [2] *n* <-[e]s, -e> (*dickes Seil*) soga *f*

taub *adj* sordo

Taube *f* <-, -n> paloma *f*

taubstumm *adj* sordomudo

tauchen I. *vi* bucear; NAUT sumergirse **II.** *vt* sumergir (*unter akk, akk* en); **Taucher(in** *f*) *m* <-s, -> buceador(a *f*) *m*; **Tauch[er]maske** *f* máscara *f* de submarinismo

tauen I. *vi* ← *Schnee* deshelarse, derretirse **II.** *vi unpers*: ♦ **es taut** hay deshielo

Taufe *f* <-, -n> bautismo *m*; (*Akt*) bautizo *m*; **taufen** *vt* bautizar; ♦ **ein Schiff auf den Namen ...** - bautizar un barco con el nombre de ...; **Taufpate** *m* padrino *m* [de bautismo]; **Taufpatin** *f* madrina *f* [de bautismo]

Taugenichts *m* <-, -e> (*Mensch*) inútil *m*

taumeln *vi* ↑ *schwanken* tamba-

learse, dar tumbos; ◇ **- vor Müdigkeit** marearse de agotamiento

Tausch m <-[e]s, -e> cambio m,
canje m; **tauschen** vti ↑ *austauschen* cambiar; ◇ **mit jd-m
Blicke -** intercambiar miradas
[con alguien]

täuschen I. vti engañar, embaucar **II.** vr ◇ **sich -** engañarse;
equivocarse; **Täuschung** f engaño m; ▷*optisch* ilusión f

tausend nr mil

Taxi n <-[s], -[s]> taxi m

taxieren vt ① → *Mensch* evaluar ② → *Gegenstand* tasar, evaluar, estimar

Taxifahrer(in) m taxista m/f

Team n <-s, -s> equipo m;
Teamwork n ↑ trabajo m en
equipo

Technik f técnica f; ↑ *Technologie* tecnología f; ↑ *Methode, Verfahren* método m; **Techniker
(in** f) m <-s, -> técnico m/f;
technisch adj técnico

Technologie f tecnología f;
Technologietransfer m <-s,
-s> transferencia f tecnológica;
technologisch adj tecnológico

Teddy, Teddybär m oso m de
peluche

Tedeum n <-s, -s> MUS Tedeum m, cántico m religioso

Tee m <-s, -s> té m; (Kamillen-)

manzanilla f; (Kräuter-) infu-
sión f; ◇ **jd-n zum - einladen**
invitar a alguien a tomar té;
Teelöffel m cucharilla f [de
té]

Teenager m <-s, -> teenager m,
joven m/f

Teer m <-[e]s, -e> alquitrán m,
brea f; **teeren** vt alquitranar

Teflon ® n <-s> teflón m

Teich m <-[e]s, -e> estanque m

Teigwaren f/pl pastas f/pl

Teil m o n <-[e]s, -e> ① (Kör-
per-) parte f; ↑ *Stück* trozo m,
pedazo m ② (Ersatz-) pieza f;
◇ **zum - en** parte ③ JURA ↑ *Partei* parte f; **Teilbetrag** m suma f
parcial

teilen I. vti ① ↑ *zerschneiden*
dividir, partir (durch por) ②
↑ *abgeben* repartir (unter/an entre) ③ (gleicher Meinung sein)
◇ **jd-s Meinung -** ser de la mismo opinión que alguien **II.** vr
◇ **sich -** dividirse; ◇ **sich dat die
Arbeit -** dividirse el trabajo

Teilnahme f <-> ① participación f (an dat en) ② ↑ *Interesse*
interés m; ↑ *Mitgefühl* compasión f; ◇ **jd-m seine aufrichtige
- aussprechen** dar el más sentido
pésame a alguien; **teilnahmslos** adj apático, indiferente;
teilnehmen unreg vi tomar
parte, participar (an dat en);
↑ *anwesend sein* estar presente

en, asistir a; **Teilnehmer(in** f)
m <-s, -> ① (Kurs-) asistente m/f
② (Rundfunk-) participante m/f
(an dat en)
Teilung f BIOL, MATH división f; **teilweise** adv parcial;
Teilzahlung f pago m a plazos

Telefax n <-es, -e> telefax m;
Telebrief m POST telecarta f;
Telefon n <-s, -e> teléfono m;
Telefonanruf m llamada f [de
teléfono]; **telefonieren** vi llamar por teléfono (mit con), telefonear; **Telefonkarte** f tarjeta
f de teléfono; **Telefonnummer** f número m de teléfono;
Telegramm n <-s, -e> telegrama m; **Teleskop** n <-s, -e> telescopio m

Teller m <-s, -> plato m

Temperament n ↑ Lebhaftigkeit temperamento m; carácter
m

Temperatur f temperatura f;
◊ - haben tener décimas

Tempo ¹ n <-s, -s> (Lauf-) velocidad f; ◊ im Schnecken-
fahren ir a paso de tortuga; ◊ -, -!
¡venga, más rápido!

Tempo ² n <-s, Tempi> MUS
tiempo m

Tempolimit n <-s, -s> límite m
de velocidad

Tempotaschentuch ® n
Kleenex m

Tendenz f tendencia f, propensión f

Tennis n <-> tenis m

Teppich m <-s, -e> alfombra f

Termin m <-s, -e> ↑ Zeitpunkt
plazo m; (Arzt-) hora f; (Lokal-)
citación f; **Terminkalender**
m agenda f

Terrasse f <-, -n> terraza f

Terror m <-s> terror m; **Terror-
anschlag** m acción f terrorista; **terrorisieren** vt aterrorizar; **Terrorismus** m terrorismo m

Test m <-s, -s> ① (Alkohol-)
prueba f, test m ② SCH test m,
control m

Testament n testamento m

testen vt ① → Gegenstand probar ② → Person examinar

Tetanus n <-> MED tétano[s]
m

teuer, **teure(r**, **s)** adj ①
▷Preis caro ② ↑ wertvoll valioso ③ ↑ geschätzt estimado

Teufel m <-s, -> demonio m, diablo m; FAM ◊ pfui -! \-qué diablos!; ◊ geh zum -! \-vete al diablo!, \-vete al cuerno!

Text m <-[e]s, -e> texto m;
Textverarbeitung f PC tratamiento m de textos

Theater n <-s, -> ① (Gebäude)
teatro m ② (Vorstellung) representación f teatral, función f ③
FIG escena f; FIG ◊ - **spielen**

hacer teatro; **Theaterstück** n obra f de teatro

Thema n <-s, Themen> tema m; ◇ **kein - sein** no tener importancia, no valer la pena hablar de esto

theoretisch adj teórico; **Theorie** f teoría f

Therapie f terapia f

Thermometer n <-s, -> termómetro m

These f <-, -n> tesis f

Thrombose f <-, -n> MED trombosis f

Thron m <-[e]s, -e> trono m

Thunfisch m atún m

Tick m <-[e]s, -s> tic m; ↑ **Spleen** capricho m

Ticket n ↑ **Eintrittskarte** ticket m, entrada f; (Flug-) billete m

tief adj [1] ▷**Loch** hondo [2] ▷**Temperaturen** bajo [3] ▷**Stimme, Ton** grave; ▷**Farbe** ↑ **intensiv** intenso [4] ▷**Schlaf** pesado, profundo [5] FIG ◇ **das läßt - blicken** eso dice mucho, se muestra claramente; **Tiefe** f <-, -n> profundidad f

Tiefkühltruhe f congelador m

Tier n <-[e]s, -e> animal m; **Tierkreiszeichen** n signo m del zodíaco; **Tierschutzverein** n Sociedad f Protectora de Animales

Tiger(in f) m <-s, -> tigre(-esa f) m

tilgen vt [1] → **Schulden** pagar, saldar, liquidar [2] → **Sünden** expiar [3] → **Spuren, Erinnerung** borrar

Tinte f <-, -n> tinta f; (FAM in Schwierigkeiten sein) ◇ **in der - sitzen** estar en apuros

Tintenfisch m calamar m

Tip m <-s, -s> indicación f, sugerencia f

Tisch m <-[e]s, -e> mesa f; (Schreib-) escritorio m; **Tischtennis** n ping-pong m

Titel m <-s, -> (Buch-, Doktor-) título m

Toast m <-[e]s, -s o. -e> [1] tostada f [2] → **Trinkspruch** brindis m; **Toaster** m <-s, -> tostador m

toben vi [1] (in Rage sein) enfurecerse, enojarse [2] ← **Kinder** alborotar [3] ← **Sturm** desencadenarse

Tochter f <-, Töchter> hija f

Tod m <-[e]s, -e> muerte f; **tödlich** adj mortal, fatal; **Todesursache** f causa f de la muerte;

Toilette f ↑ WC, Klosett servicios m/pl, lavabos m/pl; **Toilettenpapier** n papel m higiénico

tolerant adj tolerante, indulgente, condescendiente; **Toleranz** f tolerancia f, indulgencia f, condescendencia f; **tolerieren** vt tolerar, condescender

toll adj FAM genial, magnífico,

alucinante, increíble; **Tollwut** f rabia f

Tomate f <-, -n> tomate m

Ton ¹ m <-[e]s, Töne> 1 ↑ Laut tono m, sonido m; (Summ-) zumbido m; (Pfeif-) silbido m 2 (Umgangs-) ▷rauh, kollegial tono m; FIG ◇ **sich im – vergreifen** pasarse de tono 3 ↑ Betonung intensidad f 4 MUS tono f; ↑ Klangfarbe timbre m; ◇ **den – angeben** entonar 5 FIG predominar 6 (Farb-) tono m

Ton ² m <-s, -e> (Erde) arcilla f; (-waren) cerámica f

Tonband n cinta f magnetofónica

Tonleiter f MUS escala f

Tonne f <-, -n> tonel m, barril m

Tonspur f pista f sonora

Tönung f 1 (Farb-) matiz m 2 (Haar-) coloración f

Topf m <-[e]s, Töpfe> olla f, cazuela f

Töpfer(in f) m <-s, -> alfarero/a;

töpfern vi trabajar el barro

Topflappen m manopla f

topp interj (abgemacht!) ¡está bien!, ¡hecho!; (einverstanden!) ¡de acuerdo!

Tor n <-[e]s, -e> ↑ Tür, Einfahrt puerta f; (SPORT Fußball-) gol m; **Torbogen** m arco m

Torf m <-[e]s> turba f

töricht adj insensato, loco, necio

torkeln vi ← Betrunkener andar haciendo eses

Tornado m <-s, -s> tornado m, huracán m

Torte f <-, -n> tarta f; **Tortenheber** m paleta f para tartas/ pasteles

Tortur f ↑ Folter tortura f; FIG ↑ Qual tormento m

tosen vi ← Meer bramar

Toskana f <->: ◇ **die – la** Toscana

tot adj muerto, fallecido

total I. adj absoluto, total II. adv FAM ↑ völlig completamente, totalmente, por completo

totalitär adj totalitario

Totalschaden m AUTO siniestro m total

Tote(r) fm muerto/a, difunto/a; **töten** vt matar; **Totenkopf** m calavera f; **Totenstille** f silencio m sepulcral/de muerte; **totlachen** vr ◇ **sich** – FAM morirse de risa

Toto m o n <-s, -s> loto f

totsagen vt dar a alguien por muerto; **Totschlag** m homicidio m, asesinato m; **totschweigen** unreg vt FIG callar, ignorar; **Tötung** f muerte f, matanza f

toupieren vt cardar

Tour f <-, -en> ↑ Ausflug excursión f; ↑ Reise viaje m

Tourismus m turismo m; **Tou-**

rist(in f) m turista m/f; **Touri-**
stenklasse f clase f turista
Tournee f <-, -n> THEAT gira
f
Trab m <-[e]s> trote m
Tracht f <-, -en> ① ↑ *Regional-*
kleidung traje m regional ②
FAM ◇ e-e ~ *Prügel* una buena
paliza
Tradition f tradición f; **tradi-**
tionell adj tradicional
traf impf v. **treffen**
Tragbahre f camilla f; **trag-**
bar adj ▷ *Gerät* portátil
träge adj perezoso, indolente,
negligente
tragen <trug, getragen> I. vt ①
↑ *befördern, halten* transportar
② ↑ *anhaben* llevar II. vi
← *Baum* dar fruto; **Träger** m <-
s, -> ① (*Eisen-*) pilar m, soporte
m ② (*an Kleidungsstücken*) tirante m; **tragfähig** adj resistente; **Tragfläche** f AERO plano m de sustentación
Trägheit f pereza f, indolencia
f
tragisch adj trágico, funesto,
fatal
Tragödie f tragedia f
Trainer(in f) m <-s, -> SPORT
entrenador(a f) m; **trainieren**
vt/i entrenar(se)
Trakt m <-[e]s, -e> ala f
Traktor m tractor m
trampeln vti ① ← *Zuschauer*

patalear ② (*schwerfällig gehen*)
andar pesadamente
Trance f <-, -n> trance m
Träne f <-, -n> lágrima f; **trä-**
nen vi ← *Auge* llorar
trank impf von **trinken**
Tranquilizer m <-s, -s> tranquilizante m
Transaktion f COMM transacción f
Transfer m <-s> tránsito m
transformieren vt transformar
Transistor m ELECTR transistor m
Transit m <-s> tránsito m
transparent adj transparente
Transplantation f transplante
m
Transport m <-[e]s, -e> transporte m; **transportieren** vt
transportar; **Transportko-**
sten pl gastos m/pl de transporte; **Transportunternehmen**
n empresa f de transportes, agencia f de transportes
Trapez n <-es, -e> trapecio m
tratschen vi FAM cotillear,
contar chismes
Traube f <-, -n> ↑ *Wein-* uva f
trauen I. vi fiarse, confiar en,
tener confianza en II. vt ← *Stan-*
desbeamte casar III. vr ◇ sich ~
↑ *wagen* atreverse a
Trauer f <-> tristeza f; **Trauer-**
fall m defunción f; **trauern** vi

↑ *traurig sein* estar triste (*um por*)

traulich *adj* ↑ *gemütlich* familiar, cordial

Traum *m* <-[e]s, Träume> sueño *m*

Trauma *n* <-s, Traumen *o.* -ta> MED traumatismo *m*

träumen *vti* soñar (*von* con); **traumhaft** *adj* de ensueño

traurig *adj* triste, penoso; **Traurigkeit** *f* tristeza *f*

Trauring *m* alianza *f*, anillo *m* de boda; **Trauschein** *m* certificado *m* matrimonial; **Trauung** *f* ▷*standesamtlich* celebración *f* del matrimonio; ▷*kirchlich* bendición *f* nupcial

Travellerscheck *m* cheque *m* de viaje

Treff *m* bastos *m/pl*; **treffen** <traf, getroffen> I. *vi:* ◇ **es gut/ schlecht getroffen haben** tener buena/mala suerte II. *vt* ① ↑ *sich begegnen* encontrar; →*Bekannten* tener un encuentro (*auf akk* con) ② ↑ *verletzen* herir III. *vr* ◇ **sich** → *Menschen* citarse, reunirse (*mit* con); **Treffen** *n* <-s, -> ① ↑ *Zusammentreffen* encuentro *m* ② ↑ *Stelldichein* cita *f;* **treffend** *adj* acertado, justo, preciso, oportuno; **Treffpunkt** *m* lugar *m* de la cita, punto *m* de encuentro/reunión; **treffsicher** *adj* seguro, certero

treiben <trieb, getrieben> I. *vt* ① →*Viehherde* conducir ② ↑ *drängen* meter prisa, apremiar ③ ↑ *veranlassen* incitar, llevar a II. *vi* ① ← *Pflanzen* crecer rápidamente ② ◇ **es wild** [*o.* **bunt**] ~ pasarse de la raya ③ ← *Eisschollen, Schiff* flotar, ser arrastrado; **Treibhaus** *n* invernadero *m;* **Treibhauseffekt** *m* efecto *m* de invernadero; **Treibstoff** *m* combustible *m*

Trenchcoat *m* <-s,-s> trenca *f*

Trend *m* tendencia *f;* ◇ **im - der Zeit** con los tiempos

trennbar *adj* separable; **trennen** I. *vt* ← *Streitende* separar; →*Verbindung* desatar, desunir, separar II. *vr* ◇ **sich** → ↑ *auseinanderbewegen* separarse; ← *Wege* bifurcarse; **Trennung** *f* separación *f*

Treppe *f* <-, -n> escalera *f;* **Treppenhaus** *n* hueco *f* de la escalera, escalera *f*

Tresor *m* <-s, -e> caja *f* fuerte

treten <trat, getreten> I. *vt* (*mit Fuß*) dar una patada; (*nieder-*) pisotear (*gegen/in akk* akk); ◇ **jd-m auf den Fuß** ~ pisar/dar un pisotón a alguien II. *vi* ↑ *betreten* ir, andar, caminar, dar un paso; ◇ ~ **Sie näher!** ¡acérquese!

treu *adj* ▷*Freund* sincero, de confianza, fiel; **Treue** *f* <-> lealtad f, sinceridad f; **treulos** adj infiel, desleal

Tribüne f ‹-, -n› tribuna f

Trichter m ‹-s, -› embudo m; (Bomben-) cráter m [de obús]; (an Blechblasinstrument) bocina f

Trick m ‹-s, -s› truco m; **Trickfilm** m dibujos m/pl animados

trieb impf von **treiben**

Trieb m ‹-[e]s, -e› impulso m; ↑ Neigung propensión f, inclinación f; **Triebwerk** n TECH mecanismo m de transmisión; (bei Fahrzeugen) motor m

triefen vi gotear

triftig adj bien fundado, serio

Trikot n ‹-s, -s› (Sport-) malla f, tricot m, maillot m

Trimm-dich-Pfad m circuito m natural; **trimmen** vr ◇ sich - mantenerse en forma

trinkbar adj potable; **Trinkbecher** m vaso m de beber; **trinken** ‹trank, getrunken› I. vt beber; → Tee tomar II. vi ↑ gewohnheitsmäßig beber [mucho], tener costumbre de beber; **Trinker(in** f) m ‹-s, -› bebedor(a f) m; **trinkfest** adj capaz de beber mucho; **Trinkgeld** n propina f; **Trinkhalm** m pajita f; **Trinkspruch** m brindis m; **Trinkwasser** n agua m potable

Trio n ‹-s, -s› trío m

Trip m ‹-s, -s› **1** ↑ Ausflug esca-

pada f, excursión f **2** (Öko-) corriente f [de moda] **3** (FAM Rauschgift) viaje m

trist adj ↑ traurig triste; ↑ öde desértico

Tritt m ‹-[e]s, -e› **1** ↑ Schritt paso m **2** (Fuß-) patada f; **Trittleiter** f escalera f de mano

Triumph m ‹-[e]s, -e› triunfo m; **triumphal** adj ▷Erfolg triunfal; **Triumphbogen** m arco m de triunfo; **triumphieren** vi triunfar (über akk sobre)

trivial adj ◇ trivial, banal

trocken adj **1** ↑ wasserarm seco; ↑ dürr árido, seco; ↑ ausgetrocknet, regenfrei sin lluvia **2** ↑ langweilig ▷Buch aburrido; ▷Mensch seco; **Trockenfrucht** f fruto m seco; **Trockenheit** f sequedad f, sequía f, aridez f; **trockenlegen** vt → Sumpf desecar, drenar; → Kind cambiar; **Trockenmilch** f leche f en polvo; **Trockenobst** n fruta f seca; **trocknen** I. vt secar II. vi secarse, desecarse

Trödel m ‹-s› baratijas f/pl, chismes m/pl

trödeln vi FAM ser lento, tardar

troff impf von **triefen**

Trog m ‹-[e]s, Tröge› (Futter-) comedero m; (Wasch-) pila f

Trommel f <-, -n> (*Musikinstrument*) tambor m; **trommeln** I. vi tocar el tambor II. vt tocar el tambor

Trompete f <-, -n> trompeta f; **Trompeter(in** f) m <-s, -> trompeta m/f

Tropen pl trópicos pl

Tropf m <-[e]s, Tröpfe> [1] MED gotero m [2] FAM ◊ **armer** - pobre diablo

tröpfeln I. vi gotear, lloviznar II. vi unpers: ◊ **es tröpfelt** caen las primeras gotas de lluvia

tropfen I. vi →Wasserhahn, Nase gotear II. vt echar gotas; **Tropfen** m <-s, -> [1] (*Regen-*) gota f; (*Husten-*) gotas f/pl [2] (FIG Wein) ◊ **ein guter** - un buen vino, un vino exquisito

Trophäe f <-, -n> trofeo m

tropisch adj →Klima tropical

Trost m <-es> consuelo m; ↑ *Erleichterung* alivio m; **trösten** vt consolar; **tröstlich** adj consolador; **trostlos** adj FIG desconsolado, desesperante; ▷*Umgebung* desolador

Trott m <-[e]s, -e> trote m; PEJ rutina f

Trottel m <-s, -> FAM idiota m, imbécil m

trotten vi trotar, andar despacio/sin ganas

trotz präp gen o dat a pesar de, no obstante, pese a; ◊ **des Um-**

baus a pesar de las reformas; ◊ **allem** a pesar de todo, así y todo

Trotz m <-es> obstinación f, terquedad f; ◊ **aus** - a despecho

trotzdem I. adv sin embargo, no obstante, aun así, a pesar de ello II. cj aunque, a pesar de que +subj

trotzen vi oponerse, resistirse (dat a), afrontar, desafiar (dat akk); **trotzig** adj obstinado, testarudo, terco; **Trotzkopf** m cabezota m, cabezón m

trüb adj ↑ nicht klar empañado; ▷*Tag* gris, cubierto

Trubel m <-s> barullo m, confusión f, jaleo m

trüben I. vt →Flüssigkeit enturbiar; →Stimmung, Freude enfriar II. vr ◊ sich - enturbiarse; →Himmel nublarse; →Stimmung enfriarse; **Trübsal** f <-> pena f, aflicción f; FAM ◊ **blasen** estar triste, estar melancólico

Trüffel f <-, -n> trufa f

trügerisch adj ▷*Hoffnung* falso, engañoso; **Trugschluß** m conclusión f falsa

Truhe f <-, -n> arca m, cofre m

Trümmer pl ruinas f/pl, escombros m/pl

Trumpf m <-[e]s, Trümpfe> triunfo m

Trunkenheit f embriaguez f

Truppe f <-, -n> tropa f; (*Schau-*

spiel-) compañía f de teatro; MIL fuerzas f/pl

Truthahn m, **Truthenne** f pavo/a

tschechisch adj checo; ◇ -e **Republik** República f Checa; **Tschechoslowakei** f <-> Checoslovaquia f

T-Shirt n <-s, -s> camiseta f

Tube f <-, -n> (Zahnpasta-) tubo m

Tuberkulose f <-, -n> MED tuberculosis f

Tuch n <-[e]s, Tücher> ↑ Stoff tela f; (Kopf-) pañuelo m

tüchtig adj eficiente, competente, capaz, hábil

Tücke f <-, -n> malicia f, perfidia f; ↑ Trick truco m; ↑ Schwierigkeit dificultad f

Tugend f <-, -en> virtud f; **tugendhaft** adj virtuoso

Tüll m <-s, -e> tul m

Tulpe f <-, -n> tulipán m

Tumor m MED tumor m

Tümpel m <-s, -> charca f

Tumult m <-[e]s, -e> tumulto m, alboroto m

tun <tat, getan> I. vt ① ↑ erledigen, verrichten hacer; ◇ jd-m e-n Gefallen ~ hacer un favor a alguien; ◇ noch zu ~ haben tener todavía que hacer ② FAM ↑ legen, stellen, setzen poner ③ (faulenzen) ◇ nichts ~ no hacer nada II. vi (vorgeben, vortäu-

schen): ◇ so ~, als ob hacer como si III. vr ① (sich ereignen) ◇ es tut sich etw pasa algo ② (sich verletzen) ◇ sich weh ~ hacerse daño; **Tun** n <-s> ocupaciones f/pl, actividades f/pl

Tunke f salsa f; **tunken** vt → Brot untar/mojar [en una salsa]

Tunnel m <-s, - o. -s> túnel m

Tür f <-, -en> puerta f; FIG ◇ mit der ~ ins Haus fallen ir directamente al grano

Turbine f turbina f

turbulent adj turbulento; **Turbulenz** f ① (in der Luft) turbulencia f ② (pl) ↑ Ausschreitungen disturbios m/pl

Türkei f <-> Turquía f

türkis <inv> adj turquesa, turquí; **Türkis** m <-es, -e> turquesa f

türkisch adj turco

Türklinke f ↑ Türgriff picaporte m

Turm m <-[e]s, Türme> torre f; (Glocken-) campanario m

türmen I. vr ◇ sich ~ elevarse; ← Wellen levantarse; ← Bücher amontonar II. vi FAM ↑ fliehen largarse

turnen vi hacer gimnasia; **Turnhalle** f gimnasio m; **Turnhose** f pantalón m de gimnasia

Turnier n <-s, -e> torneo m; (Schach-) campeonato m

Turnlehrer(in f) m profesor(a f) m de gimnasia; **Turnschuh** m zapatilla f de gimnasia

Türöffner m portero m automático; **Türschloß** n cerradura f

Türvorleger m felpudo m

Tusche f <-, -n> tinta f china; (Wimpern-) rímel ® m

tuscheln vti cuchichear (über akk de)

Tüte f <-, -n> (Trage-) bolsa f; (Eiswaffel) cucurucho m

TÜV m <-s, -> Abk. v. AUTO Technischer Überwachungsverein, ≈ itv f; **TÜV-Plakette** f ≈ placa f de Inspección Técnica

Typ m <-s, -en> ① ↑ Art tipo m; ↑ Modell modelo m; FAM ↑ Kerl tipo m, tío m

Typhus m <-> MED tifus m, fiebre f tifoidea

typisch adj típico, característico;

Tyrann(in f) m <-en, -en> tirano/a;

U

U, u n u f

u.a. Abk v. ① unter anderem, entre otro ② u. andere[s] y otros

u.A.w.g. Abk v. um Antwort wird gebeten se ruega contestación

U-Bahn f metro m; **U-Bahnstation** estación f de metro

übel adj ① ↑ schlecht malo ② ▷Geruch desagradable, asqueroso ③ ▷Streich mala jugada/pasada ◇▷mir ist - me siento mal; **Übel** n <-s, -> ① ↑ Mißstand situación f penosa, inconveniente m ② ↑ Krankheit mal m ③ ↑ Unglück desgracia f, mala suerte f; ◇ zu allem - para colmo de males; **Übelkeit** f malestar m; **übelnehmen** unreg vt tomar a mal, tomar a pecho; ◇ jd-m etw tomar a alguien a mal, tomar algo a mal

üben I. vt ① ↑ praktizieren practicar, estudiar ② → Gedächtnis entrenar, agilizar ③ ◇ Kritik an etw/jd-m criticar algo/a alguien **II.** vi: ◇ fleißig - practicar mucho **III.** vr: ◇ sich in Geduld - ser paciente

über I. präp dat/akk ① (mit dat, räumlich) sobre, encima de; ◇ den Wolken por encima de las nubes ② (mit akk, räumlich) sobre, encima de; ◇ e-e Brücke - den Fluß bauen construir un puente sobre el río ③ (mit akk) ↑ länger, größer, mehr als más de; ◇ - 2 m groß más de 2 metros de altura ④ (mit dat) ↑ bei, wäh-

rend durante; ◇ **- der Arbeit einschlafen** dormirse durante el trabajo [5] (*mit akk*) ↑ *länger als
más de;* ◇ **- 2 Wochen** más de 2
semanas [6] (*mit akk*) ↑ *betreffend* sobre, de; ◇ **- etw/jd-n reden** hablar de/sobre algo/alguien
[7] (*mit akk*) ↑ *mittels, via* por; ◇ **-
München schicken** pasar por
Múnich; ◇ **etw- jd-n bekommen**
recibir algo a través de alguien **II.
adv** *FAM* ↑ *übrig:* ◇ **1 Mark -
haben** tener un marco de más

überall *adv* [1] ↑ *an jedem Ort*
por todas partes [2] ↑ *auf jedem
Gebiet* en todos los terrenos; ◇ **-
Bescheid wissen** estar informado de todo
Überangebot *n* excedente *m*
(*an dat de*)
überanstrengen *vr* ◇ **sich -**
esforzarse excesivamente
überaus *adv* extremadamente
überbacken *vi* gratinar
überbevölkert *adj* sobrepo-
blado; **Überbevölkerung** *f*
superpoblación *f*
überbewerten *vt* sobrevalorar
Überblick *m* [1] idea *f* general
(*über akk de*) [2] *FIG* ↑ *Zusammenfassung* resumen *m* [3] ◇ **den
- verlieren** perder el hilo
überbringen *unreg vt* llevar,
entregar; **Überbringer(in** *f) m*
portador(a *f) m*
überbrücken *vt* [1] → *Krisen-*

zeit dominar, superar [2] *FIG
→ Kluft* tender un puente [3]
→ *Gegensätze* reconciliar
überdies *adv* además
übereifrig *adj* fanático
übereilen *vt* precipitar
übereinander *adv* uno encima
del otro
übereinkommen *unreg vi* ponerse de acuerdo; **Übereinkunft** *f <-, -künfte>* acuerdo *m*,
arreglo *m*
übereinstimmen *vi* [1] coincidir, estar de acuerdo (*mit dat con*)
[2] ← *Rechnungen* cuadrar, salir
[3] ← *Aussagen* coincidir, concordar [4] ← *Farben* pegar, armonizar; **Übereinstimmung** *f* [1]
(*von Meinungen*) acuerdo *m* [2]
↑ *das Harmonieren* armonía *f*;
◇ **zwei Sachen in - bringen** armonizar dos cosas
überempfindlich *adj* hipersensible
überfahren *vt* [1] atropellar [2]
→ *rote Ampel* saltarse [3] *FIG
↑ überrumpeln → jdn* acosar;
Überfahrt *f* travesía *f*
Überfall *m* [1] (*Raub-*) asalto *m*
(*auf akk a*) [2] *MIL* ↑ *Invasion*
ataque *m* [3] ↑ *Invasión f*
(*auf akk de*); **überfallen** *unreg
vt* [1] → *Bank, Person* atracar [2]
MIL → *Land* atacar, invadir [3]
← *Gefühl* surgir [4] ← *Schlaf* entrar [5] *FAM* ↑ *unangemeldet be-*

suchen → *jd-n* aparecer por las buenas

überfällig *adj* atrasado, vencido

überfliegen *unreg vt* ① sobrevolar ② ↑ *flüchtig lesen* leer por encima

Überfluß *m* ① abundancia *f (an dat de)* ② ↑ *Luxus* lujo *m;* ◊ **im Leben** vivir con toda clase de lujos; **Überflußgesellschaft** *f* sociedad *f* opulenta; **überflüssig** *adj* ① ↑ *unnötig, entbehrlich* superfluo ② ↑ *zwecklos* inútil

überfordern *vt* → *jd-n* exigir demasiado

überführen *vt* ① → *Auto, Leichnam* trasladar ② ↑ *Schuld beweisen* probar; ◊ **jd-n des Mordes** ~ culpar a alguien de la muerte de alguien; **Überführung** *f* ① *(von Auto)* transporte *m* ② *(von Täter)* traslado *m* ③ ↑ *Brücke* puente *m*

überfüllt *adj* repleto, lleno, a rebosar

Übergabe *f* ① entrega *f* ② *(Geschäfts-)* traspaso *m*

Übergang *m* ① *(Bahn-, Grenz-)* paso *m* ② TECH cambio *m;* **Übergangslösung** *f* solución *f* provisional; **Übergangsstadium** *n* período *m* de cambio

übergeben *unreg* I. *vt* ① entregar ② → *Geschäft* trasladar II. *vr* ◊ **sich** ~ vomitar

übergeschnappt *adj* loco, como una cabra/regadera

Übergewicht *n* exceso *m* de peso

überglücklich *adj* contentísimo, muy feliz

Übergriff *m* ① ↑ *Einmischung* intromisión *f (auf akk en)* ② MIL ataque *m*

überhaben *unreg vt* FAM estar harto

überhaupt I. *adv* ① en general; ◊ **sie trinkt - recht viel** en general bebe demasiado ② ↑ *ganz vl. gar* ◊ **- nicht** en absoluto ③ ↑ *sowieso* ◊ **er ist - ein komischer Kerl** de cualquier forma es un tipo raro II. *Partikel* ↑ *denn, eigentlich* en realidad; ◊ **was kostet das -?** ¿cuanto cuesta esto en realidad?

überheblich *adj* arrogante; **Überheblichkeit** *f* arrogancia *m*

überhöht *adj* excesivo

überholen *vt* ① *(mit Auto)* adelantar ② TECH arreglar, reparar; **überholt** *adj* anticuado, pasado de moda; **Überholverbot** *n* adelantamiento *m* prohibido

überladen *unreg vt* sobrecargar

überlasten *vt* exigir demasiado, agobiar; → *Maschine* sobrecargar; **Überlastung** *f* agobio *m;* (ELECTR *von Stromnetz*) sobrecarga *f*

überlaufen *adj* ↑ *überfüllt* muy

lleno, a rebosar; ◇ **- sein** estar a rebosar

überleben vt sobrevivir; **Überlebende(r)** fm sobreviviente m/f

überlegen I. vi ↑ nachdenken, abwägen reflexionar **II.** vt ① ↑ bedenken meditar ② ↑ ausdenken ◇ **sich dat etw** - pensar en algo **III.** adj: **jd-m - sein** ser superior a alguien; **Überlegenheit** f superioridad f; **Überlegung** f reflexión f

überliefern vt transmitir, pasar; **Überlieferung** f transmisión f, paso m

überlisten vt engañar, burlar

Übermacht f ① MIL fuerzas f/pl superiores ② ↑ Mehrheit mayoría f, predominio m

Übermaß n exceso m (an dat de); **übermäßig I.** adj excesivo **II.** adv ↑ exzessiv: ◇ **- rauchen** fumar en exceso

übermenschlich adj sobrehumano

übermitteln vt transmitir, enviar

übermorgen adv pasado mañana

Übermüdung f agotamiento m

Übermut m alegría f desbordante; **übermütig** adj loco de alegría

übernachten vi pasar la noche; **Übernachtung** f noche [en un

hotel] f; ◇ **- u. Frühstück** habitación y desayuno

Übernahme f <-, -n> (von Geschäft) traslado m; (von Verantwortung) aceptación f

überprüfen vt controlar, revisar; **Überprüfung** f control m, revisión f

überqueren vt cruzar

überraschen vt ① ↑ unerwartet besuchen etc. → jd-n dar una sorpresa ② ↑ erstaunen sorprender, extrañar; ◇ **das überrascht mich** me sorprende ③ ↑ ertappen pillar; **Überraschung** f sorpresa f

überreden vt → jd-n persuadir; ◇ **jdn zum Kauf** - persuadir a alguien a comprar

überreichen vt entregar; presentar

Überreste pl ① (sterbliche -) restos pl ② ↑ Trümmer ruinas pl

übersättigen vt ① (FIG jdn) hartar ② → Markt sobresaturar

Überschallgeschwindigkeit f velocidad f supersónica

überschatten vt ① ↑ Schatten spenden hacer sombra ② FIG ↑ trüben entristecer; ◇ **der Tod des Vaters überschattet die Feier** la muerte del padre entristece las fiestas

überschätzen I. vt → jd-n sobrevalorar **II.** vr ◇ **sich** - sobrevalorarse

Überschlag m ↑ *ungefährer Betrag* valoración f aproximada; **überschlagen** ⟨überschlug, hat überschlagen⟩ I. vt ① ↑ *ungefähr berechnen* calcular ② ↑ *auslassen* saltar II. vr ◇ sich - ① ← *Auto* dar una vuelta de campana ② ← *Stimme* soltar un gallo

überschneiden *unreg vr* ◇ sich - ① ← *Linien* cruzarse ② ← *Termine* coincidir

überschreiben *unreg vt* → *Eigentum* transferir

überschreiten *unreg vt* ① ↑ *überqueren* pasar, cruzar ② FIG ↑ *verletzen, verstoßen gegen* infringir

Überschrift f título m, titular m

Überschuß m exceso m, excedente m (an dat de); **überschüssig** adj en exceso, sobrante

überschütten vt ① ↑ *überhäufen* llenar de, colmar de; ◇ jd-n mit Geschenken - colmar a alguien de regalos; ◇ jd-n mit Wasser - mojar a alguien con agua ② FIG ↑ *überhäufen* jd-n mit Fragen - avasallar a alguien con preguntas

überschwemmen vt inundar; **Überschwemmung** f inundación f

übersehbar adj ① ↑ *erkennbar* visible ② (FIG absehbar) previsible; **übersehen** *unreg vt* ① ↑ *überblicken* dominar con la vista ② FIG ↑ *absehen* preveer ③ ↑ *nicht sehen, nicht bemerken* no saltar a la vista; → jd-n pasar desapercibido

übersenden *unreg vt* mandar, enviar

übersetzen vt ① traducir; ◇ aus dem Englischen ins Spanische - traducir del inglés al español ② TECH ↑ *Kraft übertragen* transmitir ③ ↑ *überqueren* atravesar, cruzar; **Übersetzer** (in f) m ‹-s, -› traductor(a f) m; **Übersetzung** f ① traducción f ② TECH transmisión f

Übersicht f ① ↑ *Überblick* idea f general; ◇ die - verlieren perder la cuenta ② ↑ *Tabelle* cuadro m sinóptico ③ ↑ *Resümee* resumen m; **übersichtlich** adj ① ▷ *Gelände* abierto ② ▷ *Organisation* claro; **Übersichtlichkeit** f claridad f

übersiedeln vi ir, emigrar (von ... nach de ... a)

überspannt adj ① ↑ *exzentrisch* excéntrico ② ↑ *übertrieben, exaltiert* exagerado, exigente

überspielen vt ① (auf Tonband) grabar ② ↑ *verbergen* controlar ③ SPORT ganar

überstehen vt ① ↑ *überleben* sobrevivir ② → *Krise* superar ③ → *Krankheit* vencer

übersteigen *unreg vt* ① ↑ *klettern über* pasar por encima; → *Mauer* escalar ② FIG ↑ *überfordern* sobrepasar, superar; **übersteigert** *adj* excesivo, exagerado

überstimmen *vt* → *jd-n* aprobarse por mayoría de votos

überstrapazieren *vtr* ◇ sich - ① ↑ *überbeanspruchen* usar demasiado ② FIG → *Argument* abusar de

Überstunden *f/pl* horas *f/pl* extraordinarias

überstürzen I. *vt* precipitar II. *vr* ◇ sich - precipitarse, acelerarse; **überstürzt** *adj* precipitado

überteuert *adj* carísimo, encarecido

Übertrag *m* <-[e]s, -träge> COMM saldo *m* a cuenta nueva; **übertragbar** *adj* ① JURA ▷ *Befugnisse* transferible (*auf akk* a) ② ▷ *Methode* aplicable (*auf akk* a) ③ MED ▷ *Krankheit* contagioso (*auf akk* a); **übertragen** *unreg* I. *vt* ① JURA → *Rechte* ceder (*auf akk* a) ② TECH → *Kraft* transmitir ③ → *Methode* aplicar (*auf akk* a) ④ MED → *Krankheit* contagiar (*auf akk* a) ⑤ (MEDIA → *Sendung, live* -) retransmitir II. *vr* ◇ sich - ① MED → *Krankheit* contagiarse (*auf akk* a) ② TECH ← *Kraft* transmitirse (*auf akk* a); **übertragen** *adj* en sentido

figurado; **Übertragung** *f* cesión *f*; transmisión *f*; contagio *m*; retransmisión *f*

übertreffen *unreg* I. *vt* → *jd-n* ser superior (*an dat* a) II. *vr*: ◇ sich selbst - superarse

übertreiben *unreg vt* exagerar; **Übertreibung** *f* ① exageración *f* ② (*von Sport*) abuso *m*

übertreten (*vt* ①) pasar, cruzar ② SPORT pisar la línea ③ FIG → *Gesetz* violar, infringir ④ (FIG *zu Religion*) convertirse a

übertrieben *adj* ① ▷ *Darstellung* exagerado ② ▷ *Ordnungsliebe* exaltado

Übertritt *m* ① (*Grenz-*) paso *m* ② (↑ *Konversion* conversión *f* ③ ↑ *Wechsel* cambio *m*

überverteilen *vt* abusar; perjudicar

überwachen *vt* ① ↑ *kontrollieren* controlar ② ↑ *beaufsichtigen* vigilar ③ ↑ *beobachten* observar; **Überwachung** *f* ① control *m* ② vigilancia *f* ③ observación *f*

überweisen *unreg vt* ① FIN → *Geld* transferir, hacer un giro (*an akk* a) ② → *Patienten* mandar (*an akk* a); **Überweisung** *f* ① (FIN *Bank-*) transferencia *f*, giro *m* ② (-*schein*) resguardo *m*

überwiegen *unreg vi* predominar, prevalecer; **überwiegend** *adj* predominante

überwinden unreg I. vt ① ↑ bewältigen superar, vencer ② ↑ fallenlassen abandonar II. vr ◇ sich - hacer de tripas corazón; **Überwindung** f ↑ Bewältigung superación f; ◇ - kosten costar mucho trabajo/esfuerzo

überwintern vi invernar

überzeugen I. vt ① convencer (von de); ◇ jd-n vom Gegenteil - convencer a alguien de lo contrario ② ↑ für sí einnehmen asegurar; ◇ jd-n von der Richtigkeit e-r Sache - asegurar a alguien de la veracidad de una cosa II. vr ◇ sich - ↑ sich vergewissern convencerse, asegurarse, cerciorarse (von, de; **überzeugend** adj convincente; **Überzeugung** f ① ↑ das Überzeugen convencimiento m ② ↑ Glaube, Meinung creencia f; ▷politisch convicción f; ◇ zu der - gelangen, daß ... llegar al convencimiento de que ...

überziehen unreg vt ① → Pullover ponerse ② → Bett poner sábanas limpias ③ ↑ FIN dejar en descubierto ④ FAM ◇ jd-m eins - dar un golpe en la cabeza

üblich adj ① ↑ herkömmlich de siempre ② ↑ normal, gebräuchlich tradicional; ◇ das ist bei uns so - es costumbre

U-Boot n FAM submarino m

übrig adj ① ↑ restlich de sobra; ◇ ist vom Essen noch etw -? ¿ha quedado comida de sobra? ② ◇ die -en Personen pl las otras personas ③ ↑ ◇ - haben tener de sobra ④ FAM ◇ für jd-n etw/nichts - haben no gustar algo/ alguien ⑤ ◇ im -en por lo demás;

übrigbleiben unreg vi ① sobrar ② FIG quedar; ◇ es bleibt mir nichts anderes übrig als... no me queda otro remedio que...

übrigens adv por lo demás

übriglassen unreg vt ① ↑ nicht verbrauchen dejar ② FIG ↑ keine andere Wahl lassen quedar; ◇ er läßt mir nichts anderes übrig no me deja otra posibilidad ③ ◇ zu wünschen - dejar que desear

Übung f ① ↑ das Üben, Training ejercicio m ② ↑ Praxis, Anwendung práctica f; ◇ ihm fehlt die - le falta práctica ③ ↑ Seminar, Kurs practicas f/pl

UdSSR f Abk v. Union der Sozialistischen Sowjetrepubliken U.R.S.S.; ◇ die - la URSS

Ufer n <-s, -> ① (Fluß-) ribera f ② (See-) orilla f ③ ◇ über die - treten desbordarse

Ufo n <-[s], -s> Akr v. Ovni m

U-Haft f Abk v. Untersuchungshaft prisión f preventiva

Uhr f <-, -en> ① reloj m ② ↑ Zähler (Gas-) contador m ③ (Benzin-) indicador m ④ ◇ wieviel -

ist es? ¿qué hora es?; ◇ **es ist zwei - fünfzehn** son las dos y cuarto; ◇ **um 5 -** a las 5; **Uhrzeit** f *fig*; ◇ **nach der - fragen** preguntar por la hora

Uhu m <-s, -s> búho m

UKW *Abk v.* Ultrakurzwelle[n]

ulkig *adj* ① ↑ *spaßig* gracioso, divertido ② ↑ *merkwürdig, seltsam* raro, extraño

Ulme f <-, -n> olmo m

ultimativ *adj* insistente; **Ultimatum** n <-s, Ultimaten> ultimátum m; ◇ **jd-m ein - stellen** dar a alguien un ultimátum

Ultrakurzwelle f PHYS, MEDIA onda f ultracorta; **Ultraschall** m PHYS ultrasonido m; **Ultraschallaufnahme** f MED ecografía f; **ultraviolett** *adj* ultravioleta; ◇ **-e Strahlen** rayos m/pl ultravioletas

um I. *präp akk* ① (*zeitlich*) **- 12 Uhr** a las 12; ◇ **-Ostern** [herum] sobre Semana Santa ② (*räumlich*) **- ... herum** alrededor de ...; ◇ **- das Dorf** [herum] alrededor del pueblo ③ ↑ *in der Nähe* cerca; ◇ **Menschen - sich haben** tener personas cerca; ◇ **sich blicken** mirar a todas partes ④ ↑ *betreffend, wegen* de, por; ◇ **es handelt sich - Ihre Arbeit** se trata de su trabajo; ◇ **Angst jd-n haben** tener miedo por alguien ⑤ ↑ *nach, aufeinanderfol-*

gend tras; ◇ **Jahr - Jahr** año tras año ⑥ ◇ **jd-n - etw bringen** quitar a alguien algo, dejar a alguien sin ⑦ ◇ **- 3 m verlängern** alargar 3 metros **II.** *präp gen* ↑ *wegen* por; ◇ **- ihrer Kinder willen** por sus hijos **III.** *cj* ◇ **- ... zu** (*damit*) para; ◇ **sie braucht e-e Brille, - lesen zu können** necesita gafas para poder leer ② ↑ *desto* ◇ **je mehr - so besser** cuanto más mejor ③ ◇ **- so besser!** ¡mucho mejor! **IV.** *adv* ↑ *ungefähr*; ◇ **es kostet die 25 Mark** cuesta unos 25 marcos

umarmen *vt* abrazar

umbenennen *unreg vt* cambiar de nombre (*in akk* por)

umbilden *vt* ① FIG transformar ② POL reajustar, reestructurar; **Umbildung** f transformación f; (*von Regierung*) reajuste m, reestructuración f

umbringen *unreg* **I.** *vt* →jd-n matar **II.** *vr* ◇ **sich -** matarse, suicidarse

Umbruch m ① ↑ *radikaler Wechsel, Veränderung* cambio m radical ② (TYP *Seiten-*) compaginación f

umbuchen *vti* ① ↑ *verschieben* cambiar la fecha (*auf akk* para) ② FIN ↑ *Geldbetrag* pasar de una cuenta a otra (*auf akk* a); **Umbuchung** f ① (*von Reise, Termin*) cambio m de fecha ②

(FIN *von Geld*) traslado *m* a otra cuenta

umdenken *unreg* *vi* cambiar de forma de pensar

umdisponieren *vi* cambiar los planes

umdrehen I. *vt* ① → *Schlüssel* girar ② → *Blatt Papier* volver ③ *FIG* ◇ **das Wort im Mund ~** cambiar el sentido de las palabras II. *vi* ↑ *umkehren* dar la vuelta, volver III. *vr* ◇ **sich ~** ↑ *umwenden* darse la vuelta, volverse (*nach a*) ② *FAM* ◇ **der Magen dreht sich mir um** se me está revolviendo el estómago; **Umdrehung** *f* giro *m* ① PHYS rotación *f* ② AUTO revolución *f*

umfallen *unreg* *vi* ① caerse ② *FAM* ↑ *ohnmächtig werden* desmayarse ③ *FAM* ↑ *nachgeben* aguantar poco; ◇ **der Hauptzeuge ist umgefallen** el testigo principal ha cambiado de opinión ④ ◇ **zum U~ müde** estar muerto de cansancio

Umfang *m* ① (*Kreis-*) circunferencia *f*; (*Bauch-*) contorno *m* ② ↑ *Fläche, Größe* extensión *f* ③ *FIG* ↑ *Ausmaß* amplitud *f*; (*von Bedeutung*) alcance *m*; **umfangreich** *adj* ① ↑ *groß*, weitráumig extenso, amplio, vasto ② *FIG* ↑ *weitreichend* de gran alcance

Umfeld *n* campo *m*, terreno *m*

Umfrage *f* encuesta *f*, sondeo *m*

Umgang *m* ↑ *Kontakt, Freundschaft* relación *f*, trato *m*; ◇ **~ mit jd-m haben** tener relación con alguien; **umgänglich** *adj* sociable, tratable; **Umgangsformen** *fpl* modales *mpl*; **Umgangssprache** *f* lenguaje *m* coloquial; **umgangssprachlich** *adj* coloquial

umgeben *unreg* I. *vt* ① rodear ② ↑ *eingrenzen* cercar; (*mit Mauer*) amurallar II. *vr* ◇ **sich ~** rodearse; **Umgebung** *f* ① alrededores *m/pl* ② ↑ *Milieu* medio *m*, ambiente *m* ③ *FIG* círculo *m*

umgehen *vi* ① tratar (*mit* con); ◇ **mit etw leichtfertig ~** tratar algo a la ligera ② *FIG* → *Gesetz* eludir ③ *FIG* → *Frage, Antwort* evitar, esquivar; **Umgehungsstraße** *f* carretera *f* de circunvalación

umgekehrt I. *adj* ① ↑ *entgegengesetzt* inverso; ◇ **das ABC-aufsagen** decir el abecedario a la inversa ② ↑ *konträr, gegenteilig* contrario ③ ↑ *andersherum* por el otro lado; ◇ **sich ~ auf den Stuhl setzen** sentarse en la silla por el otro lado II. *adv* ① *andersherum* al revés; ◇ **und/oder ~** y/o viceversa

Umhang *m* capa *f*

umhauen *unreg* *vt* ① ↑ *fällen* cortar, talar ② *FAM* ↑ *zu Boden*

werfen → *jd-n* tirar al suelo ③
FAM ↑ *erstaunen* alucinar; ◇ *das
haut mich um* me alucina
umherstreifen recorrer
umherziehen *unreg vi* andar de
un sitio para otro
umhören *vr* ◇ *sich* - enterarse
(*nach de*)
Umkehr *f* <-> ① vuelta *f* ② (*FIG
in Überzeugung*) cambio *m*; **umkehren I.** *vi* ① volver ② ← *seine Meinung/Überzeugung ändern* cambiar de opinión/de convicción **II.** *vt* ① dar la vuelta a ②
→ *Gefäß* volcar ③ *FIG* → *Gege-
benheiten* revolver ④ → *Reihenfolge* invertir
Umkleideraum *m* vestuario *m;*
(*in Bekleidungsgeschäft*) proba-
dor *m*
umkommen *unreg vi* ① ↑ *sterben* morir, matarse ② ↑ *verderben* echarse a perder, pudrirse ③
FAM no aguantar algo; ◇ *vor
Hitze* - morirse de calor
Umkreis *m* ① ↑ *Umgebung* alrededores *m/pl* ② periferia *f;*
◇ *im* - *von* en la periferia de;
umkreisen *vt* ASTRON
← *Mond* girar alrededor
umkrempeln *vt* ① → *Ärmel* subir, arremangarse ② *FAM*
→ *Wohnung* poner patas arriba
[*buscando algo*] ③ *FIG* ↑ *grundlegend ändern* → *jdn/etw* cambiar totalmente

Umlage *f* (*auf mehrere Personen*) reparto *m*
Umlauf *m* ① ASTRON revolución *f* ② ↑ *Rundschreiben* circular *f* ③ ◇ *in* - *sein* estar en circulación *f;* **Umlaufbahn** *f*
ASTRON órbita *f;* **Umlaufzeit**
f período *m* de revolución
Umlaut *m* GRAM diéresis *f*
umlegen *vt* ① → *Kosten* repartir
entre ② → *Termin* cambiar ③
→ *Hebel* mover ④ *FAM*
→ *Baum* caer ⑤ *FAM* ↑ *töten* dejar tieso, matar
umleiten *vt* desviar; **Umleitung** *f* AUTO desvío *m*
umlernen *vi* readaptarse
umliegend *adj* vecino, de los
alrededores
ummelden *vtr* ◇ *sich* - darse de
alta de nuevo, inscribirse
umorganisieren *vt* reorganizar
umorientieren *vr* ◇ *sich* -
adaptarse a los tiempos
umrechnen *vt* FIN convertir
(*in akk* en); **Umrechnung** *f*
FIN conversión *f;* **Umrech-
nungskurs** *m* FIN tipo *m* de
cambio
umreißen *unreg vt* FIG → *Thema* definir a grandes rasgos, esbozar
umringen *vt* rodear
Umriß *m* ① ↑ *Skizze* esbozo *m;*
↑ *Kontur* contorno *m* ② FIG
↑ *grober Inhalt* resumen *m*

umrühren vti revolver

umrüsten vt modernizar

ums = um das

Umsatz m COMM ventas f/pl; ◇ den - steigern subir las ventas;

Umsatzsteuer f impuesto m sobre el tráfico de empresas

umschalten vt cambiar de (auf akk a)

umschauen vr ◇ sich ~ 1 mirar hacia atrás, volverse 2 FAM ↑ sich wundern ◇ du wirst dich noch - ya te llevarás una sorpresa

Umschlag m 1 sobre m; (Buch-) cubierta f 2 ↑ Veränderung cambio m 3 MED ↑ Kompresse compresa f 4 COMM movimiento m; **Umschlagplatz** m COMM centro m comercial

Umschreibung f perífrasis f

Umschulung f readaptación f [en el trabajo]

Umschwung m cambio m

umsehen vr ◇ sich ~ 1 ↑ nach hinten mirar hacia atrás, volverse 2 FIG ↑ suchen buscar

umsetzen vt 1 → Blume, Baum trasplantar; → Schüler cambiar de sitio 2 ↑ umwandeln transformar 3 COMM → Waren vender

Umsicht f reflexión f, prudencia f, cautela f

umsiedeln vti asentar(se) en otro lugar

umsonst adv 1 gratis, de balde; ◇ das Konzert ist - el concierto es gratis 2 ↑ vergeblich inútil, en balde

Umstand m 1 ↑ Sachverhalt hecho m; ◇ unter Umständen tal vez, si es necesario; ◇ den Umständen entsprechend de acuerdo a los hechos; ◇ Umstände machen causar molestias 2 FAM ◇ in anderen Umständen sein estar embarazada; **umständlich** adj ↑ langwierig complicado, rebuscado

umsteigen unreg vi BAHN cambiar [de tren, de avión…]

Umstellung f cambio m

umstoßen unreg vt → Gefäß tirar, volcar

umstritten adj 1 ↑ nicht sicher, fraglich dudoso, problemático 2 (noch in der Diskussion) discutido

Umsturz m levantamiento m, revolución f

Umtausch m cambio m; **umtauschen** vt cambiar (in akk por)

umwandeln vt 1 ↑ ändern cambiar, transformar (in akk en) 2 ELECTR → Strom adaptar, transformar 3 JURA → Haftstrafe conmutar (in akk en)

Umweg m 1 ◇ e-n - machen dar un rodeo 2 FIG ◇ auf -en indirectamente, con indirectas

Umwelt f medio m ambiente;

Umweltbelastung f agresión f al medio ambiente; **umweltfeindlich** adj nocivo, contaminante; **Umweltkatastrophe** f catástrofe f ecológica; **Umweltschutz** m protección f del medio ambiente; **Umweltschützer(in)** m ‹-s, -› ecologista m/f; **Umweltverschmutzung** f contaminación f ambiental, polución f

umwerben unreg vt cortejar
umwerfen unreg vt 1 † umstoßen volcar 2 FIG † ändern echar por tierra
umziehen unreg I. vtr ◇ sich ~ cambiar(se) II. vi † umsiedeln, Wohnort wechseln mudarse, cambiarse de casa; **Umzug** m mudanza f
UN pl Abk. v. United Nations ONU f
unabhängig adj independiente (von de); **Unabhängigkeit** f independencia f
unabkömmlich adj insustituible, indispensable
unablässig adj continuo, sin pausa
unabsehbar adj incontable
unabsichtlich adv sin querer
unachtsam adj † unaufmerksam distraído
unangebracht adj ▷Bemerkung fuera de lugar; ▷Verhalten inadecuado

unangemessen adj desproporcionado
unangenehm adj 1 desagradable 2 ▷Person antipático 3 ▷Situation penosa
Unannehmlichkeit f molestia f; ◇ jd-m -en bereiten causar molestias a algien
unanständig adj 1 ▷Verhalten indecente, inmoral, obsceno 2 ▷Witz verde, picante
unappetitlich adj asqueroso
unauffällig adj discreto
unaufgefordert I. adj espontáneo II. adv: ◇ jd-m ~ helfen ayudar a alguien de forma espontánea
unaufhaltsam adj incontenible
unaufmerksam adj distraído, despistado
unaufrichtig adj poco sincero, falso
unausgeglichen adj desequilibrado
unausstehlich adj insoportable, inaguantable
unausweichlich adj inevitable
unbändig adj ▷Wut desenfrenado; ▷Kind rebelde, díscolo; ◇ sich ~ freuen loco de alegría
unbeabsichtigt adj involuntario
unbeachtet adj inadvertido; ◇ e-e Warnung ~ lassen no hacer caso de un aviso
unbedenklich adj inofensivo

unbedeutend adj insignificante

unbedingt I. adj incondicional **II.** adv ↑ auf jeden Fall, ganz bestimmt absolutamente; ◇ muß das - sein? ¿es absolutamente necesario?

unbefahrbar adj ▷Straße intransitable; ▷Gewässer no navegable

unbefriedigend adj insuficiente; **unbefriedigt** adj ① ↑ frustriert frustrado ② ↑ unzufrieden insatisfecho, descontento

unbefugt adj sin autorización; ◇ U-en ist der Eintritt verboten prohibida la entrada a personas ajenas

unbegreiflich adj incomprensible; ◇ es ist mir - no lo entiendo

unbegrenzt adj① (zeitlich) ilimitado ② ▷Vertrauen ciego

Unbehagen n malestar m

unbeholfen adj torpe

unbekannt adj desconocido

unbekümmert adj despreocupado

Unbeliebtheit f impopularidad f

unbequem adj ▷Sofa incómodo

unberechenbar adj ① ↑ unvorhersehbar imprevisible ② ↑ jähzornig irascible

unbeschreiblich adj indescriptible

unbesiegbar adj invencible

unbesonnen adj precipitado, imprudente

unbeständig adj ▷Wetter variable; ▷Mensch inconstante, inestable

unbestimmt adj① ▷Zeitpunkt indeterminado ② ▷Gefühl confuso

unbeteiligt adj desinteresado, ajeno

unbetont adj atone, no acentuado

unbeugsam adj ① ▷Mensch rebelde ② ▷Wille de hierro

unbeweglich adj ↑ starr inmóvil

unbewußt adj ▷Handlung inconsciente; ▷Reflex instintivo

unbrauchbar adj ▷Werkzeug inservible; ▷Arbeit inútil

und cj① (bei Aufzählung) y; (vor i/hi) e; ◇ sie - er ella y él; ◇ ich spreche Englisch und Deutsch hablo español e inglés ② MATH ↑ plus más; ◇ eins - zwei ist drei uno más dos son tres ③ ◇ - so weiter etcétera; ◇ - andere entre otros

undankbar adj desagradecido, ingrato; **Undankbarkeit** desagradecimiento m, ingratitud f

undefinierbar adj indefinible

undeklinierbar adj indeclinable

undenkbar *adj* impensable, inimaginable

undeutlich *adj* confuso; ◇ **sich - ausdrücken** no expresarse claramente

undurchdringlich *adj* impenetrable

undurchlässig *adj* (*wasser-*) impermeable; (*licht-*) opaco

unecht *adj* falso

unehelich *adj* natural, ilegítimo

unehrlich *adj* poco sincero

Uneinigkeit *f* desacuerdo *m*

uneins *adj* ① ↑ *nicht einig* desunido ② ↑ *zerstritten* separado, desavenido

unendlich I. *adj* ① (*räumlich*) infinito, inmenso ② (*zeitlich*) interminable **II.** *adv* ↑ *sehr:* ◇ **jd-n - lieben** amar a alguien por encima de todo; **Unendlichkeit** *f* ① (*räumlich*) infinito *m* ② (*zeitlich*) eternidad *f*

unentbehrlich *adj* imprescindible

unentschieden *adj* ① SPORT terminar empatando ② ↑ *unentschlossen* ser indeciso

unentschlossen *adj* indeciso

unerfahren *adj* inexperto

unerfreulich *adj* desagradable

unerläßlich *adj* imprescindible

unerlaubt *adj* prohibido, ilegal

unermüdlich *adj* incansable

unersättlich *adj* insaciable

unerschwinglich *adj* desorbitante

unerwartet *adj* inesperado

unfähig *adj* ① incapaz ② ↑ *inkompetent* incompetente, inepto

unfair *adj* injusto· (*gegenüber con*)

Unfall *m* accidente *m*; **Unfallversicherung** *f* seguro *m* de accidentes

unfaßbar *adj* incomprensible

unfolgsam *adj* desobediente

unfrankiert *adj* sin franqueo

unfreiwillig *adj* ① ↑ *gezwungen* forzoso ② ↑ *unabsichtlich* sin mala intención

unfreundlich *adj* ① poco amable (*zu con*) ② ▷ *Wetter* desagradable

Unfriede[n] *m* discordia *f*

unfruchtbar *adj* ① estéril ② ▷ *Boden* estéril, no fecundo ③ FIG ↑ *zwecklos* inútil; **Unfruchtbarkeit** *f* ① esterilidad *f* ② (*von Bemühungen*) inutilidad *f*

Ungar(in) *f* *m* <-n, -n> húngaro/a; **ungarisch** *adj* húngaro; **Ungarn** *n* Hungría *f*

ungeahnt *adj* inesperado

ungebildet *adj* inculto

ungebräuchlich *adj* poco usado, inusual

ungedeckt *adj* ① descubierto ② FIN ▷ *Scheck* sin fondos

Ungeduld f impaciencia f; **un-geduldig** adj impaciente

ungeeignet adj ↑ unpassend inadecuado; (für Aufgabe) incompetente, inepto (für para)

ungefähr I. adj aproximado **II.** adv: ◇ **sie ist - 93 Jahre alt** tiene 93 años aproximadamente

ungefährlich adj 1 ↑ sicher sin peligro 2 ↑ harmlos inofensivo

Ungeheuer n <-s, -> monstruo m

ungehobelt adj FIG ▷Mensch grosero, rudo

Ungehorsam m desobediencia f

ungeklärt adj 1 ▷Rätsel sin solucionar 2 ▷Frage sin responder

ungeladen adj ELECTR ▷Batterie descargado

ungelegen adj ↑ unpassend inoportuno; ◇ **das kommt mir - me** viene mal

ungelernt adj no cualificado

ungelogen adv: ◇ -! ¡de verdad!

ungemütlich adj 1 ↑ unbequem incómodo 2 ▷Wetter desagradable

ungenau adj 1 1 ↑ fehlerhaft deficiente 2 1 ↑ ungefähr impreciso 3 ◇ sich - ausdrücken no expresarse claramente; **Ungenauigkeit** f imprecisión f

ungenießbar adj 1 ▷Essen in-

comible; ▷Getränk que no se puede beber 2 FAM ▷Mensch inaguantable

ungenügend adj 1 ↑ nicht ausreichend insuficiente 2 (SCH Note: 6) deficiente, suspenso

ungepflegt adj 1 ▷Mensch desaseado 2 ▷Dinge descuidado

ungerade adj ▷Zahl impar; ▷Linie torcido

ungerecht adj injusto; **ungerechtfertigt** adj injustificado; **Ungerechtigkeit** f injusticia f

ungern adv: ◇ etw - tun hacer algo a disgusto/de mala gana

Ungeschicklichkeit f torpeza f

ungesetzlich adj ilegal

ungestört adj tranquilo, en paz, sin ser molestado; ◇ - arbeiten trabajar tranquilo

ungestraft adv impune

ungesund adj 1 poco saludable; ◇ **er sieht - aus** no tiene buen aspecto 2 ↑ schädlich perjudicial; ◇ **Rauchen ist - el** fumar perjudica la salud

ungewiß adj ▷Zukunft incierto, inseguro; ▷Ergebnis dudoso; **Ungewißheit** f incertidumbre f, inseguridad f, duda f

ungewohnt adj ▷Umgebung extraño, fuera de lo normal, raro

Ungeziefer n <-s> bichos m/pl

ungezogen adj maleducado
ungezwungen adj espontáneo, natural, informal
ungläubig adj ◇ - **schauen** mirar incrédulamente
unglaublich adj increíble; ◇ -! ¡increíble!; **unglaubwürdig** adj ① ▷Person de poca fiabilidad ② ▷Geschichte dudoso
ungleich I. adj ① ↑ unterschiedlich diferente, distinto ② ▷Voraussetzungen incomparable **II.** adv (um vieles): ◇ - **besser** muchísimo mejor; **gleichmäßig** adj irregular
Unglück n <-[e]s, -e> ① ↑ Mißgeschick desgracia f; ↑ Pech mala suerte f ② ↑ Katastrophe (-sfall) accidente m, catástrofe f; **unglücklich** adj ① ↑ traurig desgraciado; ◇ **jd-n - machen** hacer a alguien infeliz ② ↑ erfolglos desafortunado ③ ↑ bedauerlich penoso; **Unglücksfall** m accidente m
ungültig adj ① POL ▷Stimme inválido ② ▷Paß, Ticket caducado
ungünstig adj ① ▷Augenblick inoportuno ② ▷Wetter inclemente
ungut adj ① ▷Gefühl desagradable ② ◇ **nichts für** - no lo tome a mal
Unheil n desgracia f; ◇ - **abwenden** evitar una catástrofe

unhöflich adj poco amable, maleducado
unhörbar adj inaudible, imperceptible
unhygienisch adj antihigiénico, sucio
uni <inv> adj liso, de un color
uniformiert adj uniformado
uninteressant adj poco interesante
Union f unión f
Universität f universidad f; ◇ **auf der** - en la universidad
Unkenntnis f ignorancia f; ◇ **in - lassen** no informar (über akk sobre)
unklar adj ① poco claro; ◇ **sich im -en sein über etw** akk ver claro algo ② ↑ unverständlich confuso, incomprensible ③ ↑ ungeklärt no resuelto
unkonventionell adj poco convencional
Unkosten pl gastos m/pl; ◇ **sich in - stürzen** meterse en gastos
Unkraut n mala hierba/yerba f, yerbajo m
unkündbar adj no reembolsable
unlängst adv hace poco
unleserlich adj ilegible
unlogisch adj ilógico
Unmenge f gran cantidad f (von de)
unmenschlich adj ① ↑ grausam inhumano ② ◇ - **Anstrengung** esfuerzos sobrehumanos

unmerklich adj imperceptible

unmittelbar I. adj directo, inmediato **II.** adv directamente, inmediatamente

unmöglich adj imposible

unmoralisch adj inmoral

unnachgiebig adj ① ▷Material duro, resistente ② ▷Person testarudo, intransigente

unnötig adj innecesario

unnütz adj ① inútil; ◇ **sein Geld ~ ausgeben** gastar el dinero inútilmente/a lo tonto ② ▷Person inútil

UNO f ‹-› ONU f

Unordnung f desorden m, confusión f

unparteiisch adj imparcial; **Unparteiische(r)** fm SPORT árbitro/a

unpassend adj ① ▷Kommentar desafortunado, fuera de lugar ② ▷Termin inoportuno

unpersönlich adj ① ▷Brief formal, impersonal ② GRAM impersonal ③ ▷Mensch indiferente

unpolitisch adj apolítico

unpraktisch adj poco práctico

unqualifiziert adj ① (für Arbeit) no cualificado ② ▷Bemerkung incompetente

unrationell adj irracional

unrecht adj ① injusto ② ◇ ~ **haben** no tener razón; **Unrecht** n ↑ Ungerechtigkeit injusticia f; ◇ **zu ~** injustamente

Unregelmäßigkeit f irregularidad f

unreif adj ① ▷Obst verde, no maduro ② FIG ▷Mensch inmaduro

unrentabel adj no rentable

unrichtig adj falso, incorrecto, equivocado

Unruhe f ‹-, -n› ① intranquilidad f, inquietud f ② ↑ Besorgnis preocupación f ③ ↑ Aufruhr confusión f ④ ↑ Lärm ruido m; **unruhig** adj ▷Gefühle nervioso, intranquilo, preocupado

uns I. pron akk v. wir a nosotros **II.** pron dat v. wir nos

unschädlich adj inocuo

unscharf adj ① ▷Foto etc. desenfocado ② ▷Konturen poco perfilado

unscheinbar adj ▷Mensch discreto; ▷Sache insignificante

unschlüssig adj ↑ zögernd vacilante

Unschuld f inocencia f; **unschuldig** adj ① inocente (an dat en) ② ↑ unbedarft, naiv ingenuo

unselbständig adj dependiente

unser(e) pron ① (adjektivisch) ◇ **-e Kinder** nuestros niños ② (substantivisch) nuestro; **unseretwegen** adv por nosotros

unsicher adj ① ↑ ungewiß poco seguro, dudoso ② ↑ nicht selbstbewußt inseguro ③ ↑ gefährlich peligroso

unsichtbar adj invisible; **Unsichtbarkeit** f invisibilidad f
Unsinn m absurdo m, tonterías f/pl, bobadas f/pl; **unsinnig** adj absurdo, descabellado
unsportlich adj ① ▷*Mensch* poco deportivo ② ▷*Verhalten* injusto
unsterblich I. adj ① ↑ *nicht sterblich* inmortal ② ↑ *unvergeßlich* inolvidable II. adv FAM ↑ *total*: ◇ ~ **verliebt sein** estar totalmente enamorado; **Unsterblichkeit** f inmortalidad f
Unstimmigkeit f irregularidad f
unstetig adj discontinuo
unsympathisch adj antipático; ◇ **er ist mir** - me cae mal
Untätigkeit f inactividad f, pasividad f
unteilbar adj indivisible
unten adv abajo; ◇ ~ **wohnen** vivir abajo; ◇ **nach** - **gehen** ir hacia abajo
unter präp akk/dat ① (dat, wo?) debajo de; ◇ ~ **der Brücke** debajo del puente; ↑ *inmitten, zwischen* entre; ◇ ~ **Leuten** entre gente ② (dat, wann?) ↑ *während* durante; ◇ ~ **der Woche** durante la semana ③ (dat) ↑ *weniger als* menos de; ◇ - **18 Jahren** menos de 18 años; ◇ - **5 Mark** menos de 5 marcos; ◇ - **15 Grad** menos de 15 grados ④ (akk, wohin?) debajo de; ◇ ~ **den Tisch legen** poner debajo de

la mesa; ◇ ~ **Menschen gehen** ir entre la gente
Unterbewußtsein n subconsciente m
unterbezahlt adj mal pagado
unterbrechen unreg vt ① interrumpir; ◇ **jd-n** ~ a alguien ▷*Leitung* cortar; **Unterbrechung** f interrupción f
unterbringen unreg vt ① ↑ *verstauen* colocar, poner ② ↑ *einquartieren* → jd-n alojar
unterdessen adv entretanto
Unterdruck m, pl <-drücke> ① PHYS presión negativa f, depresión f ② (MED *Blut*-) baja presión f; **unterdrücken** vt ① →*Leute* dominar, someter ② →*Tränen* contener
untereinander adv uno(s) con otro(s), entre sí, entre ellos; ◇ **man plauderte** - unos hablaron con otros
unterentwickelt adj subdesarrollado
unterernährt adj desnutrido; **Unterernährung** f desnutrición f
untergehen unreg vi ① ←*Sonne* ponerse ② ←*Schiff* hundirse; ←*Welt* hundirse
Untergrundbahn f metro m
unterhalb präp gen [por] debajo de; ◇ ~ **des Berges** por debajo de la montaña
unterhalten unreg I. vt ① ↑ *er-*

nähren mantener ② ↑ *amüsieren* entretener, divertir **II.** *vr* ◇ *sich* - ① ↑ *Gespräch führen* conversar ② ↑ *sich amüsieren* entretenerse, divertirse; **unterhaltend** *adj* entretenido, divertido; **Unterhaltung** *f* conversación *f*; **Unterhemd** *n* camiseta *f*; **Unterhose** *f* calzoncillos *m/pl*, slip *m*; **Unterkunft** *f* <-, -künfte> alojamiento *m*; **Unterlage** *f* ① ↑ *Grundlage* base *m* ② ◇ -n *pl* documentación *f*; **Unterleib** *m* ANAT bajo vientre *m*

unternehmen *unreg vt* hacer, emprender; **Unternehmen** *n* <-s, -> ① ↑ *Aktion* acción *f* ② COMM empresa *f*; **Unternehmer(in)** *f) m* <-s, -> ↑ *Firmeninhaber* empresario/a

Unterricht *m* <-[e]s, -e> SCH clase *f*; **unterrichten** *vt* ① SCH dar clases de, enseñar ② ↑ *informieren* informar (*von*, *über akk* de, sobre)

unterschätzen *vt* subestimar, menospreciar

unterscheiden *unreg* **I.** *vt* ↑ *differenzieren* diferenciar (*von* de) ② ↑ *auseinanderhalten* distinguir **II.** *vr* ◇ *sich* - diferenciarse (*von* de); **Unterscheidung** *f* ① diferenciación *f* ↑ *distinción* f; **Unterschied** *m* <-[e]s, -e> ① distinción *f* (*zwischen dat* entre) ② ↑ *Differenz*

diferencia *f*; **unterschiedlich** *adj* ① ↑ *verschieden* distinto, diferente ② ↑ *gemischt* variado

unterschreiben *unreg vt* firmar; **Unterschrift** *f* firma *f*

Unterseeboot *n* submarino *m*

untersetzt *adj* regordete, achaparrado

unterstellen I. *vt* ① PEJ *verdächtigen* ◇ *jd-m etw* - acusar a alguien de algo ② ↑ *wegräumen* poner **II.** *vr* ◇ *sich* - ponerse a cubierto

unterstreichen *unreg vt* subrayar

unterstützen *vt* ① ↑ *beistehen* apoyar; ②*finanziell* ayudar (FIG *bei Streit*) respaldar; **Unterstützung** *f* ① ▷*finanziell* ayuda *f*; ▷*staatlich* subvención *f* ② (FIG *bei Streit*) respaldo *m*

untersuchen *vt* ① ▷*technisch* examinar ② ▷*erforschen* explorar ③ ▷*wissenschaftlich* estudiar ④ MED examinar; **Untersuchung** *f* ① ▷*wissenschaftlich* estudio *m* ② ↑ *Erforschung* exploración *f* ③ ▷*technisch* examen *m* ④ ▷*polizeilich* investigación *f* ⑤ MED examen *m*, revisión *f*

untertauchen *vi* ① (*in Wasser*) sumergir ② FIG ↑ *verschwinden* desaparecer

unterteilen *vt* [sub]dividir (*in akk* en)

Unterwäsche f ropa f interior
Unterwerfung f sumisión f;
   unterwürfig adj PEJ sumiso,
servil
unterzeichnen vt firmar
untreu adj infiel
unübersehbar adj ① ↑ offensichtlich, auffällig evidente ②
↑ unüberblickbar enorme, inmenso
unumgänglich adj ▷ Maßnahme indispensable; ▷ Schicksal inevitable
ununterbrochen adj sin parar
untrennbar adj inseparable
unverantwortlich adj irresponsable
unverbesserlich adj empedernido
unverbindlich I. adj ① sin compromiso ② ↑ vage vano II.
adv COMM: ~ etw - schicken
lassen encargar algo sin compromiso
unverbleit adj sin plomo
unverdaulich adj indigesto
unvereinbar adj incompatible
(mit con)
unvergänglich adj imperecedero, eterno
unverkäuflich adj invendible
unverkennbar adj evidente, inconfundible
unverletzt adj indemne, ileso
unvermeidlich adj inevitable
unvernünftig adj insensato

unverschämt adj desvergonzado, descarado; **Unverschämtheit** f desvergüenza f, descaro m
unversehrt adj indemne, ileso
unverständlich adj ① ↑ unbegreiflich incomprensible ②
↑ unhörbar ininteligible
unverträglich adj incompatible
unvollkommen adj ① ↑ nicht perfekt imperfecto ② ↑ unvollständig incompleto
unvorhergesehen adj ①
↑ nicht geplant imprevisto ②
↑ unerwartet inesperado
unvorsichtig adj imprudente
unvorstellbar adj inimaginable
unwahrscheinlich adj poco probable
Unwetter n tormenta f
unwiderruflich adj irrevocable, definitivo
unwiderstehlich adj irresistible
unwillkürlich adj espontáneo
unwirklich adj irreal
unzählig adj incontable; ◇ -e
Leute muchísima gente
unzertrennlich adj inseparable
unzufrieden adj descontento
(mit con)
unzulänglich adj ① ↑ mangelhaft deficiente ② ↑ nicht ausreichend insuficiente

V

unzulässig adj ilícito, prohibido
unzutreffend adj ① inexacto
② ↑ *unwahr* falso
unzuverlässig adj ▷*Person* de
poca confianza
üppig adj ① ▷*Essen* abundante;
▷*Vegetation* exuberante; ▷*Gehalt* enorme ② ▷*Form, Figur*
voluminoso
Uraufführung f THEAT, MUS
estreno m
Ureinwohner(in f) m aborigen
m/f
Urgroßmutter f bisabuela f;
Urgroßvater m bisabuelo m
Urin m <-s, -e> orina f
Urkunde f <-, -n> documento m
Urlaub m <-[e]s, -e> vacaciones
f/pl; ◇ - **machen** irse de vacaciones; **Urlauber(in** f) m <-s, ->
turista m/f
Urne f <-, -n> urna f
Ursache f causa f, motivo m
Ursprung m comienzo m, origen m
Urteil n <-s, -e> ① JURA sentencia f ② ↑ *Meinung* juicio m, opinión f; ◇ **sich ein - bilden** hacerse/formarse una opinión/idea
Urwald m selva f virgen
urwüchsig adj original
USA pl EE. UU. m/pl
usw. Abk v. **und so weiter** etc.
Utopie f utopía f
UV-Strahlen pl rayos m/pl
ultravioletas

V, v n V, v f
Vagabund m <-en, -en> vagabundo m
vage adj vago, difuso
Vagina f <-, Vaginen> vagina f
vakuumverpackt adj envasado al vacío
Vamp m <-s, -s> mujer f fatal;
Vampir m <-s, -e> vampiro m
Vanille f <-> vainilla f; **Vanilleeis** n <-> helado m de vainilla
Varieté[theater] n teatro m de
variedades
Vase f <-, -n> jarrón m; florero m
Vaseline f vaselina f
Vater m <-s, Väter> padre m;
Vaterland n patria f; **väterlich** adj ▷*Liebe* paternal;
▷*Freund* paterno
Vaterunser n <-s, -> Padrenuestro m
Vatikan m <-s> Vaticano m
v. Chr. Abk v. **vor Christus**
Vegetarier(in f) m <-s, -> vegetariano/a
Veilchen n violeta f
Vene f <-, -n> vena f; **Venenentzündung** f flebitis f
Venedig n <-s> Venecia f
Ventil n <-s, -e> válvula f
Ventilator m ventilador m

verabreden I. vt ▷Plan, [Kenn]Zeichen fijar (mit jd-m con alguien), convenir **II.** vr ◇ sich mit jd-m ~ quedar/citarse con alguien; **Verabredung** f ↑ Treffen cita f

verabschieden vt ① ▷Besucher despedir ② POL →Gesetz aprobar

verachten vt despreciar; **verächtlich** adj de desprecio, despectivo

veralten vi quedarse anticuado, caer en desuso

veränderlich adj variable; **verändern I.** vt cambiar, modificar **II.** vr ◇ sich ~ cambiar; **Veränderung** f cambio m, modificación f

Veranlagung f talento m, aptitud f

veranlassen vt causar, ocasionar, motivar

veranstalten vt organizar; **Veranstalter(in** f) m <-s, -> organizador(a f) m; **Veranstaltung** f ① ↑ das Durchführen organización f; ▷feierlich acto m, ceremonia f ② ↑ Aufführung (Musik-) acto m ③ SPORT competición f, concurso m

verantworten I. vt ser responsable de, responder de **II.** vr ◇ er muß sich vor Gericht ~ tiene que responsabilizarse ante el tribunal; **verantwortlich** adj res-

ponsable; **Verantwortung** f responsabilidad f; **verantwortungslos** adj irresponsable

verarbeiten vt ① ↑ bearbeiten →Holz trabajar; PC →Daten procesar ② ↑ umwandeln ◇ Getreide zu Mehl ~ transformar el cereal en harina; **Verarbeitung** f ① ↑ Bearbeitung elaboración f ② ↑ Umwandlung transformación f

Verb m <-s, -en> verbo m

Verband ¹ m <-es, Verbände> MED vendaje m

Verband ² m <-es, Verbände> asociación f, federación f

Verband[s]kasten m botiquín m; **Verband[s]mull** m gasa f hidrófila; **Verband[s]päckchen** n vendaje m individual, paquete m de curación; **Verband[s]zeug** m/pl

Verbannung f destierro m, exilio m

verbergen unreg vt ocultar (vor dat de)

verbessern vt ① (Ggs verschlechtern) mejorar, perfeccionar ② →Fehler corregir; **Verbesserung** f ① ↑ Besserung mejora f, mejoramiento m ② (von Fehler) corrección f

Verbeugung f inclinación f; ◇ e-e ~ machen hacer una reverencia

verbiegen unreg vt doblar, torcer

verbieten *unreg vt* prohibir

verbilligen *vt* → *Ware* rebajar, reducir [el precio], abaratar; **Verbilligung** *f* rebaja *f*

verbinden *unreg vt* ① ↑ *zusammenfügen* unir ② TELEC ◇ **verbinden Sie mich bitte mit Herrn X!** ¡póngame con el señor X, por favor!; ◇ **sie sind falsch verbunden** se ha equivocado [de número] ③ MED → *Verletzten* vendar

verbindlich *adj* ① ▷*Zusage* obligatorio ② ↑ *höflich* amable

Verbindung *f* ① ↑ *das Zusammenfügen* unión *f* ② (*-linie*) conexión *f* ③ (*Bus-*) comunicación *f* ④ ↑ *Beziehung* contacto *m*, relación *f* ⑤ CHEM combinación *f*; **Verbindungsstraße** *f* carretera *f* de enlace

Verbitterung *f* amargura *f*

verbleit *adj* ▷*Benzin* con plomo

verblüfft *adj* desconcertado, estupefacto, perplejo

verblühen *vi* marchitarse

verbluten *vi* desangrarse

verborgen *adj* s. **verbergen** ↑ *versteckt* escondido; ▷*Fertigkeiten* oculto

Verbot *n* <-[e]s, -e> prohibición *f*; **verboten** *adj* prohibido; ◇ **Betreten -!** ¡prohibido entrar!

Verbrauch *m* <-[e]s> consumo *m*; **verbrauchen** *vt* consumir;

→ *Kräfte, Geld* gastar; **Verbraucher(in** *f*) *m* <-s, -> consumidor(a *f*) *m*; **Verbraucherzentrale** *f* centro *m* de ayuda al consumidor

Verbrechen *n* <-s, -> crimen *m*, delito *m*; **Verbrecher(in** *f*) *m* <-s, -> criminal *m*/*f*, delincuente *m*; **verbrecherisch** *adj* criminal

verbreiten I. *vt* → *Krankheit* propagar; → *Gerücht* divulgar, hacer correr; → *Nachricht* difundir; → *Optimismus* emanar **II.** *vr* ◇ **sich** - extenderse; **Verbreitung** *f* (*von Krankheit, Wärme*) propagación *f*; (*von Gerücht*) divulgación *f*

verbrennen *unreg* **I.** *vt* quemar **II.** *vi* quemarse, incendiarse **III.** *vr:* ◇ **sich das die Hand/das Gesicht** - quemarse la mano/la cara; **Verbrennung** *f* (*von Holz*) combustión *f*; MED quemadura *f*

verbringen *unreg vt* → *Zeit* pasar

Verbund *m* (*Verkehrs-*) unión *f*

verbünden *adj s.* **verbinden**

verbünden *vr* ◇ **sich - mit** jd-m aliarse/unirse con alguien; **Verbündete(r)** *mf* aliado/a

verbürgen *vr:* ◇ **sich - für** responder de/por

Verdacht *m* <-[e]s> sospecha *f*; **verdächtig** *adj* sospechoso; **verdächtigen** *vt* sospechar de

verdammen *vt* condenar

verdanken vt: ◇ jd-m/e-r Sache etw - deber algo a alguien/a una cosa

verdauen vt digerir; **verdaulich** adj digestible; **Verdauung** f digestión f; **Verdauungsbeschwerden** pl trastornos m/pl digestivos

Verdeck n <-[e]s, -e> AUTO capota f

verderben <verdarb, verdorben> I. vt → Film estropear; → Jugendliche corromper, pervertir II. vi → Nahrung pudrirse, estropearse; → Person corromperse; **verderblich** adj → Lebensmittel perecedero

verdienen vt → Geld ganar; → Anerkennung ganar; → Frau merecerse

Verdienst [1] m <-[e]s> [1] (von Geld) ganancia f, beneficio m [2] → monatlich sueldo m, salario m

Verdienst [2] n <-[e]s, -e> mérito m

verdoppeln vt duplicar, doblar

verdrängen vt [1] → Flüssigkeit desplazar [2] → Erinnerungen suprimir [3] → Kollegen suplantar, desplazar

verdrehen vt torcer

Verdruß m <Verdrusses, Verdrusse> disgusto m

verdunkeln vt oscurecer

verdünnen vt → Flüssigkeit diluir; → Wein aguar

verdunsten vi evaporarse

verdursten vi morirse de sed

verehren vt → Heiligen adorar, venerar; → Mensch respetar, admirar; **Verehrer(in)** f) m <-s, -> admirador(a f) m; **verehrt** adj estimado; ◇ **sehr e Damen und Herren!** ¡señoras y señores!, ¡estimado público!; **Verehrung** f admiración f, veneración f

vereid[ig]en vt [1] → Minister tomar juramento [2] → Zeugen jurar (auf akk ante)

Verein m <-[e]s, -e> sociedad f, asociación f; (Sport-) club m

vereinbaren vt → Termin concertar; → Beschluß acordar; **Vereinbarung** f acuerdo m

vereinfachen vt simplificar

vereinheitlichen vt unificar, estandarizar

vereinigen vt unir; **Vereinigung** f [1] ↑ das Zusammenfassen unión f, unificación f [2] (Interessen-) asociación f

vereinzelt adj aislado

Vereiterung f MED supuración f

verengen I. vt → Straße estrechar II. vr ◇ sich - estrecharse

vererben vt [1] → Nachlaß dejar, legar [2] BIOL → Erbanlagen transmitir

verfahren [1] unreg I. vr ◇ sich - equivocarse de camino, desviarse II. *vi* ↑ *handeln* proceder, actuar

verfahren [2] *adj* de difícil solución, sin salida

Verfahren *n* <-s, -> [1] ↑ *das Vorgehen* procedimiento *m* [2] JURA juicio *m*

Verfall *m* <-[e]s> [1] *(von Gebäude)* desmoronamiento *m* [2] *(von Reich)* decadencia *f*; *(von Körper, Geist)* decaimiento *m*; **verfallen** *unreg vi* [1] ↑ *baufällig werden* desmoronarse [2] ↑ *untergehen* decaer [3] ↑ *ungültig werden* ← *Ticket* caducar

verfärben *vr* ○ sich - [1] cambiar de color [2] → *Kleidung* desteñir

verfassen *vt* [1] → *Text* escribir, redactar [2] → *Rede* hacer, preparar [3] → *(Musik-)Stück* componer; **Verfasser(in** *f)* *m* <-s, -> autor(a *f) m*; **Verfassung** *f* [1] ↑ *von Text* redacción *f* [2] POL constitución *f* [3] ▷*körperliche* - forma *f*; ▷*geistige* - estado *m*; **Verfassungsgericht** *n* tribunal *m* constitucional

verfaulen *vi* pudrirse

verfilmen *vt* adaptar al cine, llevar a la pantalla

Verflechtung *f* enlace *m*

verfliegen *unreg vi* [1] ← *Duft* evaporarse [2] ← *Wut* pasarse [el enfado] [3] → *Zeit* pasar volando

verflixt *adj* maldito; ○ -! ¡caramba!, ¡caray!

verfluchen *vt* maldecir

verfolgen *vt* perseguir; **Verfolger(in** *f) m* <-s, -> perseguidor(a *f) m*; **Verfolgung** *f* persecución *f*

verfrüht *adj* prematuro

verfügbar *adj* disponible

verfügen I. *vt* ordenar, disponer II. *vi* disponer de; **Verfügung** *f* a. JURA disposición *f*

verführen *vt* seducir; **Verführer(in** *f) m* seductor(a *f) m*; **verführerisch** *adj* seductor; **Verführung** *f* seducción *f*

Vergangenheit *f* pasado *m*; **vergänglich** *adj* pasajero, efímero

Vergaser *m* <-s, -> AUTO carburador *m*

vergeben *unreg vt* [1] ↑ *verzeihen* perdonar [2] → *Arbeit* dar; ○ *das Zimmer ist schon* - la habitación ya está ocupada; ○ *die Frau ist schon* - la mujer ya está comprometida

vergeblich *adj* inútil, vano

Vergebung *f* ↑ *Verzeihen* perdón *m*

vergehen *unreg* I. *vi* → *Zeit* pasar, transcurrir; ← *Schmerz* pasar II. *vr* ○ sich an jd-m - violar a alguien [2] ○ sich gegen das Gesetz - infringir/violar la ley

vergessen <vergaß, vergessen> *vt* olvidar; **vergeßlich** *adj* olvidadizo

vergewaltigen vt violar; **Vergewaltigung** f violación f
vergewissern vr: ◇ **sich** [e-r **Sache**] gen ~ asegurarse/cerciorarse de [una cosa]
vergießen unreg vt verter, derramar
vergiften vt envenenar, intoxicar; **Vergiftung** f intoxicación f
Vergleich m <-[e]s, -e> ① ↑ Abwägen comparación f ② JURA acuerdo m, arreglo m; **vergleichen** unreg vt comparar (mit con)
vergnügen vr ◇ sich - divertirse, pasarlo bien, entretenerse; **Vergnügen** n <-s, -> diversión f, entretenimiento m; ◇ **mit wem habe ich das** – con quien tengo el placer/el gusto de ◇ **viel -!** ¡que [te] lo pases bien!, ¡que te diviertas!
vergoldet adj dorado
vergrößern vt ① → Raum, Firma agrandar ② → Foto ampliar ③ → Menge aumentar; **Vergrößerung** f aumento m, incremento m; FOTO ampliación f
Vergünstigung f ① ↑ Privileg preferencia f, privilegio m ② (Preis-) rebaja f
vergüten vt ① ← Versicherung indemnizar a alguien de algo ② ↑ bezahlen remunerar, recompensar ③ ↑ erstatten abonar; **Vergütung** f indemnización f;

remuneración f, recompensa f; abono m
verhaften vt detener, arrestar; **Verhaftung** f detención f
Verhalten n <-s> comportamiento m, conducta f
Verhältnis n proporción f, relación f; (↑ Affäre) lío m amoroso; **verhältnismäßig** adj relativo; ◇ - **billig/groß** relativamente barato/grande
verhandeln I. vi ↑ beraten deliberar (über akk sobre), negociar algo II. vt → Bedingungen negociar; **Verhandlung** f ① ↑ Beratung deliberación f; ◇ **-en** f pl negociaciones f pl ② (JURA Gerichts-) vista f [de la causa]
verheimlichen vt ocultar (jd-m etw algo a alguien)
verheiraten vr ◇ sich - mit jdm casarse con alguien; **verheiratet** adj casado; ◇ - **sein mit ...** estar casado con ...
verhindern vt impedir, evitar
Verhör n <-[e]s, -e> interrogatorio m; **verhören** vt interrogar
verhungern vi morirse de hambre
verhüten vt prevenir, evitar, impedir; **Verhüterli** n <-s, -s> FAM preservativo m; **Verhütungsmittel** n anticonceptivo m
verirren vr ◇ sich - perderse, extraviarse

verjähren vi ← *Straftat* prescribir

verkabeln vt → *Straße* poner cable

Verkauf m venta f; **verkaufen** vt vender; **Verkäufer(in** f) m <-s, -> vendedor(a f) m; **verkäuflich** adj vendible; **verkaufsoffen** adj ◇ -er Samstag sábado m en el que las tiendas cierran más tarde de lo normal; **Verkaufspreis** m precio m de venta

Verkehr m <-s, -e> tráfico m, circulación m; **verkehren** vi ① ← *Bus* circular; ◇ Busse - jede Stunde autobuses pasan cada hora ② (*in Hotels* -) frecuentar ③ (*Beziehung pflegen*) ◇ bei/mit jd-m - tener relación/trato con alguien; **Verkehrsampel** f semáforo m; **verkehrsberuhigt** adj zona de velocidad limitada; **Verkehrsmittel** n medio m de transporte; **Verkehrsordnung** f normas f/pl de tráfico; **Verkehrspolizei** f policía f de tráfico; **verkehrsreich** adj ▷*Straße* de mucho tráfico; **Verkehrsschild** n señal f de tráfico; **Verkehrsstauung** f embotellamiento m, atasco m; **Verkehrsteilnehmer(in** f) m usuario-a de la vía pública; **Verkehrsunfall** m accidente m de carretera/tráfico/circulación;

Verkehrszeichen n señal f de tráfico

verkehrt adj ① ↑ *falsch* falso, erróneo ② ↑ *umgekehrt* al revés, invertido

verklagen vt JURA: ◇ jd-n auf Schadenersatz akk - demandar a alguien por daños y perjuicios

verkleiden I. vt ① → *Person* disfrazar ② → *Wand* revestir II. vr ◇ sich - als disfrazarse de; **Verkleidung** f ① ↑ *Kostüm* disfraz m ② ↑ -*material* revestimiento m

verkleinern vt disminuir, reducir

verkörpern vt personificar, interpretar

verkraften vt superar

verkrüppelt adj lisiado, mutilado

verkühlen vr ◇ sich - coger un resfriado, resfriarse

verkünden vt → *Mitteilung* anunciar; → *Urteil* pronunciar

verladen unreg vt cargar; NAUT embarcar; BAHN envagonar; **Verladung** f carga f; MIL, COMM embarco m; BAHN envagonamiento m

Verlag m <-[e]s, -e> editorial f

verlangen vt pedir, exigir

verlängern vt ① → *Schnur* alargar ② → *Frist* prorrogar ③ (*zeitlich*) prolongar; **Verlängerung** f ① ↑ *das Verlängern* alargamiento m ② (*von Frist, Spielzeit*) prórroga f; **Verlängerungsschnur** f alargador m

verlassen *unreg* I. *vt* dejar, abandonar II. *vr* ◇ **sich** - fiarse (*auf akk* de), contar con, confiar en

verläßlich *adj* seguro, de confianza

Verlauf m curso m, transcurso m; **verlaufen** *unreg* I. *vi* ① pasar ② ←*Farbe* corrrese II. *vr* ◇ **sich** - perderse, extraviarse

verlegen[1] *vt* ① ←*Schlüssel* extraviar ② ←*Wohnsitz, Patienten* trasladar ③ ←*Termin* aplazar ④ →*Leitung* colocar ⑤ →*Buch* editar, publicar

verlegen[2] *adj* tímido, vengonzoso; **Verlegenheit** f ① ↑ *Verlegensein* timidez f, vergüenza f ② ↑ *Lage* apuro m

Verleger(in) f m editor(a f) m

Verleih m <-[e]s, -e> servicio m de préstamo; → *Auto* alquiler m; **verleihen** *unreg* *vt* → *Geld etc.* prestar

verlernen *vt* olvidar, perder la práctica

verletzen *vt* → *Person* hacer daño, herir, lastimar; **Verletzte(r)** f m herido/a; **Verletzung** f ↑ *Wunde* herida f, lesión f

Verleumdung f calumnia f

verlieben *vr* ◇ **sich** - enamorarse (*in akk* de); **verliebt** *adj* enamorado

verlieren <verlor, verloren> *vt* perder

verloben *vr* ◇ **sich** - prometerse (*mit* con); **verlobt** *adj* prometido/a; **Verlobte(r)** f m prometido/a; **Verlobung** f compromiso m matrimonial

Verlockung f tentación f

verlorengehen *unreg* *vi* perderse, extraviarse

verlosen *vt* sortear, rifar; **Verlosung** f sorteo m, rifa f

Verlust m <-es, -e> pérdida f

vermachen *vt*: ◇ **jd-m etw** - legar algo a alguien

Vermählung f casamiento m, boda f

Vermarktung f comercialización f

vermehren I. *vt* aumentar II. *vr* ◇ **sich** - ① aumentar ② ↑ *sich fortpflanzen* procrear

vermeiden *unreg* *vt* evitar, impedir

vermeintlich *adj* presunto, supuesto

Vermerk m <-[e]s, -e> ① ↑ *Notiz* apunte m ② ↑ *Anmerkung* anotación f, nota f

vermessen I. *unreg* *vt* medir; → *Land* apear II. *adj* presuntuoso

vermieten *vt* alquilar; ◇ **Zimmer zu** - se alquila habitación f; **Vermieter(in)** f m) m arrendatario/a; **Vermietung** f alquiler m

vermindern vt → Anzahl disminuir, reducir

vermissen vt echar de menos; **vermißt** adj desaparecido; **Vermißtenanzeige** f aviso f de desaparición

vermitteln I. vi (im Streit) mediar, intervenir II. vt 1 → Geschäft servir de intermediario 2 ↑ beschaffen facilitar, proporcionar; **Vermittler(in)** f m <-s, -> (von Geschäften) intermediario/a; (in Tarifkonflikten) mediador (a f) m; **Vermittlung** f 1 (das Vermitteln) intervención f, mediación f; (das Schlichten) conciliación f 2 TELEC central f

Vermögen n <-s, -> capital m, bienes m/pl

vermuten vt suponer, creer; **vermutlich** I. adj ▷Täter supuesto, presunto II. adv probablemente; **Vermutung** f suposición f

vernachlässigen vt descuidar, abandonar

vernehmen unreg vt 1 → Geräusch percibir, oír 2 JURA interrogar, tomar declaración; **Vernehmung** f interrogatorio m, toma f de declaración

verneigen vr ◇ sich - inclinarse (vor dat ante)

verneinen vt → Antwort decir que no; GRAM negar

vernichten vt 1 ↑ zerstören destruir 2 → Gegner aplastar

Vernunft f <-> razón f, juicio m; ◇ bring ihn endlich zur -! ¡hazle entrar en razón!; **vernünftig** adj 1 ▷Meinung razonable 2 ▷Mensch sensato

veröffentlichen vt publicar; **Veröffentlichung** f publicación f

verordnen vt 1 ↑ anordnen mandar, ordenar, decretar 2 MED → Arznei prescribir; **Verordnung** f 1 orden f, decreto m 2 (MED Arznei-) prescripción f

verpachten vt arrendar; **Verpachtung** f arrendamiento m

verpacken vt embalar, empaquetar; **Verpackung** f embalaje m, envase m, envoltorio m

verpassen vt 1 → Zug perder 2 → Person no encontrar

verpfänden vt empeñar

Verpflanzung f MED injerto m

verpflegen vt dar de comer, alimentar; **Verpflegung** f comida f, alimentación, f

verpflichten I. vt obligar II. vr ◇ sich - [etw zu tun] comprometerse [a hacer algo]; **Verpflichtung** f compromiso m, obligación f

verprügeln vt FAM dar una paliza

verputzen vt → Haus enlucir

Verrat m <-[e]s> traición f; **verraten** unreg vt traicionar; **Verräter(in)** f m <-s, -> traidor (a f) m

Verrechnungsscheck *m* cheque *m* cruzado

verregnet *adj* lluvioso; FAM pasado por agua

verreisen *vi* irse de viaje

verrenken I. *vt* → *Arm* torcer **II.** *vr:* ◇ **sich** *dat* [**ein Körperteil**] ~ torcerse, dislocarse; **Verrenkung** *f* torcedura *f*, dislocación *f*

verringern *vt* ① → *Abstand* acortar ② → *Geschwindigkeit* reducir, aminorar

verrostet *adj* oxidado

verrückt *adj* loco; **Verrücktheit** *f* locura *f*

Verruf *m* descrédito *m*

Vers *m* <-es, -e> verso *m*

versagen *vi* ① ↑ *scheitern* fracasar ② → *Auto* fallar, no funcionar; **Versagen** *n* ① ↑ *Scheitern* fracaso *m* ② *(von Herz)* fallo *m* ③ *(von Motor)* avería *f*

versammeln *vt* reunir; **Versammlungsfreiheit** *f* libertad *f* de reunión

Versand *m* <-[e]s> envío *m*, expedición *f*; **Versandhandel** *m* comercio *m* de venta por correo

versäumen *vt* ① → *Zug* perder; → *Termin* faltar; → *Schule* no asistir ② ↑ *unterlassen* dejar pasar, olvidar

verschaffen *vtr:* ◇ **jd-m etw** ~ proporcionar algo a alguien; ◇ **sich etw** ~ conseguir algo

verschämt *adj* tímido, vergonzoso

verschärfen *vt* ① → *Strafe* agravar ② → *Tempo* aumentar, acelerar

verschicken *vt* enviar, mandar

verschieben *vt* → *Termin* aplazar

verschieden *adj* ① *(-artig)* diferente, distinto ② *(mehrere)* ◇ **dafür gibt es -e Gründe** hay varias razones para eso; **Verschiedenheit** *f* diferencia *f*, desigualdad *f*, diversidad *f*

verschiffen *vt* embarcar

verschimmeln *vi* enmohecerse

verschlafen *unreg* **I.** *vi* despertarse tarde, quedarse pegadas las sábanas **II.** *vt* → *Termin* llegar tarde por haberse quedado dormido **III.** *adj* adormilado; ◇ **er saß herum** estaba medio dormido

verschlechtern *vt* empeorar; **Verschlechterung** *f* empeoramiento *m*, deterioro *m*

Verschleiß *m* <-es, -e> desgaste *m*

verschleppen *vt* → *Gefangene* deportar; ↑ *entführen* secuestrar

verschleudern *vt* ① → *Vermögen* malgastar, despilfarrar ② → *Ware* vender a bajo precio

verschließen *unreg* *vt* cerrar

verschlingen *unreg* *vt* ① → *Essen* devorar, zamparse; ◇ **jd-n mit seinen Blicken** ~ co-

merse a alguien con los ojos ②
→ *Buch* tragar, leer sin pausa ③
→ *Geld* costar mucho

verschmelzen *unreg vi*
← *Schatten* unirse

verschmieren *vt* → *Salbe* extender; → *Butter* untar con

verschmutzen *vti* → *Dinge* ensuciar; → *Umwelt* contaminar

verschneit *adj* nevado

verschollen *adj* de paradero desconocido, desaparecido

verschonen *vt* respetar; ◇ **jd-n mit etw** - ahorrar a alguien algo

verschönern *vt* → *Zimmer* embellecer

verschreiben *unreg* I. *vt* → *Papier* gastar; MED prescribir, recetar II. *vr* ◇ **sich** - equivocarse al escribir, escribir mal

verschrotten *vt* → *Auto* desguazar

verschulden *vt* → *Unfall* causar, ser causante de; **Verschuldung** *f* (Staats-) endeudamiento *m*, deuda *f*

verschütten *vt* (*daneben gießen*) derramar, tirar

verschweigen *unreg* *vt* ocultar, callar

verschwenden *vt* ↑ *vergeuden* desgastar; **verschwenderisch** *adj* derrochador

verschwimmen *unreg* *vi* ← *Farben* difuminarse, confundirse

verschwinden *unreg* *vi* ① desaparecer ② *FAM* ↑ *abhauen* largarse, esfumarse

Verschwörung *f* conspiración *f*, conjuración *f*

versehen *unreg* *vt* ① → *Amt* ejercer, desempeñar ② ↑ *ausstatten, ausrüsten* proveer, dotar (*mit* de)

Versehen *n* -s, -> equivocación *f*; ◇ **aus** - sin querer

versenken *vt* → *Schiff* hundir, echar a pique

versetzen I. *vt* ① (*dienstlich*) destinar, trasladar ② SCH pasar de curso ③ *FAM* dar un plantón II. *vr*: ◇ **sich in jd-n** [*o*. in jds **Lage**] - ponerse en la situación de alguien

verseuchen *vt* infestar; → *Luft* contaminar

versichern I. *vt* ① ↑ *beteuern* afirmar, asegurar ② (*Versicherung abschließen*) asegurar (*gegen* contra) II. *vr* ◇ **sich** - ① (*bei Versicherung*) asegurarse (*gegen* contra) ② ↑ *sich überzeugen* asegurarse; **Versicherung** *f* ① ↑ *Versicherungsgesellschaft* seguro *m* ② (*Behauptung*) afirmación *f*

versiegen *vi* → *Quelle* secarse; ← *Lebensfreude* agotarse

versinken *unreg* *vi* hundirse, irse a pique; ↑ *einsinken* sumergirse

versöhnen I. vt ↑ besänftigen reconciliar **II.** vr ◊ sich - reconciliarse, hacer las paces (mit con)

versorgen I. vt ↑ sich kümmern um cuidar de, ocuparse de, atender a; → Wunde curar **II.** vr ◊ sich - abastecerse, proveerse (mit de); **Versorgung** f abastecimiento m, provisión f

verspäten vr ◊ sich - llegar tarde, retrasarse, atrasarse; **Verspätung** f retraso m

versperren vt → Weg cerrar, cortar; → Sicht quitar

verspielen vt → Geld perder en el juego

versprechen unreg **I.** vt prometer **II.** vr ◊ sich - 1 equivocarse al hablar 2 (erhoffen) ◊ sich dat etw von etw - esperar mucho de algo; **Versprechen** n <-s, -> promesa f

Verstand m <-[e]s> 1 ↑ Vernunft razón f 2 ↑ Denkvermögen inteligencia f

verständigen I. vt comunicar, avisar a alguien **II.** vr ◊ sich - 1 entenderse, comprenderse 2 ↑ sich einigen ponerse de acuerdo; **Verständigung** f comunicación f; **Verständnis** n comprensión f, sentido m

verstärken I. vt reforzar, intensificar **II.** vr ◊ sich - intensificarse, incrementarse

verstauchen vr ◊ sich - torcerse; **Verstauchung** f torcedura f, esguince m

Versteck n <-[e]s, -e> escondite m, escondrijo m; **verstecken** vt esconder, ocultar

verstehen unreg **I.** vt comprender **II.** vr ◊ sich - entenderse, llevarse

versteigern vt subastar, sacar a subasta

verstellen I. vt 1 (falsch stellen) colocar mal 2 ↑ umräumen cambiar de sitio, trasladar 3 ↑ versperren cerrar, obstruir **II.** vr ◊ sich - fingir, disimular

verstopfen vt → Loch, Leck tapar

Verstorbene(r) fm difunto/a

Verstoß m <Verstosses, Verstöße> desacato m (gegen a); **verstoßen** unreg **I.** vt ↑ ausstoßen echar, expulsar **II.** vi infringir algo

verstreichen unreg **I.** vt → Salbe extender **II.** vi ← Zeit pasar

verstricken vr: ◊ sich in Widersprüche - caer en contradicciones

verstummen vi callarse, enmudecer; ← Lärm cesar

Versuch m <-[e]s, -e> 1 (Unternehmen) intento m 2 (Probe) prueba f; **versuchen I.** vt ↑ probieren intentar; → Essen probar **II.** vr: ◊ sich an/in/auf etw dat - intentar/probar algo

Versuchung f tentación f

vertagen I. vt aplazar II. vr ◇ sich ~ ← Gericht aplazarse

vertauschen vt ↑ verwechseln confundir con

verteidigen vt defender; **Verteidiger(in)** m <-s, -> defensor(a) f m; **Verteidigung** f defensa f

verteilen I. vt (1) ↑ austeilen repartir, distribuir (2) ↑ verstreichen → Salbe extender II. vr ◇ sich ~ desplegarse, dispersarse

vertiefen I. vt auch FIG → Kluft, Wissen profundizar, ahondar II. vr ◇ sich ~ - (sich intensiv beschäftigen) dedicarse de lleno a; ◇ sich in etw akk ~ enfrascarse en algo

Vertrag m <-[e]s, Verträge> (1) (Arbeits~) contrato m (2) POL tratado m

vertragen unreg I. vt aguantar II. vr ◇ sich ~ entenderse bien, congeniar

Vertragspartner(in f) m contrata f, parte f contratante

vertrauen vi confiar, tener confianza (jdm., auf jdn en alguien); **Vertrauen** n <-s> confianza f; **vertrauenswürdig** adj digno de confianza

vertraut adj familiar, conocido

vertreiben unreg I. vt (1) ↑ verscheuchen ahuyentar, expulsar, echar (2) COMM distribuir, vender (3) → Zeit matar, pasar

vertreten unreg I. vt → Standpunkt, Ansicht defender II. vr ◇ sich ~ → Fuß, Knöchel torcerse;

Vertretung f (Stell~) sustitución f; ◇ in ~ von en representación de

Vertrieb m <-[e]s, -e> distribución f

vertrocknen vi secarse

vertrösten vt consolar, dar esperanzas; ◇ jd-n auf später ~ echar con buenas palabras

verüben vt cometer, perpetrar

verunglücken vi: ◇ er verunglückte bei e-m Zugunfall ha sido víctima de un accidente de tren

verunsichern vt desconcertar, confundir

verursachen vt causar, originar, producir

verurteilen vt (1) ↑ mißbilligen condenar; (Strafe verhängen) sentenciar (zu a)

vervollkommnen I. vt → Wissen perfeccionar II. vr ◇ sich ~ perfeccionarse (in dat en)

verwachsen I. unreg vi ← Narbe cicatrizarse II. adj jorobado, deforme, contrahecho

verwählen vr ◇ sich ~ TELEC confundirse

verwahrlosen vi ← Gebäude deshacerse; ← Kind estar abandonado

Verwahrung f custodia f, depó-

sito m; ◇ etw akk in - nehmen/geben tomar/dar en depósito
verwalten vt administrar; **Verwaltung** f administración f
verwandeln I. vt transformar, convertir (in akk en) **II.** vr ◇ sich - transformarse, convertirse, cambiar
Verwandte(r) fm pariente/a; **Verwandtschaft** f parentesco m
Verwarnung f advertencia f, amonestación f
verwaschen adj deslavado, descolorido
verwechseln vt confundir (mit con)
verwegen adj atrevido, audaz, temerario
verweichlichen vt afeminar
verweigern vt negar, denegar; **Verweigerung** f denegación f
verweisen unreg **I.** vt reprender **II.** vi remitir (auf akk a); ◇ an jd-n - mandar a alguien
verwenden vt ↑ nutzen utilizar, aprovechar; ↑ anwenden usar, emplear; **Verwendung** f empleo m, uso m, utilización f
verwerten vt utilizar, emplear, aprovechar
verwickeln I. vt ↑ hineinziehen; ◇ jd-n in etw akk - implicar a alguien en algo **II.** vr: ◇ sich in etw akk **verwickeln** enredarse/implicarse en algo

verwirklichen I. vt hacer realidad, realizar **II.** vr ◇ sich - hacerse realidad, realizarse
verwirren vt enredar, embrollar
verwitwet adj viudo
verwöhnen vt → Kind mimar, dar mimos
Verwundete(r) fm herido/a
verwüsten vt desolar, devastar, asolar
verzaubern vt hechizar, embrujar
verzehren vt ↑ essen comer
Verzeichnis n lista f, inventario m
verzeihen <verzieh, verziehen> vti perdonar, disculpar (jd-m etw algo a alguien)
verzichten vi renunciar (auf akk a)
verzinsen vt pagar intereses
verzögern I. vt → Abreise atrasar, aplazar **II.** vr ◇ sich - retrasarse; **Verzögerung** f retraso m
verzollen vt pagar aduana, declarar
Verzug m retraso m, demora f
verzweifeln vi desesperar (an dat por)
verzweigen vr ◇ sich - ← Ast, Familie ramificarse
Video n <-s, -s> video m; **Videokamera** f cámara f de video
Vieh n <-[e]s> ganado m

viel I. <mehr, am meisten> adj mucho; (substantivisch) ◇ **e-r unter -en** uno entre muchos **II.** adv ↑ wesentlich, erheblich mucho; ◇ **- zu laut** demasiado alto

Vielfalt f <-> variedad f, diversidad f

vielleicht adv quizá[s], tal vez, a lo mejor

vier nr cuatro; **vierhundert** nr cuatrocientos; **vierjährig** adj de cuatro años; **viermal** adv cuatro veces; **vierte(r, s)** adj cuarto/a

Viertel n <-s, -> (Stadt-) barrio m; (von Beute, Kuchen) cuarta parte f; (Uhrzeit) ◇ **-vor/nach 11** las 11 menos/y cuarto

vierzehn nr catorce; **vierzehntägig** adj de quince días; **vierzig** nr cuarenta

Villa f <-, Villen> chalé m, chalet m

Virus m o n <-, Viren> virus m

vital adj vital

Vitamin n <-s, -e> vitamina f

Vogel m <-s, Vögel> pájaro m; (FAM verrückt sein) ◇ **e-n - haben** estar como una regadera, estar chiflado

Vokabular n <-s, -e> vocabulario m

Vokal m <-s, -e> vocal f

Volk n <-[e]s, Völker> pueblo m; **Völkerkunde** f etnología f; **Völkerrecht** n derecho m internacional público; **Volksabstimmung** f referéndum m; **Volkshochschule** f universidad f popular; **Volksrepublik** f república f popular; **Volkswirtschaftslehre** f UNI economía f política

voll adj ① > Glas lleno; ↑ erfüllt von lleno de ② (ohne Einschränkung, ganz) pleno, total, completo; **vollbesetzt** adj lleno, llenado a tope

vollbringen unreg vt llevar a cabo, realizar, concluir

Volleyball m voleibol m, balonvolea m

völlig adj total, completo, entero

volljährig adj mayor de edad; **Vollkommenheit** f perfección f; **Vollmacht** f <-, -en> poder m; **Vollmilch** f leche f entera; **Vollpension** f pensión f completa; **vollständig** adj completo, entero, íntegro; **vollstrecken** vt → Urteil ejecutar; **volltanken** vti llenar el depósito

vollziehen unreg **I.** vt → Trauung consumar; → Urteil ejecutar, cumplir **II.** vr ◇ **sich -** efectuarse, realizarse

vom = von dem

von präp dat de ① (räumlich) de ② (zeitlich) zeitlich; ◇ **- ... bis** desde ... hasta ③ (Person/Sache)

als *Urheber/Grund*) de, por;
voneinander *adv* uno de otro
vor *präp dat/akk* ① (*räumlich*)
delante de ② (*zeitlich*) antes de
③ (*Grund/Ursache*) de, por ④
(*in Gegenwart von*) ante, delante
de, en presencia de
voran *adv* delante, adelante, en
cabeza; **vorankommen** *unreg*
vi avanzar, progresar
Voranschlag *m* presupuesto *m*
voraus *adv* hacia delante; (*zeitlich*) por adelantado; **vorausschaben** *unreg vt*: ◇ jd-m etw -
aventajar a alguien en algo; **voraussage** *f* predicción *f*; **voraussehen** *unreg vt* prever; **Voraussetzung** *f* ↑ *Bedingung* condición *f* previa; ↑ *Annahme* suposición *f*; ◇ **unter der**
-, **daß** bajo la condición de que
+*subj*; **Voraussicht** *f* previsión *f*
vorbauen I. *vt* edificar en saliente II. *vi* tomar precauciones
vorbei *adv* ① (*räumlich*) por,
por delante de ② (*zeitlich*) pasado ③ (*zu Ende*) terminado, acabado; **vorbeigehen** *unreg vi*
① pasar por/cerca de/delante de
② (*zeitlich*) pasar
Vorbemerkung *f* advertencia *f*
vorbereiten I. *vt* ↑ *Fest* preparar II. *vr* ◇ **sich** - prepararse (*auf*
akk para)
vorbestellen *vt* → *Buch, Kino-*

karte encargar con anticipación,
reservarse
vorbestraft *adj* con antecedentes penales
vorbeugen I. *vi* prevenir *dat* II.
vr ◇ **sich** - inclinarse hacia delante
Vorbild *n* modelo *m*, ideal *m*
vorbringen *unreg vt* → *Wunsch*
pedir, expresar, exponer; → *Einwand* alegar
vordere(r, s) *adj* delantero, anterior, de delante
Vordergrund *m* primer plano
m; **Vorderseite** *f* parte *f* anterior/delantera
vordrängen *vr* ◇ **sich** - colarse,
abrirse paso
vorenthalten *unreg vt* retener,
ocultar
vorfahren *unreg vi* ir adelante;
← *Taxi* parar delante de
Vorfahrt *f* preferencia *f*, ceda *m*
el paso
vorfinden *unreg vt* dar con, encontrar
vorführen *vt* ↑ *zeigen* presentar,
exhibir; → *Film* proyectar, echar
Vorgang *m* ↑ *Verlauf* proceso
m; ↑ *Hergang* curso *m*
vorgeben *unreg vt* ↑ *vortäuschen* pretender, simular; ↑ *nach*
vorn reichen pasar hacia delante
Vorgefühl *n* presentimiento *m*
vorgehen *unreg vi* pasar delante, ir delante, adelantarse; ← *Uhr*

adelantarse; **Vorgehen** n <-s> procedimiento m, manera f de obrar

Vorgesetzte(r) fm superior(a f) m

vorgestern adv anteayer

vorhaben unreg vt ↑ planen, beabsichtigen tener intención de, proponerse; **Vorhaben** n <-s, -> intención f, plan m

vorhalten unreg vt ↑ vorwerfen: ◇ jd-m etw - reprochar algo a alguien

vorhanden adj presente, existente

Vorhang m cortina f; THEAT telón m

vorher adv antes, por adelantado; **vorherbestimmen** vt determinar de antemano, predeterminar; **vorhergehen** unreg vi preceder, anteceder

Vorherrschaft f predominio m, supremacía f

vorhersagen vt predecir; **vorhersehen** unreg vt prever

Vorkehrung f precaución f; ◇ -en treffen tomar precauciones

vorkommen unreg I. vi ① ↑ vortreten (in Schule) salir al encerado ② ↑ geschehen, passieren pasar, ocurrir, suceder ③ ↑ vorhanden sein haber, existir II. vr (sich fühlen): ◇ sich dat dumm - sentirse idiota

Vorlage f ① presentación f ② ↑ Muster modelo m

vorlassen unreg vt ① (vorgehen lassen) hacer pasar, ceder el paso ② (jd-n empfangen) recibir a alguien

vorläufig adj provisional, temporal

vorlegen vt ① einreichen, präsentieren presentar, mostrar, enseñar

vorlesen unreg vt leer en voz alta; **Vorlesung** f UNI clase f [en la universidad]

vorletzte(r, s) adj penúltimo

Vorliebe f preferencia f

Vormittag m mañana f

vorn[e] adv delante; ◇ nach - hacia delante

vornehm adj noble, distinguido

Vorort m periferia f, suburbio m

Vorrang m primacía f

Vorrat m provisión f; COMM existencias f/pl; **vorrätig** adj disponible

Vorrecht n privilegio m

Vorruhestand m jubilación f anticipada

Vorsatz m ↑ Absicht intención f; JURA premeditación f

Vorschein m: ◇ zum - kommen salir a la luz, aparecer

Vorschlag m propuesta f, proposición f; **vorschlagen** unreg vt proponer; ↑ empfehlen recomendar

vorschreiben *unreg vt* ordenar; **Vorschrift** *f* ↑ *Anweisung* instrucción *f*; ↑ *Befehl* orden *f*

vorsehen *unreg* **I.** *vt* pensar (*als/für* algo) (3). **II.** *vr* ◇ *sich* -tomar precauciones (*vor dat* contra)

Vorsicht I. *f* cuidado *m*, precaución *f* **II.** *interj* ¡cuidado!; **vorsichtig** *adj* cuidadoso, precavido, prudente

Vorsitz *m* presidencia *f*

Vorsorge *f* precaución *f*

Vorspeise *f* entrada *f*, entremeses *m/pl*

Vorsprung *m* (*vor Verfolger*) ventaja *f*

vorstellbar *adj* imaginable; **vorstellen I.** *vt* (1) → *Uhr* adelantar (2) (*vor etwas*) poner delante (3) präsentar **II.** *vr* ◇ *sich* - (1) (*sich bekannt machen*) presentarse (2) (*ausdenken*) imaginarse, figurarse; **Vorstellung** *f* (1) ↑ *Gedanke* idea *f* (2) ↑ *Einbildung* fantasía *f* (3) THEAT función *f*, representación *f*

Vorstrafe *f* antecedente *m* penal

vortäuschen *vt* fingir, simular

Vorteil *m* <-s, -e> ventaja *f*; ↑ *Nutzen* beneficio *m*, provecho *m* (*gegenüber* de); **vorteilhaft** *adj* ventajoso, beneficioso

Vortrag *m* <-[e]s, Vorträge> conferencia *f*

Vorsitz *m* precedencia *f*; ◇ *jd-m*

den - lassen ceder el paso a alguien

vorüber *adv* (1) (*räumlich*) pasado (2) (*zeitlich*) pasado, terminado, acabado; **vorübergehen** *unreg vi* (1) (*zeitlich*) pasar (2) (*räumlich*) pasar por delante/de largo; **vorübergehend** *adj* pasajero, provisional, temporal

Vorurteil *n* prejuicio *m*

Vorwahl *f* elección *f* preliminar; TELEC prefijo *m*

Vorwand *m* <-[e]s, Vorwände> pretexto *m*

vorwärts *adv* adelante; **vorwärtskommen** *unreg vi* progresar, avanzar

vorweg *adv* de antemano; ↑ *im voraus* por adelantado; **vorwegnehmen** *unreg vt* anticipar

vorwerfen *unreg vt* (1) echar delante de (2) ↑ *kritisieren, tadeln* ◇ *sich dat* nichts vorzuwerfen haben no tener nada que reprocharse

Vorwurf *m* reproche *m*

vorzeigen *vt* → *Paß* enseñar, presentar

vorzeitig *adj* anticipado; ▷*Entbindung* prematuro

vorziehen *unreg vt* (1) tirar hacia delante; → *Gardinen* cerrar ↑ *bevorzugen* → *Personen, Speisen* preferir

Vorzug *m* (1) (*gute Eigenschaft*) virtud *f* (2) ↑ *Vorteil* ventaja *f*

vorzüglich adj ▷Essen excelente, exquisito
vulgär adj vulgar, ordinario
Vulkan m <-s, -e> volcán m

W

W, w n W, w f
Waage f <-, -n> balanza f
waagerecht adj horizontal
Wabe f <-, -n> panal m
wach adj despierto; FIG espabilado; **Wache** f <-, -n> guarda m;
wachen vi vigilar; ◇ **bei jdm/etw ~** cuidar de alguien/algo
Wacholderbeere f nebrina f
Wachs n <-es, -e> cera f
wachsam adj alerta, atento
wachsen I. <wuchs, gewachsen> vi ① ←Pflanze crecer ② ←Anforderungen aumentar II. vt encerar; **Wachstum** n <-s> crecimiento m; **Wachstumsrate** f tasa f de crecimiento
Wächter(in f) m <-s, -> guarda m, guardiana f; **Wachturm** m garita f
wackelig adj ▷Stuhl cojo; ▷Zahn flojo; **wackeln** vi FIG ←Position tambalearse; (beim Laufen) contonearse

Wade f <-, -n> ANAT pantorrilla f; **Wadenkrampf** m calambre m en la pierna; **Wadenwickel** m (bei Fieber) compresa f
Waffe f <-, -n> arma f
Waffel f <-, -n> barquillo m
Waffenruhe f MIL tregua f, alto m el fuego
wagen vt atreverse a, arriesgar
Wagen m <-s, -> ① AUTO coche m, auto m ② BAHN coche m ③ (Pferde-) carruaje m; **Wagenheber** m <-s -> gato m
Waggon m <-s, -s> vagón m
Wahl f <-, -en> ① (-möglichkeit) opción f ② POL elección f; **wählbar** adj elegible; **wahlberechtigt** adj con derecho al voto; **Wahlbeteiligung** f participación f electoral; **wählen** vti ① elegir, optar ② POL votar ③ TELEC marcar [el número]; **Wähler(in** f) m <-s, -> votante m/f; **Wahlkampf** m lucha f electoral; **Wahlkreis** m distrito m electoral; **Wahllokal** n colegio m electoral; **Wahlrecht** n derecho m al voto; **Wahlsystem** n sistema m electoral; **Wahlurne** f urna f electoral
Wahnsinn m ① ↑ Geisteskrankheit locura f ② (FAM Unsinn) disparate m; **wahnsinnig** I. adj ① ↑ verrückt loco ② ▷Schmerzen atroz ③ ▷Glück tremendo II. adv FAM muchísimo

wahr *adj* verdadero, real, cierto
wahren *vt →* Interessen defender
während I. *präp gen* durante **II.**
cj mientras [que]; **während-**
dessen *cj* mientras tanto
Wahrheit *f* verdad *f*; **wahr-**
heitsgemäß *adj* conforme a la
verdad
wahrnehmbar *adj* ▷ Geräusch
perceptible; **wahrnehmen** *un-*
reg vt ① *→* Geräusch percibir,
captar ② *→* Gelegenheit aprovechar ③ *→* Interessen defender;
Wahrnehmung *f* percepción *f*
Wahrsager(in) *f* m *m* <-s, -> adivi-
no/a
wahrscheinlich *adj* probable;
(meist adverbial) probablemente; **Wahrscheinlichkeit** *f*
probabilidad *f*
Währung *f* moneda *f*; **Wäh-**
rungseinheit *f* unidad *f* de monetaria; **Währungssystem** *n*
POL sistema *m* monetario
Wahrzeichen *n (von Stadt)*
monumento *m* característico
Waise *f* <-, -n> huérfano/a; **Wai-**
senhaus *n* orfanato *m*
Wal *m* <-[e]s, -e> ballena *f*
Wald *m* <-[e]s, Wälder> bosque
m; **Waldbrand** *m* incendio *m*
forestal; **Waldsterben** *n* destrucción *f* del bosque causada por
la polución
Walkman® *m* <-s, -s> walkman *m*

Wall *m* <-[e]s, Wälle> ① ↑ Mauer
muralla *f* ② ↑ Bollwerk baluar-
te *m*
Wallfahrer(in *f*) *m* peregrino/a;
Wallfahrt *f* peregrinación *f*
Walnuß *f* nuez *f*
Walze *f* <-, -n> ① *(Gerät)* rodillo
m ② *(Fahrzeug)* apisonadora *f*
wälzen *I. vt* ① hacer rodar ②
→ Bücher estudiar profundamen-
te ③ *→ Probleme* dar vueltas a **II.**
vr ◇ **sich** - ① revolcarse ② *(vor*
Schmerzen) retorcerse
Walzer *m* <-s, -> vals *m*
Wand *f* <-, Wände> pared *f*
Wandel *m* <-s> cambio *m*; **wan-**
deln *vr* ◇ **sich** - transformarse
Wanderausstellung *f* exposición *f* ambulante; **Wanderer** *m*
<-s, -> **Wand(r)erin** *f* caminan-
te *m/f*; **wandern** *vi* ① *(spazie-*
rengehen) hacer una marcha ②
← Tiere migrar; **Wanderung** *f*
caminata *f*
Wandlung *f* transformación *f*
Wandmalerei *f* KUNST pintura *f* mural; **Wandschrank** *m*
armario *m* empotrado; **Wand-**
teppich *m* tapiz *m*
Wange *f* <-, -n> mejilla *f*
wankelmütig *adj* inconstante
wanken *vi* ① oscilar, variar ②
FIG ◇ ins Wanken geraten vacilar
wann *adv* cuando; ◇ seit -...?
¿desde cuándo...?; ◇ von -, bis

-...? ¿desde cuándo, hasta cuándo...?

Wanne f <-, -n> bañera f

Wanze f <-, -n> ① FAUNA chinche m ② FAM micrófono m

Wappen n <-s, -> escudo m

war impf v. **sein**

warb impf v. **werben**

Ware f <-, -n> mercancía f; **Warenhaus** n grandes almacenes m/pl; **Warenlager** n almacén m; **Warenprobe** f muestra f; **Warenzeichen** n marca f; ◇ eingetragenes ~ marca registrada

warf impf v. **werfen**

warm adj ① ▷ Essen caliente ② † freundlich caluroso ③ ▷ Klima cálido; **Wärme** f <-s, -> calor m; **Wärmedämmung** f aislamiento m térmico; **wärmen** I. vti ① ← Tee calentar ② ← Jacke abrigar II. vr sich ~ calentarse; **Wärmflasche** f bolsa f de agua caliente; **warmherzig** adj efusivo; **warmlaufen** unreg vi AUTO recalentarse

Warnblinkanlage f AUTO luces f/pl de avería; **Warndreieck** n AUTO triángulo m de emergencia; **warnen** vt (vor Gefahr, drohen) avisar, advertir; ◇ **vor etw** ~ dat avisar de algo; **Warnstreik** m huelga f de amenaza; **Warnung** f aviso m, advertencia f; **Warnzeichen** n señal f de peligro

warten I. vi esperar (auf akk a) II. vt TECH revisar

Wärter(in f) m <-s, -> guarda m/f

Wartesaal m BAHN sala f de espera; **Wartezeit** f tiempo m de espera; **Wartezimmer** n sala f de espera

Wartung f cuidado m, mantenimiento m

warum adv ¿por qué?

Warze f <-, -n> verruga f

was pron ① (interrogativ) ¿qué? ② (reflexiv) que ③ FAM ↑ etwas algo

Waschanlage f (für Auto) tren m de lavado; **waschbar** adj lavable; **Waschbecken** n lavabo m; **Wäsche** f <-> ① (Bett-)ropa f ② ▷ schmutzige colada f, sólido; **Wäscheklammer** f pinza f [para colgar ropa]; **Wäscheleine** f tendal m; **waschen** <wusch, gewaschen> vti lavar; **Wäscherei** f lavandería f; **Wäscheschleuder** f secadora f con centrifugado; **Waschküche** f lavadero m; **Waschlappen** m manopla f para bañarse; **Waschmaschine** f lavadora f; **Waschmittel** n detergente m; **Waschpulver** n detergente m; **Waschraum** m lavabo m, servicios m/pl; **Waschzeug** n objetos m/pl de aseo

Wasser n <-s, -> (Leitungs-, Regen-) agua m; **wasserdicht** adj impermeable; **Wasserfall** m ▷klein cascada f; ▷groß catarata f; **Wasserfarbe** f acuarela f; **wasserfest** adj resistente al agua; **Wasserflugzeug** n hidroavión m; **Wasserhahn** m grifo m; **Wasserkessel** m caldera f; **Wasserkraftwerk** n central f hidráulica; **Wasserleitung** f cañería f, tubería f; **wasserlöslich** adj soluble en agua; **Wassermelone** f sandía f; **wässern** vti → Heringe poner en remojo; ▷Pflanzen regar; **wasserscheu** adj; ◇ ~ sein tener miedo al agua; **Wasserschi** n esquí m acuático; **Wasserstoff** m CHEM hidrógeno m; **Wasseruhr** f contador m del agua; **Wasserwerfer** m camión m cisterna; **Wasserwerk** n servicio m de abastecimiento de aguas

Watt n <-s, -> ELECTR vatio m

Watte f <-, -n> algodón m

WC n servicios m/pl

weben <webte o. wob, gewebt o. gewoben> vt tejer; **Webstuhl** m telar m

Wechsel m <-s, -> 1 cambio m 2 (Wild-) paso m; **Wechselgeld** n vuelta f; **wechselhaft** adj inestable; **Wechseljahre** pl menopausia f; **Wechselkurs** m tipo m de cambio;

wechseln I. vt 1 cambiar 2 → Kleidung mudar de **II.** vi ← Stimmung variar, cambiar; **Wechselstrom** m corriente f alterna; **Wechselstube** f oficina f de cambio

wecken vt despertar; **Wecker** m <-s, -> despertador m

wedeln vi (mit Schwanz) mover/menear [la cola]; (mit Fächer) abanicar

weder cj: ◇ ~ ... noch ... ni ... ni ...

weg adv fuera; ◇ er war schon - ya se había ido; ◇ Finger -! ¡fuera esas manos!

Weg m <-[e]s, -e> 1 camino m; ◇ sich auf den - machen ponerse en camino; ↑ Pfad sendero m 2 ↑ Möglichkeit forma f

wegen präp gen o FAM dat por, a causa de

wegfahren unreg vi irse, salir en coche; **weggehen** unreg vi marcharse, irse; **weglassen** unreg vt dejar, omitir; **wegnehmen** unreg vt quitar; **wegräumen** vt recoger

Wegweiser m <-s, -> poste m indicador

wegwerfen unreg vt tirar; **wegziehen** unreg vi 1 (entfernen) arrastrar, retirar 2 (Wohnsitz wechseln) mudarse de casa

weh adj dolorido; ◇ ~ tun hacer

daño, doler; ◇ **sich - tun** hacerse daño; ◇ **jd-m - tun** hacer daño a alguien

Wehe f <-, -n> MED contracción f; ◇ **in den -n liegen** tener dolores [al dar a luz]

wehen vti soplar; ← **Fahnen** ondear

wehmütig adj melancólico

Wehr n <-[e]s, -e> presaf; **Wehrdienst** m MIL servicio m militar; **wehrdienstfähig** adj apto para el servicio militar; **Wehrdienstverweigerer** m <-s, -> objetor m de conciencia; **wehren** vr ◇ **sich -** defenderse (gegen de); **wehrlos** adj indefenso; **Wehrpflicht** f servicio m militar obligatorio

Weib n <-[e]s, -er> PEJ, mujer f; **Weibchen** n FAUNA hembra f; **weiblich** adj femenino

weich adj blando

Weiche f <-, -n> BAHN aguja f

Weichspüler m <-s, -> suavizante m

Weide [1] f <-, -n> FLORA sauce m

Weide [2] f <-, -n> (für Vieh) pasto m

weigern vr ◇ **sich -** negarse; **Weigerung** f negativa f

Weihnachten n <-, -> Navidad f; **weihnachtlich** adj navideño; **Weihnachtsabend** m Nochebuena f; **Weihnachts-**

baum m árbol de Navidad m; **Weihnachtslied** n villancico m; **Weihnachtsmann** m Papá Noel m; **Weihnachtsmarkt** m mercado m navideño; **Weihnachtszeit** f tiempo m de Navidad

Weihrauch m incienso m; **Weihwasser** n agua f bendita

weil cj porque

Weile f <-> rato m

Wein m <-[e]s, -e> vino m; (Pflanze) vid f; **Weinanbaugebiet** n zona f vinícola; **Weinbau** m viticultura f; **Weinberg** m viñedo m; **Weinbergschnecke** f caracol m [de Borgoña]

weinen vti llorar

Weinflasche f botella f de vino; **Weingut** n finca f vinícola; **Weinkarte** f lista f de vino; **Weinkeller** m bodega f; **Weinlese** f vendimia f; **Weinprobe** f degustación f de vinos; **Weintraube** f [1] (einzelne Frucht) uva f [2] (Traube) racimo m de uvas

weise adj sabio

Weise f <-, -n> [1] ↑ Art manera f, forma f, modo m [2] ↑ Melodie melodía f

Weisheit f sabiduría f; **Weisheitszahn** m muela f del juicio

weiß adj blanco; **Weißbrot** n pan m blanco; **Weiße(r)** fm blanco/a; **Weißwein** *m* vino *m* blanco

Weisung *f* instrucción *f*, orden *f*; **weisungsgemäß** *adj* conforme a las instrucciones

weit I. *adj* ① ▷*entfernt* alejado ② ▷*Begriff* amplio ③ ▷*Reise, Wurf* largo **II.** *adv* lejos; ◇ wie- ist es …? ¿a qué distancia está …?; ◇ - und breit por ninguna parte; **weitblickend** *adj* previsor; **Weite** *f* ‹-, -n› ① (*Kragen-*) anchura *f* ② (*Spann-*) envergadura *f* ③ (*von Raum*) amplitud *f* ④ (*von Entfernung*) lejanía *f*

weiter I. *adj* (*auch* FIG *Entfernung*) más lejano; (*zusätzlich*) adicional **II.** *adv* más lejos; ◇ ohne -es sin más; ◇ - nichts/ niemand nada/nadie más; **weit- erentwickeln** *vt* perfeccionar, mejorar; **Weiterfahrt** *f* continuación *f* del viaje; **wei- tergeben** *unreg vt* → *Liste* pasar; → *Nachricht* hacer circular; **weitergehen** *unreg vi* seguir andando; **weitermachen** *vti* seguir haciendo

weitgehend I. *adj* amplio **II.** *adv* en gran medida; ◇ jd-n - un- terstützen apoyar a alguien en gran medida; **weitläufig** *adj* ① ▷*Gebäude* amplio ② ▷*Erklä- rung* detallado, prolijo ③ ▷*Ver- wandter* lejano; **weitsichtig** *adj* ① MED hipermétrope ② FIG

↑ *vorausschauend* previsor; **Weitsprung** *m* SPORT salto *m* de longitud; **weitverbreitet** *adj* muy extendido; **Weitwin- kelobjektiv** *n* FOTO objetivo *m* gran angular

Weizen *m* ‹-s, -› trigo *m*

welch *pron*: ◇ - ein(e) … ¡vaya [un] …! **welche(r, s)** *pron* ① (*interrogativ, adjektivisch*) ¿qué?, ¿cuál? ② (*Relativprono- men*) el cual, la cual, lo cual

welken *vi* marchitarse

Wellblech *n* chapa *f* ondulada

Welle *f* ‹-, -n› ① (*Meeres-*) ola *f* ② *Schall-*, *a.* TECH onda *f*; **Wellenbad** *n* piscina *f* con olas; **Wellenbrecher** *m* ‹-s, -› rompeolas *m*; **Wellenlänge** *f* longitud *f* de onda; **Wellenreiten** *n* surf *m*

Wellensittich *m* FAUNA periquito *m*

Welt *f* ‹-, -en› mundo *m*; **Welt- all** *n* universo *m*; **Weltaus- stellung** *f* exposición *f* universal; **weltbewegend** *adj* revolucionario; ◇ das ist nicht - eso no es cosa del otro mundo; **welt- fremd** *adj* apartado de la realidad; **Weltgeschichte** *f* historia *f* universal; FAM ◇ in der - umherfahren viajar por todo el mundo; **Weltkrieg** *m* guerra *f* mundial; **weltlich** *adj* del mundo, mundano; (*nicht* *kirchlich*) profano; **Weltmacht** f potencia f mundial; **Weltmarkt** m COMM mercado m internacional; **Weltmeister(in** f) m campeón(-ona f) m mundial; **Weltmeisterschaft** f SPORT campeonato m mundial/del mundo; **Weltraum** m espacio m sideral; **Weltreise** f viaje m por todo el mundo; **Weltrekord** m SPORT record m mundial; **Weltstadt** f metrópoli[s] f; **weltweit** adj universal

wem pron dat v. **wer** ¿a quién?

wen pron akk v. **wer** ¿a quién?

Wende f <-, -n> 1 ↑ *Wandel* cambio m 2 SPORT vuelta f

Wendeltreppe f escalera f de caracol

wenden <wendete o. wandte, gewendet o. gewandt> **I.** vt dar la vuelta **II.** vr: ◇ **sich an jd-n** – dirigirse a alguien; **wendig** adj 1 ▷*Auto* fácil de maniobra 2 ▷*Person* flexible; **Wendung** f 1 vuelta f 2 AUTO viraje m

wenig adj poco; **wenige** pron pl pocos m/pl; **wenigste(r, s)** adj el, la, lo que menos; **wenigstens** adv por lo menos

wenn cj 1 (*zeitlich*) cuando 2 (*obwohl*) ◇ **auch** … aún cuando 3 (*Wunsch*) ◇ **ich doch** … si yo …

wer pron ¿quién?

Werbeagentur f agencia f publicitaria; **Werbefernsehen** n publicidad f televisiva; **Werbekampagne** f campaña f publicitaria; **werben** <warb, geworben> vi hacer publicidad; ◇ **um jd-n** – intentar ganarse el afecto de alguien; ◇ **für jd-n/etw** – hacer publicidad para alguien/algo; **Werbespot** m anuncio m publicitario; **Werbung** f publicidad f, propaganda f

werden <wurde, geworden> **I.** vi llegar a ser, convertirse; ◇ **ohnmächtig** -desmayarse; **es wird gebeten** … se pide … **II.** Hilfsverb 1 (*Futur*) ◇ **sie** - **kommen** vendrán, van a venir 2 (*Passiv*) ◇ **er wurde aufgefordert, zu gehen** le dijeron que se fuera 3 (*Vermutung*) ◇ **es wird die Katze gewesen sein** habrá sido/sería el gato

werfen <warf, geworfen> vti 1 →*Ball* tirar, lanzar 2 FAUNA parir

Werft f <-, -en> astillero m

Werk n <-[e]s, -e> 1 (*Schaffen*) obra f 2 (*Tätigkeit*) trabajo m 3 ↑ *Fabrik* fábrica f; **Werkstatt** f <-, Werkstätten> taller m; **Werktag** m día m laborable; **werktags** adv los días laborables; **Werkzeug** n herramienta f; **Werkzeugkasten** m caja f de herramientas

wert adj estimado; ◇ **-er Freund** estimado amigo; ◇ **das ist nichts - esto** no vale nada; **Wert** m <-[e]s, -e> valor m; **Wertangabe** f declaración f de valor; **Wertbrief** FIN carta f con valores declarados; **werten** vt valorar; **Wertgegenstand** m objeto m de valor; **wertlos** adj sin valor; **Wertung** f SPORT calificación f; **wertvoll** adj valioso

Wesen n <-s, -> ① ser m ② ↑ *Charakter* carácter m; **wesentlich** adj esencial

weshalb adv por lo que; ◇ **-?** ¿por qué?

Wespe f <-, -n> avispa f

wessen pron gen v. **wer** ¡de quién?

Weste f <-, -n> chaleco m

Westen m <-s> oeste m

Western m Abk v. **Wildwestfilm; Westgote** m HIST visigodo/a; **westlich I.** adj occidental **II.** adv al oeste; ◇ **- von Rom** al oeste de Roma

Wettbewerb m ① concurso m ② SPORT competición f; **wettbewerbsfähig** adj competitivo

Wette f <-, -n> apuesta f; **wetten** vti apostar; ◇ **auf etw -** akk apostar por algo

Wetter n <-s, -> tiempo m; **Wetterbericht** m parte m meteorológico; **Wetterleuchten** n

relámpago m; **Wettervorhersage** f previsión f meteorológica

Wettkampf m competición f; **Wettrennen** n SPORT carrera f; **Wettstreit** m lucha f, competición f

WG f <-, -s> Abk v. **Wohngemeinschaft**

wich impf v. **weichen**

wichtig adj importante; **Wichtigkeit** f importancia f

wickeln vt ① enrollar; → *Haare* poner rulos ② → *Kind* cambiar los pañales

wider präp akk contra; **widerlegen** vt rebatir; **widerrechtlich** adj ilegal; **widerrufen** unreg vt ① → *Aussage* desmentir ② → *Anordnung* anular; **widersetzen** vr ◇ **sich -** oponerse (jd-m/etw a alguien/algo); **widerspenstig** adj reacio, rebelde; **widersprechen** unreg vi contradecir (jd-m a alguien); **Widerstand** m resistencia f; **widerstandsfähig** adj resistente; **widerwillig** adj sin ganas; FAM a regañadientes

widmen I. vt dedicar **II.** vr ◇ **sich -** dedicarse a; **Widmung** f dedicatoria f

wie I. adv ① (Art und Weise) ¿cómo? ② (in Relativsatz) ◇ **du weißt, - das stört** ya sabes cómo molesta eso ③ (in Ausruf) ◇ **-**

schade! ¡qué pena! **II.** *cj (Vergleich)* como

wieder adv otra vez, de nuevo; **Wiederaufbau** *m* reconstrucción *f*; **wiederbekommen** *unreg vt* FAM recuperar; **Wiederbelebungsversuch** *m* intento *m* de reanimación; **wiederbringen** *unreg vt* devolver; **wiedererkennen** *unreg vt* reconocer; **Wiedergabe** *f* reproducción *f*; **wiedergutmachen** *vt* reparar; **wiederholen** *vt* repetir; **Wiederholung** *f* repetición *f*; **Wiederhören** *n*: ◊ **auf ~** TELEC ¡adiós!; **wiedersehen** *unreg vt* volver a ver; ◊ **auf Wiedersehen** ¡hasta la vista/próxima!, ¡hasta luego!; **wiederum** adv ① *(nochmals)* otra vez ② *(andererseits)* por otra parte; **wiedervereinigen** *vt* reunificar

Wiege *f* <-, -n> cuna *f*

wiegen I. <wog, gewogen> *vti (Gewicht)* pesar **II.** *vt* ↑ *schaukeln* balancear

wies *impf v.* **weisen**

Wiese *f* <-, -n> prado *m*

wieso adv ¿por qué razón?, ¿por qué?

wieviel adv ¿cuánto?; ◊ **den W-ten haben wir?** ¿a qué día estamos?; ◊ **um ~ Uhr?** ¿a qué hora?; **wievielmal** adv cuántas veces

wild adj ① ▷*Tier* salvaje ② ▷*Pflanze* silvestre ③ ▷*Meer* bravo; **Wild** *n* <-[e]s> caza *f*; **Wildleder** *n* ante *m*; **Wildnis** *f* desierto *m*, selva *f*; **Wildschwein** *n* jabalí *m*; **Wildwestfilm** *m* película *f* de Oeste

Wille *m* <-ns, -n> voluntad *f*

willkommen adj ① ▷*Anlaß* oportuno ② ▷*Gast* bienvenido

willkürlich adj arbitrario

Wimper *f* <-, -n> pestaña *f*; **Wimperntusche** *f* rímel® *m*

Wind *m* <-[e]s, -e> viento *m*

Winde *f* <-, -n> TECH torno *m*

Windel *f* <-, -n> pañal *m*

Windenergie *f* energía *f* eólica; **windig** adj de mucho viento; **Windmühle** *f* molino *m* de viento; **Windpocken** *pl* varicela *f*; **Windschutzscheibe** *f* AUTO parabrisas *m*; **windstill** adj tranquilo, calmado; **Windstoß** *m* ráfaga *f* de viento; **Windsurfen** *n* windsurf *m*

Wink *m* <-[e]s, -e> ① ↑ *Hinweis* advertencia *f*, aviso *m* ② *(mit Kopf o. Hand)* señal *f*

Winkel *m* <-s, -> ángulo *m*

winken *vi* hacer señas

Winter *m* <-s, -> invierno *m*; **winterlich** adj de invierno, invernal; **Winterreifen** *m/pl* neumáticos *m/pl* de invierno; **Wintersport** *m* deporte *m* de invierno

Winzer(in f) m <-s, -> viticultor (a f) m

winzig adj diminuto, pequeñísimo

Wipfel m <-s, -> cima f

wir pron nosotros; ◇ **- alle** todos nosotros

Wirbel m <-s, -> 1 (Wasser-) torbellino m; (Haar-) remolino m 2 ↑ **Trubel** ajetreo m 3 ↑ ANAT vértebra f; **Wirbelsäule** f columna f vertebral; **Wirbelsturm** m ciclón m

wirken vi 1 ↑ **handeln** actuar 2 (erfolgreich sein) surtir efecto

wirklich adj real, verdad; **Wirklichkeit** f realidad f

wirksam adj eficaz; **Wirkung** f efecto m, resultado m

wirr adj 1 ▷**Haar** desordenado, revuelto 2 ▷**Blick** confuso

Wirt(in f) m <-[e]s, -e> 1 dueño/a [de un local] 2 BIOL hospedante m; **Wirtschaft** f 1 COMM economía f 2 ↑ **Gaststätte** taberna f 3 (Haushalt) gobierno m de la casa

wirtschaftlich adj económico; **Wirtschaftsflüchtling** m refugiado m [por motivos económicos]; **Wirtschaftskrise** f crisis f económica

Wirtshaus n taberna f

wischen vt → **Boden** fregar

wissen <wußte, gewußt> vt saber, conocer; **Wissen** n <-s> saber m, conocimientos m/pl; **Wissenschaft** f ciencia f; **Wissenschaftler(in** f) m <-s, -> científico m/f; **wissenschaftlich** adj científico

Witwe f <-, -n> viuda f; **Witwer** m <-s, -> viudo m

Witz m <-[e]s, -e> broma f; **witzig** adj gracioso

wo adv 1 ¿dónde? 2 (Relativadverb) donde; **woanders** adv en otro sitio

wob impf v. **weben**

Woche f <-, -n> semana f; **Wochenende** n fin m de semana; **wochentags** adv los días laborables; **wöchentlich** adj semanal; **Wochenzeitung** f periódico m semanal

wodurch adv 1 (relativ) por lo que 2 (interrogativ) ¿por medio de qué?; **wofür** adv 1 (relativ) por lo que 2 (interrogativ) ¿para qué?

wog impf v. **wiegen**

wogegen adv 1 (relativ) contra lo que 2 (interrogativ) ¿contra qué?; **woher** adv ¿de dónde?; (FAM keinesfalls) ◇ **ach, -!** ¿qué va!; **wohin** adv ¿adónde?

wohl adv ↑ vermutlich probablemente

Wohl n <-[e]s> bienestar m; ◇ **zum -!** ¡salud!; **Wohlfahrtsstaat** m Estado m de beneficiencia; **wohlhabend** adj adinerado, pudiente; **Wohlstand** *m* bienestar *m;* **Wohlstandsgesellschaft** *f* sociedad *f* de bienestar; **wohltätig** *adj* benéfico; **wohltuend** *adj* agradable; **Wohlwollen** *n* <-s> afecto *m*

Wohnblock *m* bloque *m* de viviendas; **wohnen** *vi* vivir, habitar; **Wohngemeinschaft** *f* piso *m* compartido; **wohnhaft** *adj* residente en; **Wohnmobil** *n* <-s, -e> vehículovivienda *m;* **Wohnort** *m* lugar de residencia *m;* ↑ **Wohnsitz** domicilio *m;* **Wohnung** *f* casa *f*, vivienda *f*, piso *m;* **Wohnungsnot** *f* escasez *f* de viviendas; **Wohnwagen** *m* caravana *f;* **Wohnzimmer** *n* cuarto *m* de estar

Wolf *m* <-[e]s, Wölfe> lobo *m*

Wolke *f* <-, -n> nube *f;* **Wolkenkratzer** *m* rascacielos *m;* **wolkenlos** *adj* despejado, sin nubes; **wolkig** *adj* nuboso

Wolle *f* <-, -n> lana *f*

wollen *vti* querer; *(Wunsch)* desear

womit *adv* 1 *(relativ)* con lo que 2 *(interrogativ)* ¿con qué?; **wonach** *adv* 1 *(temporal)* después de qué 2 *(interrogativ)* ¿a qué?; **woran** *adv* 1 *(relativ)* en que 2 *(interrogativ)* ¿en qué?; **worauf** *adv* 1 *(relativ)* a que 2 *(interrogativ)* ¿a qué?; **woraus** *adv* 1 *(relativ)* de que 2 *(inter-*

rogativ) ¿de qué?; **worin** *adv* 1 *(relativ)* en que 2 *(interrogativ)* ¿en qué?

Wort *n* <-[e]s, Wörter *o.* -e> palabra *f;* **Wörterbuch** *n* diccionario *m;* **wörtlich** *adj* textual, literal; **wortlos** *adj* sin palabras, mudo

worüber *adv* 1 *(relativ)* 2 *(interrogativ)* ¿de/sobre qué? **worum** *adv* 1 *(relativ)* de que 2 *(interrogativ)* ¿de/sobre qué? **worunter** *adv* 1 *(relativ)* bajo, entre los que 2 *(interrogativ)* ¿bajo/entre qué?; **wovon** *adv* 1 *(relativ)* de lo que 2 *(interrogativ)* ¿de qué?; **wovor** *adv* 1 *(relativ)* de lo que, delante de 2 *(interrogativ)* ¿de qué?, ¿delante de qué?; **wozu** *adv* 1 *(relativ)* para lo que 2 *(interrogativ)* ¿para qué?; *(warum)* ¿por qué?

Wrack *n* <-[e]s, -s> buque *m* naufragado

Wucher *m* <-s> usura *f*

wuchs *impf v.* **wachsen**

wuchtig *adj* 1 ▷ *Schrank* pesado 2 ▷ *Gebäude* compacto, macizo 3 ▷ *Schlag* fuerte

wund *adj* escocido; **Wunde** *f* <-, -n> herida *f*

Wunder *n* <-s, -> milagro *m;* **wunderbar** *adj* maravilloso, fenomenal; **wundern** *vr* ◊ *sich* - asombrarse *(über akk* de);

X

wundervoll adj maravilloso, excelente

Wundstarrkrampf m tétanos m

Wunsch m <-[e]s, Wünsche> deseo m; **wünschen** vt desear; **wünschenswert** adj deseable

wurde impf v. **werden**

Würde f <-> dignidad f; **würdig** adj ↑ würdevoll solemne; **würdigen** vt honrar

Wurf m <-s, Würfe> tiro m; (Tier-) camada f

Würfel m <-s, -> dado m; MATH cubo m; **würfeln** vi jugar a los dados; **Würfelzucker** m terrón m de azúcar

Wurm m <-[e]s, Würmer> gusano m; **wurmstichig** adj picado, carcomido

Wurst f <-, Würste> embutido m; **Würstchen** n <-s, -> salchicha f

Würze f <-, -n> condimento m

Wurzel f <-, -n> raíz f

würzen vt condimentar; **würzig** adj sabroso

wusch impf v. **waschen**

wußte impf v. **wissen**

Wüste f <-, -n> desierto m

Wut f <-> rabia f, furia f; **wütend** adj muy enfadado, furioso, rabioso

X, x n X, x f; ◇ **der x-te Versuch** el enésimo intento; ◇ **zum x-ten Mal** mil veces

x-Achse f MATH eje m de las abscisas

X-Beine pl piernas f/pl torcidas/zambas

x-beliebig adj ↑ irgendein cualquier(a)

X-Chromosom n BIOL cromosoma m X

xerokopieren vt xerocopiar

x-mal adv muchas veces, infinidad de veces

Xylophon n <-s, -e> MUS xilófono m

Y

Y, y n Y, y f

y-Achse f MATH eje m de las ordenadas

Yacht f <-, -en> yate m

Y-Chromosom n BIOL cromosoma m Y

Yoga n <-, -en> yoga m

Yoghurt m o n <-s, -s> s. **Joghurt** jogurt m

Ypsilon n <-[s], -s> i griega f

Yuppie m <-s, -s> **young urban professional** yuppie m

Z

Z, z n Z, z f

Zacke f <-, -n> ↑ *Spitze* punta f

zaghaft adj tímido, temeroso

zäh adj ① ▷*Fleisch* duro ② ▷*Mensch* tenaz, persistente

Zahl f <-, -en> número m; **zahlen** vti pagar, abonar; ◇ - bitte! ¡la cuenta, por favor!

zählen I. vt ① contar ② - zu contar entre, ser uno/a de II. vi contar; ◇ **auf jd-n/etw** - contar con alguien/algo

zahlenmäßig adj numérico; **zahllos** adj innumerable, sin número; **zahlreich** adj numeroso; **Zahltag** m día m de paga; **Zahlung** f pago m; **Zahlungsaufforderung** f notificación f de pago; **zahlungsfähig** adj solvente; **Zahlungsmittel** n medio m de pago; **zahlungsunfähig** adj insolvente

zahm adj manso; **zähmen** vt amansar, domesticar

Zahn m <-[e]s, Zähne> diente m;

Zahnarzt m, **-ärztin** f dentista m/f; **Zahnpasta** f pasta f dentífrica/ de dientes; **Zahnschmelz** m esmalte m dental; **Zahnschmerzen** m/pl dolor m de muelas; **Zahnstein** m sarro m

Zange f <-, -n> ① (*Beiß-*) tenazas f/pl ② (*Greif-*) alicates m/pl

Zank m riña f, pelea f; **zanken** I. vi reñir II. vr ◇ **sich** - pelearse

Zapfen m <-s, -> ① ↑ *Dübel* taco m ② ↑ *Stopfen* tapón m ③ FLORA piña f; **Zapfsäule** f surtidor m de gasolina

zart adj ① ▷*Gesundheit* delicado ② ▷*Fleisch* tierno ③ ▷*Berührung* suave; **Zartgefühl** n delicadeza f

zärtlich adj tierno, cariñoso; **Zärtlichkeit** f ternura f, cariño m

Zauber m <-s, -> ① (*Magie*) magia f ② (*Ausstrahlung*) encanto m; **Zauberer** m <-s, -> mago m; **zauberhaft** adj encantador; **Zauberin** f maga f; **zaubern** vi hacer magia

zaudern vi vacilar

Zaum m <-[e]s, Zäume> brida f

Zaun m <-[e]s, Zäune> valla, f, cerca f

z.B. Abk v. zum Beispiel p. ej.

Zehe f <-, -n> (*Fuß-*) dedo m del pie

zehn num diez; **Zehnkampf**

SPORT decatlón f; **zehnmal** adv diez veces; **zehnte(r, s)** adj décimo; **Zehntel** n ‹-s, -› décima parte f

Zeichen n ‹-s, -› (Verkehrs-) señal f; ↑ Hinweis indicio m

zeichnen vt dibujar; **Zeichnung** f dibujo m

Zeigefinger m dedo m índice; **zeigen** vt señalar, mostrar, indicar

Zeile f ‹-, -n› línea f, renglón m

Zeit f ‹-, -en› ① tiempo m ② (Uhr-) hora f; ◇ laß dir -! ¡da tiempo al tiempo!; ◇ zur - actualmente; **Zeitalter** n época f; **zeitgemäß** adj actual, conforme a la época, moderno; **zeitig** adj temprano; **zeitlich** adj temporal; **Zeitlupe** f cámara f lenta; **Zeitraum** m espacio m de tiempo

Zeitschrift f revista f; **Zeitung** f periódico m

Zeitverschwendung f pérdida f de tiempo; **Zeitvertreib** m pasatiempo m; **zeitweise** adv a veces, a ratos

Zelle f ‹-, -n› ① BIOL célula f ② (Gefängnis-) celda f; **Zellkern** m BIOL núcleo m celular; **Zellstoff** m celulosa f

Zelt n ‹-[e]s, -e› tienda f de campaña; AM carpa f; **zelten** vi acampar; **Zeltplatz** m zona f para acampar

Zement m ‹-[e]s, -e› cemento m

Zensur f ① POL censura f ② SCH calificación f

Zentner m ‹-s, -› quintal m

zentral adj central; **Zentralheizung** f calefacción f central

Zentrum n ‹-s, Zentren› centro m

zerbeißen unreg vt romper con los dientes

zerbrechen unreg vti romper(se); **zerbrechlich** adj frágil

zerdrücken vt aplastar

zerfallen unreg vi ① (sich auflösen) deshacerse, arruinarse ② CHEM descomponerse

zerfressen unreg vt ← Säure corroer

zerkleinern vt ① ↑ zerstückeln trocear ② ← Fleisch picar

zerlegbar adj desmontable; **zerlegen** vt ① CHEM, MATH descomponer ② ← Maschine desmontar, desarmar

zerquetschen vt aplastar

zerreißen unreg I. vt romper, desgarrar II. vi ← Hose romperse

zerren vt tirar (an dat de)

zerschlagen unreg vt romper

zerschneiden unreg vt cortar [en trozos], partir

zersetzen I. vt descomponer II. vr ◇ sich - descomponerse

zerspringen unreg vi ① (unter Druck) estallar ② ← Glas romperse

Zerstäuber m <-s, -> pulverizador m, aerosol m; vaporizador m

zerstören vt ① ↑ *vernichten* destruir, destrozar ② → *Gebäude* derribar ③ → *Gesundheit* arruinar; **Zerstörung** f destrucción f

zerstreuen vt → *Zweifel* disipar; **zerstreut** adj ▷*Mensch* distraído

zertreten unreg vt pisar, aplastar

zertrümmern vt demoler, romper, hacer añicos

Zerwürfnis n desacuerdo m, conflicto m

zetern vi bociferar

Zettel m <-s, -> (*Stück Papier*) pedazo m de papel

Zeug n <-[e]s, -e> ① FAM ↑ *Sachen* cosas f/pl ② (FAM *Geschwätz*) ◇ *dummes* - tonterías f/pl

Zeuge m <-n, -n> testigo m; **zeugen** vi FIG: ◇ *von etw* - poner de manifiesto/ demostrar algo; **Zeugin** f testigo f; **Zeugnis** n ① SCH notas f/pl, calificaciones f/pl ② ↑ *Referenz* referencias f/pl

Zeugung f procreación f

Ziege f <-, -n> cabra f

Ziegel m <-s, -> ① (*-stein*) ladrillo m ② (*Dach-*) teja f

ziehen <zog, gezogen> I. vt ① ↑ *zerren* tirar ② → *Linie* trazar ③

→ *Pistole* sacar II. vi (*wandern*) caminar (*um, durch* por) ① → *Tee* ◇ - *lassen* dejar reposar ② ◇ **es zieht** hay corriente III. vr ◇ *sich* - estirarse; **Ziehung** f sorteo m

Ziel n <-[e]s, -e> ① SPORT meta f ② ↑ *Absicht* finalidad f, fin m; **zielen** vi apuntar; **Ziellinie** f SPORT línea f de meta; **zielstrebig** adj perseverante, constante

ziemlich I. adj FAM bastante II. adv bastante, más o menos

zieren vr ◇ *sich* - hacer remilgos

Ziffer f <-, -n> cifra f; **Zifferblatt** n esfera f

Zigarette f cigarrillo m; FAM pitillo m; **Zigarettenautomat** m máquina f de cigarrillos; **Zigarettenschachtel** f cajetilla f

Zigarillo n o m <-s, -s> purito m; **Zigarre** f <-, -n> puro m

Zigeuner(in f) m <-s, -> *auch* FIG gitano/a

Zimmer n <-s, -> habitación f, cuarto m; **Zimmermädchen** n camarera f

zimperlich adj ↑ *empfindlich* remilgado; ↑ *pingelig* meticuloso

Zimt m <-[e]s, -e> canela f

Zink n <-[e]s> cinc m, zinc m

Zinke f <-, -n> diente m

Zinn n <-[e]s> estaño m

Zins m <-es, -en> intereses m/pl, interés m; **zinslos** adj sin intereses

Zipfel m <-s, -> (spitzes Ende) punta f

Zirkel m <-s, -> ⓵ a. MATH círculo m ⓶ (Instrument) compás m

Zirkus m <-, -se> circo m

Zitadelle f ciudadela f

Zitat n cita f

Zitrone f <-, -n> limón m; **Zitronenlimonade** f limonada f

Zitrusfrucht f cítrico m

zittern vi vacilar, titubear

Zitze f <-, -n> pezón m

zivil adj civil; **Zivil** n <-s>: **in ~ tragen** vestir de paisano; **Zivilbevölkerung** f población f civil; **Zivildienst** m servicio m social/cívico

zog impf v. **ziehen**

zögern vi vacilar, titubear

Zoll ¹ m <-[e]s, Zölle> ⓵ (an Grenze) aduana f ⓶ (Einfuhr-) derechos m/pl aduaneros

Zoll ² m <-s, -> (früheres Längenmaß) pulgada f

Zollabfertigung f despacho m aduanero; **Zollamt** n aduana f; **Zollbeamte(r)** m, **-beamtin** f aduanero/a; **Zollerklärung** f declaración f de aduana; **Zollfahndung** f investigación f aduanera; **zollfrei** adj libre de derechos de aduana; **Zollgren-**

ze f frontera f aduanera; **zollpflichtig** adj sujeto a aduana

Zone f <-, -n> región f, zona f

Zoo m <-s, -s> zoo m

Zopf m <-[e]s, Zöpfe> trenza f

Zorn m <-[e]s> ira f, cólera f; **zornig** adj furioso, colérico

zu I. präp zu ⓵ (bei Orts- und Zeitangabe) ◇ **~ meiner Zeit** en mis tiempos ⓶ (Ziel) a, para ⓷ (Mittel, Art und Weise) en II. adv ⓵ (Übermaß) demasiado ⓶ (FAM schließen, geschlossen sein o lassen) ◇ **Tür ~!** ¡cerrar la puerta!

Zubehör n <-[e]s> accesorios m/pl

zubereiten vt hacer, preparar

zubinden unreg vt atar

Zucchini f calabacín m

Zucht f <-, -en> (Pflanzen-) cultivo m; (Tier-) cría f; **züchten** vt → Tiere criar; BIOL cultivar

Zuchthaus n ↑ Gefängnisgebäude prisión f, cárcel f

zucken I. vi ⓵ ← Blitz caer ⓶ ← Hand crisparse ⓷ ← Mundwinkel contraerse II. vt: ◇ **mit den Achseln/der Schulter ~** - encogerse de hombros

Zucker m <-s, -> azúcar m; **zuckerkrank** adj diabético; **Zuckerkrankheit** f diabetes f

Zuckung f ⓵ ▷ nervös sacudida f ⓶ ▷ krankhaft espasmo m

zudecken vt tapar, cubrir

zudem *adv* además

zudrehen *vt* → *Wasserhahn* cerrar

zudringlich *adj* pesado, entrometido

zuerst *adv* primero

Zufahrt *f* acceso *m*

Zufall *m* casualidad *f*; **zufällig** **I.** *adj* casual **II.** *adv* por casualidad

Zuflucht *f* refugio *m*

zufrieden *adj* contento, satisfecho; **Zufriedenheit** *f* contento *m*, satisfacción *f*; **zufriedenstellen** *vt* satisfacer, complacer

zufügen *vt* → *Schmerz* hacer, causar

Zug *m* <-[e]s, Züge> ① BAHN tren *m* ② *(Brettspiel)* jugada *f* ③ ↑ *Schluck* trago *m* ④ *(an Zigarette)* calada *f*

Zugabe *f* ① *(Hinzufügen)* suplemento *m* ② *(in Konzert)* bis *m*

Zugang *m* [puerta *f* de] acceso; **zugänglich** *adj* ↑ *betretbar* accesible

Zugabteil *n* compartimento *m*

zugeben *unreg vt* ① ↑ *hinzufügen* añadir ② FIG reconocer, confesar

zugehen *unreg vi* ① *(in Richtung auf)* dirigirse a ② FAM ← *Tür* cerrar[se]

Zugehörigkeit *f* pertenencia *f* *(zu* a)

Zügel *m* <-s, -> *auch* FIG riendas *f/pl*

Zugeständnis *n* concesión *f*; **zugestehen** *unreg vt* conceder *(jdm* a alguien)

Zugführer(in *f) m* BAHN jefe/a de tren

zugleich *adv* a la vez

Zugluft *f* corriente *f* de aire

zugreifen *unreg vi* ① *(greifen)* coger algo ② *(beim Essen)* servirse

zugrundegehen *vi,* **zugrunderichten** *vt* destruir

zugunsten *präp gen* en beneficio de, a/en favor de

Zugverbindung *f* enlace *m* de trenes

zuhalten *unreg vt* → *Nase* tener tapado; → *Tür* tener cerrado

Zuhälter *m* <-s, -> FAM! chulo *m*

Zuhause *n* casa *f*, hogar *m*

zuhören *vi* escuchar; **Zuhörer (in** *f) m* oyente *m/f*

zukleben *vt* → *Brief* pegar

Zukunft *f* futuro *m*, porvenir *m*; **zukünftig** *adj* futuro

Zulage *f* suplemento *m*, prima *f*

zulassen *unreg vt* ① *(zum Studium)* admitir ② ↑ *erlauben* permitir; **zulässig** *adj* permitido, admisible

zuletzt *adv* en último lugar

zuliebe *adv:* ◇ **jd-m** - por alguien

zumachen *vti* cerrar

zumindest *adv* por lo menos

zunächst *adv* primero, ante todo

zunähen *vt* coser

Zunahme *f* <-, -n> aumento *m*

Zuname *m* apellido *m*

zünden *vi* ① ← *Lunte* encenderse, prender ②; ← *Motor* ponerse en marcha; **Zündholz** *n* cerilla *f*, fósforo *m*; **Zündkerze** *f* AUTO bujía *f*; **Zündschlüssel** *m* llave *f* de contacto; **Zündung** *f* AUTO encendido *m*

zunehmen *unreg vi* ① ↑ *sich vergrößern* incrementarse, aumentar ② (*an Gewicht*) engordar

Zuneigung *f* afecto *m*, cariño *m*

Zunge *f* <-, -n> lengua *f*

zunichte *adv:* ◇ - **machen** destruir, echar por tierra; ◇ - **werden** venirse abajo

zurechnungsfähig *adj* responsable de sus actos, sano de juicio

zurechtfinden *unreg vr* ◇ **sich** - orientarse; **zurechtkommen** *unreg vi* arreglarse[las] (*mit con*); **zurechtlegen** *vt auch* FIG → *Ausrede* preparar; **zurechtmachen** I. *vt* ↑ *vorbereiten* preparar II. *vr* ◇ **sich** - arreglarse; **zurechtweisen** *unreg vt* reprender

zureden *vi* tratar de persuadir (*jd-m* a alguien)

zurück *adv* atrás; **zurückbe-**

kommen *unreg vt* recuperar; **zurückbringen** *unreg vt* devolver; **zurückdenken** *unreg vi* recordar; **zurückfahren** *unreg vi* volver, regresar; **zurückgeben** *unreg vt* devolver; **zurückgehen** *unreg vi* ① (*zu Fuß*) volver ② (FIG *begründet sein*) ser debido (*auf* akk a); **zurückgezogen** *adj* retirado, apartado; **zurückhalten** *unreg* I. *vt* ↑ *hindern* detener II. *vr* ◇ **sich** - contenerse; **zurückhaltend** *adj* reservado; **zurückkehren** *unreg vi* volver; **zurücklegen** *vt* ① → *Weggenommenes* volver a colocar ② ↑ *Geld* ahorrar ③ (*in Geschäft*) reservar ④ → *Strecke* recorrer; **zurücknehmen** *unreg vt* ① ↑ *wieder nehmen* recoger ② → *Auftrag* anular ③ JURA retirar, revocar; **zurückstellen** *vt* ① ↑ *aufschieben* retrasar, aplazar ② → *Uhr* atrasar; **zurücktreten** *unreg vi* ① (*Schritt nach hinten*) retroceder ② (*von Amt*) renunciar a, cesar en el cargo; **zurückweisen** *unreg vt* ① ↑ *abweisen* rechazar ② → *Vorwürfe* rechazar; **zurückzahlen** *vt* → *Schulden* pagar, saldar

Zusage *f* <-, -n> ① ↑ *Bestätigung* contestación *f* afirmativa ② ↑ *Versprechen* promesa *f*; **zusagen** I. *vt* prometer II. *vi* ① (*Ein-*

ladung annehmen) aceptar ② ↑ *gefallen* gustar

zusammen *adv* juntos

Zusammenarbeit *f* cooperación *f*; **zusammenbrechen** *unreg vi* (*auch FIG psychisch*) desmoronarse, venirse abajo; **Zusammenbruch** *m* hundimiento *m*, quiebra *f*; MED colapso *m*; **zusammenfallen** *unreg vi* ① ↑ *einstürzen* caerse, hundirse ② (*zeitlich*) coincidir; **zusammenfassen** *vt* ① ↑ *vereinigen* reunir, concentrar ② FIG → *Text* resumir; **Zusammenfassung** *f* ① ↑ *Vereinigung* concentración *f* ② FIG resumen *m*; **zusammenfügen** *vt* juntar, unir; **Zusammenhang** *m* relación *f*, conexión *f*; **zusammenkommen** *unreg vi* ① (*sich treffen*) verse, juntarse ② ← *Ereignisse* coincidir; **Zusammenkunft** *f* <-, -künfte> ↑ *Versammlung* reunión *f*; **Zusammenschluß** *m* unión *f*, asociación *f*; **zusammensetzen** I. *vt* juntar, unir II. *vr* ◇ *sich* - componerse (*aus dat* de); **Zusammensetzung** *f* composición *f*; **zusammenstellen** *vt* ① ↑ *versammeln* reunir ② → *Bericht* hacer, redactar ③ → *Programm* organizar ④ → *Daten* compilar; **Zusammenstellung** *f* ① (*Vereinen*) agrupación

f ② ↑ *Liste* relación *f*; **Zusammenstoß** *m* choque *m*, tropiezo *m*; **zusammenstoßen** *unreg vi* ① chocarse contra, tropezarse con ② FIG tener un altercado con; **zusammenstürzen** *vi* derrumbarse; **zusammentreffen** *unreg vi* ← *Menschen* encontrarse con

Zusatz *m* ① ↑ *Zugabe* adición *f* ② (*in Lebensmittel*) aditivo *m*; **zusätzlich** *adj* adicional, suplementario

zuschauen *vi* estar mirando, observar; **Zuschauer(in** *f*) *m* <-s, -> espectador(*a f*) *m*

zuschicken *vt* mandar, enviar (*jd-m* a alguien)

Zuschlag *m* ① (*zusätzliche Gebühr*) suplemento *m* ② (*bei Ausschreibung*) adjudicación *f*

zuschlagen *unreg* I. *vt* → *Tür* cerrar de golpe II. *vi* ① → *Fenster, Tür* cerrarse de un golpe ② ← *Mensch* pegar, golpear

zuschließen *unreg vt* cerrar con llave

Zuschrift *f* comunicado *m*

Zuschuß *m* subvención *f*, ayuda *f*

zusehen *unreg vi* estar mirando, ver (*jd-m* a alguien); **zusehends** *adv* visiblemente

zusenden *unreg vt* mandar, enviar

zusetzen I. *vt* ① ↑ *beifügen* añadir ② → *Geld* perder II. *vi*

FAM ↑ *bedrängen* acosar, agobiar (*jd-m* a alguien)

zusichern *vt* asegurar, garantizar

Zustand *m* ① *geistig*, CHEM estado *m* ② ↑ *Verfassung* disposición *f*

zustande *adv:* ◇ - **bringen** lograr, llevar a cabo; ◇ - **kommen** realizarse

zuständig *adj* competente; **Zuständigkeit** *f* competencia *f*, incumbencia *f*

zustehen *unreg vi:* ◇ **jd-m** - corresponder a alguien

zustellen *vt* ① ↑ *versperren* bloquear ② → *Post* entregar a domicilio; **Zustellungsgebühr** *f* gastos *m/pl* de entrega

zustimmen *vi* estar de acuerdo con, parecer bien algo; **Zustimmung** *f* aprobación *f*, consentimiento *m*

zustoßen *unreg vi* (FIG *passieren*) ocurrir/pasar/suceder algo (*jd-m* a alguien)

zuteilen *vti* ① → *Sachen* repartir ② → *Beamte* destinar (*jd-m* a alguien)

zutragen *unreg vr* ◇ **sich** – (*unpers*) pasar, ocurrir

zutrauen *vt:* ◇ **jd-m etw** - creer a alguien capaz de algo

zutraulich *adj* confiado

zutreffen *unreg vi* ser verdad, ser justo

Zutritt *m* entrada *f*

zuverlässig *adj* ▷ *Maschine* seguro; ▷ *Person* formal, cumplidor; **Zuverlässigkeit** *f* seguridad *f*; formalidad *f*

Zuversicht *f* <-> confianza *f*; **zuversichtlich** *adj* lleno de esperanza

zuviel *pron* demasiado, en exceso

zuvor *adv* antes

zuvorkommen *unreg vi* adelantarse (*jd-m* a alguien); **zuvorkommend** *adj* (↑ *höflich*) atento

zuweisen *unreg vt* asignar

zuwenden *unreg vt* volver/dirigir hacia; ◇ **jd-m den Rücken** - volver/dar la espalda a alguien; ◇ **jd-m seine Aufmerksamkeit** - dirigir su atención a alguien

zuwenig *adv* demasiado poco

zuwiderhandeln *vi* violar, infringir

zuziehen *unreg vt* ① → *Gardinen* correr ② → *Arzt* consultar ③ ◇ **sich** *dat* **e-e Erkältung** - resfriarse

zuzüglich *präp gen* más, no incluído; ◇ - **Mehrwertsteuer** más el IVA

zwang *impf v.* **zwingen**

Zwang *m* <-[e]s, Zwänge> ① ↑ *Verpflichtung* obligación *f* ② (*Gewalt*) fuerza *f*; **zwanglos** *adj* sin compromiso; ◇ -**es Beisammensein** reunión informal;

Zwangsmaßnahme f medidas f/pl forzosas

zwanzig nr veinte

zwar cj: ◊ ..., aber ... es cierto que ... pero ...; (genauer gesagt) ◊ und - es decir

Zweck m <-[e]s, -e> **1** ↑ Ziel in m, objeto m **2** ↑ Absicht intención f; **zwecklos** adj inútil; **zweckmäßig** adj oportuno, conveniente; **zwecks** präp con el fin de, con el objeto de

zwei nr dos; **Zweibettzimmer** n habitación f doble; **zweideutig** adj ambiguo, de doble sentido; **zweierlei** <inv> de dos clases; **zweifach** adj doble

Zweifel m <-s, -> duda f; **zweifelhaft** adj dudoso; **zweifellos** adj indudable; **zweifeln** vi dudar (an dat de)

Zweig m <-[e]s, -e> **1** BIOL rama f **2** (Industrie-) ramo m

zweihundert nr doscientos; **zweijährig** adj de dos años; **Zweikampf** m ↑ Duell duelo m; (Box-) lucha f; **zweimal** adv dos veces; **zweisprachig** adj bilingüe; **zweite(r, s)** adj segundo; **zweiteilig** adj ▷Kleidung de dos piezas; **zweitens** adv en segundo lugar

Zwerg(in) f m <-[e]s, -e> enano/a f

zwicken vt pellizcar

Zwieback m <-[e]s, -e> biscote m

Zwiebel f <-, -n> **1** (Gemüse) cebolla f **2** (Blumen-) bulbo m

zwielichtig adj sospechoso, dudoso

zwiespältig adj contradictorio

Zwilling m <-s, -e> gemelo m, mellizo m

zwingen <zwang, gezwungen> vt obligar; **zwingend** adj **1** ▷Grund obligatorio **2** ↑ überzeugend convincente

zwinkern vi **1** <nervös> parpadear **2** <absichtlich> guiñar

Zwirn m <-[e]s, -e> hilo m

zwischen präp akk/dat entre; **zwischendurch** adv entretanto; **Zwischenergebnis** n resultado m provisional; **Zwischenfall** m incidente m; **Zwischenlandung** f escala f; **Zwischenprüfung** f UNI examen m parcial [después de 2 ó 3 años de carrera]; **Zwischenzeit** f intervalo m de tiempo, tiempo m intermedio; ◊ in der - mientras tanto

zwitschern vti trinar

zwölf nr doce

Zyankali n <-s> cianuro m potásico

Zylinder m <-s, -> **1** (Form) cilindro m **2** (Hut) sombrero m de copa

zynisch adj cínico

Zyste f <-, -n> MED quiste m

z.Z[t]. Abk v. zur Zeit

Kurzgrammatik

I. NOMINALGRUPPE

1. Artikel

1.1. Form

Im Spanischen wird zwischen bestimmtem und unbestimmtem Artikel unterschieden. Er richtet sich in Numerus und Genus nach dem Bezugswort.

		bestimmt	unbestimmt
sg	m	el momento	un momento
	f	la fiesta	una fiesta
pl	m	los momentos	unos momentos
	f	las fiestas	unas fiestas

Zur Substantivierung von Adjektiven, Adverbien, Pronomina und Numeralia wird als neutraler Artikel das neutrale Personalpronomen "lo" verwendet:

lo bonito   -   das Schöne

Häufig erhält "lo" dabei auch die Bedeutung von "wie":

Mira lo bien que trabaja. - Schau, wie gut er arbeitet.

1.2. Verwendung

Der bestimmte Artikel wird bei Zeitangaben, Wochentagen, Stoffbezeichnungen und Titeln in Verbindung mit Nachnamen benutzt:

a las diez   -   um 10 Uhr
el viernes   -   am Freitag
los viernes   -   freitags
Prefiero la carne al queso. - Ich esse lieber Fleisch als Käse.
la señora Domínguez Perrino - Frau Domínguez Perrino

aber: Mañana es viernes. - Morgen ist Freitag.

doña María Eugenia - höfliche Anrede mit Vornamen
Buenas tardes, profesora Paredes. - Guten Tag, Frau Professor Paredes.

Der Artikel im Maskulin Singular wird mit den Präpositionen "a" und "de" zu "al" und "del" kontrahiert:

el chiste del día - der Witz des Tages
Vamos al cine. - Wir gehen ins Kino.

Vor "otro" und "medio" steht kein Artikel:
> Vuelva usted otro día. - Kommen sie ein anderes Mal wieder.
> Déme medio kilo de patatas. - Geben Sie mir ein halbes Kilo
> Kartoffeln.

Vor Pluralwörtern muß der unbestimmte Artikel stehen, ohne Bedeutung zu tragen:
> Llevas unos zapatos muy bonitos. - Du hast schöne Schuhe
> an.

Der Plural des unbestimmten Artikels bezeichnet eine unbestimmte Anzahl; vor Zahlwörtern bedeutet er "ungefähr":
> unas fiestas - einige/ein paar Feten
> unos mil duros - ungefähr 5000 Peseten

2. Substantiv

2.1. Das Geschlecht

Im Spanischen unterscheidet man zwischen maskulinen und femininen Substantiven; neutrale gibt es nicht. Maskulin sind in der Regel diejenigen Substantive, die auf "-o, -ón, -l" oder "-r" enden.

Beispiele: el macho - das Männchen   el final - das Ende
         el gruñón - der Brummbär   el color - die Farbe

Ausnahmen: la flor - die Blume
           la mano - die Hand
           la final - das Finale

Feminine Substantive erkennt man in der Regel an den Endungen "-a", "-ción", "-dad", und "-z", die Endung "-triz" wird für weibliche Berufsbezeichnungen verwandt (actor - actriz).

Beispiele: la chica - das Mädchen   la facultad - die Fakultät
         la canción - das Lied   la perdiz - das Rebhuhn

Ausnahmen:
         el problema - das Problem
         el poema - das Gedicht
         el mapa - die Landkarte

Feminine Substantive, die mit einem betonten "-a" oder "ha" beginnen, erhalten den maskulinen Artikel, ohne aber das Geschlecht zu ändern:
> el agua fría - las aguas frías
> el hada buena - las hadas buenas
> el águila carnífera - las águilas carníferas

Substantive, die auf "-ista" enden, sind sowohl maskulin als auch feminin.
In der Regel beschreiben sie Grundhaltungen:

	feminista	-	Feminist(in)
	machista	-	Machist(in)
	comunista	-	Kommunist(in)
auch:	demócrata	-	Demokrat(in)

Substantive, die auf "-e" enden, erhalten ihr Geschlecht je nach ihren Ableitungen.

Substantive, die auf "-e", "-a" oder "-o" enden, bilden den Plural durch das Anhängen eines "-s"; diejenigen, die auf einen Konsonanten, "-y" oder ein betontes "-í" oder "-ú" enden, bilden den Plural duch den Anhang eines "-es":

golpe	-	golpes	flor	-	flores
macho	-	machos	bambú	-	bambúes
chica	-	chicas	rey	-	reyes
facultad	-	facultades			

"-z" wird dabei in "-c" umgewandelt:

perdiz	-	perdices

Akzente können bei der Pluralbildung wegfallen oder verändert werden:

canción	-	canciones	régimen	-	regímenes
gruñon	-	gruñones	carácter	-	caracteres

Substantive, die auf "-is", "-es", "-as" enden, bleiben im Plural unverändert:

viernes	-	viernes
crisis	-	crisis
abrebotellas	-	abrebotellas

2.2. Die Deklination

Das Spanische kennt keine Deklinationen. Genitiv, direktes und indirektes Objekt werden durch den Gebrauch von Präpositionen unterschieden. Deutsche Genitivwendungen werden dabei meist mit "de", der Dativ mit "a" (auch "para") umschrieben. Das direkte Objekt ist mit dem Nominativ identisch, es sei denn es handelt sich um eine Person. Dann muß die Präposition "a" gesetzt werden.

Nom	el perro ladra
[Gen]	la casita del perro
ind Obj	regalo algo al niño
dir Obj	termino el texto
	llamo a mi madre

3. Adjektiv

3.1. Form

Adjektive, die auf "-o" enden, sowie fast alle Nationalitäten haben eine
Femininform:

> mucho - mucha
>
> español - española

Akzente können bei der Femininbildung wegfallen:

> alemán - alemana
>
> portugués - portuguesa

Adjektive, die auf "-e" oder einen Konsonanten enden, bilden keine besondere Femininform:

> el hombre fuerte   el joven radical
>
> la mujer fuerte   la joven radical

Adjektive auf "-ista" haben dieselbe Form im Maskulin und im Feminin.
Meist beschreiben sie ideologische Grundhaltungen:

> el partido comunista   el novio machista
>
> la revolución anarquista   la moda feminista

Adjektive, die eine besondere Femininform bilden, richten sich in Numerus
und Genus nach dem Bezugswort:

> la canción moderna
>
> el niño guapo
>
> el agua fría

3.2. Verwendung/Stellung des Adjektivs

Als echte Unterscheidungsmerkmale werden die Adjektive den Substantiven
nachgestellt:

> un trabajo difícil
>
> un libro interesante

"mucho", "poco", "tanto", "demasiado", Ordnungszahlen, "otro", "medio" und "el mismo" stehen immer vor dem Substantiven.

"bueno", "malo", "alguno", "ninguno", "primero" und "tercero" werden
vor Substantiven im Maskulin Singular verkürzt:

es buen hombre	- es buena mujer
es mal chaval	- es mala persona
algún día nos veremos	- alguna vez te lo devolveré
ningún amigo le ha ayudado	- no tiene ninguna amiga
es el primer día	- es la tercera vez

"grande" wird vor jedem Substantiv auf "gran" verkürzt und in der Regel vorangestellt; vor allem "bueno", "malo" und "grande" erhalten eine starke Betonung, wenn sie nachgestellt werden.

Einige Adjektive erhalten eine Bedeutungsverschiebung, wenn sie nachgestellt werden:

> el pobre hombre - *bedauernswert*
> el hombre pobre - *mittellos*

4. Adverb

Das regelmäßige Adverb wird durch das Anhängen der Form "-mente" an die Femininform, bzw. bei auf "-e" oder konsonantisch endenden Adjektiven, durch Anhängen an den Stamm gebildet:

> astuto - astutamente
> prudente - prudentemente
> fácil - fácilmente

In der Regel werden aber präpositionale Wendungen diesen langen Formen vorgezogen:

> con frecuencia   statt   frecuentemente
> de forma astuta   statt   astutamente
> de repente   statt   repentinamente

Einige Adjektive wie "poco" und "mucho" bilden keine eigene Adverbialform.

Die wichtigsten unregelmäßigen Formen sind:

> bueno - bien
> malo - mal

Viele deutsche Adverbien werden im Spanischen durch Verbalkonstruktionen ausgedrückt:

> wieder - volver a
> Morgen müßt ihr wieder arbeiten. - Mañana tenéis que volver a trabajar.
>
> gerade - estar + gerundio
> Wir machen es gerade. - Estamos haciéndolo.
>
> schließlich - acabar por/acabar + gerundio
> Schließlich haben wir gestritten. - Acabamos por discutir/ acabamos discutiendo.
>
> lieber - preferir
> Ich hätte lieber Wein. - Preferiría vino.
>
> ständig - venir + gerundio
> Ständig erzählt er dasselbe. - Siempre viene contando lo mismo.

5. Steigerung von Adjektiv und Adverb

5.1. Vergleichsformen

5.1.1. Gleichheit

vor Adjektiv:

tan ...	como
está tan buena	como tú

vor Adverb:

tan ...	como
trabaja tan bien	como su jefe

Menge: so viel - tanto/a ... como

| attributiv: | Tiene tanto dinero como el más rico del pueblo. |
| adverbial: | Trabaja tanto como cualquier trabajador. |

so wenig - tan poco/a ... como

| attributiv: | Tienen tan pocas ganas como yo. |
| adverbial: | Con tan poco como gano yo, no se vive. |

genauso wie

vor Substantiv	- igual a
Su coche es	igual al tuyo.
vor Adjektiv	- igual de + adj + que
Su coche es	igual de grande que el tuyo.

derselbe - el mismo que

Tiene el mismo coche que su padre.
Tiene la misma pinta que Juan.

5.1.2. Steigerung

In der Regel werden Komparativ und Superlativ mit "más" gebildet:

bonito - más bonito [que] - [el] más bonito
Es más rata que el catalán más rata.
Er ist geiziger als der geizigste Schotte.

Die eigene Superlativform auf "-ísimo" signalisiert einen sehr hohen Grad.
Sie wird adverbial und attributiv gebraucht.

| | Trabaja muchísimo. - Er arbeitet wahnsinnig viel. |
| aber: | Eres el que más dinero tiene. - Du hast das meiste Geld. |

Der Vergleichspartikel "als" ist im Spanischen:

> bei Substantiven, Adjektiven und Pronomen "que"
> Tengo más trabajo que mi vecino.

> bei verbalen Steigerungen "de lo que"
> Trabaja más de lo que te puedes imaginar.

So wie "más" verwendet wird, um Vergrößerungen zu beschreiben, verwendet man "menos" zur Beschreibung von Verringerungen. Die grammatikalische Konstruktion ist identisch:

> Es menos ávido que tú. - Er ist weniger gierig als du.

Die wichtigsten unregelmäßigen Komparativ-/Superlativformen sind:

mucho	- más	- el que más	bueno	- mejor	- el mejor
poco	- menos	- el que menos	malo	- peor	- el peor

"grande" und "pequeño" bilden zwei Komparativ-/Superlativformen:

grande	- mayor/más grande	- el mayor/el más grande
pequeño	- menor/más pequeño	- el menor/el más pequeño

Gebräuchlicher sind die unregelmäßigen Formen. "más grande" und "más pequeño" stehen nur bei fest meßbaren Begriffen:

> Doy mayor valor al trabajo manual que al de fábrica.
> El coche es más grande que el tuyo.

6. Pronomen

6.1. Das Personalpronomen

Man unterscheidet im Spanischen zwischen dem verbundenen und dem unverbundenen Personalpronomen.

6.1.1. Das unverbundene Personalpronomen

Das unverbundene Personalpronomen hat meist die Funktion der Verstärkung. Es wird in der Regel weggelassen.

> Estoy haciendo algo.   - Ich bin beschäftigt.
> ¡[Que] lo hago yo!   - Das ist meine Aufgabe.

Des weiteren verwendet man das unverbundene Personalpronomen bei Antworten, in denen man das Verb nicht wiederholt:

> ¿Quién quiere más café? - Nosotros.

Das unverbundene Personalpronomen wird auch in Verbindung mit Präpositionen verwendet:

> por mí, para ti, con él, de ella, a través de nosotras,
> en favor de vosotros, según ellos

Sonderformen:

> conmigo, contigo

aber:

> con ellos, con ellas, con nosotros, con vosotras

6.1.1.1. Die Deklination des unverbundenen Personalpronomens

	Nom	Objekt*			Nom	Objekt*
1.sg	yo	a mí	1.pl		nosotros/as	a nosotros/as
2.sg	tú	a ti	2.pl		vosotros/as	a vosotros/as
3.sg m	él	a él	3.pl	m	ellos	a ellos
f	ella	a ella		f	ellas	a ellas
n	ello	a ello				
usted	usted	a usted			ustedes	a ustedes
refl	-	a sí		refl	-	a sí

(* siehe 2.2.)

6.1.2. Das verbundene Personalpronomen

6.1.2.1. Die Deklination des verbundenen Personalpronomens

Person	dir. Obj	ind. Obj.
1. sg	me	me
2. sg	te	te
3. sg. m	le/lo	le
3. sg. (usted)	la(le)	le
3. sg. n	lo	lo
refl.	se	se
1. pl.	nos	nos
2. pl.	vos	vos
3. pl. m(ustedes)	los(les/los)	les
3. pl. f(ustedes)	las(las/les)	les
refl.	se	se

6.1.2.2. Stellung des verbundenen Personalpronomens

Das verbundene Personalpronomen muß in Verbindung mit dem Verb stehen. Bei finiten Formen muß es vor dem Verb stehen:

> Juan me da el libro.

An Infinitive und Gerundien kann es auch angehängt werden. Aufgrund des Anhängens muß häufig ein Akzent gesetzt werden:

Me va a dar el libro. = Va a darme el libro.
Me está dando el libro. = Está dándome el libro.

An Imperative muß es angehängt werden:

¡Dame el libro!
¡Levántate!

Bei zusammengesetzten Formen muß es immer vor der deklinierten Form stehen, also niemals angehängt oder zwischen Hilfsverb und Partizip:

Me ha dado el libro.

Wenn zwei Personalpronomina gesetzt werden (indirektes und direktes Objekt) müssen beide zusammenstehen und zwar zuerst das indirekte und dann das direkte Objekt:

Me lo da.	¡Dámelo!
Va a dármelo. = Me lo va a dar.	Me lo ha dado.
Está dándomelo. = Me lo está dando.	

Treffen zwei Personalpronomina der dritten Person aufeinander, wird das des indirekten Objekts in "se" umgewandelt:

Da el libro al amigo.	- Se lo da.
Da los libros al amigo.	- Se los da.
Da el libro a los amigos.	- Se lo da (a ellos).
Da los libros a los amigos.	- Se los da (a ellos).

6.1.2.3. Gebrauch des verbundenen Personalpronomens

Das verbundene Personalpronomen muß (wie das deutsche Personalpronomen) immer gesetzt werden, wenn ein Substantiv ersetzt wird:

Juan da el libro a la madre. - Le da el libro.

Außerdem muß es gesetzt werden, wenn ein Objekt vor dem Verb steht:

No vendo este coche. - Este coche no lo vendo.

Dies gilt nicht für direkte Objekte ohne Artikel oder mit unbestimmtem Artikel sowie für Pronomina (außer "todo"):

Un coche no vendo.	¿A quién has conocido?
Coches no vendo.	Algo así sé.

aber: Todo lo conoce.

Häufig wird das verbundene Personalpronomen mit Bezug auf ein indirektes Objekt gesetzt, ohne daß dies vor dem Verb stehen müßte:

No se lo puedo hacer a mis padres.

6.2. Das Possessivpronomen

Im Spanischen unterscheidet man zwischen einem betonten und einem unbetonten Possessivpronomen. Der Unterschied zwischen beiden liegt in ihrer grammatikalischen Funktion, nicht in ihrer Bedeutung.

6.2.1. Das unbetonte Possessivpronomen

6.2.1.1. Die Formen des unbetonten Possessivpronomens

Person	sg	pl
1.	mi	nuestro/a
2.	tu	vuestro/a
3.	su	su

6.2.1.2. Verwendung des unbetonten Possessivpronomens

Das unbetonte Possessivpronomen steht an Stelle des Artikels vor dem Substantiv. Es richtet sich im Genus (in 1. und 2. pl auch im Geschlecht) nach dem Bezugswort. Den Plural bildet man durch das Anhängen eines "-s":

Busco mi libro.	- Busco mis libros.
Buscan tu libro.	- Buscan tus libros.
Busca a vuestra madre.	- Busca a vuestros padres.
Buscan su coche.	- Buscan sus coches.

Um Verwechslungen zu vermeiden, wird in der Höflichkeitsform auch das unverbundene Personalpronomen mit "de" am Satzende genannt:

Busca el coche de usted.

6.2.2. Das betonte Possessivpronomen

6.2.2.1. Die Formen des betonten Possessivpronomens

mío/a	nuestro/a
tuyo/a	vuestro/a
suyo/a	suyo/a

6.2.2.2. Die Verwendung des betonten Possessivpronomens

Das betonte Possessivpronomen kann, je nach Bedeutung, attributiv nach einem Substantiv mit unbestimmtem Artikel oder adverbial vor allem mit dem Verb „ser" stehen. Attributiv gestellt beschreibt es eine Auswahl:

un amigo mío	- einer meiner Freunde
Este coche es mío.	- Dieses Auto gehört mir.

Bisweilen kann es auch mit einem Substantiv ohne Artikel prädikativ stehen:

> Es amigo tuyo. - Er ist ein Freund von dir.

Sehr gebräuchlich ist diese Konstruktion bei der höflichen Briefanrede:

> muy señores míos - sehr geehrte Damen und Herren

Mit Bezug auf ein bekanntes Substantiv steht es auch allein mit dem bestimmten Artikel:

> Es su coche y el mío. - Es ist ihr Auto und meines.

Prädikativ kann es zur besonderen Betonung auch mit dem bestimmten Artikel in Verbindung mit dem Substantiv stehen:

> Ese coche es el mío. - Eben dies ist mein Auto (von dem wir vorhin sprachen).

6.3. Das Demonstrativpronomen

Im Spanischen unterscheidet man drei Arten von Demonstrativa. Mit ihnen wird die Nähe bzw. die Entfernung des Angezeigten beschrieben:

éste	-	in Sprechernähe
ése	-	in relativer Entfernung
aquel	-	in ziemlicher Entfernung

6.3.1. Gebrauch

Alle drei können sowohl attributiv als auch prädikativ stehen. Stehen sie prädikativ, tragen diejenigen Formen, die auch attributiv stehen können, einen Akzent und richten sich in Numerus und Genus nach dem Bezugswort:

Éste es mi padre.	-	Este tío me tiene harto.
Ésa es mi madre.	-	Esa niña es boba.
Aquello es mío.	-	Aquel libro es mío.

6.3.2. éste, ésta, esto

	sg	pl
m	éste -	éstos
f	ésta -	éstas
n	esto	

6.3.3. ése, ésa, eso

	sg	pl
m	ése -	ésos
f	ésa -	ésas
n	eso	

6.3.4. aquel, aquella, aquello

	sg	pl
m	aquel	- aquellos
f	aquella	- aquellas
n	aquello	

6.4. Das Relativpronomen und Interrogativpronomen

6.4.1. Das Relativpronomen

Im Spanischen unterscheidet man vier Arten von Relativpronomen: "que", "quien", "cual" und "cuyo"

6.4.1.1. Que

"que" ist das gebräuchlichste und allgemeinste der drei Pronomina. Es kann sich auf Personen und Dinge, Einzahl und Mehrzahl gleichermaßen beziehen. Es wird nie mit Komma abgetrennt:

el	hombre que	las	mujeres que
los	hombres que	la	cosa que
la	mujer que	las	cosas que

Nach Präpositionen muß vor dem "que" ein Artikel stehen, der sich in Numerus und Genus nach dem Bezugswort richtet:

el	amigo al que he encontrado
los	amigos a los que he encontrado
la	noche de la que me acuerdo mucho

Nach einsilbigen Präpositionen (vor allem "en") kann der Artikel auch wegfallen:

> la noche en que bebimos mucho

"lo que" bezieht sich auf Abstrakta und Neutra:

> Todo lo que hacemos le parece mal.

Mit dem subjuntivo erhält es einen verallgemeinernden Aspekt:

> Todo lo que hagamos le parece mal. - Was auch immer wir
> tun, mißfällt ihr.

"lo que" wird häufig zur Verstärkung und in der indirekten Frage an Stelle des Interrogativpronomens "qué" benutzt:

> No sé que quiere. - No sé lo que quiere.

6.4.1.2. Quien

"quien" kann sich nur auf Personen beziehen. Es steht nie mit Artikel.

> el señor quien está llegando
> el señor de quien te he hablado
> Quien no ha visto Granada no ha visto nada.
> Tonto quien lo lea.

Im Plural wird "-es" angehängt:

> los señores quienes acaban de llegar

6.4.1.3. Cual

"cual" kann sich auf Personen und Dinge beziehen, aber nur nach mehrsilbigen Präpositionen stehen. Es wird vor allem in der formalen Sprache verwandt:

> la empresa para la cual = la empresa para la que

Im Plural wird "-es" angehängt:

> las mujeres para las cuales

Häufig beschreibt "cual(es)" eine Auswahl aus einer Menge. In dieser Funktion kann es auch nach einsilbigen Präpositionen stehen:

> Tenemos 5 sillas de las cuales 4 están rotas.

6.4.1.4. Cuyo/a

"cuyo/a" zeigen den Besitz an. Es entspricht der deutschen Genitivkonstruktion „deren/dessen"; im Unterschied zum Deutschen bezieht es sich aber nicht auf den Besitzer, sondern als Adjektiv in Numerus und Genus auf das ihm folgende Substantiv:

> el hombre, cuya mujer se ha ido
> la mujer, cuyos perros ladran mucho
> el perro, cuyo dueño grita tanto
> el perro, cuya dueña grita tanto

6.4.2. Das Interrogativpronomen

Die Formen des Relativpronomens werden auch zur Bildung des Interrogativpronomens verwandt. Zur Unterscheidung tragen sie einen Akzent. Nach einem Besitzer fragt man mit ¿de quién?

6.4.2.1. Qué

"qué" ist das meist gebrauchte Interrogativum. Es kann attributiv, substantivisch und absolut gebraucht werden. Substantivisch aber nur in bezug auf Neutra, nach Personen muß mit "quién" gefragt werden.

attributiv: ¿Qué coche?   ¿Qué coches?
                ¿Qué cosa?   ¿Qué cosas?

substantivisch: ¿Qué pasa?   - Was ist los?
                 ¿Qué tienes aquí?   - Was hast du dort?
                 ¿Qué te parece?   - Was hältst du davon?/Was
                                         meinst du?/Einverstanden?

absolut: ¿Qué?

Vor Präpositionen steht in der Frage nie der Artikel.

                 ¿con qué?
                 ¿en qué?
                 ¿para qué?

6.4.2.2. Quién

"quién" ist das substantivische Interrogativpronomen in bezug auf Personen beiderlei Geschlechts. Es ist auf diese Funktion beschränkt und muß dann verwendet werden:

    ¿Quién viene?   - ¿Quiénes vienen?   - Wer kommt?
    ¿Quién es ésta?   - ¿Quiénes son éstas? - Wer ist das?
    ¿Quién es éste?   - ¿Quiénes son éstos? - Wer ist das?

¿De quién? fragt auch nach dem Besitzer.

    ¿De quién es esta   - Wessen Jackett ist das?/
    americana que llevas?   Von wem hast du dieses Jackett?

6.4.2.3. Cuál

"cuál" ist ein substantivisches Interrogativum, das nach einem Teil aus einer Menge fragt. Die Auswahlmöglichkeit wird mit der Präposition "de" genannt:

    ¿Cuál de las sillas quieres coger?
    Tengo dos bicis. - Cuál prefieres?
    ¿Cuál es tu hermano? - Wer [von den Anwesenden] ist dein Bruder?

    ¿Cuáles de las sillas queréis coger?
    ¿Cuáles son tus hermanos?

II. VERBALGRUPPE

1. Konjugationen

1.1. Die regelmäßigen Konjugationen

Im Spanischen unterscheidet man drei Konjugationen, die der Verben auf "-ar", die der auf "-er" und die der Verben auf "-ir".

1.1.1. Die regelmäßige Konjugation auf "-ar": z. B. cantar

indicativo presente	imperfecto	pretérito indefinido	futuro imperfecto	condicional
canto	cantaba	canté	cantaré	cantaría
cantas	cantabas	cantaste	cantarás	cantarías
canta	cantaba	cantó	cantará	cantaría
cantamos	cantábamos	cantamos	cantaremos	cantaríamos
cantáis	cantabais	cantasteis	cantaréis	cantaríais
cantan	cantaban	cantaron	cantarán	cantarían

subjuntivo presente	imperfecto		futuro imperfecto
cante	cantara	cantase	cantare
cantes	cantaras	cantases	cantares
cante	cantara	cantase	cantare
cantemos	cantáramos	cantásemos	cantáremos
cantéis	cantarais	cantaseis	cantareis
canten	cantaran	cantasen	cantaren

imperativo:	(tú) canta	(vosotros) cantad
gerundio:	cantando	
participio:	cantado	
infinitivo:	presente	- cantar
	compuesto	- haber cantado

1.1.2. Die regelmäßige Konjugation auf "-er": z.B. beber

indicativo presente	imperfecto	pretérito indefinido	futuro imperfecto	condicional
bebo	bebía	bebí	beberé	bebería
bebes	bebías	bebiste	beberás	beberías
bebe	bebía	bebió	beberá	bebería
bebemos	bebíamos	bebimos	beberemos	beberíamos
bebéis	bebíais	bebisteis	beberéis	beberíais
beben	bebían	bebieron	beberán	beberían

subjuntivo presente	imperfecto		futuro imperfecto
beba	bebiera	bebiese	bebiere
bebas	bebieras	bebieses	bebieres
beba	bebiera	bebiese	bebiere
bebamos	bebiéramos	bebiésemos	bebiéremos
bebáis	bebierais	bebieseis	bebiereis
beban	bebieran	bebiesen	bebieren

imperativo:	(tú) bebe	(vosotros) bebed
gerundio:	bebiendo	
participio:	bebido	
infinitivo:	presente	- beber
	compuesto	- haber bebido

1.1.3. Die regelmäßige Konjugation auf "-ir": z. B. subir

indicativo presente	imperfecto	pretérito indefinido	futuro imperfecto	condicional
subo	subía	subí	subiré	subiría
subes	subías	subiste	subirás	subirías
sube	subía	subió	subirá	subiría
subimos	subíamos	subimos	subiremos	subiríamos
subís	subíais	subisteis	subiréis	subiríais
suben	subían	subieron	subirán	subirían

subjuntivo presente	imperfecto		futuro imperfecto
suba	subiera	subiese	subiere
subas	subieras	subieses	subieres
suba	subiera	subiese	subiere
subamos	subiéramos	subiésemos	subiéremos
subáis	subierais	subieseis	subiereis
suban	subieran	subiesen	subieren

imperativo:	(tú) sube	(vosotros) subid
gerundio:	subiendo	
participio:	subido	
infinitivo:	presente	- subir
	compuesto	- haber subido

1.2. Die unregelmäßigen Konjugationen

1.2.1. Hilfsverben

1.2.1.1. Formen: Die Hilfsverben werden unregelmäßig konjugiert.

ser

indicativo presente	imperfecto	pretérito indefinido	futuro imperfecto	condicial
soy	era	fui	seré	sería
eres	eras	fuiste	serás	serías
es	era	fue	será	sería
somos	éramos	fuimos	seremos	seríamos
sois	erais	fuisteis	seréis	seríais
son	eran	fueron	serán	serían

subjuntivo presente	imperfecto		futuro imperfecto	imperativo	
sea	fuera	fuese	fuere	(tú)	sé
seas	fueras	fueses	fueres	(Vd.)	sea
sea	fuera	fuese	fuere	(nos.)	seamos
seamos	fuéramos	fuésemos	fuéremos	(vos.)	sed
seáis	fuerais	fueseis	fuereis	(Vds.)	sean
sean	fueran	fuesen	fueren		

gerundio: siendo
participio pasivo: sido

estar

indicativo presente	imperfecto	pretérito indefinido	futuro imperfecto	condicial
estoy	estaba	estuve	estaré	estaría
estás	estabas	estuviste	estarás	estarías
está	estaba	estuvo	estará	estaría
estamos	estábamos	estuvimos	estaremos	estaríamos
estáis	estabais	estuvisteis	estaréis	estaríais
están	estaban	estuvieron	estarán	estarían

subjuntivo presente	imperfecto		futuro imperfecto	imperativo	
esté	estuviera	estuviese	estuviere	(tú)	está
estés	estuvieras	estuvieses	estuvieres	(Vd.)	esté
esté	estuviera	estuviese	estuviere	(nos.)	estemos
estemos	estuviéramos	estuviésemos	estuviéremos	(vos.)	estad
estéis	estuvierais	estuvieseis	estuviereis	(Vds.)	estén
estén	estuvieran	estuviesen	estuvieren		

gerundio: estando
participio pasivo: estado

haber

indicativo presente	imperfecto	pretérito indefinido	futuro imperfecto	condicial
he	había	hube	habré	habría
has	habías	hubiste	habrás	habrías
ha	había	hubo	habrá	habría
hemos	habíamos	hubimos	habremos	habríamos
habéis	habíais	hubisteis	habréis	habríais
han	habían	hubieron	habrán	habrían

subjuntivo presente	imperfecto		futuro imperfecto	imperativo	
haya	hubiera	hubiese	hubiere	(tú)	he
hayas	hubieras	hubieses	hubieres	(Vd.)	haya
haya	hubiera	hubiese	hubiere	(nos.)	hayamos
hayamos	hubiéramos	hubiésemos	hubiéremos	(vos.)	habed
hayáis	hubierais	hubieseis	hubiereis	(Vds.)	hayan
hayan	hubieran	hubiesen	hubieren		

gerundio: habiendo
participio pasivo: habido

tener

indicativo presente	imperfecto	pretérito indefinido	futuro imperfecto	condicial
tengo	tenía	tuve	tendré	tendría
tienes	tenías	tuviste	tendrás	tendrías
tiene	tenía	tuvo	tendrá	tendría
tenemos	teníamos	tuvimos	tendremos	tendríamos
tenéis	teníais	tuvisteis	tendréis	tendríais
tienen	tenían	tuvieron	tendrán	tendrían

subjuntivo presente	imperfecto		futuro imperfecto	imperativo	
tenga	tuviera	tuviese	tuviere	(tú)	ten
tengas	tuvieras	tuvieses	tuvieres	(Vd.)	tenga
tenga	tuviera	tuviese	tuviere	(nos.)	tengamos
tengamos	tuviéramos	tuviésemos	tuviéremos	(vos.)	tened
tengáis	tuvierais	tuvieseis	tuviereis	(Vds.)	tengan
tengan	tuvieran	tuviesen	tuvieren		

gerundio: teniendo
participio pasivo: tenido

1.2.1.2. Verwendung:

Die Hilfsverben werden zur Bildung der zusammengesetzten Formen gebraucht:

> ser + participio - Ereignispassiv
> es dicho - es wird gesagt
> estar + participio - Zustandspassiv
> está dicho - es ist gesagt
> tener + participio - betontes Zustandspassiv
> ¿lo tienes entendido? - hast du es endlich verstanden?
> haber + participio - zusammengesetzte Vergangenheitsformen
> ha dicho - pretérito perfecto - er hat gesagt
> había dicho - pretérito pluscuamperfecto - er hatte gesagt
> habrá dicho - futuro perfecto - er wird gesagt haben
> ha sido dicho - pretérito perfecto en voz pasiva
> - es ist gesagt worden
> había sido dicho - pretérito pluscuamperfecto en voz
> pasiva - es ist gesagt worden

Außerdem werden diese Hilfsverben zur Bildung weiterer Periphrasen verwendet:

> estar + gerundio - gerade etw. tun
> tener + que - müssen

1.2.2. Unregelmäßige Konjugationen der Hauptverben

Man unterscheidet vier Gruppen von Unregelmäßigkeiten. Die Klassifikation richtet sich nach den Veränderungen, die der Stamm im Präsens erfährt, und nicht nach Konjugationen oder Veränderungen in anderen Zeiten. Je nach der Veränderung, die der betonte Stammvokal erfährt, bildet man drei Gruppen:

> o/u - ue
> e - i
> i - ie

Beispiele:

Die -ue- Gruppe

Das -o- des Stamms wird zu -ue- in der betonten Silbe, z.B. contar:

presente de indicativo		presente de subjuntivo	
cuento	contamos	cuente	contemos
cuentas	contáis	cuentes	contéis
cuenta	cuentan	cuente	cuenten

Verben dieser Gruppe sind u.a.: acordarse, costar, encontrar, probar, doler, llover, poder, soler, volver, jugar.

Die -i- Gruppe

Das -e- des Stamms wird zu -i- in der betonten Silbe und in allen Formen, die kein betontes -i- in der Endung haben, z.B. seguir:

presente de indicativo		presente de subjuntivo		imperativo	
sigo	seguimos	siga	sigamos	(tú)	sigue
sigues	seguís	sigas	sigáis	(Vd.)	siga
sigue	siguen	siga	sigan	(nos.)	sigamos
				(vos.)	seguid
				(Vds.)	sigan

pretérito perfecto simple		pretérito imperfecto de subjuntivo	
seguí	seguimos	siguiera/siguiese	siguiéramos
seguiste	seguís	siguieras	siguierais
siguió	siguieron	siguiera	siguieran
gerundio:	siguiendo		

Verben dieser Gruppe sind u.a.: pedir, reír, repetir.

Die -ie- Gruppe

Das -e- des Stamms wird zu -ie- in der betonten Silbe, z.B. sentir:

presente de indicativo		presente de subjuntivo	
siento	sentimos	sienta	sintamos
sientes	sentís	sientas	sintáis
siente	sienten	sienta	sientan

Verben dieser Gruppe sind u.a.: cerrar, despertar, empezar, pensar, sentarse, entender, perder, querer.

Die vierte Gruppe bilden diejenigen Wörter, deren Stamm auf "-c" endet, und die dies in der ersten Person Singular des presente de indicativo in "-zc" umändern.

Die -zc- Gruppe

Das -c- des Stammes wird in der 1. Person des Indikativs zu -zc-; im presente de subjuntivo wird dies in allen Formen beibehalten.

Das pretérito indefinido bilden diese Verben auf -uj.

presente de indicativo		presente de subjuntivo	
produzco	producimos	produzca	produzcamos
produces	producís	produzcas	produzcáis
produce	producen	produzca	produzcan

pretérito indefinido	
produje	produjimos
produjiste	produjisteis
produjo	produjeron

Verben dieser Gruppe sind u.a.: conducir, reducir.

Da sich die spanische Orthographie nach der Aussprache richtet, muß die Schreibweise in manchen Formen der Aussprache angepaßt werden. Bei konsonantischen Verben betreffen diese Veränderungen vor allem die Buchstaben "c", "z", "q" und "g":

esparcir	- esparzo
lanzar	- lancé
delinquir	- delinco
llegar	- llegué

Von den vokalischen Stammendungen betrifft dies vor allem das "u", das vor palatalen Vokalen eine diéresis erhalten muß, und das unbetonte "i". Intervokalisch wird es zu "y", bei einer Stammbetonung wird es zu "í", nach "ñ" fällt es weg:

santiguar	- santigüe
afluir	- afluyo
bruñir	- bruño

Daneben gibt es viele Verben, deren Unregelmäßigkeiten sich nicht klassifizieren lassen.

2. Die Modi

Im Spanischen unterscheidet man 4 Modi: **indicativo, imperativo, condicional** und **subjuntivo.**

2.1. Der indicativo

Der indicativo steht wie der deutsche Indikativ für tatsächliche, reale Aussagen, bzw. für solche, die als tatsächlich betrachtet werden:

trabajo	- ich arbeite
he trabajado	- ich habe gearbeitet

Im Gegensatz zum Deutschen steht der indicativo auch in der indirekten Rede:

Dice	que	viene
Dijo	que	vendría [mañana].
Dijo	que	venía [ayer].

2.2 Der imperativo

Der imperativo hat dieselbe Funktion wie der deutsche Imperativ. Affirmativ hat er zwei eigene Formen (2. sg. und 2. pl.), für alle anderen Formen und auch in der Negation werden die Formen des **presente de subjuntivo** verwendet:

habla (tú)	- no hables
hable (usted)	- no hable (usted)
hablemos (nosotros)	- no hablemos
hablad (vosotros)	- no habléis
hablen (ustedes)	- no hablen (ustedes)

Der Imperativ der 1. pl wird auch gern durch die Konstruktion vamos a + Infinitiv ersetzt: salgamos - vamos a salir

Die Form der 2. sg ist identisch mit der 3. sg des **presente de indicativo**. Viele häufig verwendete Verben bilden aber eine verkürzte Form:

tener	- ten		poner	- pon
salir	- sal		hacer	- haz
decir	- di			

An die affirmativen Formen der 2. Person müssen eventuelle Personalpronomina angehängt werden. Bei den reflexiven Verben fällt das "d" dabei weg:

espérame	- no me esperes	levántate	- no te levantes
esperadme	- no me esperéis	levantaos	- no os levantéis

2.3. Das condicional

Das **condicional** (oder **potencial**) steht in allen Aussagen, die zwar nicht real sind, aber als erfüllbar betrachtet werden. Im Hauptsatz steht es als einleitendes Modus irrealer Konditionalgefüge, als höfliche Bitte und zum Ausdruck eines Rates oder einer Kritik:

No vendría si no hiciera falta.

Me gustaría ir.	- Ich ginge gern.
¿Qué desearía?	- Was möchten Sie?

[Yo que tú] no compraría este traje.

In der Zeitenfolge drückt das **condicional** eine Nachzeitigkeit zu einer Vergangenheitsform aus:

> Dijo [ayer] que llegaría [hoy].

Als Vergangenheitsfutur beschreibt es auch hypothetische Aussagen in der
Vergangenheit:

> Serían las 8. - Es war wohl 8 Uhr.

2.4. Das subjuntivo

Das Modus des **subjuntivo** beschreibt nicht-reale Sprachaspekte, wie Freude, Wunsch, Sorge, Befürchtung, Unkenntnis etc. In der Regel
steht es also im Nebensatz; im Hauptsatz steht es im Imperativ (siehe 2.1.)
oder nach Wunsch (qué/ojalá) oder Zweifel (quizá/quizás/tal vez/acaso)
ausdrückenden Konjunktionen:

> !No la bebas! Te hace sentir mal.
> !Sea bienvenido usted!
> !Qué/ojalá nos veamos pronto!
> !Quizá llegue hoy!

aber: !A lo mejor llega hoy!
("a lo mejor" steht nie(!) mit **subjuntivo**)

Im Nebensatz steht das **subjuntivo** nach Verben oder unpersönlichen Ausdrücken, die Wunsch, Befehl, Furcht, Freude, Bedauern, Zweifel, Möglichkeit, Zwang, Erlauben, Rat, Absicht oder Notwendigkeit ausdrücken:

Quiero que venga.	Puede ser que venga.
Temo que le pase algo.	Es imprescindible que salgamos.
Me alegro de que venga.	Déjame que lo haga.
Lástima que no venga.	Consigue que todos le hagan caso.
Dudo que venga.	Te aconsejo que llegues pronto.

Das **subjuntivo** kann Gleichzeitigkeit und Nachzeitigkeit ausdrücken, die
Vorzeitigkeit drücken die zusammengesetzten Formen aus:

> Temo que le pase algo (hoy).

aber: Temo que le haya pasado algo.

Das **subjuntivo** steht nach den Verben des Glaubens und Sagens
- wenn ein Befehl ausgedrückt wird:

> Le dije que viniera. - Ich sagte ihm, er solle kommen.

- bei Negation:

> No digo que sea así, sino que es así.
> No creo que venga. (Zweifel)

Das **subjuntivo** steht immer nach:

para que	sin que
a que	en el caso de que
antes [de] que	

Einige Konjunktionen verändern die Bedeutung, je nachdem ob sie mit **subjuntivo** stehen oder nicht:

aunque	+ ind.	- obwohl
aunque	+ subj.	- auch wenn (futurisch)
siempre que	+ ind-temporal	- immer wenn
siempre que	+ subj-konditional	- unter der Bedingung, daß

3. Infinite und finite Formen

3.1. Die infiniten Formen

3.1.1. Der Infinitiv

Der Infinitiv steht als substantiviertes Verb:

es fácil conducir	- Subjekt
el arte de cantar	- Genitivkonstruktion
me gusta escribir	- direktes Objekt
se da mucha importancia al estudiar	- indirektes Objekt
habla por hablar	- präpositionelle Wendung

Zusammen mit einigen Präpositionen wird der Infinitiv an der Stelle von Nebensätzen gebraucht (Subjektsgleichheit):

a	+ inf	-	**temporal (gleichzeitig)**
			Al verte no te reconocí.
despues de	+ inf	-	**temporal (vorzeitig)**
			Después de comer me tumbo.
de	+ inf	-	**konditional**
			De haberlo sabido no le habría llamado.
con	+ inf	-	**modal**
			Con decirlo no arreglas nada.
para	+ inf	-	**final**
			Para aprender no hay edad.
sin	+ inf	-	**final**
			Ha sido sin querer.

3.1.2. Gerundio

Das **gerundio** kann im Hauptsatz nur zum Ausdruck der absoluten Gleichzeitigkeit zweier Handlungen stehen (Subjektsgleichheit):

Cruzó la calle silbando.

Als Verbform wird es mit Objekten und Adverbien erweitert:

Cruzó la calle silbando una melodía.
Cruzó la calle silbando alegremente.

In Verbindung mit Hauptverben beschreibt es weitere Aspekte:

estar + gerundio - gerade etwas tun
venir + gerundio - ständig etwas tun

empezar + gerundio - Beginn einer noch nicht beendeten Handlung
seguir + gerundio - Wiederaufnahme einer unterbrochenen Handlung
continuar + gerundio - Fortführung einer Handlung, ohne zu unterbrechen

3.1.3. Partizip

Im Spanischen gibt es nur noch das Partizip Passiv. Das Partizip Aktiv auf
"-ante" gibt es nur noch in festen Adjektiven (amante etc.).
Das Partizip wird mit "ser" und "estar" zur Bildung des Passivs, mit "haber"
zur Bildung der zusammengesetzten Vergangenheitsformen verwandt.

Es kann als reines Attribut verwendet werden:

Es un gol cantado.

Es wird hierbei mit Adverbien und präpositionalen Wendungen erweitert,
verliert also nicht seinen passiven Charakter:

Es una fiesta bien hecha.
Es una fiesta bien hecha por Juan.

Häufig wird es auch zur Verkürzung von temporalen Nebensätzen gebraucht:

Terminado el trabajo nos fuimos de fiesta.
Una vez terminado nos vamos de fiesta.

3.2. Die finiten Formen

3.2.1. Das futuro imperfecto

Das **futuro imperfecto** beschreibt in der Zukunft geschehende Handlungen:

irá - er wird gehen

Häufig wird dieser Aspekt durch ir a + inf umschrieben:

iremos = vamos a ir

Im heutigen Spanisch wird diese Form nur noch bei für unsicher aufgefaßte
Handlungen oder eine weit entfernte Zukunft benutzt.

Iré de viaje mañana.   -   Morgen werde ich wohl verreisen.
aber: Mañana salgo.   -   Morgen fahre ich ab.

Heute wird das **futuro imperfecto** fast ausschließlich für hypothetische An-
nahmen in der Zukunft benutzt:

Habrá llegado ya. - Er wird wohl schon angekommen sein.

3.2.2. Das presente

Das **presente** steht für präsentische und futurische Handlungen:

Viene hoy. - Er kommt heute.
Viene el lunes. - Er kommt am Montag.

Außerdem wird es zur Beschreibung gewohnheitsmäßiger Handlungen gebraucht:

> Después de comer juega la partida.
> Jeden Mittag nach dem Essen spielt er Karten.

In Texten der Vergangenheit kann es zur Aktualisierung an Stelle einer Vergangenheitsform stehen:

> Colón descubre América en 1492.

3.2.3. Das pretérito perfecto

Das **pretérito perfecto** beschreibt vergangene Handlungen, die noch bis in die Gegenwart reichen:

> He comido bien. - Ich habe gut gegessen. = Ich bin satt.

In der Zeitenfolge wird es deshalb als präsentische Zeit verstanden und steht als Vergangenheit zum **presente**:

> Te he dicho que seas puntual.
> Temo que le haya pasado algo.

3.2.4. Das pretérito imperfecto

Das **pretérito imperfecto** beschreibt eine langandauernde, gewohnheitsmäßige oder sich wiederholende Handlung in der Vergangenheit, die schon beendet ist:

> Hemos tirado la carne, porque olía. - *dauernd*
> Venían los jueves. - *gewohnheitsmäßig*
> El mes pasado iba a clase todos los días. - *wiederholt*

Das **pretérito imperfecto** steht auch zur einleitenden Beschreibung eines Textes:

> Eran las 5, era un día gris y desagradable, tenía que trabajar.

3.2.5. Das pretérito indefinido

Das **pretérito indefinido** beschreibt eine einmalige, in der Vergangenheit abgeschlossene Handlung. Es ist das Erzähltempus in der Vergangenheit.

> Vino a las 5 en punto. - Er kam Punkt 5 Uhr.

In Erzählungen übernimmt das **pretérito indefinido** die Beschreibung der Handlung, das **pretérito imperfecto** die der Umstände:

> Cuando salimos *(Aktion)*, llovía *(Umstand)*.

3.2.6. Das pretérito pluscuamperfecto

Das **pretérito pluscuamperfecto** beschreibt Handlungen, die vorzeitig zu anderen Vergangenheitshandlungen geschehen. Es kann also nur in Nebensätzen stehen:

> Vino cuando ya habían llegado los padres.
> Volvió porque se le habían olvidado las llaves.

3.3. Die Zeitenfolge

Die präsentischen Formen im Hauptsatz sind futuro, presente, condicional und pretérito perfecto (siehe 3.2.3.); die Vergangenheitstempora pretérito imperfecto und pretérito indefinido.

3.3.1. Die Zeitenfolge in indikativischen Nebensätzen

Hauptsatz		Nebensatz	
	nachzeitig	gleichzeitig	vorzeitig
präsentisch	presente/ futuro	presente	pret. perfecto
vergangen	condicional/ pret. imperfecto	pret. imperf.	pret. pluscuampf.

3.3.2. Die Zeitenfolge in konjunktivischen Nebensätzen

Hauptsatz		Nebensatz	
	nachzeitig	gleichzeitig	vorzeitig
präsentisch	presente	presente	pret. perfecto
vergangen	pret. imperfecto	pret. imperfecto	pret. pluscuampf.